Le pouvoir régulateur du régime politique

Étude d'une notion de droit constitutionnel institutionnel

Logiques Juridiques

Fondée par Gérard Marcou
Dirigée par Jean-Claude Némery et Thomas Perroud

Le droit n'est pas seulement un savoir, il est d'abord un ensemble de rapports et pratiques que l'on rencontre dans presque toutes les formes de sociétés. C'est pourquoi il a toujours donné lieu à la fois à une littérature de juristes professionnels, produisant le savoir juridique, et à une littérature sur le droit, produite par des philosophes, des sociologues ou des économistes notamment.

Parce que le domaine du droit s'étend sans cesse et rend de plus en plus souvent nécessaire le recours au savoir juridique spécialisé, même dans des matières où il n'avait jadis qu'une importance secondaire, les ouvrages juridiques à caractère professionnel ou pédagogique dominent l'édition, et ils tendent à réduire la recherche en droit à sa seule dimension positive. À l'inverse de cette tendance, la collection « Logiques juridiques » des éditions L'Harmattan est ouverte à toutes les approches du droit. Tout en publiant aussi des ouvrages à vocation professionnelle ou pédagogique, elle se fixe avant tout pour but de contribuer à la publication et à la diffusion des recherches en droit, ainsi qu'au dialogue scientifique sur le droit. Comme son nom l'indique, elle se veut plurielle.

Dernières parutions

Abdelmohsen SHEHA, *La régulation du secteur des communications électroniques. Étude comparée des droits français et égyptien. Tome II – L'encadrement*, 2022.

Abdelmohsen SHEHA, *La régulation du secteur des communications électroniques. Étude comparée des droits français et égyptien. Tome I – L'institutionnalisation*, 2022.

Zohra MCHIRGUI, *L'accord exclusif d'élection de for à travers la convention de La Haye de 2005*, 2022.

Romain FEYDEL, *La société en commandite spéciale. Essai en droit luxembourgeois,* 2022.

Cristina Elena POPA TACHE, *Vers un droit de l'âme et des bioénergies du vivant*, 2022.

Arthur BRAUN

Le pouvoir régulateur du régime politique

Étude d'une notion de droit constitutionnel institutionnel

Préface de Stéphane PIERRÉ-CAPS

L'Harmattan

5-7, rue de l'Ecole-Polytechnique, 75005 Paris

www.editions-harmattan.fr

ISBN : 978-2-343-25171-4
EAN : 9782343251714

À mes grands-parents,
François et Jeannine Joly,
Annette et Gérard Braun.

À Nicolas.

AVERTISSEMENT

Le présent ouvrage est issu d'une thèse de doctorat en droit public soutenue publiquement le 29 novembre 2019 à l'Université de Lorraine devant un jury composé de Madame Manon Altwegg-Boussac, professeur de droit public à l'Université Paris-Est Créteil (rapporteur), Monsieur Julien Boudon, professeur de droit public à l'Université de Reims Champagne-Ardenne, doyen de la Faculté de droit (rapporteur), Monsieur Thibault Guilluy, professeur de droit public à l'Université de Lorraine (président du jury) et Monsieur Stéphane Pierré-Caps, professeur de droit public à l'Université de Lorraine (directeur de thèse).

À l'exception de quelques ajouts et corrections formelles, réalisés entre décembre 2019 et mars 2020, l'essentiel de ce texte correspond à celui établi à la date de la soutenance.

REMERCIEMENTS

Je tiens tout d'abord à exprimer toute ma gratitude à mon directeur de thèse, Monsieur le professeur Stéphane Pierré-Caps, pour sa bienveillance et la confiance qu'il m'a témoignée dès les prémices de mon parcours doctoral, dont il a été le principal instigateur. Sa disponibilité, son soutien, ses nombreux conseils et ses relectures systématiques ont été indispensables à la finalisation de ce travail.

Mes remerciements s'adressent ensuite à Madame le professeur Manon Altwegg-Boussac, Monsieur le doyen Julien Boudon et Monsieur le professeur Thibault Guilluy qui m'ont fait l'honneur de lire et de juger cette thèse en acceptant de participer au jury de soutenance.

L'Institut de Recherches sur l'Évolution de la Nation et de l'État (IRENEE) m'a offert pendant cinq ans un cadre à la fois convivial et propice au travail. Que son équipe de direction, son personnel et l'ensemble de ses membres en soient ici remerciés. Que soient également remerciés les bibliothécaires de la bibliothèque universitaire du campus Carnot pour leur gentillesse et leur professionnalisme au service de l'ensemble de la communauté universitaire.

Mon parcours doctoral n'aurait pas été aussi riche s'il n'avait été partagé : mes pensées vont à mes compagnons de labeur de la salle des chercheurs de l'IRENEE. Qu'il me soit permis de plus particulièrement remercier ici ceux qui ont contribué directement à la finalisation de cette thèse par leurs conseils, leurs relectures et leur présence quotidienne : Flora Atcho, Héritage Bita Heyeghe, Jérémy Brzenczek, Fanny Grabias, le capitaine Benoît Grémare, Antoine Harquet, Cédric Hauuy, Arthur Jully, Bessou Kouassi, Nedjoua Merad, Pascaline Motsch, Léandre Mvé Ella, Johanna Noël, Carlos Odjaga, le professeur Laurent Seurot, René Songolé et Cécile Thomassin.

Je tiens en outre à remercier Monsieur le professeur Samuel Ferey qui m'a initié à la recherche en sciences sociales et m'a constamment encouragé depuis le début de mon parcours universitaire, Madame Katia Blairon pour ses précieux conseils dans la dernière ligne droite, Oscar Ferreira pour ses remarques sur ce travail et nos riches échanges concernant notre sujet de prédilection, Matthias Martin pour sa relecture attentive et Georges El Haddad pour son engagement au service des doctorants de l'Université de Lorraine.

Merci à mes étudiants pour leur curiosité et leurs encouragements et à mes collègues enseignants pour nos aventures pédagogiques.

Merci à Arthur qui m'a supporté à l'Université et à ses abords, à Paul pour sa contribution personnelle à la réussite de mon Master puis son soutien amical durant ces années, à Hippolyte, Jonathan, Karen, Laura, Mélanie et Pierre pour leur amitié si précieuse depuis les Vosges en passant par les bancs de la Faculté de droit. J'ai une pensée particulière envers Hippolyte et Jonathan qui ont relu une grande partie de ce manuscrit. Merci à Alexandre qui, à chacune de nos rencontres, se tenait informé de l'avancée de mon travail et à l'équipe municipale de Vagney qui m'a permis de vivre au quotidien un engagement différent.

Enfin, merci à ma famille, en particulier à mes parents pour leur soutien tant moral que matériel durant mes longues études, et à Sophie pour sa patience et sa présence. Aucune formule n'est suffisante pour leur exprimer ma reconnaissance.

PRÉFACE

Le droit constitutionnel est communément défini comme l'ensemble des règles juridiques qui organisent la société et encadrent le pouvoir politique de l'État. Dans la plupart des pays du monde, en effet, ces règles se trouvent dans un unique document écrit, la Constitution. En tant qu'objet d'étude, le droit constitutionnel n'apparaît pas comme une construction toute faite. Il est le résultat d'un moment historique et procède d'abord du combat des hommes, plus précisément d'une volonté corporative, propre à un groupe social, de limitation du pouvoir politique. Ce n'est que bien après son apparition, au XVIIIe siècle, qu'il sera théorisé et qu'on lui conférera le statut abstrait d'une science normative. Mais cette science de l'agencement juridique des organes du pouvoir politique ne doit pas pour autant occulter la préoccupation du « bon gouvernement », au sens du fonctionnement optimal du régime politique.

C'est précisément ce à quoi s'attache le livre d'Arthur Braun, à cette « vieille idée neuve » qu'exprime le pouvoir « régulateur » du régime politique, expression moins ambiguë que celle de pouvoir « neutre » ou encore « modérateur ». Il s'agit d'attester l'existence, au sein de l'organisation constitutionnelle, d'un pouvoir spécifique chargé d'assurer et de garantir le fonctionnement régulier de la machinerie institutionnelle, dont le principe même est concomitant à l'apparition du constitutionnalisme. Partant du constat de l'absence d'étude d'ensemble d'une notion, certes extérieure à l'activité gouvernementale, mais pourtant bien présente dans la réalité institutionnelle en tant qu'instrument de mesure de l'efficacité du régime politique, l'auteur entend ainsi combler ce vide théorique par l'examen circonstancié des textes constitutionnels et de la pratique institutionnelle. Son projet est, par là même, de convaincre le lecteur de la réalité d'une notion juridique opératoire susceptible de fournir un instrument d'analyse original des régimes politiques.

À cette fin, la première partie de l'ouvrage s'attache à dégager la généalogie du pouvoir régulateur, en retraçant sa construction historique et intellectuelle, avant d'en esquisser, dans une deuxième partie, la morphologie, à savoir son contenu et sa fonction dans le constitutionnalisme contemporain. Il apparaît ainsi que l'approche contemporaine du pouvoir régulateur tend à réactualiser la vision classique qu'avait estompée, sans que cela soit de volonté délibérée, la conception normative de la Constitution, plus désincarnée. C'est dire qu'il existe bien un lien logique entre les deux parties de l'ouvrage qui, du reste, font chacune leur place aux apports décisifs des sciences techniques quant aux contours du pouvoir constitutionnel régulateur : à l'évocation de la cybernétique dans la seconde partie correspond celle de la mécanique dans la première partie, tant l'organisation constitutionnelle du pouvoir politique aura pu emprunter à cette dernière. De fait, cette métamorphose du pouvoir régulateur s'inscrit dans une évolution quant à la perception de la notion de Constitution, désormais plus abstraite, plus scientifique : l'on est ainsi passé d'un cadre du droit constitutionnel de nature mécaniste à un cadre systémique. Ce n'est pas là l'un des moindres mérites de l'ouvrage que de rappeler ce que, sur ce plan, le droit constitutionnel doit aux sciences exactes : qu'eut été, ainsi, la volonté générale de Jean-Jacques Rousseau sans la découverte du calcul infinitésimal par Leibniz ?

Mais le pouvoir régulateur n'est pas lui-même une abstraction. Dans la mesure où il remplit une fonction pratique en assurant la stabilité du régime politique et, partant, la permanence de la Constitution, il s'incarne avant tout dans ces organes que sont le chef d'État parlementaire et la cour constitutionnelle. De façon particulièrement subtile, mais tout aussi convaincante, l'auteur démontre que l'exercice du pouvoir régulateur par ces organes n'en fait ni un pouvoir gouvernemental, ni un pouvoir symbolique, quitte à le situer sur une ligne de crête. Car un tel pouvoir doit être forcément indépendant et requiert, pour cela, des garanties institutionnelles qui impliquent elles-mêmes un équilibre délicat. C'est sans doute la raison pour laquelle la fonction de régulation peut être plus aisément décelable que l'organe régulateur, dans la mesure où ce dernier n'exerce pas nécessairement et exclusivement une fonction de régulation. Ainsi le juge constitutionnel peut-il exercer une fonction de régulation qui ne saurait se confondre avec le contrôle de la constitutionnalité des lois, même si une telle fonction ne le place pas au même niveau que celle exercée par le chef d'État parlementaire, puisqu'elle participe d'un pouvoir général de contrôle dévolu au juge constitutionnel, non d'un pouvoir d'action. Au reste, il n'est pas exclu que cette fonction de régulation soit exercée simultanément par l'un et l'autre de ces deux organes, ce qui est susceptible de les placer en situation de concurrence potentielle, comme on a pu le constater en Roumanie : la cour constitutionnelle a en quelque sorte « configuré » la fonction de régulation remise au chef de l'État, se réservant celle de la garantie de la suprématie de la Constitution, aux termes de la révision constitutionnelle de 2003.

Au premier abord, le livre d'Arthur Braun pourra surprendre le lecteur d'aujourd'hui, habitué à voir dans le droit constitutionnel l'art d'ajuster les trois pouvoirs classiques de l'État – gouvernemental, parlementaire et juridictionnel – en vue de leur accord avec la société politique ; d'autant plus qu'aux États-Unis et en France, le chef de l'État préside et gouverne, soit en tant que chef de l'exécutif, soit en s'inscrivant dans une dyarchie gouvernementale. Or, cet accord ne peut être pratiquement réalisé sans l'existence de cet autre pouvoir qu'exprime la fonction de régulation du régime politique. Situé par la Constitution en position de surplomb institutionnel, le pouvoir régulateur n'en est pas moins appelé à jouer un rôle d'équilibre du régime politique entre sa neutralité constitutionnelle et l'équation gouvernementale dans certaines situations (majorité parlementaire défaillante, crise politique). Or, ce positionnement présente d'indéniables avantages par rapport au chef d'État gouvernant. Ce dernier, en effet, est le principal responsable d'une politique, surtout lorsqu'il est élu au suffrage universel direct comme en France, tout en étant politiquement irresponsable, dans la mesure où il n'existe pas de procédure pour le renverser, hormis le cas très particulier de la destitution. À ce titre, il doit assurer la continuité de l'État tout en déterminant la politique de la nation. De fait, il apparaît comme le principal protagoniste d'une éventuelle crise politique qu'il lui appartient pourtant de juguler. Il y a là une contradiction à laquelle tend au contraire à échapper le chef d'État régulateur. Ce positionnement doit toutefois être évalué par rapport à son statut constitutionnel, lequel fonde sa propre légitimité. Celle-ci provient, soit de son mode de désignation : parlementaire, comme en Italie, ou au suffrage universel direct, comme au Portugal ; mais aussi de l'histoire, comme en Espagne. Quoi qu'il en soit, la réalité constitutionnelle tend à témoigner de l'existence d'une véritable « magistrature d'influence » que le titulaire du pouvoir régulateur du régime politique est susceptible d'exercer en vue de la résorption de certaines crises politiques, auxquelles l'ouvrage consacre aussi d'amples développements.

Cette « magistrature d'influence » ne se donne à voir qu'à deux conditions : la première est constitutionnelle et tient à ce que la Constitution concernée attribue au chef de l'État un pouvoir de garantie (Italie) ou de régulation (Espagne, Grèce, Portugal) du système politique, avec des limites clairement identifiables. Ces dernières s'expliquant par l'irresponsabilité politique qui caractérise l'institution du chef de l'État. Celle-ci, en effet, l'empêche de pouvoir exercer une action politique dans un cadre démocratique. Mais, et c'est la seconde condition, ce positionnement institutionnel tend aussi à inclure une part potentielle d'influence que la Constitution ne peut évidemment prévoir ni quantifier. C'est dire qu'elle demeure circonscrite à certaines situations de fait. Or, celles-ci tiennent aussi à des déséquilibres institutionnels qui justifient que le chef d'État en cause s'implique pleinement et activement dans ses fonctions constitutionnelles et dans l'exercice de ses attributions afférentes.

En d'autres termes, la « magistrature d'influence » y trouve l'occasion de déployer un véritable activisme constitutionnel par l'accomplissement scrupuleux des missions que la Constitution lui confère. Plus largement, en situation de crise politique, voire institutionnelle, ce rôle tend à identifier la « magistrature d'influence » à la démocratie, dans la mesure où elle s'en considère le garant, à la fois par intérêt politique et par mandat constitutionnel.

Certes, le livre d'Arthur Braun ne va pas jusqu'à une telle valorisation ni appréciation du pouvoir régulateur ; il entend avant tout assurer le lecteur de sa réalité institutionnelle et de sa récurrence dans le droit constitutionnel : consubstantiel au constitutionnalisme, le pouvoir régulateur en aura aussi accompagné les mutations. C'est au lecteur qu'il appartient de juger de cette vertu du pouvoir régulateur du régime politique.

Nul doute que le lecteur, ainsi édifié par cette brillante démonstration, ne manquera pas de s'interroger sur le destin présent du droit constitutionnel français de la Cinquième République. Il n'est pas exagéré d'affirmer que celui-ci est en crise systémique et que cette crise est, pour l'essentiel, due à ce que l'on tend aujourd'hui à nommer la « verticalité » du pouvoir politique. Il faut entendre par là la captation tout entière du pouvoir gouvernemental par le président de la République, de sorte que celui-ci devient le seul comptable d'une politique qu'il détermine et met en œuvre tout uniment. Dans ces conditions, que survienne une situation de crise politique et institutionnelle, il n'existe aucun moyen de régulation interne au système, sauf à faire directement appel au peuple, dans la grande tradition française, plébiscitaire et bonapartiste. Mais le peuple n'est pas un régulateur. Il est le souverain ultime, ce qui n'est pas la même chose.

STÉPHANE PIERRÉ-CAPS
Professeur émérite de l'Université de Lorraine

SIGLES ET ABRÉVIATIONS

ABJC	*Annuaire béninois de justice constitutionnelle*
AFDC	Association française de droit constitutionnel
AFSP	Association française de science politique
Afrilex	*Afrilex. Revue d'étude et de recherche sur le droit et l'administration dans les pays d'Afrique*
AJDA	*Actualité juridique droit administratif*
AIJC	*Annuaire international de justice constitutionnelle*
al.	*alinéa*
APD	*Archives de philosophie du droit*
art.	article(s)
Ass.	Assemblée
BCSP	Bibliothèque constitutionnelle et de science politique
BDP	Bibliothèque de droit public
BHDDR	Bibliothèque d'histoire du droit et droit romain
C. const.	Conseil constitutionnel
CCB	Cour constitutionnelle du Bénin
CCC	*Cahiers du Conseil constitutionnel*
CCG	Cour constitutionnelle de la République gabonaise
CE	Conseil d'État
CEAN	Centre d'étude d'Afrique noire
chap.	chapitre
chron.	chronique
Constitutions	*Constitutions. Revue de droit constitutionnel appliqué*
CUP	Cambridge University Press
D.	*Recueil Dalloz*

déc.	décembre ou décision
dir.	sous la direction de
Droits	*Revue française de théorie juridique* puis *Droits – Re* *française de théorie, de philosophie et de culture juridiq*
éd.	édition(s)
EDCE	*Études et documents du Conseil d'État*
Espoir	*Espoir – Revue de la Fondation Charles de Gaulle*
et al.	*et alius* ou *et alii*
EuConst.	*European constitutional law review*
EUD	Éditions universitaires de Dijon
ex.	exemple
févr.	février
Histoire@Politique	*Histoire@Politique. Politique, culture, société. Re* *électronique du Centre d'histoire de Sciences Po*
Ibid.	*Ibidem*
Id.	*Idem*
IEP	Institut d'études politiques
janv.	Janvier
JO	*Journal officiel*
JORF	*Journal officiel de la République française*
JP blog	*JP blog, le blog de Jus politicum, revue internationale* *droit constitutionnel*
juil.	juillet
JuS	*Juristische Schulung*
Jus politicum	*Jus politicum – Revue de droit politique*
LGDJ	Librairie générale de droit et de jurisprudence
LPA	*Les Petites affiches*
Loc. cit.	*Loco citato*
MRP	Mouvement républicain populaire

n.	note de bas de page
n°	numéro
NBT	Nouvelle bibliothèque de thèses
not.	notamment
nov.	novembre
NRF	Nouvelle Revue française
oct.	octobre
op. cit.	*opus citatum*
OUP	Oxford University Press
p.	page(s)
pp.	plage de numéros de pages
Parlement[s]	*Parlement[s], Revue d'histoire politique*
Pouvoirs	*Pouvoirs – Revue française d'études constitutionnelles et politiques*
préc.	précité
Puf	Presses universitaires de France
PUG	Presses universitaires de Grenoble
PUQ	Presses de l'Université du Québec
PUR	Presses universitaires de Rennes
PUS	Presses universitaires de Strasbourg
QSJ ?	Que sais-je ?
RA	*La Revue administrative*
RD McGill	*Revue de droit de McGill*
RDP	*Revue de Droit public et de la science politique en France et à l'étranger*
Rec.	*Recueil*
RECEO	*Revue d'études comparatives Est-Ouest*
RFAP	*Revue française d'administration publique*
RFDA	*Revue française de droit administratif*

RFDC	*Revue française de droit constitutionnel*
RFHIP	*Revue française d'histoire des idées politiques*
RFSP	*Revue française de science politique*
RHFD	*Revue d'histoire des facultés de droit et de la cult juridique*
RIDC	*Revue internationale de droit comparé*
RJO	*Revue juridique de l'Ouest*
RRJ	*Revue de la recherche juridique – droit prospectif*
s.	suivant(e)s
sept.	septembre
t.	tome(s)
URSS	Union des républiques socialistes soviétiques
v.	voir
v°	aller au mot dans un dictionnaire ou dans un réperto alphabétique
vol.	volume(s)
ZaöRV	*Zeitschrift für ausländisches öffentliches Recht Völkerrecht*

SOMMAIRE

SECONDE PARTIE. LES MANIFESTATIONS INSTITUTIONNELLES CONTEMPORAINES DU POUVOIR RÉGULATEUR

INTRODUCTION GÉNÉRALE

1. « Avec une seule chambre et un roi, il vous arrivera de deux choses l'une : l'anarchie, si les deux pouvoirs se combattent ; le despotisme, s'ils s'entendent. [...] Le remède à ces maux était dans l'établissement d'un pouvoir régulateur, et votre constitution n'en a point admis »[1]. Ces propos de Stanislas de Clermont-Tonnerre en 1791, par lesquels il entendait souligner les faiblesses intrinsèques de la constitution adoptée par l'Assemblée nationale, mettent en exergue l'ancienneté et le contenu de l'idée de pouvoir régulateur en droit constitutionnel. Celle-ci correspond à la volonté, récurrente durant les débats de la Révolution française, d'instaurer un nouveau pouvoir impartial et indépendant des autres qui soit en mesure de maintenir ou de rétablir leur équilibre afin d'assurer le fonctionnement régulier des institutions politiques.

2. La perspective d'une tierce-instance purement régulatrice s'est depuis lors maintenue jusque dans le droit constitutionnel contemporain, sous des appellations et des formules extrêmement diverses : pouvoir neutre, pouvoir modérateur, arbitrage, gardien de la constitution... Constatant l'absence de modélisation doctrinale générale en la matière, la présente étude entend s'interroger sur la réalité de ce phénomène et, partant, sur la pertinence de raisonner en termes de pouvoir régulateur en droit constitutionnel.

3. Le pouvoir régulateur connut un accomplissement théorique sous la plume de Benjamin Constant entre 1800 et 1815. Ce dernier défendait la nécessité d'inclure en sus des trois pouvoirs traditionnels un pouvoir « neutre » ou « préservateur » confié au roi ou à une assemblée spécialement créée à cet effet, car « lorsque les pouvoirs publics se divisent, et sont prêts à se nuire, il faut une autorité neutre qui fasse à leur égard ce que le pouvoir judiciaire fait à l'égard des individus »[2]. La doctrine constantienne du pouvoir neutre, en particulier dans sa version monarchique, représente assurément la formulation la plus célèbre de l'idée de pouvoir régulateur[3]. Elle fut

[1] S. de CLERMONT-TONNERRE, *Analyse raisonnée de la constitution française décrétée par l'assemblée nationale ; Des années 1789, 1790 et 1791, in id., Œuvres complètes*, Paris, chez Letellier, an III, vol. 4, p. 316.

[2] B. CONSTANT, *Fragments d'un ouvrage abandonné sur la possibilité d'une constitution républicaine dans un grand pays*, éd. établie par H. GRANGE, Paris, Aubier, 1991, p. 390.

[3] « Le pouvoir royal [...] est un pouvoir neutre. Celui des ministres est un pouvoir actif. Pour expliquer cette différence, définissons les pouvoirs politiques, tels qu'on les a connus jusqu'ici. Le pouvoir exécutif, le pouvoir législatif, et le pouvoir judiciaire, sont trois ressorts qui doivent coopérer, chacun dans sa partie, au mouvement général : mais quand ces ressorts dérangés se croisent, s'entre-choquent et s'entravent, il faut une force qui les remette à leur place. Cette force ne peut pas être dans l'un des ressorts, car elle lui servirait à détruire les autres. Il faut qu'elle soit en dehors, qu'elle soit neutre, en quelque sorte, pour que son action s'applique nécessairement partout où il est nécessaire qu'elle soit appliquée, et pour qu'elle soit

directement invoquée par les rédacteurs de la Constitution brésilienne de 1824 et de la Charte constitutionnelle portugaise de 1826 pour instituer un « pouvoir modérateur » exercé par l'empereur ou le roi[4].

4. Bien évidemment, le contexte doit être pris en compte. Lorsque Benjamin Constant présente sa théorie, les mécanismes du parlementarisme telle la responsabilité ministérielle demeuraient encore au stade embryonnaire tandis que les partis politiques, qui structurent les démocraties modernes devenues depuis lors des « États de partis » (*Parteienstaat*), étaient particulièrement peu développés. Or « [l]a notion de pouvoir régulateur apparaît [...] intimement liée à une conception particulière de l'équilibre des pouvoirs »[5] qui peut aujourd'hui sembler dépassée par l'expansion du phénomène partisan. La création et le développement d'organisations partisanes relativement centralisées et disciplinées tendent en effet à brouiller la distinction entre le ou les partis qui contrôlent le parlement et le gouvernement qui en est issu[6]. En outre, la croissance fulgurante de l'interventionnisme étatique tout au long du XXe siècle a mené à des transferts de compétences du parlement vers le gouvernement, plus à même d'agir dans l'urgence tout en déterminant et conduisant une politique générale. Comme l'écrit Julien Boudon, « les institutions libérales ont été dévoyées de l'intérieur : l'exécutif a subjugué le législatif – notamment parce qu'il a cessé depuis fort longtemps [...] d'être un exécutant et qu'il est devenu un législateur de premier ordre »[7].

5. Pourtant, le principe de la séparation des pouvoirs reste présenté comme le principal critère distinctif des démocraties libérales, en tant qu'il est un instrument de modération du pouvoir politique. Ainsi, la restauration de l'autonomie du parlement face à l'Exécutif, autrement dit la réaffirmation d'une forme de séparation des pouvoirs, apparaît comme le principal objectif

---

préservatrice, réparatrice, sans être hostile. La monarchie constitutionnelle crée ce pouvoir neutre, dans la personne du chef de l'État. L'intérêt véritable de ce chef n'est aucunement que l'un des pouvoirs renverse l'autre, mais que tous s'appuient, s'entendent et agissent de concert » (B. CONSTANT, *Principes de politique applicables à tous les gouvernements représentatifs et particulièrement à la Constitution actuelle de la France*, *in id.*, *Écrits politiques*, éd. établie par M. GAUCHET, Paris, Gallimard, « Folio essais », 1997, p. 324).

[4] L'article 98 de la Constitution brésilienne du 25 mars 1824 prévoyait que « [l]e pouvoir modérateur est la clef de toute l'organisation politique, et il est délégué de manière exclusive à l'empereur, comme chef suprême de la nation et son premier représentant, afin qu'il veille sans cesse sur le maintien de l'indépendance, de l'équilibre et de l'harmonie des pouvoirs politiques ». En des termes identiques, l'article 71 de la Charte constitutionnelle portugaise du 29 avril 1826 attribuait le pouvoir modérateur au roi.

[5] S. BAUME, « De l'usage des pouvoirs neutres », *Pouvoirs*, 2012/4 n° 143, p. 23.

[6] Ce constat fut notamment formulé par G. VEDEL, « Le problème des rapports du législatif et de l'exécutif présenté au Congrès de l'Association internationale de science politique », *RFSP*, 8e année, 1958/4, pp. 757-781.

[7] J. BOUDON, *La passion de la modération d'Aristote à Nicolas Sarkozy*, Paris, Dalloz, « Les sens du droit », 2011, p. 99.

de la révision constitutionnelle de 2008 en France[8]. Tout continue en fait comme si le principe de la séparation des pouvoirs exécutif, législatif et judiciaire était ou devait être la base de la structure et du fonctionnement des régimes politiques contemporains.

6. Dans ces conditions, la problématique classique de l'équilibre des pouvoirs demeure récurrente et s'accompagne de la possibilité d'un pouvoir neutre et régulateur chargé de préserver cet équilibre. Car quelles que soient ses modalités d'organisation, « [l]a division qui règne entre les pouvoirs avive le besoin d'une instance régulatrice »[9], relève Sandrine Baume. Et de fait, cette thématique fait aujourd'hui encore l'objet d'une réflexion persistante. En 2009, Matthias Herdegen s'interrogeait ainsi sur l'existence et la localisation d'un pouvoir neutre et régulateur dans nos États de droit démocratiques contemporains[10].

7. D'où une première question à l'origine de notre étude : *quelle est l'actualité de la notion de pouvoir régulateur dans le droit constitutionnel contemporain ?* Une seconde question, qui fera office de fil conducteur, s'impose alors : *quelle est la consistance juridique de la notion de pouvoir régulateur ?* Pour y répondre, nous serons amené à examiner l'utilité et le contenu de la notion de pouvoir régulateur. Au préalable, il convient de préciser l'objet de cette étude (§ I), souligner son intérêt (§ II), délimiter son cadre épistémologique (§ III) et enfin exposer sa problématique et son plan (§ IV).

§ I. L'OBJET DE L'ÉTUDE : LE POUVOIR RÉGULATEUR DU RÉGIME POLITIQUE

8. Avant toute chose, il nous faut clarifier la différence entre un mot (ou un terme ou encore une formule) et un concept. Comme l'explique Uberto Scarpelli, le mot (ou le terme ou encore la formule) est une « expression linguistique [...] porteur de la signification [...]. Elle se trouve dans un système de relations avec d'autres expressions linguistiques et avec des entités non linguistiques, ce qui constitue précisément la signification »[11]. Quant au concept, il « peut être compris comme la signification portée par une certaine

---

[8] Loi constitutionnelle n° 2008-724 du 23 juillet 2008 de modernisation des institutions de la Ve République. L'exposé des motifs indique que « [l]e texte s'articule autour de trois orientations qui se confortent mutuellement : un pouvoir exécutif mieux contrôlé, un Parlement profondément renforcé et des droits nouveaux pour les citoyens ».

[9] S. BAUME, « De l'usage des pouvoirs neutres », art. préc., p. 17.

[10] M. HERDEGEN, « Verfassungsgerichtsbarkeit als *pouvoir neutre* », *ZaöRV*, 2009, n° 69, pp. 257-258.

[11] U. SCARPELLI, *Qu'est-ce que le positivisme juridique ?*, Paris et Bruxelles, LGDJ et Bruylant, « La pensée juridique », 1996, p. 4.

expression linguistique, mais il peut éventuellement en même temps être également porté par d'autres expressions différentes [...] »[12].

9. Des termes qui composent l'expression « pouvoir régulateur du régime politique », le qualificatif « régulateur » est probablement celui qui se laisse le moins aisément saisir par le juriste. Issu de disciplines extra-juridiques – en particulier la mécanique – et importé dans le domaine du droit constitutionnel, le terme « régulateur » relève directement du phénomène de « double appartenance »[13] linguistique en ce qu'il appartient à la fois au vocabulaire extra-juridique courant et à la terminologie juridique, notamment constitutionnelle. Ceci explique que le concept de régulateur souffre d'une certaine indétermination sémantique. Une approche étymologique[14] du mot « régulateur », qui révèle un caractère polysémique source de difficultés conceptuelles, s'impose (A). Il sera ensuite indispensable de préciser ce que nous entendons par « régime politique », qui représente à la fois le cadre et l'objet du pouvoir régulateur (B). Enfin, le terme « pouvoir » devra être explicité pour apporter une définition stipulative de notre objet d'étude (C).

A. LE MOT « RÉGULATEUR » : APPROCHE ÉTYMOLOGIQUE DE LA POLYSÉMIE

10. Fixer une définition juridique unique et cohérente du mot « régulateur » semble *a priori* particulièrement malaisé. La principale difficulté tient au fait que ses significations dans le langage courant sont contradictoires. En outre, la liaison originaire avec le mot « régulation » est source de complexité supplémentaire. Longtemps, la régulation ne fut définie qu'à l'aune du mot « régulateur », dont l'emploi dans le langage courant est plus ancien, et de ses significations. Par exemple, le *Littré* définit seulement la régulation comme « l'action régulatrice ». Il est vrai que les deux mots partagent la même racine latine, étant tous deux savamment dérivés du bas latin *regulare*, « diriger, régler », qui provient du latin classique *regula*, « règle ». Pour autant, si le mot « régulateur » conserve des significations propres (1°), l'autonomisation progressive de la régulation, à partir du XIXe siècle, lui fait acquérir un nouveau sens dérivé (2°) qui ne remplace pas les anciens mais s'y superpose : les contours du mot et du concept de régulateur deviennent de plus en plus flous.

---

[12] *Loc. cit.*

[13] V. G. CORNU, *Linguistique juridique*, 2e éd., Paris, Montchrestien, « Domat droit privé », 2000, not. p. 70 et s.

[14] L'étymologie est l'« [e]xplication de l'origine et de l'évolution historique d'un mot particulier », *Dictionnaire de l'Académie française*, 9e éd.

1°) Les significations originaires du mot « régulateur »

11. La double nature, nominale et adjectivale, du mot « régulateur » renforce sa polysémie. Le nom « régulateur » fit son apparition au XVIIIe siècle dans le domaine des sciences techniques où il désigne « un système de commande destiné à maintenir constante la valeur d'une grandeur »[15]. C'est ainsi que le régulateur à boules conçu par James Watt en 1790 rendit possible la diffusion de la machine à vapeur en éliminant les risques d'explosion. Le substantif « régulateur » est donc avant tout un terme de la mécanique[16] qui sert à qualifier « toute pièce, tout appareil, qui s'applique à une machine pour en régler le mouvement », d'après la définition du *Littré*.

12. En tant qu'adjectif, le terme « régulateur » possède un double usage, selon qu'il se réfère au verbe « régler » ou au verbe « régulariser ». Au XVIe siècle, il fut ponctuellement employé pour qualifier une personne « qui règle quelque chose, en assure la direction »[17]. On retrouvera cette définition au XIXe siècle : est régulateur ce « qui sert de règle, qui règle »[18]. Avant cela, l'adjectif « régulateur » réapparut à la fin du XVIIIe siècle comme dérivatif du nom « régulateur », dont il conserve l'acception mécanique et technique pour désigner « ce qui règle, amène une régularité »[19]. De la sorte, le vocable « régulateur » se définit également par rapport au verbe régulariser : est régulateur « ce qui régularise » (*Littré*). Les deux mots ont en commun une racine latine : le verbe « régulariser », qui signifie « rendre régulier » (*Littré*), provient du latin *regularis*, « qui sert de règle », issu de *regula*. Cette référence, plus récente, n'apparaît que dans la huitième édition du *Dictionnaire de l'Académie française* (1932-1935). En ce sens, le *Cornu* qualifie de régulateur « ce qui a pour fin de normaliser, de *régulariser* le cours d'activités ou d'opérations diverses »[20].

---

[15] V° « Régulier, ière » *in* A. REY (dir.), *Dictionnaire historique de la langue française*, Paris, Le Robert, 2010.

[16] Le nom « régulateur » est historiquement employé dans de multiples domaines techniques : en horlogerie (1728, régulateur de montre), il désigne la « pièce qui régularise le mécanisme d'une montre ou d'une horloge et, [spécialement, le] balancier qui régularise le mouvement d'une horloge à poids. [Il désigne] aussi une horloge de précision dont la marche parfaitement régulière sert d'étalon » (*Dictionnaire de l'Académie française*, 9e éd.). En plomberie, le régulateur est l'«armure du laminoir, qui dirige la pression des tables qu'on lamine, afin qu'elles ne soient pas plus pressées d'un côté que de l'autre » (*Littré*). En métallurgie, le régulateur de soufflet est le réservoir dans lequel se condense l'air qui sort des soufflets. En agriculture, il désigne une partie de la charrue. En fonderie, le régulateur du feu sert à procurer un degré de chaleur déterminé et à le conserver (*Littré*).

[17] *Dictionnaire historique de la langue française*, *op. cit.*

[18] V° « Régulateur, trice » *in Dictionnaire de l'Académie française*, 6e et 7e éd. (1835 et 1879).

[19] *Dictionnaire historique de la langue française*, *op. cit.*

[20] V° « Régulateur, trice » *in* G. CORNU (dir.), *Vocabulaire juridique*, 12e éd., Paris, Puf, « Quadrige », 2018, p. 886. Nous soulignons.

13. Or les verbes « régler » et « régulariser » possèdent des significations très différentes qui déterminent celles du vocable « régulateur ». Le régulateur est « celui qui conduit, qui dirige »[21], qui « ordonne », « met en ordre », « donne des ordres »[22]. Dans l'organisme, l'hypophyse qui produit des hormones est le régulateur de nombreuses fonctions du corps humain. Suivant une seconde acception qui se rapporte à celle du verbe « régulariser » comme dérivé du terme « régulier »[23], « est régulateur ce qui permet d'assurer une continuité, une constance »[24]. En ce sens, les machines dites automatiques sont elles aussi dotées de régulateurs : dans un chauffage central, le démarrage de la chaudière et le débit d'eau des radiateurs varient selon la température grâce à un régulateur.

14. Les acceptions du nom féminin « régulation » se trouvent directement marquées par la double signification du vocable « régulateur » dont il dérive. Conséquemment, la régulation peut consister en « l'action de régler »[25] mais également en « l'action de régulariser »[26]. Cette référence concomitante au verbe « régler » et au verbe « régulariser » pour définir la régulation est une manifestation de sa polysémie.

15. Dépassant sa liaison originaire avec le vocable « régulateur », la régulation va progressivement acquérir un sens autonome duquel découleront le verbe « réguler » ainsi qu'une redéfinition du vocable « régulateur ».

2°) L'autonomisation progressive de la régulation et l'acquisition d'une signification dérivée par le mot « régulateur »

16. Dans son sens ancien de « domination », le vocable « régulation » apparut brièvement vers 1460 en tant que dérivé savant du verbe « réguler », transposition du bas latin *regulare* attesté en France en 1368 dans les traductions françaises d'Aristote par Oresme. Le verbe « réguler » signifiait alors « décider quelque chose », « déterminer »[27] avant de tomber en désuétude pendant plusieurs siècles. Partant, la régulation consista en premier

---

[21] V° « Régulateur » *in Dictionnaire de l'Académie française*, 6e, 7e et 8e éd. (1835, 1879 et 1932-1935).

[22] L. CALANDRI, *Recherche sur la notion de régulation en droit administratif français*, Paris, LGDJ, « BDP », t. 259, 2008, p. 5.

[23] Dès le XVIIIe siècle, « régulariser » signifie « rendre régulier, assujettir à un ordre, à un rythme déterminé », *Dictionnaire historique de la langue française*, *op. cit.*

[24] L. CALANDRI, *op. cit.*, p. 5.

[25] V° « Régulation » *in* Dictionnaire *Le Petit Larousse* (éd. de 2015) ; G. CORNU (dir.), *op. cit.*, p. 886.

[26] Le dictionnaire *Hachette* indique que la régulation est « l'action de régler, de régulariser un mouvement, un débit ».

[27] *Dictionnaire historique de la langue française*, *op. cit.*

lieu en l'action de « régler » pris dans le sens latin de *regulare*, « soumettre à une règle »[28].

17. On peut également mettre en parallèle la régulation et la réglementation, qui partagent une même racine latine – elles dérivent toutes deux du latin classique *regula* – et l'idée de commandement, de direction. La confusion récurrente entre les deux termes ne provient donc pas seulement d'une mauvaise réception du terme anglo-saxon *regulation* ; elle est pareillement entretenue par leur racine latine commune.

18. Le sens du vocable « régulation » a ensuite rapidement évolué avec la généralisation de son usage durant le XIXe siècle. Si elle renvoie toujours au verbe « régler » entendu comme le fait de « déterminer, décider d'une façon définitive », la régulation devient également le fait de régler dans le sens de « mettre en ordre » (*Littré*). Cette seconde acception se réfère à la « régularisation », prise en son sens générique comme l'« action de rendre un acte ou une situation conforme à la règle »[29]. Par ce biais, la régulation acquit progressivement une définition spécifique caractérisée par les idées de constance et de stabilité[30].

19. Aujourd'hui, le mot « régulation » dispose dans la plupart des dictionnaires d'une définition propre introduisant les idées de constance et de stabilité. La signification contemporaine du verbe « réguler », qui réapparaît au XXe siècle, dérive directement de la signification autonome du nom « régulation ». C'est ainsi que « réguler » désigne désormais le fait d'« assurer la régulation »[31], de « soumettre à une régulation »[32] entendue comme l'action qui consiste à « assurer un bon fonctionnement, un rythme régulier »[33], le « fait d'assurer le fonctionnement correct (d'un système complexe) »[34]. On retrouve pareillement l'idée de maintien en équilibre : la régulation apparaît comme un « *équilibrage* d'un ensemble mouvant d'initiatives naturellement désordonnées par des interventions normalisatrices »[35]. L'Académie française retient une définition semblable de la régulation dans la dernière édition de

---

[28] V° « Régulation » *in* A.-J. ARNAUD (dir.), *Dictionnaire encyclopédique de théorie et de sociologie du droit*, 2e éd., Paris, LGDJ, 1993, p. 521.

[29] V° « Régularisation », *in* G. CORNU (dir.), *op. cit.*, p. 886.

[30] En physiologie, par exemple, la régulation désigne le « mécanisme nerveux ou hormonal assurant l'équilibre physiologique de l'organisme par le maintien des *constantes* biologiques, physiques ou chimiques de celui-ci » (*Dictionnaire de l'Académie française*, 9e éd., nous soulignons). Il en va de même pour la régulation automatique, définie dans la *Grande Encyclopédie Larousse* (éd. de 1976) comme étant « la branche de l'automatique qui traite des systèmes asservis, ou asservissements industriels, dans lesquels la grandeur d'entrée ou de référence, dont la valeur est appelée valeur de consigne ou simplement consigne, est *constante* ou varie lentement dans le temps » (nous soulignons).

[31] V° « Réguler » *in Le Petit Larousse* ; *Dictionnaire de l'Académie française*, 9e éd.

[32] V° « Réguler » *in Le Robert* (éd. de 2015).

[33] V° « Régulation » *in Le Petit Larousse*.

[34] V° « Régulation » *in Le Robert* (éd. de 2015).

[35] V° « Régulation » *in* G. GORNU (dir.), *op. cit.*, p. 886. Nous soulignons.

son dictionnaire : « le fait de contrôler et de corriger les données variables d'un système, d'un phénomène pour les rendre conformes à une norme, pour maintenir leur valeur d'*équilibre* »[36]. Ces idées de constance, d'équilibre, de fonctionnement correct ou encore de régularité sont à la base de la conception autonome de la régulation.

20. L'approche étymologique du vocable « régulation » révèle que ce mot a progressivement acquis une signification propre de laquelle découlent les nouvelles significations du verbe « réguler » – assurer la régulation – et du mot « régulateur ». Si ce dernier conserve une définition propre liée à son usage originaire dans les sciences techniques, il est désormais appréhendé à titre principal comme un dérivé du sens autonome de la régulation. De nos jours, le substantif « régulateur » désigne un « appareil ou dispositif de *régulation* » ou encore une « personne ou [un] organisme qui assure la *régulation* d'une activité, d'un système complexe, qui contrôle leur fonctionnement, oriente leur évolution »[37]. Quant à l'adjectif « régulateur », il qualifie ce « *qui assure la régulation* d'un système, d'un phénomène, d'une activité »[38]. Dès lors, il nous faut préciser de quoi le pouvoir régulateur assure la régulation.

B. RÉGULATION DE QUOI ? LE RÉGIME POLITIQUE, CADRE ET ENJEU DU POUVOIR RÉGULATEUR

21. « Mais régulation de quoi au fait ? »[39], pourrait-on s'interroger. Sur la base de notre analyse lexicale du vocable « régulateur », il est possible de dire que le pouvoir régulateur est celui qui assure la régulation du *régime politique*. Le mot « régime » provient du latin *regimen*, qui désigne le gouvernail d'un navire et, par extension, la direction, la conduite, le gouvernement – en particulier d'un État (*Gaffiot*). Au sens large, le régime renvoie au « [m]ode d'organisation d'une société, d'un État » et à l'« ensemble des institutions, des pratiques, des idées qui le caractérisent »[40], c'est-à-dire au système politique, compris comme « l'ensemble des processus de décision qui concernent la totalité d'une société globale »[41]. En considérant plus spécifiquement

---

[36] V° « Régulation » *in Dictionnaire de l'Académie française*, 9e éd., nous soulignons.

[37] V° « Régulateur, -trice », *in Dictionnaire de l'Académie française*, 9e éd., nous soulignons. À titre d'exemple, l'« agent chargé de la régulation des trains » (*Le Petit Larousse*) ou la « personne qui s'occupe de la régulation du trafic » (*Le Robert*) sont des régulateurs.

[38] *Loc. cit.*, nous soulignons.

[39] E. d'HOMBRES, « Régulation par qui ? Régulation de quoi ? », *Raisons politiques*, 2007/4 n° 28, p. 135.

[40] V° « Régime » *in Trésor de la langue française*.

[41] J.-W. LAPIERRE, *L'analyse des systèmes politiques*, Paris, Puf, « Le sociologue », 1973, p. 34. Pour une définition encore plus large, v. par ex. R. DAHL, *L'analyse politique contemporaine*, Paris, Robert Laffont, « Science nouvelle », 1973, p. 28 : « [u]n système politique est n'importe quel ensemble constant de rapports humains qui impliquent, dans une mesure significative, des relations de pouvoir, de gouvernement ou d'autorité ».

l'agencement et le fonctionnement du pouvoir *politique*, le régime correspond à la « manière dont le pouvoir politique s'exerce »[42] ou à la « forme de gouvernement définie par un ensemble de règles et de principes »[43] – sachant que le mot « gouvernement » vient du latin *gubernaculum* qui signifie lui aussi le gouvernail (d'un navire).

22. Suivant la formule de Georges Burdeau, « [u]n régime politique est défini par l'ensemble des règles, recettes ou pratiques selon lesquelles, dans un pays donné, les hommes sont gouvernés »[44]. Il est parfois entendu au sens strict, pour désigner uniquement « la norme constitutionnelle, telle qu'elle est prévue par le texte »[45]. Cette dimension représente effectivement une part importante du régime politique d'un État. Ce dernier « résulte largement de son architecture constitutionnelle puisqu'une Constitution [...] détermine la manière dont un État sera piloté par des autorités politiques légitimes, distinctes et limitées »[46]. Pour autant, souligne Julien Boudon, « le droit constitutionnel ne dit pas tout, loin s'en faut, d'un régime politique donné [...]. Le comportement des acteurs politiques n'est qu'en partie informé par les règles juridiques »[47]. Le droit constitutionnel demeure fondamentalement un droit politique.

23. « [P]our l'essentiel, un régime politique se définit par les relations qui s'établissent entre les institutions politiques »[48]. Mais ces relations ne sont pas automatiquement produites par les normes constitutionnelles. Celles-ci ne fournissent qu'une « structure gouvernementale »[49], ou plus précisément « les rudiments de ce qui doit constituer un cadre structurel (relativement incomplet) qui permettra d'articuler les relations entre les différentes institutions (ou organes) de gouvernement »[50]. Le régime politique consiste en

---

[42] V° « Régime » *in Trésor de la langue française*.

[43] V° « Régime » *in Dictionnaire de l'Académie française*, 9e éd.

[44] G. BURDEAU, *Traité de science politique*, t. 5, *Les régimes politiques*, *Traité de science politique*, 3e éd., Paris, LGDJ, 1984, § 11.

[45] M.-A. COHENDET, *Droit constitutionnel*, 3e éd., Issy-les-Moulineaux, LGDJ-Lextenso, « Cours », 2017, p. 177. Dans le modèle d'analyse proposé par le professeur Cohendet, « le système politique correspond aux faits, à la pratique, à l'application de la Constitution ». Nous ne retiendrons pas cette qualification afin d'éviter toute confusion avec la définition large du système politique par les politistes et sociologues (v. *supra*, n. 41). Cela ne nous empêchera pas de distinguer, lorsque cela sera nécessaire, le texte constitutionnel de sa pratique politique concrète.

[46] J. BOUDON, *Manuel de droit constitutionnel. Théorie générale – Histoire – Régimes étrangers*, Paris, Puf, « Droit fondamental », 2015, p. 155.

[47] *Loc. cit.*

[48] Ph. ARDANT, B. MATHIEU, *Droit constitutionnel et institutions politiques*, 28e éd., Issy-les-Moulineaux, LGDJ-Lextenso, « Manuel », 2016, p. 223.

[49] Ch. CADOUX, *Droit constitutionnel et institutions politiques. Théorie générale des institutions politiques*, Paris, Éd. Cujas, « Collection des cours et manuels de la Faculté de droit et des sciences économiques de Madagascar », 1973, p. 241.

[50] A. LE DIVELLEC, « Le juge constitutionnel et les relations entre les parlements et le pouvoir exécutif. Les limites de la régulation juridictionnelle d'un système de gouvernement », *in* S. MOUTON (dir.), *Le*

cette articulation globale qui elle-même est issue de la « combinatoire »[51] – pour reprendre un terme employé par Jean-Luc Parodi – entre les dispositions constitutionnelles formelles et d'autres facteurs politiques, juridiques ou non[52].

24. Conséquemment, nous ferons nôtre la belle définition de Maurice Duverger suivant laquelle les régimes politiques sont « [...] des ensembles cohérents et coordonnés d'institutions [politiques], dont il est artificiel de séparer les différents éléments. Il y a une interdépendance étroite entre toutes les institutions d'un même régime [...] »[53]. On ajoutera que le régime politique est institué, entre autres choses, par des dispositions du droit constitutionnel positif[54] et qu'il a pour raison d'être d'exercer le gouvernement d'un groupe social donné[55]. Spécialement conçu pour favoriser le fonctionnement régulier du régime politique, le pouvoir régulateur en est évidemment partie prenante.

C. Régulation par qui ? Le pouvoir régulateur, fonction et organe au sein du régime politique

25. En droit constitutionnel, le mot « pouvoir » est ambivalent puisqu'il permet de qualifier à la fois une fonction et un organe de l'État[56], l'État étant ici compris comme « l'appareil gouvernant de cette unité sociale, de cette collectivité politique que l'on dénomme également État – et non pas cette

---

régime représentatif à l'épreuve de la justice constitutionnelle, Issy-les-Moulineaux, LGDJ-Lextenso, « Grands Colloques », 2016, p. 161.

[51] J.-L. PARODI, « Effets et non-effets de l'élection présidentielle au suffrage universel direct », *Pouvoirs*, 1980/3 n° 14, p. 5.

[52] La définition donnée par Ch. CADOUX (*op. cit.*, p. 410) va en ce sens : « [p]our définir les régimes politiques, il faut retenir non seulement les types de structure gouvernementale mais aussi les données idéologiques [...]. C'est donc *l'ensemble complet des mécanismes constitutionnels, du jeu des forces politiques sur leur fonctionnement, et de l'esprit des institutions* qu'il faut envisager dans ce qu'ils ont de spécifique » (il souligne).

[53] M. DUVERGER, *Droit constitutionnel et institutions politiques. Théorie générale des régimes politiques*, Paris, Puf, « Thémis », 1959, p. 11.

[54] Le régime politique appartient à ce qu'Armel Le Divellec appelle un « ordre constitutionnel », lequel recouvre plusieurs domaines institués par le droit constitutionnel : le « mode de gouvernement, un système de garantie des droits individuels et d'autres éléments structurants – par exemple, en matière économique et sociale » (A. LE DIVELLEC, « Le juge constitutionnel et les relations entre les parlements et le pouvoir exécutif. Les limites de la régulation juridictionnelle d'un système de gouvernement », art. préc., p. 163).

[55] A. LE DIVELLEC préfère d'ailleurs parler de « système de gouvernement » pour désigner « la manière relativement cohérente et stable dont doit être exercé, de l'aveu général ou quasi-général, le pouvoir de direction d'un corps politique » (*ibid.*, p. 161).

[56] V° « Pouvoir » *in* G. CORNU, *op. cit.*, p. 784 ; J. BOUDON, *Manuel de droit constitutionnel. Théorie générale – Histoire – Régimes étrangers*, *op. cit.*, pp. 92-93 ; *id.*, « La séparation des pouvoirs aux États-Unis », *Pouvoirs*, 2012/4 n° 143, p. 115.

collectivité elle-même, tout entière, dans son unité totale »[57]. Ainsi l'expression « pouvoir législatif » renvoie-t-elle tantôt à la fonction de légiférer, tantôt au parlement, qui est l'organe principalement chargé de cette fonction au sein du régime politique. Dans le même sens, l'expression « pouvoir régulateur du régime politique » désigne à la fois une fonction de régulation du régime politique et l'organe qui exerce principalement (mais pas forcément exclusivement) cette fonction à l'intérieur du régime politique.

26. Définition stipulative du pouvoir régulateur. Afin d'entamer une réflexion sur le pouvoir régulateur du régime politique, il convient dès à présent d'apporter brièvement une première définition *a priori* de celui-ci. La doctrine publiciste se montre généralement peu loquace en la matière, même lorsqu'elle emploie l'expression de « pouvoir régulateur » ou le terme « régulateur » pour présenter le rôle d'une institution.

27. Selon Maurice Duverger, « [l]e terme reste ambigu. Il signifie qu'on assure, soit le fonctionnement sans à-coup du régime, soit sa conformité aux règles de droit. Les deux actions sont liées en général, la régularité juridique étant habituellement un élément de la régularité pratique »[58]. De même, il décrit les présidents qui exercent un tel rôle régulateur comme « des sortes de sages, veillant au fonctionnement des institutions, en dehors et au-dessus de la politique. [...] En temps normal, ils n'ont pas à intervenir, sinon pour empêcher ou corriger les bavures. En temps de crise, ils peuvent agir »[59]. À la suite de Duverger, François Frison-Roche estime que le terme « régulateur », lorsqu'il est utilisé pour qualifier un organe, « indique qu'il assure le bon fonctionnement des institutions et leur conformité aux règles de la Constitution »[60] ou encore que son « rôle consiste à assurer le fonctionnement sans à-coup du régime et sa conformité aux règles de droit prescrites par la constitution »[61]. Enfin, Jean Gicquel considère, en s'appuyant sur les expériences française et grecque, qu'il s'agit « d'un exercice de raffinement qui écarte dans un même mouvement la contemplation et l'action quotidienne du pouvoir [...] en le limitant à la seule protection du jeu institutionnel en cas de dérèglement et de menace, *a fortiori*, sur la continuité de l'État »[62].

---

[57] Ch. EISENMANN, « Les fonctions de l'État », (1964), reproduit *in id.*, *Écrits de théorie du droit, de droit constitutionnel et d'idées politiques*, éd. établie par Ch. LEBEN, Paris, Éd. Panthéon-Assas, « Droit public », 2002, p. 183.
[58] M. DUVERGER, *Échec au roi*, Paris, Albin Michel, 1978, p. 131.
[59] *Ibid.*, pp. 34-35.
[60] Fr. FRISON-ROCHE, *Le « modèle semi-présidentiel » comme instrument de la transition en Europe post-communiste. Bulgarie, Lituanie, Macédoine, Pologne, Roumanie et Slovénie*, Bruxelles, Bruylant, 2005, p. 417.
[61] Fr. FRISON-ROCHE, « Le modèle semi-présidentiel dans les pays post-communistes », *Revue d'études politiques et constitutionnelles est-européennes*, 2006, n° spécial, p. 140.
[62] J. GICQUEL, « Préface », *in* N. BARBAROUSSIS, *La fonction régulatrice du président de la Troisième République hellénique*, Paris, LGDJ, « BCSP », t. 97, 2000, p. IX.

28. Partant de là, on retiendra de manière large que le pouvoir régulateur est un pouvoir de l'État spécialement chargé d'assurer le fonctionnement régulier et la continuité du régime politique, compris comme un ensemble d'organes en interaction, dans le respect des règles du droit constitutionnel. Cette définition succincte peut faire office de point de départ à notre analyse. Quelques précisions terminologiques s'imposent néanmoins car l'emploi de « différentes dénominations de prime abord convergentes (pouvoirs neutre, conservateur, modérateur, préservateur, régulateur…), doit alerter notre attention ; loin d'être interchangeables, ces appellations entretiennent en effet une polysémie redoutable »[63].

29. Pouvoir régulateur et pouvoir neutre. Le pouvoir neutre constantien représente assurément le modèle théorique le plus célèbre et abouti du pouvoir régulateur – d'où l'usage doctrinal fréquent de l'expression[64] – mais il ne recouvre pas l'ensemble de la catégorie, seulement une partie. Autrement dit, le pouvoir neutre est un type de pouvoir régulateur mais tous les pouvoirs

---

[63] O. FERREIRA, « Le pouvoir modérateur dans la constitution brésilienne de 1824 et la charte constitutionnelle portugaise de 1826 : les influences de Benjamin Constant ou de Lanjuinais ? », *RFDC*, 2012/1 n° 89, supplément électronique, p. e4.

[64] En référence explicite à la doctrine constantienne ou en tant que telle : v. par ex. C. SCHMITT, *Théorie de la Constitution*, Paris, Puf, « Quadrige », 2008, not. pp. 431-435 ; *id.*, *Der Hüter der Verfassung*, 4e éd., Berlin, Duncker & Humblot, 1996 ; R. CAPITANT, « Le rôle politique du président du Reich » (1932), reproduit *in Écrits constitutionnels*, Paris, CNRS, 1982, pp. 442 ; J. GICQUEL, *Essai sur la pratique de la Ve République. Bilan d'un septennat*, Paris, LGDJ, « BCSP », t. 33, 1977, p. 62 ; M.-A. COHENDET, *La cohabitation. Leçons d'une expérience*, Paris, Puf, « Recherches politiques », 1993, p. 89 et p. 99 ; M. MORABITO, *Le chef de l'État en France*, 2e éd., Paris, Montchrestien, « Clefs / Politique », 1996, p. 116 ; *id.*, *Histoire constitutionnelle de la France de 1789 à nos jours*, 13e éd., Issy-les-Moulineaux, LGDJ-Lextenso, « Domat droit public », 2014, p. 441 ; Ph. LAUVAUX, « Monarchies, royautés et démocraties couronnées », *Le Débat*, 1993/1 n° 73, p. 110 ; *id.*, *Destins du présidentialisme*, Paris, Puf, « Béhémot », 2002, p. 14 ; M. PRÉLOT, J. BOULOUIS, *Institutions politiques et droit constitutionnel*, 11e éd., Paris, Dalloz, « Précis Dalloz », 1990, p. 710 ; J. GICQUEL, J.-É. GICQUEL, *Droit constitutionnel et institutions politiques*, 29e éd., Issy-les-Moulineaux, LGDJ-Lextenso, « Domat droit public », 2015, p. 382 ; S. BAUME, « De l'usage des pouvoirs neutres », art. préc. ; M. BARBERIS, « La séparation des pouvoirs », *in* M. TROPER, D. CHAGNOLLAUD (dir.), *Traité international de droit constitutionnel*, Paris, Dalloz, « Traités Dalloz », 2012, t. 1, p. 725 ; P. J. CANELAS RAPAZ, « Le Président de la République portugaise, un pouvoir "neutre" ? », *VIIe Congrès français de droit constitutionnel*, Paris, AFDC, 2008 ; *id.*, *Le président de la République portugaise. La construction de la figure présidentielle portugaise depuis 1986*, thèse dactylographiée, Université Paris II Panthéon-Assas, 2012, not. p. 538 et s. ; M. KUBAT, J. KYSELA, « L'élection du Président au suffrage direct en République tchèque : beaucoup de paroles, peu d'arguments », *Est Europa*, 2013, pp. 233-234. La formule est aussi très répandue en Italie afin de qualifier le pouvoir du président de la République. En Français sur ce sujet, v. par ex. H. PORTELLI, « Les présidents français et italien face aux crises », *in* L. MOREL (dir.), *L'Italie en transition. Recul des partis et activation de la fonction présidentielle*, Paris, L'Harmattan, « Logiques politiques », 1997, p. 199 ; V. FUMALORI, « Neutralité du pouvoir ou pouvoir neutre du chef de l'État en Italie », *in Liber Amicorum Jean-Claude Escarras. La communicabilité entre les systèmes juridiques*, Bruxelles, Bruylant, 2005, pp. 461-497 ; A. GIACONE, « L'élection et les pouvoirs du Président de la République italienne : le débat à l'Assemblée constituante », *in* A.-M. LE POURHIET (dir.), *La désignation du chef de l'État. Regards croisés dans le temps et l'espace*, Clermont-Ferrand, Fondation Varenne et LGDJ, « Colloques et essais », 2012, pp. 103-116. Il en est de même outre-Rhin : v. not. T. STEIN, « Der Bundespräsident als "*pouvoir neutre*"? », *ZaöRV*, 2009, n° 69, pp. 249-256 ; R. ZIPPELIUS, Th. WÜRTENBERGER, *Deutsches Staatsrecht*, München, C. H. Beck, « Kurz-Lehrbücher für das juristische Studium », 2005, p. 357.

régulateurs ne correspondent pas forcément au modèle du pouvoir neutre. En outre, deux raisons nous ont convaincu de retenir la formule plus générique de « pouvoir régulateur ». D'une part, le pouvoir neutre n'est pas détachable de la doctrine de Benjamin Constant, qui en est à l'origine. Or, nous ne souhaitons pas adopter le seul point de vue de l'historien des idées politiques ni réaliser une recension de l'œuvre de Constant – même s'il en sera évidemment très largement question dans notre étude. D'autre part, le choix du vocable « régulateur » pour qualifier ce pouvoir particulier permet de surmonter l'ambiguïté intrinsèque du pouvoir « neutre », qui le réduirait à ne plus représenter qu'une « dignified part of the constitution »[65], suivant l'expression bien connue de Walter Bagehot au sujet de la reine d'Angleterre. Le pouvoir régulateur n'est aucunement un pouvoir neutralisé ou une instance purement symbolique.

30. Pouvoir régulateur et pouvoir modérateur. On rencontre régulièrement l'expression « pouvoir modérateur » dans la doctrine constitutionnaliste[66]. Pour autant, les contours du pouvoir modérateur ne coïncident pas complètement avec ceux du pouvoir régulateur. Comme l'explique Oscar Ferreira, le pouvoir modérateur recouvre deux réalités différentes :

> « [i]l est possible, en premier lieu, de l'appréhender tel un pouvoir régulateur, chargé simplement de veiller au respect de la constitution, comprise alors comme un mécanisme ; le pouvoir modérateur s'efface ainsi des luttes partisanes, mais n'a pas à les arbitrer : il écoute le vœu de l'opinion publique et requiert, si le besoin se fait sentir, le jugement de l'électorat pour décider du sort de la majorité parlementaire. En second lieu, ce quatrième

---

[65] W. BAGEHOT, *The English Constitution*, Londres, Chapman and Hall, 1867, p. 13.

[66] V. par ex. P. DE VEGA, « El poder moderator », *Revista de Estudios Politicos*, 2002, n° 116, pp. 7-24 ; B. BEIGNIER, P. PASTOR VILANOVA, « Les deux visages du président de la République en Andorre : prince et président », *in Le pouvoir, mythes et réalité. Mélanges en hommage à Henry Roussillon*, Toulouse, Presses de l'Université Toulouse 1 Capitole, 2014, t. 1, pp. 94-95 ; M.-A. COHENDET, « L'arbitrage du président de la République », *APD*, 2009, t. 52, not. pp. 32-40 ; *id.*, *La cohabitation. Leçons d'une expérience*, *op. cit.*, not. pp. 87-89 ; M. DUVERGER, *Échec au roi*, *op. cit.*, p. 34 ; A. MARTINS, « Presidential elements in government: the Portuguese semi-presidential system: about law in the book and law in action », *EuConst.*, vol. 2, 2006/1, p. 81. En outre, l'expression « pouvoir modérateur » fut consacrée dans deux textes constitutionnels au XIXe siècle, la Constitution brésilienne de 1824 et la Charte portugaise de 1826 (v. *supra*, n. 4 ; O. FERREIRA, « Le pouvoir modérateur dans la constitution brésilienne de 1824 et la charte constitutionnelle portugaise de 1826 : les influences de Benjamin Constant ou de Lanjuinais ? », art. préc. ; J. SCHMITT DA SILVA, « O poder moderator na politica do Brasil imperial », *Semina – Revista dos Pos-Graduandos em Historia da UPF*, vol. 12, 2013/1). Cela explique la recurrence de son usage dans le monde lusophone, en particulier au Portugal pour qualifier la présidence de la République depuis 1976. En Français sur le sujet, v. R. GARNIER, *Un modèle européen de démocratie : le cas portugais*, Paris, LGDJ, « BCSP », t. 116, 2005, p. 325 et s. ; P. J. CANELAS RAPAZ, « Le Portugal, un régime semi-présidentiel ? », *Xe Congrès de l'AFSP*, Grenoble, 2009 ; *id.*, *Le président de la République portugaise. La construction de la figure présidentielle portugaise depuis 1986*, *op. cit.*, p. 538 ; O. FERREIRA, « L'élection au suffrage direct du Président au Portugal : renforcer *et* contenir le pouvoir modérateur en République (1911-2011) », *in* A.-M. LE POURHIET (dir.), *La désignation du chef de l'État. Regards croisés dans le temps et l'espace*, Clermont-Ferrand, Fondation Varenne et LGDJ, « Colloques et essais », 2012, pp. 117-161.

pouvoir peut tout autant être dépeint sous les traits d'un pouvoir conservateur, arbitrant des conflits entre les partis politiques, eux-mêmes représentants des divers intérêts présents au sein du pays ; autorité tutélaire pesante, représentant seul l'intérêt général, qui peut, le cas échéant et de façon vertueuse, se saisir du pouvoir dictatorial afin de redresser l'État »[67].

En résumé, le pouvoir régulateur correspond à l'une des formes du pouvoir modérateur mais tous les pouvoirs modérateurs ne sont pas de purs régulateurs. La formule « pouvoir modérateur » peut faire référence à un authentique pouvoir *régulateur*, c'est-à-dire limité à la sphère institutionnelle où il est chargé de pallier les dysfonctionnements internes du régime politique, ou au contraire à un pouvoir *conservateur*, dont le rôle actif au service de l'intérêt général s'étend à la sphère sociale. En conséquence, notre étude du pouvoir régulateur ne s'étend pas au pouvoir modérateur dans sa version « pouvoir conservateur », même s'il y sera immanquablement fait référence.

31. Pouvoir régulateur et contre-pouvoir. Le pouvoir régulateur est-il un contre-pouvoir ? La réponse à cette question n'apparaît pas évidente. Dans le schéma classique – « [p]our qu'on ne puisse abuser du pouvoir, il faut que, par la disposition des choses, le pouvoir arrête le pouvoir »[68] écrivait Montesquieu –, le « contre-pouvoir se réfère à une confrontation »[69] entre des pouvoirs constitués qui se font face et se balancent mutuellement. Le pouvoir régulateur étant par nature extérieur au triptyque traditionnel Exécutif, Législatif et Judiciaire, il ne se trouve pas dans une position de concurrence avec les autres pouvoirs de l'État. N'étant pas à proprement parler « contre » quelque chose, il ne peut pas être considéré comme un contre-pouvoir. Tout au plus dira-t-on qu'il contrôle, régule, le « croisement d'actions »[70] qu'induit la logique des contre-pouvoirs sans y participer directement, puisqu'il n'intervient que pour surmonter un blocage ou pallier un dysfonctionnement.

32. *A contrario*, on peut également considérer, à l'instar de Fabrice Hourquebie, que « la notion de contre-pouvoir ne traduit pas autre chose que les interactions réciproques à l'intérieur d'un système concurrentiel au bénéfice de l'équilibre c'est-à-dire du gouvernement modéré ». Au tel cas, « la problématique des contre-pouvoirs est donc la transposition moderne, dans un

---

[67] O. FERREIRA, « Le pouvoir modérateur dans la constitution brésilienne de 1824 et la charte constitutionnelle portugaise de 1826 : les influences de Benjamin Constant ou de Lanjuinais ? », art. préc., p. e39 ; *id.*, « L'élection au suffrage direct du Président au Portugal : renforcer *et* contenir le pouvoir modérateur en République (1911-2011) », art. préc., p. 118 ; *id.*, « Le Roi "dans" la Charte de 1814. Prisons imaginaires », *Jus politicum*, 2014, n° 13, disponible sur http://juspoliticum.com/article/Le-Roi-dans-la-Charte-de-1814-Prisons-imaginaires-919.html, consulté le 15 sept. 2019, p. 15.
[68] MONTESQUIEU, *De l'esprit des lois*, livre XI, chap. 4, *in Œuvres complètes*, Paris, Gallimard, « Bibliothèque de la Pléiade », 1949-1951, vol. 2, p. 395.
[69] Th. GEORGOPOULOS, *La séparation horizontale des pouvoirs en France et en Allemagne à l'épreuve du droit communautaire : la fonction de contre-pouvoir*, Paris, Dalloz, « NBT », vol. 44, 2005, p. 9.
[70] *Loc. cit.*

sens plus complexe, de la séparation des pouvoirs de Montesquieu »[71] et il faut considérer que « le rôle du contre-pouvoir doit être non d'empêcher l'exercice du pouvoir mais au contraire de le fluidifier »[72]. Le pouvoir régulateur, qui a justement une fonction de « lubrifiant institutionnel »[73] au sein du régime politique, s'inscrit parfaitement dans une telle logique. Ceci étant, au vu de l'incertitude constatée qui continue d'entourer le terme « contre-pouvoir », on évitera d'employer cette terminologie au sujet du pouvoir régulateur.

33. Après avoir présenté l'objet de notre étude, à savoir le pouvoir régulateur du régime politique, il convient désormais d'exposer l'intérêt d'une telle démarche.

§ II. L'INTÉRÊT D'UNE ÉTUDE SUR LE POUVOIR RÉGULATEUR DU RÉGIME POLITIQUE

34. La référence avérée au pouvoir régulateur en droit constitutionnel. La consécration du pouvoir régulateur en droit constitutionnel positif, bien que limitée, est incontestable, le vocable « régulateur » étant expressément mentionné dans des sources textuelles et jurisprudentielles. Par exemple, la Constitution grecque de 1975 proclame à son article 30 que « [l]e président de la République est le régulateur du régime politique [...] »[74]. De même, on sait que dans sa décision du 6 novembre 1962, le Conseil constitutionnel français s'est lui-même défini, non sans un certain paradoxe, comme un « organe régulateur de l'activité des pouvoirs publics »[75]. L'expression est parfois reprise sous une forme ou sous une autre par la doctrine française[76]. Elle fut consacrée dans les textes fondamentaux de plusieurs États d'Afrique francophone qui qualifient avec des formulations presque identiques leur cour

[71] F. HOURQUEBIE, « La constitution du Bénin et la théorie des contre-pouvoirs », *in La Constitution béninoise du 11 décembre 1990 : un modèle pour l'Afrique ? Mélanges en l'honneur de Maurice Ahanhanzo-Glélé*, Paris, L'Harmattan, « Études Africaines », 2014, p. 367.

[72] *Ibid.*, p. 377.

[73] N. MÉDÉ, « La fonction de régulation des juridictions constitutionnelles en Afrique francophone », *AIJC*, 2007, n° 23, p. 49.

[74] Art. 30, al. 1er de la Constitution hellénique du 9 juin 1975.

[75] Déc. 62-20 DC du 6 nov. 1962, « Loi relative à l'élection du président de la République au suffrage universel direct et adoptée par le peuple par le référendum du 28 octobre 1962 ».

[76] V. not. L. FAVOREU, « Le Conseil constitutionnel régulateur de l'activité normative des pouvoirs publics », *RDP*, 1967, pp. 5-120 ; G. KNAUB, « Le Conseil constitutionnel et la régulation des rapports entre les organes de l'État », *RDP*, 1983, pp. 1149-1168 ; P. AVRIL, J. GICQUEL, *Le Conseil constitutionnel*, 6e éd., Paris, Montchrestien-Lextenso, « Clefs », 2011, p. 141 (ces deux auteurs présent le Conseil constitutionnel comme « [l]e régulateur du système politique ») ; J. GICQUEL, J.-É. GICQUEL, *Droit constitutionnel et institutions politiques*, *op. cit.*, p. 768.

constitutionnelle d'« organe régulateur du fonctionnement des institutions et de l'activité des pouvoirs publics »[77].

35. Par ailleurs, de nombreuses constitutions à travers le monde chargent l'un des organes de l'État d'assurer « le fonctionnement régulier des pouvoirs publics ainsi que la continuité de l'État »[78], suivant la formule de l'article 5 de la Constitution française de 1958. Comme l'écrit Gérard Conac au sujet du cas français, « [...] le président est mandaté par l'article 5 pour exercer dans le système politique une fonction de régulation [...]. En période normale, il doit suivre avec attention le fonctionnement des institutions et chercher à prévenir les dissensions qui pourraient le perturber. En période de crise politique, il doit intervenir pour tenter de remettre en marche les mécanismes qui sont bloqués »[79]. La logique est la même dans les pays qui, par mimétisme[80], ont adopté presque à l'identique la formule de l'article 5[81] ou plus largement dans ceux où un organe – le chef de l'État – est chargé d'assurer le bon fonctionnement et la continuité du régime politique[82].

---

[77] Art. 114 de la Constitution de la République du Bénin du 11 déc. 1990 ; art. 46 de la Constitution du Cameroun du 2 juin 1972 ; art. 175, al. 3 de la Constitution du Congo du 6 nov. 2015 ; art. 126, al. 2 de la Constitution de la Côte d'Ivoire du 8 nov. 2016 ; art. 75, al. 2 de la Constitution de la République de Djibouti du 15 sept. 1992 ; art. 83 de la Constitution du Gabon du 26 mars 1991 ; art. 93, al. 4 de la Constitution de la République de Guinée du 7 mai 2010 ; art. 85, al. 2 de la Constitution du Mali du 25 févr. 1992 ; art. 161, al. 5 de la Constitution du Tchad du 14 avril 1996 ; art. 99 de la Constitution du Togo du 14 oct. 1992.

[78] Art. 5, al. 1er de la Constitution de la République française du 4 oct. 1958.

[79] G. CONAC, « Article 5 », *in* LUCHAIRE François, CONAC Gérard, PRÉTOT Xavier (dir.), *La Constitution de la République française. Analyses et commentaires*, Paris, Economica, 2009, p. 250.

[80] Fl. DARGENT, « Les échecs du mimétisme constitutionnel en Afrique noire francophone », *RDP*, 2017, pp. 1347-1373.

[81] V. par ex. art. 95, al. 1er de la Constitution du Burundi du 18 mars 2005 ; art. 5, al. 2 de la Constitution du Cameroun du 2 juin 1972 ; art. 26, al. 1er de la Charte constitutionnelle de transition de la Centrafrique du 18 juil. 2013 ; Art. 64, al. 3 de la Constitution du Congo du 6 nov. 2015 ; art. 8, al. 1er de la Constitution du Gabon du 26 mars 1991 ; art. 45, al. 3 de la République de Madagascar du 11 déc. 2010 ; art. 29 de la Constitution du Mali du 25 févr. 1992 ; art. 24 de la Constitution de la République islamique de Mauritanie du 20 juil. 1991 ; art. 46, al. 3 de la Constitution du Niger du 25 nov. 2010 ; art. 60, al. 3 de la Constitution du Tchad du 14 avril 1996.

[82] V. par ex. art. 49, al. 2 de la Constitution de l'Arménie du 5 juil. 1995 : « [l]e président de la République [...] assure le fonctionnement régulier des pouvoirs législatif, exécutif et judiciaire » ; Art. 79, al. 2 de la Constitution de la Biélorussie du 24 nov. 1996 : « [...] il [le président de la République de Biélorussie] assure [...] la continuité et la coopération des organes du pouvoir d'État, et il assure la médiation entre les organes du pouvoir d'État » ; art. 94, al. 2 de la Constitution de la Croatie du 22 déc. 1990 : « [l]e président de la République assure le fonctionnement régulier et équilibré et la stabilité du gouvernement » ; art. 42, al. 1er de la Constitution du Royaume du Maroc du 1er juil. 2011 : « [l]e Roi [...] veille [...] au bon fonctionnement des institutions constitutionnelles [...] » ; art. 146, al. 1er de la Constitution du Mozambique du 21 déc. 2004 : « [l]e président de la République [...] veille au bon fonctionnement des pouvoirs publics » (nous traduisons) ; art. 120 de la Constitution du Portugal du 2 avril 1976 : « [l]e président de la République [...] garantit le fonctionnement régulier des institutions démocratiques » ; art. 80, al. 2 de la Constitution de la Roumanie du 8 déc. 1991 : « [l]e président de la Roumanie veille [...] au bon fonctionnement des autorités publiques » ; art. 80, al. 2 de la Constitution de la Fédération russe du 12 déc. 1993 : « [l]e président de la Fédération russe [...] assure le fonctionnement harmonieux et la collaboration des organes du pouvoir d'État » ; art. 42, al. 3 de la Constitution du Sénégal du 22 janv. 2001 : « [i]l [le président de la République] est le garant du fonctionnement régulier des institutions [...] » ; art. 104 de la Constitution de

36. Dès lors, la fréquente mention dans la doctrine d'un rôle « régulateur » du chef de l'État[83] ou de la juridiction constitutionnelle[84] – en France comme à l'étranger – n'a rien d'étonnant. En effet, on voit bien qu'il existe dans le droit constitutionnel positif contemporain des compétences ou des organes qui échappent à la classification habituelle des pouvoirs de l'État. Cela n'a pas échappé aux Portugais : l'actuel site internet de la présidence de la République indique que « [l]e type de pouvoir dont dispose le Président de la République a [...] peu à voir avec la tripartition classique des pouvoirs entre l'exécutif, le législatif et le judiciaire »[85]. Il correspond plutôt à un pouvoir régulateur, dont la diffusion et l'utilité en droit constitutionnel apparaissent avérées.

---

la Turquie du 7 nov. 1982 : « [l]e président de la République veille [...] au fonctionnement régulier et harmonieux des organes de l'État ».

[83] Sur la présidence de la République en France, v. par ex. Ph. ARDANT, « L'article 5 et la fonction présidentielle », *Pouvoirs*, 1987/2 n° 41, p. 44 ; G. CONAC, « Article 5 », préc., p. 249 et s. ; P. JAN, « La réelle mais fragile prééminence présidentielle sous la Ve République », *LPA*, 5 févr. 2015, 2015/26, p. 8 et s. ; J. GICQUEL, *Essai sur la pratique de la Ve République. Bilan d'un septennat*, *op. cit.*, p. 62 ; *id.*, *Droit constitutionnel et institutions politiques*, 9e éd., Paris, Montchrestien, « Domat droit public », 1987, p. 649 ; O. ROUQUAN, *Régulations et stratégies présidentialisées sous la Ve République*, Paris, Connaissances et Savoirs, 2005, not. p. 47. Sur la présidence de la République en Italie : A. MANZELLA, « Le commissaire à la transition », *in* L. MOREL (dir.), *L'Italie en transition. Recul des partis et activation de la fonction présidentielle*, Paris, L'Harmattan, « Logiques politiques », 1997, p. 117 ; H. PORTELLI, « Les présidents français et italien face aux crises », art. préc., p. 198-201. Sur le président de la Roumanie : E. S. TANASESCU, « Presidential elements in government: the president of Romania, or: the slippery slope of a political system », *EuConst.*, vol. 4, 2008/1, p. 65 ; *id.*, « Le Président de la Roumanie ou le glissement d'un régime politique », *Revue d'études politiques et constitutionnelles est-européennes*, 2008/1, p. 42. Sur le président de la République tchèque : S. MILACIC, « Qui a peur du suffrage universel ? », *Est Europa*, 2013, p. 158. Sur un rôle possible du chef de l'État parlementaire en général : M. DUVERGER, *Échec au roi*, *op. cit.*, not. p. 51 ; Fr. FRISON-ROCHE, *Le « modèle semi-présidentiel » comme instrument de la transition en Europe post-communiste. Bulgarie, Lituanie, Macédoine, Pologne, Roumanie et Slovénie*, *op. cit.*, not. p. 417 ; S. PIERRÉ-CAPS, *Droits constitutionnels étrangers*, 2e éd., Paris, Puf, « Quadrige Manuels », 2015, not. p. 120, 234, 242 et 269 ; B. SCHAEFFER, *L'institution présidentielle dans les États d'Europe centrale et orientale*, thèse dactylographiée, Université de Nantes, 2010, p. 350.

[84] V. à titre d'exemple, outre les références mentionnées *supra* : J. COMMAILLE, B. JOBERT, « La régulation politique : l'émergence d'un nouveau régime de connaissance ? », *in id.* (dir.), *Les métamorphoses de la régulation politique*, Paris, LGDJ, « Droit et société », vol. 24, 1998, p. 21 (au sujet du Conseil constitutionnel et du Conseil d'État en France) ; Ph. LAUVAUX, *Les grandes démocraties contemporaines*, 3e éd., Paris, Puf, « Droit fondamental », 2004, not. p. 377 (Cour suprême des États-Unis) et 769 (Tribunal constitutionnel allemand) ; S. LEROYER, *L'apport du Conseil d'État au droit constitutionnel de la Ve République. Essai sur une théorie de l'État*, Paris, Dalloz, « NBT », vol. 106, 2011, p. 357 et s. ; I. RICHIR, *Le Président de la République et le Conseil constitutionnel*, Paris, Puf, « Les grandes thèses du droit français », 1998, p. 148. Dans la doctrine africaine, les références au rôle régulateur des cours constitutionnelles sont innombrables, du fait de la consécration du terme dans de nombreuses constitutions d'Afrique noire francophone. À titre d'exemple, v. trois articles traitant spécifiquement du sujet : R. DOSSOU, « La fonction régulatrice des juridictions constitutionnelles africaines : cas du Bénin », *in La Constitution béninoise du 11 décembre 1990 : un modèle pour l'Afrique ? Mélanges en l'honneur de Maurice Ahanhanzo-Glélé*, Paris, L'Harmattan, « Études Africaines », 2014, pp. 729-734 ; N. MÉDÉ, « La fonction de régulation des juridictions constitutionnelles en Afrique francophone », *AIJC*, 2007, n° 23, pp. 45-66 ; C. SIETCHOUA DJUITCHOKO, « L'idée de régulation dans la construction du droit constitutionnel actuel des États d'Afrique noire francophone », *RRJ*, 2007/3 n° 119, pp. 1543-1583.

[85] Extrait disponible sur http://www.presidencia.pt/?idc=1, consulté le 15 sept. 2019. Nous traduisons.

37. Une lacune à combler. En 1979, Léo Hamon écrivait au sujet du pouvoir régulateur qu'il était « un pouvoir souvent récusé par les faits – *"cela n'a jamais pu marcher"*, dit-on couramment – et cependant si souvent suggéré à la manière d'un besoin par la vie elle-même »[86]. Malgré cela, on ne trouve pas d'étude générale et systématique de cette thématique dans la doctrine constitutionnaliste française. Certes, les études consacrées à l'œuvre politique et constitutionnelle de Benjamin Constant ne sont pas rares et une part plus ou moins importante de leurs développements est généralement consacrée à la théorie du pouvoir neutre[87]. De même, il existe quelques travaux d'histoire des idées politiques et d'histoire constitutionnelle qui portent sur le pouvoir régulateur et ses avatars[88]. En revanche, seules des études géographiquement limitées à un pays[89] ou à un groupe de pays[90] traitent du sujet en droit

---

[86] L. HAMON, « Préface », *in* A. PANTÉLIS, *Les grands problèmes de la nouvelle constitution hellénique*, Paris, LGDJ, « BCSP », t. 64, 1979, p. 15.

[87] V. not. K. S. VINCENT, « Benjamin Constant and constitutionalism », *Revista de Historia Constitucional*, 2015, n° 16, pp. 22-23 ; J.-P. FELDMAN, « Le constitutionnalisme selon Benjamin Constant », *RFDC*, 2008/4 n° 76, pp. 692-695 ; P. ROLLAND, « Comment préserver les institutions politiques ? La théorie du pouvoir neutre chez B. Constant », *RFHIP*, 2008/1 n° 27, pp. 43-73 ; É. TRAVERS, *Benjamin Constant. Les Principes et l'Histoire*, Paris, Honoré Champion, « Travaux et recherches de l'Institut Benjamin Constant », 2005, pp. 540-551 ; Th. CHOPIN, *Benjamin Constant. Le libéralisme inquiet*, Paris, Michalon, « Le bien commun », 2002, pp. 87-99 ; S. HOLMES, *Benjamin Constant et la genèse du libéralisme moderne*, Paris, Puf, « Léviathan », 1994, pp. 202-209 ; P. BASTID, *Benjamin Constant et sa doctrine*, Paris, Armand Colin, « Sciences politiques », 1966, t. 2, pp. 917-927.

[88] V. à titre d'ex. M. GAUCHET, *La Révolution des pouvoirs. La souveraineté, le peuple et la représentation. 1789-1799*, Paris, Gallimard, « Bibliothèque des histoires », 1995 (ouvrage largement consacré aux nombreux projets de « régulateurs » des révolutionnaires français) ; O. FERREIRA, *Le pouvoir royal (1814-1848). À la recherche du quatrième pouvoir ?*, thèse dactylographiée, Université Paris-Est, 2010 ; Ph. PICHOT-BRAVARD, *Conserver l'ordre constitutionnel (XVIe-XIXe siècle). Les discours, les organes et les procédés juridiques*, Paris, LGDJ-Lextenso, « BHDDR », t. 24, 2011.

[89] V. par ex. sur le président de la République en Grèce : N. BARBAROUSSIS, *La fonction régulatrice du président de la Troisième République hellénique*, Paris, LGDJ, « BCSP », t. 97, 2000. Sur le président de la République au Portugal : P. J. CANELAS RAPAZ, « Le Président de la République portugaise, un pouvoir "neutre" ? », préc. ; *id.*, *Le président de la République portugaise. La construction de la figure présidentielle portugaise depuis 1986*, *op. cit.*, p. 538 et s. ; O. FERREIRA, « L'élection au suffrage direct du Président au Portugal : renforcer *et* contenir le pouvoir modérateur en République (1911-2011) », art. préc., pp. 117-161. Sur le cas de la Ve République française, on trouve de nombreux développements ou études spécifiques sur l'arbitrage du président de la République : v. not. J. MASSOT, *L'arbitre et le capitaine. Essai sur la responsabilité présidentielle*, Paris, Flammarion, « Champs », 1987 ; H. PORTELLI, « Arbitre ou chef de l'opposition ? », *Pouvoirs*, 1999/4 n° 91, pp. 59-70 ; M.-A. COHENDET, « L'arbitrage du président de la République », *APD*, 2009, t. 52, pp. 15-55.

[90] En particulier l'Afrique noire francophone : v. not. J. GICQUEL, « Réflexions sur la régulation juridictionnelle en Afrique francophone », *in Mélanges en l'honneur du Professeur Jean Rossetto*, Issy-les-Moulineaux, LGDJ-Lextenso, 2016, pp. 57-63 ; B. KANTÉ, « Les juridictions constitutionnelles et la régulation des systèmes politiques en Afrique », *in Mélanges en l'honneur de Jean Gicquel. Constitutions et pouvoirs*, Paris, Montchrestien, 2008, pp. 265-276 ; R. DOSSOU, « La fonction régulatrice des juridictions constitutionnelles africaines : cas du Bénin », art. préc., pp. 729-734 ; M.-M. MBORANTSUO, *La contribution des Cours constitutionnelles à l'État de droit en Afrique*, Paris, Economica, 2007, p. 237 et s. ; N. MÉDÉ, « La fonction de régulation des juridictions constitutionnelles en Afrique francophone », art. préc., pp. 45-66 ; C. SIETCHOUA DJUITCHOKO, « L'idée de régulation dans la construction du droit constitutionnel actuel des États d'Afrique noire francophone », art. préc., pp. 1543-1583 ; B. ISSA ABDOURHAMANE, *Les Cours constitutionnelles dans le processus de démocratisation en Afrique :*

constitutionnel contemporain[91]. Autrement dit, la démarche de généralisation et de systématisation n'a pas été entreprise.

38. De plus, si le pouvoir régulateur ou du moins l'idée de pouvoir régulateur est bien présent en droit constitutionnel, les interrogations quant à sa signification juridique demeurent. En témoigne son absence des lexiques juridiques et des index des manuels de droit constitutionnel[92]. Ce manque d'objectivation doctrinale du pouvoir régulateur induit automatiquement le besoin de le définir ou plus largement d'identifier ses critères distinctifs en droit constitutionnel. Pour le moment, on doit bien admettre que les choses sont loin d'être claires à ce sujet.

39. En résumé, si la consécration du pouvoir régulateur par les sources formelles du droit constitutionnel apparaît certes limitée mais indubitable et que les références doctrinales à l'idée ou à l'expression sont certaines, l'incertitude quant à son statut juridique perdure. L'idée de pouvoir régulateur recouvre à l'évidence une réalité non négligeable du droit constitutionnel mais elle ne fait pourtant l'objet que d'une formalisation très limitée. Dès lors, l'intérêt pratique et théorique d'une étude consacrée à ce sujet se dévoile : le pouvoir régulateur représente un objet constitutionnel mal identifié que ce travail va essayer d'expliciter et de caractériser.

40. Pour ce faire, les présupposés épistémologiques[93] retenus dans cette étude doivent être clairement présentés.

§ III. Les postulats épistémologiques de l'étude

41. L'amorce d'une étude sur le pouvoir régulateur du régime politique nécessite de préalablement procéder à la délimitation du domaine de la recherche, en l'occurrence le droit constitutionnel institutionnel (A), puis de préciser la méthode retenue (B).

---

analyse comparative à partir des exemples du Bénin, de la Côte d'Ivoire et du Niger, thèse dactylographiée, Université Montesquieu-Bordeaux IV, 2002.

[91] Il est toutefois remarquable que les études historiques de Patrice Rolland et Oscar Ferreira mentionnées *supra* se concluent toutes deux par une longue mise en perspective sur le droit constitutionnel de la Ve République française, ce qui montre l'actualité du débat sur le sujet (P. ROLLAND, « Comment préserver les institutions politiques ? La théorie du pouvoir neutre chez B. Constant », préc., pp. 70-73 ; O. FERREIRA, *Le pouvoir royal (1814-1848). À la recherche du quatrième pouvoir ?*, *op. cit.*, pp. 849-856).

[92] Dans leur *Lexique*, Pierre Avril et Jean Gicquel évoquent l'idée en l'assimilant à celles de pouvoir neutre et d'arbitrage : v° « Arbitrage » *in* P. AVRIL, J. GICQUEL, *Lexique de droit constitutionnel*, 5e éd., Paris, Puf, « QSJ ? », 2016, p. 10 ; « Pouvoir neutre » *in ibid.*, p. 91.

[93] L'épistémologie « a pour objet l'étude critique des postulats, conclusions et méthodes d'une science particulière » (V° « Épistémologie » *in Trésor de la langue française*).

A. Le domaine de la recherche : le droit constitutionnel institutionnel

42. Le but de la présente étude est d'identifier et de définir la notion de pouvoir régulateur du régime politique en droit constitutionnel institutionnel. L'appréhension de l'objet « pouvoir régulateur » doit nous permettre de mettre en lumière certains aspects du droit qui régit l'organisation et l'exercice du pouvoir politique – c'est-à-dire « le pouvoir dont l'objet est de garantir au groupe social son identité, sa cohérence et sa permanence »[94] – au sein de l'État.

43. Au sens formel, le droit constitutionnel est la branche du droit public qui a pour objet les règles contenues dans les textes constitutionnels : il est tout simplement le droit de la constitution. Au sens matériel, le droit constitutionnel recouvre toutes les règles, qu'elles soient formellement constitutionnelles ou non, « qui ont un contenu constitutionnel, c'est-à-dire qui aménagent les pouvoirs publics de l'État, énoncent et garantissent les droits des citoyens »[95]. Cela correspond à la définition négative de l'article 16 de la Déclaration des droits de l'Homme et du Citoyen de 1789 : « [t]oute société dans laquelle la garantie des droits n'est pas assurée, ni la séparation des pouvoirs déterminée, n'a point de Constitution ». Dans la mesure où sa raison d'être est « l'encadrement juridique des phénomènes politiques »[96], le droit constitutionnel est fondamentalement un droit politique[97]. Plus précisément, il désigne « la discipline qui s'occupe de connaître les règles qui instituent et constituent l'État, qui l'organisent et en définissent les institutions »[98], mais aussi qui organisent ses rapports avec les institutions infra- et supra-étatiques et avec les individus.

44. Le pouvoir régulateur est un objet du droit constitutionnel institutionnel, c'est-à-dire du droit des institutions politiques[99]. Mais la

---

[94] V. CONSTANTINESCO, S. PIERRÉ-CAPS, *Droit constitutionnel*, 7e éd., Paris, Puf, « Thémis », 2016, p. 6.
[95] *Ibid.*, p. 187.
[96] J. GICQUEL, J.-É. GICQUEL, *Droit constitutionnel et institutions politiques*, *op. cit.*, p. 23.
[97] P. AVRIL, « Penser le droit politique », *Jus politicum*, « Actualités », nov. 2018, disponible sur http://juspoliticum.com/article/Penser-le-droit-politique-1264.html, consulté le 15 sept. 2019 ; *id.*, « Penser le droit politique (suite) », *Jus politicum*, « Actualités », déc. 2018 disponible sur http://juspoliticum.com/article/Penser-le-droit-politique-suite-1268.html, consulté le 15 sept. 2019.
[98] V. CONSTANTINESCO, S. PIERRÉ-CAPS, *Droit constitutionnel*, *op. cit.*, pp. 8-9.
[99] Les institutions, qui « disposent d'une existence *autonome*, […] sont des *choses établies par les hommes*. Les institutions politiques sont donc des choses établies par ceux-ci dans le domaine de la vie politique » (J. GICQUEL, J.-É. GICQUEL, *Droit constitutionnel et institutions politiques*, *op. cit.*, p. 37. Ils soulignent). Leur juridicité est incontestable : les institutions « naissent, vivent et meurent juridiquement », affirmait Maurice Hauriou (v. J. CHEVALLIER, « Droit constitutionnel et institutions politiques : les mésaventures d'un couple fusionnel », *in Mélanges Pierre Avril. La République*, Paris, Montchrestien, 2001, pp. 183-199).

définition doit être précisée car ainsi entendu, le droit constitutionnel institutionnel « risque de voir son champ d'application s'étendre démesurément. Car il est bien évident que l'État est constitué non seulement par les organes publics les plus élevés dans la hiérarchie mais aussi par les plus modestes autorités administratives »[100]. Il convient de partir du principe de séparation des pouvoirs car sa détermination est l'un des fondements du droit constitutionnel. Dès lors, ce dernier peut être défini dans son versant institutionnel comme « le droit des pouvoirs publics, de leur statut et leurs rapports »[101]. Le critère des « pouvoirs publics »[102] permet en effet de fixer plus précisément les frontières matérielles du droit constitutionnel institutionnel.

45. En conséquence, on considérera que le droit constitutionnel institutionnel, en tant qu'il représente le champ disciplinaire de la présente recherche, désigne l'ensemble des dispositions qui instituent le régime politique tel que défini *supra* et régissent son fonctionnement concret. Il sera également entendu comme la science du droit constitutionnel institutionnel, c'est-à-dire l'ensemble des discours doctrinaux[103] qui portent sur le droit constitutionnel institutionnel en tant qu'objet d'étude.

46. Ceci étant, la circonscription de la recherche à une branche spécifique du droit public n'empêchera pas des apports ponctuels d'autres disciplines juridiques (notamment en droit administratif où les travaux sur la régulation sont légion) voire extra-juridiques (en raison des origines extra-juridiques du concept de régulateur qui fut par la suite importé en droit constitutionnel).

47. En revanche, les autorités administratives indépendantes (AAI), qualifiées d'autorités « de régulation » par le législateur[104] et par la doctrine administrativiste[105], se trouvent exclues de l'objet d'étude. Si le Conseil constitutionnel a déjà qualifié l'une d'entre elles (le Conseil Supérieur de

---

[100] A. DEMICHEL, « CONSTITUTIONNEL (droit) », *Encyclopædia Universalis*, disponible sur http://www.universalis-edu.com/encyclopedie/droit-constitutionnel/, consulté le 15 sept. 2019.
[101] *Loc. cit.*
[102] Dans la Constitution française de 1791 (Titre III), les pouvoirs publics sont le pouvoir législatif, le pouvoir exécutif et le pouvoir judiciaire. Ils peuvent être définis comme « [l]es organes ou autorités les plus importants de l'État parce qu'ils participent à l'exercice du pouvoir législatif et du pouvoir exécutif » ou « [p]lus généralement, toutes les autorités immédiatement instituées par la Constitution [...] » (v° « Pouvoirs publics » *in* G. CORNU, *op. cit.*, p. 784).
[103] La doctrine désigne les auteurs, notamment universitaires, qui réfléchissent et écrivent sur le droit (v. Ph. JESTAZ, Chr. JAMIN, *La doctrine*, Paris, Dalloz, « Méthodes du droit », 2004).
[104] À titre d'exemple, la Loi n° 96-659 du 26 juillet 1996 de réglementation des télécommunications crée une « Autorité de régulation des communications électroniques et des postes ». De même, la Loi n° 2006-961 du 1er août 2006 relative au droit d'auteur et aux droits voisins dans la société de l'information crée une « Autorité de régulation des mesures techniques ».
[105] Les références en la matière sont innombrables : v. L. CALANDRI, *Recherche sur la notion de régulation en droit administratif français*, *op. cit.*, not. pp. 71-91.

l'Audiovisuel) d'« instance de régulation »[106], consacrant formellement l'expression en droit constitutionnel jurisprudentiel, ces organes demeurent matériellement des objets de droit administratif ou parfois plus précisément de droit des libertés (CNIL[107], Défenseur des droits[108]...) ou des médias (CSA). Certes, on a pu les voir érigés en « une nouvelle forme de pouvoir neutre »[109] ou mettre en exergue la redéfinition de la séparation des pouvoirs qu'induit leur émergence dans le paysage institutionnel[110]. Il n'empêche que si les AAI ont bien pour mission de réguler un secteur économique ou social donné, elles ne régulent pas le régime politique. Et de fait, elles ne rentrent pas dans la catégorie des pouvoirs publics ni dans celle des objets du droit constitutionnel institutionnel.

48. Ces précisions quant au champ disciplinaire de la recherche étant apportées, il s'agit désormais d'énoncer sa méthode générale.

B. LA MÉTHODE DE LA RECHERCHE

49. Comme le rappelle Jean Largeault, « [u]ne méthode répond d'abord à une question pratique : comment faire, quoi entreprendre, afin d'atteindre un but donné »[111]. Il est communément admis qu'elle « renvoie à un chemin, un cheminement, une direction à suivre, un ensemble de démarches ou de procédés intellectuels plus ou moins complexes qui permettent de parvenir à une fin, un résultat ou un objectif déterminé »[112]. Dès lors, quelle peut-être la méthode ou plutôt les méthodes les plus appropriées pour identifier et expliquer la notion de pouvoir régulateur du régime politique en droit constitutionnel ?

50. Un préalable évident à ce travail s'impose à nous, celui d'admettre *a minima* un concept de pouvoir régulateur en droit constitutionnel

---

[106] Déc. n° 88-248 DC du 17 janv. 1989, « Loi modifiant la loi n° 86-1067 du 30 septembre 1986 relative à la liberté de communication » ; déc. n° 91-304 DC du 15 janv. 1992, « Loi modifiant les articles 27, 28, 31 et 70 de la loi n° 86-1067 du 30 septembre 1986 relative à la liberté de communication ».

[107] Commission Nationale de l'Informatique et des Libertés.

[108] Le Défenseur des droits est une autorité administrative indépendante (AAI) créée par la révision constitutionnelle du 23 juillet 2008. Il apparaît au Titre XI bis (article 71-1) de la Constitution et a donc pour particularité d'être une AAI constitutionnalisée. La Loi organique n° 2011-333 du 29 mars 2011 relative au Défenseur des droits le qualifie d'ailleurs formellement, à son article 2, alinéa 1er, d'« autorité constitutionnelle indépendante ».

[109] S. BAUME, « De l'usage des pouvoirs neutres », art. préc., p. 24.

[110] C. TEITGEN-COLLY, « Les instances de régulation et la Constitution », *RDP*, 1990, pp. 153-261 ; M.-Ch. ROQUES-BONNET, « Les blocs de pouvoirs "éclipsés" par les autorités administratives en réseau : vers la fin des contrepouvoirs ? », *VIIe Congrès français de droit constitutionnel*, Paris, AFDC, 2008.

[111] J. LARGEAULT, « MÉTHODE », *Encyclopædia Universalis*, disponible sur http://www.universalis-edu.com/encyclopedie/methode/, consulté le 15 sept. 2019.

[112] V. CHAMPEIL-DESPLATS, *Méthodologie du droit et des sciences du droit*, 2e éd., Paris, Dalloz, « Méthodes du droit », 2016, p. 3.

institutionnel. Certes, sa cohérence et son statut épistémologique peuvent être discutés – c'est d'ailleurs l'objectif premier de cette étude que de démonter sa consistance comme notion juridique – mais la reconnaissance de son existence est nécessaire pour mener à bien cette recherche, qui serait sinon confrontée à une impossibilité logique dès le départ.

51. Notion et concept de pouvoir régulateur. Il convient d'expliciter notre choix du mot « notion » plutôt que « concept » dans le titre de cette étude. Dans le langage courant, les deux termes sont souvent présentés comme en partie synonymes[113] et l'utilité de les différencier en droit apparaît même discutable[114]. Il se pourra d'ailleurs que dans le cadre de certains développements, ils soient indistinctement employés. Pour autant, il est tout à fait possible d'opérer une distinction cohérente entre notion et concept basée sur les niveaux de langage. Xavier Bioy explique ainsi qu'on peut

> « [...] attribuer le qualificatif de « notion » à un terme de droit positif à propos duquel une systématisation doctrinale a pu établir l'implication d'un certain nombre d'effets de droit régulier et celui de « concept » à un terme de science du droit issu d'une construction qui décrit le fonctionnement des « notions » et par là même peut être amené à en guider le fonctionnement effectif »[115].

Tandis que la notion est la formulation d'une institution consacrée par le droit positif, le concept, qui se réfère non à un objet mais à une signification, apparaît propre au discours théorique. En d'autres termes, la notion juridique est un « outil pour les juristes »[116] en ce que le travail de ces derniers « s'opère [...] sur et à propos des notions juridiques »[117]. L'objectif de cette étude étant de saisir le pouvoir régulateur en tant qu'objet du droit constitutionnel positif, autrement dit en tant que notion juridique, nous privilégierions le terme « notion ».

52. La méthode de repérage du pouvoir régulateur en droit constitutionnel. La première possibilité est de rechercher l'expression « pouvoir régulateur » ou le vocable « régulateur » dans les textes constitutionnels et la jurisprudence. Mais une telle approche n'est pas suffisante car l'emploi du vocable « régulateur » en droit positif demeure limité bien qu'avéré. En outre, la polysémie du concept de régulateur, d'origine extra-juridique, peut conduire à des usages contradictoires du

---

[113] V° « Concept » et « Notion » *in Dictionnaire de l'Académie française*, 9e éd ; A. LALANDE, *Vocabulaire critique et technique de la philosophie*, Paris, Puf, « Quadrige », 2010.
[114] X. BIOY, « Notions et concepts en droit : interrogations sur l'intérêt d'une distinction... », *in* G. TUSSEAU (dir.), *Les notions juridiques*, Paris, Economica, « Études juridiques », 2009, p. 38 et s.
[115] *Ibid.*, p. 39.
[116] Fr.-P. BÉNOIT, « Notions et concepts, instrument de la connaissance juridique. Les leçons de la *Philosophie du droit* de Hegel », *in Mélanges en l'honneur du professeur Gustave Peiser. Droit public*, Grenoble, PUG, 1995, not. pp. 28-29.
[117] X. BIOY, « Notions et concepts en droit : interrogations sur l'intérêt d'une distinction... », art. préc., p. 39.

terme[118]. Du fait de ces difficultés terminologiques, cette première approche pragmatique ne permet pas d'identifier tous les phénomènes constitutionnels susceptibles d'entrer dans la notion de pouvoir régulateur. Elle doit être complétée par une autre démarche qui suppose de partir d'une définition préalable du pouvoir régulateur[119], forcément partielle et générale, afin de repérer des dispositions juridiques mais aussi des pratiques et des situations concrètes qui semblent lui correspondre.

53. On verra que l'existence d'un pouvoir régulateur et sa position réelle au sein du régime politique peuvent se dérober à la fixation formelle dans les textes juridiques. Aussi, il conviendra d'observer le fonctionnement concret des institutions politiques afin de déterminer si une inclinaison du texte constitutionnel en faveur de l'existence d'un tel pouvoir se traduit dans les faits et la pratique constitutionnelle. À l'inverse, il faudra identifier les pouvoirs régulateurs qui existent dans la pratique en dehors de toute consécration textuelle directe.

54. Il apparaît en effet que « [l]e système de gouvernement tel qu'il fonctionne n'est pas le résultat des mécanismes institutionnels prévus par la constitution, mais plutôt d'un ensemble de décisions politiques et plus largement de faits liés aux nombreux acteurs du système institutionnel »[120]. On ne peut conséquemment pas se contenter d'examiner les textes ; il faut également étudier la pratique, dans une perspective tant historique que comparative[121] car « [q]ue serait un droit public qui ne serait pas une science des réalités ? »[122], s'interrogeait Joseph Barthélemy.

55. **La dimension historique de la recherche.** Les institutions politiques étant des produits de l'histoire, l'importance de l'histoire politique et constitutionnelle pour la compréhension du droit positif en vigueur paraît difficilement contestable[123]. « Pour comprendre la structure et le "rendement" des institutions […], il faut connaître leurs origines et leur devenir juridique, c'est-à-dire leur évolution historique »[124], affirmait Boris Mirkine-Guetzévitch. Au vu de la forte dimension historique de l'objet d'étude et de la

---

[118] V. *supra* § 11-14.

[119] V. *supra* § 28.

[120] M.-Cl. PONTHOREAU, *Droit(s) constitutionnel(s) comparé(s)*, Paris, Economica, « Corpus Droit public », 2010, p. 178.

[121] « L'analyse des institutions politiques s'opère, traditionnellement, en dehors de l'interprétation des textes, par l'emploi des méthodes historique et comparative » (A. HAURIOU, « Recherches sur une problématique et une méthodologie applicables à l'analyse des institutions politiques », *RDP*, 1971, p. 305).

[122] J. BARTHÉLEMY, *Le rôle du pouvoir exécutif dans les républiques modernes*, Paris, Giard et Brière, 1906, p. 651.

[123] V. M. TROPER, « Histoire constitutionnelle et théorie constitutionnelle », *in id.*, *Le droit et la nécessité*, Paris, Puf, « Léviathan », 2011, pp. 269-279.

[124] B. MIRKINE-GUETZÉVITCH, « Les méthodes d'étude du droit constitutionnel comparé », *RIDC*, vol. 1, 1949/4, p. 397.

nécessité de reconstruire depuis ses origines la notion de pouvoir régulateur, des recours fréquents à l'histoire politique et constitutionnelle s'imposent.

56. Une telle démarche inclut évidemment l'histoire des idées politiques, d'autant plus que le pouvoir régulateur est avant toute chose une création doctrinale. Concrètement, il s'agit d'« expliquer pourquoi, à telle époque, telle doctrine a influencé les institutions ; jusqu'à quel point cette doctrine est entrée dans la réalité ; quelles en furent les répercussions dans le fonctionnement des institutions »[125]. Les idées, les faits politiques et les textes sont intimement liés dans la pratique.

57. La dimension comparative de la recherche. Dans le cadre de cette étude, nous serons amenés à examiner un grand nombre de régimes politiques étrangers afin d'essayer de déceler le maximum d'exemples de manifestation du pouvoir régulateur en droit positif et dans la pratique institutionnelle. Une approche comparative qui suppose l'observation simultanée de différents régimes politiques apparaît en effet indispensable pour se prononcer sur la pertinence et le contenu d'une notion de pouvoir régulateur en droit constitutionnel.

58. Pour autant, la présente recherche ne relève pas, en toute rigueur, de la comparaison juridique comme discipline scientifique qui s'accompagne de postulats tant philosophiques que méthodologiques quant à l'objectif poursuivi[126] et aux moyens d'atteindre cet objectif[127]. Notre objectif n'est pas

---

[125] *Ibid.*, p. 408.

[126] Suivant C. HAGUENAU-MOIZARD (*Introduction au droit comparé*, Paris, Dalloz, « Séquences », 2018, pp. 4-7), on peut identifier des « fonctions pratiques de la comparaison des droits », à savoir « [l]'unification du droit » et « [l]'élaboration du droit interne », et des « fonctions théoriques de la comparaison des droits », à savoir « [l]a connaissance des droits » et « [l]a prise de distance envers le droit national ». En ce sens, É. PICARD (« L'état du droit comparé en France en 1999 », *RIDC*, vol. 51, 1999/4, p. 897) estime que « le droit comparé permet de mieux connaître les autres droits, et, de façon plus utilitaire, d'améliorer ainsi les relations que l'on peut avoir avec les sociétés qu'ils régissent. Mais au-delà même de ces fins, [...] le droit comparé permet de mieux comprendre non pas seulement les autres droits, mais bien son propre droit, et même le droit en général ». M.-Cl. PONTHOREAU (*Droit(s) constitutionnel(s) comparé(s)*, *op. cit.*, p. 87 et s.) envisage quant à elle trois finalités du droit comparé : il est « un procédé de connaissance critique », il permet de « donner un sens aux similitudes et aux différences dans le contexte global » et favorise « l'emprunt de solutions juridiques ». Elle se montre en outre favorable à un « comparatisme pluraliste » qui « se caractérise par la multiplication des perspectives. L'objectif n'est ni de rechercher la conciliation des perspectives, ni d'entretenir une opposition stérile, mais plutôt d'offrir un changement de perspective en se servant de la dialectique entre les deux [...] », (*ibid.*, p. 205). Enfin, selon O. PFERSMANN (« Le droit comparé comme interprétation et comme théorie du droit », *RIDC*, vol. 53, 2001/2, pp. 285-286), le droit comparé est « un élément de la théorie du droit » en ce qu'il constitue « la discipline qui permet de décrire les structures de n'importe quel système juridique à l'aide de concepts généraux présentant la finesse nécessaire et suffisante ». Notre choix d'opérer une approche globale de la notion de pouvoir régulateur se rapproche pour partie de cette dernière conception du droit comparé.

[127] Selon Th. RAMBAUD, « [l]e droit comparé implique [...] une conception culturelle du droit » (*Introduction au droit comparé. Les grandes traditions juridiques dans le monde*, Paris, Puf, « Quadrige », 2014, p. 27). Sur les méthodes du droit comparé, v. not. *ibid.*, pp. 31-51 ; C. HAGUENAU-MOIZARD, *Introduction au droit comparé*, *op. cit.*, pp. 8-17 ; M.-Cl. PONTHOREAU, *Droit(s) constitutionnel(s) comparé(s)*, *op. cit.*, pp. 59-86.

de comparer certaines manifestations institutionnelles du pouvoir régulateur selon leur intégration dans un régime politique particulier (ce qui nous obligerait inévitablement à restreindre le champ géographique de l'étude à quelques pays seulement) mais de comprendre de quelle manière l'idée de pouvoir régulateur a pénétré le droit constitutionnel institutionnel en général, autrement dit les différents droits constitutionnels institutionnels.

59. Il n'empêche que l'étude de différents droits étrangers nous fera rencontrer certains des écueils du droit comparé. Selon le juge constitutionnel allemand Wolfgang Hoffmann-Riem, « une constitution est une autobiographie nationale ». Le risque est alors grand de tomber dans le « piège de la culture »[128] qui pousse à « déformer cette réalité dans laquelle le juriste national ne se trouve pas forcément »[129], comme l'explique Marie-Claire Ponthoreau. Pour éviter cela, il faudra nous pencher sur l'histoire constitutionnelle des pays étudiés dans l'optique de mieux saisir les fondements de l'existence éventuelle d'un pouvoir régulateur. De même, les différences des « cultures politiques »[130] devront être prises en considération afin d'expliquer pourquoi des dispositions en apparence semblables amènent parfois à des pratiques institutionnelles totalement opposées[131]. On cherchera à appréhender dans leur contexte politique, historique et culturel les origines, les évolutions et l'actualité de la notion de pouvoir régulateur en droit constitutionnel.

60. L'obstacle de la langue est également important car la traduction du vocable « régulateur » peut être source de confusion et en réalité renvoyer à des situations qui ne correspondent pas au pouvoir régulateur[132]. La prudence sera donc de mise lorsque nous traiterons de dispositions juridiques en langues étrangères. Il conviendra en particulier de ne pas s'attacher qu'à la terminologie mais de la croiser avec les éléments de définition énoncés *supra*

---

[128] *Ibid.*, p. 94.

[129] *Ibid.*, p. 73.

[130] La culture politique se définit comme « le produit d'un mécanisme de régulation des comportements politiques qui inculque aux individus des attitudes fondamentales forgées par l'histoire et les conduit à partager au-delà de leurs différences d'opinions politiques, des croyances communes sur la meilleure forme d'organisation sociale et de gouvernement » (J. LAGROYE, B. FRANÇOIS, Fr. SAWICKI, *Sociologie politique*, 4e éd., Paris, Presses de Sciences po et Dalloz, « Amphi », 2002, p. 412).

[131] Nous pensons notamment à la présidence de la République en France et au Portugal, dont il sera souvent question dans cette étude. Si les dispositions constitutionnelles sont en apparence relativement semblables, la pratique est en totale opposition entre un président gouvernant en France et un président régulateur ou du moins modérateur au Portugal.

[132] La langue anglaise prête particulièrement à la confusion. On a déjà indiqué *supra* que le terme *regulation* signifie « régulation » dans le langage courant et « réglementation » en anglais juridique. La difficulté est semblable avec l'adjectif *regulatory* et le participe présent *regulating*, qui traduisent l'adjectif « régulateur » mais peuvent également signifier « réglementaire » ou faire référence à ce qui régularise. De même, le verbe *regulate* signifie « réglementer » en anglais juridique et « réguler » ou « régulariser » en anglais courant ou technique.

et rechercher les intentions des rédacteurs pour discerner ce qui relève ou non de notre objet d'étude.

61. Le domaine général de la recherche et la méthode retenue ayant été formulés, il nous reste à annoncer la problématique et le plan de l'étude.

§ IV. La problématique et le plan de l'étude

62. Pour entreprendre une étude sur le pouvoir régulateur du régime politique en droit constitutionnel, il importe d'avoir une idée précise de ce que l'on cherche, c'est-à-dire poser une hypothèse de départ[133] et avoir un ou plusieurs objectifs[134]. Dans notre cas, on suppose qu'envisager le pouvoir régulateur comme une notion du droit constitutionnel institutionnel est une approche globalement judicieuse. On comprend dès lors que l'objectif premier de la présente recherche sera de démontrer la pertinence de cette hypothèse.

63. Il s'agira de saisir par quelles modalités le droit constitutionnel aborde l'idée de pouvoir régulateur. « Comme toute science, le droit utilise des notions et un discours [...]. Des notions sont expliquées, certaines sont abandonnées [...], d'autres finissent par trouver droit de cité [...]. Pris entre l'assaut de notions juridiques nouvelles mal assimilées et la persistance de termes archaïques, le discours juridique est parfois rien moins qu'obscur »[135]. Un tel constat vaut particulièrement pour le pouvoir régulateur. « Organe régulateur : l'expression est suggestive autant qu'imprécise »[136], écrit ainsi Jean Gicquel. À rebours de cette affirmation, on cherchera à donner une cohérence au discours juridique en la matière en se posant les questions suivantes : *comment l'idée d'un pouvoir régulateur se positionne-t-elle au regard de la doctrine de la séparation des pouvoirs ? Est-il possible de dessiner les pourtours d'une théorie contemporaine du pouvoir régulateur en droit constitutionnel, et si oui, par quels biais ?*

64. Avant d'aller plus loin, il convient de préciser l'emploi que nous faisons du terme « théorie ». Toute « problématique »[137] contient, entre autres choses,

---

[133] D'après P. FOULQUIÉ, une hypothèse est une « explication des faits reconnue plausible et que l'on retient provisoirement dans le but principal de la soumettre au contrôle méthodique de l'expérience » (V° « Hypothèse » *in Vocabulaire des sciences sociales*, Paris, Puf, 1978, p. 177).

[134] Un objectif de recherche « peut être assimilé à la réponse à une question, à la solution d'un problème, au dénouement d'une difficulté » (J. de BONVILLE, *L'analyse de contenu des médias. De la problématique au traitement statistique*, Louvain-la-Neuve, De Boeck Supérieur, « Culture & Communication », 2006, p. 37).

[135] M.-Th. CALAIS-AULOY, « Du discours et des notions juridiques (notions fonctionnelles et notions conceptuelles) », *LPA*, 9 août 1999, n° 157, p. 4.

[136] J. GICQUEL, « Préface », *in* N. BARBAROUSSIS, *La fonction régulatrice du président de la Troisième République hellénique*, *op. cit.*, p. IX.

[137] Lorsqu'elle concerne une recherche en particulier, la problématique « désigne l'ensemble des problèmes à résoudre ou des hypothèses à vérifier et les orientations théoriques à l'intérieur desquelles ou par rapport

une « théorie », qui désigne « un ensemble de propositions, méthodiquement reliées les unes aux autres, susceptibles d'expliquer un fragment pertinent de la réalité »[138]. En l'occurrence, l'ambition principale de cette étude est de proposer *l'esquisse d'une théorie générale du pouvoir régulateur en droit constitutionnel*[139]. Sur le sujet, tout ou presque est à construire. Il faudra identifier la notion de pouvoir régulateur du régime politique, définir son contenu et ses frontières et déterminer sa fonction en droit constitutionnel institutionnel[140]. On pourra de la sorte établir dans quelle mesure elle produit des effets juridiques tangibles ou demeure une doctrine essentiellement « littéraire ».

65. Première question : *comment l'idée d'un pouvoir régulateur se positionne-t-elle au regard de la doctrine de la séparation des pouvoirs ?* Cette dernière vise à répartir les différentes fonctions juridiques de l'État entre plusieurs de ses organes afin d'empêcher qu'elles ne soient réunies entre les mêmes mains[141]. Depuis Montesquieu, on estime en effet que si « le pouvoir arrête le pouvoir », aucun d'eux ne sera en capacité de devenir despotique et la liberté sera préservée. La difficulté tient à la mise en œuvre du principe, par laquelle l'ingénierie constitutionnelle doit s'efforcer d'éviter deux écueils : que les pouvoirs se paralysent mutuellement, d'une part, qu'au contraire ils se réunissent au profit d'un seul organe, d'autre part. L'une des solutions avancées dès la fin du XVIIIe siècle est l'institution d'un pouvoir régulateur, qui apparaît de ce fait indissociable de la séparation des pouvoirs.

66. Le lien entre le principe de la séparation des pouvoirs et les diverses conceptions du pouvoir régulateur demeure pourtant fondamentalement ambigu. Le pouvoir régulateur représente certes un moyen de garantir la séparation des pouvoirs, autrement dit une forme d'aboutissement de celle-ci, mais aussi une forme de dépassement de la théorie classique de la séparation

---

auxquelles cette recherche se situe » (J. de BONVILLE, *op. cit.*, p. 46). Elle peut aussi désigner, dans un sens proche, « le processus intellectuel par lequel on en arrive à la formulation systématique des lacunes ou des déficiences dans l'état de nos connaissances sur un sujet ou un domaine donné » (A. GOSSELIN, « La notion de problématique en sciences sociales », *Communication. Information Médias Théories*, 1994/2, vol. 15, p. 123).

[138] J. de BONVILLE, *op. cit.*, p. 50.

[139] L'effort de théorisation « se traduit par la construction de systèmes explicatifs, de portée plus ou moins ambitieuse, destinés à dégager des lignes de force, à mettre au jour des "principes" en assurant la mise en cohérence des solutions d'espèce : on retrouve par-là l'entreprise de systématisation, qui est au cœur même du travail doctrinal » (J. CHEVALLIER, « Doctrine juridique et science juridique », *Droit et société*, 2002/1 n° 50, p. 114). Tel est justement l'objectif de notre recherche.

[140] Sur la « définition par la fonction », v. not. V. CHAMPEIL-DESPLATS, *Méthodologie du droit et des sciences du droit*, *op. cit.*, pp. 305-306.

[141] Il s'agit traditionnellement de la fonction législative, qui consiste en la production de règles générales et abstraites, de la fonction exécutive, par laquelle sont élaborés les actes juridiques visant à appliquer ces règles, et de la fonction judiciaire ou juridictionnelle, qui consiste dans le jugement et la résolution des litiges (M. TROPER, « Séparation des pouvoirs », *in* Ph. RAYNAUD, S. RIALS (dir.), *Dictionnaire de philosophie politique*, 3e éd., Paris, Puf, « Quadrige », 2003, p. 709).

des pouvoirs, en ce qu'il remet en cause l'idée qu'un bon agencement des pouvoirs de l'État produira un ensemble qui se régulera automatiquement.

67. Seconde question : Est-il possible de dessiner les pourtours d'une théorie contemporaine du pouvoir régulateur en droit constitutionnel, et si oui, par quels biais ? Une tentative de théorisation du pouvoir régulateur nécessite, au préalable, de mettre en relief la tension entre fonction et organe, inhérente à l'emploi du mot « pouvoir ». Traditionnellement, et comme l'évoquait Karl Doehring dans un célèbre article paru en 1964[142], deux institutions peuvent prétendre incarner un pouvoir régulateur : le chef de l'État et la cour constitutionnelle. Aussi, et sans écarter a priori d'autres possibilités[143], nous souhaitons apporter une contribution à l'étude du rôle institutionnel spécifique des chefs d'État et des cours constitutionnelles dans les démocraties contemporaines. Dans une perspective de droit constitutionnel institutionnel, on envisagera le pouvoir régulateur comme une fonction juridique à part entière au sein du régime politique exercée par un organe particulier et distinct, à savoir le régulateur. Nous verrons qu'on a affaire à un pouvoir qui est de nature différente de ceux mis en œuvre par les autres organes étatiques, ce qui induit nécessairement des conséquences sur les caractéristiques de l'organe régulateur. Afin d'aboutir à une réflexion générale à propos du pouvoir régulateur, le sujet sera donc traité à la fois dans son aspect fonctionnel et sous l'angle organique.

68. La fonction de régulation se concrétise en droit constitutionnel par l'exercice par les organes régulateurs de prérogatives spécifiques que l'on qualifiera de « prérogatives régulatrices ». Celles-ci ne pouvant être rattachées à l'habituelle tripartition des pouvoirs, le pouvoir régulateur se présente comme un objet constitutionnel propre et utile qui peut être considéré comme une notion du droit constitutionnel institutionnel. Dépassant les frontières du monde des idées et des concepts, le pouvoir régulateur devient un moyen de « qualifier des faits, c'est-à-dire de les faire rentrer dans une catégorie connue et répertoriée, à laquelle ces faits paraissent correspondre et, en conséquence, de leur déclarer applicable le régime juridique applicable pour cette catégorie »[144]. La notion de pouvoir régulateur permet de réunir des objets

---

[142] K. DOEHRING, « Der "Pouvoir neutre" und das Grundgesetz », *Der Staat*, 1964/2, vol. 3, p. 201.

[143] En raison de son rôle de frein ou de balancier face au bloc composé du gouvernement et de la majorité à la chambre basse, la chambre haute est parfois qualifiée de « régulatrice » par la doctrine (v. par ex. J.-P. MARICHY, *La deuxième chambre dans la vie politique française depuis 1875*, Paris, LGDJ, « BCSP », t. 38, 1969, pp. 570-600 ; Fr. LAFFAILLE, « Le président du Sénat », *Pouvoirs*, 2016/4 n° 159, pp. 41-52). Ceci étant, l'emploi du terme « régulateur » nous paraît ici inapproprié car on ne peut pas considérer que le Sénat, qui est un organe législatif partiel, soit doté d'une quelconque fonction de régulation du régime politique. L'idée de contre-pouvoir ou, dans une logique mécaniste qui correspond à l'un des sens courants du mot « régulateur », celle de contrepoids, semblent plus adaptées et précises.

[144] Fr.-P. BÉNOIT, art. préc., p. 27.

juridiques ou des situations présentant une nature semblable en droit constitutionnel institutionnel.

69. Dans l'optique d'appréhender cet objet constitutionnel qu'est le pouvoir régulateur du régime politique, il conviendra d'examiner par quelles modalités le droit constitutionnel reçoit le pouvoir régulateur et inversement, comment le pouvoir régulateur affecte le droit constitutionnel en retour. En définitive, c'est par ce biais qu'on pourra réaliser une étude générale de la notion de pouvoir régulateur en droit constitutionnel.

70. Pour répondre aux contraintes que présente la problématique adoptée, on organisera notre raisonnement en deux parties. Il sera nécessaire, dans un premier temps, de revenir sur la construction historique et doctrinale du pouvoir régulateur (**Première partie**) puis il s'agira, dans un second temps, d'établir le contenu et la fonction de la notion de pouvoir régulateur dans le droit constitutionnel contemporain (**Seconde partie**).

Première partie : La construction historique et doctrinale du pouvoir régulateur

Seconde partie : Les manifestations institutionnelles contemporaines du pouvoir régulateur

PREMIÈRE PARTIE
LA CONSTRUCTION HISTORIQUE ET DOCTRINALE DU POUVOIR RÉGULATEUR

71. « L'histoire, pour un constitutionnaliste, n'est pas seulement une science auxiliaire : elle fait partie intégrante de l'objet même de l'observation juridique. Dans le domaine constitutionnel, les relations juridiques ont un caractère tellement individualisé que le juriste serait incapable, sans avoir recours à l'histoire, d'expliquer la naissance, l'évolution, le fonctionnement des institutions politiques »[145]. Ces propos de Boris Mirkine-Guetzévitch soulignent l'importance d'une approche historique du droit constitutionnel et des institutions politiques pour qui souhaite étudier les modalités d'organisation des régimes politiques contemporains. En effet, « [i]gnorer l'histoire, c'est renoncer à la compréhension de nos institutions politiques »[146], avertissaient Joseph Barthélemy et Paul Duez dès l'introduction de leur *Traité de droit constitutionnel.*

72. Le pouvoir régulateur puise ses origines dans diverses sources intellectuelles et historiques. De ce fait, l'histoire constitutionnelle et l'histoire des idées politiques représentent des perspectives indispensables à la compréhension de la notion en droit constitutionnel. L'idée de pouvoir régulateur apparaît durant les débats constitutionnels de la Révolution française comme un moyen de pallier les difficultés posées par la séparation des pouvoirs (**Titre premier**). Sa consécration en droit constitutionnel positif et dans la pratique institutionnelle apparaît néanmoins inachevée, d'autant plus que le pouvoir régulateur subit tout au long du XIXe siècle l'interférence de doctrines concurrentes pouvant être regroupées sous la formule générique mais ambivalente de « pouvoir modérateur » (**Titre second**).

[145] B. MIRKINE-GUETZÉVITCH, « Les méthodes d'étude du droit constitutionnel comparé », *RIDC*, vol. 1, 1949/4, p. 400.
[146] J. BARTHÉLEMY, P. DUEZ, *Traité de droit constitutionnel*, Paris, Dalloz, 1933, p. 6.

Titre premier. Le pouvoir régulateur, héritage idéel de la Révolution française

Titre second. La polymorphie du quatrième pouvoir : le pouvoir régulateur et ses avatars

TITRE PREMIER
LE POUVOIR RÉGULATEUR, HÉRITAGE IDÉEL DE LA RÉVOLUTION FRANÇAISE

73. « [I]l faut encore une pièce à la machine politique, pour qu'elle puisse se mouvoir régulièrement. En effet, elle a un corps pour vouloir, un autre pour agir : il lui en faut un pour conserver, c'est-à-dire pour faciliter et régler l'action des deux autres »[147]. Dans son *Commentaire sur l'esprit des lois*, Destutt de Tracy exposait la nécessité de créer un pouvoir chargé de prévenir ou de mettre un terme aux conflits entre Exécutif et Législatif afin d'assurer la pérennité et le bon fonctionnement de l'État. Nouveauté censée parfaire l'architecture institutionnelle de Montesquieu, l'idée prend forme durant les débats constitutionnels de la Révolution[148], mais ne connaîtra véritablement son accomplissement que sous la plume de Benjamin Constant et son pouvoir neutre.

74. Or, aux partisans d'un nouveau pouvoir s'opposaient les tenants d'une main invisible qui assurerait naturellement l'équilibre, pourvu que la constitution, envisagée comme une machine, soit bien conçue. Reprenant à l'envi les arguments opposés par les constituants thermidoriens au jury constitutionnaire de Sieyès, ceux-ci affichaient leur foi en des garanties internes à la constitution, automatiques et de nature mécanique[149]. Constant, à l'instar de Sieyès ou des Idéologues[150], faisait au contraire le constat que la séparation des pouvoirs ne peut se suffire à elle-même, car, en pratique, rien

---

[147] A. DESTUTT de TRACY, *Commentaire sur l'esprit des lois de Montesquieu*, Paris, Delaunay, 1819, p. 221.

[148] Sur les projets révolutionnaires de tiers-pouvoirs, conçus dans le but d'assurer un fonctionnement sans à-coups de l'édifice constitutionnel, particulièrement en ce qui concerne les relations entre Législatif et Exécutif, v. M. GAUCHET, *La Révolution des pouvoirs. La souveraineté, le peuple et la représentation. 1789-1799*, Paris, Gallimard, « Bibliothèque des histoires », 1995.

[149] Lors du débat constituant de l'an III, les Thermidoriens, Thibaudeau en tête, réussirent à écarter le projet de jury constitutionnaire porté par Sieyès, convaincus par l'efficacité des garanties internes à la constitution, en particulier la balance du Législatif – c'est-à-dire son exercice partagé entre plusieurs organes (v. M. TROPER, *Terminer la Révolution. La Constitution de 1795*, Paris, Fayard, « Histoire des constitutions de la France », 2006, pp. 210-212).

[150] À partir du Consulat, le terme « Idéologue » a été employé par dérision par Bonaparte pour désigner un groupe d'intellectuels républicains influents durant le Directoire, comme Cabanis, Daunou, Destutt de Tracy et Volney, qui, après avoir approuvé le coup d'État du 18 brumaire, se sont progressivement détournés du nouveau régime (v. G. BACOT, « Les Idéologues et le groupe de Coppet », *RFHIP*, 2003/2 n° 18, pp. 229-230 ; Ch. TAKEDA, « Deux origines du courant libéral en France », *RFHIP*, 2003/2 n° 18, pp. 233-234 ; G. GUSDORF, *La conscience révolutionnaire. Les Idéologues*, Paris, Payot, 1978, p. 322).

n'empêche que l'un d'eux triomphe sur les autres, reconstituant par là l'unité potentiellement liberticide du pouvoir. Et même si la séparation est effective, les pouvoirs risquent de se neutraliser mutuellement, provoquant paralysie et immobilisme au sommet de l'État. Si l'unité du pouvoir mène au despotisme, sa division conduit à l'impuissance ; les échecs successifs des constitutions révolutionnaires en sont la meilleure preuve. De là vint l'idée de créer un nouveau pouvoir pour y remédier, qui se vit attribuer un nombre plus ou moins important de prérogatives selon les auteurs. Aux pouvoirs classiques – désignation et destitution des membres de l'Exécutif par exemple – s'ajoutaient parfois un contrôle de constitutionnalité des lois et des règlements ainsi que l'initiative des révisions constitutionnelles[151]. Si la théorie de Constant demeure une incontournable référence en la matière (**Chapitre II**), c'est qu'elle constitue l'aboutissement d'une idée dont les origines sont à rechercher du côté des régulateurs imaginés par les révolutionnaires français. Constatant la fragilité des garanties à l'œuvre dans leurs constitutions, ceux-ci vont chercher à surmonter ces faiblesses par l'adjonction d'une garantie externe, qui, à l'instar du régulateur en mécanique, viendrait régler le fonctionnement de la machine étatique (**Chapitre I**).

Chapitre I. Parachever le mécanisme institutionnel : la nécessité d'un tiers-pouvoirs

Chapitre II. Une consécration théorique : la doctrine du pouvoir neutre chez Benjamin Constant

[151] A. DESTUTT de TRACY en relève sept : « Ses fonctions seront : 1°. De vérifier les élections des membres du corps législatif avant qu'ils entrent en fonction, et de juger de leur validité ; 2°. D'intervenir dans les élections des membres du corps exécutif, soit en recevant des corps électoraux une liste de candidats parmi lesquels il choisirait, soit au contraire en leur envoyant une liste de ceux entre lesquels ils devraient élire ; 3°. D'intervenir […] dans la nomination des juges suprêmes […] ; 4°. De prononcer la destitution des membres du corps exécutif, s'il y a lieu, sur la demande du corps législatif ; 5°. De décider […] s'il y a lieu à accusation contre eux, et, dans ce cas, de donner quelques-uns de ses membres, suivant une forme déterminée, pour composer le grand jury devant les juges suprêmes ; 6°. De prononcer l'inconstitutionnalité, et, par conséquent, la nullité des actes du corps législatif ou du corps exécutif, sur la réclamation de l'un des deux, ou sur d'autres provocations reconnues valables par la constitution ; 7°. De déclarer, d'après la même réclamation, ou d'après celle de la masse des citoyens, dans des formes et avec des délais déterminés, quand il y a lieu à la révision de la constitution, et, en conséquence, de convoquer une convention *ad hoc* […] » (*Commentaire sur l'esprit des lois de Montesquieu*, *op. cit.*, pp. 221-223).

CHAPITRE I
PARACHEVER LE MÉCANISME INSTITUTIONNEL : LA NÉCESSITÉ D'UN TIERS-POUVOIR

75. L'idée d'instaurer un nouveau pouvoir venant compléter le triptyque classique Législatif, Exécutif et Judiciaire apparaît véritablement à la fin du XVIIIe siècle, comme une conséquence imprévue du constitutionnalisme révolutionnaire[152]. Celui-ci renvoie avant tout au principe de la séparation des pouvoirs, qui s'est progressivement imposé dans la culture politique occidentale grâce à *De l'esprit des lois*, l'ouvrage majeur de Montesquieu publié en 1748. Sa mise en garde est restée célèbre : « [t]out serait perdu, si le même homme, ou le même corps des principaux, ou des nobles, ou du peuple, exerçaient ces trois pouvoirs : celui de faire des lois, celui d'exécuter les résolutions publiques, et celui de juger les crimes ou les différends des particuliers »[153]. La séparation des pouvoirs, qui constitue chez Montesquieu la forme la plus achevée du gouvernement modéré (l'opposé du despotisme), apparaît dès lors comme le meilleur moyen de préserver la liberté politique en empêchant la réunion des pouvoirs.

76. Mais encore faut-il tenir compte de « la primauté de la fonction législative, soit que, selon les auteurs, on l'identifiât à la souveraineté elle-même ou qu'on y vît l'attribut principal de cette souveraineté, [emportant] la subordination de la fonction exécutive »[154], fonction secondaire et seulement chargée d'appliquer la volonté du Législatif. La prééminence naturelle du pouvoir législatif, « cette donnée de base qui participait à l'époque d'un lieu commun »[155] intégrée par l'ensemble de la pensée politique et juridique, tant en Angleterre, en Amérique qu'en France, entraîne des conséquences évidentes sur la séparation des pouvoirs, puisque le titulaire de la fonction législative aurait toute latitude pour modifier à son avantage les règles

---

[152] Auparavant, sous l'Ancien régime, la question ne se posait pas dans les mêmes termes, comme l'expose Ph. PICHOT-BRAVARD dans la première partie de sa thèse (*Conserver l'ordre constitutionnel (XVIe-XIXe siècle). Les discours, les organes et les procédés juridiques*, Paris, LGDJ-Lextenso, « BHDDR », t. 24, 2011, pp. 25-162). Il met notamment en avant la nature spécifique de la monarchie française d'Ancien régime (« une monarchie absolue tempérée ») et le rôle du Parlement, « gardien de l'ordre constitutionnel du royaume ».

[153] MONTESQUIEU, *De l'esprit des lois*, livre XI, chap. 6, *in Œuvres complètes*, Paris, Gallimard, « Bibliothèque de la Pléiade », 1949-1951, vol. 2, p. 397.

[154] M. LAHMER, « Séparation et balance des pouvoirs », *in* D. ALLAND, S. RIALS (dir.), *Dictionnaire de la culture juridique*, Paris, Puf, « Quadrige », 2003, p. 1408.

[155] *Ibid.*, p. 1407.

juridiques de répartition des compétences et ainsi se placer en situation de s'approprier tous les pouvoirs.

77. De fait, dans le cadre d'une telle hiérarchie des fonctions étatiques, il y a incompatibilité de principe entre l'idée d'une séparation fonctionnelle et celle d'équilibre entre les pouvoirs, équilibre que les publicistes du XVIIIe siècle vont s'efforcer de réaliser en recherchant de nouvelles garanties à la constitution, qui n'est alors pas autre chose qu'une certaine répartition des compétences entre plusieurs organes, autrement dit une séparation des pouvoirs. Or, l'autre caractéristique fondamentale du constitutionnalisme moderne est qu'il repose sur « une théorie de l'État et de la constitution comme machine politique mue par les passions et les intérêts des individus, et donc en mesure de fonctionner en se passant de la vertu »[156]. C'est une rupture majeure avec la conception ancienne de l'organisation du pouvoir politique : une constitution bien conçue doit être capable de se maintenir par elle-même, sans qu'on doive rechercher des garanties supplémentaires dans la vertu des gouvernants[157]. Pour y parvenir, la première technique mise en avant est la balance des pouvoirs, qui consiste en la division du pouvoir législatif entre plusieurs organes aux intérêts distincts. Chacun « vise intentionnellement à accroître son propre pouvoir mais [...] obtient le résultat non intentionnel de balancer les autres »[158] : tous les pouvoirs sont équilibrés les uns par les autres, de sorte que « [l]a modération des pouvoirs, garantie de nos droits, ne viendra pas d'un contrôle extérieur mais du seul jeu des pouvoirs pourvu qu'il soit bien organisé »[159].

78. Les constitutions de la fin du XVIIIe siècle reposaient très largement sur ce modèle, mais la réalité politique s'est révélée fort différente de la théorie. Les expériences constitutionnelles peu concluantes de la Révolution française ont mené à une remise en cause de la balance, sans pour autant conduire à un rejet automatique de la conception mécaniste. Plusieurs constitutionnalistes, dont Sieyès, « inventeur-ingénieur en constitutions »[160], est le plus illustre représentant, ont critiqué le système de la balance tout en continuant de concevoir la constitution comme une machine. Ces auteurs vont généralement chercher à compléter le mécanisme institutionnel par l'adjonction d'un « pouvoir régulateur », expression consacrée par la Révolution qui désigne un organe spécialement chargé de garantir l'équilibre entre les pouvoirs. L'emploi d'une terminologie d'origine mécanique n'est pas anodin : ces

---

[156] M. BARBERIS, « Idéologies de la constitution – Histoire du constitutionnalisme », *in* M. TROPER, D. CHAGNOLLAUD (dir.), *Traité international de droit constitutionnel*, Paris, Dalloz, 2012, t. 1, p. 122.
[157] V. sur ce point L. STRAUSS, *Droit naturel et histoire*, Paris, Flammarion, « Champs », 2008.
[158] M. BARBERIS, « Idéologies de la constitution – Histoire du constitutionnalisme », art. préc., p. 124.
[159] P. ROLLAND, « La garantie des droits », *Droits fondamentaux*, 2003, n° 3, p. 203.
[160] V. CONSTANTINESCO, S. PIERRÉ-CAPS, *Droit constitutionnel*, 7e éd., Paris, Puf, « Thémis », 2016, p. 204.

« régulateurs » répondent tout autant au « souci de prendre des précautions mécaniques supplémentaires et encore plus complexes »[161] qu'au « dessein politique d'assurer la légitimité des institutions par le biais d'une régulation externe »[162], c'est-à-dire extérieure au jeu des trois pouvoirs. Les premiers projets de « régulateurs » apparaissent donc indissociables de la conception mécaniste de la constitution, qu'ils viennent compléter ou dépasser. La tentative de « construire une constitution conçue comme une machine efficace et indéréglable, conformément à une science de l'ingénieur »[163] (**Section 1**) se révèle infructueuse, laissant apparaître cette idée, minoritaire mais persistante, d'une tierce instance qui viendrait compléter le mécanisme institutionnel pour garantir le bon fonctionnement des institutions (**Section 2**).

SECTION 1. LA PRÉPONDÉRANCE DU MODÈLE MÉCANISTE

79. La doctrine de la constitution comme machine – que Mauro Barberis n'hésite pas à qualifier de « véritable élément distinctif du constitutionnalisme moderne par rapport tant au constitutionnalisme ancien qu'au contemporain »[164] – devient dominante au XVIIIe siècle. Cette conception de la constitution est appelée « mécaniste » car ses origines découlent directement de l'idéal mécaniste, tel qu'il se répand au cours du XVIIIe siècle[165]. D'origine galiléenne ou newtonienne, la mécanique apparaît comme un modèle proposé aux autres formes de savoir, de telle sorte que l'usage des métaphores mécaniques, évoquant le recours à l'engrenage d'une machine pour exposer les principes de la société politique, est généralisé dans les ouvrages juridiques et politiques des Lumières[166] : l'idéal mécaniste domine

---

[161] A. PAPATOLIAS, *Conception mécaniste et conception normative de la Constitution*, Athènes et Bruxelles, Sakkoulas / Bruylant, « Bibliothèque européenne. Droit constitutionnel – science politique », 2000, p. 339.

[162] *Ibid.*, p. 341.

[163] M. TROPER, « La machine et la norme. Deux modèles de constitution », *in* M. TROPER, *La théorie du droit, le droit, l'État*, Paris, Puf, « Léviathan », 2001, p. 152.

[164] M. BARBERIS, « Idéologies de la constitution – Histoire du constitutionnalisme », art. préc., p. 123.

[165] Il convient en ce sens de bien différencier la conception mécaniste proprement dite de la conception traditionnelle de la constitution, basée sur l'analogie organique ou biologique, qui sera celle des contre-révolutionnaires dès 1789 (v. J. de SAINT VICTOR, *La première contre-révolution (1789-1791)*, Paris, Puf, « Fondements de la politique », 2010) et se distingue nettement de sa variante « constructiviste » continentale et américaine qui tend pour sa part à utiliser l'analogie entre constitution et machine. À ce sujet, v. M. BARBERIS, « Idéologies de la constitution – Histoire du constitutionnalisme », art. préc., pp. 123-124 ; A. PAPATOLIAS, *op. cit.*, p. 20. Cette distinction s'apparente à celle établie entre la constitution constatée (souvent appelée constitution coutumière) et la constitution décidée, construite et rédigée (v. Fr. BORELLA, *Éléments de droit constitutionnel*, Paris, Presses de la Fondation nationale des sciences politiques, « Sciences po Concours », 2008, pp. 65-66).

[166] Par exemple, A. SMITH écrit dans sa *Théorie des sentiments moraux* (Paris, Puf, « Quadrige », 2011) que l'administration, le commerce et les manufactures : « font partie du grand système du gouvernement,

progressivement toute la pensée constitutionnelle. Le représentant le plus important de cette conception est évidemment Montesquieu[167].

80. Parfois qualifié de « modèle de Newton »[168], le modèle mécaniste caractérise une certaine idée de la constitution, alors envisagée, selon l'analyse d'Apostolos Papatolias, « comme un mécanisme qui déploie ses effets de manière « causale », c'est-à-dire indépendante du bon vouloir des autorités instituées »[169] et dont l'efficacité « se confond entièrement avec celui d'une quelconque machine ordinaire, c'est-à-dire d'un système d'automatismes voulus à fonctionnement stable et ordonné »[170]. C'est en ce sens que l'on peut parler d'une conception mécaniste de la constitution, qui se trouve à l'origine de toute une série de principes institutionnels mis en œuvre en Amérique et en France à la fin du XVIIIe siècle. En particulier, la Constitution américaine de 1787 et les françaises de 1791 et 1795 font largement appel à la technique de l'équilibre constitutionnel ou de la balance des pouvoirs. De cette analogie presque totale entre droit constitutionnel et sciences mécaniques naît l'idée qu'il est possible – et même souhaitable – de concevoir une constitution comme on conçoit une machine. Modélisée par Montesquieu puis par Madison, la constitution idéale apparaît comme un mécanisme indéréglable (§ I) que s'efforceront de construire les constituants américains et français (§ II).

---

et les rouages de la machine politique semblent se mouvoir avec plus d'harmonie et d'aisance par leur moyen » (partie IV, chap. I, p. 258) et qu'il fallait montrer « comment les différents rouages de la machine du gouvernement peuvent être mus avec plus d'harmonie et de douceur sans qu'ils grincent les uns contre les autres ou retardent leur mouvement respectif », pour « mettre en mouvement une machine si belle et si ordonnée » (p. 260). V. aussi D. HOWARD, « La conception mécaniste de la constitution », *in* M. TROPER, L. JAUME (dir.), *1789 et l'invention de la constitution*, Paris, « La pensée juridique moderne », 1994, pp. 154-155.

[167] M. TROPER souligne ainsi « la profusion des métaphores mécaniques, balances, ressorts, sphères, rouages et autres contrepoids » chez Montesquieu et ses contemporains (« Le concept de constitutionnalisme et la théorie moderne du droit », *in* M. TROPER, *Pour une théorie juridique de l'État*, Paris, Puf, « Léviathan », 1994, p. 210). Dans le même sens, v. aussi É. TILLET, « Les ambiguïtés du concept de constitution au XVIIIe siècle : l'exemple de Montesquieu », *in Pensée politique et droit. Actes du Colloques de Strasbourg (11-12 septembre 1997)*, Aix-en-Provence, PUAM, « Collection d'Histoire des Idées Politiques », vol. XII, 1998, p. 379.

[168] J.-L. SEURIN, « Des fonctions politiques des Constitutions. Pour une théorie politique des Constitutions », *in id.*, (dir.), *Le Constitutionnalisme aujourd'hui*, Paris, Economica, « Politique Comparée », 1984, p. 37.

[169] A. PAPATOLIAS, *op. cit.*, p. 17.

[170] *Ibid.*, pp. 67-68.

§ I. Le « modèle Montesquieu-Madison » : la constitution comme mécanique auto-régulée

81. L'emploi du concept d'autorégulation pour définir le modèle mécaniste de constitution est à peine anachronique[171], tant les deux notions apparaissent indissociables. La « constitution-machine » peut en effet être assez facilement assimilée à un système autorégulé, « complet et cohérent, toujours capable par la variété et la combinaison de ses éléments de former l'ensemble souhaitable »[172]. L'autorégulation constitutionnelle se rapporte ainsi à la situation idéale recherchée par la doctrine mécaniste au XVIIIe siècle, celle où la continuité et la stabilité dans la manière dont fonctionnent et interagissent les organes de l'État peuvent exister indépendamment de toute intervention d'autorité, autrement dit à un système à réglage automatique.

82. On retrouve clairement cette idée chez Montesquieu, pour qui la question constitutionnelle est avant tout « une question d'ingénierie »[173]. Son analyse est celle d'un technicien qui étudie la constitution sous l'angle mécanique, à tel point qu'il a pu être qualifié de « Newton du monde humain »[174]. À l'instar du savant anglais, qui s'était donné pour ambition de rendre intelligibles les règles de l'Univers, Montesquieu cherche à établir les lois physiques qui règleraient le fonctionnement de la machine constitutionnelle de telle sorte qu'elle en devienne « indéréglable »[175]. La terminologie mécanique – voire même mathématique[176] – est omniprésente dans ses travaux. Ainsi, pour former un gouvernement modéré, « il faut combiner les puissances, les régler, les tempérer, les faire agir ; donner, pour ainsi dire, un lest à l'une, pour la mettre en état de résister à l'autre »[177]. Montesquieu pousse même la métaphore mécanique à son paroxysme en faisant du gouvernement une « montre » et la vertu un « pignon » du

---

[171] D'apparition contemporaine (XXe siècle), le terme est défini par l'Académie française par seul renvoi à ses acceptions mécaniques ou biologiques : « Régulation d'une machine, d'une fonction, sans intervention extérieure » (V° « Autorégulation » *in Dictionnaire de l'Académie française*, 9e éd.).

[172] A. PAPATOLIAS, *op. cit.*, p. 78.

[173] S. ROLAND, « Les figures organiques de la légitimité dans la doctrine constitutionnelle de Montesquieu », *RFHIP*, 2009/1 n° 29, p. 69.

[174] S. GOYARD-FABRE, *Montesquieu : la nature, les lois, la liberté*, Paris, Puf, « Fondements de la politique », 1993, p. 55. Au sujet de l'influence de Newton sur Montesquieu, v. É. TILLET, art. préc., pp. 378-381.

[175] M. TROPER, « La machine et la norme. Deux modèles de constitution », art. préc., p. 152.

[176] Par exemple, lorsqu'il assimile dans ses *Pensées* (n° 1918) le gouvernement à « une somme qui est composée de plusieurs chiffres », *in* MONTESQUIEU, *Œuvres complètes*, *op. cit.*, vol. 1, p. 1461.

[177] MONTESQUIEU, *De l'esprit des lois*, livre V, chap. 14, *op. cit.*, p. 297.

gouvernement monarchique, tandis qu'elle serait le « ressort » du gouvernement républicain[178].

83. De ce caractère mécanique et donc quasi automatique de la constitution pour Montesquieu, il « résulte nécessairement certains effets, indépendants de la volonté des agents »[179], car, si le système est conçu par et pour des individus, « son mécanisme interne est réglé de telle sorte que, quelle que soit l'intention qui anime les hommes, il ne pourra produire autre chose que ce pour quoi il a été fabriqué »[180]. La constitution est construite comme une machine efficace, conçue pour réaliser les fins qui lui ont été assignées. Si des problèmes de fonctionnement apparaissent, ils doivent être traités soit comme des dysfonctionnements ordinaires, corrigeables par un simple réglage, soit comme des pannes mécaniques plus graves, qui appellent une modification de la structure elle-même. Surtout, et c'est l'une de ses principales caractéristiques, la constitution est inviolable parce qu'il est impossible de la violer si elle est bien conçue. En effet, « la répartition des compétences est telle que si une autorité tentait de violer la constitution, c'est-à-dire d'outrepasser ses compétences, elle se heurterait immédiatement à une autre autorité, qui aurait intérêt à s'opposer à elle »[181]. Il n'existe pas de contrôle ou de sanction à proprement parler : la garantie de la constitution consiste en des réglages automatiques d'ordre mécanique, elle est purement interne.

84. L'idée d'autorégulation chez Montesquieu repose essentiellement sur cette faculté mutuelle d'empêcher, qui tient à l'énonciation d'un principe simple : « [p]our qu'on ne puisse abuser du pouvoir, il faut que, par la disposition des choses, le pouvoir arrête le pouvoir »[182]. Potentiellement liberticide – car « c'est une expérience éternelle que tout homme qui a du pouvoir est porté à en abuser »[183] – il doit être « fractionné, morcelé, […] organisé en forces et contre-forces se faisant équilibre »[184]. Cette division constitue la garantie nécessaire et suffisante du gouvernement modéré. Fondée sur ce principe, « [u]ne constitution peut être telle que personne ne sera contraint de faire les choses auxquelles la loi n'oblige pas, et à ne point faire celles que la loi lui permet »[185]. Bien entendu, il ne suffit pas de diviser le

---

[178] « Il faut faire attention qu'il y a une très grande différence entre dire qu'une certaine qualité, modification de l'âme, ou vertu, n'est pas le ressort qui fait agir un gouvernement, et dire qu'elle n'est point dans ce gouvernement. Si je disais : telle roue, tel pignon ne sont point le ressort qui fait mouvoir cette montre, en conclurait-on qu'ils ne sont point dans la montre ? […] En un mot, l'honneur est dans la république, quoique la vertu politique en soit le ressort ; la vertu politique est dans la monarchie, quoique l'honneur en soit le ressort » (MONTESQUIEU, *De l'esprit des lois*, *op. cit.*, Avertissement de l'auteur, p. 228).

[179] M. TROPER, « Le concept de constitutionnalisme et la théorie moderne du droit », art. préc., p. 210.

[180] S. ROLAND, art. préc., p. 70.

[181] M. TROPER, « La machine et la norme. Deux modèles de constitution », art. préc., p. 151.

[182] MONTESQUIEU, *De l'esprit des lois*, *op. cit.*, livre XI, chap. 4, p. 395.

[183] *Loc. cit.*

[184] S. ROLAND, art. préc., p. 70.

[185] MONTESQUIEU, *De l'esprit des lois*, *op. cit.*, livre XI, chap. 4, p. 395.

pouvoir. La division, qui s'apparente plutôt à une distribution des compétences, doit conduire au résultat recherché, à savoir un équilibre permanent entre les différents organes de l'État. Pour cela, il faut instaurer des contre-pouvoirs et provoquer des empêchements mutuels, ces deux procédés consistant à créer une « constitution balancée »[186] où les pouvoirs seraient équilibrés les uns par rapport aux autres.

85. En prenant pour modèle la *Constitution d'Angleterre*[187], c'est en fait le régime mixte que le baron de La Brède décrit, ce qu'il confirme d'ailleurs explicitement dans l'une de ses *Pensées* : « [q]uelle est donc la constitution d'Angleterre. C'est une monarchie mêlée, comme Lacédémone, surtout avant la création des éphores, fut une aristocratie mêlée ; comme Rome, quelque temps après l'expulsion des Rois, fut une démocratie mêlée »[188]. Si l'Angleterre demeure une monarchie, « elle n'en reste pas moins mâtinée, mixée ou mixtionnée des composantes démocratique et aristocratique »[189], lesquelles justifient son caractère mixte. En effet, le régime mixte, qui se caractérise essentiellement par le fait que le pouvoir législatif y soit partagé entre les représentants du peuple, ceux de la noblesse et un monarque, se définit comme « un mélange des trois formes pures, la monarchie, l'aristocratie et la démocratie, dont les principes sont combinés grâce à la diversité des organes suprêmes et de leurs compétences »[190]. La constitution mixte procède à la répartition des intérêts, des valeurs et des légitimités de manière à ce qu'ils s'empêchent et se freinent mutuellement ; elle constitue « un vaste système d'équilibre en vertu duquel des forces, munies de moyens juridiques, se neutralisent réciproquement par voie d'interaction »[191], au sein duquel « [l]es trois pouvoirs se limit[ent] et se balanc[ent] réciproquement, évitant ainsi les abus de pouvoirs »[192]. Comment cela se traduit-il en pratique ? Dans son chapitre sur la *Constitution d'Angleterre*, Montesquieu fait du roi à la fois l'unique détenteur du pouvoir exécutif et un organe législatif partiel par son droit de veto :

> « [l]a puissance exécutrice [...] doit prendre part à la législation par sa faculté d'empêcher ; sans quoi elle sera bientôt dépouillée de ses prérogatives. Mais si la puissance législative prend part à l'exécution, la puissance exécutrice sera également perdue. Si le monarque prenait part à la législation par la faculté de statuer, il n'y aurait plus de liberté. Mais, comme

---

[186] A. PAPATOLIAS, *op. cit.*, p. 81.
[187] MONTESQUIEU, *De l'esprit des lois*, *op. cit.*, livre XI, chap. 6.
[188] MONTESQUIEU, *Mes Pensées*, *op. cit.*, n° 238, pp. 1048-1049. La source d'inspiration principale de Montesquieu est Polybe, en particulier le livre VI (hélas en miettes) de son *Histoire générale* (fragments disponibles sur http://remacle.org/bloodwolf/historiens/ polybe/index.htm, consulté le 15 sept. 2019).
[189] S. ROLAND, art. préc., p. 58.
[190] J. PETOT, « La notion de régime mixte », *in Recueil d'études en hommage à Charles Eisenmann*, Paris, Éd. Cujas, 1975, p. 99.
[191] *Ibid.*, p. 105.
[192] B. MANIN, *Principes du gouvernement représentatif*, Paris, Flammarion, « Champs », 2008, p. 66.

> il faut pourtant qu'il ait part à la législation pour se défendre, il faut qu'il y prenne part par la faculté d'empêcher »[193].

Si les assemblées votent des lois pour empiéter sur les compétences de l'Exécutif et s'approprier sa fonction, le roi oppose son veto : il a évidemment intérêt à protéger ses prérogatives et il apparaît donc certain qu'il le fera. Par conséquent, l'effet dissuasif du veto joue à plein, car les chambres se garderont de tout excès de pouvoir et la répartition constitutionnelle des compétences sera éternellement préservée. En résumé, le mécanisme de la balance implique le consentement de chaque organe, à titre individuel, pour adopter une loi. La séparation des pouvoirs sera donc automatiquement respectée, car, grâce à la compétence partielle du roi en matière législative, les chambres ne pourront en aucun cas s'emparer de la fonction exécutive et cumuler tous les pouvoirs. Le système de Montesquieu peut ainsi être qualifié d'autorégulateur, en ce sens que « le jeu des forces et contre-forces [y] entretient une régulation permanente »[194].

86. En Amérique, l'idéologie mécaniste était encore plus répandue qu'en France. Martin Landau écrit à ce sujet :

> « [...] les Pères fondateurs [...] étaient Newtoniens c'est ce qui explique leur confiance dans le système des freins et contrepoids. [...] Dans les années qui précédèrent la Convention aucun sujet de discussion ne fascinait plus que le concept d'équilibre inspiré de la mécanique et illustré par le système planétaire – que l'on nommait alors paradigme céleste. Tout était vu en termes de machine et le problème consistait à comprendre le fonctionnement de la nature et à appliquer la loi de la nature – action et réaction, poussée et contre-poussée – ce que nous appelons désormais « freins et contrepoids » (ou contrôle réciproque et équilibre). Le poids de ce principe fut tel que l'on peut dire qu'Isaac Newton a écrit la Constitution »[195].

Mais davantage encore que les travaux du physicien anglais, la *Constitution d'Angleterre* de Montesquieu fut une source d'inspiration majeure pour les Pères fondateurs. Mauro Barberis note en ce sens que « [l]a constitution fédérale se présente ainsi comme une machine qui reproduit, rationalise, et adapte à une forme d'État républicain et fédéral les mécanismes de la constitution anglaise »[196]. C'est principalement à James Madison que l'on doit

---

[193] MONTESQUIEU, *De l'esprit des lois*, *op. cit.*, livre XI, chap. 6, pp. 404-405.

[194] M. TROPER, « Charles Eisenmann contre le mythe de la séparation des pouvoirs », *Cahiers de philosophie politique de l'Université de Reims*, 1985, n° 2 et 3, p. 73.

[195] M. LANDAU, « La théorie constitutionnelle et l'organisation des pouvoirs aux États-Unis », *in* J.-L. SEURIN (dir.), *Le constitutionnalisme aujourd'hui*, Paris, Economica, « Politique Comparée », 1984, p. 77 ; G. S. WOOD fait lui aussi référence à « ces termes mécaniques caractéristiques des Lumières et tout à fait en accord avec la pensée des Fédéralistes : la division et la balance du pouvoir » (*The creation of the American Republic. 1776-1787*, Chapel Hill, University of North Carolina Press, 1969, p. 598).

[196] M. BARBERIS, « Idéologies de la constitution – Histoire du constitutionnalisme », art. préc., p. 125.

d'avoir repris et amélioré le modèle du baron de La Brède[197]. Dans ce « modèle Montesquieu-Madison » évoqué par Pasquale Pasquino[198], la séparation et la division des pouvoirs visent à établir un *self-enforcing equilibrum* – un « équilibre auto-renforçant » ou « équilibre qui s'auto-reproduit » – entre les organes de l'État. Il faut ici se tourner vers les *Federalist Papers*, notamment les numéros 47 à 51 rédigés par Madison, où cette idée est prégnante[199].

87. Mais si l'équilibre chez Montesquieu est fondé sur la structure même de la société anglaise – où les pouvoirs sont répartis selon ses composantes, entre le roi, les Lords et les Communes[200] –, il s'agit d'arriver à reproduire le même mécanisme en Amérique, dans une société justement caractérisée par l'absence d'inégalité entre différents ordres, où il n'y a que des citoyens égaux en droit, sans roi ni noblesse[201]. Cela passe par la mise en œuvre d'un système de *checks and balances* (freins et contrepoids), des garanties mécaniques pour empêcher le débordement des trois pouvoirs :

> « [...] la véritable sécurité contre une concentration progressive des différents pouvoirs dans le même département consiste à donner à ceux qui administrent chaque département les moyens constitutionnels nécessaires et les motifs personnels de résister aux empiétements des autres. [...] L'ambition doit être faite pour contrebalancer l'ambition »[202].

Pour Madison, il faut obliger le gouvernement à « se contrôler lui-même »[203], ce qui nécessite « une structure interne combinée de telle sorte que les relations entre les différentes fonctions régulent le comportement de

---

[197] V. notamment ses propos sur la *Constitution d'Angleterre* dans le *Federalist Paper* n° 47 (A. HAMILTON, J. JAY, J. MADISON, *Le Fédéraliste*, Paris, Classiques Garnier, « PolitiqueS », 2012, pp. 379-386).

[198] P. PASQUINO, *Sieyès et l'invention de la constitution en France*, Paris, Éd. Odile Jacob, 1998, p. 12.

[199] *Le Fédéraliste, op. cit.*, pp. 379-409.

[200] Selon Charles Eisenmann, « [l]'appareil gouvernemental [de Montesquieu] apparaît comme la projection sur le plan constitutionnel de son image de la société : trois forces sociales, donc trois forces politiques les incarnant – la correspondance est parfaite » (Ch. EISENMANN, « La pensée constitutionnelle de Montesquieu », *in* B. MIRKINE-GUETZÉVITCH, H. PUGET (dir.), *Bicentenaire de l'Esprit des lois, 1748-1948. Montesquieu : sa pensée politique et constitutionnelle*, Paris, Recueil Sirey, « Travaux et recherches de l'Institut de droit comparé de l'Université de Paris », 1952, p. 156). L'analyse constitutionnelle mécaniste de Montesquieu demeure en effet basée sur une vision corporatiste et organiciste de la société, qui pourtant est intimement liée à la conception traditionnelle ou ancienne de la constitution comme ordre naturel et immuable. Autrement dit, la *Constitution d'Angleterre* de Montesquieu consiste en un plaidoyer mécaniste en faveur d'une constitution coutumière organiciste.

[201] J.-F. SPITZ note justement que « les constituants américains [...] ont définitivement rompu avec l'idée que les différents pouvoirs représentent autant de groupes sociaux animés d'aspirations et de valeurs distinctes, pour lui substituer le concept d'un peuple constitué d'individus et dont les pouvoirs sont tous également issus » (« Régime mixte », *in* Ph. RAYNAUD, S. RIALS (dir.), *Dictionnaire de philosophie politique*, 3e éd., Paris, Puf, « Quadrige », 2003, p. 640). Ceci dit, cet idéal démocratique s'inscrit dans la réalité de la société américaine de l'époque, où les esclaves noirs et les indiens ne bénéficiaient pas de la qualité de citoyen et, partant, des droits qui en découlaient.

[202] *Le Fédéraliste, op. cit.*, n° 51, p. 404.

[203] *Ibid.*, p. 405.

l'ensemble »[204], c'est-à-dire un mécanisme de *checks and balances*. Quant à l'ambition, elle est le moteur du système, par opposition à d'autres types de motivation tels les intérêts divergents entre les différents ordres qui structurent la société anglaise ou le respect purement vertueux de la constitution. Le projet de Madison suppose seulement que les différents organes cherchent à protéger et à étendre leurs prérogatives. Pour garantir la séparation des pouvoirs, on doit aménager « la structure intérieure du gouvernement de façon à ce que ses différentes parties constitutives puissent, par leurs relations mutuelles, avoir les moyens de maintenir chacune d'entre elles à sa place propre »[205]. Autrement dit, il doit exister entre les différents organes de l'État « un réseau d'influences réciproques »[206] : chaque organe doit pouvoir exercer partiellement la fonction principale d'un autre, et chacun sera ainsi dissuadé d'empiéter sur le domaine de compétence des autres, par crainte des représailles.

88. À l'instar de son illustre modèle de la *Constitution d'Angleterre*, le système de Madison se distingue par son caractère autorégulé. La « structure *intérieure* du gouvernement », selon ses propres termes, est telle que « si un organe tente de modifier la répartition constitutionnelle du pouvoir, le système met en mouvement des forces qui le ramènent à son état initial »[207]. L'équilibre est maintenu par le seul jeu des différents pouvoirs et peut en ce sens être qualifié d'auto-renforçant. Voilà la principale conséquence de la domination de l'idéologie mécaniste sur le constitutionnalisme franco-américain du XVIIIe siècle : les garanties externes sont écartées au profit de mécanismes automatiques de rééquilibrage.

§ II. La consécration du modèle mécaniste : l'ingénierie constitutionnelle

89. Pour les *Founding Fathers* américains comme pour les premiers constituants français, la rédaction d'un texte constitutionnel exprimait avant toute chose la volonté d'élaborer une construction mécanique efficace, qui garantisse par elle-même la séparation et l'équilibre des pouvoirs. C'est surtout au mécanisme de la balance des pouvoirs, élaboré dès le début du XVIIIe siècle par Montesquieu et les autres théoriciens du gouvernement mixte, qu'ils font appel pour atteindre cet objectif. L'essentiel de la technique ressortait déjà du fonctionnement effectif de la Constitution anglaise depuis la

---

[204] M. LANDAU, « La théorie constitutionnelle et l'organisation des pouvoirs aux États-Unis », art. préc., p. 78.
[205] *Le Fédéraliste*, *op. cit.*, n° 51, p. 403.
[206] B. MANIN, « Frontières, freins et contrepoids : la séparation des pouvoirs dans le débat constitutionnel américain de 1787 », *RFSP*, 44e année, 1994/2, p. 286.
[207] *Ibid.*, p. 289.

fin du XVIIe siècle[208]. Elle consiste principalement en la division de la fonction législative entre plusieurs organes, dès lors susceptibles de se freiner et de s'équilibrer mutuellement, et sera reproduite à des degrés inégaux aux États-Unis en 1787 (A) puis en France en 1791 et 1795 (B).

A. La Constitution américaine de 1787

90. En Amérique, la confiance en l'efficacité de la balance conduit les Fédéralistes à s'opposer frontalement à la spécialisation stricte des organes prônée par les Anti-Fédéralistes[209]. Madison l'affirme dans *Le Fédéraliste* 48, le principe de la séparation des pouvoirs « n'exige pas que les départements législatif, exécutif et judiciaire soient entièrement déliés les uns des autres ». Ils doivent au contraire être « liés et mêlés au point de donner à chacun un contrôle constitutionnel sur les autres », sans quoi le principe de la séparation des pouvoirs, « essentiel à un gouvernement libre, ne peut jamais, dans la pratique, être dûment maintenu »[210]. En effet, le Législatif va toujours chercher à modifier cette répartition des compétences à son avantage. Les deux autres branches tenteront bien sûr de s'y opposer, mais ne disposent pas des moyens constitutionnels de le faire. Intrinsèquement supérieur, « [l]e département législatif étend partout la sphère de ses activités, et entraîne tout pouvoir dans son tourbillon impétueux »[211].

91. On pourrait seulement compter, pour prévenir ce résultat, sur une sorte de respect vertueux de la répartition constitutionnelle des fonctions par les membres de l'organe législatif. En d'autres termes, il faudrait que le Législatif s'autolimite pour respecter la constitution, issue improbable que Madison écarte en la comparant à des « barrières de papier »[212] qui ne reposeraient que sur une invraisemblable volonté d'autolimitation, et non sur l'intérêt ou sur la

---

[208] Blackstone la décrivait de la sorte au milieu du XVIIIe siècle : « C'est en quoi consiste la véritable excellence du gouvernement Anglais, que les parties qui le composent se tiennent mutuellement en échec dans la Législation. Le Peuple est un frein pour la Noblesse, & la Noblesse pour le Peuple, par le privilège mutuel que chacun a de rejeter ce que l'autre propose : tandis que le Roi, en tenant en échec les deux parties, défend la puissance exécutrice contre toute espèce d'usurpation. Cette même puissance exécutrice est réprimée & tenue dans les justes limites, par le privilège qu'ont les deux Chambres de rechercher, d'accuser et de punir la conduite, non pas du Roi, ce qui détruirait la juste indépendance ; mais ce qui est bien plus essentiel pour le public, de ses méchants & pervers Conseillers. [...] l'intérêt personnel faisant agir la prérogative Royale & les deux Chambres, chacune de leur côté, elles se contiennent réciproquement dans les bornes qui leur conviennent » (W. BLACKSTONE, *Commentaires sur les loix angloises de M. Blackstone*, Bruxelles, Boubers, 1774-1776, t. 1, pp. 224-225).

[209] « Une des principales objections que les plus respectables adversaires de la Constitution ont entendu inculquer, est la violation supposée de la maxime politique qui dit que les départements législatif, exécutif et judiciaire doivent être séparés et distincts » (*Le Fédéraliste*, *op. cit.*, n° 47, p. 379). Sur l'opposition entre Fédéralistes et Anti-fédéralistes, v. J. BOUDON, *Le frein et la balance. Études de droit constitutionnel américain*, Paris, Mare & Martin, « Droit & Science politique », 2010, pp. 305-316.

[210] *Le Fédéraliste*, *op. cit.*, n° 48, p. 387.

[211] *Ibid.*, p. 388.

[212] *Ibid.*, pp. 387-388.

crainte de la sanction. Il apparaît donc clairement que la distribution du pouvoir suggérée par les Anti-fédéralistes ne peut constituer un équilibre auto-renforçant, mais conduit au contraire au-devant du « danger venant des usurpations législatives, qui, en assemblant tout le pouvoir dans les mêmes mains, doit mener à la même tyrannie que celle dont menacent les usurpations exécutives »[213].

92. Mais une alternative doit être considérée, « [puisqu']on sait aussi que, lorsqu'une situation est telle qu'il est de l'intérêt d'un acteur de s'en écarter, cette situation peut néanmoins être maintenue par une instance de régulation exogène »[214]. C'est pourquoi Madison envisage, dans les *Federalist Papers* 49 et 50, la possibilité d'un contrôle extérieur du pouvoir, pour mieux l'écarter. C'est l'idée de tenir des conventions constitutionnelles régulières, avancée par Jefferson par exemple, dont la proposition, citée par Madison, est la suivante :

> « dès que deux des trois branches du gouvernement s'accorderont sur l'opinion – chacune par les voix des deux tiers de son nombre total – qu'une convention est nécessaire pour modifier la Constitution, ou en CORRIGER LES VIOLATIONS, une convention devra être convoquée dans ce but »[215].

Ces conventions sont bien extérieures (ou exogènes), car, bien que faisant partie de la constitution, elles ne seraient pas placées au même niveau constitutionnel que les organes législatif, exécutif et judiciaire qu'elles seraient chargées de contrôler. On pourrait penser qu'avec un tel système, la répartition stricte des fonctions redeviendrait une option possible, puisqu'il existerait une autorité capable de sanctionner les éventuels empiètements d'un organe sur les compétences d'un autre. Mais pour les Fédéralistes, cette solution ne peut pas fonctionner car les conventions, pourtant « [a]ppelées à trancher les conflits constitutionnels entre les différentes branches du gouvernement, [...] ne seront en réalité ni neutres, ni impartiales »[216]. C'est là « la plus forte de toutes les objections »[217] que Madison soulève à l'égard de la proposition de Jefferson. Élues par le peuple, elles subiront l'influence de l'organe législatif, lui aussi directement désigné par le peuple, et dont les membres les plus influents chercheront vraisemblablement à siéger au sein de ces conventions[218]. En fait, chaque décision prise par un tel organe « serait inévitablement liée à l'esprit des parties préexistantes ou aux parties que la

---

[213] *Ibid.*, p. 388.
[214] B. MANIN, « Frontières, freins et contrepoids : la séparation des pouvoirs dans le débat constitutionnel américain de 1787 », art. préc., pp. 281-282.
[215] *Le Fédéraliste*, *op. cit.*, n° 49, p. 393. Il souligne.
[216] B. MANIN, « Frontières, freins et contrepoids : la séparation des pouvoirs dans le débat constitutionnel américain de 1787 », art. préc., p. 285.
[217] *Le Fédéraliste*, *op. cit.*, n° 49, p. 397.
[218] *Ibid.*, p. 398.

question elle-même aurait fait naître. [...] Elle serait prononcée par ceux-là mêmes qui auraient été soit les agents soit les opposants des mesures sur laquelle porterait la décision »[219]. Les conventions constitutionnelles ne seraient donc pas vraiment extérieures au jeu des pouvoirs qu'elles doivent réguler, mais plutôt, en quelque sorte, « à la fois juges et parties »[220]. Encore une fois, il faudrait compter sur la seule vertu des membres de la convention – c'est-à-dire sur leur volonté de respecter la constitution et les frontières fonctionnelles qu'elle impose – pour que le système fonctionne, ou retomber sur la problématique récurrente : qui gardera le gardien ? Suivant ce raisonnement, Madison nie qu'il puisse exister de véritable système de régulation exogène : il faut une régulation d'ordre interne.

93. Dès lors, après avoir démontré que « toutes les dispositions extérieures se sont trouvées être inadéquates »[221], les Fédéralistes peuvent mettre en avant leur projet et le présenter comme la seule option capable de maintenir la séparation des pouvoirs. La balance des pouvoirs va ainsi caractériser la Constitution de 1787. La technique des *checks and balances*, magistralement exposée dans les *Federalist Papers*, ne fait en réalité que prolonger les préoccupations déjà développées par Montesquieu sur l'organisation du pouvoir et les freins mutuels entre organes, notamment à l'intérieur de la fonction législative. Hamilton affirme ainsi dans le *Fédéraliste* 9 que la distribution des pouvoirs entre différents organes et « l'introduction de balances et de freins législatifs [...] sont les moyens, et les moyens puissants, par lesquels les réussites du gouvernement républicain pourront être maintenues et ses imperfections affaiblies ou évitées »[222], parce qu'ils incitent à la collaboration entre plusieurs organes qui se feront réciproquement équilibre à l'intérieur de chacune des différentes fonctions étatiques. En particulier, au sein du gouvernement fédéral, la distribution de la fonction législative se fait entre trois organes distincts : les deux chambres[223] et le président, chef de l'Exécutif, qui dispose d'un droit de veto suspensif[224]. La nature non majoritaire du Sénat, du fait de son mode de recrutement indirect[225]

[219] *Loc. cit.*

[220] B. MANIN, « Frontières, freins et contrepoids : la séparation des pouvoirs dans le débat constitutionnel américain de 1787 », art. préc., p. 285.

[221] *Le Fédéraliste*, *op. cit.*, n° 51, p. 403.

[222] *Le Fédéraliste*, *op. cit.*, n° 9, p. 122.

[223] Art. Ier, section 1, de la Constitution de 1787 : « Tous les pouvoirs législatifs accordés par la présente Constitution seront attribués à un Congrès des États-Unis, qui sera composé d'un Sénat et d'une Chambre des représentants ».

[224] Art. Ier, section 7.

[225] Jusqu'en 1913, les sénateurs étaient désignés par les législatures des États fédérés. Pour une justification de ce mode d'élection indirecte, v. *Le Fédéraliste*, *op. cit.*, n° 62 (HAMILTON), p. 467.

et égalitaire[226], le prédispose à une fonction modératrice au sein du Législatif. Hamilton écrit en ce sens :

> « [u]n autre avantage revenant à cet ingrédient de la constitution du Sénat est l'obstacle supplémentaire qu'il se révélera être contre les actes malhonnêtes de la législation. Aucune loi ou résolution ne peut se faire sans le concours, d'abord de la majorité du peuple, ensuite, d'une majorité des États »[227].

Ce « frein compliqué à la législation »[228] n'est pas sans rappeler le rôle joué par la Chambre des Lords dans la *Constitution d'Angleterre*. Seul le « ressort » change : aux États-Unis, il ne s'agit plus des intérêts propres de la noblesse, mais de ceux des États fédérés que les sénateurs représentent et dont ils vont chercher à préserver les compétences.

94. Mais les *checks and balances* ne se limitent pas à la seule fonction législative, ils se manifestent également au sein de l'Exécutif. Ainsi, le président est le commandant en chef des armées[229], mais seul le Congrès peut déclarer la guerre[230] ; le président conclut les traités, sous réserve du consentement des deux tiers du Sénat[231] ; le président nomme certains fonctionnaires sous réserve que le Congrès lui confie cette tâche, et partage avec le Sénat le droit de nomination des fonctionnaires les plus haut placés[232]. Surtout, la procédure de l'*impeachment*[233] constitue « l'apothéose de ce système d'équilibres réciproques et de chevauchements des compétences »[234]. La distinction entre le pouvoir de mise en accusation – qui appartient à la Chambre des représentants – et le pouvoir de juger – qui revient au Sénat – ne fait encore une fois qu'imiter la balance entre la Chambre des Communes et la Chambre des Lords de la Constitution anglaise. Il faut donc envisager l'*impeachment* comme un frein ultime pour contenir le pouvoir exécutif[235], frein dont l'usage abusif est cependant écarté par le nécessaire accord des deux chambres. On le voit, la garantie mécanique que constitue la balance des pouvoirs occupe une place tout à fait prépondérante dans le système imaginé par les constituants américains de 1787, dont s'inspireront directement les révolutionnaires français en 1791 puis 1795.

---

[226] Art. Ier, section 3, al. 1 : « Le Sénat des États-Unis sera composé de deux sénateurs pour chaque État, et chaque sénateur disposera d'une voix ».
[227] *Le Fédéraliste*, *op. cit.*, n° 62, p. 468.
[228] *Loc. cit.*
[229] Art. II, section 2, al. 1.
[230] Art. Ier, section 8.
[231] Art. II, section 2, al. 2.
[232] *Loc. cit.*
[233] Art. Ier, section 2, al. 5, section 3, al. 6 et art. 2, section 4.
[234] A. PAPATOLIAS, *op. cit.*, p. 92.
[235] *Le Fédéraliste*, *op. cit.*, n° 65 (HAMILTON), p. 490.

B. Les Constitutions françaises de 1791 et 1795

95. En France, c'est une version incomplète de la balance des pouvoirs qui est consacrée par la Constitution de 1791, qui rejette la dimension sociale de la *Constitution d'Angleterre* et donc la seconde chambre défendue par le « parti anglais »[236]. Les constituants sont toutefois conscients qu'en « confi[ant] au Roi le pouvoir exécutif, et à une Assemblée le pouvoir législatif, il en résulterait que le Roi serait subordonné à cette assemblée »[237], voire que l'assemblée pourrait s'emparer du pouvoir exécutif et cumuler les deux fonctions. Pour éviter les empiétements du Législatif sur l'Exécutif, il faut que le titulaire du pouvoir exécutif participe aussi au pouvoir législatif. L'Assemblée nationale accorde par conséquent au monarque un droit de veto suspensif[238] qui s'inscrit totalement dans la logique de la balance des pouvoirs, puisqu'il lui permet de participer à la fonction législative pour défendre ses prérogatives[239], instaurant ainsi un équilibre censé garantir la séparation des pouvoirs[240]. « Le veto législatif du chef de l'État était, dans l'esprit des constituants, la clé de voûte du système »[241], écrit Michel Troper.

96. Ceux-ci envisagent cependant un autre problème : comment s'assurer que le roi, inviolable et irresponsable[242], exercera effectivement sa fonction exécutive en appliquant correctement les lois ? La Constitution prévoit en ce sens une garantie mécanique supplémentaire : le monarque ne pourra exercer sa fonction exécutive qu'avec le concours de ses ministres[243]. Ceux-ci doivent rendre compte de leurs actes devant les députés[244], qui peuvent les poursuivre

---

236 Sur les raisons de l'échec du « parti anglais », v. M. LAHMER, « Le moment 1789 et la séparation des pouvoirs », *Jus politicum*, 2014, n° 12, disponible sur http://juspoliticum.com/article/Le-Moment-1789-et-la-separation-des-pouvoirs-887.html, consulté le 15 sept. 2019, pp. 23-25 ; P. PASQUINO, *Sieyès et l'invention de la Constitution en France*, *op. cit.*, pp. 26-29. Sur les influences anglo-américaines de la Constitution de 1791, v. Fr. BURDEAU, M. MORABITO, « Les expériences étrangères et la première constitution française », *Pouvoirs*, 1989/3 n° 50, pp. 97-112.

237 M. TROPER, *La séparation des pouvoirs et l'histoire constitutionnelle française*, Paris, LGDJ, 1973, p. 161.

238 Titre III, chap. III, section III, art. 1 et 2, de la Constitution de 1791.

239 Sur le caractère suspensif du veto et sa nature législative dans la Constitution de 1791, v. G. GLÉNARD, *L'exécutif et la Constitution de 1791*, Paris, Puf, « Léviathan », 2010, pp. 131-179.

240 Séparation des pouvoirs qui, en conséquence, ne peut pas être considérée comme rigide dans la Constitution de 1791 (v. Fr. HAMON, M. TROPER, *Droit constitutionnel*, 36e éd., Issy-Les-Moulineaux, LGDJ-Lextenso, « Manuel », 2015, pp. 332-334).

241 M. TROPER, *La séparation des pouvoirs et l'histoire constitutionnelle française*, *op. cit.*, p. 164.

242 Titre III, chap. II, section première, art. 2 : « La personne du roi est inviolable et sacrée ». Cette inviolabilité est d'ailleurs la conséquence de sa participation à la fonction législative : en tant qu'organe législatif partiel, il doit être inviolable, au même titre que les membres du Corps législatif, pour exercer son droit de sanction de la loi en toute indépendance.

243 Titre III, chap. II, section IV, art. 4 : « Aucun ordre du roi ne pourra être exécuté, s'il n'est signé par lui et contresigné par le ministre ou l'ordonnateur du département ».

244 Titre III, chap. II, section IV, art. 7 : « Les ministres sont tenus de présenter chaque année au Corps législatif, à l'ouverture de la session, l'aperçu des dépenses à faire dans leur département, de rendre compte

pour « délit »[245], c'est-à-dire toute action illégale, telle la mauvaise exécution de la loi. Il s'ensuit que les ministres refuseront toujours de contresigner un acte du roi manifestement contraire à la Constitution, toute autre attitude risquant d'engager leur responsabilité pénale devant le Corps législatif[246]. Ainsi conçue, la balance entre Exécutif et Législatif prévient donc tout autant la volonté hégémonique de l'assemblée que la mauvaise volonté du monarque. La garantie semble parfaite et la Constitution totalement inviolable.

97. En 1795, la conception mécaniste est toujours aussi prégnante. Les constituants de l'an III désirent « trouver un moyen terme entre deux principes que l'on avait coutume d'opposer »[247] : la division du pouvoir de la *Constitution d'Angleterre* et de la Constitution de 1791 et l'unité du pouvoir qui caractérisait la Constitution de 1793. C'est Sieyès, dans son célèbre discours du 2 thermidor, qui résumera le mieux cette problématique : « en fait de gouvernement, et plus généralement en fait de constitution politique, unité toute seule est despotisme, division toute seule est anarchie »[248]. Les Thermidoriens choisissent le compromis : « du principe de la balance, on retenait que le pouvoir législatif devait être divisé entre plusieurs autorités ; du principe de l'unité, [...] que l'autorité exécutive ne devait pas être organe partiel de législation et qu'elle devait par conséquent être subordonnée »[249]. Dans son discours prononcé le 5 messidor au nom de la Commission des Onze, Boissy-d'Anglas emploie volontiers les termes révélateurs de « frein »[250] et de « balance »[251]. Il évoque aussi « la nécessité d'opposer une digue puissante à l'impétuosité du corps législatif : [...] la division du corps législatif en deux parties »[252]. L'influence américaine est revendiquée[253]. Cela se traduit par le choix, alors novateur, du bicamérisme dans la Constitution de l'an III, qui dispose à son article 44 que « [l]e Corps législatif est composé d'un Conseil des Anciens et d'un Conseil des Cinq-Cents ».

---

de l'emploi des sommes qui y étaient destinées, et d'indiquer les abus qui auraient pu s'introduire dans les différentes parties du gouvernement ».

[245] Titre III, chap. II, section IV, art. 5 : « Les ministres sont responsables de tous les délits par eux commis contre la sûreté nationale et la Constitution ; - De tout attentat à la propriété et à la liberté individuelle ; - De toute dissipation des deniers destinés aux dépenses de leur département ».

[246] Sur la logique de ce mécanisme, v. en particulier M. TROPER, *La séparation des pouvoirs et l'histoire constitutionnelle française*, *op. cit.*, pp. 165-166 et G. GLÉNARD, *op. cit.*, pp. 427-431.

[247] M. TROPER, *La séparation des pouvoirs et l'histoire constitutionnelle française*, *op. cit.*, p. 188.

[248] « Séance du 2 thermidor », reproduit *in* M. TROPER, *Terminer la Révolution. La Constitution de 1795*, *op. cit.*, p. 404.

[249] M. TROPER, *La séparation des pouvoirs et l'histoire constitutionnelle française*, *op. cit.*, p. 189.

[250] « Séance du 5 messidor », reproduit *in* M. TROPER, *Terminer la Révolution. La Constitution de 1795*, *op. cit.*, p. 278.

[251] *Ibid.*, p. 291.

[252] *Ibid.*, p. 286.

[253] *Ibid.*, p. 287.

98. En revanche, la Convention rejette le droit de veto. En effet, pour que l'Exécutif directorial puisse en user librement, il fallait le rendre inviolable, comme l'était le roi dans la Constitution de 1791. Or, le cumul de l'inviolabilité et du veto aurait permis « à l'autorité exécutive de cumuler tous les pouvoirs si elle usait du veto pour empêcher l'adoption des lois, et profitait de son inviolabilité pour gouverner par arrêtés »[254]. Il est donc décidé que seuls les deux Conseils participeraient à la balance au sein de la fonction législative. Du reste, les principes de séparation des fonctions et de spécialisation des organes prévalent, avec pour conséquence assumée la soumission de l'Exécutif au Législatif.

99. Quoi qu'il en soit, il apparaît clairement qu'à l'instar de leurs prédécesseurs de 1791, les Thermidoriens conçoivent la constitution comme une machine inviolable pour laquelle il n'y a nul besoin de garanties externes, puisque les garanties internes, principalement la division du pouvoir législatif entre plusieurs organes, sont suffisantes. En conséquence, le projet de jury constitutionnaire, institution de contrôle proposée par Sieyès, est repoussé à l'unanimité par la Convention. Les arguments développés par Thibaudeau, critique le plus virulent du projet de l'abbé, rejoignent finalement ceux qu'opposait Madison à l'idée de tenir des conventions constitutionnelles régulières. Tout d'abord, le jury ne serait pas davantage infaillible que les autres organes ; il faudrait un gardien au gardien, et ce jusqu'à l'infini, ce que relève Thibaudeau :

> « [s]i le jury constitutionnaire, dont les fonctions seront déterminées par la constitution, en passe les limites, qui est-ce qui réprimera son usurpation ? Je vous avoue que j'ai beau chercher une réponse, je n'en trouve point de satisfaisante. [...] Si, comme on y est forcé par la nécessité, on ne peut composer le jury que d'hommes aussi susceptibles de toutes les passions que les membres des deux conseils et du Directoire, je serai fondé à demander qu'on donne aussi des surveillants à ce jury, et cette surveillance graduelle s'étendrait à l'infini »[255].

Surtout, une telle garantie apparaît totalement inutile dans la logique mécaniste des constituants de l'an III, qui, à l'instar de celle de Montesquieu à propos de l'Angleterre, suggère l'existence d'une science de la mécanique politique que les hommes peuvent s'approprier afin de mettre au point une machine constitutionnelle qui s'autorégule, chaque dérèglement étant automatiquement compensé pour tendre en permanence vers l'équilibre. Pour la grande majorité de la Convention, l'instauration d'une instance de régulation exogène serait donc non seulement inefficace et superflue, mais

[254] M. TROPER, *La séparation des pouvoirs et l'histoire constitutionnelle française*, *op. cit.*, p. 191.
[255] « Séance du 24 thermidor », reproduit *in* M. TROPER, *Terminer la Révolution. La Constitution de 1795*, *op. cit.*, p. 560. THIBAUDEAU ajoute : « chez un peuple des Indes la croyance vulgaire est, dit-on, que le monde est porté par un éléphant, et cet éléphant par une tortue ; mais quand on vient à demander sur quoi repose la tortue, adieu l'érudition ».

aussi dangereuse. Les Thermidoriens sont persuadés d'avoir conçu une constitution au mécanisme inviolable, car comportant des garanties internes suffisantes[256], en particulier « la division du corps législatif »[257].

100. La domination du modèle mécaniste et la confiance en l'efficacité de la balance conduisent ainsi les révolutionnaires, en 1791 comme en 1795, à écarter toute idée d'une garantie externe de l'équilibre des pouvoirs. Pourtant, la fragilité de leurs édifices institutionnels, copies très imparfaites de la Constitution américaine, mènera rapidement au constat de l'insuffisance des principes constitutionnels alors à l'œuvre et à la nécessité de compléter la machinerie constitutionnelle par un rouage supplémentaire.

SECTION 2. L'INSUFFISANCE DU MODÈLE MÉCANISTE

101. Dans les *Fragments d'un ouvrage abandonné sur la possibilité d'une constitution républicaine dans un grand pays*, rédigés dans le contexte incertain de la fin du Directoire, Benjamin Constant donne une liste des différentes garanties internes, chargées de maintenir ou de rétablir l'équilibre entre les pouvoirs :

> « [n]ous avons vu [...] que les institutions destinées à contenir le pouvoir législatif et le pouvoir exécutif dans leurs justes bornes, à les préserver mutuellement de leurs empiétements respectifs et à servir de garantie à la liberté des gouvernés étaient au nombre de six : la division du corps législatif en deux chambres, le veto accordé au pouvoir exécutif, le droit de dissolution contre les assemblées législatives, l'indépendance du pouvoir judiciaire, la responsabilité du pouvoir exécutif, et la limitation de son autorité sur la force armée. Il faut peser maintenant l'efficacité de ces diverses institutions »[258].

Intitulant explicitement ce chapitre « De l'insuffisance de toutes les garanties constitutionnelles lorsque l'institution politique ne se compose que de deux pouvoirs »[259], Constant ne dissimule nullement son sentiment : les garanties mécaniques de la constitution, certes nécessaires, sont insuffisantes ; les échecs successifs des expériences constitutionnelles révolutionnaires en sont la meilleure preuve. En ce sens, le libéral de Coppet[260] n'évolue pas en terrain

---

[256] LOUVET déclare ainsi le 24 thermidor, lors de la discussion sur le jury constitutionnaire : « avec les institutions déjà établies, avec toutes les précautions prises, avec l'intérêt et le besoin qui sont donnés à chacun de vos pouvoirs, de veiller à la conservation de la constitution, un jury constitutionnaire me paraît une superfétation à la fois inutile et dangereuse » (*ibid.*, p. 548).

[257] THIBAUDEAU affirme la considérer « comme la seule garantie raisonnable et possible d'une constitution républicaine, de toute constitution » (*ibid.*, p. 565).

[258] B. CONSTANT, *Fragments d'un ouvrage abandonné sur la possibilité d'une constitution républicaine dans un grand pays*, éd. établie par H. GRANGE, Paris, Aubier, 1991, dorénavant cité *Fragments*, p. 363.

[259] Constant, à l'instar de Montesquieu et de la plupart de ses contemporains, considérait le pouvoir judiciaire comme une « puissance nulle politiquement » (*ibid.*, p. 149).

[260] Benjamin Constant est une figure emblématique du groupe de Coppet, constitué autour de Madame de Staël, exilée hors de France par Napoléon et qui séjourne dans son château de Coppet de 1802 à 1812, où

vierge, ne faisant au contraire que s'inscrire dans la lignée d'un courant de pensée, certes minoritaire mais persistant, qui, après avoir constaté les carences de la balance des pouvoirs (§ I), propose de compléter le mécanisme par l'instauration d'une tierce instance régulatrice (§ II).

§ I. La fragilité des mécanismes de garantie internes

102. L'objectif des garanties constitutionnelles, instaurées en 1791 et 1795 pour assurer la balance des pouvoirs, « est bien celui de la modération du pouvoir politique et notamment celui de la modération des pouvoirs constitués dans leurs rapports réciproques »[261] : il s'agit de s'assurer qu'ils n'outrepassent pas les limites de leurs compétences respectives. Mais le naufrage des constitutions révolutionnaires (A) mène logiquement au constat de l'insuffisance de ces principes : le mécanisme de la balance des pouvoirs apparaît inefficient (B).

A. L'échec des constitutions révolutionnaires

103. D'abord, c'est « [l]e fonctionnement éphémère de la Constitution de 1791 qui montre la difficulté à faire en sorte que chaque organe n'excède pas ses prérogatives »[262]. En particulier, note François Saint-Bonnet, le droit de veto accordé au chef de l'Exécutif « n'a débouché que sur l'immobilisme à propos des décrets non sanctionnés relatifs à la défense du pays et de la Révolution et cet immobilisme n'a été surmonté que par l'anéantissement de l'autre pouvoir »[263]. Le conflit était patent dans la Constitution de 1791[264], soit qu'un organe fasse usage d'une prérogative qui lui est reconnue mais se trouve accusé par un autre d'en abuser et donc de violer la Constitution (c'est l'usage par Louis XVI de son droit de veto sur certains décrets du Corps législatif[265]),

elle va s'entourer d'intellectuels éminents comme Constant, Barante, Schlegel et Sismondi (v. Ch. TAKEDA, « Deux origines du courant libéral en France », art. préc., pp. 233-234 et L. JAUME, « Le Groupe de Coppet : Pour repenser la Modernité et le Libéralisme », *in* L. JAUME (dir.), *Coppet, creuset de l'esprit libéral. Les idées politiques et constitutionnelles du groupe de Madame de Staël*, Aix-en-Provence et Paris, PUAM et Economica, 2000, pp. 9-12).

[261] P. ROLLAND, « Comment préserver les institutions politiques ? La théorie du pouvoir neutre chez B. Constant », *RFHIP*, 2008/1 n° 27, p. 46.

[262] Fr. SAINT-BONNET, « La double genèse de la justice constitutionnelle en France. La justice politique au prisme des conceptions françaises », *RDP*, 2007, p. 759.

[263] Fr. SAINT-BONNET, « La prévention du conflit constitutionnel en l'an III », *in* J. HUMMEL (dir.), *Les conflits constitutionnels. Le droit constitutionnel à l'épreuve de l'histoire et du politique*, Rennes, PUR, « L'Univers des Normes », 2010, p. 34.

[264] *Ibid.*, p. 32.

[265] Sur les circonstances et les conséquences de ces vetos, v. M. MORABITO, *Histoire constitutionnelle de la France de 1789 à nos jours*, 13e éd., Issy-les-Moulineaux, LGDJ-Lextenso, « Domat droit public », 2014,

soit qu'un organe fasse usage d'une prérogative qui ne lui est pas reconnue mais en se justifiant par le fait que son adversaire aurait lui-même violé la Constitution (c'est la suspension du roi par le Corps législatif le 10 août 1792, pour un autre motif que celui envisagé par la Constitution[266]). Le droit de veto attribué au monarque « apparaît ainsi comme un instrument insuffisant d'autorégulation du système politique »[267] car la supériorité intrinsèque du Législatif sur les autres pouvoirs provoque nécessairement un déséquilibre en sa faveur. Cette subordination généralisée à un seul organe représentant le peuple est pleinement assumée par les Jacobins en l'an I, au nom de leur idéal démocratique[268]. Elle se manifesta concrètement dans la Convention nationale, toute-puissante assemblée constituante démocratiquement désignée. Cependant, celle-ci, en permettant l'établissement de la Terreur, période marquée par la concentration des pouvoirs, a démontré que la Loi, même d'origine démocratique, pouvait également servir à la violation des droits et au retour de l'arbitraire.

104. Tirant les conséquences de ces échecs, les Thermidoriens cherchent à dépasser ces principes divergents – la balance de 1791 et la spécialisation de 1793 – car ils mènent tous deux, pour des raisons différentes, à l'hégémonie. La Constitution de 1795 instaure par conséquent une balance au sein de la fonction législative mais en l'inscrivant dans ce qui reste un système de spécialisation des pouvoirs, comme l'a démontré Michel Troper[269] : on divise le pouvoir législatif par le bicamérisme tout en maintenant une hiérarchisation en sa faveur. Son fonctionnement chaotique, rythmé par des coups d'État annuels[270], marque son échec. La séparation des pouvoirs instaurée par la Constitution de l'an III, trop rigide, trop artificielle, ne pouvait que provoquer des conflits, d'autant plus insolubles qu'aucun moyen d'action réciproque ni aucune collaboration entre les pouvoirs n'étaient prévus. C'est en tout cas

---

pp. 84-85 ; D. AMSON, *Histoire constitutionnelle de la France de la prise de la Bastille à Waterloo*, Paris, LGDJ-Lextenso, « Manuel », 2010, pp. 91-99.

[266] Titre III, chap. II, section I, art. 7 de la Constitution de 1791 : « Si le roi, étant sorti du royaume, n'y rentrait pas après l'invitation qui lui en serait faite par le Corps législatif, et dans le délai qui sera fixé par la proclamation, lequel ne pourra être moindre de deux mois, il serait censé avoir abdiqué la royauté […] ». Le roi n'est pas sorti du royaume, mais l'a empêché, par ses vetos, de se défendre face aux menaces extérieures, ce qui est plus grave et justifie sa suspension par la situation d'exception, malgré la lettre du texte constitutionnel (v. Fr. SAINT-BONNET, *L'état d'exception*, Paris, Puf, « Léviathan », 2001, pp. 297-301).

[267] J. HUMMEL, « Les conflits constitutionnels. Définition(s) d'un objet d'étude », *in* J. HUMMEL (dir.), *Les conflits constitutionnels. Le droit constitutionnel à l'épreuve de l'histoire et du politique*, Rennes, PUR, « L'Univers des Normes », 2010, p. 20.

[268] V. la thèse de J. BOUDON, *Les Jacobins. Une traduction des principes de Jean-Jacques Rousseau*, Paris, LGDJ « BCSP », t. 128, 2006.

[269] M. TROPER, *Terminer la Révolution. La Constitution de 1795*, *op. cit.*, p. 143.

[270] V. l'ouvrage classique d'A. MEYNIER, *Les coups d'État du Directoire*, Paris, Puf, 1927-1928, 3 vol.

l'opinion partagée par la majeure partie de la doctrine[271] et qui peut d'ailleurs se targuer d'une tradition ancienne, puisque dès 1798, Germaine de Staël reprochait à la Constitution de l'an III de « [confondre] sans cesse la séparation nécessaire des fonctions avec une division des pouvoirs qui les rend forcément ennemis les uns des autres »[272].

105. Michel Troper défend cependant une position divergente : les coups d'État du Directoire ne seraient pas des conflits constitutionnels causés par une séparation trop rigide des pouvoirs, car la Constitution de l'an III délimite très clairement les compétences de chaque organe. Puisqu'il ne peut pas y avoir de conflits d'interprétation entre les organes, les coups d'État ne seraient dès lors rien d'autre que le règlement de conflits politiques[273]. Mais quoi qu'il en soit, on doit en arriver au même constat : les garanties internes de la Constitution de 1795 – qui reposent en particulier sur la balance du Législatif et la spécialisation des organes – ont échoué, peu importe finalement qu'elles soient directement à l'origine des conflits entre organes ou qu'elles se soient simplement montrées incapables de les discipliner. Ce constat d'échec dans la pratique se conjugue avec l'émergence d'une critique théorique du système de la balance.

B. L'INEFFICIENCE DE LA BALANCE DES POUVOIRS

106. S'il ne fait guère débat que la séparation des pouvoirs, érigée en dogme constitutionnel, nécessite la prise en compte de la confrontation entre des pouvoirs divisés ou séparés, le mécanisme de la balance apparaît comme une réponse ambiguë à cette problématique. Germaine de Staël s'interroge ainsi sur la véritable signification de la notion de balance des pouvoirs[274] : ceux-ci doivent-ils s'affronter pour se modérer mutuellement ou bien s'agit-il de « la suite de combinaisons qui les amène à être d'accord »[275] ? Autrement dit, comment garantir la modération du pouvoir sans pour autant le neutraliser ? Le paradoxe avait déjà été résumé par Sieyès lors des débats constituants de l'an III : l'unité du pouvoir lui donne une puissance excessive, mais sa division risque de le rendre impuissant. Le modèle mécaniste est évidemment au centre de ces critiques. En effet, « [t]ous ceux qui posent ainsi la question sont aussi ceux qui reprochent à la théorie de Montesquieu son insuffisance »[276]. Pour

---

[271] Sur cette quasi-unanimité, v. O. PASSELECQ, « Actualité de la Constitution de l'an III », *RFDC*, 1995/3 n° 23, pp. 489-490.
[272] G. de STAËL, *Des circonstances actuelles qui peuvent terminer la Révolution et des principes qui doivent fonder la République en France*, éd. établie par L. OMACINI, Paris et Genève, Droz, 1979, p. 179.
[273] M. TROPER, *La séparation des pouvoirs et l'histoire constitutionnelle française*, *op. cit.*, pp. 198-200.
[274] G. de STAËL, *op. cit.*, p. 162 et s.
[275] *Ibid.*, p. 181.
[276] P. ROLLAND, « Comment préserver les institutions politiques ? La théorie du pouvoir neutre chez B. Constant », art. préc., p. 45.

autant, si la nécessité de séparer et de diviser les pouvoirs n'est pas remise en cause[277], cela ne constitue en rien une garantie suffisante face aux risques de collusion et surtout de blocage entre les pouvoirs.

107. Cette dernière hypothèse, produit logique du système de la balance, peut rapidement dégénérer en affrontement entre des pouvoirs qui chercheront à tout prix à défendre leurs prérogatives respectives, « ce d'autant plus que la séparation entre Exécutif et Législatif ne se révèle ni nette ni naturelle, multipliant en pratique les tentatives d'empiètement », résume Oscar Ferreira, qui souligne les deux périls résultant de cette situation : « celui de voir l'un des deux [pouvoirs] triompher au détriment de l'autre, véritable coup d'État, ou celui d'assister à une neutralisation mutuelle conduisant à la paralysie de l'État »[278]. Condorcet jugeait quant à lui le système de la balance des pouvoirs bien trop complexe pour être efficace en pratique. Il le résumait en ces termes, en 1793 :

> « [d]'autres veulent que des principes d'action, indépendants entre eux, se fassent équilibre en quelque sorte, et se servent mutuellement de régulateur, que chacun d'eux soit contre les autres le défenseur de la liberté générale, et par l'intérêt de sa propre autorité, s'oppose à leurs usurpations »[279].

Mais le mécanisme, trop élaboré, risque de s'enrayer à tout moment. Le principe de la séparation des pouvoirs souffre en effet d'une ambiguïté déjà évoquée, car rien n'empêche leur coalition ou le triomphe d'un pouvoir sur les autres : la concentration ou la confusion des pouvoirs serait reformée. Mais la situation n'est finalement guère plus enviable si l'équilibre des pouvoirs, garantie de leur séparation, est effectivement réalisé. De cet équilibre entre Législatif et Exécutif et de leurs moyens d'action réciproques – des armes braquées sur l'autre – il ne peut résulter que l'immobilisme, les pouvoirs se faisant mutuellement contrepoids et voyant systématiquement leurs actions bloquées par l'autre.

108. La question est alors de savoir, pour reprendre les mots de Condorcet, « qui donne le mouvement au système social »[280]. L'unité du pouvoir se trouverait de nouveau recherchée pour éviter son impuissance et les garanties

---

[277] « Si la constitution de Bonaparte n'avait pas de force, c'est que la force d'une constitution n'est pas dans l'autorité du chef de l'État, mais dans l'équilibre, dans la division et dans la balance des pouvoirs » affirmera ainsi B. CONSTANT en 1817 (*Recueil d'articles. Le Mercure, La Minerve, La Renommée*, éd. établie par É. HARPAZ, Genève, Droz, 1972, t. 1, p. 259).

[278] O. FERREIRA, *Le pouvoir royal (1814-1848). À la recherche du quatrième pouvoir ?*, thèse dactylographiée, Université Paris-Est, 2010, p. 596.

[279] N. de CONDORCET, « Discours du 15 février 1793 », *in Archives parlementaires de 1787 à 1860. Recueil complet des débats législatifs & politiques des chambres françaises*, Paris, Imprimerie et Librairie administrative et des chemins de fer de Paul Dupont, 1867-1990, t. LVIII, p. 588. Rappelons que Condorcet fut l'un des huit rédacteurs du projet de Constitution girondine de 1793, qu'il présenta à la Convention nationale les 15 et 16 février 1793.

[280] *Loc. cit.*

mécaniques seraient contournées ou brisées. Constant énonce ainsi la problématique institutionnelle apparemment insoluble à laquelle semble nécessairement mener la séparation des pouvoirs :

> « [d]ans une constitution où il n'existe de pouvoirs politiques, que celui qui fait la loi, et celui qui l'exécute, lorsque ces deux pouvoirs sont divisés, personne n'est là pour rétablir la concorde entre eux ; et lorsqu'ils sont unis, personne n'est là pour arrêter les empiétements que leur union favorise »[281].

Leur division comme leur réunion sont à craindre, et ne peuvent à l'évidence être évitées par le seul mécanisme de la balance, que Constant juge largement insuffisant, « toutes les précautions que nous avions accumulées ne garantiss[ant] suffisamment ni les pouvoirs constitués l'un contre l'autre, lorsqu'ils se divisent, ni les citoyens contre ces pouvoirs s'ils se réunissent »[282]. Pour les critiques du système de la balance, « il n'est pas possible d'organiser à l'avance des rapports stables entre les pouvoirs »[283], autrement dit de concevoir une constitution comme on construit une machine : le modèle mécaniste est contesté dans son fondement même.

109. Dès lors, comment résoudre cette problématique inhérente à la séparation des pouvoirs ? L'unité du pouvoir n'est certes pas souhaitable, car elle représente une trop grande menace pour la liberté des individus, mais il faut cependant chercher à maintenir une certaine cohérence dans l'exercice de celui-ci, pour éviter sa paralysie. Montesquieu évoque ainsi des pouvoirs qui devraient être contraints « d'aller de concert »[284], Constant une nécessaire « concorde »[285] entre eux – on retrouve ici l'idée de « parfait concert » (*concordia ordinum*) envisagée à Rome par Polybe, Cicéron et Tite-Live[286]. Or, de toute évidence, cet optimum ne procède pas naturellement de la séparation des pouvoirs ou des mécanismes de garantie internes. Au contraire, nous dit Sieyès, le système de la balance, s'il conduit effectivement à un équilibre en instaurant « des contrepoids homogènes », place les pouvoirs en « contre-action » et mène au blocage institutionnel, à l'instar de « deux chevaux attelés à la même voiture que l'on veut tirer en sens contraire ; ils demeureront sur la place, malgré leurs coups de collier et leurs trépignements, si le cocher royal ne monte sur le siège pour les mettre d'accord ; mais nous

---

[281] B. CONSTANT, *Fragments*, *op. cit.*, p. 373. Sur le constat fait par Constant de l'insuffisance de la théorie de Montesquieu, v. J.-P. FELDMAN, « La séparation des pouvoirs et le constitutionnalisme. Mythes et réalités d'une doctrine et de ses critiques », *RFDC*, 2010/3 n° 83, pp. 492-494.

[282] B. CONSTANT, *Fragments*, *op. cit.*, p. 371.

[283] P. ROLLAND, « Comment préserver les institutions politiques ? La théorie du pouvoir neutre chez B. Constant », art. préc., p. 48.

[284] MONTESQUIEU, *De l'esprit des lois*, *op. cit.*, livre XI, chap. 6, p. 405.

[285] B. CONSTANT, *Fragments*, *op. cit.*, p. 373.

[286] La référence classique sur le sujet est P. JAL, « *Pax civilis – Concordia* », *Revue d'études latines*, 1961, n° 39, pp. 210-231.

ne voulons pas de cocher royal »[287]. Si les pouvoirs parviennent finalement à se mettre en mouvement, c'est que cet « équilibre chimérique » est rompu et qu'« il s'est reproduit cette action unique, cette unité sans division, qui renouvelle tous les dangers du despotisme »[288]. Il faut donc trouver un système qui, contrairement à la balance, garantisse une cohérence du pouvoir sans pour autant constituer une menace pour la liberté.

110. S'opposant tant à l'ancien modèle de l'unité monarchique du pouvoir qu'au système de la division et de l'équilibre, Condorcet défend l'unité démocratique du pouvoir, au nom de la souveraineté populaire. Une assemblée unique, détenant seule la fonction législative, exprimerait cette unité face à un Exécutif soumis, les garanties provenant d'élections fréquentes et d'un veto attribué aux assemblées primaires[289]. Sieyès entend, au contraire, conserver la division des pouvoirs, mais dans une forme qui diverge totalement du modèle de la balance : le concours des pouvoirs ou système « de l'unité organisée »[290]. L'image retenue ici est celle d'ouvriers érigeant une maison. Pour l'abbé, les partisans du système de l'équilibre et des contrepoids (c'est-à-dire de la balance) « ne veulent […] qu'une seule espèce d'ouvriers pour vaquer à toutes les espèces de travaux »[291], confondant dans leur langage

---

[287] « Séance du 2 thermidor », reproduit *in* M. TROPER, *Terminer la Révolution. La Constitution de 1795*, *op. cit.*, p. 408.

[288] *Loc. cit.*

[289] Cette doctrine de la souveraineté populaire et de la séparation absolue des pouvoirs est particulièrement présente dans l'œuvre de J.-J. ROUSSEAU. « Le pouvoir législatif une fois établi, écrit-il, il s'agit d'établir de même le pouvoir exécutif ; car ce dernier, qui n'opère que par des actes particuliers, n'étant pas de l'essence de l'autre, en est naturellement séparé. S'il était possible que le Souverain, considéré comme tel, eut la puissance exécutive, le droit et le fait seraient tellement confondus qu'on ne saurait plus ce qui est loi et ce qui ne l'est pas, et le corps politique ainsi dénaturé serait bientôt en proie à la violence contre laquelle il fut institué » (*Du Contrat social*, livre III, chap. XVI, *in* J.-J. ROUSSEAU, *Œuvres complètes*, Paris, Gallimard, « Bibliothèque de la Pléiade », 1964, vol. 3, p. 432). Seul le souverain, c'est-à-dire le peuple, peut exercer le pouvoir législatif, qui ne peut par conséquent être divisé ou partagé. De même, l'Exécutif, par nature subordonné, doit être strictement séparé du pouvoir législatif. La garantie de la liberté des individus repose entièrement sur le Souverain, qui apparaît à la fois absolu et limité : « le pouvoir Souverain, tout absolu, tout sacré, tout inviolable qu'il est, ne passe ni ne peut passer les bornes des conventions générales, et que tout homme peut disposer pleinement de ce qui lui a été laissé de ses biens et de sa liberté par ces conventions » (*ibid.*, livre II, chap. IV, p. 375). Ce système inviolable doit reposer entièrement sur un pacte social conclu par le peuple qui vient borner l'exercice de la souveraineté : « par la nature du pacte, tout acte de souveraineté, c'est-à-dire tout acte authentique de la volonté générale, oblige ou favorise également tous les Citoyens » (*ibid.*, livre II, chap. IV, p. 374). Puisque « la volonté générale est toujours droite et tend toujours à l'utilité publique » (*ibid.*, livre II, chap. III, p. 371), la loi, qui en est l'expression, ne peut être oppressive, nul ne souhaitant s'opprimer soi-même.

[290] « Séance du 2 thermidor », reproduit *in* M. TROPER, *Terminer la Révolution. La Constitution de 1795*, *op. cit.*, p. 405. Sur le système du concours, v. aussi F. BLANC, « Le concours des pouvoirs aux origines du régime constitutionnel en France et aux États-Unis », *Jus politicium*, 2017, n° 18, disponible sur http://juspoliticum.com/article/Le-concours-des-pouvoirs-aux-origines-du-regime-constitutionnel-en-France-et-aux-Etats-Unis-1166.html, consulté le 15 sept. 2019, not. pp. 224-225.

[291] « Séance du 2 thermidor », reproduit *in* M. TROPER, *Terminer la Révolution. La Constitution de 1795*, *op. cit.*, p. 408.

l'unité d'action souhaitable avec l'action unique. Son modèle de division est donc pensé différemment :

> « [i]l ne consiste pas à employer plusieurs corps de représentants à la construction, ou plutôt à la reconstruction du même ouvrage ; mais il en confie, à divers représentants, des parties différentes, de manière que le résultat de tous les travaux produit, avec certitude, l'ensemble demandé. Il ne donne pas deux ou trois têtes au même corps, afin de corriger, par les défauts de l'une, le mauvais effet des défauts de l'autre ; mais, séparant avec soin, dans une seule tête, les différentes facultés qui concourent à déterminer la volonté avec sagesse, et leurs opérations respectives, il les accorde par les lois d'une organisation naturelle, qui fait, de toutes les parties de l'établissement législatif, une seule tête »[292].

Sieyès rejoint ici la pensée de Smith sur la division du travail, en particulier l'idée qu'il faut appliquer ce principe aux différentes fonctions du gouvernement, qui doivent par conséquent être morcelées, tout comme les économistes envisagent de séparer les tâches au sein d'une même branche de production. La dissociation des différentes actions qui concourent à la formation ou à l'exécution de la loi, pour les confier à des organes différents, apparaît comme l'élément central de son projet constitutionnel. Ainsi, chacun intervient à son tour, sans vouloir ni pouvoir remettre en cause ce qu'a fait le précédent. Le blocage comme le conflit sont évités (car les différents organes ne s'affrontent pas), l'unité d'action est assurée. Sieyès ne peut dès lors que se réjouir que les constituants de l'an III s'inspirent pour partie de son projet en séparant « la proposition » de « la décision » dans le processus législatif, tout en divisant le pouvoir exécutif en deux[293].

111. On le constate aisément, l'abbé, qui cherche avant tout à concevoir une machine constitutionnelle parfaite et inviolable, appréhende encore fondamentalement l'art constitutionnel comme un art mécanique. Le modèle du concours des pouvoirs, bien que procédant d'une logique toute différente de celle de la balance, s'inscrit pleinement dans l'idéal mécaniste alors dominant. Cependant, ce système, précis mais fragile, peut s'enrayer plus facilement que la balance, conçue pour se rééquilibrer d'elle-même. Conscient de cette faiblesse, Sieyès propose de lui adjoindre un gardien, un nouvel organe exclusivement chargé de corriger le mécanisme. Son jury constitutionnaire n'est qu'un illustre exemple parmi les multiples projets

---

[292] *Ibid.*, p. 409.

[293] Dans la Constitution de 1795, « [l]a proposition des lois appartient exclusivement au Conseil des Cinq-Cents » (article 76), qui n'adopte que des « résolutions » (article 79), tandis qu'il revient au Conseil des Anciens d'adopter ou de rejeter ces résolutions (article 86). Le pouvoir exécutif est confié à un Directoire de cinq membres (article 132) choisis par le Conseil des Anciens sur une liste de cinquante noms établie par le Conseil des Cinq-Cents (article 133). Le Directoire nomme ensuite les ministres (article 148), qui, cependant, « ne forment point un Conseil » (article 151). Le principe de la division et de la répartition des fonctions étatiques entre des organes distincts est donc appliqué, conformément au modèle du concours promu par Sieyès.

faisant valoir la nécessité de compléter le dispositif institutionnel par un rouage supplémentaire.

§ II. La recherche d'une garantie externe

112. L'idée d'inclure un pouvoir intermédiaire entre le Législatif et l'Exécutif n'est pas nouvelle. Montesquieu lui-même, conscient que les deux pouvoirs se font face et s'affrontent, soulignait la nécessité d'une « puissance réglante »[294] pour tempérer l'opposition entre le roi et la chambre basse, qu'il confiait à la chambre haute. Rousseau, qui ne croyait vraisemblablement pas en un équilibre spontané des pouvoirs, envisageait une institution spécifique, un « conservateur des lois et du pouvoir législatif », pour « maintenir l'équilibre de part et d'autre »[295] :

> « [q]uand on ne peut établir une exacte proportion entre les parties constitutives de l'État, ou que des causes indestructibles en altèrent sans cesse les rapports, alors on institue une magistrature particulière qui ne fait point corps avec les autres, qui replace chaque terme dans son vrai rapport, et qui fait une liaison ou un moyen terme soit entre le Prince et le Peuple, soit entre le Prince et le Souverain, soit à la fois des deux côtés s'il est nécessaire »[296].

Rousseau insiste sur l'extériorité de ce *Tribunat*, qui « n'est point une partie constitutive de la Cité »[297]. Ne « faisant point partie de la constitution », il peut « être ôté sans qu'elle en souffre »[298]. Il est son « plus ferme appui »[299], mais de l'extérieur. Le Tribunat ne doit en effet participer à « aucune portion de la puissance législative ni de l'exécutive, mais c'est en cela même que la sienne est plus grande : car ne pouvant rien faire il peut tout empêcher »[300]. Il s'agit bien là d'une des premières formes abouties de garantie externe – au sens propre du terme – de la constitution, dont l'influence sera revendiquée durant la Révolution, notamment par Bonneville et Lavicomterie[301].

113. Plus largement, le sentiment d'une insuffisance des principes constitutionnels à l'œuvre sous la Révolution – en particulier la balance des pouvoirs – a remis sur le devant de la scène cette idée d'une garantie externe, une tierce instance venant compléter le mécanisme institutionnel pour

---

[294] MONTESQUIEU, *De l'esprit des lois*, *op. cit.*, livre XI, chap. 6, p. 401.
[295] J.-J. ROUSSEAU, *Du Contrat social*, *op. cit.*, livre IV, chap. V, p. 454. Sur ce point, v. P. ROLLAND, « La préservation des institutions politiques est-elle une utopie ? Sur le Tribunat de Jean-Jacques Rousseau », *in Utopies. Entre droit et politique. Études en hommage à Claude Courvoisier*, Dijon, EUD, 2005, pp. 51-66.
[296] J.-J. ROUSSEAU, *Du Contrat social*, *op. cit.*, livre IV, chap. V, pp. 453-454.
[297] *Ibid.*, p. 454.
[298] *Ibid.*, p. 455.
[299] *Ibid.*, p. 454.
[300] *Loc. cit.*
[301] Sur cette influence, v. M. GAUCHET, *op. cit.*, pp. 86-90.

s'assurer de son fonctionnement correct (A). Le projet avorté de Sieyès d'instaurer un jury constitutionnaire en l'an III en constitue sans doute le développement le plus célèbre car le plus abouti (B).

A. Les « régulateurs » des révolutionnaires

114. Durant la Révolution, la recherche d'un correctif n'a cessé de hanter les débats sur l'organisation du pouvoir politique. Contre le courant dominant qui croit en l'équilibre spontané des pouvoirs, une doctrine critique, aussi diverse que constante, s'est efforcée de démontrer la nécessité d'un nouveau pouvoir, régulateur ou préservateur[302]. En 1789, la plupart des auteurs qui se soucient de compléter l'édifice institutionnel par une garantie supplémentaire font entrer celle-ci dans l'ordre des pouvoirs déjà établis. Pour Sieyès, c'est ainsi à l'intérieur du mécanisme que doit se trouver le correctif, et non au-dehors, comme le voudraient, selon lui, les partisans du veto royal : « [l]e premier qui, en mécanique, fit usage du *régulateur*, se garda bien de le placer hors de la machine dont il voulait modérer le mouvement trop précipité »[303]. Clermont-Tonnerre évoque également l'idée d'un régulateur en 1789, mais pour défendre le droit de veto contre la position de Sieyès :

> « [c]et avis est le suffrage d'un véritable pouvoir constitué, donc portion intégrante du pouvoir législatif ; alors le roi aurait reçu du pouvoir constituant la charge d'être le modérateur, ce régulateur serait placé dans la machine même, et non dehors comme le suppose M. l'abbé Sieyès »[304].

C'est en tant que pouvoir constitué que le roi peut faire usage de son veto, qui est dirigé contre les actes d'un autre pouvoir constitué (l'assemblée législative) et non contre la constitution elle-même. Le correctif, sans être automatique, est donc bien placé dans la machine.

115. À l'inverse, l'abbé Brun de la Combe, qui tente de dépasser cette vision purement mécaniste, évoque un véritable nouveau pouvoir, qu'il qualifie de modérateur. Ce « quatrième organe » – car l'ecclésiastique reconnaît la tripartition classique – est une sorte de pouvoir sur les pouvoirs, « capable de résister à tout abus d'autorité de la part de la puissance royale, et des assemblées nationales, comme aussi de la part du pouvoir judiciaire »[305]. Brun de la Combe l'envisage sous les traits d'un « Sénat français », sorte de

---

[302] M. GAUCHET s'est longuement employé à la décrire dans *La Révolution des pouvoirs. La souveraineté, le peuple et la représentation. 1789-1799*, *op. cit.*

[303] E.-J. SIEYÈS, *Dire de l'abbé Sieyès sur la question du veto royal, à la séance du 7 septembre 1789*, Paris, chez Baudouin, 1789, p. 29. Il souligne.

[304] S. de CLERMONT-TONNERRE, *Réflexion sur l'opinion de M. l'abbé Sieyès concernant les municipalités et le veto*, *in Œuvres complètes*, Paris, chez Letellier, an III, vol. 2, p. 45.

[305] J.-A. BRUN DE LA COMBE, *Doute sur les principes de M. l'Abbé Sieyès concernant la Constitution Nationale*, 1789, p. 23.

Tribunal suprême des autres pouvoirs[306] demeurant par conséquent extérieur à leurs relations. Ces quelques exemples témoignent de l'ambiguïté originaire du pouvoir régulateur. Doit-il être appréhendé selon son acception mécanique originaire, c'est-à-dire comme un simple rouage supplémentaire venant compléter le mécanisme institutionnel ? Ou constitue-il au contraire un pouvoir à part entière, distinct des pouvoirs déjà existants (comme le pouvoir modérateur de Brun de la Combe) voire extérieur à la constitution elle-même (ainsi que le concevait Rousseau avec son Tribunat) ? Si le régulateur est placé dans la machine constitutionnelle, n'est-il pas qu'une autre forme de garantie interne ? Mais si la garantie est véritablement extérieure, qu'est-ce qui fonde et contrôle alors un tel pouvoir ?

116. Quoi qu'il en soit, durant les débats constitutionnels de 1791, d'un parti à l'autre, les mêmes expressions reviennent, en particulier celle de pouvoir régulateur. Pour les Monarchiens modérés, il prend la forme d'une seconde chambre, solution rejetée par les autres députés en tant que « repaire d'aristocratie »[307], auxquels Clermont-Tonnerre répondra plus tard par une virulente critique de la Constitution de 1791 :

> « [r]ien de plus facile, rien de plus probable que la coalition entre le ministre et l'assemblée. Avec une seule chambre et un roi, il vous arrivera de deux choses l'une : l'anarchie, si les deux pouvoirs se combattent ; le despotisme, s'ils s'entendent. Sans coalition, vous aurez ce qui nous dévore depuis deux ans ; avec une coalition, il n'y aura plus de responsabilité ministérielle. Le remède à ces maux était dans l'établissement d'un *pouvoir régulateur*, et votre constitution n'en a point admis »[308].

La bonne marche de la constitution lorsque les pouvoirs sont séparés nécessite une garantie externe, ce *pouvoir régulateur* que propose d'instaurer Clermont-Tonnerre pour éviter tant la paralysie que l'unité qui menace la liberté. On retrouve l'expression chez Pétion, pourtant l'un des chefs de file des Jacobins, lorsqu'il expose à l'Assemblée nationale l'impossibilité de laisser le Législatif et l'Exécutif à eux-mêmes :

> « [s]i vous n'avez pas un pouvoir régulateur, un pouvoir qui, par son ascendant, rétablisse l'équilibre, en faisant rentrer chacun dans les limites dont il s'est écarté, vous exposez la chose publique à un bouleversement absolu ; vous exposez la constitution à une subversion totale, puisque le partage des pouvoirs sera dérangé ou détruit, que le pouvoir législatif usurpera le pouvoir exécutif ou, ce qui est plus vraisemblable et plus conforme aux événements, le pouvoir exécutif envahira le pouvoir législatif »[309].

---

[306] *Ibid.*, p. 43.
[307] M. GAUCHET, *op. cit.*, p. 96.
[308] S. de CLERMONT-TONNERRE, *Analyse raisonnée de la constitution française décrétée par l'assemblée nationale ; Des années 1789, 1790 et 1791*, *in Œuvres complètes*, *op. cit.*, vol. 4, p. 316. Nous soulignons.
[309] J. PÉTION, « Discours du 29 août 1791 », *in Archives parlementaires de 1787 à 1860*, préc., t. XXX, p. 46.

Robespierre lui-même déclare, le 31 août 1791, que la première fonction des conventions, que certains prévoyaient de réunir pour réviser la constitution, devait être avant tout « [d']examiner si les pouvoirs constitués n'ont pas franchi les limites de la constitution et de les y faire rentrer »[310]. Une telle fonction ne peut être confiée aux organes qui risquent d'être eux-mêmes mis en cause, et nécessite donc le recours à des assemblées spéciales, des conventions, dont ce sera l'unique prérogative[311]. Cela n'est pas sans rappeler la solution prônée par les Anti-Fédéralistes américains en 1787[312].

117. Après l'échec de la Constitution de 1791 et la proclamation de la République, les projets de tierce instance continuent de fleurir. Ainsi, le girondin Kersaint préconise, en 1792, l'établissement d'un « tribunal des censeurs », qu'il qualifie de « régulateur » car chargé de la marche régulière des pouvoirs[313], tandis qu'en 1793, c'est le député Jean Debry qui prévoit un « pouvoir régulateur », ou « autorité censoriale », en plus des trois pouvoirs déjà existants (« l'autorité qui fait la loi », « l'autorité qui l'exécute » et « l'autorité qui l'applique ou pouvoir judiciaire »), sans expliquer davantage quelles seraient les attributions et l'intérêt d'un tel pouvoir[314].

118. Mais « [l]e grand moment de l'idée, le moment où elle va sortir de la marginalité, même insistante, pour acquérir une sorte de centralité, ce sera bien sûr Thermidor »[315]. Chez les partisans d'un aménagement de la Constitution de 1793, on assiste parfois à un paradoxal retour du modèle mécaniste, mais pour « le mettre au service d'un double besoin dont il excluait, en général, la prise en considération : l'harmonie interne des pouvoirs et la protection des citoyens »[316], ce qui les amène à proposer l'instauration d'une tierce instance pour compléter le mécanisme. Marcel Gauchet cite deux exemples révélateurs : d'abord, une brochure explicitement intitulée *Le Balancier politique*. Son auteur anonyme écrit :

> « [...] déterminer les limites de deux pouvoirs rivaux, c'est faire peu de chose. La grande difficulté est d'établir une force capable de s'opposer aux entreprises de l'un sur l'autre : c'est, en un mot, de faire entrer dans la composition de la machine politique l'équivalent du *balancier* dont la mécanique la plus simple nous offre le modèle »[317].

Autrement dit, un nouveau pouvoir est nécessaire pour contenir Législatif et Exécutif dans les bornes fixées par la constitution. Cette influence mécaniste

---

310 *Archives parlementaires de 1787 à 1860*, préc., t. XXX, p. 112.
311 Dans ce sens, v. aussi l'intéressant projet de BRISSOT, futur meneur du camp girondin, longuement analysé par M. GAUCHET (*op. cit.*, pp. 97-100).
312 V. *supra* § 88-90.
313 *Archives parlementaires de 1787 à 1860*, préc., t. LXII, p. 425.
314 *Archives parlementaires de 1787 à 1860*, préc., t. LXVII, p. 289.
315 M. GAUCHET, *op. cit.*, p. 123.
316 *Ibid.*, p. 134.
317 *Le Balancier politique, ou projet d'additions et de corrections à faire à la constitution de 1793, avant de l'organiser*, Paris, chez Rondonneau, an III, p. 12, cité par M. GAUCHET, *op. cit.*, p. 133. Il souligne.

se retrouve également chez le député Thieriet, qui constate qu'en matière de mécanique comme de politique, « les chocs réitérés entre deux systèmes de corps dirigés l'un contre l'autre finissent toujours par réduire l'un des deux en pièces ». Il est donc vain de chercher à balancer les pouvoirs, il faut plutôt interposer un nouvel organe entre Législatif et Exécutif. La solution préconisée par Thieriet est de pérenniser le Comité de salut public en en faisant un « pouvoir modérateur », qui, chargé des attributions « dangereuses » des deux autres pouvoirs, les maintiendrait liés pour prévenir les conflits et ainsi « former, par le résultat de leurs fonctions, la véritable unité républicaine, qui rendra à jamais indissoluble le corps politique de l'État »[318].

119. L'idée, dans l'air du temps, est aussi développée par quelques critiques notables de la Constitution de 1793. Lenoir-Laroche évoque ainsi un « pouvoir régulateur » chargé d'assurer aux « différents ressorts du corps politique [...] la direction et la conservation de leur mouvement »[319], mais sans préciser davantage sa nature ni ses prérogatives. Finalement, et ce malgré les plaidoyers de certains auteurs gravitant autour de la Commission des Onze[320] en faveur du pouvoir régulateur[321], les Thermidoriens préféreront placer leur confiance dans les seules garanties internes. Ils abordent cependant la question sous la forme d'une sorte de contrôle de constitutionnalité qu'ils confient au Conseil des Anciens[322], organe que Germaine de Staël voulait voir évoluer en véritable « Corps conservateur »[323] qui inclurait les attributions du jury constitutionnaire proposé par Sieyès[324]. La théorie de l'abbé, « devenue légendaire »[325], constitue sans doute le plus abouti des projets de garantie externe de la période révolutionnaire.

---

[318] Cl. THIERIET, *Coup d'œil sur les lois organiques à former par la Convention nationale pour mettre en activité la constitution de 1793*, Paris, Imprimerie nationale, an III, p. 3, cité par M. GAUCHET, *op. cit.*, p. 135.

[319] J.-J. LENOIR-LAROCHE, *De l'esprit de la constitution qui convient à la France et examen de celle de 1793*, Paris, chez Agasse, an III, p. 159.

[320] Désignée le 14 germinal an III (3 avril 1795), la Commission des Onze – Berlier, Boissy d'Anglas, Cambacérès, Creuzé-Latouche, Daunou, Révellière-Lépeaux, Lesage, Louvet, Merlin, Sieyès et Thibaudeau – est chargée par la Convention nationale de rédiger un nouveau projet de constitution.

[321] V. en particulier l'ouvrage d'un correspondant anonyme de Lanjuinais (signé des initiales F. P. B.) *De l'équilibre des trois pouvoirs politiques, ou lettres au représentant du peuple Lanjuinais sur son opinion de diviser le corps législatif en deux sections*, Paris, chez Desbriere, an III, p. 117.

[322] Art. 88 de la Constitution de 1795 : « Le Conseil des Anciens refuse d'approuver les résolutions du Conseil des Cinq-Cents qui n'ont point été prises dans les formes prescrites par la Constitution ». Il s'agit d'un contrôle non substantiel, d'ordre technique.

[323] G. de STAËL, *op. cit.*, pp. 161-162.

[324] *Ibid.*, p. 163.

[325] L. JAUME, « Le contrôle de constitutionnalité de la loi a-t-il un sens pour la doctrine française de la Révolution et des premières années du XIXe siècle ? », *in* D. CHAGNOLLAUD (dir.), *Aux origines du contrôle de constitutionnalité. XVIIIe-XXe siècle*, Paris, Éd. Panthéon-Assas, « Droit public », 2003, p. 18.

B. Le jury constitutionnaire de Sieyès

120. C'est à l'occasion de son intervention devant la Convention le 2 thermidor an III que Sieyès, dont les craintes ont été confirmées par l'épisode de la Terreur[326], propose pour la première fois l'institution d'un organe particulier chargé de faire respecter la constitution, le jury constitutionnaire :

> « [j]e demande d'abord un *jury de constitution*, ou, pour franciser un peu plus le mot de jury, et le distinguer dans le son de celui de juré, une *jurie constitutionnaire*. C'est un véritable corps de représentants que je demande, avec mission spéciale de juger les réclamations contre toute atteinte qui serait portée à la constitution »[327].

En effet, cette fonction ne peut à l'évidence être confiée au juge, car le pouvoir judiciaire pourrait alors empiéter tant sur le pouvoir législatif que sur le pouvoir exécutif, ce qui contreviendrait au principe de la séparation des pouvoirs. Il faut donc une autorité politique qui « doit être représentative, en ce sens qu'elle doit être connectée aux instances politiques de l'État, et ne pas appartenir au pouvoir judiciaire, mais être en quelque sorte en surplomb »[328], autrement dit former « un organe neutre et impartial »[329].

121. Sieyès développe plus largement ses compétences et sa composition lors de la séance du 18 thermidor. Le jury constitutionnaire aurait été composé de 108 membres devant « sortir de l'un et l'autre conseil du corps législatif »[330] (le Conseil des Anciens et le Conseil des Cinq-Cents) et chargé de trois fonctions. D'abord, comme une sorte de « tribunal de cassation dans l'ordre constitutionnel »[331], il aurait sanctionné « les violations ou atteintes faites à la constitution, qui lui seraient dénoncées, contre les actes, soit du Conseil des Anciens, soit du Conseil des Cinq-Cents, soit des assemblées électorales, soit des assemblées primaires, soit du tribunal de cassation »[332]. Un tel contrôle n'aurait pas porté sur les lois – les actes du Corps législatif

---

[326] À l'instar de Madame de Staël et de Constant, dont il est à l'époque proche, Sieyès cherche un moyen de terminer la Révolution, ce qui passe nécessairement par l'instauration d'une constitution stable, une préoccupation devenue centrale que résume ainsi M. LAHMER : « [e]n l'an III, le souci fondamental qui gouvernait l'esprit de Sieyès était, à la suite de la domination jacobine, de présenter un système qui garantisse le constitutionnalisme contre la subversion exercée au nom de la volonté générale et qui assure la stabilité d'une constitution fondée sur la séparation des pouvoirs » (*La constitution américaine dans le débat français : 1795-1848*, Paris, L'Harmattan, « Logiques juridiques », 2001, p. 221).

[327] « Séance du 2 thermidor », reproduit *in* M. TROPER, *Terminer la Révolution. La Constitution de 1795*, *op. cit.*, p. 409. Il souligne. C'est lors de la séance du 18 thermidor que l'abbé adopte le terme générique de « jury constitutionnaire » pour désigner cet organe. Sur le contexte de ces deux discours de Sieyès, v. par ex. M. FIORAVANTI, « Sieyès et le jury constitutionnaire : perspectives historico-juridiques », *Annales historiques de la Révolution française*, 2007/3 n° 349, pp. 92-95.

[328] V. CONSTANTINESCO, S. PIERRÉ-CAPS, *Droit constitutionnel*, *op. cit.*, p. 204.

[329] A. PAPATOLIAS, *op. cit.*, p. 337.

[330] « Séance du 18 thermidor », reproduit *in* M. TROPER, *Terminer la Révolution. La Constitution de 1795*, *op. cit.*, p. 537.

[331] *Ibid.*, p. 525.

[332] *Ibid.*, p. 537.

dans son ensemble – mais seulement sur les actes de l'un ou de l'autre Conseil, considérés séparément[333]. Les normes de référence n'étant constituées que des règles de procédure devant être respectées par les deux Conseils (et en aucun cas de règles de fond, tirées par exemple d'une déclaration des droits), les cas d'inconstitutionnalité auraient été très rares[334]. Ensuite, le jury aurait été titulaire de l'initiative en matière de révision constitutionnelle[335], au nom d'une « idée saine et utile établie en 1788 ; c'est la division du pouvoir constituant et des pouvoirs constitués »[336]. Enfin, il aurait été un « jury d'équité naturelle », chargé de se prononcer sur les demandes des tribunaux, « à l'effet d'avoir un arrêt d'équité naturelle sur les cas qu'ils déclareraient n'avoir pu juger, faute de loi positive qui pût s'y appliquer, ou ne pouvoir juger que contre leur conscience, d'après le texte seul de la loi »[337]. Pour Marcel Gauchet, on retrouve ici le souci de sauver une prérogative traditionnelle du monarque, le droit de grâce, à laquelle on aurait « ôt[é] les allures extérieures d'arbitraire personnel [...] pour l'élever à son principe rationnel »[338].

122. Ce rapide tour d'horizon doit conduire à écarter toute « interprétation anachronique du jury »[339]. Sieyès proclame certes la force obligatoire de la constitution, que son jury constitutionnaire aurait été chargé de garantir, mais celui-ci n'a pourtant rien d'une juridiction. Il est, selon l'analyse de Michel Troper, un organe de nature politique, « en raison de quelques traits structurels, le nombre des membres, le recrutement, la procédure, mais principalement à cause de ses fonctions, qui ne sont pas celles d'une cour constitutionnelle et que révèle bien le nom même de jury »[340]. En particulier, « le jury est conçu comme le gardien des règles de procédure »[341], non des

---

[333] ESCHASSÉRIAUX le souligne immédiatement lors de la séance du 24 thermidor : « Quant au droit qu'on lui suppose de pouvoir paralyser les lois, on se trompe bien évidemment. Ce n'est pas du tout sur les actes de la législation que son attribution se porte » (reproduit *in* M. TROPER, *Terminer la Révolution. La Constitution de 1795*, *op. cit.*, p. 555).

[334] BERLIER n'en cite qu'un : « s'il arrivait que le Conseil des Anciens, au lieu d'adopter ou de rejeter purement et simplement une résolution de celui des Cinq-Cents, l'amendât et fît ainsi une loi nouvelle », ce que la Constitution de 1795 ne lui permet pas (*ibid.*, p. 540).

[335] Pour SIEYÈS, le jury doit être un « atelier de propositions pour les amendements que le temps pourrait exiger dans la constitution » (« Séance du 18 thermidor », reproduit *in* M. TROPER, *Terminer la Révolution. La Constitution de 1795*, *op. cit.*, p. 525).

[336] « Séance du 2 thermidor » (*ibid.*, p. 409). En ce sens, v. M. ALTWEGG-BOUSSAC, *Les changements constitutionnels informels*, Clermont-Ferrand, Institut Universitaire Varenne et LGDJ, « Collection des thèses », 2013, pp. 78-80.

[337] « Séance du 18 thermidor » reproduit *in* M. TROPER, *Terminer la Révolution. La Constitution de 1795*, *op. cit.*, p. 538.

[338] M. GAUCHET, *op. cit.*, p. 177.

[339] M. TROPER, « Sieyès et le jury constitutionnaire », *in Mélanges Pierre Avril. La République*, Paris, Montchrestien, 2001, p. 272.

[340] *Loc. cit.*

[341] *Ibid.*, p. 273.

règles de fond, et n'est absolument pas chargé de contrôler la loi en tant que telle.

123. Quant à sa véritable raison d'être, elle ressort clairement des propos de l'abbé : « [v]oulez-vous donner une sauvegarde à la constitution, un frein salutaire qui contienne chaque action représentative dans les bornes de sa procuration spéciale, établissez une *jurie constitutionnaire* »[342]. Ces quelques mots trahissent son intention de faire de cet organe « un élément indispensable à la bonne marche de la machine constitutionnelle »[343]. Assimilant les prérogatives des pouvoirs constitués à des « procurations spéciales » accordées par le pouvoir constituant, Sieyès envisage son jury comme un mécanisme chargé de les maintenir dans les bornes fixées par ces procurations. Le projet de l'abbé n'est donc pas étranger à sa conception mécaniste du droit constitutionnel, ne faisant finalement que répondre à l'une de ses préoccupations principales, celle d'ajouter à une organisation institutionnelle extrêmement complexe et fragile des garanties mécaniques supplémentaires.

124. Pour autant, le jury apparaît en position de recul par rapport à la constitution, « comprise comme un *ensemble d'organes* (et non de normes ou de principes) dont il est le régulateur »[344]. Il se trouve « à la fois *dans* le système constitutionnel mais *en dehors* des rapports de pouvoirs »[345], et doit dès lors être envisagé comme une « instance de régulation exogène » – et non comme une nouvelle garantie interne – qui interviendrait « en cas de défaillance des autres parties du système constitutionnel », devenant ainsi « le régulateur final de ce système »[346]. Mais de quel système s'agit-il ? Le jury constitutionnaire trouve en effet toute son utilité dans celui du concours – puisqu'il n'y existe pas de mécanisme auto-correcteur, chaque organe agissant indépendamment des autres, une garantie externe apparaît nécessaire – mais nettement moins dans le système de la balance, qui vise l'équilibre auto-renforçant en plaçant les pouvoirs en « contre-action ».

125. Cependant, qu'en est-il si le conflit se niche non entre les organes, mais en leur sein ? Jusqu'à Sieyès, le problème n'avait jamais véritablement été posé en ce sens par les révolutionnaires, pour qui la minorité n'est qu'une faction nécessairement dans l'erreur[347]. C'est avec cette conception dominante

---

342 « Séance du 2 thermidor », reproduit *in* M. TROPER, *Terminer la Révolution. La Constitution de 1795*, *op. cit.*, p. 409. Il souligne.
343 A. PAPATOLIAS, *op. cit.*, p. 339.
344 L. JAUME, « Sieyès et le sens du jury constitutionnaire : une réinterprétation », *Droits*, 2002, n° 36, pp. 128-129. Il souligne.
345 Fr. SAINT-BONNET, « La prévention du conflit constitutionnel en l'an III », art. préc., p. 38. Il souligne.
346 A. PAPATOLIAS, *op. cit.*, p. 339.
347 V. les explications de M. TROPER, *Terminer la Révolution. La Constitution de 1795*, *op. cit.*, pp. 218-219.

que l'abbé rompt lorsqu'il suggère, le 18 thermidor, d'ouvrir la saisine du jury à la minorité de chaque organe constitué[348]. Son idée, très nouvelle en l'an III, est que la minorité, qui a par définition mais provisoirement politiquement tort, peut avoir constitutionnellement raison. Cette possibilité de saisine apparaît très opportune dans la logique du concours, car des actes inconstitutionnels dérèglent nécessairement une machine précise et qui ne dispose pas de moyen pour se rééquilibrer par elle-même. La problématique ne se pose évidemment pas de la même manière dans le système de la balance où l'acte inconstitutionnel d'un organe peut être automatiquement neutralisé par la « contre-action » d'un autre. Mais demeure toujours le risque d'une coalition liberticide entre les pouvoirs pour ignorer la constitution, d'où la nécessité d'autoriser la minorité à saisir le jury constitutionnaire.

126. On le sait, Sieyès ne parvient finalement pas à convaincre la Convention de la pertinence de son idée. Écartée lors des débats constitutionnels de l'an III, elle connaîtra cependant une certaine consécration dans la Constitution de l'an VIII, sous la forme considérablement révisée d'un Collège des conservateurs, devenu plus tard Sénat conservateur. Surtout, le jury constitutionnaire apparaît comme le plus abouti des projets de tierce instance développés par les révolutionnaires. C'est aussi lors des discussions autour de la proposition de Sieyès – en particulier durant la séance du 24 thermidor an III – que sont développées deux objections récurrentes à toute idée de garantie externe : son inutilité présumée dans un système constitutionnel encore essentiellement envisagé comme une machine aux garanties inhérentes et sa dangerosité supposée (c'est le fameux adage latin *quis custodiet ipsos custodes* ? Qui gardera les gardiens ?).

127. La problématique institutionnelle posée par la Révolution reste pourtant entière. Si la nécessité de préserver les institutions apparaît aussi ancienne que les institutions politiques elles-mêmes, elle prend une tournure particulière lorsque les pouvoirs sont séparés et divisés. Avec la séparation des pouvoirs, ceux-ci se font face et il faut prendre en compte leur affrontement, qui remet en cause la logique même du système institutionnel et, partant, la préservation de la constitution et donc de la liberté. D'où cette idée que l'on retrouve dans l'œuvre de Benjamin Constant d'un « pouvoir judiciaire des autres pouvoirs »[349], un pouvoir préservateur qui, extérieur aux autres pouvoirs, rétablirait les conditions d'un bon fonctionnement de la machine constitutionnelle. Pour construire sa doctrine, Constant renvoie explicitement à l'exemple du Sénat conservateur de l'an VIII. À travers cette référence, c'est

---

[348] « Il [le jury constitutionnaire] prononcera sur semblable dénonciation qui lui serait portée par la minorité contre la majorité de l'un ou l'autre des susdits corps constitués » (« Séance du 18 thermidor », *ibid.*, p. 537).

[349] B. CONSTANT, *Fragments*, *op. cit.*, p. 390.

évidemment l'influence théorique du jury constitutionnaire de Sieyès et, plus largement, des projets révolutionnaires de « régulateurs » qui transparaît.

CONCLUSION DU CHAPITRE I

128. L'objet de ce chapitre était de démontrer les origines essentiellement mécanistes de la notion de pouvoir régulateur en droit constitutionnel. La doctrine de la constitution comme machine, dont les origines découlent directement de l'idéal mécaniste des Lumières, devient dominante au XVIIIe siècle. Celle-ci repose sur l'idée qu'il est possible de construire une constitution comme on construit une machine, conformément à une science de l'ingénieur ou de la mécanique. Bien conçue, la constitution pourrait donc être assimilée à un mécanisme indéréglable et inviolable, autrement dit à un système autorégulé. L'autorégulation constitutionnelle correspond en effet à la situation idéale recherchée par la doctrine mécaniste du XVIIIe siècle, où la combinaison des différents éléments permet toujours d'assurer, sans intervention extérieure, la continuité et la stabilité dans le fonctionnement de la machine étatique. La principale technique envisagée pour atteindre cet objectif est celle de la balance des pouvoirs, qui consiste en la division de la fonction législative entre plusieurs organes aux intérêts différents. Ainsi, en cherchant à préserver et à accroître ses propres prérogatives, chacun finit par freiner et contrebalancer les autres : l'équilibre institutionnel est atteint de manière automatique, par le seul jeu entre les pouvoirs, dès lors que celui-ci est bien organisé.

129. La conception mécaniste est clairement présente chez Montesquieu. Pour que, « par la disposition des choses, le pouvoir arrête le pouvoir »[350], il faut le diviser et le distribuer de manière à ce que ses différentes composantes se fassent contrepoids et s'équilibrent mutuellement. En Amérique, l'idéologie mécaniste était encore plus prégnante qu'en France. Parmi les *Founding Fathers*, c'est surtout chez Madison que l'on retrouve cette influence, si bien qu'il est possible de parler de « modèle Montesquieu-Madison ». Dans ce système idéal, la séparation et la division des pouvoirs doivent mener à un équilibre auto-renforçant entre les organes étatiques, c'est-à-dire à l'autorégulation constitutionnelle. En 1787, les Pères fondateurs américains vont par conséquent écarter tout contrôle extérieur du pouvoir, au nom de la confiance en le mécanisme de la balance, et construire une constitution caractérisée par la technique des freins et contrepoids au sein des fonctions législatives et exécutives.

130. En France, ce modèle est également consacré, de manière incomplète, dans la Constitution de 1791 puis dans celle de 1795. L'efficacité présumée des garanties internes conduit les révolutionnaires à rejeter tous les projets de tierce instance, en particulier le jury constitutionnaire de Sieyès en 1795, jugé

[350] MONTESQUIEU, *De l'esprit des lois*, *op. cit.*, livre XI, chap. 4, p. 395.

inutile et dangereux dans le cadre d'une constitution que les Thermidoriens considèrent comme un mécanisme inviolable aux garanties inhérentes. Pourtant, les échecs successifs de ces deux expériences institutionnelles mèneront rapidement au constat de l'insuffisance des principes mécanistes qui y étaient à l'œuvre. En particulier, le sentiment d'une inefficience de la balance des pouvoirs va remettre sur le devant de la scène l'idée d'une garantie externe de la constitution, un rouage supplémentaire qui viendrait parfaire la mécanique étatique pour en assurer un fonctionnement correct. Plusieurs révolutionnaires, notamment Sieyès, tout en continuant d'envisager la constitution comme une machine, ont ainsi cherché à la compléter par l'adjonction d'un « pouvoir régulateur », expression consacrée par la Révolution et qui désigne un nouvel organe, extérieur au jeu des trois pouvoirs, chargé de maintenir l'équilibre institutionnel par le biais d'une régulation externe. Ces multiples projets avortés apparaissent, pour la plupart, indissociables de la conception mécaniste de la constitution, qu'ils cherchent à parachever. La volonté de mettre en place un quatrième pouvoir de nature régulatrice trouvera son accomplissement sous la plume de Benjamin Constant, à travers sa théorie du pouvoir neutre.

CHAPITRE II
UNE CONSÉCRATION THÉORIQUE : LA DOCTRINE DU POUVOIR NEUTRE CHEZ BENJAMIN CONSTANT

131. Dans le livre VIII des *Fragments*, Constant imagine pour la première fois un nouveau pouvoir, neutre ou préservateur[351], de cent membres désignés à vie, qu'il conçoit comme le « pouvoir judiciaire des autres pouvoirs ». En effet, si le Législatif et l'Exécutif se font face et s'affrontent, « personne n'est là pour rétablir la concorde entre eux », tandis que s'ils se réunissent, « personne n'est là pour empêcher les empiètements que leur union favorise ». De là vient la nécessité d'un « troisième pouvoir qui soit neutre entre le pouvoir législatif et le pouvoir exécutif »[352] afin de « défendre le gouvernement de la division des gouvernants, et de défendre les gouvernés de l'oppression du gouvernement »[353]. On retrouve là chez Constant cette conviction que l'équilibre institutionnel ne peut être atteint par les seuls mécanismes internes à la constitution mais nécessite une garantie supplémentaire, qui soit extérieure au jeu des pouvoirs. Cette nécessité nourrit tout autant le portrait du pouvoir neutre de nature monarchique, auquel il se convertira progressivement après l'écriture de ses *Fragments* :

> « [l]e pouvoir exécutif, le pouvoir législatif, et le pouvoir judiciaire, sont trois ressorts qui doivent coopérer, chacun dans sa partie, au mouvement général : mais quand ces ressorts dérangés se croisent, s'entre-choquent et s'entravent, il faut une force qui les remette à leur place. Cette force ne peut pas être dans l'un des ressorts, car elle lui servirait à détruire les autres. Il faut qu'elle soit en dehors, qu'elle soit neutre, en quelque sorte, pour que son

---

[351] Sur la théorie constantienne du pouvoir neutre, on se rapportera notamment à K. S. VINCENT, « Benjamin Constant and constitutionalism », *Revista de Historia Constitucional*, 2015, n° 16, pp. 22-23 ; O. FERREIRA, *Le pouvoir royal (1814-1848). À la recherche du quatrième pouvoir ?*, *op. cit.*, pp. 592-627 ; J.-P. FELDMAN, « Le constitutionnalisme selon Benjamin Constant », *RFDC*, 2008/4 n° 76, pp. 692-695 ; P. ROLLAND, « Comment préserver les institutions politiques ? La théorie du pouvoir neutre chez B. Constant », art. préc., pp. 43-73 ; É. TRAVERS, *Benjamin Constant. Les Principes et l'Histoire*, Paris, Honoré Champion, « Travaux et recherches de l'Institut Benjamin Constant », 2005, pp. 540-551 ; Th. CHOPIN, *Benjamin Constant. Le libéralisme inquiet*, Paris, Michalon, « Le bien commun », 2002, pp. 87-99 ; S. HOLMES, *Benjamin Constant et la genèse du libéralisme moderne*, Paris, Puf, « Léviathan », 1994, pp. 202-209 ; P. BASTID, *Benjamin Constant et sa doctrine*, Paris, Armand Colin, « Sciences politiques », 1966, t. 2, pp. 917-927.

[352] B. CONSTANT, *Fragments*, *op. cit.*, p. 373.

[353] *Ibid.*, p. 387.

> action s'applique nécessairement partout où il est nécessaire qu'elle soit appliquée, et pour qu'elle soit préservatrice, réparatrice, sans être hostile »[354].

Ainsi, qu'il soit doté d'une dimension républicaine ou, au contraire, se confonde avec le pouvoir royal, le pouvoir neutre constitue avant tout une doctrine visant à la préservation des institutions lorsque les pouvoirs sont divisés ou séparés, s'inscrivant en droite ligne des pouvoirs régulateurs conçus par les révolutionnaires (**Section 1**).

132. Mais lorsque Constant rend pour la première fois public son projet en 1814-1815, il paraît surtout théoriser le régime parlementaire et une certaine conception du pouvoir royal comme pouvoir neutre. Cette vision ne fut pas toujours bien comprise, en témoignent ces quelques lignes de Jean-Pierre Pagès, futur collaborateur de Constant au sein de la *Minerve française*, pour qui la neutralité de l'institution monarchique passait tout simplement pour un non-sens :

> « [p]our moi, je n'oserais croire, même avec M. B. de Constant, qu'elle est une puissance *neutre* ; car à elle seule il appartient de commander le mouvement ou l'inertie ; car elle seule dirige la vitalité du corps politique ; car elle est toujours volonté, ou origine des volontés. À la vérité, elle n'est active que pour les choses qui rentrent dans le domaine de la *prérogative*, telles que le droit de dispenser les honneurs, ou celui de faire grâce, qui, n'entraînant point de responsabilité, ne peuvent porter atteinte à l'inviolabilité royale. Elle est active encore, comme l'une des trois branches de la législature, comme puissance dont l'action est nécessaire pour la sanction de la loi »[355].

Envisager un roi exclu du gouvernement et qui, du fait de sa neutralité, serait cantonné à la seule sphère institutionnelle, était sans doute une idée trop novatrice pour l'époque, y compris chez les libéraux, à l'exception, peut-être, de Charles Dunoyer, qui adopta une position semblable dans un article de 1815[356]. Afin d'accomplir son œuvre, Constant compte tirer parti de la neutralité naturelle du monarque, acquise au cours des siècles, à la différence du pouvoir préservateur républicain, qui lui ne serait neutre que par le biais d'artifices (la désignation à vie notamment). C'est ainsi que le pouvoir neutre s'analyse, en seconde lecture, comme une théorie libérale du pouvoir royal, sans toutefois lever toutes les ambiguïtés sur les véritables intentions de son promoteur (**Section 2**).

---

[354] B. CONSTANT, *Principes de politique applicables à tous les gouvernements représentatifs et particulièrement à la Constitution actuelle de la France*, *in id.*, *Écrits politiques*, éd. établie par M. GAUCHET, Paris, Gallimard, « Folio essais », 1997, dorénavant cité *Principes de politique*, p. 324.

[355] J.-P. PAGÈS, *De la responsabilité ministérielle et de la nécessité d'organiser le mode d'accusation et de jugement des ministres*, Paris, F. Béchet, 1818, pp. 17-18.

[356] Ch. DUNOYER, « De la royauté, ou de la première magistrature de l'État dans une monarchie constitutionnelle », *Le Censeur, ou examen des actes et des ouvrages qui tendent à détruire ou à consolider la constitution de l'État*, 1815, t. 5, pp. 24-60.

SECTION 1. LE POUVOIR PRÉSERVATEUR, ARCHÉTYPE DU POUVOIR RÉGULATEUR

133. À l'instar de son amie Germaine de Staël ou de Sieyès, le projet de Constant s'inscrit pleinement dans la critique révolutionnaire de la balance des pouvoirs. L'échec des Constitutions de 1791 et 1795 a largement démontré l'insuffisance des principes qui y étaient à l'œuvre et la nécessité, pour la stabilité, d'une tierce instance qui modérerait les relations entre le Législatif et l'Exécutif :

> « [d]ans la constitution de 1791, je vois d'un côté une chambre unique, que l'on ne peut dissoudre, de l'autre, un roi héréditaire que l'on ne peut déplacer, c'est-à-dire deux pouvoirs condamnés à se combattre sans cesse, sans que jamais l'un puisse désarmer l'autre. Le pouvoir neutre nécessaire pour que les dissensions des deux pouvoirs actifs ne brisent pas la constitution, le pouvoir neutre qui seul peut maintenir la concorde par le sentiment de son autorité, ou la rétablir par son exercice, ce pouvoir n'existe pas.
> Dans la Constitution de l'an III, [...] rien ne peut arrêter la représentation nationale si elle se déclare l'adversaire du pouvoir exécutif. [...] Le corps législatif est toujours juge et partie. Le pouvoir exécutif toujours instrument passif, ou mandataire rebelle. L'absence du pouvoir neutre se fait sentir dans cette constitution, comme dans celle de 1791. Dans celle-ci, le pouvoir préservateur aurait prévenu le Dix Août. Il aurait dispensé dans l'autre du 18 Fructidor et du 18 Brumaire »[357].

Héritier des régulateurs de la Révolution, même si Constant préfèrera se référer à d'autres paradigmes (§ I), le pouvoir neutre constitue une garantie externe de la mécanique constitutionnelle, dont il est chargé de préserver le bon fonctionnement ; pur régulateur qui ne participe en aucun cas à la fonction gouvernementale, il n'intervient pas dans la sphère sociale (§ II).

§ I. LES SOURCES DU POUVOIR PRÉSERVATEUR

134. Sur la « question assez nouvelle » du pouvoir préservateur, Constant souhaite « plutôt choisir comme point de départ une institution qui existe, qu'imaginer une institution »[358] à partir de rien. Il va pour ce faire s'inspirer de plusieurs modèles, tant français (A) que britannique (B).

A. LE PROJET DE CONSTITUTION PRÉSENTÉ PAR SIEYÈS EN 1799

135. « Prudent ou royaliste d'opportunité, ce n'est qu'en 1830, au retour d'exil de Sieyès, chassé, lui, par la Restauration depuis 1815, que Constant

---

[357] B. CONSTANT, *Fragments*, *op. cit.*, pp. 452-453.
[358] *Ibid.*, p. 379.

vantera ouvertement les mérites intellectuels de l'abbé et en revendiquera une certaine filiation »[359]. Il avouera ainsi avoir emprunté à Sieyès – et plus précisément à son projet avorté d'instituer un Grand électeur en 1799 – l'idée d'un chef de l'État s'abstenant de gouverner (2°). Déjà dans les *Fragments*, Constant, qui ne fait curieusement jamais référence à la théorie du jury constitutionnaire[360], indiquait avoir pris « pour premier modèle du pouvoir intermédiaire, le Sénat de France »[361], traduction imparfaite et peu concluante des idées de Sieyès dans la Constitution de l'an VIII[362] (1°).

1°) Le Sénat conservateur de l'an VIII

136. Envisagé *a priori* comme l'organe le plus haut placé de la nouvelle hiérarchie constitutionnelle, le Sénat conservateur fait l'objet du titre II de la Constitution de l'an VIII[363]. Le choix des mots n'est pas anodin : l'emploi du terme « Sénat », en lieu et place de celui de « jury », laisse entrevoir la nature davantage politique que juridictionnelle de l'institution[364], confortant l'idée de Constant qui refuse de réunir son pouvoir préservateur au pouvoir judiciaire, « parce qu'il est impossible de passer d'une autorité discrétionnaire à l'exercice d'une autorité astreinte à des formes »[365]. Composé de quatre-vingts membres (article 15), des pouvoirs considérables lui sont confiés, à commencer par un très large pouvoir de nomination (article 20). De même, si

---

[359] M.-H. CAITUCOLI-WIRTH, « La vertu des institutions : l'héritage méconnu de Sieyès et de Constant », *Histoire@Politique*, 2012/1 n° 16, disponible sur http://histoire-politique.fr/documents/16/autresArticles/ pdf/HP16_Varia_CaitucoliWirth_DEF.pdf, consulté le 15 sept. 2019, p. 10.

[360] L'influence du jury sur la doctrine constantienne du pouvoir neutre semble pourtant évidente, v. par ex. L. JAUME, « Le contrôle de constitutionnalité de la loi a-t-il un sens pour la doctrine française de la Révolution et des premières années du XIXe siècle ? », art. préc., pp. 17-29.

[361] B. CONSTANT, *Fragments*, *op. cit.*, p. 379.

[362] Sieyès eut de nouveau l'occasion de défendre l'institution du jury constitutionnaire en l'an VIII, songeant à un Collège des conservateurs, qui fut finalement retenu dans la nouvelle constitution sous le nom de « Sénat conservateur » (v. D. AMSON, *op. cit.*, p. 338 ; Fr. SAINT-BONNET, « La double genèse de la justice constitutionnelle en France. La justice politique au prisme des conceptions françaises », art. préc., pp. 769-771). Le projet constitutionnel qu'il dicta à Boulay de la Meurthe entre le 20 et le 30 brumaire, bien qu'ensuite largement amendé par Bonaparte, constitue le principal fondement idéel de la Constitution de l'an VIII (v. S. BLOQUET, « Les sources manuscrites de la Constitution de l'an VIII », *Jus politicum*, 2019, n° 22, disponible sur http://juspoliticum.com/article/Les-sources-manuscrites-de-la-Constitution-de-l-an-VIII-1283.html, consulté le 15 sept. 2019 ; J. MENICHETTI, « L'écriture de la constitution de l'an VIII : quelques réflexions sur l'échec d'un mécanisme révolutionnaire », *Napoleonica. La Revue*, 2013/3 n° 18, pp. 68-83, et, plus largement, Cl. ZACHARIE, *Le Sénat du Consulat et de l'Empire. Contribution à l'étude du contrôle de constitutionnalité en France*, thèse dactylographiée, Université Paris II Panthéon-Assas, 2004, en particulier pp. 70-83).

[363] Le titre I ne se rapporte pas à un organe de l'État mais à « l'exercice des droits de cité ».

[364] La nature supposée du jury constitutionnaire apparaît plus ambiguë : si la plupart des auteurs mettent en avant sa fonction de contrôle de constitutionnalité, pour L. JAUME, « [b]ien plus ou bien autrement qu'une Cour constitutionnelle, ce jury est un gardien de la République » (« Sieyès et le sens du jury constitutionnaire : une réinterprétation », art. préc., p. 129) tandis que pour M. TROPER « une analyse plus serrée fait apparaître que cette institution n'a rien d'une juridiction » (« Sieyès et le jury constitutionnaire », art. préc., p. 272).

[365] B. CONSTANT, *Fragments*, *op. cit.*, p. 381.

le Sénat n'intervient pas dans l'élaboration et l'adoption de la loi, il élit au sein d'une liste de confiance nationale les tribuns, qui la discutent, et les législateurs, qui la votent. Il désigne aussi dans cette liste les trois consuls, titulaires du pouvoir gouvernemental, ainsi que les juges de cassation et les commissaires à la comptabilité. Le Sénat apparaît par ailleurs comme « le conservateur de la Constitution »[366]. Il « maintient ou annule tous les actes qui lui sont déférés comme inconstitutionnels par le Tribunat ou par le gouvernement » (article 21), qu'il s'agisse des listes d'éligibles, des actes du Corps législatif ou de ceux du gouvernement (article 28). Le contrôle de constitutionnalité tel qu'il avait été pensé par Sieyès trouvait sous cette forme sa première consécration en droit positif français. Disposant ainsi de moyens d'action sur chacun des trois pouvoirs tout en leur demeurant extérieur, le Sénat conservateur devait être le régulateur de la complexe mécanique institutionnelle mise en place en l'an VIII, qu'il était destiné à « maintenir [...] dans toute sa pureté, soit en statuant sur les difficultés d'application et les conflits de compétence, soit en réprimant les atteintes qui pourraient lui avoir été portées »[367].

137. Il fallait encore s'assurer que cette nouvelle institution ne serait pas tentée d'abuser à son tour de ses pouvoirs, autrement dit répondre à la problématique classique qu'avait déjà soulevée Thibaudeau pour rejeter le jury constitutionnaire : qui gardera le gardien ? « Il faut, pour la stabilité, un intérêt créé par l'institution »[368], répond Constant, car il ne peut y avoir de gardien du gardien. Les sénateurs « sont intéressés [...] à la liberté du peuple. Car si la liberté du peuple était anéantie, la leur et leur dignité disparaîtraient. Ils sont intéressés de même au maintien du gouvernement ; car si le gouvernement était renversé, avec lui s'abîmerait leur institution »[369]. C'est donc dans le statut de ses membres que se trouve la garantie : il doit être tel qu'ils n'aient plus rien à espérer, ni à craindre. La nomination à vie (article 15) et l'inéligibilité à jamais à toute autre fonction publique (article 18) y concourent, note Constant :

> « [l]es fonctions à vie séparent du peuple les individus qui en sont investis. Ils n'ont plus à rentrer dans la condition commune. Ils ont donc un intérêt distinct de l'intérêt populaire. L'inéligibilité sépare du gouvernement les individus inéligibles. Ses attributions ne peuvent devenir les leurs ; ils ont donc un intérêt distinct de celui du gouvernement »[370].

Les sénateurs sont aussi inamovibles (article 15) et se voient attribuer un traitement annuel substantiel (article 22). Âgés de quarante ans au moins

---

[366] M. MORABITO, *Histoire constitutionnelle de la France de 1789 à nos jours*, *op. cit.*, p. 154.
[367] A. BOULAY DE LA MEURTHE, *Théorie constitutionnelle de Sieyès. Constitution de l'an VIII. Extraits des mémoires inédits de M. Boulay de la Meurthe*, Paris, Renouard, 1836, p. 32.
[368] B. CONSTANT, *Fragments*, *op. cit.*, p. 382.
[369] *Ibid.*, p. 383.
[370] *Loc. cit.*

(article 15), ils sont ainsi des hommes politiques de renom dont la nomination au Sénat doit constituer la consécration d'une nouvelle forme de *cursus honorum*[371]. Constant dote le pouvoir préservateur des mêmes garanties statutaires : nomination à vie et inéligibilité à tout autre emploi de ses membres[372], condition d'âge[373] et avantage de fortune[374]. Il s'agit de « créer un pouvoir dont l'intérêt fût distinct à la fois et de celui du pouvoir législatif et de celui du pouvoir exécutif, et combiné de manière à ce qu'il eût besoin pour lui-même, non de nuire à ces deux rivaux éternels, mais de maintenir entre eux l'équilibre et la concorde »[375].

138. Mais « il suffirait d'une seule attribution pour dénaturer entièrement le pouvoir préservateur en changeant l'intérêt neutre qui doit l'animer »[376], met en garde Constant, qui cible précisément le pouvoir de nomination dont dispose le Sénat conservateur. Sa transformation progressive en chambre législative dans les Constitutions de l'an X et de l'an XII achève cette dénaturation. « Devenu partie du pouvoir législatif, [le Sénat gagne] aux empiétements et aux extensions de l'autorité législative »[377] et perd dès lors ce qui caractérise le pouvoir préservateur chez Constant : sa neutralité. Tel n'est pas le cas du projet inabouti d'instaurer un Grand électeur en l'an VIII, dont l'esquisse théorique inspirera directement le libéral de Coppet.

---

[371] L'article 16 de la Constitution de l'an VIII instaure un système complexe de désignation, basé sur une sorte de cooptation : « [l]a nomination à une place de sénateur se fait par le Sénat, qui choisit entre trois candidats présentés, le premier par le Corps législatif ; le second, par le Tribunat ; et le troisième par le Premier consul. – Il ne choisit qu'entre deux candidats, si l'un d'eux est proposé par deux des trois autorités présentantes : il est tenu d'admettre celui qui serait proposé à la fois par les trois autorités ».

[372] « Un corps reposant sur ces deux bases, les fonctions à vie et l'inéligibilité à tout autre emploi, est donc propre à remplir le but dont nous cherchons à découvrir la route » (B. CONSTANT, *Fragments*, *op. cit.*, pp. 383-384).

[373] Constant la fixe à quarante ans (comme pour le Sénat conservateur) « parce que, sans cette clause, le désir d'occuper une place pourrait faire entrer dans ce corps des hommes jeunes encore, dont l'ambition n'aurait pas fait son apprentissage » (*ibid.*, p. 438).

[374] *Ibid.*, p. 439. Pour Constant, « [c]es avantages de fortune devraient consister en propriétés territoriales. Ce genre de propriété a des effets plus avantageux pour la morale, que des indemnités pécuniaires : il attache l'homme à l'amélioration de ses possessions, il le rapproche de la nature. Il donnerait enfin aux membres du pouvoir préservateur des relations plus multipliées dans les différentes parties de la République, et plus d'intérêts communs, plus de liens d'affection avec les classes diverses des gouvernés ».

[375] *Ibid.*, p. 375. Constant poursuit : « [c]e but serait atteint, si vous composiez ce pouvoir intermédiaire que nous appellerons désormais le pouvoir préservateur, d'hommes qui n'étant pas des gouvernants, eussent le même intérêt que les gouvernés à la liberté du peuple, et par conséquent à la dignité du pouvoir législatif qui le représente et qui néanmoins jouissant de certaines prérogatives, résultant de la forme du gouvernement, et indépendantes du peuple, eussent le même intérêt que les gouvernants à la stabilité du gouvernement, base de leur existence politique » (pp. 375-376).

[376] *Ibid.*, p. 385.

[377] *Ibid.*, p. 386.

2°) Le Grand électeur

139. Selon Constant, le roi choisit mais ne gouverne pas. Il reconnaîtra en 1830, par un hommage certes tardif mais appuyé, s'être ainsi inspiré du Grand électeur de Sieyès, en le transposant dans un cadre monarchique :

> « [o]n pourrait dire, quelque bizarre que paraisse l'assertion quand on retrace toute la vie de Sieyès, qu'il a contribué plus que personne à poser les bases de la monarchie constitutionnelle. Il a le premier, en France, établi et prouvé que le chef, placé en haut de la hiérarchie politique, devait choisir, mais non gouverner. Son grand électeur [...] est le type exact et utile d'un roi tel qu'on doit le désirer. Choisir est sa fonction, renvoyer est son droit »[378].

Pour Jean-Denis Bredin, le Grand électeur serait le moyen « de réaliser cette monarchie élective pour laquelle [Sieyès] semble toujours avoir eu une préférence, même s'il ne l'a que rarement exprimée »[379]. À l'appui de l'analyse, on trouve cette référence récurrente chez Sieyès à une phrase de Rousseau, elle-même empruntée à Pline : « nous voulons un prince, afin qu'il nous préserve d'avoir un maître ».

140. Simple bizarrerie – selon les mots de Jean-Jacques Chevallier[380] – pour certains auteurs, le projet de Grand électeur contient pourtant toutes les prémices du chef d'État parlementaire classique, « [r]etiré de la vie politique quotidienne, placé au-dessus des partis, détaché de la fonction gouvernementale »[381]. Pour Thiers, l'un des inspirateurs du tournant parlementaire en France, « [c]e Grand électeur [...], c'était bien la royauté, réduite au rôle peu actif, mais considérable, de choisir les chefs agissants du gouvernement »[382]. Les notes de Boulay de la Meurthe vont également dans ce sens :

> « [i]l [le Grand électeur] ne gouverne pas ; il n'a pas même la signature des actes du gouvernement, car il en serait responsable et il ne doit pas l'être. Que fait-il donc ? Il nomme simplement les chefs du gouvernement ; il observe leur conduite, se fait rendre compte de l'état des choses, et quand il trouve qu'il est de l'intérêt public de les révoquer, il les révoque et les remplace »[383].

Ainsi, le Grand électeur, comme le Collège des conservateurs d'ailleurs, « n'auront aucune action ou influence sur les citoyens. Ils ne font que jouer un

---

[378] B. CONSTANT, « Souvenirs historiques à l'occasion de l'ouvrage de M. Bignon », première lettre, *Revue de Paris*, 1830, reproduit *in Benjamin Constant publiciste. 1825-1830*, éd. établie par É. HARPAZ, Paris et Genève, Honoré Champion et Slatkine, 1987, pp. 174-175.
[379] J.-D. BREDIN, *Sieyès. La clé de la Révolution française*, Paris, de Fallois, 1988, p. 476.
[380] J.-J. CHEVALLIER, *Histoire des institutions et des régimes politiques de la France de 1789 à 1958*, 9e éd., Paris, Dalloz, « Classic », 2009, p. 116.
[381] G. VEDEL, *Manuel élémentaire de droit constitutionnel*, Paris, Dalloz, « Bibliothèque Dalloz », 2002, p. 94.
[382] A. THIERS, *Histoire du Consulat et de l'Empire*, Paris, Paulin, 1845, t. 1, p. 84.
[383] A. BOULAY DE LA MEURTHE, *op. cit.*, p. 26.

rôle stabilisateur de l'équilibre global du régime »[384]. Il y a là de nombreux traits communs avec le pouvoir neutre. On retrouve chez Constant la distinction entre un chef de l'État inviolable et un pouvoir ministériel (ou exécutif) responsable[385], dont procède le droit de nommer et révoquer librement les membres de l'Exécutif[386] et surtout cette distance prise par le chef de l'État vis-à-vis des individus. À l'image du Grand électeur de Sieyès, « placé à la hauteur la plus élevée, pour […] y dissiper les nuages, et y rétablir la sérénité »[387], le monarque idéalisé de Constant ne gouverne pas, il « plane pour ainsi dire au-dessus des agitations humaines »[388]. Les deux auteurs conçoivent finalement de la même manière la fonction du chef de l'État, qu'il soit héréditaire (Constant) ou nommé à vie (Sieyès). Destiné à neutraliser l'ambition en confisquant définitivement la plus haute fonction de l'État, il doit incarner un régulateur clairement distinct de l'Exécutif.

141. De toutes les façons, l'opposition de Bonaparte, qui ne voulait pas se voir enfermer dans le rôle d'un roi fainéant, eut raison du projet de Grand électeur. La fin de non-recevoir que le futur Empereur aurait opposée à l'abbé est demeurée célèbre par la lecture du *Mémorial de Sainte-Hélène* : « comment avez-vous pu imaginer, M. Sieyès, qu'un homme de quelque talent et d'un peu d'honneur voulût se résigner au rôle de cochon à l'engrais de quelques millions ? »[389]. Après ce sévère jugement, le Grand électeur tomba dans les oubliettes de l'Histoire, et force est de constater que le temps n'a pas permis de lui rendre justice[390]. Le projet de Sieyès apparaît pourtant comme une sorte de « prototype du chef d'État républicain moderne »[391], arbitre *supra partes* teinté de neutralité sociale. La filiation que ce Grand électeur entretient avec le pouvoir neutre de Constant sonne dès lors comme une évidence. Il en va de même du modèle anglais de la monarchie constitutionnelle, souvent sublimé lors de sa réception en France.

---

[384] M. CARIUS, « Le "cochon à l'engrais". À propos du Grand-électeur dans le projet de Constitution présenté par Sieyès en 1799 (an VIII) », *RFDC*, 2005/2 n° 62, p. 249.

[385] « Notre constitution, en établissant la responsabilité des ministres, sépare clairement le pouvoir ministériel du pouvoir royal. Le seul fait que le monarque est inviolable, et que les ministres sont responsables, constate cette séparation » (B. CONSTANT, *Principes de politique*, *op. cit.*, p. 323).

[386] L'influence de Sieyès sur cette « responsabilité par en haut » à laquelle recourt Constant est relevée par L. JAUME (« Le concept de "responsabilité des ministres" chez Benjamin Constant », *RFDC*, 2000/2 n° 42, p. 231).

[387] A. BOULAY DE LA MEURTHE, *op. cit.*, p. 30.

[388] B. CONSTANT, *Principes de politique*, *op. cit.*, p. 327.

[389] E. de LAS CASES, *Mémorial de Sainte-Hélène*, Paris, Points, « Points Histoire », 2011, t. 1, p. 358.

[390] Pour D. AMSON, « Sieyès sombra dans le ridicule par les propositions qu'il formula » (*op. cit.*, p. 338), tandis que Th. LENTZ va jusqu'à se demander « comment les contemporains et quelques historiens ont pu se pâmer devant un projet aussi fumeux » (*Le grand Consulat*, Paris, Fayard, 1999, p. 105).

[391] M. CARIUS, art. préc., p. 243.

142. Tant dans les *Fragments* que dans les *Principes de politique*, Constant renvoie à la Constitution anglaise, et plus précisément à son monarque[392]. Voltaire – que Constant ne cite pas – avait déjà qualifié le monarque anglais de « sur-arbitre », un « pouvoir mitoyen » chargé d'arbitrer les conflits entre les deux chambres. Il pouvait ainsi souligner la supériorité de la Constitution anglaise sur les institutions romaines, minées par des conflits entre patriciens et plébéiens du fait de l'absence d'une telle instance médiatrice[393]. Chez Constant également, l'échec de la République romaine – qui renvoie évidemment à celui de la Révolution française – est « un grand exemple de la nécessité d'un pouvoir neutre, intermédiaire entre les pouvoirs actifs »[394]. Or, la monarchie anglaise « crée ce pouvoir neutre et intermédiaire : c'est le pouvoir royal séparé du pouvoir exécutif »[395]. Le roi n'est plus un pouvoir actif mais plutôt un pouvoir préservateur des institutions que « la constitution anglaise emploie [...] à mettre fin à toute lutte dangereuse, et à rétablir l'harmonie entre les pouvoirs »[396]. Uniquement chargé de prévenir les blocages nuisibles au bon fonctionnement de la mécanique institutionnelle, le monarque anglais ne statue pas sur le fond : il règne mais ne gouverne pas. Exclu du jeu politique, le roi ne doit pas pouvoir agir à la place des autres pouvoirs. Pour Constant, « [c]'est en cela que consiste la différence entre la monarchie absolue et la monarchie constitutionnelle »[397].

143. De ce fait, la Constitution anglaise comprend plusieurs garanties pour prévenir toute velléité d'arbitraire du monarque : « [a]ucune loi ne peut être faite sans le concours de la chambre héréditaire et de la chambre élective, aucun acte ne peut être exécuté sans la signature d'un ministre, aucun jugement prononcé que par des tribunaux indépendants »[398]. Ces précautions prises, le roi, auquel la Constitution anglaise attribue plusieurs prérogatives de régulation, apparaît aux yeux de Constant comme le régulateur du système politique :

> « [l]'action du pouvoir exécutif est-elle dangereuse, le roi destitue les ministres. L'action de la chambre héréditaire devient-elle funeste, le roi lui donne une tendance nouvelle, en créant de nouveaux pairs. L'action de la chambre élective s'annonce-t-elle comme

---

[392] Selon T. PASQUIET-BRIAND, la Constitution anglaise constitue le « miroir de l'œuvre politique de Benjamin Constant » (*La réception de la Constitution anglaise au XIXe siècle. Une étude du droit politique français*, Clermont-Ferrand, Fondation Varenne et LGDJ, « Collection des thèses », vol. 149, 2017, pp. 183-241).

[393] VOLTAIRE, *Lettres philosophiques*, *in* VOLTAIRE, *Mélanges*, éd. établie par J. VAN DEN HEUVEL, Paris, Gallimard, « Bibliothèque de la Pléiade », 1961, p. 21.

[394] B. CONSTANT, *Principes de politique*, *op. cit.*, p. 326.

[395] *Ibid.*, p. 329.

[396] *Ibid.*, p. 325.

[397] *Loc. cit.*

[398] *Loc. cit.*

menaçante, le roi fait usage de son *veto*, ou il dissout la chambre élective. Enfin l'action même du pouvoir judiciaire est-elle fâcheuse, en tant qu'elle applique à des actions individuelles des peines générales trop sévères, le roi tempère cette action par son droit de faire grâce »[399].

Destitution des ministres, désignation de nouveaux pairs à la chambre haute, dissolution de la chambre basse, droit de grâce sont autant de moyens d'action lui permettant d'agir sur chacun des pouvoirs constitués et qui vont également caractériser le pouvoir neutre de Constant.

144. Ainsi, « [l]'Angleterre mérite encore ici de nous servir de modèle »[400], sa monarchie constitutionnelle instaure cette séparation souhaitée par Constant entre le pouvoir exécutif – ou pouvoir ministériel – et le pouvoir suprême, le pouvoir neutre incarné par le pouvoir royal. S'il est encore formellement le chef de l'Exécutif, le monarque anglais ne s'immisce plus dans la lutte entre parlement et gouvernement. Il est l'arbitre qui n'intervient dans le jeu politique que pour faire respecter les règles constitutionnelles et garantir l'intérêt national et la continuité de l'État. Son inviolabilité résulte d'ailleurs de son impartialité : prendre parti, c'est risquer de perdre ce qui fait sa spécificité. Constant en est dès lors convaincu, « [l]e pouvoir préservateur doit être ce qu'est le pouvoir monarchique en Angleterre »[401]. Même l'organe collectif qu'il envisage dans les *Fragments* – la première version, républicaine, de son pouvoir préservateur – ne constituerait finalement rien d'autre que l'adaptation à un cadre républicain du modèle que lui offrait la monarchie anglaise.

145. La réalité n'apparaît pourtant pas aussi simple et d'aucuns ont pu reprocher à Constant sa vision idéalisée de la monarchie anglaise, alors qu'à l'époque où il l'étudie, la séparation entre le pouvoir royal et le pouvoir exécutif n'y est pas aussi nette que ce qu'il prétend[402]. Disposant de la faculté de nommer les ministres et de les révoquer, le monarque anglais exerce encore une véritable influence au sein de son gouvernement et paraît difficile à cerner dans sa dualité, tantôt tiers-pouvoir, neutre et régulateur, tantôt acteur gouvernant et chef effectif de l'Exécutif[403]. Conscient des limites de son analyse de la monarchie anglaise, illustrées par un épisode polémique de 1807 qui vit le roi Georges III s'opposer personnellement à l'émancipation des

---

[399] *Loc. cit.*

[400] B. CONSTANT, *Fragments*, *op. cit.*, p. 329.

[401] *Ibid.*, p. 403.

[402] Sur l'effacement politique du monarque anglais, nettement moins marqué à cette époque que ce que Constant décrit, v. D. BARANGER, *Parlementarisme des origines*, Paris, Puf, « Léviathan », 1999, pp. 165-189.

[403] CONSTANT lui-même relève cette dualité dans les *Fragments* (*op. cit.*, p. 403) : « [l]a monarchie a cet avantage, qu'elle constitue, dans le pouvoir royal, tout à la fois, un pouvoir exécutif et un pouvoir neutre, entre le pouvoir exécutif et le populaire. Mais elle a ce vice, qu'elle cumule le pouvoir exécutif et le pouvoir neutre dans les mêmes mains ».

catholiques pourtant voulue par son ministre Grey, Constant avance une argumentation pour le moins spécieuse pour démontrer la neutralité du roi dans cette affaire[404]. À l'évidence, l'auteur des *Principes de politique* ne parlait pas de l'Angleterre réelle, mais plutôt d'un modèle fantasmé dont l'influence sur le constitutionnalisme français du début du XIXe siècle fut toutefois non négligeable. Quoi qu'il en soit, la substance spécifique de son pouvoir neutre et préservateur va le distinguer de toutes ses sources.

§ II. Le pouvoir préservateur, garant du bon fonctionnement de la mécanique constitutionnelle

146. L'emploi par Constant de l'adjectif « préservateur » pour qualifier la fonction du pouvoir neutre marque son désaccord idéologique avec la plupart de ses contemporains : son pouvoir n'est pas un conservateur de la société, au sens des ultras et de certains doctrinaires durant la Restauration, mais un régulateur qui ne s'occupe que de la constitution, comprise comme un mécanisme et non comme une norme (B). La nature spécifique dont il est doté, nécessaire à l'accomplissement de sa mission, le distingue nettement des autres pouvoirs (A).

A. Une nature spécifique : la neutralité en contexte

147. Comment un pouvoir pourrait-il être neutre ? L'association paraît à première vue antinomique et il convient donc d'expliciter le sens que Constant prête à la neutralité. Communément définie comme l'« [a]ttitude d'une personne qui refuse ou s'abstient de prendre parti dans un débat, un différend, un litige », elle prend à peu près le même sens en droit international pour qualifier la « [s]ituation d'un État qui s'engage, lors d'un conflit entre d'autres puissances, à ne prendre aucune part, directe ou indirecte, aux hostilités »[405]. Or, cette conception de la neutralité présupposant la non-intervention ne peut être celle du pouvoir préservateur, qui doit justement être en mesure d'intervenir pour réguler le jeu des pouvoirs. La sienne est nécessairement positive, car elle permet la décision et l'action ; elle n'est pas synonyme

[404] « L'on a prétendu qu'en Angleterre le pouvoir royal n'était point aussi positivement distingué du pouvoir ministériel. L'on a cité une conjoncture où la volonté personnelle du souverain l'avait emporté sur celle de ses ministres, en refusant de faire participer les catholiques aux privilèges des autres sujets. Mais ici deux choses sont confondues, le droit de maintenir ce qui existe, droit qui appartient nécessairement au pouvoir royal, et qui le constitue, comme je l'affirme, autorité neutre et préservatrice, et le droit de proposer l'établissement de ce qui n'existe pas encore, droit qui appartient au pouvoir ministériel » (B. CONSTANT, *Principes de politique*, *op. cit.*, p. 334).
[405] V° « Neutralité » *in Dictionnaire de l'Académie française*, 9e éd.

d'insignifiance. En cela, s'il est effectivement borné par cette neutralité d'un type particulier (2°), le pouvoir préservateur n'en demeure pas moins une incontestable puissance politique (1°).

1°) Un véritable pouvoir politique

148. La fonction du pouvoir neutre n'est pas juridictionnelle. Constant n'a jamais envisagé de la confier à des juges et évite soigneusement les ambiguïtés qu'avait pu entretenir Sieyès en recourant abondamment au vocabulaire judiciaire[406]. Constant décrit pourtant le pouvoir préservateur comme « le pouvoir judiciaire des autres pouvoirs » :

> « [l]orsque les citoyens divisés entre eux d'intérêt se nuisent mutuellement, une autorité neutre les sépare, prononce sur leurs prétentions et les préserve les unes des autres. Cette autorité, c'est le pouvoir judiciaire ; de même, lorsque les pouvoirs publics se divisent, et sont prêts à se nuire, il faut une autorité neutre qui fasse à leur égard ce que le pouvoir judiciaire fait à l'égard des individus. Le pouvoir préservateur est, pour ainsi dire, le pouvoir judiciaire des autres pouvoirs »[407].

Il remplit, comme le dit encore Constant, « la fonction [...] de juge suprême des autres pouvoirs »[408], chargé de régler les conflits de compétence entre Législatif et Exécutif « un peu à la manière d'un tribunal des conflits »[409]. Mais l'analogie n'est qu'apparente, la logique juridictionnelle ne peut caractériser le pouvoir préservateur, amené à agir contre des pouvoirs et non contre des individus :

> « [l]es individus ne peuvent opposer aucune force au pouvoir judiciaire. Il les arrête, il les enchaîne, il les met hors d'état de nuire, jusqu'à ce qu'il ait prononcé sur eux. Ainsi peut-il apporter dans son examen toutes les recherches, toutes les précautions, toutes les lenteurs propres à faire éclater la vérité. Les pouvoirs publics au contraire, et surtout le pouvoir exécutif, ont toujours à opposer au pouvoir préservateur une force physique, supérieure à celle dont il se retrouve revêtu. Il ne peut donc procéder contre eux, comme le pouvoir judiciaire, contre les individus ; car il serait anéanti, avant d'avoir instruit le procès ; il faut que sa rapidité supplée à ce qui lui manque de force »[410].

Si le pouvoir préservateur et le pouvoir judiciaire se caractérisent tous deux par leur extériorité par rapport aux conflits qu'ils sont amenés à réguler, c'est là leur seul véritable point commun, car « [l]a régulation des pouvoirs publics

---

[406] Pour défendre l'institution du jury constitutionnaire, Sieyès comparait ainsi les relations entre les individus, régulées par le juge, aux relations entre les pouvoirs, qui méritent également leur juge : « [q]uoi, l'expérience de toutes les réunions d'hommes sur la terre, où l'on a senti le besoin d'un juge pour concilier ou décider les différends entre particuliers, ne suffit pas pour vous laisser soupçonner qu'il n'est pas si ridicule et qu'il ne peut pas être dangereux d'essayer dans l'ordre politique un moyen si généralement reçu, et si nécessaire dans l'ordre civil ! » (« Séance du 2 thermidor », reproduit *in* M. TROPER, *Terminer la Révolution. La Constitution de 1795*, *op. cit.*, pp. 416-417).

[407] B. CONSTANT, *Fragments*, *op. cit.*, p. 390.

[408] *Ibid.*, p. 436.

[409] O. FERREIRA, *Le pouvoir royal (1814-1848). À la recherche du quatrième pouvoir ?*, *op. cit.*, p. 597.

[410] B. CONSTANT, *Fragments*, *op. cit.*, pp. 390-391.

est une fonction d'une nature profondément différente de la régulation des rapports sociaux : elle est purement politique et doit échapper aux formes juridiques propres à ce dernier type de rapports »[411]. Le pouvoir préservateur ne peut pas être tenu aux obligations formelles propres à l'activité du juge, qui rendraient ses prérogatives illusoires « [p]arce qu'il est impossible de passer d'une autorité discrétionnaire à l'exercice d'une autorité astreinte à des formes »[412]. Il ne peut se voir opposer dans son action ni droits de la défense, ni débats contradictoires et n'a pas non plus à motiver ses décisions. C'est « une authentique puissance d'initiative »[413], exerçant « une autorité non pas illimitée, mais discrétionnaire »[414], qui le distingue intrinsèquement du pouvoir judiciaire. En effet, le droit de dissolution ou encore celui de renvoyer les membres de l'Exécutif s'inscrivent dans une fonction qui est véritablement politique ; leur exercice procède d'une décision qui n'a pas à être motivée, prise à la suite d'une analyse politique de l'état des relations entre les pouvoirs.

149. La logique de Constant est simple : une longue procédure de type juridictionnel avertirait le Législatif et l'Exécutif des intentions du pouvoir préservateur, qui risquerait alors d'être anéanti avant même d'avoir pu agir. Cette absence de formes indique bien que Constant n'envisage pas non plus un véritable contrôle de constitutionnalité au sens où son pouvoir neutre jugerait en droit par rapport à une norme juridique suprême. C'est la constitution encore fondamentalement conçue comme une mécanique qu'il s'agit de préserver. Le pouvoir neutre porte un jugement politique sur l'état des rapports entre les pouvoirs et sur ce qu'il convient de faire pour maintenir ou rétablir l'équilibre souhaité. Il « ne juge pas en légalité mais bien en opportunité »[415] et n'est par conséquent pas tenu de motiver ses décisions. Il en résulte évidemment que le pouvoir préservateur peut s'autosaisir, ce qui n'était ni le cas du jury constitutionnaire de Sieyès, ni celui du Sénat conservateur de l'an VIII. Dans cette perspective, Thierry Chopin relève qu'il serait « erroné d'interpréter la conception arbitrale du pouvoir neutre comme une anticipation du mécanisme juridictionnel de règlement des conflits sous la forme du contrôle de constitutionnalité des lois par le juge constitutionnel »[416].

---

[411] P. ROLLAND, « Comment préserver les institutions politiques ? La théorie du pouvoir neutre chez B. Constant », art. préc., p. 56.
[412] B. CONSTANT, *Fragments*, *op. cit.*, p. 381.
[413] P. ROLLAND, « Comment préserver les institutions politiques ? La théorie du pouvoir neutre chez B. Constant », art. préc., p. 56.
[414] B. CONSTANT, *Fragments*, *op. cit.*, p. 451.
[415] P. ROLLAND, « Comment préserver les institutions politiques ? La théorie du pouvoir neutre chez B. Constant », art. préc., p. 62.
[416] Th. CHOPIN, *op. cit.*, p. 96.

150. Toujours dans le sens de la nature politique et non juridictionnelle du pouvoir préservateur, Constant indique également qu'il ne doit exercer aucune autorité pénale. La dissolution des assemblées législatives et la destitution des membres de l'Exécutif ne relèvent pas d'un procès et ne constituent en rien des sanctions pénales :

> « [l]e pouvoir préservateur ne doit exercer sa prérogative que pour désarmer les dépositaires du pouvoir ; s'il l'exerçait pour les punir, leur châtiment fût-il mérité, comme ils seraient punis sans avoir été jugés, sans avoir été protégés par des formes ordinaires, la justice qu'on prétendait déployer contre eux deviendrait la plus horrible des iniquités. Nul individu, soit homme public, soit homme privé, ne doit être puni sans jugement. Mais être dépouillé de l'exercice d'une autorité n'est pas une punition. On redevient ce que l'on était. Le législateur n'est pas puni, parce que l'assemblée dont il faisait partie est dissoute, ni l'un des dépositaires du pouvoir exécutif, parce que le pouvoir dont il était membre est destitué. Le salut de l'État peut exiger des mesures extraordinaires, mais ces mesures ne doivent porter que sur les pouvoirs, et non sur les hommes »[417].

Du monarque, il dira qu'il « n'a pas besoin de convaincre ses ministres d'une faute, d'un crime ou d'un projet coupable pour les renvoyer ; il les renvoie sans les punir »[418]. Fidèle à son libéralisme, Constant apparaît soucieux de cantonner le pouvoir préservateur à une fonction de régulation des pouvoirs, sans aucune prise directe sur les individus, qu'ils soient gouvernants ou gouvernés :

> « [s]i, parce que le pouvoir préservateur est revêtu d'une puissance discrétionnaire sur les autres pouvoirs politiques, vous l'investissez d'une prérogative pareille sur les individus, vous en feriez l'institution la plus exécrable, l'instrument de toutes les haines, le proclamateur de toutes les tyrannies. Quel citoyen pourrait dormir en paix, dans un pays où une corporation serait autorisée, sous le prétexte du Salut de l'État, à le frapper, à le déporter sans jugement ? »[419].

Tant dans ses moyens que dans ses fins, l'action du pouvoir préservateur ne peut donc être assimilée à celle du juge pénal, astreint à des formes car amené à assurer la régulation des rapports sociaux. Véritablement politique, ce nouveau pouvoir n'en demeure pas moins distinct des pouvoirs actifs, principalement du fait de sa neutralité.

2°) Un pouvoir « neutre »

151. La neutralité constitue la principale originalité du projet de Constant par rapport aux autres propositions de tiers-pouvoir. L'objection classique, qu'on avait opposée à Sieyès en l'an III, est celle de la garantie de la garantie : qui

---

[417] B. CONSTANT, *Fragments*, *op. cit.*, p. 400. Constant souhaite investir « le pouvoir préservateur du droit de destituer le pouvoir exécutif sans instruire de procès, sans prononcer de jugement contre lui » (p. 387), soulignant également que « si pour dissoudre une assemblée il fallait la juger, qui ne sent que cette dissolution serait une opération toujours difficile et souvent dangereuse ? » (p. 390).
[418] B. CONSTANT, *Principes de politique*, *op. cit.*, p. 329.
[419] B. CONSTANT, *Fragments*, *op. cit.*, p. 401.

gardera le gardien ? Constant la reprend à son compte : « [o]n ne peut donner une garantie à la garantie elle-même »[420]. Il faut donc que le pouvoir préservateur soit un pouvoir d'une nature différente des autres pouvoirs, qui n'aurait pas besoin d'avoir une garantie externe car il respecterait de lui-même sa mission constitutionnelle. Constant le qualifie de neutre, car son intérêt est distinct de celui des pouvoirs actifs, qui est de constamment empiéter sur les compétences des autres pouvoirs[421]. Au contraire, l'intérêt qui anime le pouvoir préservateur se confond avec l'intérêt général.

152. Sa neutralité est aussi une extériorité, par rapport au jeu politique bien sûr – il est apolitique, au sens premier du terme, c'est-à-dire exclu de la lutte politique – mais surtout par rapport à la société, car « le pouvoir préservateur ne peut rien commander aux individus »[422]. Son autorité discrétionnaire ne doit jamais porter sur les hommes mais uniquement sur les pouvoirs, sans quoi il deviendrait un pouvoir comme les autres, potentiellement arbitraire et incapable de remplir sa fonction de préservation. Ainsi, « dès qu'il est question d'une action directe, ou même seulement d'une proposition, le pouvoir ministériel est obligé de se mettre en avant, pour que jamais la discussion ou la résistance ne compromette le chef de l'État »[423]. Vis-à-vis de la société, sa neutralité est donc une abstention, tandis qu'elle traduit son impartialité et son objectivité dans la sphère institutionnelle. C'est en ce sens que Constant définit cette « autorité neutre » comme un « pouvoir défensif et impartial »[424].

153. Pour autant, le pouvoir préservateur n'est en rien une « puissance nulle », au sens où Montesquieu le disait du pouvoir judiciaire, mais exerce une véritable puissance, dont il peut abuser[425] s'il abandonne sa neutralité. Il n'est pas un pouvoir passif de type juridictionnel puisqu'il possède l'initiative de prendre des décisions politiques. Correspond-il alors à la faculté d'empêcher, chère aux partisans du veto royal ? Montesquieu la définit comme « le droit de rendre nulle une résolution prise par quelque autre », par différence avec la faculté de statuer, qui consiste en « le droit d'ordonner par soi-même, ou de corriger ce qui a été ordonné par un autre »[426]. Les deux auteurs poursuivent finalement le même objectif – trouver un instrument pour protéger l'équilibre institutionnel – et il ne fait guère de doute que les pouvoirs

---

[420] *Ibid.*, p. 451.

[421] « On dira, donner au pouvoir législatif et exécutif l'intérêt de ne pas empiéter. Cet intérêt est impossible à donner à des portions actives du gouvernement » (B. CONSTANT, *Fragments*, *op. cit.*, p. 377). La garantie de la constitution ne peut reposer sur la vertu supposée des gouvernants.

[422] *Ibid.*, p. 451.

[423] B. CONSTANT, *Principes de politique*, *op. cit.*, pp. 333-334.

[424] B. CONSTANT, *Fragments*, *op. cit.*, p. 127.

[425] « Quels peuvent être enfin les abus du pouvoir préservateur ? Ceux-ci peuvent être terribles » (*ibid.*, p. 451).

[426] MONTESQUIEU, *De l'esprit des lois*, *op. cit.*, livre XI, chapitre 6, p. 401.

actifs dont parle Constant « statuent » au sens de Montesquieu. Faut-il en déduire que le pouvoir préservateur est un pouvoir d'empêcher ? Cela reviendrait à placer la dissolution et la destitution sur le même plan que le veto législatif. La distinction qu'opère Patrice Rolland entre « faire » et « statuer » paraît ici bien plus pertinente[427]. Dissoudre ou destituer, c'est « faire » mais pas « statuer » : la décision est prise en réaction à une situation donnée, que le pouvoir neutre n'a pas contribué à créer. Il ne dispose pas d'autres pouvoirs que celui, discrétionnaire, d'utiliser ou non ces instruments, mais c'est un authentique pouvoir de faire. Dans les deux cas, il s'agit d'une décision éminemment politique aux conséquences potentiellement très importantes, mais qui n'entache pas la neutralité du pouvoir préservateur, en ce sens que dissolution ou destitution ne font que remettre la décision finale au peuple ou à ses représentants. Ces prérogatives s'inscrivent par ailleurs dans une logique plus large de préservation des institutions.

B. Une fonction spécifique : la préservation des institutions politiques

154. Benjamin Constant prône assurément une rupture avec les idées soutenues par ses contemporains, bien illustrée par son rejet explicite des modèles antiques, tel le tribunal athénien qui avait inspiré un projet d'Eschassériaux en l'an III[428] :

> « [l]'aréopage, institution judiciaire, quoique, par la durée viagère des fonctions de ses membres, elle ressemblât au Sénat de France, différait du pouvoir préservateur, en ce que, loin de n'avoir pas d'action sur les citoyens, il en avait une illimitée et continuelle. C'était, à la vérité, plutôt une surintendance générale qu'un examen qui descendît dans tous les détails : mais cette surintendance s'étendait à tout »[429].

À l'inverse, le pouvoir neutre n'est pas le conservateur d'un ordre établi, encore moins le censeur de la société (1°). Sa mission n'est que d'assurer l'harmonie entre les pouvoirs, et sûrement pas d'intervenir dans la sphère privée des citoyens. Il ne dispose d'ailleurs d'aucun moyen d'agir hors de l'État, Constant, non sans hésitation, ne lui attribuant que des pouvoirs d'arrêt à la portée strictement régulatrice (2°).

---

[427] P. ROLLAND, « Comment préserver les institutions politiques ? La théorie du pouvoir neutre chez B. Constant », art. préc., p. 63.

[428] « Séance du 24 thermidor », reproduit *in* M. TROPER, *Terminer la Révolution. La Constitution de 1795*, *op. cit.*, p. 556.

[429] B. CONSTANT, *Fragments*, *op. cit.*, p. 381.

1°) « Ni un pouvoir stationnaire [...], ni un pouvoir conservateur »

155. Le pouvoir préservateur n'a pas pour rôle de contrôler directement les actes des gouvernants ; il doit seulement s'assurer du bon fonctionnement de l'ensemble constitutionnel, prévenir les dissensions et mettre un terme aux éventuels conflits. Ses interventions sont donc limitées aux situations les plus graves, en cas de blocage, de désaccord majeur ou de coalition potentiellement liberticide entre les pouvoirs, et plus largement de toute menace pour la bonne marche des institutions et la continuité de l'État. Il lui appartient de garantir le respect de la constitution, envisagée comme un mécanisme. Le plus souvent, c'est d'un désaccord entre le Législatif et l'Exécutif que naît la crise institutionnelle ; l'action du pouvoir préservateur revient alors à « juger » ces différends.

156. La métaphore judiciaire employée par Constant paraît toutefois « équivoque, et sans doute mal choisie »[430] : véritablement politique, le pouvoir neutre ne peut être un juge. Il n'est pas non plus un « gardien de la Constitution » au sens kelsénien du terme, car un pouvoir qui garderait, non la constitution en tant que mécanique institutionnelle, mais la constitution en tant que norme, paraît exclu au nom de la foi dans le progrès[431], pour éviter que la société ne soit stationnaire :

> « [l]e gouvernement est stationnaire ; l'espèce humaine est progressive. Il faut que la puissance du gouvernement contrarie le moins qu'il est possible la marche de l'espèce humaine ; ce principe appliqué aux constitutions, doit les rendre courtes et, pour ainsi dire, négatives. Elles doivent suivre les idées, pour poser derrière les peuples des barrières qui les empêchent de reculer, mais elles ne doivent point poser devant eux des barrières qui les empêchent d'aller en avant »[432].

La doctrine du pouvoir neutre ne s'inscrit donc pas dans une logique de contrôle de constitutionnalité, au sens moderne du terme. En effet, dans la conception libérale classique de Constant, la constitution, loin d'être figée dans la normativité, est plutôt conçue comme un « squelette » qui doit « surtout instituer des règles destinées à encourager le compromis et la coopération, et non pas organiser le salut ou le progrès des âmes »[433].

---

[430] O. FERREIRA, *Le pouvoir royal (1814-1848). À la recherche du quatrième pouvoir ?*, *op. cit.*, p. 604.

[431] Pour Constant, le progrès de la société doit être accompagné par le pouvoir préservateur, et non freiné ou entravé : « [o]béissez au temps ; faites chaque jour ce que chaque jour appelle ; ne soyez ni obstinés dans le maintien de ce qui s'écoule, ni trop pressés dans l'établissement de ce qui semble s'annoncer ; [...] respectez la liberté, qui prépare tous les biens ; consentez à ce que beaucoup de choses se développent sans vous, et confiez au passé sa propre défense, à l'avenir son propre accomplissement » (B. CONSTANT, *Cours de politique constitutionnelle*, 2e éd., Paris, Guillaumin et Cie, 1872, t. 2, p. 273).

[432] B. CONSTANT, *Fragments*, *op. cit.*, p. 426.

[433] S. HOLMES, *Benjamin Constant et la genèse du libéralisme moderne*, *op. cit.*, pp. 182-183.

157. Le choix du terme « préservateur » pour qualifier le nouveau pouvoir n'est d'ailleurs pas anodin et vise clairement à se démarquer des autres modèles. S'il est assurément un modérateur, le pouvoir préservateur ne conserve rien, pas même la constitution – du moins pas en tant que norme – et encore moins un quelconque ordre établi. Il n'est pas non plus destiné à favoriser voire imposer une opinion, ni à incarner à lui seul l'intérêt général ; au contraire, il laisse faire les hommes et les pouvoirs, pour ne pas risquer d'entraver « la marche de l'espèce humaine » :

> « [l]e pouvoir préservateur, tel que nous l'entendons, n'est donc *ni un pouvoir stationnaire* qui frapperait d'immobilité l'organisation sociale, *ni un pouvoir conservateur* qui s'exercerait en faveur d'une masse d'opinions quelconques. Le pouvoir préservateur n'a aucune relation avec les individus ; il n'entrave en rien la progression individuelle ; il ne consacre aucune opinion, mais en préservant de leurs froissements réciproques les différentes branches du gouvernement, il contribue au bonheur et au perfectionnement des gouvernés, comme l'architecte qui raffermit tour à tour ou corrige les diverses parties d'un édifice contribue au bonheur de ceux qui l'habitent, sans gêner leur indépendance, mais en garantissant leur sûreté »[434].

Le pouvoir neutre n'est ni un pouvoir stationnaire, ni un pouvoir conservateur ; il ne se soucie pas de la vie quotidienne des citoyens, mais uniquement de préserver le fonctionnement correct de la mécanique constitutionnelle. À la différence d'un monarque absolu, il se plie à la volonté de l'opinion publique, dont il requiert l'arbitrage *a posteriori*, par exemple après une dissolution. Faisant suite tant à sa théorie de la souveraineté limitée qu'à la distinction opérée entre la liberté des Anciens et celle des Modernes[435], Constant entend préconiser une nette séparation entre la sphère politique, publique, et la sphère privée des individus :

> « [i]l y a une partie de l'existence humaine qui, de nécessité, reste individuelle et indépendante et qui est de droit hors de toute compétence sociale. La souveraineté n'existe que d'une manière limitée et relative. Au point où commence l'indépendance de l'existence individuelle s'arrête la juridiction de cette souveraineté »[436].

En conséquence, les rapports entre le pouvoir préservateur, qui « ne peut pas prendre la forme d'un pouvoir souverain absolu et illimité »[437], et la société civile se doivent aussi d'être limités. La doctrine de Constant s'arrime solidement à celle du gouvernement limité ; le pouvoir neutre agit sur les institutions pour mieux les préserver, sans risquer la tyrannie car il n'agit jamais directement sur les individus. L'examen de ses moyens d'action permet de le constater.

---

[434] B. CONSTANT, *Fragments*, *op. cit.*, p. 417. Nous soulignons.

[435] B. CONSTANT, *De la liberté des Anciens comparée à celle des Modernes. Discours prononcé à l'Athénée royal de Paris en 1819*, *in id.*, *Écrits politiques*, éd. établie par M. GAUCHET, Paris, Gallimard, « Folio essais », 1997, pp. 589-619.

[436] B. CONSTANT, *Principes de politique*, *op. cit.*, pp. 312-313.

[437] Th. CHOPIN, *op. cit.*, p. 98.

2°) Des prérogatives de régulation

158. Contrairement au Sénat conservateur ou au jury constitutionnaire, qui sanctionnent des hommes ou censurent des actes, le pouvoir préservateur ne pèse que sur les institutions. Constant lui accorde d'emblée deux attributions qui lui permettent d'agir sur les pouvoirs législatif et exécutif :

> « [l]e but du pouvoir préservateur est de défendre le gouvernement de la division des gouvernants, et de défendre les gouvernés de l'oppression du gouvernement. Il doit avoir, pour atteindre ce but, le moyen de rompre la coalition du pouvoir exécutif et du pouvoir législatif lorsqu'elle se forme, et celle de calmer les divisions qui s'élèvent soit entre ces deux pouvoirs, soit dans l'intérieur même du pouvoir exécutif. Pour cet effet, deux attributions lui sont nécessaires, *la faculté de dissoudre les assemblées législatives, et celle de destituer les dépositaires du pouvoir exécutif* »[438].

Cette idée qu'un organe puisse être sanctionné politiquement – et non pénalement – pour des raisons politiques est une grande nouveauté. En matière judiciaire, il se voit également attribuer le droit de grâce, ces trois prérogatives de régulation lui conférant un moyen d'action sur chaque pouvoir.

159. Premièrement, pour agir sur le Législatif, le pouvoir préservateur dispose du droit de dissolution, qui ne peut que lui revenir en propre[439]. Sa neutralité doit en assurer un usage strictement régulateur, limité aux seules hypothèses de blocage institutionnel et indifférent aux intérêts de l'Exécutif. Il s'agit là du seul moyen d'action du pouvoir préservateur sur le pouvoir législatif, Constant lui refusant finalement un droit de veto qui ne ferait qu'exacerber les tensions avec les assemblées. Le veto législatif, écrit-il, « est bien souvent un moyen direct de réprimer l'activité indiscrète des assemblées représentatives, mais, employé souvent, il les irrite sans les désarmer ; leur dissolution est le seul remède dont l'efficacité soit assurée »[440]. Surtout, le veto n'est pas compatible avec la neutralité du pouvoir préservateur, puisqu'il implique une justification politique de la part de celui qui en fait usage, quant au bien-fondé de telle ou telle loi[441]. Son titulaire est contraint de descendre

---

[438] B. CONSTANT, *Fragments*, *op. cit.*, p. 387. Nous soulignons.

[439] « Des réclamations se sont élevées contre le droit de dissoudre les assemblées représentatives, droit attribué par notre acte constitutionnel, comme par la constitution d'Angleterre, au dépositaire du pouvoir suprême. Néanmoins, toute organisation politique qui ne consacrerait pas cette faculté dans les mains du chef de l'État, deviendrait nécessairement une démagogie effrénée et turbulente, à moins que le despotisme, suppléant par des coups d'autorité aux prérogatives légales, ne réduisît les assemblées au rôle d'instruments passifs, muets et aveugles » (B. CONSTANT, *Principes de politique*, *op. cit.*, p. 338).

[440] *Ibid.*, p. 339.

[441] *A contrario*, pour P. BASTID, « le veto n'est qu'un droit d'empêcher, distinct du droit de faire [...]. Cette attribution ne contredit donc pas formellement le principe d'un pouvoir inactif et neutre » (*Benjamin Constant et sa doctrine*, *op. cit.*, t. 2, p. 930). L'hésitation de Constant sur la question est d'ailleurs perceptible : en 1814, il conférait au pouvoir neutre royal un droit de veto absolu en plus du droit de dissolution (v. B. CONSTANT, *Réflexions sur les constitutions, la distribution des pouvoirs, et les garanties, dans une monarchie constitutionnelle*, Paris, H. Nicolle, 1814, p. 25) pour finalement se raviser

dans l'arène politique pour participer au débat, ce dont se dispense le pouvoir préservateur lorsqu'il recourt à la dissolution, qui n'a pas à être motivée. En toute logique, le droit de veto, s'il existe, doit être une prérogative exclusive du pouvoir exécutif. Chargé d'appliquer les lois, celui-ci est le plus à même d'user en toute connaissance de cause d'un mécanisme permettant justement d'écarter des textes jugés dangereux ou inapplicables. La solution était déjà préconisée par Constant dans ses *Fragments* ; il y estimait que le droit de veto devait appartenir au pouvoir exécutif, monarque ou organe collégial républicain, et en aucun cas au pouvoir préservateur, qui détient seulement le droit de dissolution[442].

160. Deuxièmement, le pouvoir préservateur détient le pouvoir de désigner et de destituer les ministres, son levier d'action sur le pouvoir exécutif. « Quand il est question de la nomination des ministres, le monarque décide seul ; c'est son droit incontestable »[443], mais Constant ne le lui reconnaît qu'en vertu de sa neutralité, refusant effectivement d'en faire une arme de pression politique. Il ne faudrait pas répéter les égarements des régimes républicains, terreau de possibles dérives despotiques ; nomination et surtout destitution doivent nécessairement être le fait d'une autorité neutre et indépendante du ministère :

> « [l]'autorité qui pourrait destituer le pouvoir exécutif a ce défaut, sous le despotisme, qu'elle est son alliée, et dans les républiques, qu'elle est son ennemie : elle n'est donc pas neutre ou intermédiaire ; et dans les républiques, elle n'est pas non plus permanente, et ne saurait être calme ; car, lorsqu'elle n'est pas permanente, et que la nécessité du moment la crée, le parti qui s'en prévaut ne s'arrête plus à ce qui est juste et indispensable ; il ne se contente plus de déposséder, il frappe, et comme il frappe sans jugement, il assassine »[444].

Au contraire, la destitution du ministère vise avant tout à apaiser les relations entre les pouvoirs. Mais, pour être effective, cette prérogative doit être admise par l'Exécutif et donc confiée à une institution suffisamment prestigieuse et indépendante pour disposer d'une autorité incontestable : l'usage de ce terme par Constant n'est pas fortuit, puisqu'il semble renvoyer ici à la notion d'*auctoritas*. Neutre et réellement séparé d'un pouvoir ministériel reconnu comme indépendant[445], le pouvoir préservateur n'a pas d'intérêt à abuser de

---

en 1815 dans ses *Principes de politique*. Selon O. FERREIRA, il convient toutefois d'accorder davantage de valeur aux positions tenues dans ce dernier ouvrage, « d'une plus grande maturité » que les *Réflexions*, écrit de circonstance terminé dans la précipitation (*Le pouvoir royal (1814-1848). À la recherche du quatrième pouvoir ?*, *op. cit.*, pp. 608-609).

[442] « Quels sont les abus à craindre du pouvoir législatif ? Les lois inutiles, vexatoires, rétractives, inexécutables. Le veto du pouvoir exécutif, le droit de dissolution attribué au pouvoir préservateur nous en garantissent » (B. CONSTANT, *Fragments*, *op. cit.*, p. 450).

[443] B. CONSTANT, *Cours de politique constitutionnelle*, *op. cit.*, t. 1, p. 295.

[444] *Ibid.*, p. 183.

[445] « Le pouvoir ministériel, bien qu'émané du pouvoir royal, a cependant une existence réellement séparée de ce dernier : et la différence est essentielle et fondamentale, entre l'autorité responsable, et l'autorité investie de l'inviolabilité » (B. CONSTANT, *Principes de politique*, *op. cit.*, p. 323).

ce droit, l'employant dès lors dans une optique purement modératrice. C'est pourquoi, chez Constant, le roi n'a pas à convaincre ses ministres d'une faute pour les renvoyer ; il les renvoie, mais ne les punit pas :

> « [l]e pouvoir exécutif est destitué sans être poursuivi [...] : ainsi, tout ce qui est nécessaire a lieu, sans rien de ce qui est injuste ; et, comme il arrive toujours, ce moyen, parce qu'il est juste, est encore utile sous un autre point de vue. C'est un grand vice dans toutes les constitutions, que de ne laisser d'alternative aux hommes puissants, qu'entre leur puissance et l'échafaud »[446].

Dans les monarchies absolues et les républiques, « [l]a destitution du pouvoir exécutif est la question la plus insoluble [...] parce que ces deux formes de gouvernement n'établissent pas de différences assez positives entre le pouvoir exécutif et le pouvoir suprême »[447]. Seule l'institution d'un « pouvoir neutre et intermédiaire », séparé du pouvoir exécutif, peut résoudre ce grand problème, ce que réalise la monarchie constitutionnelle.

161. Troisièmement, dans le domaine judiciaire, le pouvoir neutre dispose du droit de grâce, qui consiste en « une suspension discrétionnaire des effets de la décision judiciaire quoiqu'il ne soit pas une intervention sur la décision elle-même »[448], qu'il ne modifie pas, ni ne remplace. N'étant pas un nouveau jugement, le droit de grâce ne porte pas atteinte à la séparation des pouvoirs, mais place le Judiciaire dans la même situation vis-à-vis du pouvoir préservateur que les deux autres pouvoirs. L'existence d'une telle prérogative se justifie par la garantie des droits des citoyens face aux risques d'excès des juges, tenus par nature au respect d'une légalité parfois trop abstraite[449].

162. Le pouvoir neutre ne reçoit pas, dans l'absolu, davantage de prérogatives[450]. Aucune de ses attributions n'est commune aux autres pouvoirs ; il demeure purement régulateur. Clairement séparé d'un Exécutif responsable, il ne dispose pas non plus des moyens de se substituer au pouvoir judiciaire. Le droit de veto législatif, qui le ferait participer à ce pouvoir, lui est aussi refusé. Ce n'est qu'au prix de cette stricte limitation que sera maintenue sa neutralité, seule garantie contre de potentiels abus. Sans prise

---

[446] *Ibid.*, p. 329.
[447] B. CONSTANT, *Cours de politique constitutionnelle*, *op. cit.*, t. 1, p. 182.
[448] P. ROLLAND, « Comment préserver les institutions politiques ? La théorie du pouvoir neutre chez B. Constant », art. préc., p. 54.
[449] « Quels abus doit-on redouter du pouvoir judiciaire ? L'interprétation des lois et l'esprit de corps » (B. CONSTANT, *Fragments*, *op. cit.*, p. 450).
[450] Ces trois « attributions nécessaires » sont communes au pouvoir préservateur, qu'il soit républicain ou monarchique, mais il peut en détenir d'autres, selon le type de régime dans lequel il se place. En république, Constant lui confie également « le droit d'appeler l'attention du pouvoir exécutif sur les réclamations des individus », c'est-à-dire le recueil des pétitions des citoyens contre les actes de l'administration, la sanction des « modifications à la constitution [...] sur la proposition et avec le concours des autres autorités » (*ibid.*, p. 441) et, semble-t-il, un pouvoir d'annulation des actes arbitraires, évoqué une fois (*ibid.*, p. 450). En monarchie, le roi nomme les pairs héréditaires et dispose d'un pouvoir de nomination des autorités administratives (B. CONSTANT, *Principes de politique*, *op. cit.*, p. 336).

directe sur la politique menée par le gouvernement, le pouvoir préservateur est cantonné dans une fonction de régulation des institutions. Celle-ci définie, Constant devait encore déterminer l'organe chargé de l'assurer. Républicain, il pense d'abord à une nouvelle assemblée, mais se rallie finalement à la solution monarchique, non sans laisser subsister quelques ambiguïtés.

SECTION 2. LE POUVOIR NEUTRE, CONCEPTION ÉQUIVOQUE DU POUVOIR ROYAL

163. « La monarchie constitutionnelle a ce grand avantage, qu'elle crée ce pouvoir neutre dans la personne d'un Roi, déjà entouré de traditions et de souvenirs, et revêtu d'une puissance d'opinion qui sert de base à sa puissance politique »[451]. Constant affirmait ainsi sans détour ce qui devait fonder son adhésion à la monarchie constitutionnelle. Le retournement complet de sa pensée après la rédaction des *Fragments* vers 1800-1802 induit pourtant nécessairement une interrogation portant sur sa sincérité : ne livrait-il qu'une théorie conjoncturelle marquée du sceau de l'opportunisme politique, sans renoncer, dans le fond, à ses convictions républicaines ? Ou ce revirement constitue-t-il une authentique adhésion à la monarchie, en tant que seul régime capable de véritablement engendrer un pouvoir neutre ? Si l'on suit cette deuxième hypothèse[452], ce serait en vertu même de sa fidélité à un certain nombre de principes que Constant serait passé du républicanisme au soutien de la monarchie constitutionnelle. Constant serait venu constitutionnellement à la monarchie, car celle-ci contient en son sein des mécanismes institutionnels que la république ne pouvait offrir à la France. Sa conversion ne traduirait donc pas un abandon opportuniste de ses idéaux républicains, mais bien sa fidélité à des principes défendus de manière plus vigoureuse par la monarchie constitutionnelle.

164. Ce ralliement était-il pour autant vraiment définitif et sans arrière-pensée ? Constant justifie essentiellement le passage d'un pouvoir préservateur collégial et républicain à un pouvoir neutre royal par des raisons d'ingénierie constitutionnelle qui consacrent la supériorité intrinsèque du second (§ I), mais veut aussi tirer parti de la neutralisation du monarque, déjà privé de souveraineté, pour l'enfermer dans une prison constitutionnelle, prélude à l'annulation définitive de son pouvoir (§ II).

---

[451] B. CONSTANT, *Réflexions sur les constitutions, la distribution des pouvoirs, et les garanties, dans une monarchie constitutionnelle, op. cit.*, p. 3.

[452] Vigoureusement défendue par É. TRAVERS (*Benjamin Constant. Les principes et l'Histoire, op. cit.*, p. 536).

§ I. Le titulaire du pouvoir préservateur : d'une assemblée *ad hoc* au roi, raisons d'une évolution

165. Raisonnant dans le cadre d'un modèle républicain où il n'existait pas de chef de l'État, Constant avait initialement envisagé de confier le pouvoir préservateur à une nouvelle assemblée, non sans hésitations (A). Mais la solution ne convainc pas et l'amènera finalement à se prononcer en faveur de la monarchie constitutionnelle, dont le roi lui paraît le plus à même d'incarner un pouvoir neutre (B).

A. Le caractère artificiellement neutre du pouvoir préservateur républicain

166. D'emblée, Constant écarte deux possibilités. La chambre haute n'est pas retenue en raison des risques de collusion : « [i]l existe, entre la chambre haute et la cour un trafic manifeste de titres et de suffrages, de complaisances et de faveurs »[453]. La dérive autoritaire du Consulat devait également le décider à rejeter l'hypothèse d'un chef d'État républicain. De toute manière, celui-ci n'apparaît pas capable de s'imposer face aux autres pouvoirs ; ne bénéficiant pas d'une légitimité historique ou démocratique suffisante, il n'est qu'un individu ordinaire :

> « [l]'unité héréditaire [...] donne au chef du pouvoir exécutif l'appui d'une tradition de plusieurs siècles. Ce n'est plus un individu, c'est une race entière de rois qui marche à côté des mandataires de la nation et l'imagination lui permet de soutenir le parallèle. [...] Mais un individu sorti de la foule pour gouverner le peuple, par le même moyen que 7 ou 800 individus qui le représentent, c'est-à-dire par l'élection paraît d'une stature trop diminutive à côté de ce corps nombreux d'hommes honorés, comme lui, du choix populaire et pour se relever de cette situation inégale, il a besoin d'une puissance peu compatible avec la liberté »[454].

C'est là toute la problématique posée par l'élection populaire du chef de l'État : disposant d'une même légitimité populaire que la chambre basse, il ne peut demeurer neutre, sous peine de tomber dans l'insignifiance. Quoi qu'il en soit, la question semblait déjà tranchée par le refus ferme de Constant, craignant troubles et divisions, de procéder à son élection : « [le] grand vice de l'unité élective, c'est la chance, ou pour mieux dire la certitude de

---

[453] B. CONSTANT, *Fragments*, *op. cit.*, p. 364. En monarchie, le roi, qui nomme les pairs héréditaires à sa guise, peut exercer une influence déterminante sur la chambre haute et en faire une alliée.
[454] *Ibid.*, pp. 178-179.

l'agitation et du désordre, chaque fois que les fonctions du chef de l'État expirent »[455].

167. Après ce double rejet, Constant, prenant notamment la suite de Sieyès, devait jeter son dévolu sur un organe collectif *ad hoc* qui serait exclusivement chargé de cette fonction de préservation et dont les membres, désignés à vie par les citoyens, auraient déjà exercé de hautes fonctions politiques et offriraient des garanties de fortune et d'âge. Pour autant, des difficultés subsistent ; elles résultent de l'intérêt qui doit animer le pouvoir préservateur – car « on ne crée pas un pouvoir sans créer un intérêt »[456] – qui doit nécessairement être distinct tant de celui du Législatif (l'intérêt populaire) que de celui de l'Exécutif (gouverner le plus possible). Le pouvoir préservateur trouve son intérêt dans le maintien de « l'équilibre et la concorde » entre les pouvoirs ; il recherche autant la stabilité du gouvernement que la liberté du peuple :

> « [c]e but serait atteint, si vous composiez ce pouvoir intermédiaire que nous appellerons désormais le pouvoir préservateur, d'hommes qui n'étant pas des gouvernants, eussent le même intérêt que les gouvernés à la liberté du peuple, et par conséquent à la dignité du pouvoir législatif qui le représente et qui néanmoins jouissant de certaines prérogatives, résultant de la forme du gouvernement, et indépendantes du peuple, eussent le même intérêt que les gouvernants à la stabilité du gouvernement, base de leur existence politique »[457].

La solution proposée par Constant consiste en une série de garanties statutaires pour ses membres : des fonctions à vie, afin que leur intérêt soit distinct de l'intérêt populaire, l'inéligibilité à tout autre emploi, afin qu'ils soient séparés du gouvernement qu'ils ne pourront plus jamais intégrer, et des avantages de fortune. Il importe également de nommer en son sein des personnalités déjà reconnues, choisies au terme d'une sorte de *cursus honorum*, qui, d'une part, bénéficieraient d'une autorité face aux membres des pouvoirs actifs, et, d'autre part, n'auraient plus rien à espérer sur les plans politique, économique et social[458].

168. Pourtant, malgré ces multiples précautions, le projet, ouvertement inspiré par le peu concluant Sénat conservateur de l'an VIII, paraît toujours

---

[455] *Ibid.*, p. 163. Pour autant, Constant ne paraît pas écarter définitivement cette possibilité : « [n]os dispositions actuelles [en 1802] relativement à l'élection du premier magistrat de la République, prouvent mieux que tous les raisonnements l'impossibilité de constituer l'unité élective d'une manière satisfaisante ou seulement spécieuse » (*ibid.*, p. 167). Sa critique semble davantage porter sur la forme – et, partant, la crainte du coup d'État – que sur le principe même de l'élection populaire du chef de l'État. Ainsi fait-il part de son admiration pour le modèle de « l'unité élective du chef du pouvoir exécutif en Amérique », tout en le jugeant intransposable au contexte européen en général et français en particulier. « Si l'on voulait imiter les Américains dans leur unité du pouvoir exécutif, écrit Constant, il faudrait les imiter aussi dans leur fédéralisme », qui constitue chez eux la garantie essentielle contre tout abus en évitant la concentration du pouvoir en un même lieu ou en une même personne (*ibid.*, pp. 181-183).

[456] *Ibid.*, p. 375.

[457] *Ibid.*, pp. 375-376.

[458] *Ibid.*, pp. 383-384.

fragile et trop complexe. Conscient des limites de cette solution républicaine, Constant refuse pour autant d'envisager l'hypothèse monarchique en vertu de laquelle le roi incarnerait le pouvoir préservateur, en raison du rôle généralement actif joué par le monarque, porte ouverte à son arbitraire :

> « [c]e qui prouve que l'arbitraire est le principe de la monarchie, c'est que l'une des qualités qu'on vante le plus dans les rois, c'est l'activité. Sans doute, quand l'autorité est arbitraire, il est bon que celui qui est au sommet de la hiérarchie, et qui, par sa situation, gagne moins qu'aucun de ses agents à des injustices de détail, soit toujours en mouvement pour les réprimer. Les gouvernés n'ont que lui pour protecteur, que sa surveillance pour sauvegarde. S'il s'endort un instant, les tyrans subalternes redoublent de vexations et d'iniquités, mais est-ce un État digne d'éloges que celui où les instruments sont si peu réglés, que pour les empêcher de nuire, leur chef soit obligé sans cesse d'être armé et en mouvement contre eux ? Et quelle garantie pour le peuple que le zèle du pouvoir exécutif, à réprimer les abus, qui pour la plupart lui sont indifférents, et dont quelques-uns lui sont profitables ? »[459].

En dépit de ces diatribes, on assiste à une complète volte-face de Constant après l'écriture des *Fragments*. Vers 1800-1802, le pouvoir neutre est quasiment le propre d'une république, qui serait le seul type de régime politique à connaître la séparation des pouvoirs : « [c]'est surtout dans les constitutions libres qu'un pouvoir neutre est nécessaire, parce que ces constitutions organisent divers pouvoirs avec un certain degré d'indépendance, la lutte s'établit infailliblement entre ces pouvoirs »[460]. En 1814, au contraire, seule la monarchie constitutionnelle paraît apte à créer ce pouvoir neutre. Ce revirement s'expliquerait-il seulement par l'opportunisme politique qu'on a trop souvent reproché à Constant[461] ? En réalité, la question organique paraît à l'origine secondaire. Ce n'est pas en premier lieu la neutralité d'une institution, quelle qu'elle soit, qui intéresse Constant, mais la mise en place d'un nouveau pouvoir tout entier chargé de la préservation des institutions politiques. Finalement, quel que soit l'organe retenu, si la forme change peut-être, le fond demeure le même, ce qui inscrirait la doctrine du pouvoir neutre parmi les « principes de politique applicables à tous les gouvernements représentatifs », qu'ils soient républicains ou monarchiques, selon la formule même de Constant. Le choix d'un organe plutôt qu'un autre n'est pourtant pas sans incidence : la neutralité d'une assemblée n'est évidemment pas semblable à celle d'un seul individu, qui plus est s'il s'agit d'un chef d'État héréditaire.

---

[459] *Ibid.*, p. 209.

[460] *Ibid.*, p. 374.

[461] Pour J.-P. FELDMAN, « Constant fait étalage de sa légendaire souplesse politique » en évoluant du républicanisme à la défense de la monarchie constitutionnelle (« Le constitutionnalisme selon Benjamin Constant », art. préc., p. 694).

B. La supériorité intrinsèque de la mécanique monarchique

169. Constant assumait le caractère naturellement neutre de l'institution monarchique, par opposition à celui, artificiel, d'un organe collectif. Les difficultés relatives aux techniques de neutralisation, rencontrées dans le cadre républicain et qui ne se posent pas en monarchie constitutionnelle (1°), le conduiront à ériger le roi en seul et évident titulaire du pouvoir préservateur (2°).

1°) Neutralité sociale et neutralisation politique

170. Quel que soit l'organe choisi, il faut garantir qu'il restera toujours soucieux de préserver l'équilibre institutionnel et l'empêcher d'abuser de ses prérogatives. Le pouvoir préservateur doit y trouver son intérêt : « [i]l faut, pour la stabilité, un intérêt créé par l'institution »[462], intérêt qui constitue la principale garantie du respect de la constitution : « [l]a garantie n'existe réellement que lorsqu'elle est placée dans les intérêts du pouvoir qui garantit »[463]. Dans l'hypothèse républicaine que Constant développe dans les *Fragments*, on imagine un organe collectif dont l'intérêt réside dans le maintien d'un statut social élevé et reconnu pour ses membres, ce qui passe donc nécessairement par la sauvegarde de son rôle constitutionnel central, qui en est le corollaire. Les membres de l'organe préservateur ne doivent plus rien avoir à craindre ou à espérer, de sorte qu'ils planent au-dessus des agitations humaines.

171. Dans le cadre de la monarchie constitutionnelle, partant du roi, Constant raisonne sur l'hypothèse plus générale d'un « chef de l'État, quelque titre qu'il porte »[464], personnage à l'origine inconnu en République. Sa préoccupation est la même que pour un organe collectif : « [s]ans doute, comme des hommes n'obéissent pas toujours à leur intérêt bien entendu, il faut prendre cette précaution que le chef d'État ne puisse agir à la place des autres pouvoirs »[465], mais trouve au contraire son intérêt dans la stabilité institutionnelle et l'équilibre entre les pouvoirs. L'intérêt du monarque ne diffère d'ailleurs guère de celui du pouvoir préservateur républicain ; il s'agit de préserver son statut royal, celui qui le place au sommet de l'édifice politique et social. Cela le contraint à ne pas s'engager dans des luttes politiques qui ne peuvent que l'affaiblir. C'est ainsi que le roi constitue un « être à part », ce que n'est pas un chef d'État républicain, individu parmi d'autres qui ne peut échapper aux

[462] B. CONSTANT, *Fragments*, *op. cit.*, p. 382.
[463] *Ibid.*, p. 441.
[464] B. CONSTANT, *Principes de politique*, *op. cit.*, p. 324.
[465] *Ibid.*, p. 325.

affrontements partisans. L'intérêt prédominant du pouvoir préservateur, qu'il soit roi ou organe collectif, réside donc dans la sauvegarde de son statut, de sorte qu'il soit « sans intérêt à déranger l'équilibre, mais ayant au contraire tout intérêt à le maintenir »[466], autrement dit à préserver un ordre institutionnel qui lui assure la position la plus haute et la plus éminente.

172. Bien que la fonction soit très exactement la même, il est illusoire de penser que le passage d'une assemblée au chef de l'État ne puisse pas affecter la nature des problèmes posés par l'existence d'un pouvoir neutre. Constant semble admettre qu'il est plus difficile de neutraliser un individu seul, forcément plus sensible aux passions humaines qu'une institution collective. Le chef de l'État n'a personne à sa hauteur pour le faire renoncer à ses tentations et à ses passions, alors que les membres d'un organe collectif peuvent se garder et se modérer mutuellement. Puisqu'on ne peut donner un gardien au chef de l'État[467], Constant se voit contraint de reprendre ce qu'il avait au départ exclu : des garanties mécaniques internes comme l'irresponsabilité assortie du contreseing ministériel, l'indépendance du pouvoir judiciaire ou encore la balance au sein du Législatif par le bicamérisme. Le pouvoir préservateur doit être « une autorité indépendante du peuple, comme du pouvoir exécutif »[468]. L'enjeu est donc sa neutralisation, c'est-à-dire le faire renoncer définitivement à un pouvoir actif et l'empêcher de se compromettre politiquement avec l'un d'entre eux, car « comme ce pouvoir est inamovible, il est important qu'il ne soit jamais déconsidéré »[469].

173. D'un organe collectif à un monarque héréditaire, les techniques de neutralisation ne peuvent être les mêmes. Dans les deux hypothèses, Constant veut pour le pouvoir préservateur le statut social le plus élevé, ce qui est naturellement le cas concernant le roi mais requiert l'instauration de lourdes garanties statutaires déjà citées s'il s'agit d'une assemblée. Les évolutions constitutionnelles finiront par le convaincre de la pertinence du modèle monarchique. En 1815, les circonstances ont changé et Constant peut donc évoquer dans ses *Principes de politique* des difficultés qui lui étaient étrangères lors de la rédaction des *Fragments* une quinzaine d'années auparavant. À cette période, son modèle républicain comportait un Exécutif collégial sans véritable chef de l'État ; le pouvoir préservateur ne pouvait dès lors qu'être confié à un organe *ad hoc*. La réapparition de la figure du chef de l'État, républicain puis monarchique, change tout. Sa neutralisation, qui écarterait le risque autocratique en faisant du chef de l'État un préservateur,

---

[466] *Loc. cit.*

[467] « Lorsqu'on ne met la garantie contre l'abus d'un pouvoir que dans un autre pouvoir, il faut une garantie contre ce dernier ; ce besoin de garantie renaît toujours et n'a pas de bornes » (B. CONSTANT, *Fragments*, *op. cit.*, p. 441).

[468] *Ibid.*, p. 377.

[469] *Ibid.*, p. 421.

pose problème en République car elle le rendrait nul[470]. Un ministère politiquement responsable aurait tôt fait de prendre le dessus sur un chef de l'État républicain irresponsable :

> « [u]n pouvoir républicain se renouvelant périodiquement, n'est point un être à part, ne frappe en rien l'imagination, n'a point droit à l'indulgence pour ses erreurs, puisqu'il a brigué le poste qu'il occupe, et n'a rien de plus précieux à défendre que son autorité, qui est compromise dès qu'on attaque son ministère, composé d'hommes comme lui, et avec lesquels il est toujours de fait solidaire. [...] Entre un pouvoir républicain non responsable, et un ministère responsable, le second serait tout, et le premier ne tarderait pas à être reconnu pour inutile »[471].

La monarchie constitutionnelle, qui établit un « point fixe, inattaquable, dont les passions ne [peuvent] s'approcher »[472], apparaît dès lors aux yeux de Constant comme le seul régime politique capable d'engendrer un pouvoir neutre.

2°) Le roi, pouvoir neutre par nature

174. Lors de la rédaction des *Fragments*, la figure du monarque héréditaire n'était pas envisageable pour un Constant encore républicain. Sa conversion à l'idée monarchique à partir de 1814, sans exclure un certain opportunisme politique, constitue l'aboutissement logique d'un long cheminement intellectuel. En 1815, il écrit ainsi son admiration au sujet de l'institution de la royauté :

> « [...] c'est le chef-d'œuvre de l'organisation politique d'avoir ainsi créé, dans le sein même des dissentiments sans lesquels aucune liberté n'existe, une sphère inviolable de sécurité, de majesté, d'impartialité, qui permet à ces dissentiments de se développer sans péril, tant qu'ils n'excèdent pas certaines limites, et, qui, dès que le danger s'annonce, y met un terme par des moyens légaux, constitutionnels, et dégagés de tout arbitraire »[473].

Qu'il s'agisse d'un revirement sincère ou seulement marqué par la volonté circonstancielle d'apporter une légitimation libérale au nouveau régime en taillant sur mesure un costume de pouvoir neutre à Louis XVIII – ou à Napoléon durant les Cent-Jours –, l'hypothèse d'un roi incarnant un pouvoir régulateur n'avait, semble-t-il, plus vraiment été imaginée depuis Bernardin de Saint-Pierre en 1789[474]. Celle-ci présente deux avantages qui finiront par

---

[470] « Rendre le pouvoir suprême inviolable, c'est constituer ses ministres juges de l'obéissance qu'ils lui doivent » (B. CONSTANT, *Principes de politique*, *op. cit.*, p. 331).
[471] *Loc. cit.*
[472] *Ibid.*, p. 332.
[473] *Ibid.*, pp. 327-328.
[474] J.-H. BERNARDIN de SAINT-PIERRE écrivait ainsi en 1789 : « Plusieurs écrivains célèbres considèrent le pouvoir national dans la monarchie, comme divisé en deux ; en pouvoir législateur, et en pouvoir exécuteur : ils en attribuent le premier à la nation, et le second au roi. Cette division me paraît insuffisante, parce qu'il y manque un troisième pouvoir, nécessaire à tout bon gouvernement, le pouvoir modérateur, qui appartient essentiellement au roi dans la monarchie » (*Vœux d'un solitaire*, *in Œuvres complètes de Jacques-Henri Bernardin de Saint-Pierre*, Paris, Méquignon-Marvis, 1828, t. 11, p. 64). Les

convaincre Constant. En premier lieu, l'accession au trône est héréditaire ; le chef de l'État n'a donc pas été perverti par l'ambition. En second lieu, sa neutralité est naturelle ; le roi devient neutre par un processus temporel ininterrompu, fait d'un héritage de traditions et de coutumes provenant de ses ancêtres et prédécesseurs dynastiques :

> « [o]n voit en lui non pas un individu mais une race entière de rois, une tradition de plusieurs siècles. [...] Un monarque montant sur le trône que ses ancêtres ont occupé, suit une route dans laquelle il ne s'est point lancé par sa volonté propre. Il n'a point de réputation à faire ; il est le seul de son espèce : on ne le compare à personne »[475].

Cette légitimité historique, dont un chef d'État républicain ne peut se prévaloir[476], distingue le monarque de ses sujets, lui permettant ainsi de préserver l'effectivité de ses attributions constitutionnelles, ce que Constant explicite une fois de plus par l'exemple anglais : « [l]e roi d'Angleterre est vénérable, au milieu de son parlement ; mais c'est qu'il n'est pas, nous le répétons, un simple individu ; il représente aussi la longue suite des rois qui l'ont précédé, il n'est pas éclipsé par les mandataires de la nation »[477]. Le monarque apparaît donc naturellement neutre, mais encore faut-il préserver cet état de neutralité en l'excluant de tout pouvoir actif.

175. Constant avait d'ailleurs déjà eu l'occasion de déplorer le maintien entre les mains du roi d'une part du pouvoir exécutif : « La monarchie a cet avantage, qu'elle constitue, dans le pouvoir royal, tout à la fois, un pouvoir exécutif et un pouvoir neutre, entre le pouvoir exécutif et le populaire. Mais elle a ce vice, qu'elle cumule le pouvoir exécutif et le pouvoir neutre dans les mêmes mains »[478]. Il s'avère par conséquent indispensable de nettement dissocier le chef de l'État du pouvoir ministériel, qui détient la réalité du pouvoir exécutif, détermine sa propre politique et gouverne en toute

---

convergences entre les deux théories doivent toutefois être fortement nuancées. Selon Bernardin de Saint-Pierre, outre le pouvoir modérateur, le roi exerce également le pouvoir exécutif (« exécuteur »), une dualité qui préfigure davantage les idées d'un Lanjuinais que la doctrine constantienne du pouvoir neutre. Par ailleurs, le pouvoir modérateur de Bernardin de Saint-Pierre ne consiste pas uniquement en une régulation des rapports entre le Législatif et l'Exécutif. Le roi a également pour mission d'assurer l'égalité entre les trois ordres de la monarchie (noblesse, clergé et tiers état) : « Les trois corps de la monarchie réagissent sans cesse les uns contre les autres, en sorte que, livrés à eux-mêmes, il arriverait bientôt qu'un d'entre eux opprimerait les deux autres, ou en serait opprimé, sans que le roi, qui n'aurait que le pouvoir exécuteur, pût faire autre chose que d'être l'agent du parti le plus fort, c'est-à-dire de l'oppression. Il faut donc que le roi ait encore le pouvoir modérateur, c'est-à-dire, celui [...] de maintenir l'équilibre entre ces corps [...]. C'est le pouvoir modérateur qui constitue le monarque » (*Ibid.*, pp. 64-65). Le roi chez Bernardin de Saint-Pierre agit sur la société : il est un pouvoir conservateur, au moins autant qu'il peut être un pouvoir préservateur au sens de Constant.

[475] B. CONSTANT, *De l'esprit de conquête et de l'usurpation*, *in id.*, *Écrits politiques*, éd. établie par M. GAUCHET, Paris, Gallimard, « Folio essais », 1997, pp. 186-187.

[476] « Les républiques subsistent de par le sentiment profond que chaque citoyen a de ses droits, de par le bonheur, la raison, le calme et l'énergie que la jouissance de la liberté procure à l'homme ; les monarchies, de par le temps, de par les habitudes, de par la sainteté des générations passées » (*ibid.*, p. 199).

[477] *Ibid.*, p. 192.

[478] B. CONSTANT, *Fragments*, *op. cit.*, p. 403.

indépendance, le non-respect de cette stricte séparation ne pouvant que conduire à un régime déséquilibré et potentiellement néfaste :

> « [t]oute puissance arbitraire est contre la nature du pouvoir royal. Aussi arrive-t-il toujours de deux choses l'une : ou cette puissance devient l'attribution de l'autorité ministérielle, ou le roi lui-même, cessant d'être neutre, devient une espèce de ministre plus redoutable, parce qu'il associe à l'inviolabilité qu'il possède des attributions qu'il ne devrait jamais posséder. Alors ces attributions détruisent toute possibilité de repos, toute espérance de liberté »[479].

L'équilibre recherché se résume ainsi dans une formule de Constant : « le roi règne, mais il n'administre pas »[480], l'administration ne pouvant qu'être le fait de ministres responsables. Il importe avant toute chose que le prestige du monarque et sa non-participation à la fonction exécutive le préservent des critiques formulées à l'égard du gouvernement, par exemple à la suite de la démission d'un ministère désavoué par le chef de l'État :

> « [l]es éléments dont se compose la vénération qui entoure le monarque, empêchent qu'on ne le compare avec ses ministres, et la permanence de sa dignité fait que tous les efforts de leurs partisans se dirigent contre le ministère nouveau. Mais dans une République, la comparaison s'établirait entre le pouvoir suprême et les anciens ministres ; elle mènerait à désirer que ceux-ci devinssent le pouvoir suprême, et rien, dans sa composition ni dans ses formes, ne semblerait s'y opposer »[481].

Le pouvoir ministériel, bien qu'émanant du pouvoir royal, est organiquement et fonctionnellement séparé de ce dernier. Le ministère responsable exerce seul le pouvoir exécutif, tandis que le monarque, qui bénéficie de l'inviolabilité, n'intervient pas dans la politique du gouvernement ; il reste purement régulateur[482].

176. Une fois ces précautions prises, la monarchie constitutionnelle apparaît à Constant comme un idéal institutionnel qui « nous offre [...] ce pouvoir neutre, si indispensable à toute liberté régulière »[483]. Nul besoin de créer de toutes pièces un pouvoir neutre, celui-ci existe déjà en la personne du roi, dont la neutralité naturelle et innée contraste avec celle, artificielle et construite, d'un hypothétique pouvoir préservateur républicain. Constant s'en émerveille pour ainsi dire ; le monarque, dès son accession au trône, constitue cet « être à part » si nécessaire au pouvoir neutre, inviolable, irresponsable et dont l'hérédité de la charge le détache de toute ambition. Au contraire des

---

[479] B. CONSTANT, *Cours de politique constitutionnelle*, *op. cit.*, t. 1, p. 298.

[480] « Article du *Courrier français* du 5 janvier 1830 », *in id.*, *Recueil d'articles 1829-1830*, éd. établie par É. HARPAZ, Paris et Genève, Honoré Champion et Slatkine, 1992, p. 136.

[481] B. CONSTANT, *Cours de politique constitutionnelle*, *op. cit.*, t. 1, p. 195.

[482] « [...] la différence est essentielle et fondamentale entre l'autorité responsable et l'autorité investie de l'inviolabilité. Le pouvoir ministériel est si réellement le seul ressort de l'exécutif dans une constitution libre, que le monarque ne propose rien que par l'intermédiaire de ses ministres ; [...] dès qu'il est question d'une action directe, ou même seulement d'une proposition, le pouvoir ministériel est obligé de se mettre en avant pour que jamais la discussion ou la résistance ne compromette le chef de l'État » (*ibid.*, p. 295).

[483] *Ibid.*, p. 180.

représentants élus, investis d'un mandat limité dans le temps, il ne peut pas rentrer dans la condition commune ; la plénitude qui en découle « doit répandre dans l'esprit du monarque un calme, et dans son âme un sentiment de repos, qui ne peuvent être le partage d'aucun individu dans une position inférieure ». Étranger aux luttes partisanes et inaccessible aux passions humaines, le roi ne cherchera pas à exercer un pouvoir actif ; il « plane, pour ainsi dire, au-dessus des agitations humaines »[484].

177. On peut néanmoins se demander si, au fond, Benjamin Constant n'a pas cherché à retourner cet élément caractéristique de l'institution monarchique contre elle-même, dans l'optique de la neutraliser définitivement, voire de la faire disparaître.

§ II. Le pouvoir neutre, prétexte à l'annulation du pouvoir royal ?

178. La tentative de confiner le monarque dans une fonction purement régulatrice laisse perplexe face à la véritable nature du pouvoir royal, les garanties supplémentaires suggérées par Constant ne suffisant pas à dissiper l'impression que le jeu peut être faussé. Il paraît en effet singulier de confier le pouvoir neutre à une institution qui s'est souvent révélée être d'une partialité dangereuse. En réalité, le ralliement de Benjamin Constant au principe dynastique n'est en rien une adhésion à la monarchie comme forme de gouvernement, mais seulement un ralliement à une technique constitutionnelle qui permet la création d'un pouvoir naturellement neutre. Dissocier le roi de son ministère exprime surtout un abandon, conscient ou non, du principe monarchique (A). Par là, ne devrait-on pas considérer, à l'instar d'Oscar Ferreira[485] ou de Stephen Holmes[486], que Constant, même rallié à la monarchie, est toujours demeuré républicain ? Il convient alors de se demander si le pouvoir neutre royal ne serait pas finalement qu'un pouvoir de transition, destiné à disparaitre tôt ou tard au profit d'un régime républicain (B).

A. Un abandon du principe monarchique

179. Par sa rhétorique, Constant paraît placer le roi sur un piédestal ; les pouvoirs qu'il lui confie sont en réalité tout à fait classiques. Plutôt qu'une forme de gouvernement, la monarchie lui apparaissait comme un rouage

---

[484] B. CONSTANT, *Principes de politique*, *op. cit.*, p. 327.
[485] O. FERREIRA, *Le pouvoir royal (1814-1848). À la recherche du quatrième pouvoir ?*, *op. cit.*, pp. 615-619.
[486] S. HOLMES, *op. cit.*, p. 180.

possible de la mécanique constitutionnelle. Pragmatique, son intention n'était-elle pas alors de confiner Louis XVIII – ou Napoléon durant les Cent-Jours – dans un rôle d'autorité neutre, en échange de quelques concessions formelles en faveur de la symbolique royale – ou impériale ? Car ce cérémonial n'est pas sans importance ; il était même nécessaire pour tenter de concilier les partisans des Bourbons – ou les bonapartistes – avec la monarchie constitutionnelle et le régime parlementaire. Le mode d'organisation du gouvernement ne serait par conséquent qu'un moyen formel pour réaliser les « principes de politique applicables à tous les gouvernements représentatifs », et pourrait donc évoluer de la forme républicaine à la monarchie constitutionnelle tout en continuant de poursuivre les mêmes fins :

> « [l]a liberté, l'ordre, le bonheur des peuples, sont le but des associations humaines ; les organisations politiques ne sont que des moyens ; et un républicain éclairé est beaucoup plus disposé à devenir un royaliste constitutionnel qu'un partisan de la monarchie absolue. Entre la monarchie constitutionnelle et la république, la différence est dans la forme. Entre la monarchie constitutionnelle et la monarchie absolue, la différence est dans le fond »[487].

Pour cette raison, la Charte constitutionnelle de 1814 apparaît à Constant comme un moindre mal. Compromis entre acquis de la Révolution et traditions de l'Ancien Régime, elle ne satisfait de toute manière pleinement ni les libéraux, ni les conservateurs, mais constitue un embryon de parlementarisme – qui n'est pas encore nommé ainsi – et un premier pas vers la liberté. Sa défense de la Charte n'est donc pas celle, avant tout sociale, d'un Chateaubriand viscéralement monarchiste mais prônant pourtant lui aussi un roi qui ne gouverne plus. Les deux hommes, que leur appartenance partisane sépare, en viennent en fait tous deux à promouvoir, consciemment ou non, un abandon du principe monarchique.

180. Attaché à l'ordre dynastique, Chateaubriand est un défenseur fidèle et assidu de la continuité historique ; sa défense de la Charte se veut « monarchique »[488]. Pour le vicomte, la supériorité de la monarchie tiendrait en sa capacité à s'amender et à intégrer les nouveautés que les métamorphoses sociales ont suscitées, mais que deux événements majeurs sont venus troubler, à savoir l'absolutisme et la rupture révolutionnaire. La Charte se présente alors non comme un retour à l'Ancien Régime, mais au régime mixte qu'aurait produit l'évolution naturelle de la monarchie si elle n'avait pas connu l'absolutisme. En France, en effet, « [a]u lieu de se fixer et de se régulariser comme en Angleterre », le gouvernement représentatif, fondé sur l'équilibre entre ses trois composantes royale, aristocratique et démocratique, « cessa de

---

[487] B. CONSTANT, *Des réactions politiques*, « avant-propos de l'édition de 1819 », *in id.*, *Cours de politique constitutionnelle*, *op. cit.*, t. 2, p. 70.
[488] É. TRAVERS, « Constant et Chateaubriand, deux défenses de la Monarchie », *RFHIP*, 2004/1 n° 19, p. 95.

suivre sa direction naturelle [...] et laissa prédominer la Couronne »[489]. En rétablissant le cours normal de l'histoire, la Charte réhabilite la monarchie française et permet surtout sa restauration après les parenthèses républicaine et impériale, raison suffisante pour la défendre :

> « [l]a France veut son roi légitime. Il y a trois manières de vouloir le roi légitime : 1°. Avec l'ancien régime ; 2°. Avec le despotisme ; 3°. Avec la Charte. Avec l'ancien régime, il y a impossibilité [...]. Avec le despotisme, il faut avoir, comme Buonaparte, six cent mille soldats dévoués, un bras de fer, un esprit tourné vers la tyrannie : je ne vois rien de tout cela. Je sais bien comment on établit le despotisme ; je ne sais pas comment on fait un despote dans la famille des Bourbons. Reste donc la monarchie avec la Charte. C'est la seule bonne aujourd'hui : c'est, d'ailleurs, la seule possible : cela tranche la question »[490].

Sur la question du pouvoir royal, Chateaubriand rejoint paradoxalement la position de Constant par des formules qui pourtant renvoient directement à une légitimité de droit divin du monarque :

> « [l]a doctrine sur la prérogative royale constitutionnelle est : que rien ne procède directement du roi dans les actes du gouvernement, que tout est l'œuvre du ministère, même la chose qui se fait au nom du roi et avec sa signature, projets de loi, ordonnances, choix des hommes. Le roi, dans la monarchie représentative, est une divinité que rien ne peut atteindre ; inviolable et sacrée, elle est encore infaillible ; car s'il y a erreur, cette erreur est du ministre et non du roi. Ainsi, on peut tout examiner sans blesser la majesté royale, car tout découle d'un ministère responsable »[491].

C'est donc l'irresponsabilité du monarque, émanant de sa nature neutre, qui explique son retrait de la fonction gouvernementale :

> « [...] le roi étant environné de ministres responsables, tandis qu'il s'élève au-dessus de toute responsabilité, il est évident qu'il doit les laisser agir d'après eux-mêmes, puisqu'on s'en prendra à eux seuls de l'événement. S'ils n'étaient que les exécuteurs de la volonté royale, il y aurait injustice à les poursuivre pour des desseins qui ne seraient pas les leurs »[492].

Mais, contrairement à la doctrine du pouvoir neutre, la prise de position du vicomte en faveur de l'effacement partisan du roi participe à une défense sincère de la monarchie française et de sa famille régnante. Pour Chateaubriand, la France « porte naturellement les lis »[493]. S'il se montre aussi critique envers la dissolution de 1816, c'est bien pour apporter son soutien à la chambre ultra, « plus royaliste que le roi »[494], et en aucun cas pour atteindre

---

[489] Fr.-R. de CHATEAUBRIAND, *Réflexions politiques sur quelques écrits du jour et sur les intérêts de tous les français*, Paris, Le Normant, 1814, pp. 92-93.
[490] Fr.-R. de CHATEAUBRIAND, *De la monarchie selon la Charte*, Paris, Le Normant, 1816, p. 1.
[491] *Ibid.*, p. 3.
[492] *Loc. cit.*
[493] Fr.-R. de CHATEAUBRIAND, *Des Buonaparte et des Bourbons*, Paris et Lyon, Félix Girard, 1872, p. 85.
[494] Fr.-R. de CHATEAUBRIAND, *De la monarchie selon la Charte*, *op. cit.*, p. 75.

le monarque[495]. Sa défense de la monarchie – à travers celle de la Charte – est avant tout sociale, voire affective et romantique, mais se fait fort paradoxalement au détriment du principe monarchique : Chateaubriand aspire tellement au règne d'un Bourbon qu'il en vient presque à concéder l'annulation du pouvoir royal.

181. À l'inverse, Constant, monarchiste de raison, n'a aucune accointance originaire avec ce régime que les faits lui imposent :

> « [l]a république est tombée : je n'ai certes ni contribué, ni applaudi à sa chute. […] Dès lors j'ai dû appliquer toutes les facultés de mon esprit à découvrir comme on concilierait la monarchie et la liberté. Je me suis convaincu que la conciliation n'était pas impossible, et qu'avec la neutralité complète, et formellement reconnue du pouvoir royal, une monarchie constitutionnelle ne s'opposait point à cette liberté paisible qui convient particulièrement à nos temps modernes »[496].

Sa démarche ne peut pourtant être réduite à l'aménagement d'une forme gouvernementale qui aurait toujours été extérieure à sa doctrine. Si Constant s'accommode aussi facilement de la monarchie, c'est qu'elle présente deux avantages décisifs : mettre définitivement un terme aux turbulences que l'élection du chef de l'État ne manquerait pas de produire en république et instaurer ce pouvoir neutre ou préservateur si nécessaire à la stabilité, à travers la figure du monarque inviolable. Alors que Chateaubriand justifie la monarchie en se référant à son histoire interne, Constant, au contraire, n'en fera l'éloge qu'en vertu de ce qu'il nommera « l'utilité relative des institutions »[497]. Sa défense de la monarchie est « fonctionnaliste »[498] : il s'agit d'en souligner le fort potentiel constitutionnel, en particulier pour la neutralité d'un chef de l'État assurant l'équilibre entre les pouvoirs. C'est ce que Carl Schmitt appelle les justifications rationalistes et utilitaristes de la monarchie. Celle-ci devient une simple forme gouvernementale (*Regierungsform*) en même temps que le roi se transforme en chef symbolique de l'Exécutif, plus ou moins influent[499].

---

[495] « J'ai appuyé sur cette doctrine [parlementaire], parce qu'elle a été méconnue : on a profité de la passion que la chambre des députés a pour le roi, afin de donner des scrupules à cette chambre admirable. Les députés ont été quelque temps à démêler les véritables intérêts du trône, quand on se servait du nom même du roi pour l'opposer à ces intérêts » (*ibid.*, p. 4). Pour A. LAQUIÈZE, cette « position qui va être celle des ultras à la Chambre des députés obéit principalement à des considérations tactiques : ayant la majorité à la Chambre, ils défendent les prérogatives du Parlement afin de faire prévaloir leurs convictions royalistes dans la conduite des affaires. Lorsqu'ils auront conquis le pouvoir, au moment de l'entrée en scène du ministère Villèle en décembre 1821, ils abandonneront leur credo parlementaire » (« La charte de 1814 et la question du gouvernement parlementaire », *Jus politicum*, 2014, n° 13, disponible sur http://juspoliticum.com/article/La-Charte-de-1814-et-la-question-du-gouvernement-parlementaire-951.html, consulté le 15 sept. 2019, pp. 5-6).

[496] B. CONSTANT, *Principes de politique*, *op. cit.*, pp. 533-534.

[497] B. CONSTANT, *De la perfectibilité de l'espèce humaine*, *in id.*, *Écrits politiques*, éd. établie par M. GAUCHET, Paris, Gallimard, « Folio essais », 1997, p. 717.

[498] É. TRAVERS, « Constant et Chateaubriand, deux défenses de la Monarchie », art. préc., p. 91.

[499] C. SCHMITT, *Théorie de la Constitution*, Paris, Puf, « Quadrige », 2008, p. 431.

182. Ainsi, l'avènement de la monarchie limitée constitue nécessairement un recul du principe monarchique, du fait de la séparation des pouvoirs. Le roi continue de représenter l'unité politique en tant que chef de l'État, mais fait désormais face à une « représentation populaire représentative » (*repräsentative Volksvertretung*), le parlement[500]. Sous la monarchie parlementaire, le roi se voit cette fois privé de tout ou partie de son pouvoir gouvernant, tandis que la direction politique nécessite un accord avec la majorité au parlement. Dans ce cas, la forme du gouvernement (*Staatsform*) n'est même plus monarchique ; la monarchie n'est plus qu'un simple élément d'organisation de l'Exécutif et d'équilibrage des pouvoirs. Ce « constitutionnalisme libéral » se caractérise par un abandon du principe monarchique, le nom « monarchie » n'étant alors conservé que pour des raisons historiques[501]. Le roi finit par perdre tout son pouvoir gouvernant mais continue à exister en tant qu'autorité et peut donc incarner un pouvoir neutre. La monarchie comme forme de gouvernement est transformée en simple forme d'organisation du pouvoir politique.

183. Les doctrines de Constant et de Chateaubriand – pourtant opposées sur bien des points et en particulier leur justification de la monarchie – portent toutes deux en leur sein ce principe anti-monarchique – le roi règne mais il ne gouverne pas – tant décrié par les ultras. La démarche était parfaitement consciente de la part de Constant, qui, appréhendant la monarchie comme un rouage parmi d'autres de la machine constitutionnelle, entrevoyait à travers sa doctrine du pouvoir neutre un moyen de neutraliser définitivement toute velléité gouvernante du roi. La disparition complète du pouvoir royal, corollaire de l'abandon du principe monarchique, ne serait-elle pas même le but sciemment poursuivi par le libéral de Coppet ?

B. UNE TRANSITION AVANT LA DISPARITION DU POUVOIR ROYAL ?

184. Pour Constant, l'humanité tend vers le rétablissement de l'égalité naturelle, préexistante à toute société. Dans cette longue marche, il décèle quatre révolutions : « [c]es quatre révolutions, la destruction de l'esclavage théocratique, de l'esclavage civil, de la féodalité, de la noblesse privilégiée, sont autant de pas vers le rétablissement de l'égalité naturelle »[502]. Présente à l'origine, mais vite perdue sous la pression de la société, celle-ci demeure cependant l'ultime fin de l'humanité, l'idéal qu'elle a toujours cherché à atteindre : « l'égalité est une idée mère, qui n'a jamais été tout à fait expulsée

[500] *Ibid.*, p. 433.
[501] *Ibid.*, p. 434.
[502] B. CONSTANT, *De la perfectibilité de l'espèce humaine*, *op. cit.*, p. 714.

du cœur de l'homme. Il a mêlé cette idée à tout. Il n'y a pas une religion naissante, qui ne l'ait consacrée, et il a toujours fallu, que la fraude sacerdotale dénaturât l'institution, pour l'en écarter »[503]. Les révolutions successives à l'encontre des institutions archaïques tendent inexorablement vers elle. La Révolution française a ainsi démontré que la chose publique pouvait être l'affaire de tous, et pas seulement celle d'une minorité privilégiée[504]. À ceci s'ajoute la conviction de Constant qu'un régime politique, pour garantir la stabilité et ainsi prévenir les révolutions, doit être en phase avec les idées de son temps[505]. Or, il lui paraît désormais impossible de confier la gestion des affaires publiques à une classe d'hommes tenus pour supérieurs aux autres et se transmettant les fonctions politiques par l'hérédité[506] ; la représentation du peuple par le biais d'élections régulières est devenue inévitable.

185. Ces éléments semblent condamner la monarchie au profit de la république, dont les institutions sont pourtant loin d'avoir été une source de stabilité. Constant doit reconsidérer la question à l'aune des échecs de la Révolution française et ajoute une étape avant d'aboutir à l'égalité naturelle, une phase de transition pour préparer la société au changement sans bouleversement grâce au maintien d'une dose d'hérédité. Puisque le peuple n'est pas encore suffisamment préparé à l'égalité totale et au bénéfice du droit de suffrage, « les gouvernements modernes, pour être modérés, comme pour être stables, doivent combiner l'hérédité avec l'élection. L'hérédité doit être consacrée dans la royauté »[507]. Constant passe ainsi de la défense d'une

---

[503] B. CONSTANT, *De la force du gouvernement actuel de la France et de la nécessité de s'y rallier*, *in id.*, *De la force du gouvernement actuel de la France et de la nécessité de s'y rallier – Des réactions politiques – Des effets de la terreur*, Paris, éd. du Boucher, 2002, p. 47.

[504] « L'immense majorité de la nation a senti que non seulement elle avait le droit de parvenir à tout, mais qu'elle possédait aussi les facultés nécessaires pour que le fait consacrât le droit. Des généraux, sortis des comptoirs et des études, ont fixé la victoire sous leurs étendards. Des négociateurs, ignorant les traditions d'une diplomatie surannée, ont représenté dignement la France ; et, en dépit des prédictions sinistres, précisément parce que chacun n'a pas fait uniquement son métier, tous les métiers ont été bien faits » (B. CONSTANT, « Article du 20 août 1818 », *in id.*, *Recueil d'articles. Le Mercure, La Minerve, La Renommée*, *op. cit.*, t. 1, p. 496).

[505] « Pour que les institutions d'un peuple soient stables, elles doivent être au niveau de ses idées. Alors il n'y a jamais de révolutions proprement dites. Il peut y avoir des chocs, des renversements individuels, des hommes détrônés par d'autres hommes, des partis terrassés par d'autres partis ; mais tant que les idées et les institutions sont de niveau, les institutions subsistent. Lorsque l'accord entre les institutions et les idées se trouve détruit, les révolutions sont inévitables. Elles tendent à rétablir cet accord. Ce n'est pas toujours le but des révolutionnaires, mais c'est toujours la tendance des révolutions » (B. CONSTANT, *Des réactions politiques*, *in id.*, *De la force du gouvernement actuel de la France et de la nécessité de s'y rallier – Des réactions politiques – Des effets de la terreur*, *op. cit.*, p. 59).

[506] « Ainsi, l'on plaide pour l'hérédité, pour ce dernier anneau de la chaîne immense sous laquelle, depuis plusieurs milliers d'années, s'agite et gémit notre espèce. L'on plaide pour l'hérédité, pour cette institution qui provoque tour à tour la violence dévastatrice des passions soudaines, et le calcul victorieux des lumières progressives, et qui est tellement contre nature que les hommes grossiers tendent, par le crime, au but où les hommes éclairés arrivent par la raison » (*ibid.*, p. 74).

[507] B. CONSTANT, « Discours du 6 avril 1829 », *in id.*, *Écrits et discours politiques*, éd. établie par O. POZZO DI BORGO, Paris, S. I. Jean-Jacques Pauvert, 1964, t. 2, p. 136.

démocratie égalitaire à celle d'une monarchie fondée sur le suffrage censitaire, dispositions transitoires mais nécessaires. La république n'ayant pu être stabilisée par la Révolution, la monarchie constitutionnelle constitue une étape imprévue dans la marche de l'humanité vers l'égalité[508]. Certains voudront rester à cette étape et faire perdurer la monarchie, séduits par l'apparente solidité de sa mécanique constitutionnelle, mais pour Constant, elle n'est qu'un point de passage, certes obligé mais surtout transitoire[509]. Sa philosophie de l'histoire comme sa doctrine du pouvoir neutre ne pouvaient rester sans incidence sur le pouvoir royal, sonnant le glas de son activité gouvernante. Le libéral de Coppet avait bien compris qu'en valorisant la neutralité naturelle du monarque, il posait les jalons de sa disparition prochaine.

---

[508] « La République est un but, la Révolution fut une route ; il est temps de détourner nos regards de cette route, pour voir enfin où nous sommes arrivés » (B. CONSTANT, *De la force du gouvernement actuel de la France et de la nécessité de s'y rallier*, *op. cit.*, p. 20).

[509] Pour une analyse plus détaillée en ce sens, v. O. FERREIRA, *Le pouvoir royal (1814-1848). À la recherche du quatrième pouvoir ?*, *op. cit.*, pp. 618-619.

Conclusion du Chapitre II

186. Le pouvoir neutre de Benjamin Constant constitue assurément un accomplissement théorique pour la notion de pouvoir régulateur. Héritier des régulateurs de la Révolution, il s'inscrit pleinement dans la critique plus générale de la balance des pouvoirs, déjà menée par Madame de Staël et Sieyès. Constant fait ainsi le constat que la séparation et la division des pouvoirs, certes nécessaires, ne peuvent se suffire à elles-mêmes. En pratique, rien n'empêche en effet que l'un des pouvoirs triomphe sur les autres, reconstituant au passage l'unité potentiellement liberticide du pouvoir. À l'inverse, si la séparation des pouvoirs est effective, ceux-ci risquent de se neutraliser mutuellement, provoquant la paralysie et l'immobilisme au sommet de l'État. L'échec des Constitutions révolutionnaires de 1791 et 1795 a par ailleurs largement démontré l'insuffisance des garanties internes qui y étaient à l'œuvre. À l'évidence, l'équilibre et la concorde des pouvoirs n'émanent pas automatiquement du mécanisme de la balance, mais nécessitent une garantie supplémentaire qui soit extérieure au jeu des pouvoirs. Constant ajoute donc un quatrième pouvoir, appelé préservateur, neutre ou intermédiaire, à la tripartition classique. Il va pour ce faire se référer à plusieurs sources, tant française (le projet de constitution présenté par Sieyès en l'an VIII) qu'étrangère (la Constitution anglaise). Ce nouveau pouvoir est un authentique régulateur, chargé de préserver la séparation et l'équilibre des pouvoirs tels qu'ils sont prévus par la constitution ; sa mission préservatrice s'apparente ainsi à une véritable fonction de régulation institutionnelle. En ce sens, les prérogatives qui lui sont attribuées – droit de dissolution, droit de nomination et de destitution des ministres, droit de grâce – lui confèrent un moyen d'action sur chaque branche du pouvoir.

187. La principale originalité du projet de Constant reste toutefois la neutralité. Le libéral de Coppet répond ainsi à l'objection classique de la garantie de la garantie : qui gardera le gardien ? Puisqu'on ne peut donner un gardien au gardien, le pouvoir préservateur devra trouver en lui-même de quoi respecter sa mission, autrement dit être d'une nature différente de celle des autres pouvoirs, dits actifs. D'une part, son intérêt doit être le maintien de l'équilibre institutionnel ; il ne doit pas chercher à s'approprier des compétences qui ne sont pas les siennes. D'autre part, sa neutralité est une extériorité, par rapport au jeu politique bien sûr – le pouvoir préservateur est apartisan – et surtout par rapport à la société, car l'autorité du pouvoir préservateur ne s'exerce que sur les pouvoirs, au sein de la sphère institutionnelle, et jamais directement sur les individus.

188. En 1802, le pouvoir neutre semble être le propre d'une république. En 1815 au contraire, Constant, converti à la monarchie constitutionnelle, l'assimile au pouvoir royal. Bien que l'on ne puisse écarter une part d'opportunisme politique dans cette évolution, Constant met essentiellement en avant des raisons d'ingénierie constitutionnelle, qui consacrent la supériorité du monarque héréditaire, naturellement neutre, sur l'organe collégial artificiellement neutre qu'il avait envisagé pour un cadre républicain. Par conséquent, s'il constitue certainement le parangon du pouvoir régulateur, le pouvoir neutre devient aussi une doctrine du pouvoir royal en monarchie constitutionnelle. Mais Constant comptait bien tirer parti de ce ralliement ; l'admirable neutralité de son monarque avait sans doute vocation à devenir une prison constitutionnelle, prélude à l'annulation de son pouvoir.

Conclusion du Titre premier

189. Le pouvoir régulateur prend racine dans le fertile terreau constitutionnel de la Révolution française. Ses origines sont indissociables de celles de la conception mécaniste de la constitution : si celle-ci est conçue comme une machine, il faut, comme en mécanique, une pièce supplémentaire, un régulateur, afin de s'assurer de son bon fonctionnement et du maintien de son équilibre interne. Tout en demeurant dans ce cadre mécaniste, les partisans du pouvoir régulateur s'opposent alors aux tenants d'un équilibre institutionnel spontané, c'est-à-dire d'une autorégulation des pouvoirs. Ce sont les seconds qui l'emportent sous la Révolution, et ce en dépit de la multitude des propositions visant à instituer une garantie externe de la constitution, autrement dit un organe expressément chargé d'assurer la régulation des rapports entre les pouvoirs. En 1791, les constituants s'inspirent de manière imparfaite du mécanisme autorégulé de la Constitution américaine, tandis qu'en 1795, les Thermidoriens rejettent à l'unanimité le projet de jury constitutionnaire de Sieyès, au nom, justement, de leur confiance en les seules garanties internes pour s'assurer de l'équilibre des pouvoirs et du respect de la constitution envisagée comme un mécanisme.

190. L'échec de la Constitution de l'an III, dont le fonctionnement chaotique fut marqué par des coups d'État à répétition, provoquera la réaction des partisans d'un nouveau pouvoir, tel Benjamin Constant. Constatant les insuffisances de la séparation des pouvoirs, il va exposer la nécessité de compléter le modèle de Montesquieu par une garantie externe qui prendra la forme d'un quatrième pouvoir, qualifié de préservateur, neutre ou intermédiaire. Tant par le sens de sa mission que par ses prérogatives, ce nouveau pouvoir constitue l'archétype du pouvoir régulateur. Constant demeurait cependant confronté à la problématique de la garantie de la garantie – qui gardera le gardien ? –, objection classique à laquelle il répond par la neutralité de son pouvoir, qui seule garantit que celui-ci n'outrepassera pas sa mission. La solution était originale, mais nous verrons que les faits ne confirmeront pas son effectivité. À ce stade de notre étude, on peut néanmoins réaliser un triple constat : d'abord, que l'idée d'un pouvoir régulateur apparaît en réaction aux insuffisances de l'autorégulation constitutionnelle démontrées par la Révolution, ensuite, que l'on peut identifier une fonction de régulation spécifique et distincte des autres pouvoirs-fonctions de l'État, et enfin, que ce pouvoir doit être doté d'une nature propre et spécifique, qui le distingue des autres pouvoirs, afin de réaliser sa mission. Les théories du quatrième pouvoir, qui furent très diversement reçues en droit constitutionnel positif, ne se résument toutefois pas au seul pouvoir régulateur.

TITRE SECOND
LA POLYMORPHIE DU QUATRIÈME POUVOIR : LE POUVOIR RÉGULATEUR ET SES AVATARS

191. Après avoir étudié l'apparition de la notion de pouvoir régulateur et sa consécration sous la plume de Benjamin Constant, il convient désormais de déterminer la réalité de son influence sur les différentes approches du quatrième pouvoir qui furent développées tout au long du XIXe siècle. Celles-ci ne se résument pas à la seule théorie de Benjamin Constant ; elles reflètent au contraire la polysémie de l'expression générique de pouvoir modérateur[510]. Le pouvoir modérateur peut être décrit, à la suite du pouvoir neutre constantien, comme un pur régulateur, exclu du gouvernement et cantonné dans sa mission à la sphère institutionnelle, où il est seulement chargé de maintenir l'équilibre entre les pouvoirs. Mais il peut tout autant être appréhendé comme un pouvoir conservateur de l'ordre social, arbitre des intérêts prenant une part active au gouvernement[511].

192. Lorsqu'ils sont énoncés pour la première fois, ces modèles divergents correspondent avant tout au pouvoir royal. Le quatrième pouvoir n'a pourtant pas toujours été l'apanage d'un monarque héréditaire ; Constant avait notamment envisagé de confier son pouvoir préservateur à un organe collégial, dans la lignée des régulateurs de la Révolution, avant de se convertir à la monarchie constitutionnelle. Le quatrième pouvoir, loin de disparaître avec celle-ci, fait de nouveau l'objet de mutations organiques au cours du XIXe siècle, afin d'être transposé à la figure nouvelle du chef d'État en république parlementaire (en France à partir de 1870) ou à un organe de type juridictionnel (dans le constitutionnalisme allemand dès le début du XIXe siècle), deux possibilités formellement écartées par Constant[512].

193. Dès lors, partant de la doctrine constantienne du pouvoir neutre – l'archétype du pouvoir régulateur –, plusieurs constats s'imposent. D'abord, la Charte octroyée de 1814 ne lui correspond en rien ; celle-ci ne propose pas de véritable définition du pouvoir royal et consacre le rôle prépondérant du monarque au sein du gouvernement. En conséquence, les diverses

---

[510] Sur le sujet, on se rapportera à la thèse d'O. FERREIRA, *Le pouvoir royal (1814-1848). À la recherche du quatrième pouvoir ?*, *op. cit.*, en particulier pp. 556-638.
[511] L'hypothèse du pouvoir conservateur était explicitement rejetée par Benjamin Constant, conscient du risque de confusion autour de l'idée d'un quatrième pouvoir (v. *supra* § 152-153).
[512] V. *supra* § 154 et § 164.

interprétations du pouvoir royal sous la Restauration et la Monarchie de Juillet divergent souvent fondamentalement des leçons du libéral de Coppet. Ce débat sur la nature du pouvoir modérateur du roi devait être source d'inspiration pour la Belgique naissante, à la recherche d'un modèle de chef de l'État, et surtout pour les pays lusophones. À rebours de la France, Brésil et Portugal consacrèrent tous deux la notion dans leurs textes constitutionnels respectifs (Constitution brésilienne de 1824 et Charte constitutionnelle portugaise de 1826), sans toutefois que les contours de leur nouveau pouvoir ne soient clairement définis, oscillant toujours, à la lumière des approches françaises, entre pouvoir régulateur et pouvoir conservateur. En ce sens, nous devrons d'abord appréhender la nature protéiforme du quatrième pouvoir du roi dans la réalité constitutionnelle du XIXe siècle (**Chapitre I**). Le caractère partisan de la monarchie, cause de dysfonctionnements, devait finalement mener à des tentatives de construction d'un pouvoir régulateur non monarchique, qui s'avérera, au gré des difficultés nouvelles rencontrées, tout aussi nébuleux (**Chapitre II**).

Chapitre I. Théories et pratiques du pouvoir royal : la recherche d'un paradigme

Chapitre II. Transpositions organiques du pouvoir régulateur

CHAPITRE I
THÉORIES ET PRATIQUES DU POUVOIR ROYAL : LA RECHERCHE D'UN PARADIGME

194. « Plusieurs publicistes, en traitant des attributions souveraines du chef du pouvoir exécutif dans les monarchies, paraissent avoir pressenti l'existence d'un pouvoir inhérent à cette haute dignité qui n'était ni le pouvoir législatif, ni le pouvoir exécutif, puisqu'il n'a pas pour but de créer de nouvelles lois, ni de prendre des mesures pour l'exécution des anciennes »[513]. L'analyse de Pinheiro Ferreira reflète parfaitement la teneur du débat constitutionnel en France, sous la Restauration puis la Monarchie de Juillet[514]. Il convenait en effet de déterminer le rôle institutionnel du monarque, entreprise pour le moins malaisée en raison de la nature particulière – la *transcendance*, disait Saint-Roman[515] – de la royauté. Ce dernier ne trouve guère sa place dans le triptyque traditionnel de Montesquieu ; il n'est par ailleurs pas défini dans la Charte, qui se contente d'énumérer ses prérogatives et de garantir son autorité, à travers les références à la légitimité historico-dynastique ainsi qu'au caractère sacré du roi[516]. L'article 14 dispose certes que « [l]e roi est le chef suprême de l'État », mais l'expression est juridiquement trop vague pour constituer une indication suffisante. Les lacunes du texte devaient finalement encourager sa lecture à l'aune des multiples conceptions du pouvoir modérateur du roi, notion protéiforme recouvrant des approches parfois très différentes de celle

---

[513] S. PINHEIRO FERREIRA, *Cours de droit public interne et externe*, Paris, Rey et Gravier, 1830, t. 1, p. 413. Publiciste et diplomate portugais, Silvestre Pinheiro Ferreira (1769-1846) fut un commentateur avisé des institutions de la Restauration puis de la Monarchie de Juillet lors de son exil français de 1825 à 1841.

[514] Sur la théorie et la pratique constitutionnelles de la Restauration et de la Monarchie de Juillet, on se rapportera tout particulièrement à P. ROSANVALLON, *La monarchie impossible. Les Chartes de 1814 et de 1830*, Paris, Fayard, « Histoire des constitutions de la France », 1994. Sur les trois « moments » constituants en 1814-1815, v. également S. RIALS, « Une grande étape du constitutionnalisme européen. La question constitutionnelle en 1814-1815 : dispersion des légitimités et convergence des techniques », *RHFD*, 1986, pp. 167-197.

[515] A.-J. de SERRE de SAINT-ROMAN, *Réfutation de la doctrine de Montesquieu, sur la balance des pouvoirs, et aperçus divers sur plusieurs questions de droit public*, Paris, Perronneau, 1816, p. 57. Appelé à la Chambre des Pairs en 1815, Saint-Roman démissionne en 1830 pour ne pas prêter serment à la Monarchie de Juillet (V° « SAINT-ROMAN » *in* A. ROBERT, E. BOURLOTON, G. COUGNY (dir.), *Dictionnaire des parlementaires français*, Paris, Bourloton, 1891, t. 5, pp. 246-247).

[516] Particulièrement dans le préambule de la Charte de 1814, son article 13 (« La personne du roi est inviolable et sacrée ») et son article 74 (référence au sacre).

de Benjamin Constant. Car « prisonnier » dans la Charte[517], le roi n'en est pas moins enclin à exercer le gouvernement, assumant un rôle actif très éloigné de l'idéal d'un pouvoir strictement régulateur (**Section 1**).

195. Référence incontournable en France, le pouvoir neutre ne connaît donc pas de consécration juridique ou pratique sous la Restauration et Juillet. Le « monde lusophone » allait en revanche reprendre l'idée du quatrième pouvoir en se référant explicitement à la doctrine de Constant, non sans quelques équivoques, tandis que le jeune État belge, à la recherche d'un cadre constitutionnel le plus libéral possible, s'appuiera sur les mêmes sources françaises pour caractériser le pouvoir royal dans la Constitution de 1831. Il faudra par conséquent s'enquérir de l'usage dans les monarchies étrangères de l'idée d'un pouvoir modérateur conféré au roi, afin d'en déterminer l'effectivité pratique et la paternité théorique (**Section 2**).

SECTION 1. LE POUVOIR ROYAL SOUS LA RESTAURATION ET LA MONARCHIE DE JUILLET : L'INTROUVABLE POUVOIR NEUTRE

196. Rappelons-le en préalable, la théorie de Benjamin Constant fut dévoilée trop tard dans sa version monarchique pour véritablement influencer les rédacteurs de la Charte octroyée le 4 juin 1814[518]. Par ailleurs, la pratique du pouvoir royal entre 1814 et 1848 ne s'inspire guère de sa doctrine : le refus des rois, Louis XVIII compris, de se retirer du gouvernement sonnera le glas du pouvoir neutre ; l'essentiel de la direction du pays leur revient de droit (§ I). Pour autant, on note le caractère récurrent de l'idée d'un quatrième pouvoir sous la Restauration et Juillet (§ II). La notion apparaît certes polymorphique, étant traduite par des concepts souvent divergents – pouvoir modérateur, conservateur, régulateur *et cetera* – et répandue sous la plume d'auteurs eux-mêmes issus de tous les bords politiques. Mais ces modèles souvent divergents expriment toujours une volonté de définir et délimiter le pouvoir royal ; ils ont aussi en commun de ne pas s'inscrire dans la logique radicale de Constant, très minoritaire y compris chez les libéraux.

[517] O. FERREIRA, « Le Roi “dans” la Charte de 1814. *Prisons imaginaires* », *Jus politicum*, 2014, n° 13, disponible sur http://juspoliticum.com/article/Le-Roi-dans-la-Charte-de-1814-Prisons-imaginaires-919.html, consulté le 15 sept. 2019.

[518] La préface de *Réflexions sur les constitutions, la distribution des pouvoirs, et les garanties, dans une monarchie constitutionnelle* est datée du 24 mai 1814.

§ I. Le roi dans la Charte : un pouvoir gouvernant effectif mais contesté

197. Constant a été le premier à esquisser la figure d'un monarque qui, du haut de sa neutralité, serait résolument exclu du gouvernement. Mais que reste-t-il dans le pouvoir régnant si on lui retire le pouvoir de gouverner, et quel peut être l'intérêt de cette séparation ? Ces questions peuvent trouver une réponse dans l'opposition opérée par Carl Schmitt entre pouvoir et autorité[519]. La distinction classique provient du droit public romain : le Sénat détenait l'*auctoritas*, l'autorité, mais la *potestas*, le pouvoir, procédait du peuple. Sous l'Empire, le Sénat demeurait ainsi la seule institution qui, ayant conservé son autorité, bénéficiait encore d'une certaine légitimité, et ce malgré la perte de tout pouvoir. Le pape revendiquait également une certaine forme d'*auctoritas* sur l'empereur, qui, lui, détenait la *potestas*. L'*auctoritas*, terme qui, selon Theodor Mommsen, « se refuse à toute définition stricte », renverrait, d'après Victor Ehrenberg, à une réalité « éthico-sociale », un « mélange déroutant de pouvoir politique et de prestige social ». Pour Schmitt, elle « caractérise une considération qui repose pour l'essentiel sur le facteur de la *continuité* et renvoie à l'idée de tradition et de durée », par opposition à la *potestas*, pouvoir réel et actif[520]. L'*auctoritas* propre à un monarque reposerait donc essentiellement sur la tradition, l'hérédité et la continuité dynastique ; elle lui confère un immense prestige social et une légitimité morale servant de fondement à son autorité politique.

198. La célèbre maxime d'Adolphe Thiers – le roi règne et ne gouverne pas – résume bien la situation dans laquelle le monarque est privé de la *potestas* mais bénéficie encore de son *auctoritas*. Il perd certes tout son pouvoir gouvernant, désormais entièrement entre les mains des ministres, mais continue à exister en tant qu'autorité régnante pouvant pleinement exercer les fonctions d'un pouvoir neutre[521]. Cela est renforcé par le fait que le monarque se tient au-dessus des partis. Il s'agit d'une place à part, d'autant plus importante que la démocratisation et l'émergence du parlementarisme ont transformé progressivement l'État en un « État de partis », pour reprendre

---

[519] C. SCHMITT, *Théorie de la Constitution*, *op. cit.*, p. 435.

[520] *Ibid.*, p. 211. Il souligne.

[521] *Ibid.*, p. 435. Plus précisément, Schmitt explique que le roi « peut renoncer complètement à son influence politique et remettre la direction politique et toute *potestas* au parlement ou à un chef de parti puissant ; il peut disparaître pour une longue période comme force politique, mais il doit maintenir la continuité de la possession du trône s'il veut remplir ces fonctions qui le justifient (pouvoir neutre au-dessus des partis, incarnation de la continuité de l'État en cas de crise). Si cette continuité vient à s'interrompre, toutes les argumentations s'effondrent : le monarque est alors entraîné dans la lutte des partis et sa position même devient une affaire de partis » (*ibid.*, pp. 432-433). Pour incarner un pouvoir neutre, le roi doit donc renoncer à la *potestas* pour mieux préserver son *auctoritas*, qui trouve son fondement dans le maintien de la continuité dynastique.

l'expression de Schmitt. Le roi en tire une position spéciale, celle d'un « *indivisible modérateur* qui égalise, tempère et modère toutes les oppositions et frictions entre les diverses fonctions et activités de l'État »[522]. Ses ambitions sont neutralisées car il bénéficie de la reconnaissance sociale la plus élevée, si tant est bien sûr qu'il ne se compromette plus dans des combats politiques, et donc que le pouvoir gouvernant lui échappe définitivement.

199. La distinction entre pouvoir régnant et pouvoir gouvernant, indispensable à l'établissement d'un pouvoir neutre, apparaît néanmoins impossible, ou du moins très artificielle, sous la Restauration, tant la confusion lexicale entre les deux termes est grande. Tout au plus régner, qui revient alors à gouverner, s'oppose-t-il à administrer[523], qui est du domaine des ministres (A). Le débat devait s'intensifier sous Juillet, la controverse sur la formule de Thiers relançant une réflexion toujours incertaine mais surtout éloignée de la réalité constitutionnelle (B).

A. L'IMPOSSIBLE DISTINCTION ENTRE RÉGNER ET GOUVERNER SOUS LA RESTAURATION

200. Dans les mémoires du comte de Villèle, Louis XVIII est présenté d'une manière qui en fait très clairement le prototype d'une nouvelle catégorie de chef d'État :

> « [d]ans l'habitude journalière, le Roi semblait n'avoir qu'une répugnance extrême à parler à ses ministres des affaires de l'État, et à y apporter une attention sérieuse. Ce n'était pas qu'il y fût indifférent. C'est, à ce que j'ai cru remarquer, qu'il préférait leur en laisser le poids et la responsabilité tout entière, jugeant qu'avec les formes de gouvernement qu'il avait adoptées, son intervention trop positive se concilierait difficilement avec leur juste indépendance, comme avec sa propre dignité. En même temps, il tenait beaucoup à ce que, dans le public, on le vît faire son métier de roi, pourvu que ce fût avec le moins d'asservissement possible pour lui »[524].

L'exercice effectif du pouvoir exécutif ne l'intéressait pas, et encore moins, d'ailleurs, le processus législatif : il préférait laisser agir les ministres sur les affaires gouvernementales. Incarnait-il pour autant un véritable pouvoir neutre, au sens de Constant ? Plusieurs auteurs ont insisté sur l'ambivalence qui caractérisait Louis XVIII, monarque attaché aux traditions de l'Ancien régime, mais résigné ou décidé à suivre une ligne politique modérée, par

---

[522] *Ibid.*, p. 432.

[523] Sur l'apparition progressive de la distinction entre gouvernement et administration, v. P. SERRAND, « Administrer et gouverner. Histoire d'une distinction », *Jus politicum*, 2010, n° 4, disponible sur http://juspoliticum.com/article/Administrer-et-gouverner-Histoire-d-une-distinction-219.html, consulté le 15 sept. 2019.

[524] J. de VILLÈLE, *Mémoires et correspondance du comte de Villèle*, 2e éd., Paris, Perrin et Cie, 1890, t. 5, p. 121. Membre des ultraroyalistes, Villèle est président du Conseil des ministres du 5 septembre 1822 au 3 janvier 1828.

tempérament ou du fait des circonstances politiques[525]. Ainsi, bien qu'il fût à l'origine de nombreuses actions déterminantes[526], se comportant souvent en véritable chef de gouvernement, son règne laisse le sentiment d'une dissociation entre l'autorité royale et le pouvoir gouvernant, qui semblait lui échapper de plus en plus pour revenir à ses ministres. Cette impression marqua profondément les esprits, qui seront plus tard heurtés par l'implication personnelle de Charles X dans la conduite du gouvernement[527].

201. Pourtant, durant la Restauration, prolongeant la confusion latine entre *regnare* et *gubernare*[528], le verbe « régner » est globalement synonyme de « gouverner »[529] ; il signifie, par analogie, décider du cap de la politique menée, tout en laissant le soin aux ministres de mettre en œuvre concrètement cette politique[530]. Pour les ultras, gouverner est la fonction naturelle du monarque, qui l'exerce par le biais de la loi et du règlement, ces prérogatives étant en effet placées sous le titre évocateur *Formes du gouvernement du roi* de la Charte constitutionnelle du 4 juin 1814[531]. Ce pouvoir gouvernant n'est en réalité pas dissociable de la mission conservatrice du monarque, ministre de Dieu et gardien de la Tradition ; afin de « préserver l'idée de la fixité dans

---

[525] A. LAQUIÈZE, *Les origines du régime parlementaire en France (1814-1848)*, Paris, Puf, « Léviathan », 2002, pp. 236-242. De même, R. LANGERON a fort justement mis en exergue cette dualité : « [...] Louis XVIII qui entreprend, après l'Empire et dans une France divisée, une politique libérale, n'est pas, de nature, un libéral. C'est un homme de l'Ancien régime, un autoritaire, et dont seule la dureté du temps et son état de santé, ont réussi à courber le caractère jusqu'à la souplesse politique et à l'acceptation d'une formule, au choix d'un "système" – c'est son mot –, qui ne sont pas les siens » (*Decazes, ministre du roi*, Paris, Hachette, 1960, p. 59). Dans la doctrine classique, J. BARTHÉLEMY avait déjà relevé cet aspect de la personnalité de Louis XVIII dans son ouvrage sur *L'introduction du régime parlementaire en France sous Louis XVIII et Charles X*, Paris, Giard & Brière, 1904, p. 83 et s.

[526] Sur ce point, v. A. LAQUIÈZE, *Les origines du régime parlementaire en France (1814-1848)*, *op. cit.*, pp. 237-242.

[527] *Ibid.*, pp. 242-245.

[528] *Regnare* signifie « régner, être roi » mais aussi « exercer le pouvoir absolu, dominer à la façon d'un roi », tandis que *gubernare*, qui est d'abord un terme marin (« diriger un navire, tenir le gouvernail »), signifie également « diriger, conduire, gouverner » (*Dictionnaire Gaffiot latin-français*).

[529] D'après le *Littré*, « gouverner » signifie étymologiquement « diriger avec le gouvernail », et, par extension, « diriger, conduire », tandis que « régner » signifie tout simplement « gouverner un État à titre de souverain, de roi [...] ».

[530] O. FERREIRA, *Le pouvoir royal (1814-1848). À la recherche du quatrième pouvoir ?*, *op. cit.*, pp. 655-656.

[531] Art. 13 : « [...] [a]u roi seul appartient la puissance exécutive ».
Art. 14 : « [l]e roi est le chef suprême de l'État, il commande les forces de terre et de mer, déclare la guerre, fait les traités de paix, d'alliance et de commerce, nomme à tous les emplois d'administration publique, et fait les règlements et ordonnances nécessaires pour l'exécution des lois et la sûreté de l'État ».
Art. 15 : « [l]a puissance législative s'exerce collectivement par le roi, la Chambre des pairs, et la Chambre des députés des départements ».
Art. 16 : « [l]e roi propose la loi ».
Art. 22 : « [l]e roi seul sanctionne et promulgue les lois ».

la marche du gouvernement qu'elle établit »[532], il ne peut revenir qu'à la seule institution permanente de la Charte :

> « [...] dans une monarchie, le gouvernement du Roi est le Roi, et non les ministres du Roi. Le gouvernement est ce qui ne change pas, ce qui par conséquent établit de la stabilité dans les principes, dans les institutions, dans la marche des affaires ; et c'est pourquoi on dit en France : le Roi ne meurt pas »[533].

Le roi gouverne ; de ce fait, la décision lui appartient, tandis qu'il revient à ses ministres, qui lui sont totalement subordonnés, d'appliquer sa volonté, c'est-à-dire d'administrer. On se rapproche donc, chez les ultras, de la formule proposée par Constant, mais prise dans un sens littéral[534]. Pour autant, s'ils opposent régner à administrer, domaine des ministres, les ultras refusent totalement l'idée défendue par le libéral de Coppet d'un ministère autonome qui exercerait le pouvoir gouvernant. À leurs yeux, les ministres, en tant qu'agents de la volonté personnelle du monarque, ne sont que des administrateurs :

> « [l]'administration est exercée par des délégués, qui n'en obtiennent le droit qu'en vertu de commissions temporaires et révocables à volonté. Ceux qui administrent ne forment pas un des pouvoirs de l'État ; ils ne sont que des mandataires isolés, dépendants, et qui ne peuvent jamais, même au nom du Roi, agir ni parler en nom collectif. Tout ce qui dans la France, sous le bon plaisir du Roi, exerce une autorité quelconque, à l'exception des pairs, des députés et des juges, doit donc être rangé dans la classe des administrateurs »[535].

Pour cela, il paraît inconcevable aux ultras que les ministres puissent exercer, même partiellement, le pouvoir gouvernant, qui ne peut qu'appartenir tout entier au monarque[536]. D'ailleurs, en dépit des divergences partisanes, la plupart des libéraux ne s'opposaient pas fondamentalement à cette définition

---

[532] Cl.-L. de SAISSEVAL, *Du pouvoir royal avec la Charte, ou réponse à trois chapitres de l'ouvrage de M. le Vicomte de Chateaubriand*, Paris, Goulet, 1816, p. 24.

[533] J. FIÉVÉE, « Du Directoire et du Ministère en 1815 », *Le Conservateur*, Paris, le Normant, 1819, t. 4, p. 23.

[534] Il s'agit bien sûr de l'idée que « le roi règne, mais il n'administre pas », sachant que Constant, contrairement aux ultras et à la plupart des publicistes de la Restauration, n'assimile pas régner à gouverner et distingue le pouvoir royal, ou pouvoir neutre, du pouvoir gouvernant.

[535] Ch. J. F. d'HERBOUVILLE, « Les ministres sont-ils le Gouvernement ? », *Le Conservateur*, Paris, Le Normant, 1819, t. 5, p. 254.

[536] « [...] il ne peut y avoir qu'un seul pouvoir gouvernant. Ce pouvoir, dans une monarchie, n'est susceptible ni de partage, ni d'altération [...] si les ministres étaient le gouvernement, ils exerceraient le pouvoir gouvernant dans sa plénitude ; mais comme nous avons vu que ce pouvoir ne pouvait pas se partager, il en résulterait que le Roi, qui s'en serait dessaisi, ne serait plus rien [...] » (*ibid.*, pp. 255-256).

du gouvernement[537], tout au plus certains en contestaient-ils le monopole par le roi[538].

202. La controverse n'ira guère plus loin, tant les dispositions de la Charte de 1814 comme sa pratique concrète apparaissent sans ambiguïté. La situation est bien résumée par Cabueil : « [l]es prérogatives du Roi selon la Charte sont la toute-puissance *régnante*, la toute-puissance *gouvernante* et la toute-puissance *coopérante* aux lois [...] »[539]. La formule résulte en fait d'une simple interprétation littérale des articles 13 à 23 de la Charte (le titre *Formes du gouvernement du roi*). La personne du roi, chef suprême de l'État (article 14), est inviolable et sacrée (article 13), ce qui fonde sa « toute-puissance régnante ». Il dispose seul du pouvoir exécutif (article 13) et de prérogatives en matière d'affaires étrangères, choisit les ministres (article 14), caractérisant sa « toute-puissance gouvernante ». Enfin, il exerce conjointement avec les chambres le pouvoir législatif (articles 15, 16, 17, 21, 22, 46), ce qui fait de lui la « toute-puissance coopérante aux lois »[540].

203. Sous la Restauration, le roi est donc clairement un pouvoir actif et gouvernant, bien loin de l'image idéalisée d'un pouvoir neutre purement régulateur. On pourrait toutefois se laisser à penser que Louis XVIII était attiré par un tel rôle. Ne souhaitant pas régner sur une nation divisée, il désirait mener une politique de conciliation et demeurer – dans une certaine mesure – au-dessus des querelles partisanes en n'assistant pas au Conseil des ministres.

---

[537] Ainsi en est-il de Royer-Collard, chef de file des doctrinaires : « [s]i [...] le Roi n'agit que par des ministres responsables, dont il ne peut être séparé, ceux-ci, à leur tour, ne peuvent être séparés de la volonté royale, dont ils sont les organes nécessaires. [...] C'est en effet une croyance à la fois française et constitutionnelle, que le Roi gouverne son royaume, et qu'il parle et agit par ses ministres [...] ; ceux qui ébranlent cette croyance sont aussi mauvais interprètes de la Charte que mauvais serviteurs de la légitimité. [...] la volonté royale est le premier anneau de la chaîne immense qui suspend tout au trône » (« Discours sur la loi sur la police des journaux » (1816), reproduit *in* Pr. de BARANTE, *La vie politique de M. Royer-Collard. Ses discours et ses écrits*, Paris, Didier et Cie, 1861, t. 1, p. 316). Sur les idées constitutionnelles de Royer-Collard et son interprétation de la Charte, v. M. PERTUÉ, « Royer-Collard et la Charte de 1814 », *RA*, 2011, n° 382, pp. 341-357 et n° 383, pp. 454-467 (suite et fin). Plus généralement, v. J.-Fr. JACOUTY, « Tradition et modernité dans la pensée politique de Royer-Collard », *RFHIP*, 2008/1 n° 27, pp. 75-109.

[538] Ch. de RÉMUSAT déduisait des dispositions de la Charte l'incorporation des chambres au gouvernement : « Le Roi et les deux Chambres sont trois parties essentielles d'un même tout ; ce tout, c'est le gouvernement : moins le Roi, moins l'une des Chambres, il n'y a plus de gouvernement en France. [...] Voilà les principes, voilà la Charte ; ceci n'est point une interprétation, c'est le texte même. Car la disposition fondamentale qui institue les deux Chambres est rangée sur ce titre : *Formes du gouvernement du Roi* ». Rémusat ne remet absolument pas en cause le pouvoir gouvernant du monarque, mais en nuance la toute-puissance (« Article du *Courrier français* du 7 juillet 1819 », reproduit *in La pensée politique doctrinaire sous la Restauration. Charles de Rémusat – Textes choisis*, éd. établie par D. ROLDAN, Paris, L'Harmattan, 2003, pp. 64-65). Monarchiste modéré proche des doctrinaires, Rémusat fut député de 1830 à 1851 puis de 1873 à 1875, ministre de l'Intérieur en 1840 (ministère Thiers) et ministre des Affaires étrangères en 1873, dans le ministère Dufaure (V° « RÉMUSAT Charles-François-Marie, comte de » *in* A. ROBERT, E. BOURLOTON, G. COUGNY (dir.), *Dictionnaire des parlementaires français*, *op. cit.*, t. 5, pp. 113-115).

[539] R. de CABUEIL, *De la Charte*, Paris, Rusand et Cie, 1830, p. 15. Il souligne.

[540] *Ibid.*, p. 16.

Son successeur, au contraire, refusa d'adopter une quelconque neutralité. Nostalgique de l'Ancien régime, Charles X ne souhaitait pas régner à la manière d'un souverain anglais ; il se retrouva si étroitement lié aux ultras que l'échec du ministère Polignac provoqua l'effondrement de la dynastie[541]. La situation ne différera guère durant la Monarchie de Juillet, en dépit de l'incontestable vivacité du débat politique et constitutionnel.

B. Une réflexion relancée sous la Monarchie de Juillet

204. « Historiquement, c'est le "roi bourgeois" Louis-Philippe qui devait le mieux incarner cet idéal [du pouvoir neutre] »[542], écrivait Carl Schmitt. Pourtant, bien loin de cette vision idéalisée, les critiques devaient s'envenimer tout au long de la Monarchie de Juillet, à l'épreuve de l'exercice du pouvoir par le roi, et générer des diatribes excessives qui iront jusqu'à assimiler Louis-Philippe à un monarque absolu :

> « [s]ous la monarchie représentative, la monarchie consentie, la monarchie des barricades, Louis-Philippe dit en substance : "le gouvernement c'est moi", et, dédaignant la maxime constitutionnelle *le roi ne peut mal faire*, ce monarque infaillible et définitif n'a besoin de personne qui ait tort à sa place ; il ne veut point d'intermédiaire entre le peuple et lui »[543].

L'approche de Thiers – résumée dans le célèbre aphorisme « le roi règne et ne gouverne pas »[544] – devait toutefois profondément marquer les débats sous Juillet, qu'il s'agisse de la rejeter ou au contraire d'y adhérer. Pinheiro Ferreira déplorait ainsi cette tentative de transposition en France de la distinction, typique des institutions britanniques, entre roi et gouvernement :

> « […] les rédacteurs de la Charte nous semblent avoir commis une faute beaucoup plus grave en adoptant […] la distinction introduite par l'aristocratie britannique entre le *roi* et le *gouvernement*. Par là ils ont sanctionné le principe anti-monarchique que le *roi règne et ne gouverne pas* »[545].

Thiers, au contraire, semblait vouloir réduire le chef de l'État à une fonction de représentation. Pour le publiciste marseillais, le roi « ne gouverne pas, il laisse le pays se gouverner ; il suit rarement ses goûts dans le choix de ses ministres. […] Régner n'est donc pas gouverner, c'est être l'image la plus

---

541 V. l'analyse de S. HOLMES (*op. cit.*, pp. 206-207).

542 C. SCHMITT, *Théorie de la Constitution*, *op. cit.*, p. 432.

543 B. SARRANS JEUNE, *Louis-Philippe et la contre-révolution de 1830*, Paris, Thoisnier-Desplaces, 1834, t. 1, p. 91.

544 « Le roi n'administre pas, ne gouverne pas, il règne. Les ministres administrent et gouvernent, et ne peuvent avoir un seul subalterne contre leur gré ; mais le roi peut avoir un ministre contre son gré, parce qu'encore une fois, il n'administre pas, il ne gouverne pas, il règne » (A. THIERS, « Article du 4 février 1830 », paru dans *Le National*, reproduit par A. LAQUIÈZE, *RFHIP*, 1997/1 n° 5, p. 146).

545 S. PINHEIRO FERREIRA, *Observations sur la Charte constitutionnelle de la France*, Paris, Rey et Gravier, 1833, p. 29. Il souligne.

vraie, la plus haute, la plus respectueuse du pays. Le roi c'est le pays fait homme »[546]. Exclu du gouvernement, il ne s'implique plus dans les luttes partisanes mais demeure cependant placé tout en haut de l'édifice institutionnel. Limité de la sorte, le monarque est rendu neutre[547], en position d'incarner un pouvoir régulateur ou préservateur au sens de Constant. L'intégralité de son pouvoir gouvernant est donc confiée au ministère, émanation de la majorité parlementaire :

> « [l]e ministre, une fois nommé par l'influence de la chambre, a la prérogative royale, qui a été faite pour concentrer le pouvoir dans les mains exécutives ; [...] il gouverne [...] et comme il a la confiance des chambres, car il n'existerait pas sans cela, il ne fait que des choses qu'elles approuvent [...]. Ainsi, le roi règne, les ministres gouvernent, les chambres jugent. Dès que le mal gouverné commence, ou le roi, ou les chambres, renversent le ministre qui gouverne mal, et les chambres offrent leur majorité comme liste de candidats »[548].

Thiers ne remettait ainsi pas en cause l'existence d'un « gouvernement du roi » – pour reprendre les termes mêmes de la Charte de 1830 – si ce n'est que seuls les ministres lui paraissaient désormais aptes à l'exercer.

205. Cette position aurait pu logiquement mener, comme chez Constant, à une volonté de supprimer l'institution monarchique, devenue superflue, mais Thiers défendait au contraire l'existence d'un roi, dont il louait l'utilité du fait, justement, de sa nature neutre spécifique, qui en fait « une sorte de verrou, tempérant les ardeurs du gouvernement représentatif »[549] :

> « [l]e roi garde le trône, poste toujours menacé, pour qu'un ambitieux ne s'en empare pas. En cédant à l'inspiration du pays, il y résiste pourtant ; il ne prend pas tous les ministres qu'on lui désigne ; il contrôle aussi la faveur populaire [...] ; il ne cède, enfin, qu'après des expressions réitérées du vœu public. Le pays se gouverne sous ses yeux, avec son assentiment, et à sa gloire, car on vient tous les ans le féliciter de la prospérité publique, qu'il n'a pas faite, mais qu'il a suffisamment faite s'il ne l'a pas empêchée. [...] En un mot, il règne, et le pays se gouverne ; il est ainsi vraiment infaillible, car s'il pouvait agir, il pourrait faillir »[550].

Le roi est donc loin d'être totalement neutralisé chez Thiers ; il est en réalité un pouvoir modérateur du régime représentatif, fonction qui transparaît de sa faculté de s'opposer – au moins pour un temps – à la volonté démocratique, notamment en usant de son pouvoir de désignation des ministres. En ce sens, le monarque modérateur de Thiers incarne sans doute davantage un pouvoir conservateur face aux velléités populaires de changement, l'élément stable du

---

[546] A. THIERS, « Article du 4 février 1830 », préc., p. 146.
[547] Suivant l'analyse d'O. FERREIRA, *Le pouvoir royal (1814-1848). À la recherche du quatrième pouvoir ?*, *op. cit.*, pp. 810-811.
[548] A. THIERS, « Article du 4 février 1830 », préc., p. 147.
[549] O. FERREIRA, *Le pouvoir royal (1814-1848). À la recherche du quatrième pouvoir ?*, *op. cit.*, p. 811.
[550] A. THIERS, « Du gouvernement par les chambres », paru dans *Le National*, 20 janv. 1830, reproduit par A. LAQUIÈZE, *RFHIP*, 1997/1 n° 5, p. 138.

régime face à son élément démocratique et mouvant, qu'un authentique pouvoir régulateur des autres pouvoirs.

206. Le principe d'un monarque qui règne sans gouverner devait de toute manière se heurter sous Juillet aux mêmes difficultés que sous la Restauration. Les dispositions de la Charte de 1830 apparaissent en effet sans ambiguïté, celle-ci n'étant après tout qu'une révision de la Charte de 1814. Si le roi perd le droit de suspendre les lois par voie d'ordonnance au nom de la sûreté de l'État[551], il reste néanmoins le titulaire unique du pouvoir exécutif[552]. En outre, la Charte de 1830 fait du roi un représentant de la nation, comme la chambre basse ; placés sur un pied d'égalité, ils constituent désormais les deux centres d'impulsion de la vie politique. Il en résulte que le ministère, qui « représente le roi dans l'enceinte des chambres, les chambres dans le cabinet du roi »[553], suivant la célèbre formule de Duvergier de Hauranne, doit bénéficier de la confiance des deux organes. C'est la naissance du parlementarisme orléaniste ou dualiste, dont le bon fonctionnement nécessite un certain équilibre entre le monarque et le parlement.

207. Mais, alors que pour Thiers, le maintien de cet équilibre passe par un roi privé de ses prérogatives gouvernementales au profit de ses ministres, issus de la majorité parlementaire, pour Guizot, au contraire, « le trône n'est pas seulement un fauteuil fermé pour que personne ne puisse s'y asseoir. Une personne intelligente et libre, qui a ses idées, ses sentiments, ses désirs, ses volontés, comme tous les êtres réels et vivants, siège dans ce fauteuil »[554]. Le roi n'est pas qu'un « gardien du trône » comme chez Thiers ; représentant de la nation au même titre que la chambre des députés, il doit aussi jouer un rôle politique déterminant.

208. L'engagement politique de Louis-Philippe ira même bien au-delà, s'exprimant notamment par le choix du président du Conseil, dont le roi se passe dès qu'il le peut (ministères du 11 août 1830, du 16 mai 1832 et du 31 mars 1839). Lorsqu'il en désigne un, celui-ci est généralement effacé, laissant apparaître l'institution comme un faire-valoir symbolique au service de la politique du chef de l'État. Parmi les quinze présidents du Conseil de la

---

[551] Droit qui lui était conféré par une interprétation extensive de l'article 14 de la Charte de 1814. Le nouvel article 13 de la Charte constitutionnelle du 14 août 1830 dispose clairement que le roi « [...] fait les règlements et ordonnances nécessaires pour l'exécution des lois, sans pouvoir jamais ni suspendre les lois elles-mêmes ni dispenser de leur exécution ».

[552] Art. 12 de la Charte constitutionnelle du 14 août 1830.

[553] Pr. DUVERGIER de HAURANNE, *Des principes du gouvernement représentatif et de leur application*, Paris, Just Tessier, 1838, p. 15. Sur la doctrine politique et constitutionnelle de Duvergier de Hauranne, v. P. JIAN, « Des principes du gouvernement représentatif et de leur application selon Prosper Duvergier de Hauranne (1838) », *Parlement[s]*, 2014/1 n° 21, pp. 143-157.

[554] Fr. GUIZOT, *Histoire parlementaire de France. Recueil complet des discours prononcés dans les chambres de 1819 à 1848*, Paris, Michel Lévy frères, 1863-1864, t. 5, pp. 227-228. Il s'agit d'un extrait de son discours prononcé lors de la séance du 19 mai 1846 à la Chambre des députés.

Monarchie de Juillet, seuls quatre (Périer, de Broglie, Thiers et Guizot) exercent effectivement leur rôle. De plus, la volonté manifestée par Louis-Philippe depuis le début de son règne de prendre une part active au gouvernement contribue à obscurcir la distinction entre le roi et ses ministres, qui ne sont plus que « les simples instruments du *gouvernement personnel du roi* »[555], les agents responsables qui protègent son inviolabilité. Il se produit même, « entre le cabinet qui devait changer et la royauté qui devait demeurer, une sorte de *soudure* »[556], note Prévost-Paradol dans *La France nouvelle* (1868). Et c'est ainsi que « la partie fixe de la machine a été brisée parce qu'elle adhérait à la partie qui devait être mobile »[557], l'impopularité de Guizot, qui refusait obstinément la réforme électorale, provoquant également la chute de Louis-Philippe, monarque trop engagé[558].

209. Le roi sous Juillet n'est donc clairement pas un pouvoir nul ; s'il détient toutes les prérogatives du pouvoir neutre constantien, il est dans la pratique un pouvoir actif et engagé, conformément à la Charte, ce qui ne permet pas sa neutralité. La controverse autour de la maxime « le roi règne et ne gouverne pas » paraît dès lors totalement secondaire, puisqu'il est évident que dans les faits, le monarque gouverne, tant en exerçant à titre principal le pouvoir exécutif qu'en participant à la fonction législative.

210. On doit alors en conclure par l'ineffectivité de la formule de Thiers sous Juillet, sauf bien sûr à la considérer seulement comme un idéal à atteindre. Selon Laferrière, il faut comprendre, comme sous la Restauration, que le roi règne mais n'administre pas, ce qui semble évident : le roi gouverne en collaboration avec ses ministres, chargés d'administrer[559]. Louis-Philippe apparaît ainsi très éloigné de l'image idéalisée qu'on lui a parfois donnée ; refusant d'endosser les habits d'un pouvoir neutre, il a préféré une pratique active du pouvoir qui le condamnera en 1848. Les échecs successifs des

---

[555] M. MORABITO, *Histoire constitutionnelle de la France de 1789 à nos jours*, *op. cit.*, p. 215. Il souligne.

[556] A. PRÉVOST-PARADOL, *La France nouvelle* (1868), Paris, Perrin, « Les Mémorables », 2012, pp. 246-247. Il souligne.

[557] *Ibid.*, p. 247.

[558] D'après Prévost-Paradol, « [d]eux choses [...] ont détruit la monarchie de Juillet : le gouvernement personnel du roi, de plus en plus sensible dans les affaires publiques, et un système électoral si étroit, que la nation ne put intervenir à temps pour réformer légalement ce gouvernement personnel et pour le sauver de lui-même » (*ibid.*, p. 242).

[559] « À la lueur de ces principes, on peut apprécier la formule : *Le roi règne et ne gouverne pas* ; en restant dans la théorie de la Charte, on doit dire : *Le roi règne et n'administre pas*. [...] Si par *gouverner* on entend appliquer l'action exécutive aux détails, on prend gouverner dans le sens d'administrer, et il est évident que, dans ce sens restreint, le roi ne *gouverne pas*, puisqu'il n'administre pas. Si par *gouverner* on entend exercer l'action du pouvoir exécutif en général, il est évident encore que le roi gouverne tantôt par lui-même, tantôt par l'intermédiaire obligé de ses ministres responsables [...] : *régner et gouverner*, alors, c'est une seule et même chose pour la royauté. [...] D'après la Charte, en un sens il gouverne, en l'autre il ne gouverne pas : la formule proposée est donc vague, insuffisante ; la formule, conforme à la vérité constitutionnelle est celle que nous avons énoncée : *Le roi règne et n'administre pas* » (F. LAFERRIÈRE, *Cours de droit public et administratif*, 2e éd., Paris, Joubert, 1841, pp. 46-47. Il souligne).

régimes issus des Chartes de 1814 et de 1830 n'ont cependant pas empêché le développement d'une réflexion très intéressante et diverse quant à la substance du pouvoir royal et à la délimitation de sa mission.

§ II. Le roi comme quatrième pouvoir : un paradigme polysémique

211. Le thème du quatrième pouvoir fait l'objet d'un succès grandissant à partir de 1814, se déclinant sous des formes diverses[560] qui se rapportent communément à l'office du roi dans la Charte : pouvoir neutre, régulateur, préservateur, modérateur, conservateur, arbitral… Mais il ne s'agit nullement ici de copier Benjamin Constant ; bien au contraire, la polysémie de la notion de quatrième pouvoir révèle des conceptions très différentes de la fonction sociale et politique du monarque. D'une part, le pouvoir de régulation constitutionnelle des libéraux, s'il poursuit les mêmes finalités que le pouvoir neutre du libéral de Coppet, s'en éloigne aussi en ce qu'il demeure généralement partie active de l'Exécutif (A). D'autre part, le pouvoir conservateur de la société des doctrinaires et libéraux-conservateurs (B) s'en distingue radicalement, prenant les traits d'une autorité tutélaire et gouvernante, chargée d'arbitrer les conflits politiques et sociaux[561].

---

[560] L'un des projets les plus originaux est sans conteste celui de Sylvestre Pinheiro Ferreira. Son « pouvoir conservateur » est exercé à la fois par les citoyens et par les quatre pouvoirs (les trois pouvoirs traditionnels auquel il adjoint le « pouvoir électoral » du corps électoral) : « [l]a partie du pouvoir conservateur qui concerne le maintien des droits civils et politiques, est commune à tous les citoyens, et ils l'exercent en faisant usage du *droit de pétition* ou de la *résistance légale*. Quant au maintien de l'harmonie et de l'indépendance des pouvoirs politiques [le pouvoir régulateur proprement dit], les agents de chacun de ces quatre pouvoirs doivent être investis, par la constitution, d'un certain nombre d'attributions tendant à ce but commun » (S. PINHEIRO FERREIRA, *Principes du droit public, constitutionnel, administratif, et des gens, ou manuel du citoyen sous un gouvernement représentatif*, Paris, Rey et Gravier, 1834, t. 1, pp. 350-351. Il souligne). Dans ce cadre, le monarque, en tant que chef de l'Exécutif, assume une partie du pouvoir conservateur. Mais Pinheiro Ferreira juge aussi « nécessaire de créer une autorité qui, n'ayant à exercer aucun des quatre pouvoirs, soit uniquement chargée de les surveiller tous » (*ibid.*, p. 351). C'est le « *conseil suprême d'inspection et censure constitutionnelle*, composé de cinq membres choisis aux élections générales dans les rangs les plus élevés de la hiérarchie civile […] » (*ibid.*, p. 353. Il souligne). Pinheiro Ferreira écarte la possibilité de confier la totalité de cette mission de surveillance au chef de l'État, sujet à la flatterie, à l'intrigue et dont les sources d'informations sont trop restreintes. Sur la recherche d'un pouvoir conservateur institutionnel par Sylvestre Pinheiro Ferreira, on se rapportera à O. FERREIRA, « Un Sieyès rouge ? Regards sur le système politique de Silvestre Pinheiro Ferreira », *RRJ*, 2013/1 n° 146, en particulier pp. 98-113.

[561] Le pouvoir conservateur de l'ordre providentiel et de la Tradition, pensé par Bonald et certains ultras, s'inscrit également dans cette logique, mais conduit à un rejet radical de la Charte, en ce qu'elle priverait le monarque de son rôle de greffier de la volonté divine. Sur le sujet, nous renvoyons à la thèse d'O. FERREIRA, *Le pouvoir royal (1814-1848). À la recherche du quatrième pouvoir ?*, *op. cit.*, pp. 561-574.

A. Le roi, pouvoir modérateur et actif

212. Sous la Restauration et Juillet, la plupart des libéraux s'inscrivent dans la lignée de Benjamin Constant tout autant qu'ils s'en éloignent. En effet, à l'exception, peut-être, de Charles Dunoyer, rares sont ceux à avoir bien compris ou du moins voulu comprendre la théorie du pouvoir neutre. S'engageant dans la voie tracée par Jean-Denis Lanjuinais[562], bon nombre d'entre eux devaient plutôt prôner un modèle où une double mission incombe au monarque, écartant de fait la conception très particulière de la neutralité propre à Constant.

213. Chez Pellegrino Rossi, il apparaît évident que le roi est « à la fois un principe moteur et conservateur »[563] et qu'il exerce, au moins en partie, le pouvoir exécutif. Probablement inspirée de la théorie des deux corps du roi, issue de l'ancien droit public français[564], la conception des libéraux se rapprochait aussi de celle défendue par Bernardin de Saint-Pierre en septembre 1789. Pour celui-ci, le monarque devait en effet assumer une double fonction : celle de pouvoir « exécuteur » (exécutif) et celle de pouvoir modérateur[565]. On retrouve très explicitement cette dualité du pouvoir royal chez Charles Guillaume Hello, qui dissocie dans la personne du roi l'institution, neutre, « sans passion et sans préjugé »[566], de ce fait apte à exercer une mission de régulation institutionnelle, et le prince, pouvoir actif et partie intégrante de l'Exécutif[567]. L'institution, « éternelle, inaltérable, impassible »[568], règne, tandis que le prince gouverne.

---

[562] O. FERREIRA souligne très justement que « le héraut libéral du pouvoir conservateur est en vérité Lanjuinais, dont l'archétype de pouvoir royal est assurément le plus suivi, y compris par des personnalités se revendiquant à tort du pouvoir neutre de Constant » (*ibid.*, p. 633).

[563] P. ROSSI, *Cours de droit constitutionnel*, Paris, Guillaumin et Cie, 1866-1867, t. 4, p. 222. Professeur de droit et homme politique italien, naturalisé genevois, Pellegrino Rossi (1787-1848) reçoit la nationalité française en 1838. Il est nommé Pair de France par Louis-Philippe l'année suivante (V° « ROSSI » *in* A. ROBERT, E. BOURLOTON, G. COUGNY (dir.), *Dictionnaire des parlementaires français*, *op. cit.*, t. 5, pp. 197-198).

[564] Sur la théorie des deux corps du roi, v. en particulier E. KANTOROWICZ, *Les Deux Corps du Roi. Essai sur la théologie politique au Moyen Âge*, Paris, Gallimard, « Bibliothèque des histoires », 1989. M. GAUCHET avait envisagé que les libéraux français du début du XIXe siècle aient pu s'en inspirer (« Des deux corps du roi au pouvoir sans corps. Christianisme et politique », *Le Débat*, 1984/7 n° 14, p. 136), hypothèse confirmée par O. FERREIRA (*Le pouvoir royal (1814-1848). À la recherche du quatrième pouvoir ?*, *op. cit.*, p. 628).

[565] J.-H. BERNARDIN de SAINT-PIERRE, *Vœux d'un solitaire*, *in Œuvres complètes de Jacques-Henri Bernardin de Saint-Pierre*, *op. cit.*, t. 11, p. 64.

[566] Ch. G. HELLO, *Essais sur le régime constitutionnel ou introduction à l'étude de la Charte*, Paris, Le Normant, 1827, p. 98. Juriste, représentant à la Chambre des Cent-jours et député de 1842 à 1843, Charles Guillaume Hello (1787-1850) fut un fervent partisan de la Monarchie de Juillet après avoir été dans l'opposition libérale sous la Restauration (V° « HELLO » *in* A. ROBERT, E. BOURLOTON, G. COUGNY (dir.), *Dictionnaire des parlementaires français*, *op. cit.*, t. 3, p. 331).

[567] Ch. G. HELLO, *Essais sur le régime constitutionnel ou introduction à l'étude de la Charte*, *op. cit.*, p. 103 et s.

[568] *Ibid.*, p. 101.

214. Cette théorie du pouvoir royal, tantôt actif et gouvernant, tantôt neutre et modérateur, ne se distingue pas en apparence de celle de Constant par son objectif affiché. La préservation des institutions requiert l'existence d'un régulateur qui puisse pallier les insuffisances du jeu entre les pouvoirs afin d'assurer le bon fonctionnement de l'État. C'est finalement le roi qui est appelé à incarner ce pouvoir régulateur, dans le sens révolutionnaire, c'est-à-dire exclu du gouvernement et limité à la sphère institutionnelle. Ainsi neutralisé, il neutralise à son tour l'ambition des politiciens en occupant la place la plus haute une fois pour toutes. La lutte pour le pouvoir s'adoucit et se rationalise, car la monarchie héréditaire soustrait à la concurrence la position la plus élevée de l'État. « Cette [...] fonction, essentiellement négative, qui tient à la simple existence d'un roi désigné par des règles fixes, est peut-être la plus importante en pratique, d'un point de vue purement politique »[569] souligne Max Weber.

215. Cependant, les deux conceptions se différencient nettement sur la prétendue neutralité du pouvoir royal. Pour Lanjuinais, il se caractérise plutôt par une sorte de dualité qui vient modifier sa nature au gré des circonstances, le monarque revêtant tantôt les attributs d'une autorité neutre et régulatrice, tantôt ceux d'un pouvoir actif et gouvernant :

> « [p]our qu'il y ait une liberté régulière, il faut une autorité médiatrice directoriale, modératrice, neutre à certains égards, absolue sous d'autres rapports, enfin irresponsable, une autorité qui prévienne ou termine toute lutte pernicieuse, qui entretienne ou rétablisse l'harmonie nécessaire entre les grandes autorités. Voilà ce que le Roi seul effectue [...] »[570].

Le monarque n'est donc neutre que dans l'exercice de certaines de ses attributions, en l'occurrence lorsqu'il emploie ses prérogatives de régulation, tandis que dans les autres cas, il demeure un pouvoir actif par nature incompatible avec l'idée constantienne de neutralité. D'ailleurs, contrairement au libéral de Coppet, qui distinguait le pouvoir royal du pouvoir exécutif exercé par les ministres, le roi de Lanjuinais est partie intégrante de l'Exécutif, au même titre que les ministres :

> « [...] le pouvoir exécutif, pris au sens le plus général, est divisé, de fait, entre le Roi, qui nomme et révoque ses ministres, et les ministres eux-mêmes, qui, étant *responsables*, pour que le Roi soit inviolable et le despotisme presque impossible, constituent, entre eux seuls, sous ce rapport de responsabilité, le pouvoir exécutif spécial [...] »[571].

Cette subtile distinction entre le pouvoir exécutif général exercé par le monarque et le pouvoir exécutif spécial exercé par les ministres – qui n'est pas sans rappeler la formule dont finira par se contenter Constant sous la

---

[569] M. WEBER, *La domination*, Paris, La Découverte, « Politique et sociétés », 2013, p. 334.
[570] J.-D. LANJUINAIS, *Constitutions de la nation française*, Paris, Baudouin frères, 1819, t. 1, p. 198.
[571] *Ibid.*, p. 186. Il souligne.

Restauration : « le roi règne, mais il n'administre pas »[572] – laisse finalement au premier une part indéfinie de la fonction gouvernementale, les ministres pouvant « être dirigés par le Roi, ou ne l'être pas ; l'être en tout, ou à l'égard de peu d'objets ; l'être par présomption seulement, ou l'être au sens le plus rigoureux et presque sans exception »[573].

216. Pouvoir modérateur, gardien des libertés publiques et de la Charte constitutionnelle[574], le roi n'en conserve pas moins, dans cette logique libérale, une place prépondérante au sein de l'Exécutif. La logique est différente pour les tenants du pouvoir conservateur, qui attribuent au chef de l'État une mission sociale au caractère propre.

B. LE ROI, POUVOIR CONSERVATEUR DE L'ORDRE SOCIAL

217. Chez les libéraux-conservateurs, tels les doctrinaires Royer-Collard et Barante, les finalités du pouvoir royal sont tantôt sociales, tantôt constitutionnelles, et non pas seulement constitutionnelles comme l'envisageait Constant. Leur dessein est d'établir un pouvoir que Royer-Collard qualifie de « régulateur »[575], chargé de préserver la société de tout changement trop brusque. Le roi incarne ainsi le rôle de gardien de la Charte, reflet de sa mission conservatrice, mais aussi celui d'arbitre, notion qui, à l'époque, n'est pas appréhendée dans une dimension purement institutionnelle[576], mais essentiellement sociale. L'arbitre est d'abord un pouvoir social, doté d'un ascendant naturel lui permettant de modérer et de résoudre les conflits qui divisent la société[577]. C'est effectivement dans ce sens que Royer-Collard emploie le terme :

> « [h]eureuse, dans son malheur, une nation qui [...] trouve dans son prince, image de la Providence, un modérateur élevé au-dessus de toutes les passions [...] ; un *juste arbitre* de la sévérité et de la clémence, qui, après avoir fait concourir l'une et l'autre au salut de l'État,

---

[572] « Article du *Courrier français* du 5 janvier 1830 », *in* B. CONSTANT, *Recueil d'articles 1829-1830*, *op. cit.*, p. 136.

[573] J.-D. LANJUINAIS, *Constitutions de la nation française*, *op. cit.*, t. 1, p. 201.

[574] « Le pouvoir ou le droit royal est celui que le Roi exerce comme premier et principal représentant de la nation, comme chef suprême ou supérieur entre toutes les autorités. Ce droit est en même temps le plus naturel devoir : ils consistent l'un et l'autre à procurer la conservation des droits individuels et des droits nationaux, en observant et faisant observer fidèlement la Charte constitutionnelle » (*ibid.*, p. 191).

[575] « Quel est donc dans notre gouvernement ce pouvoir régulateur qui marche avant les autres, et les entraîne à sa suite ? Nul doute que ce ne soit le pouvoir royal [...] » (« Discours sur la septennalité » (1824), reproduit *in* Pr. de BARANTE, *op. cit.*, t. 2, p. 216).

[576] Exception faite de Ch. DUNOYER en 1815 : « Il est d'autant plus nécessaire que le roi, souverain modérateur de tous les pouvoirs, délègue la puissance exécutive [...] si le roi restait confondu avec elle, il deviendrait nécessairement suspect de vouloir attirer à lui toute l'autorité, et changer *son rôle d'arbitre et de régulateur suprême de tous les pouvoirs* en celui de maître absolu de tous les pouvoirs » (art. préc., pp. 49-50. Nous soulignons).

[577] Sur cette notion d'arbitre sous la Restauration, v. O. FERREIRA, « Le Roi "dans" la Charte de 1814. *Prisons imaginaires* », art. préc., pp. 16-19.

> n'étudie plus dans le passé que la leçon de l'avenir, et se hâte d'appeler tous les intérêts de la grande famille à une réconciliation solennelle et durable »[578].

Ce pouvoir n'a donc pas grand-chose à voir avec les régulateurs des révolutionnaires : il régule la société, mais pas véritablement les pouvoirs, qui lui sont de toute façon déjà tous soumis. Il est tout à fait clair que le roi doit gouverner, c'est même « un principe fondamental et sacré »[579]. Comment alors comprendre ce pouvoir régulateur que lui attribue Royer-Collard ? Son opinion sur le droit de dissolution, attribution majeure du monarque pour l'exercice de sa mission, est en ce sens éclairante :

> « [e]n même temps qu'il dissout la Chambre des députés, le Roi veut réparer les irrégularités que la difficulté du temps avait introduites dans sa composition ; il ramène la Chambre nouvelle aux conditions imposées par la Charte. Il fait plus : il donne à ses peuples l'assurance solennelle qu'à l'avenir aucune atteinte, de quelque nature qu'elle soit, ne sera portée à la loi fondamentale de l'État, *base de notre droit public, et garantie du repos général* »[580].

On constate bien ici que son pouvoir régulateur est en réalité un pur pouvoir conservateur. Le roi régule « la difficulté du temps », c'est-à-dire les éléments perturbateurs de la chambre, ceux dont les idées trop progressistes, voire révolutionnaires, les placent en porte-à-faux avec l'état réel de la société. Ce pouvoir conservateur est un arbitre social, chargé d'institutionnaliser les oppositions entre les clans et les partis afin de les tempérer ; il est aussi le gardien de la Charte constitutionnelle en tant que clef de voûte de l'ordre social post-révolutionnaire. La mission fondamentale du monarque étant de protéger la société, il doit par conséquent préserver la Charte de toute atteinte.

218. L'idée du pouvoir conservateur devait perdurer sous la Monarchie de Juillet, Royer-Collard trouvant un héritier en la personne d'Henri Fonfrède. Pour ce dernier, monarchie et gouvernement sont synonymes[581], le roi « est le pouvoir d'action et d'unité ; l'aristocratie [la chambre des pairs] est le pouvoir de résistance et de conservation ; la démocratie [la chambre des députés], est le pouvoir d'innovation et d'acquisition »[582]. Pour ce faire, Fonfrède fait du

---

[578] « Discours sur la loi d'amnistie » (1815), reproduit *in* Pr. de BARANTE, *op. cit.*, t. 1, p. 193. Nous soulignons.

[579] « Discours sur la loi des élections » (1815), reproduit *in ibid.*, p. 293.

[580] « Discours au collège électoral de la Marne, sur l'ordonnance du 5 septembre » (1815), reproduit *in ibid.*, p. 268. Il souligne.

[581] « Je crois que le mot monarchie et le mot gouvernement sont absolument synonymes, si on veut bien les comprendre ; car, ce n'est pas *pouvoir d'un seul* qu'il faut dire, mais bien *pouvoir d'une seule volonté* ; or, très incontestablement, à mes yeux, tout gouvernement où il y a deux volontés rivales, deux directions en lutte, n'est pas un gouvernement » (H. FONFRÈDE, *De la société, du gouvernement et de l'administration*, t. 1, *in Œuvres de Henri Fonfrède*, Paris, Coquebert, 1844-1847, t. 1, p. 153). Libéral proche des doctrinaires durant la Restauration, Fonfrède défend l'effectivité du pouvoir royal sous la Monarchie de Juillet, ce qui le conduit notamment à s'opposer à la conception parlementaire défendue par Duvergier de Hauranne.

[582] *Ibid.*, p. 345.

pouvoir royal le modérateur des autres pouvoirs[583], s'inscrivant aisément ici dans la lignée de Benjamin Constant et des conceptions libérales du pouvoir régulateur. Le monarque, écrit Fonfrède, est « le lien central, le pivot d'action de tout gouvernement représentatif. Il est le pouvoir modérateur qui, soit en changeant le ministère, soit en dissolvant la chambre des députés, rétablit l'harmonie nécessaire entre les pouvoirs de l'État »[584]. Mais la comparaison s'arrête là, le roi étant aussi, pour Fonfrède, un pouvoir conservateur de la société, comme chez Royer-Collard. Prenant une part active à la fonction législative, son « devoir [...] est sans doute de s'opposer aux institutions démocratiques, toutes les fois que par le frottement de nos mœurs et de nos habitudes sociales, elles nous conduiraient à l'anarchie, en affaiblissant l'action directe du pouvoir »[585]. C'est en fait la voie du juste milieu qui doit être recherchée :

> « [a]u milieu, doit être le gouvernement, – cherchant à modérer le progrès par la conservation, à améliorer la conservation par le progrès : – voilà la destinée éternelle de la société humaine. Et c'est pourquoi tout gouvernement, quel qu'il soit, tend toujours, par ses nécessités et par son instinct, à se rapprocher du *juste-milieu* »[586].

Il apparaît pour cela tout à fait indispensable que le roi dispose de moyens d'influence et de surveillance sur ses ministres pour sauvegarder son pouvoir modérateur, car sans cela, il ne serait plus qu'un « pouvoir détruit », autrement dit passif et neutralisé :

> « [...] si les ministres, [...] assemblés loin des regards du roi, discutaient et décidaient SANS LUI les mesures politiques [...] et, sous prétexte qu'ils sont responsables, agissaient ainsi de leur chef, sans s'informer des volontés du roi, sans même connaître son opinion personnelle, [...] que serait le roi, comment règnerait-il, comment pourrait-il s'assurer que des ministres pervers et corrompus ne trahissent pas les intérêts du pays ? Comment saurait-il s'il doit les conserver ou les changer ? Quand un dissentiment éclaterait entre les chambres et le ministère, comment saurait-il s'il doit dissoudre la chambre élective ou renvoyer les ministres ? Alors il ne serait plus le pouvoir *modérateur*, il serait un pouvoir *détruit*, ne recevant d'impulsion que comme un être passif [...] »[587].

C'est le refus d'un pouvoir ministériel indépendant, délesté de son modérateur, et, par conséquent, placé sous l'unique contrôle de la chambre des députés (l'élément démocratique), qui ressort de ce passage. Le roi doit se trouver au cœur du gouvernement afin d'accomplir sa mission modératrice. La vision de Fonfrède rejoint ainsi tantôt celle de Lanjuinais – un pouvoir régulateur dans la sphère institutionnelle mais qui demeure dans certaines

---

[583] « L'ordre, c'est-à-dire le véritable gouvernement, ne peut résulter que de la résistance opposée par l'aristocratie à [...] la démocratie, et de la sagesse des transactions entre l'esprit novateur et l'esprit conservateur, transactions qui ne peuvent s'accomplir que par le pouvoir modérateur de la royauté » (*ibid.*, p. 163).

[584] *Ibid.*, t. 2, *in Œuvres de Henri Fonfrède*, *op. cit.*, t. 2, pp. 57-58.

[585] *Ibid.*, t. 3, *in Œuvres de Henri Fonfrède*, *op. cit.*, t. 3, p. 318.

[586] *Ibid.*, t. 1, *in Œuvres de Henri Fonfrède*, *op. cit.*, t. 1, pp. 122-123.

[587] *Ibid.*, t. 2, *in Œuvres de Henri Fonfrède*, *op. cit.*, t. 2, p. 58. Il souligne.

situations un pouvoir actif et gouvernant – tantôt celle de Royer-Collard – un pouvoir conservateur de l'ordre social de la Restauration.

219. Ces différentes approches françaises du pouvoir royal devaient finalement trouver une certaine consécration en Belgique, lorsqu'il s'agit de déterminer le rôle qui incombait au chef de l'État, et dans les pays lusophones, puisqu'elles furent les principales sources théoriques du pouvoir modérateur au Brésil et au Portugal.

SECTION 2. LA RÉCEPTION ÉTRANGÈRE DES IDÉES FRANÇAISES : INSPIRATION ET MITIGATION

220. « Le pouvoir modérateur de la Charte est une invention des publicistes modernes, ce que Benjamin Constant nomme le pouvoir royal ou pouvoir neutre, qui modifie l'action des autres, sans jamais en exercer les fonctions qui leur appartiennent en propre […] »[588]. Comme la plupart des commentateurs, le député Joaquim Antonio de Aguiar[589] attestait de l'influence de la doctrine du libéral de Coppet sur la Charte constitutionnelle portugaise de 1826, qui, reprenant largement les dispositions de la Constitution brésilienne de 1824, instaurait un pouvoir modérateur.

221. En réalité, les multiples emprunts étrangers de l'idée d'un quatrième pouvoir, loin de se limiter à l'emblématique théorie constantienne, concernent quasiment l'ensemble des approches françaises du pouvoir royal sous la Restauration et la Monarchie de Juillet. Le libéral Joseph Lebeau, qui fut l'un des membres les plus brillants et actifs de l'assemblée constituante de la Belgique en 1830-1831[590], témoigne de cette forte influence française dans ses *Souvenirs personnels*, publiés en 1883 :

> « [d]éjà sur le banc de l'Université […] la leçon terminée, je courais au cabinet de lecture, où je lisais avec avidité les débats de nos États généraux et des Chambres françaises. C'était à l'époque du Ministère Villèle et l'on sait quels étaient alors la vivacité et l'intérêt tout dramatique des discussions parlementaires en France. Il résultait de là […] que je savais par

---

[588] J. A. de AGUIAR, intervention du 2 nov. 1844, reproduit *in Diario da Câmara dos Senhores Deputados da Nação Portugueza*, 1844, n° 60, p. 11. Nous traduisons.

[589] Conservateur favorable à la Charte constitutionnelle, Joaquim Antonio de Aguiar fut par trois fois président du Conseil des ministres du Portugal : de 1841 à 1842, en 1860 puis de 1865 à 1868.

[590] Son biographe, l'historien Théodore Juste, écrit : « [j]e vais retracer la vie politique d'un des principaux fondateurs de la monarchie belge, d'un citoyen qui, par son talent et son dévouement, a rendu des services immenses à la patrie. Publiciste, orateur, législateur, ministre, M. Lebeau se distingua dans toutes les positions où il fut appelé. Cependant, reconnaissons-le, son vrai, son incontestable titre de gloire, c'est la part considérable, exceptionnelle même, qu'il prit à la fondation du royaume de Belgique » (Th. JUSTE, *Joseph Lebeau. D'après des documents inédits*, Bruxelles, C. Muquardt, « Les fondateurs de la monarchie belge », 1866, p. 1).

cœur des fragments des discours de MM. Royer-Collard, Benjamin Constant, Foy, Manuel […] »[591].

En effet, au cours du XIXe siècle, la pensée politique et constitutionnelle française s'impose partout, particulièrement dans les très francophiles Belgique, Brésil et Portugal, au point d'y prendre le pas sur les auteurs anglais et allemands. Dans ces trois pays où l'influence des intellectuels français fut remarquable[592], les rédacteurs des textes constitutionnels, qui étaient à la recherche d'un modèle pour leur chef de l'État, ont été inspirés par les théories libérales du pouvoir modérateur. Cependant, la polysémie du concept ne permet pas d'interprétations aisées, d'autant plus que dans la pratique politique de ces États en construction (l'indépendance du Brésil est proclamée en 1822, celle de la Belgique en 1830), divisés par les luttes partisanes et sociales, c'est l'image du pouvoir conservateur, arbitre des partis et des intérêts sociaux, qui prédomine.

222. Les expériences étrangères viendraient-elles alors conforter l'idée d'un libéralisme français « brillant mais inapplicable, réduit au statut de caution de probité »[593] ? En dépit d'indispensables nuances sur le sens du pouvoir modérateur dans la pratique, les conceptions libérales du pouvoir royal ont paru l'avoir emporté en Belgique (§ I).

223. Quelques années auparavant, le Brésil et le Portugal furent les premiers à consacrer le pouvoir modérateur du monarque en droit positif, dans la Constitution brésilienne de 1824 et sa copie la Charte constitutionnelle portugaise de 1826, toutes deux octroyées par l'empereur Pierre Ier du Brésil (le roi Pierre IV du Portugal). Mais les contours de ce pouvoir modérateur demeurent pour le moins indéterminés, d'autant plus qu'à l'inverse du pouvoir neutre constantien, il n'implique pas l'exclusion du monarque du pouvoir exécutif ; au contraire, les deux textes confient au roi ou à l'empereur à la fois le pouvoir modérateur et la direction de l'Exécutif. S'agirait-il là d'une lecture biaisée ou erronée de Constant de la part des Brésiliens puis des Portugais ? En fait, ceux-ci connaissent les influences contradictoires des différentes approches françaises du quatrième pouvoir, ce qui explique sans doute les multiples visages du pouvoir modérateur au Brésil et au Portugal (§ II).

---

[591] J. LEBEAU, *Souvenirs personnels (1824-1841) et correspondance diplomatique*, Bruxelles, A. N. Lebègue, 1883, p. 100.

[592] V. par ex., pour le cas du Brésil, Fr. CHEVALIER, J. CHAZELAS, « Le Brésil différent : un héritage original de la Révolution française », *Cahiers des Amériques latines*, 1990, n° 10, pp. 205-223.

[593] O. FERREIRA, « Le pouvoir modérateur dans la Constitution brésilienne de 1824 et la Charte constitutionnelle portugaise de 1826 : les influences de Benjamin Constant ou de Lanjuinais ? », *RFDC*, 2012/1 n° 89, supplément électronique, p. e3.

§ I. Le pouvoir royal dans le modèle belge de la monarchie constitutionnelle

224. La Belgique indépendante naquit en 1830 à la suite d'une révolution qui mena à la réunion des catholiques et des francophones au sein d'un nouvel État séparé du royaume uni des Pays-Bas. Sur décision du gouvernement provisoire révolutionnaire, un Congrès national fut élu au suffrage capacitaire et censitaire le 4 novembre 1830 et installé dans ses fonctions le 10 novembre, avec pour principale mission de doter la Belgique d'une constitution. Ses premiers travaux, à l'automne 1830, tournèrent principalement autour des questions de la forme du régime politique et de la limitation du pouvoir royal. L'idée centrale qui ressortait des débats était que la monarchie n'était possible que si elle s'appuyait sur les bases les plus républicaines possibles, c'est-à-dire en renonçant à la souveraineté monarchique. De ce point de vue, le texte qui fut adopté par le Congrès national de Belgique le 7 février 1831 a souvent été présenté comme la constitution la plus libérale d'Europe à cette époque[594], car il organisait un modèle monarchique exemplaire, à l'opposé du modèle de la monarchie limitée qui dominait en Europe depuis le congrès de Vienne en 1815[595].

225. « Nulle constitution ne mérite plus d'être étudiée à cet égard comme à d'autres, que la Constitution de la Belgique »[596], jugeait Dicey, qui voyait dans celle-ci « une reproduction écrite de la constitution anglaise »[597]. Mais la « monarchie constitutionnelle représentative, sous un chef héréditaire », que le Congrès national adopta pour forme de gouvernement du peuple belge le

---

[594] Pour l'historien Raymond Fusilier, la Constitution belge de 1831 avait « un caractère plus avancé que celui de la Charte française de 1830, ou que la réforme électorale proposée à ce moment par Lord Grey. La Constitution belge du 7 février 1831, que les partis radicaux des autres pays citaient aussitôt comme un modèle, de préférence au régime britannique, présentait ainsi maints caractères originaux, sinon révolutionnaires pour l'époque » (R. FUSILIER, *Les monarchies parlementaires. Étude sur les systèmes de gouvernement (Suède, Norvège, Danemark, Belgique, Pays-Bas, Luxembourg)*, Paris, Éd. Ouvrières, 1960, p. 349).

[595] C'est par exemple la position que soutient Pasquale Pasquino : « [s]i l'on considère la pratique politique du régime de Juillet, au-delà de l'hyperrroyalisme de la Charte, la France tiendrait une place intermédiaire dans une typologie des monarchies constitutionnelles du XIXe siècle dont les deux pôles extrêmes seraient la Prusse et la Belgique. La Constitution prussienne de 1850, fondée sur le principe monarchique, reconduit [...] l'idée de la souveraineté du roi [...]. À l'inverse [...], la monarchie belge se fonde sur la reconnaissance préalable des droits de la nation dont émanent tous les pouvoirs » (P. PASQUINO, « Sur la théorie constitutionnelle de la monarchie de Juillet », *in* M. VALENSISE (dir.), *François Guizot et la culture politique de son temps*, Paris, Gallimard et Éd. du Seuil, 1991, p. 114). Dans le même sens, v. C. SCHMITT, *Théorie de la Constitution*, *op. cit.*, p. 435 : « La monarchie parlementaire de style belge est également une monarchie constitutionnelle, mais en renonçant au principe monarchique [...] ».

[596] A. V. DICEY, *Introduction to the study of the law of the constitution*, 3e éd., Londres, MacMillan and co, 1889, p. 117, n. 2. Nous traduisons.

[597] *Ibid.*, p. 85. Nous traduisons.

22 novembre 1830[598], est surtout considérée comme une mise en pratique des idées du courant libéral français. La réception avérée de la théorie du pouvoir neutre par les jeunes libéraux belges conduit ainsi à faire du débat sur la monarchie au Congrès national un véritable réceptacle des conceptions constitutionnelles de Benjamin Constant (A), qui n'avaient jusque-là guère trouvé écho en France. Pour autant, les constituants font finalement le choix, moins audacieux à cette période, d'un Exécutif monarchique, incompatible avec la doctrine constantienne et qui paraît davantage consacrer la conception de Lanjuinais d'un pouvoir modérateur et actif. Mais dans la pratique de la Constitution de 1831, l'interprétation du pouvoir royal se révéla nettement plus délicate, car les lectures en termes de pouvoir modérateur proposées par certains hommes politiques belges tendent davantage vers le modèle du pouvoir conservateur, arbitre des partis et des conflits sociaux, que du pouvoir strictement institutionnel des libéraux (B).

A. La monarchie en débat au Congrès national de Belgique (1830-1831) : un « moment » Benjamin Constant ?

226. « Je suis républicain par théorie, mais la théorie se modifie par les hommes et les circonstances. Je ne conteste pas à mon pays toutes les vertus civiques et des mœurs semi-républicaines. Il en résulte qu'il y a moins de danger en Belgique qu'ailleurs à placer le pouvoir entre les mains d'un seul »[599]. Ces propos prononcés par Jean-Sylvain Van de Weyer lors de la séance du 22 novembre 1830 soulignent la grande hésitation du Congrès national de Belgique lorsqu'il s'agit de déterminer le mode d'organisation politique du nouvel État. En vérité, le choix des congressistes en faveur de la forme monarchique paraît avoir été fortement dicté par les puissances européennes, dont le soutien tout relatif à la Révolution belge face à Guillaume Ier des Pays-Bas demeurait largement conditionné à l'adoption de la monarchie par le nouvel État[600].

---

598 *Discussions du Congrès national de Belgique, 1830-1831*, mises en ordre et publiées par É. HUYTTENS, Bruxelles, Société typographique belge, 1844-1845, t. 1, p. 260.

599 *Ibid.*, t. 1, p. 254.

600 D'après Louis de Potter, qui se trouvait à Paris au début de la Révolution, le roi Louis-Philippe ne tenait pas à ce qu'une république fût instaurée dans le nouvel État belge : « Louis-Philippe fit consulter sur les affaires de Belgique un ami de M. Tielemans [...]. Ce Belge eut, je tiens la chose de lui-même, une longue conférence chez M. Vatout, d'abord avec M. Vatout lui-même, puis avec le roi. Louis-Philippe ne voulait pas, disait-il, de république à une journée de marche de Paris ; cependant il n'y avait que cela de possible, car il n'osait ni réunir la Belgique à la France, ni envoyer un de ses fils y régner pour lui. – Pourquoi les Belges ne reprendraient-ils pas le roi Guillaume ? – Pourquoi, sire, répliqua mon concitoyen, ne vous entremettriez-vous pas entre Guillaume et les Belges ? – Mais il n'osait pas davantage. C'eût été se perdre comme roi actuel des barricades, aussi inévitablement que l'influence d'une république voisine aurait tôt

227. Ceci étant, les interférences étrangères, bien qu'avérées, ne suffisent pas à expliquer la décision du Congrès belge, car celui-ci comptait aussi dans ses rangs des républicains convaincus. En conséquence, la question de la forme du gouvernement conduisit à un grand débat entre partisans de la monarchie et partisans de la république, à l'issue duquel une très large majorité des congressistes – 174 voix contre 13 – vota en faveur de la monarchie[601], qualifiée de constitutionnelle et représentative[602], comme pour marquer une rupture avec le précédent régime[603]. Les discussions entre républicains et monarchistes ne durèrent que trois jours – les 19, 20 et 22 novembre 1830 – mais furent d'une grande intensité. Surtout, elles nous apparaissent remarquables en ce qu'elles font très directement écho à la théorie constitutionnelle de Benjamin Constant, et ce sur au moins deux points : les considérations utilitaristes et empiriques avancées en faveur de la monarchie (1°) ainsi qu'une vision du pouvoir royal comme un pouvoir neutre et régulateur, en particulier chez les jeunes libéraux belges (2°).

1°) Le choix de la monarchie constitutionnelle justifié par des arguments rationalistes-utilitaires

228. Les termes du débat qui occupa le Congrès national de Belgique du 19 au 22 novembre 1830 peuvent aisément être résumés en une interrogation fondamentale, qu'avait déjà soulevée Benjamin Constant dans ses écrits : quelle forme de gouvernement, entre la monarchie constitutionnelle et la république, est la plus à même de garantir la liberté des individus et le bon ordre dans la société ? Les révolutionnaires belges, qu'ils soient républicains ou monarchistes, paraissent en effet s'accorder sur l'essentiel, à savoir les

---

ou tard entraîné sa perte comme futur agent de la ligue des rois ». (L. de POTTER, *Révolution belge de 1828 à 1839. Souvenirs personnels*, Bruxelles, Meline, Cans et compagnie, 1839, t. 1, p. 113).

[601] Sur le processus d'adoption de la monarchie en Belgique, nous renvoyons en particulier à E. VANDENPEEREBOOM, *Du gouvernement représentatif en Belgique (1831-1848)*, Bruxelles, Librairie polytechnique d'A. Decq, 1856, t. 1, not. pp. 5-6 ; R. FUSILIER, *op. cit.*, pp. 345-352 ; É. MOUNZINAHA NZILA, *Monarchie et gouvernement parlementaire en Belgique (1830-1920)*, thèse dactylographiée, Université Paris II Panthéon-Assas, 2012, not. pp. 49-59.

[602] Deux articles de la Constitution du 7 février 1831 expriment particulièrement la réalité de ce qualificatif : l'article 25 (« [t]ous les pouvoirs émanent de la nation. Ils sont exercés de la manière établie par la Constitution ») et l'article 78 (« [l]e Roi n'a d'autres pouvoirs que ceux que lui attribuent formellement la Constitution et les lois particulières portées en vertu de la Constitution même »).

[603] À l'instar de la Charte française de 1814, la Constitution des Pays-Bas du 24 août 1815 était fondée sur le principe monarchique, dont le roi Guillaume Ier aimait rappeler la prégnance : « [m]on gouvernement est une monarchie tempérée par une Constitution et non pas une république avec un roi mandataire des mandataires du peuple. Il n'y est question ni de jury, ni de responsabilité des ministres, ni de souveraineté populaire, ni d'autres pouvoirs dont je n'entends pas faire l'essai à mes dépens. Les attributions du Chef de l'État et des Chambres y sont clairement définies, et toutes les théories contraires sont anticonstitutionnelles, factieuses et révolutionnaires. Je suis roi des Pays-Bas, je connais mon droit, je connais mon devoir » (cité *in* R. FUSILIER, *op. cit.*, p. 346).

principaux objectifs de la société politique, comme le remarque l'abbé de Smet lors de la séance du 20 novembre :

> « [d]ans la question capitale qui nous occupe, je crois, messieurs, que tous nous sommes d'accord sur le but où nous devons tendre : tous nous voulons la liberté en tout et pour tous, autant que le besoin de l'ordre et de la paix publique le comporte ; [...] tous nous voulons les plus puissantes garanties contre le retour de l'arbitraire. Il ne saurait donc être question d'une monarchie pure ou d'une oligarchie [...]. Nous ne sommes réellement divisés que sur l'hérédité du pouvoir »[604].

Dans la lignée de Constant, les congressistes belges envisageaient donc davantage le mode d'organisation du pouvoir politique comme un moyen formel pour réaliser les « principes de politique applicables à tous les gouvernements représentatifs » – à savoir « [l]a liberté, l'ordre, le bonheur des peuples »[605] – que comme un enjeu substantiel pour le nouvel État. La question dynastique était d'ailleurs tout à fait secondaire chez les monarchistes belges et ne fut définitivement tranchée qu'après l'adoption de la Constitution[606]. Les partisans de la monarchie vont ainsi avancer trois types d'arguments en sa faveur. Les deux premiers se rapportent essentiellement à l'ingénierie constitutionnelle : la monarchie constitutionnelle serait le régime politique le plus respectueux des libertés individuelles et le plus à même de garantir la stabilité et la continuité de l'État grâce au respect des traditions et à la technique de l'hérédité. Le troisième argument relève de la philosophie de l'histoire : la monarchie constitutionnelle serait une étape transitoire mais nécessaire dans la marche du peuple belge vers la république. Ce genre de justifications « utilitaristes » ou « empiriques » de la monarchie[607] est typique du courant libéral français de la première moitié du XIXe siècle, tout particulièrement de la défense constantienne de la monarchie constitutionnelle.

229. Membre du Congrès national, Joseph Lebeau avait déjà affirmé, peu de temps avant la Révolution, la compatibilité de principe de la monarchie avec la liberté : « [à] part quelques esprits stationnaires ou absolus, tout le monde

---

[604] *Discussions du Congrès national de Belgique, 1830-1831*, préc., t. 1, p. 206.

[605] « La liberté, l'ordre, le bonheur des peuples, sont le but des associations humaines ; les organisations politiques ne sont que des moyens ; et un républicain éclairé est beaucoup plus disposé à devenir un royaliste constitutionnel qu'un partisan de la monarchie absolue. Entre la monarchie constitutionnelle et la république, la différence est dans la forme. Entre la monarchie constitutionnelle et la monarchie absolue, la différence est dans le fond » (B. CONSTANT, *Des réactions politiques*, « avant-propos de l'édition de 1819 », *in id.*, *Cours de politique constitutionnelle*, *op. cit.*, p. 70) ; v. *supra* not. § 177.

[606] Le 3 février 1831, le Congrès élut comme roi des Belges le duc de Nemours, fils puiné de Louis-Philippe (v. *Discussions du Congrès national de Belgique, 1830-1831*, préc., t. 2, pp. 435-455). Mais le refus du roi des Français, le 17 février, d'accepter le trône de Belgique pour son fils – principalement par crainte de la réaction anglaise – contraignit le Congrès à élire un régent, en la personne du baron Surlet de Chokier, le 24 février (v. *ibid.*, t. 2, pp. 585-589). C'est finalement Léopold de Saxe-Cobourg-Gotha, candidat acceptable par toutes les puissances voisines, qui fut élu roi des Belges le 4 juin 1831, près de quatre mois après l'adoption de la Constitution (v. *ibid.*, t. 3, pp. 236-272).

[607] V. C. SCHMITT, *Théorie de la Constitution*, *op. cit.*, pp. 431-435.

comprend, là comme ici, que la monarchie et la liberté n'ont entre elles aucune incompatibilité réelle ou sérieuse. Il y a alliance possible entre les choses »[608]. Mais une telle monarchie respectueuse des libertés « n'est pas celle de Louis XIV ou de Ferdinand VII ; elle n'est pas davantage celle de Frédéric-Guillaume », le roi des Pays-Bas. Ce n'est en effet « qu'avec la *monarchie constitutionnelle* qu'apparaît le droit ; elle est la seule qu'accepte l'homme éclairé, libre de son choix »[609]. Le député liégeois Mathieu Leclerc abondera en ce sens lors de la séance du 19 novembre, au cours de laquelle il affirme que l'adoption d'une monarchie constitutionnelle est la meilleure manière de garantir la liberté en Belgique :

> « [c]'est la liberté que nous voulons, mais la liberté fondée sur des lois qui soient puisées dans les principes immuables de la justice, qui consacrent les droits que Dieu a donnés à chaque homme. Cette liberté, la monarchie constitutionnelle représentative peut-elle nous l'assurer ? Le peut-elle sans nous exposer en même temps à l'anarchie ou au despotisme ? Le peut-elle aujourd'hui plus sûrement que la république ? Je n'hésite pas à répondre : oui, elle le peut »[610].

La monarchie constitutionnelle est par conséquent considérée par les congressistes comme le moyen le plus sûr d'atteindre et de maintenir la liberté, car elle possède un avantage technique sur la république : l'hérédité lui permet de maintenir en permanence un pôle de stabilité à son sommet. C'est ainsi que le vicomte Charles Vilain XIIII, qui se déclare, durant la séance du 19 novembre, partisan d'une « monarchie aussi républicaine que possible »[611], réclame « un centre d'unité, un point de centralisation [...] » pour la Belgique, incarné par un chef héréditaire, parce que « [l]'hérédité est la seule garantie qui puisse préserver l'État de ces commotions qui ne manqueraient pas de l'ébranler à chaque changement de règne »[612].

230. Ces arguments en faveur de la *mécanique* monarchique et de ses qualités intrinsèques se trouvent complétés au cours des débats au Congrès par des considérations tirées de la philosophie libérale de l'histoire. Les sociétés politiques tendent inexorablement vers l'égalité républicaine, et la Révolution de 1830 constitue une avancée considérable mais pas forcément définitive dans cette direction. L'instauration d'une monarchie constitutionnelle est dès lors le meilleur moyen d'assurer une stabilité dans la progression historique de la société politique belge, tandis que la proclamation immédiate de la république entraînerait de nouveaux bouleversements.

---

[608] J. LEBEAU, *Observations sur le pouvoir royal ou examen de quelques questions relatives aux droits de la couronne dans les Pays-Bas*, Bruxelles, Louis Hauman et Cie, 1830, p. 6.
[609] *Ibid.*, p. 7. Nous soulignons.
[610] *Discussions du Congrès national de Belgique, 1830-1831*, préc., t. 1, p. 187.
[611] *Ibid.*, t. 1, p. 200.
[612] *Ibid.*, t. 1, p. 199.

231. Jean-Baptiste Nothomb[613], qui participera au comité de rédaction de la Constitution en tant que secrétaire, voulut convaincre le Congrès que si « une révolution a atteint son but, il faut qu'elle s'arrête ; si elle va au-delà, c'est une nouvelle révolution qui commence. En adoptant la forme monarchique, vous aurez clos la révolution ; en proclamant la république, vous en ouvrirez une nouvelle ». L'option républicaine est vouée à l'échec en 1830 car elle « ne serait qu'une transition » que la Belgique traverserait « pour passer sous le despotisme militaire », comme la France après 1792, ou « pour tomber sous la domination étrangère »[614]. Dans son intervention du 19 novembre, il présente la monarchie constitutionnelle représentative comme le meilleur moyen d'accorder les deux grands besoins que toute société politique éprouve, le besoin de mouvement et celui de stabilité, « qui se heurtent dans une lutte éternelle, et selon que l'un ou l'autre remporte, les peuples hâtent ou ralentissent leur marche ».

232. Cette contradiction peut être dépassée par le « gouvernement mixte qui consiste dans l'association d'une puissance qui dure et d'une puissance qui change. C'est pour exprimer cette heureuse combinaison des pouvoirs qu'on a hasardé la dénomination de monarchie républicaine ». Il s'agit de combiner un élément monarchique avec un élément républicain, comme l'explique Nothomb :

> « [i]l y a mouvement lorsque le pays se gouverne par lui-même ; le gouvernement a ce caractère, lorsqu'il existe une représentation nationale qui se renouvelle à des intervalles assez rapprochés. De cette manière, la société entre dans le gouvernement avec ses intérêts nouveaux et ses idées nouvelles. Il y a stabilité dès qu'il existe au centre de l'ordre politique un pouvoir qui se perpétue de lui-même et qui échappe à toutes les vicissitudes humaines »[615].

Un pouvoir qui, à l'instar de ce que décrivait Constant, « plane, pour ainsi dire, au-dessus des agitations humaines »[616], ne peut exister qu'à la condition de l'hérédité, « car la nécessité d'une élection occasionnerait un interrègne durant lequel la représentation nationale s'agitant sur elle-même serait aux prises avec toutes les passions »[617].

233. Nothomb énonce en fait le grand argument utilitariste en faveur de la monarchie héréditaire : « [p]our faire en sorte que personne n'aspire à la première place, il faut la supposer à jamais occupée, et contraindre toutes les

---

[613] Membre du Parti libéral, Jean-Baptiste Nothomb (1805-1881) sera chef du gouvernement de 1841 à 1845.
[614] *Discussions du Congrès national de Belgique, 1830-1831*, préc., t. 1, p. 193.
[615] *Ibid.*, t. 1, p. 192.
[616] B. CONSTANT, *Principes de politique*, *op. cit.*, p. 327.
[617] *Discussions du Congrès national de Belgique, 1830-1831*, préc., t. 1, p. 192.

ambitions à se remuer dans une sphère secondaire »[618]. Un argument similaire fut développé par Paul Devaux[619] lors de la séance du 20 novembre :

> « [d]ans une république, la lutte des partis est nécessairement bien plus violente, que dans la monarchie, parce qu'ils peuvent davantage. […] chacun des partis, quand il triomphe, peut espérer, non pas changer un ministère comme dans la monarchie représentative, mais changer et adapter à son opinion la forme toute entière du gouvernement. Le rôle des partis dans une république est donc beaucoup plus important ; leur espoir peut aller beaucoup plus loin ; c'est la cause pour laquelle leurs luttes sont de leur nature, bien autrement vives et passionnées que dans la monarchie »[620].

On retombe finalement sur l'idée selon laquelle la mécanique monarchique est intrinsèquement supérieure aux institutions républicaines, ce qui fit affirmer à Joseph Lebeau que « la monarchie constitutionnelle, loin d'être un état de transition vers un régime plus parfait, est au contraire une combinaison politique plus savante, plus ingénieuse que la république elle-même »[621]. Toutefois, cette idée n'était pas partagée par Charles Vilain XIIII, qui, lors des débats, présenta la monarchie constitutionnelle comme une étape, transitoire mais obligée, vers une république démocratique :

> « [j]e me prononcerai, messieurs, en faveur de la monarchie constitutionnelle, mais assise sur les bases les plus libérales, les plus populaires, les plus républicaines. Je regrette la république, parce que, rêve des âmes généreuses, elle me semble impraticable. Une république devait être composée des anges, et la société de l'an 1830 ne me paraît pas encore arrivée à la perfection angélique »[622].

Comme l'écrivait Benjamin Constant, « [l]a République est un but, la Révolution fut une route […] »[623] et, devant l'impossibilité d'une république en Belgique en 1830, la monarchie constitutionnelle représente une étape nécessaire afin d'accompagner la progression du peuple belge vers l'égalité. Une telle conception de la monarchie n'est pas sans incidence sur la nature du pouvoir royal, que certains libéraux belges, marchant plus que jamais dans les pas du libéral de Coppet, envisagèrent comme un pouvoir neutre.

---

[618] *Ibid.*, pp. 192-193 ; v. C. SCHMITT, *Théorie de la Constitution*, *op. cit.*, pp. 431-432.

[619] À l'instar de Nothomb, Devaux adopte une définition de la monarchie constitutionnelle en termes de régime mixte : « [l]a monarchie constitutionnelle représentative, telle que je l'entends, c'est la liberté de la république, avec un peu d'égalité de moins dans les formes, si l'on veut ; mais aussi avec une immense garantie d'ordre, de stabilité, et par conséquent, en réalité, de liberté de plus dans les résultats » (*Discussions du Congrès national de Belgique, 1830-1831*, préc., t. 1, p. 213).

[620] *Loc. cit.*

[621] *Ibid.*, t. 1, p. 208.

[622] *Ibid.*, t. 1, p. 199.

[623] B. CONSTANT, *De la force du gouvernement actuel de la France et de la nécessité de s'y rallier*, *op. cit.*, p. 20.

2°) Le pouvoir royal envisagé comme un pouvoir neutre et régulateur

234. « [L]e gouvernement monarchique représentatif excelle principalement en ce qu'il empêche le froissement du pouvoir exécutif et du pouvoir législatif ; le roi reste ordinairement en dehors du conflit entre les divers pouvoirs ; il ne s'y mêle que pour rétablir l'harmonie »[624]. Lors de la séance du 22 novembre, le député libéral Charles Blargnies exposa en ces termes sa conception du monarque comme pouvoir strictement régulateur et clairement distinct des pouvoirs actifs que sont le Législatif et l'Exécutif. Une fois de plus, on ne peut s'empêcher de voir ici, à l'instar de Philippe Lauvaux[625], une référence directe à la doctrine de Benjamin Constant. Dans ce cadre, le pouvoir exécutif est perçu comme relevant essentiellement des ministres, et non plus du roi.

235. Il s'agit précisément de la position qu'exprima Joseph Lebeau au Congrès le 20 novembre : « [...] le ministère est élu indirectement, mais réellement, par la chambre ; or qu'est le ministère dans une monarchie constitutionnelle ? Évidemment le pouvoir exécutif tout entier. La royauté, en effet, n'est pas à proprement parler, un pouvoir ». Quelle est alors sa position, sinon celle d'un « centre immuable à côté d'un pouvoir exécutif mobile, renouvelé sans secousse »[626] ? Dès lors, poursuivit Lebeau, quelle que soit l'issue du débat au parlement entre les partis, « un centre reste immuable, *un pouvoir neutre plane inaccessible au-dessus de l'arène* ; la société politique n'est point menacée de dissolution »[627]. On doit admettre la flagrance des similitudes entre ces propos et ceux de Constant sur la nécessité d'un pouvoir neutre. Cette idée n'était cependant pas partagée par tous les congressistes belges ; Alexandre de Robaulx fut notamment de ceux qui exprimèrent leur pessimisme à son égard :

> « [l]a monarchie constitutionnelle est, à mon avis, le plus mauvais des gouvernements possibles, parce qu'il est un régime de défiance qui consiste à mettre la royauté constamment en présence avec le peuple, et que ces deux pouvoirs antipathiques, toujours en état d'hostilité, cherchent à empiéter l'un sur l'autre ; là où il y a rivalité, il y a combat, à moins qu'un pouvoir neutre et modérateur n'existe pour tenir la balance ; or, ce pouvoir est la pierre philosophale que l'on n'a encore pu trouver. Là où il y a combat, il doit y avoir triomphe et défaite, et conséquemment assujettissement de l'un ou l'autre pouvoir »[628].

---

[624] *Discussions du Congrès national de Belgique, 1830-1831*, préc., t. 1, p. 236.
[625] Ph. LAUVAUX, *Le parlementarisme*, 2e éd., Paris, Puf, « QSJ ? », 1987, p. 21.
[626] *Discussions du Congrès national de Belgique, 1830-1831*, préc., t. 1, p. 208.
[627] *Ibid.*, t. 1, p. 209. Nous soulignons.
[628] *Ibid.*, t. 1, p. 226.

Robaulx ne croyait pas en la possibilité d'un pouvoir neutre monarchique, car il ne concevait pas le roi autrement que comme un pouvoir actif et agissant au sein de l'Exécutif.

236. *A contrario*, Jean-Baptiste Nothomb déploya au cours des débats une autre théorie du pouvoir royal, envisagé comme un pouvoir modérateur :

> « [l]e pouvoir qui se maintient par l'hérédité et l'inviolabilité n'est qu'un pouvoir modérateur. La souveraineté se compose de la volonté et de l'exécution. La volonté est placée dans la représentation nationale, l'exécution dans le ministère. Le pouvoir permanent influe sur la volonté par l'initiative et le *veto*, et par la dissolution de la chambre élective ; sur l'exécution par le choix des ministres et par le droit de grâce. Il n'a pas d'action proprement dite, mais il provoque ou empêche l'action de tous les autres pouvoirs qui, autour de lui, se créent ou se renouvellent par l'élection »[629].

Se dessinait là aussi l'idée d'un monarque qui ne gouverne pas mais dont la seule mission est de préserver le bon fonctionnement des institutions contre tout risque d'abus de pouvoir. Les thèses que présentèrent Joseph Lebeau ou encore Jean-Baptiste Nothomb étaient incontestablement en avance sur leur temps, y compris pour une Belgique irriguée par les doctrines libérales françaises. L'idée d'un Exécutif exclusivement ministériel dont le chef de l'État est exclu ne sera pas retenue dans la Constitution de 1831, ni consacrée par la pratique politique durant les années qui suivirent son adoption.

B. Le roi dans la Constitution de 1831 : les ambiguïtés d'un pouvoir modérateur et actif

237. « Non, messieurs, un roi, chef d'une monarchie représentative, n'est point un mannequin, comme certain partisan de la république se plaît à le dépeindre »[630]. L'objection du député Mathieu Leclerc, lancée durant la séance du 19 novembre 1830, témoigne de l'absence d'unanimité parmi les membres du Congrès sur ce que devait être l'étendue du pouvoir royal dans la future Constitution. La commission de rédaction, où les jeunes juristes libéraux étaient pourtant majoritaires[631], s'inspira essentiellement, dans ses travaux relatifs aux prérogatives du chef de l'État, de la Constitution des Pays-

---

[629] *Ibid.*, t. 1, p. 193.
[630] *Ibid.*, t. 1, p. 188.
[631] « Des quatorze membres de la commission, sept seulement y siégèrent d'une manière permanente [...]. Tous étaient des juristes, à l'exception de Charles de Brouckère, qui avait toutefois une longue pratique des questions parlementaires [...]. La grande majorité des membres de la commission avaient moins de quarante ans. Le cadet, Jean-Baptiste Nothomb, avait vingt-cinq ans ; il devint, comme tel, le secrétaire de la commission. [...] c'est lui qui, avec Devaux, alors âgé de vingt-neuf ans, rédigea le texte du projet de la constitution, à l'aide des décisions prises par la commission » (J. GILISSEN, « La Constitution belge de 1831 : ses sources, son influence », *Res publica*, vol. 10, 1968, n° spécial, p. 112).

Bas de 1815[632] et de la Charte constitutionnelle française de 1830[633], qui consacraient toutes deux le rôle prépondérant du monarque. L'article 78 de la Constitution de 1831 marque cependant une véritable rupture avec ces deux textes et le modèle de la monarchie limitée : « [l]e roi n'a d'autres pouvoirs que ceux que lui attribuent la Constitution et les lois particulières portées en vertu de la Constitution même ». Il symbolise l'originalité et le caractère précurseur du modèle belge en 1831[634]. Ceci étant, les pouvoirs auxquels fait référence cet article sont nettement plus classiques – les articles 26 et 29 mentionnent respectivement que « [l]e pouvoir législatif s'exerce collectivement par le Roi, la Chambre des représentants et le Sénat » et qu'« [a]u Roi appartient le pouvoir exécutif, tel qu'il est réglé par la Constitution ». Ils contrastent avec l'idée d'un pouvoir neutre distinct des pouvoirs actifs exécutif et législatif[635].

238. Dès lors, quelle lecture du pouvoir royal adopter dans le cadre de la Constitution de 1831 ? L'une des interprétations possibles est celle qui fut notamment avancée par le juriste et professeur de droit Jean Joseph Thonissen en 1844 dans sa *Constitution belge annotée.* Celui-ci percevait au sein de la monarchie constitutionnelle un pouvoir modérateur :

> « [l]es institutions représentatives, telles qu'ont été organisées par le Congrès, renferment un germe d'agitation et de lutte, qui pourrait devenir dangereux, si l'on avait oublié de placer, au sommet de l'édifice constitutionnel, à l'abri du mouvement des partis et de l'atteinte de l'ambition privée, un principe fixe, immuable, *modérateur*. Ce principe, c'est la *monarchie constitutionnelle* »[636].

Thonissen développe ensuite son argumentation en trois temps. Il commence par exposer la nécessité d'un tel pouvoir, neutre et modérateur :

> « [l]orsque l'élément aristocratique et l'élément populaire se trouvent seuls en présence, une lutte dangereuse ne tarde pas à s'engager, et bientôt les représentants de l'un s'emparent du pouvoir, au détriment des mandataires de l'autre. Alors la fraction exclue du pouvoir s'irrite, souffre, s'agite, et bientôt l'énergie nationale ne se manifeste plus que par des luttes

---

[632] *Ibid.*, p. 120.

[633] Comme le souligne A. MAST, les analogies entre les deux textes sont flagrantes : « [l]es articles 7, § 1er, 16, 26, 27, 33, 66, 67, 77, 94, 96, 112, 121 et 138 de la Constitution belge sont, soit littéralement repris à la charte constitutionnelle du 14 août 1830, soit directement inspirés d'elle » (*Les pays du Benelux*, Paris, LGDJ, « Comment ils sont gouvernés », t. IV, 1960, p. 73, n. 2).

[634] « La formule employée par les membres de la Commission est à ce point originale qu'il faut, nous semble-t-il, leur en laisser la paternité. C'est le grand mérite qui leur revient, d'avoir su exprimer, en une formule claire, la nature même de la monarchie : le chef de l'État n'a qu'une compétence d'attribution, c'est-à-dire les pouvoirs qui lui sont formellement attribués par la Constitution. Ce type de monarchie se distingue ainsi de la monarchie limitée ou pseudo-constitutionnelle dans laquelle le roi a accepté de limiter ses prérogatives par l'octroi d'une constitution » (J. GILISSEN, art. préc., p. 129).

[635] Néanmoins, les pouvoirs du monarque doivent être pris en compte à la lumière de l'article 64 de la Constitution de 1831 : « [a]ucun acte du Roi ne peut avoir d'effet, s'il n'est contresigné par un ministre, qui, par cela seul, s'en rend responsable ».

[636] J. J. THONISSEN, *Constitution belge annotée, offrant, sous chaque article, l'état de la doctrine, de la jurisprudence et de la législation*, Hasselt, P.-F. Milis, 1844, p. 178. Il souligne.

acharnées, où deux partis implacables, tantôt victorieux et tantôt vaincus, s'emparent tour à tour du pouvoir […]. Entre les deux grandes fractions […], il faut un pouvoir neutre, et la royauté constitutionnelle en réunit admirablement tous les caractères »[637].

On peut dès lors s'interroger sur la nature de ce « pouvoir neutre », avant tout chargé d'arbitrer et de modérer les luttes entre les partis politiques. La conception du professeur belge paraît en fait plus proche des doctrines françaises du pouvoir conservateur, celles d'un arbitrage politique voire social, que du modèle constantien d'un pouvoir de régulation purement institutionnelle.

239. Thonissen poursuit en soulignant les grands avantages de la monarchie constitutionnelle, qui rend possible le maintien d'un équilibre par l'instauration du gouvernement mixte :

« [l]a royauté constitutionnelle, trop faible pour arriver au despotisme, mais assez puissante pour maintenir l'équilibre entre les forces rivales ; la royauté constitutionnelle, placée au sommet d'institutions représentatives, où toutes les opinions et tous les intérêts trouvent des garanties et comptent des représentants, réalise ce *gouvernement mixte*, sans lequel il n'est point de sécurité réelle pour les individus, point de paix durable pour les peuples »[638].

Dans cette optique, le gouvernement mixte, qui, rappelons-le, avait été abondamment promu par les constituants belges en 1830, permet la réalisation d'un équilibre non seulement institutionnel mais de nature essentiellement partisane et sociale, dont le monarque, véritable arbitre des intérêts, apparaît comme le principal garant. Toutefois, pour Thonissen, il importait néanmoins que le roi se cantonne à cette fonction :

« […] le pouvoir royal doit être avant tout un pouvoir *modérateur*. L'histoire nous apprend que, chaque fois qu'on étend ses prérogatives au-delà des besoins réels d'un gouvernement équitable et ferme, la royauté conçoit bientôt le désir de confisquer les libertés publiques au profit du trône. Ses attributions doivent être déterminées par la loi fondamentale. (Art. 78 de la Const.) »[639].

Suivant la logique du juriste belge, c'est l'autre grand argument en faveur du pouvoir modérateur monarchique : les velléités autoritaires du chef de l'État, désormais enfermé dans un rôle constitutionnellement délimité, sont ainsi neutralisées.

240. Cette interprétation du pouvoir royal belge en termes de pouvoir modérateur doit cependant être circonstanciée, car Jean Joseph Thonissen publie son ouvrage treize ans après l'adoption de la Constitution. Son analyse prend par conséquent en compte l'opposition entre le parti libéral et le parti catholique à partir de 1839, qui vient justifier le rôle arbitral du roi, chargé de modérer ces luttes partisanes. Dans son opuscule *L'esprit des partis et l'esprit*

---

[637] *Ibid.*, p. 179.
[638] *Loc. cit.* ; il souligne.
[639] *Ibid.*, pp. 179-180. Il souligne.

national (1852), Pierre De Decker, qui deviendra premier ministre en 1855, devait à son tour souligner « l'évidence des dangers sans nombres inhérents au triomphe de l'esprit de parti »[640]. De Decker voyait en effet dans le gouvernement des partis un dévoiement du régime représentatif : « [l]es plus grands ennemis d'un gouvernement démocratique, écrit-il, se trouvent [...] dans les rangs de ceux qui provoquent et préconisent la surexcitation de l'esprit de parti »[641], car, ajoute-il plus loin, « [e]xciter l'esprit des partis dans le sens d'une domination exclusive, c'est susciter le principal danger qui puisse menacer nos institutions [...] »[642]. Surtout, Pierre De Decker reproche aux promoteurs du gouvernement des partis d'« avoir oublié qu'il existe, aussi en vertu de la Constitution, un pouvoir royal [...] qu'aujourd'hui [...] ils veulent réduire à l'état de pure fiction [...] complètement absorbée par les partis, écrasée sous leurs chocs réitérés, humiliée par leurs triomphes alternatifs »[643].

241. De Decker soutient au contraire que « l'existence réelle du pouvoir royal est indispensable pour assurer la vérité de nos institutions et pour maintenir cet *équilibre des pouvoirs* dont l'école moderne a fait le pivot de toute la politique »[644]. L'interprétation de l'institution monarchique qu'il déploie par la suite est tout à fait analogue à celle présentée par Jean Joseph Thonissen :

> « Ne voit-on pas que cet amoindrissement inconstitutionnel de la royauté cesserait, si elle était, de fait, comme elle est de droit, *ce pouvoir modérateur qui domine les partis, qui place en regard des intérêts changeants des partis ses intérêts dynastiques se confondant avec ceux de la nation* ? Ne comprend-on pas que le meilleur moyen de prévenir les tentations d'exagération du pouvoir royal, c'est de ne pas commencer par le déprimer et par l'annihiler, c'est, en un mot, de le soustraire aux usurpations de l'esprit de parti, en lui permettant d'accomplir, dans son étendue légitime, sa mission constitutionnelle ? »[645].

Cette mission constitutionnelle du roi, c'est le pouvoir modérateur, qui, comme chez Thonissen, est davantage assimilable à un pouvoir conservateur, véritable arbitre politique et garant de l'intérêt national face aux partis, qu'au pouvoir de régulation institutionnelle des libéraux français. C'est peut-être intéressé par la lecture de l'ouvrage de De Decker que Léopold Ier appela son auteur à diriger le dernier gouvernement unioniste de l'histoire belge, réunissant de 1855 à 1857 des catholiques et libéraux modérés.

---

[640] P. DE DECKER, *L'esprit de parti et l'esprit national*, Bruxelles, Librairie polytechnique d'Aug. Decq, 1852, p. 14.
[641] *Ibid.*, p. 17.
[642] *Ibid.*, p. 18.
[643] *Ibid.*, pp. 18-19.
[644] *Loc. cit.* ; il souligne.
[645] *Ibid.*, pp. 19-20. Nous soulignons.

242. Le premier roi des Belges n'avait jamais envisagé d'exercer un rôle purement institutionnel et non gouvernant. Il avait d'ailleurs pris soin, avant d'accepter le trône qu'était venu lui proposer une délégation du Congrès national, d'étudier attentivement la Constitution, et ne manqua pas d'indiquer aux députés présents son opinion à ce sujet, que nous rapporte l'historien Théodore Juste : « Messieurs, vous avez un peu rudement traité la royauté qui n'était pas là pour se défendre ; votre charte est bien démocratique : cependant, je crois qu'en y mettant de la bonne volonté de part et d'autres, on peut encore marcher »[646]. Durant son règne (1831-1865), Léopold Ier fit le plus souvent prévaloir son opinion personnelle dans la conduite du gouvernement et affirmait volontiers qu'il était « nécessaire que le Roi règne et gouverne à la fois »[647]. Il est vrai que les dispositions de la Constitution de 1831 ne font pas du chef de l'État un pouvoir passif voire nul dont la volonté se confondrait avec celle de ses ministres.

243. Ceci étant, la seule lecture des dispositions du texte de 1831 n'est pas suffisante pour comprendre le fonctionnement concret du régime belge et son évolution. De ce point de vue, le contexte de l'unionisme institutionnel, qui se traduisit par la formation de gouvernements mixtes réunissant catholiques et libéraux, fut déterminant jusqu'en 1847.

244. L'unionisme fut la pratique institutionnelle dominante durant le règne de Léopold Ier. Elle visait, selon ses défenseurs, à « un modèle de société et de gestion, fondé sur le dialogue, la négociation, la modération, la conciliation et le compromis durable »[648], considérés comme les fondements de l'État belge[649]. La pratique de l'unionisme supposait de placer l'intérêt national au-dessus des divergences politiques parfois majeures entre catholiques et libéraux, qui n'étaient pas encore structurés en partis[650]. En l'absence de logique majoritaire et même partisane au parlement, les ministres ne tirent leur légitimité que du monarque, qui symbolise et garantit l'unité nationale[651]. De

---

[646] Th. JUSTE, *Léopold Ier roi des Belges. D'après des documents inédits*, Bruxelles, C. Muquardt, « Les fondateurs de la monarchie belge », 1868, vol. 1, pp. 121-122.

[647] Comme le rapporte A. MAST (*op. cit.*, p. 87, n. 4). Dans le même sens, É. MOUNZINAHA NZILA affirme que « Léopold Ier n'a pas seulement régné, il a véritablement été un Roi agissant » (*op. cit.*, p. 222).

[648] E. WITTE, « La construction de la Belgique (1828-1847) », *in* M. DUMOULIN *et al.* (dir.), *Nouvelle histoire de Belgique*, Bruxelles, Complexe, « Questions à l'Histoire », 2005, vol. 1, p. 148.

[649] Art. 125 de la Constitution de 1831 : « [l]a Nation belge adopte les couleurs rouge, jaune et noire, et pour armes du Royaume le Lion belgique avec la légende : L'UNION FAIT LA FORCE ».

[650] Le Congrès fondateur du parti libéral se tint en 1846, tandis que le parti catholique ne fut officiellement fondé qu'en 1884. Auparavant, les catholiques et les libéraux représentaient les deux principales tendances, relativement peu structurées, au sein du parlement et de la société.

[651] Aloïs Simon écrit à ce sujet que « [d]e 1828 à 1830, catholiques et libéraux se sont, dans les Pays-Bas, unis pour s'opposer au gouvernement hollandais. Cette union, Léopold Ier voulut en faire une institution » (A. SIMON, « L'unionisme institutionnel de Léopold Ier », *Res publica*, vol. 1, 1959, p. 6). Le premier roi des Belges fut en effet le principal promoteur de l'unionisme, exigeant tant qu'il le put des catholiques et des libéraux un soutien conjoint à la politique gouvernementale, notamment face à la menace de nouvelles hostilités avec les Pays-Bas.

ce fait, la période unioniste fut propice aux interprétations du pouvoir royal en termes de pouvoir modérateur-conservateur, comme celles susmentionnées de Thonissen et De Decker.

245. La signature du traité de Londres par la Belgique et les Pays-Bas en 1839 devait finalement conduire à la fin de l'unionisme et à une parlementarisation du régime. Cette période de monarchie parlementaire dualiste se caractérisa, jusqu'en 1914, par une alternance au gouvernement entre les deux principaux partis, désormais fortement structurés et organisés, et par un déclin progressif du rôle du roi en matière de gouvernement, à l'exception, jusqu'en 1940, du domaine des affaires étrangères et surtout de celui de la défense[652]. En outre, depuis 1918, aucun gouvernement ne fut contraint à la démission par la volonté royale[653], et depuis la Libération, tous les premiers ministres furent choisis au sein du parlement, ce qui témoigne de l'évolution moniste du régime belge et de la neutralisation politique de son monarque.

246. Cela n'empêche pas qu'on continue de présenter son rôle comme « d'une importance capitale »[654]. Pour Philippe Lauvaux, « c'est assurément en Belgique que le rôle politique du roi est demeuré le plus significatif »[655], en particulier grâce « au caractère stabilisateur de la fonction royale dans la crise politique permanente qui sévit depuis les [...] élections parlementaires de 2007 »[656]. L'instabilité chronique qui a accompagné la mise en place progressive du fédéralisme a en effet favorisé l'émergence d'un consensus sur la nécessité des interventions royales lors des crises ministérielles et leur caractère stabilisateur. Le professeur Lauvaux reconnaît pourtant que « [d]ans cette situation, le rôle du roi trouve ses limites dans l'impossibilité structurelle résultant de la paralysie des mécanismes institutionnels et du dialogue partisan »[657] et que son action en faveur du règlement des crises n'a pas réellement contribué, du moins depuis 2007, à leur résolution.

247. Le roi des Belges ne dispose tout simplement pas des moyens d'être un véritable pouvoir régulateur des autres pouvoirs. En fait, sa principale

---

[652] L'article 68 de la Constitution de 1831, qui confie au roi le commandement des forces armées, fut majoritairement interprété jusqu'en 1949 dans le sens d'un commandement personnel soustrait à la responsabilité ministérielle. Il est vrai qu'en 1831, 1914 et 1939, le chef de l'État assura en personne la direction effective des opérations militaires. Sur l'interprétation de l'article 68, v. not. A. MAST, *op. cit.*, pp. 87-90 ; R. SENELLE, *La Constitution belge commentée*, Bruxelles, Ministère des affaires étrangères, du commerce extérieur et de la coopération au développement, « Idées et Études », 1974, pp. 239-245.

[653] À trois reprises, par contre, le chef de l'État refusa d'accepter la démission du cabinet (en 1930, en 1933 et en 1940). Sur l'évolution moniste du régime parlementaire belge après la Première Guerre mondiale, v. R. FUSILIER, *op. cit.*, pp. 362-367.

[654] A. MAST, *op. cit.*, p. 92.

[655] Ph. LAUVAUX, « Le roi », *Pouvoirs*, 2011/1 n° 136, p. 71.

[656] *Ibid.*, p. 72.

[657] *Ibid.*, p. 83.

spécificité tient au fait qu'il n'est pas à la tête d'un État-nation. Face à l'échec des partis et à la crise de l'identité nationale belge, « le roi a été en mesure d'exercer une fonction nouvelle de refuge de valeurs, étant le seul point demeuré fixe dans un paysage de débâcle institutionnelle »[658]. Car lorsque c'est l'existence même de l'État qui est menacée, la royauté apparaît comme « un ciment et un recours »[659]. En définitive, on en revient à l'idée du pouvoir conservateur : le chef de l'État belge n'est pas en mesure d'être un garant efficient du bon fonctionnement des institutions politiques mais garde une fonction politique et sociale considérable en tant que garant de l'unité nationale.

248. En dépit de l'influence notable de la doctrine de Benjamin Constant sur les jeunes libéraux belges, les constituants de 1830-1831 firent donc le choix traditionnel de confier au monarque le pouvoir exécutif, dans un cadre cependant très novateur pour l'époque, celui de la monarchie constitutionnelle représentative. L'idée du pouvoir modérateur perdura après l'adoption de la Constitution chez certains hommes politiques catholiques, mais sous la forme d'un pouvoir *supra partes* à la mission sociale, rattachable à la tradition du pouvoir conservateur. À la même période, ce genre de discussions sur la nature du pouvoir du chef de l'État était particulièrement vif au Brésil et au Portugal. Ces deux pays présentaient alors la particularité d'avoir été les seuls à offrir une consécration constitutionnelle au pouvoir modérateur, en 1824 et 1826.

§ II. CONSÉCRATION ET AMPHIBOLOGIE DU POUVOIR MODÉRATEUR DANS LES MONARCHIES LUSOPHONES

249. Le « monde lusophone » peut se targuer d'avoir été le premier à consacrer expressément dans son droit positif l'idée d'un quatrième pouvoir confié au chef de l'État monarchique, roi ou empereur. Avant d'entrer dans le détail de ces dispositions, il convient de souligner l'influence significative qu'exercèrent les idées de Constant sur le constitutionnalisme latino-américain, notamment celle d'un pouvoir modérateur. Ainsi la Constitution mexicaine de 1836 instaurait-elle un « pouvoir conservateur suprême », quatrième pouvoir à caractère modérateur dont la forme n'était pas sans rappeler le Sénat conservateur de l'an VIII ou le jury constitutionnaire proposé par Sieyès[660]. On doit également mentionner la Chambre des Censeurs de la

---

[658] *Ibid.*, p. 74.
[659] *Ibid.*, p. 84.
[660] Au sujet de cette influence supposée de Sieyès, v. D. PANTOJA MORAN, « Sieyès et la Constitution mexicaine de 1836 », *RFHIP*, 2011/1 n° 33, not. pp. 109-114. De manière générale, sur le « Suprême Pouvoir Conservateur » mexicain, on se rapportera à la thèse de Fr. OSORIO GONSEN, *Le pouvoir*

Constitution bolivienne de 1826, rédigée par Simon Bolivar, qui, en dépit de son admiration pour Napoléon, entretint aussi une correspondance avec Benjamin Constant[661], et le cas du Pérou, qui connut entre 1825 et 1833 plusieurs propositions en faveur de l'instauration d'un « pouvoir conservateur »[662].

250. En 1824, l'Empire du Brésil consacre dans sa Constitution le pouvoir modérateur du monarque, qui devait opérer une sorte de « synthèse entre libéralisme et absolutisme »[663] ; la disposition sera ensuite reprise dans la Charte constitutionnelle portugaise de 1826, elle-même calquée sur la Constitution brésilienne. Ces textes sont en effet tous deux des octrois de l'empereur Pierre Ier du Brésil – le roi Pierre IV de Portugal[664] –, réputé connaisseur des auteurs libéraux français et tout particulièrement de Benjamin Constant, qui bénéficiait d'un grand prestige dans les pays lusophones. Toutefois, leur pouvoir modérateur ne peut être réduit à la seule théorie du libéral de Coppet ; comme l'a relevé Oscar Ferreira, il est en fait issu d'un « amalgame des idées françaises »[665] sur le quatrième pouvoir, dont on a déjà pu constater la diversité sous la Restauration puis la Monarchie de Juillet. Lors du processus constituant de 1823-1824, le pouvoir modérateur brésilien puise ainsi ses sources dans les thèses libérales françaises, avant de connaître l'influence des théories du pouvoir conservateur dans la pratique politique (A). Les Portugais ne subirent pas une telle interférence des doctrines françaises, mais devaient finalement rencontrer les mêmes difficultés qu'au Brésil quant à la délimitation de leur pouvoir modérateur, tiraillés entre pouvoir régulateur et pouvoir conservateur (B).

---

politique entre conservation et modération. Histoire d'un problème au prisme de l'expérience constitutionnelle mexicaine (1824-1842), thèse dactylographiée, IEP de Paris, 2012, pp. 243-322.

[661] R. GARGARELLA, *Latin American constitutionalism, 1810-2010*, New York, OUP, 2013, p. 17.

[662] *Ibid.*, p. 214, n. 41.

[663] V. *ibid.*, p. 18 ; S. PIERRÉ-CAPS, *Droits constitutionnels étrangers*, 2e éd., Paris, Puf, « Quadrige Manuels », 2015, pp. 132-133.

[664] Le 7 septembre 1822, le Brésil rompit définitivement avec la métropole sous l'impulsion du prince-régent Pierre de Portugal, qui fut proclamé empereur du Brésil le 12 octobre 1822. En 1826, à la mort de son père le roi Jean VI de Portugal, il devint éphémèrement roi de Portugal sous le nom de Pierre IV. Mais conscient de l'impossibilité de réunir à nouveau les deux couronnes, Pierre abdiqua rapidement en faveur de sa fille ainée Marie, non sans avoir au préalable imposé au royaume la Charte constitutionnelle qu'il avait rédigée sur le modèle de la Constitution brésilienne.

[665] O. FERREIRA, « Le pouvoir modérateur dans la Constitution brésilienne de 1824 et la Charte constitutionnelle portugaise de 1826 : les influences de Benjamin Constant ou de Lanjuinais ? », art. préc., p. e6.

A. Le pouvoir modérateur dans la Constitution brésilienne de 1824 : la diversité des influences françaises

251. L'influence exclusive de Constant sur le pouvoir modérateur de 1824 fit durant longtemps l'objet d'une revendication quasi unanime de la part de la doctrine brésilienne, malgré d'évidentes nuances. Relevant le caractère « politiquement militant » de l'Empereur du Brésil, Paulo Bonavides parlait ainsi d'une « déformation des idées de Constant »[666]. Il ne fait toutefois aucun doute que pour introduire le pouvoir modérateur au Brésil, les constituants de 1824 s'inspirèrent essentiellement des idées des libéraux français, notamment celles de Constant et Lanjuinais (1°). Rapidement occultée par une vie politique brésilienne pour le moins mouvementée, la question réapparaît au premier plan dans les années 1860 ; s'appuyant sur les thèses de Fonfrède, la droite tentera alors d'imposer une conception conservatrice du quatrième pouvoir (2°).

1°) Les sources libérales du pouvoir modérateur brésilien

252. La Constitution brésilienne de 1824 consacre le premier chapitre de son titre V au pouvoir modérateur, défini à l'article 98 :

> « [l]e pouvoir modérateur est la clef de toute l'organisation politique, et il est délégué de manière exclusive à l'empereur, comme chef suprême de la nation et son premier représentant, afin qu'il veille sans cesse sur le maintien de l'indépendance, de l'équilibre et de l'harmonie des pouvoirs politiques »[667].

Le constituant brésilien semblait ainsi consacrer juridiquement la conception de Constant en instaurant, en la personne du chef de l'État, un pouvoir modérateur à la portée strictement régulatrice, car limitée à la sphère institutionnelle. Les articles 99 à 101 se révèlent au demeurant fort classiques, consacrant l'irresponsabilité et l'inviolabilité de ce pouvoir modérateur[668] et lui attribuant des prérogatives traditionnelles en la matière (désignation des sénateurs, droit de sanction, droit de dissolution[669]…).

253. Le texte affiche pourtant très vite son ambiguïté, l'article 102 désignant expressément l'empereur comme le chef de l'Exécutif[670], ce qui conduirait plutôt à inscrire le pouvoir modérateur brésilien dans le lignage de ceux de

---

[666] P. BONAVIDES, « O Poder Moderador na Constituição do Império », *Revista de informação legislativa*, vol. 11, 1974/1 n° 41, pp. 29-30.
[667] Art. 98 de la Constitution brésilienne du 25 mars 1824. Nous traduisons.
[668] Art. 99.
[669] Art. 101.
[670] Art. 102 (nous traduisons) : « L'empereur est le chef du pouvoir exécutif, et l'exerce par ses ministres d'État […] ».

Bernardin de Saint-Pierre et surtout de Lanjuinais plutôt que de Constant. Plus troublant encore, il revient à l'empereur – qui jure lors de son serment de maintenir la religion catholique apostolique romaine[671] – de nommer les évêques sur son territoire[672]. Or, cette compétence religieuse apparaît manifestement incompatible avec un pouvoir neutre, qui n'a nullement vocation à intervenir directement dans la société.

254. En réalité, les conceptions du pouvoir modérateur qui s'affrontaient à l'assemblée constituante en 1823-1824 étaient déjà très éloignées de celle de Constant, comme l'a bien montré Christian Lynch, qui en retient trois principales[673]. La première, défendue notamment par le député Andrada Machado, envisageait le pouvoir modérateur impérial comme un gouvernant *supra partes*, impartial et se tenant en dehors des joutes politiques. Supérieur à tous les autres pouvoirs, le monarque constitue « le pouvoir d'influence et le régulateur, l'épine dorsale de la société »[674]. Il est un « être métaphysique » qui, naturellement placé « au-dessus de nos faiblesses et passions » (celles des députés), devient ainsi le seul capable de « distinguer les vrais intérêts de la société »[675] pour mieux la guider, et ce tout autant en qualité de pouvoir modérateur que de chef de l'Exécutif, les deux fonctions n'étant pas dissociables. La deuxième le percevait plutôt comme « un pouvoir d'exception au service de la sauvegarde du système constitutionnel »[676]. Pour José Joaquim Carneiro de Campos, l'empereur, « en plus d'être le chef du pouvoir exécutif, a aussi le caractère auguste de défenseur de la nation : il est sa première autorité vigilante, le gardien de nos droits et de la Constitution »[677]. En tant que pouvoir modérateur, il est la « sentinelle de la liberté et des droits individuels, qui inspecte et équilibre tous les autres pouvoirs »[678], afin de « prévenir le désordre public et le dysfonctionnement de la machine politique »[679]. Dans cette conception, le pouvoir modérateur apparaît comme un pouvoir discrétionnaire d'exception, exercé par le chef de l'Exécutif pour protéger le jeune et fragile système constitutionnel brésilien, menacé tant par l'absolutisme que par la démagogie des représentants élus et

---

[671] Art. 103.
[672] Art. 102.
[673] Chr. LYNCH, *O Momento Monarquiano. O Poder Moderador e o Pensamento Político Imperial*, thèse dactylographiée, Instituto Universitário de Pesquisas do Rio de Janeiro, 2007, pp. 126-132.
[674] *Anais da Assembléia Constituinte Brasileira*, 30 avril 1823, extrait cité par Chr. Lynch (*ibid.*, p. 127). Nous traduisons.
[675] *Anais da Assembléia Constituinte Brasileira*, 22 mai 1823 (*loc. cit.*). Nous traduisons.
[676] Chr. LYNCH, « O Discurso Político Monarquiano e a Recepção do Conceito de Poder Moderador no Brasil (1822-1824) », *Revista de Ciências Sociais*, vol. 48, 2005/3, p. 632. Nous traduisons.
[677] *Anais da Assembléia Constituinte Brasileira*, 26 juin 1823, extrait cité par Chr. LYNCH (*O Momento Monarquiano. O Poder Moderador e o Pensamento Político Imperial*, *op. cit.*, pp. 129-130). Nous traduisons.
[678] *Anais da Assembléia Constituinte Brasileira*, 26 juin 1823 (*ibid.*, p. 131). Nous traduisons.
[679] *Anais da Assembléia Constituinte Brasileira*, 28 juil. 1823 (*loc. cit.*). Nous traduisons.

des partis. L'empereur incarne alors une « autorité impartiale capable de garder *in extremis* l'ordre constitutionnel, contre les velléités factieuses et particularistes de ses représentants élus »[680]. Enfin, une dernière conception du pouvoir modérateur l'appréhendait comme le façonneur et le garant de la centralisation politico-administrative, face aux tendances centrifuges qui menaçaient l'unité d'un immense pays comme le Brésil. Le député Maciel da Costa dépeint ainsi l'empereur sous les traits d'un « Argos politique » qui, en tant qu'émanation de la souveraineté nationale, doit tout voir, tout surveiller et tout diriger[681].

255. L'étude, même superficielle, des travaux de l'assemblée constituante et de la Constitution elle-même conduit donc à relativiser fortement l'influence de Benjamin Constant sur les rédacteurs de la Constitution de 1824. Il faut dès lors se rendre à l'évidence : le pouvoir modérateur de l'empereur du Brésil a sans doute davantage en commun avec le pouvoir royal de Lanjuinais ou le pouvoir conservateur des doctrinaires qu'avec la doctrine du libéral de Coppet. Ses articles[682] en défense de la Charte portugaise de 1826 et, à travers elle, de la Constitution impériale de 1824, quand bien même auraient-ils été davantage motivés par la conjoncture politique que par un soutien sincère[683], allaient toutefois contribuer à jeter le trouble sur la filiation du pouvoir modérateur brésilien. La plupart des études sur le sujet se concentrent effectivement sur le seul Benjamin Constant, à qui est accordée la paternité quasi exclusive de l'article 98, occultant par là la diversité de ses sources[684]. Car en réalité, la Constitution de 1824, et tout particulièrement son pouvoir modérateur, serait plutôt issue d'un « pot-pourri d'influences »[685] libérales françaises, dont celle de Lanjuinais, qui fut sans doute décisive[686]. La doctrine juridique et politique de la période impériale se montrait du reste très nuancée sur les origines constantiennes du quatrième pouvoir brésilien. Ainsi en est-il

---

[680] *Loc. cit.*

[681] *Anais da Assembléia Constituinte Brasileira*, 1823 (*loc. cit.*). Nous traduisons.

[682] V. en particulier ses « Observations sur la Charte portugaise », *Le Courrier français*, 27 juil. 1826, reproduit *in* B. CONSTANT, *Recueil d'articles 1825-1829*, éd. établie par É. HARPAZ, Paris et Genève, Honoré Champion et Slatkine, 1992, pp. 68-74.

[683] C'est l'avis de S. MOTA BARBOSA (« L'influence de l'œuvre de Constant sur la pratique politique brésilienne : présentation d'un inédit », *Annales Benjamin Constant*, 2000, n° 23-24, pp. 224-228).

[684] V. par ex. J. SCHMITT DA SILVA, « O poder moderator na politica do Brasil imperial », *Semina – Revista dos Pos-Graduandos em Historia da UPF*, vol. 12, 2013/1 ; J. de SCANTIMBURGO, *O poder moderator : história & teoria*, Sao Paulo, Livraria Pioneira, 1980, p. 16, 20, 141-142 et 195-196, ou encore Th. DINIZ GUEDES, qui reconnaît toutefois que l'absence de distinction entre pouvoir modérateur et pouvoir exécutif dans le texte de 1824 constitue une divergence importante avec la doctrine de Constant (« Le pouvoir modérateur dans la Constitution brésilienne de 1824 », *Annales Benjamin Constant*, 2000, n° 23-24, pp. 245-246).

[685] N. N. SALDANHA, *História das idéias políticas no Brasil*, Brasilia, Senado Federal, « Coleção Biblioteca Básica Brasileira », 2001, p. 106. Nous traduisons.

[686] C'est la thèse défendue par O. FERREIRA (« Le pouvoir modérateur dans la Constitution brésilienne de 1824 et la Charte constitutionnelle portugaise de 1826 : les influences de Benjamin Constant ou de Lanjuinais ? », art. préc., en particulier pp. e9-e19).

du professeur de droit Braz Florentino Henriques de Souza, qui rappelle, dans son ouvrage de 1864 sur le pouvoir modérateur, que Lanjuinais était dès le début cité comme référence par les défenseurs de l'idée[687]. Ses conclusions sont sans appel : si Benjamin Constant a assurément livré la théorie la plus aboutie du quatrième pouvoir[688], ce sont bien des idées de Jean-Denis Lanjuinais que dérivent les dispositions des articles 98 et 102 de la Constitution de 1824[689].

256. Pour autant, il faut souligner avec Oscar Ferreira l'aspect essentiellement tactique de ces références aux grandes figures libérales françaises lors des travaux de l'assemblée constituante : les conservateurs brésiliens, en invoquant régulièrement des auteurs susceptibles de plaire à leurs opposants politiques, tels Constant et Lanjuinais, cherchaient surtout à dissimuler leurs véritables intentions[690]. En outre, le processus constituant se révéla en pratique chaotique, l'empereur Pierre Ier décidant finalement de renvoyer l'assemblée, mécontent de ses orientations anglophiles, et d'octroyer lui-même une constitution, dont il confia la rédaction à un comité de dix membres proches du pouvoir[691]. Le plus influent d'entre eux s'avère être Carneiro de Campos[692], et ce n'est donc pas une surprise si le pouvoir modérateur du texte final s'inspire principalement de sa conception, suffisamment équivoque pour satisfaire les partisans d'un renforcement des pouvoirs du chef de l'État[693]. Dans la pratique, ce sont les théories du pouvoir conservateur qui devaient finalement l'emporter au Brésil.

2°) La réinterprétation conservatrice du pouvoir modérateur brésilien

257. L'influence intellectuelle de Constant et surtout de Lanjuinais au Brésil paraît acquise, les conceptions du second ayant même été formellement consacrées dans la Constitution de 1824. En revanche, que leurs doctrines aient véritablement influé sur la pratique politique durant la période impériale

---

[687] Br. Fl. H. de SOUZA, *Do poder moderator. Ensaio de direito constitucional contendo a analyse do Titulo V, Capitulo 1 da Constituição Política do Brazil*, Recife, Typographia universal, 1864, p. 27.

[688] *Ibid.*, p. 4.

[689] *Ibid.*, p. 30.

[690] O. FERREIRA, « Le pouvoir modérateur dans la Constitution brésilienne de 1824 et la Charte constitutionnelle portugaise de 1826 : les influences de Benjamin Constant ou de Lanjuinais ? », art. préc., p. e12.

[691] Leurs noms sont cités par Ch. REYBAUD (*Le Brésil*, Paris, Guillaumin et Cie, 1856, p. 52). Sur la Constitution de 1824, v. aussi N. N. SALDANHA, *op. cit.*, pp. 103-138.

[692] Chr. LYNCH, *O Momento Monarquiano. O Poder Moderador e o Pensamento Político Imperial*, *op. cit.*, pp. 135-136.

[693] *Ibid.*, pp. 140-141. Dans le même sens, René Guyon estime que « [t]out ce que don Pedro Ier ne pouvait pas réserver au pouvoir exécutif, par crainte d'élever des récriminations et des mécontentements, il le fit attribuer à cet ingénieux pouvoir modérateur, créé si à propos pour le sortir de l'embarras. Et, par cette habile innovation, il doubla et il renforça, sans en avoir l'air, son propre pouvoir [...] » (R. GUYON, « La Constitution brésilienne de 1824 », *RDP*, 1897, p. 444).

semble beaucoup plus discutable. L'idée d'un pouvoir conservateur, qui transparaissait déjà de certaines conceptions du pouvoir modérateur en 1823-1824, paraît en effet bien plus adaptée.

258. Plus précisément, les conservateurs vont rapidement prendre en considération la problématique intrinsèque du Brésil, dont l'immense territoire est largement dominé par de grands propriétaires terriens hostiles au pouvoir central, et constater les limites des approches proposées par les libéraux français. L'Empire brésilien ne pouvait assurément pas se contenter d'une conception purement régulatrice du pouvoir modérateur, réalité qu'avait rappelée Charles Morazé :

> « *Poder moderator* ! C'est le pouvoir de rappeler à la majorité parlementaire qu'elle ne tient son autorité que de sa soumission aux ordres des seigneurs de la terre, des barons du café (ou du sucre, ou du coton). C'est le pouvoir de rappeler aux ministres que l'État n'est que façade fragile et que l'immense Brésil est voué à la dislocation si les chatouilleux pouvoirs de fait, locaux, sentent trop vivement l'emprise de l'administration de Rio ou, comme on disait, de la Cour »[694].

Le pouvoir modérateur ne saurait cependant exister que pour « sauver les apparences »[695] ; il se trouve plutôt amené à exercer un véritable pouvoir d'ordre social, comme le roi dans la vision des doctrinaires et de certains ultras. C'est d'ailleurs en se référant à l'un des tenants français du pouvoir conservateur, Henri Fonfrède, que la droite brésilienne tentera de réinterpréter la notion de pouvoir modérateur dans les années 1860, Oscar Ferreira qualifiant même cette période de « moment Fonfrède »[696].

259. Un cas révélateur est celui de Braz de Souza. Celui qui sera président conservateur de la province du Maranhão en 1869-1870 va rapidement s'extirper des conceptions libérales de Constant et de Lanjuinais, dont il avait pourtant rappelé l'influence sur les constituants, pour rejoindre les considérations des conservateurs, comme en témoignent ces quelques lignes tirées de son essai de 1864 sur le pouvoir modérateur :

> « [l]e pouvoir modérateur est la plus haute expression de la souveraineté nationale se mettant sagement en garde contre ses propres dérives ; il est la volonté suprême de la société désireuse avant tout d'assurer son existence et sa conservation ; il est, en un mot, la royauté ou la monarchie. […] tel est le destin de cette merveilleuse institution, qui […] nous apparaît toujours comme un indéclinable besoin des peuples, comme le principe conservateur des

---

[694] Ch. MORAZÉ, *Les trois âges du Brésil. Essai de politique*, Paris, Armand Colin, « Cahiers de la Fondation nationale des sciences politiques », n° 51, 1954, p. 81. Il souligne.

[695] *Ibid.*, p. 82.

[696] O. FERREIRA, « Le pouvoir modérateur dans la Constitution brésilienne de 1824 et la Charte constitutionnelle portugaise de 1826 : les influences de Benjamin Constant ou de Lanjuinais ? », art. préc., p. e18.

sociétés par excellence, comme l'ancre de salut, réservée par la Providence aux nations menacées, ou déjà frappées par la tempête révolutionnaire »[697].

Le professeur de droit brésilien ne se place plus du tout dans la même optique que les libéraux français, qui cherchaient à introduire un pouvoir régulateur chargé de préserver les institutions politiques et de s'assurer de leur fonctionnement sans accroc. Ce qui l'intéresse désormais, c'est d'instaurer un « principe conservateur des sociétés » capable de maintenir l'harmonie et l'unité entre les pouvoirs, qui ne doivent pas être envisagés sous un angle institutionnel mais avant tout dans une dimension sociale : ce sont ici les « pouvoirs sociaux » que le chef de l'État doit surveiller et modérer afin de prévenir le Brésil de l'anarchie[698].

260. Dans cette optique, l'empereur représente non seulement l'arbitre suprême de l'organisation politique, mais aussi « la pendule du grand mécanisme social »[699], preuve de son interventionnisme dans la société. Pour mener à bien sa mission conservatrice, il peut, et même doit, régner et gouverner[700], ce qui conduit logiquement Braz de Souza à réfuter violemment la maxime de Thiers[701]. Cette interprétation était du reste largement partagée par les autres commentateurs de la Constitution au XIXe siècle, qui appelaient le pouvoir modérateur « pouvoir royal ou conservateur » et en faisaient même « l'inspection suprême de la nation »[702], terminant ainsi de rapprocher le quatrième pouvoir brésilien des thèses des conservateurs français. L'hésitation sur la nature du pouvoir modérateur, tenté par un interventionnisme politique et social, devait aussi se rencontrer au Portugal dans le cadre de la Charte de 1826.

B. Le pouvoir modérateur dans la Charte constitutionnelle portugaise de 1826 : « superintendant constitutionnel » ou conservateur de la société ?

261. « Notre charte est copiée de celle du Brésil, elle qui contient les principes les plus conformes au libéralisme, à l'instar, par exemple, du pouvoir modérateur, [...] principe qui est la traduction des idées constitutionnelles de Benjamin Constant [...] »[703]. À l'instar du député Carlos Bento, le Portugal se glorifie depuis 1826 d'avoir été le seul à consacrer dans son droit positif le

---

[697] Br. Fl. H. de SOUZA, *op. cit.*, p. 16. Nous traduisons.
[698] *Ibid.*, p. 12.
[699] *Ibid.*, p. 25.
[700] V. *ibid.*, p. 62 et s.
[701] V. *ibid.*, pp. 56-57.
[702] C'est ce que relève N. N. SALDANHA (*op. cit.*, p. 122), qui indique que la deuxième formule provient du juriste et homme politique conservateur Pimenta Bueno.
[703] C. BENTO, intervention du 20 mars 1874, reproduit *in Diario da Câmara dos Senhores Deputados da Nação Portugueza*, 1874, n° 52, p. 821. Nous traduisons.

pouvoir modérateur, à rebours de la France, d'où était pourtant originaire l'idée. En réalité, le quatrième pouvoir portugais partage l'ambiguïté de son homologue brésilien : contrairement au pouvoir neutre constantien, son existence n'implique nullement son exclusion du pouvoir exécutif[704]. Au contraire, la Charte de 1826, suivant le modèle brésilien, confie au roi une double mission ; celui-ci endosse à la fois les attributs du pouvoir modérateur[705] et ceux de chef de l'Exécutif[706], conformément à l'enseignement de Lanjuinais, seul père revendiqué du pouvoir modérateur durant la période 1826-1828[707], mais vite oublié.

262. Dans les années 1830, le débat se recentre en effet davantage sur les contours de ce quatrième pouvoir que sur ses sources réelles ou supposées, tandis qu'à partir des années 1840, ce sont les références au seul Constant, peu mentionné jusque-là, qui vont devenir récurrentes. Son invocation au Portugal, généralement fidèle à la doctrine du pouvoir neutre, vise avant tout à consacrer le parlementarisme en éloignant progressivement le monarque du pouvoir exécutif ; elle poursuit également l'objectif inverse, à savoir empêcher les ministres de s'emparer de prérogatives que la Charte avait expressément attribuées au pouvoir royal. Lors des débats de février 1861, le député Ferrer allait ainsi rappeler très justement la teneur de la théorie de Constant. Repoussant fermement la comparaison avec l'Angleterre, il devait prôner une véritable séparation entre le pouvoir modérateur du roi et le pouvoir exécutif confié au ministère :

> « [d]ans des pays comme l'Angleterre, la France et la Prusse, par exemple, où il n'y a pas de pouvoir modérateur, l'ensemble des actes relève du pouvoir exécutif : tous sont émis par les ministres… (*Une voix* : – Dans ces nations il y a un pouvoir modérateur.) Il y a un pouvoir modérateur commun avec le pouvoir exécutif. Mais il n'y a pas de pouvoir

---

[704] G. ANTONETTI note que le pouvoir modérateur portugais s'éloigne de la pensée constantienne sur deux points : d'une part, ses attributions sont plus nombreuses que le pouvoir neutre et d'autre part, le roi du Portugal est aussi le chef de l'Exécutif (« Les monarchies constitutionnelles », *in* Y.-M. BERCÉ (dir.), *Les monarchies*, Paris, Puf, « Histoire générale des systèmes politiques », 1997, pp. 440-442).

[705] Art. 71 de la Charte constitutionnelle portugaise du 29 avril 1826 (qui reprend presque à l'identique la formulation de l'article 102 de la Constitution brésilienne du 25 mars 1824) : « Le pouvoir modérateur est la clé de toute l'organisation politique, et il appartient de manière exclusive au Roi, comme chef suprême de la nation, afin qu'il veille sans cesse sur le maintien de l'indépendance, de l'équilibre et de l'harmonie des pouvoirs politiques ». Nous traduisons.

[706] Art. 75 : « Le Roi est le chef du pouvoir exécutif, et l'exerce par ses ministres d'État […] ». Nous traduisons.

[707] Cette paternité fut notamment soulignée en 1827 par le député A. Th. de MORAES SARMENTO, un proche du pouvoir : « […] le Conseil d'État est un appendice du pouvoir exécutif, ou du pouvoir modérateur, selon la classification instituée par notre Charte, qui consacre en tant que doctrine politique la conception, que le comte de Lanjuinais avait rappelé dans ses Doctrines Théoriques sur l'Organisation des Pouvoirs Constitutionnels » (intervention du 5 janv. 1827, reproduit *in Diario da Câmara dos Senhores Deputados da Nação Portugueza*, 1827, n° 3, p. 30. Nous traduisons). Sur ce point, v. aussi l'analyse d'O. FERREIRA (« Le pouvoir modérateur dans la Constitution brésilienne de 1824 et la Charte constitutionnelle portugaise de 1826 : les influences de Benjamin Constant ou de Lanjuinais ? », art. préc., en particulier pp. e29-e32).

> modérateur distinct du pouvoir exécutif. Cette séparation est née dans la tête d'un philosophe allemand et a été développée par Benjamin Constant, avant d'être adoptée dans la charte du Brésil puis dans la nôtre »[708].

Bon nombre de parlementaires vont également souligner la nature spécifique du pouvoir modérateur – les Portugais parleront d'*essence* – qui le distingue clairement des autres pouvoirs, en particulier de l'Exécutif responsable. Dans son intervention du 20 février 1861, le député Thomas de Carvalho cherche à justifier de la sorte le maintien de prérogatives royales propres et inaccessibles aux ministres :

> « [j]'ai entendu un illustre député démontrer en ce lieu que le pouvoir modérateur était assimilable au pouvoir exécutif, citant même de nombreux cas pour prouver qu'il n'y avait pas de différence. Depuis lors, on confond la situation du pouvoir modérateur avec celle des ministres responsables. Cela signifie que la forme [de ces pouvoirs] a été confondue avec leur essence : on confond l'intérieur avec l'extérieur »[709].

Contrairement aux Brésiliens, les Portugais ne semblaient pas tentés par le pouvoir conservateur et s'efforcèrent plutôt d'acter le parlementarisme en distinguant le pouvoir royal du pouvoir ministériel, tout en encadrant la montée en puissance du second ; cela passa en particulier par une réaffirmation du rôle du pouvoir modérateur, conformément aux idées de Constant.

263. Le pouvoir modérateur au Portugal ne devait en effet pas subir l'interférence des doctrines conservatrices françaises, presque totalement absentes des débats. Il fut souvent réduit, suivant les mots de Silva Cabral, à une fonction « d'inspection ou de superintendance constitutionnelle »[710] qui, à l'instar de la théorie du pouvoir neutre de Constant, semble servir de prélude à l'effacement du pouvoir royal[711].

264. Cette conception, essentiellement défendue par les ministres et leurs soutiens, allait toutefois se voir opposer celle de l'arbitre *supra partes*, portée par les partis traditionnels une fois passés dans l'opposition. S'éloignant des considérations purement institutionnelles pour embrasser une dimension sociale, elle s'apparente à un appel au pouvoir conservateur, devenu nécessaire pour régner sur une nation portugaise divisée par la guerre civile et en quête de paix sociale. Cette défense inattendue du pouvoir royal paraît toutefois plus opportuniste que réellement convaincue et pourrait n'être qu'un

---

[708] Député FERRER, intervention du 16 févr. 1861, reproduit *in Diario da Câmara dos Senhores Deputados da Nação Portugueza*, 1861, n° 34, p. 440. Nous traduisons.
[709] Th. de CARVALHO, intervention du 20 févr. 1861, reproduit *in ibid.*, 1861, n° 37, p. 484. Nous traduisons.
[710] J. B. da SILVA CABRAL, intervention du 30 oct. 1844, reproduit *in ibid.*, 1844, n° 58, p. 335. Nous traduisons.
[711] V. par ex. l'intervention du député AVILA le 6 mars 1852, reproduit *in ibid.*, 1852, n° 50, p. 93. Réduisant la pensée de Constant à la maxime de Thiers *Le Roi règne, mais ne gouverne pas* (en français dans le texte), il en déduit que le monarque irresponsable doit s'effacer politiquement.

prétexte pour importuner le gouvernement en le lestant d'un pouvoir modérateur politiquement actif[712] tout en écartant le spectre d'un chef d'État républicain[713]. Elle engendra malgré tout plusieurs réflexions pertinentes[714], et trouva un écho réel dans la pratique des monarques portugais[715].

265. En se penchant sur l'exercice mouvementé du pouvoir modérateur par les derniers rois du Portugal, on constate des choix radicalement opposés[716]. La reine Marie II[717] prit ouvertement position à deux reprises en faveur d'un parti (en 1836 et en 1846), démontrant sa volonté de ne pas se contenter d'un rôle purement régulateur. En 1846, elle justifiait ce choix partisan au nom de la sauvegarde de la Charte, mission qui exigeait de sa part un engagement politique et la rapprochait ainsi d'un pouvoir conservateur. À l'inverse, le règne de Louis Ier (de 1861 à 1889[718]) apparaît marqué par une volonté de ne pas intervenir dans la conjoncture politique et d'accepter le rôle d'un monarque constitutionnel, placé en retrait du gouvernement[719]. Enfin, Charles Ier sembla renouer avec le pouvoir conservateur en adoptant une approche beaucoup plus active du pouvoir modérateur. Il chercha ainsi à gouverner personnellement et à appliquer ses idées par l'intermédiaire de ministères composés de fidèles, sans tenir compte du résultat des élections. Cette « corruption » du quatrième pouvoir[720] devait cependant prendre fin avec

---

712 En témoigne le revirement de J. L. de CASTRO sur la question : en 1878, alors député, il ne pouvait admettre que les ministres endossassent la responsabilité des actes accomplis par le roi en tant que pouvoir modérateur, afin de garantir son indépendance face au ministère et ainsi de protéger sa mission d'arbitre impartial au-dessus des partis (intervention du 16 avril 1878, reproduit *in ibid.*, 1878, n° 66, pp. 1129-1135). En 1880, devenu ministre, il défendra l'idée inverse, suscitant l'ironie de ses adversaires. Connu comme l'un des fondateurs du Parti progressiste, José Luciano de Castro fut par la suite président du Conseil des ministres à plusieurs reprises : de 1886 à 1890, de 1897 à 1900 et de 1904 à 1906.

713 V. l'intervention de J. L. de CASTRO le 25 avril 1879 (reproduit *in ibid.*, 1879, n° 79, p. 1367). Il y développe plus longuement sa vision d'un pouvoir modérateur arbitre *supra partes* pour mieux écarter l'idée d'une république.

714 J. DIAS FERREIRA proposait ainsi d'interdire aux membres de la famille royale d'adhérer à un parti politique ou d'être membre d'une assemblée, afin d'assurer l'impartialité du monarque dans l'exercice de sa fonction d'arbitre entre les partis (v. son intervention du 15 avril 1878, reproduit *in ibid.*, 1878, n° 65, p. 1122).

715 Sur la « voie portugaise » du pouvoir modérateur, fruit d'une balance entre ces deux conceptions opposées, v. O. FERREIRA, « Le pouvoir modérateur dans la Constitution brésilienne de 1824 et la Charte constitutionnelle portugaise de 1826 : les influences de Benjamin Constant ou de Lanjuinais ? », art. préc., pp. e33-e38.

716 Sur l'attitude des derniers rois du Portugal, v. en particulier J. H. SARAIVA, *Historia de Portugal*, 6e éd., Sintra, Publicaçoes Europa-América, « Biblioteca da historia », 2001, p. 424 et s.

717 Fille aînée de Pierre IV de Portugal (Pierre Ier du Brésil) qui abdiqua en sa faveur en 1826, Marie II fut chassée du trône portugais en 1828 par son oncle Michel (Michel Ier de Portugal, dit « l'usurpateur ») puis rétablie en 1834 à l'issue de la guerre civile portugaise. Elle régna jusqu'à sa mort en 1853.

718 Deuxième fils de Marie II, Louis succéda à son frère Pierre V, qui régna de 1853 jusqu'à sa mort sans héritier en 1861.

719 Les républicains se saisirent de l'occasion pour dénoncer l'inutilité du pouvoir modérateur, et donc du pouvoir royal (v. par ex. J. ELIAS GARCIA, intervention du 5 févr. 1884, reproduit *in Diario da Câmara dos Senhores Deputados da Nação Portugueza*, 1884, n° 23, p. 225).

720 Regrettée par J. DIAS FERREIRA dans son intervention du 28 janv. 1896 (reproduit *in ibid.*, 1896, appendice du n° 15, p. 6). Celui-ci devait par ailleurs livrer une brillante analyse du pouvoir modérateur

l'assassinat de Charles Ier en 1908, la monarchie portugaise ébranlée emportant finalement dans sa chute, en 1910, l'institution du pouvoir modérateur.

portugais et de ses différentes approches dans une intervention le 17 juillet 1899, qui n'est pas sans rappeler la position de Constant : « [l]e pouvoir modérateur doit se limiter au maintien du juste équilibre entre les autres pouvoirs de l'État. Pour faire respecter les libertés constitutionnelles, il nous faut, d'abord et avant tout, offrir au peuple le droit de gouverner en proportion du développement de la civilisation, dans sa marche vers l'émancipation. Aussi, je ne peux pas être en accord avec la doctrine de M. le président du conseil, qui veut ériger le pouvoir modérateur en juge arbitre entre les partis. Personne ne peut être un arbitre entre les partis, sauf les collèges électoraux ou le peuple. […] Le pouvoir modérateur, lorsqu'il nomme le gouvernement, n'a pas à arbitrer entre les partis. Il doit étudier les nécessités publiques et les tendances de la nation. Le parti qui, à un moment donné, est dans les bonnes grâces du pays, doit être appelé à gouverner par la couronne, qui n'agit alors pas comme un juge, mais comme l'écho de la volonté populaire » (reproduit *in ibid.*, 1899, n° 115, p. 27. Nous traduisons).

CONCLUSION DU CHAPITRE I

266. On a voulu dans ce chapitre exposer la diversité des approches du pouvoir royal, envisagé comme un quatrième pouvoir distinct du triptyque traditionnel de Montesquieu. Il convient de noter que la doctrine du pouvoir neutre, si elle constitue une incontournable référence tant en France que dans les pays lusophones, n'a jamais correspondu, ni de près, ni de loin, à la réalité constitutionnelle, et que les diverses théories du pouvoir royal en vogue sous la Restauration et Juillet sont souvent très différentes de celle de Benjamin Constant, notamment parce qu'elles admettent généralement un rôle actif du monarque au sein du gouvernement.

267. En France, le refus des rois – Louis XVIII compris – d'abandonner leur pouvoir gouvernant sonna le glas de la doctrine du pouvoir neutre. Par ailleurs, ni la Charte constitutionnelle de 1814 ni sa révision de 1830 ne proposent de définition de la fonction royale, laissant le champ libre à des lectures souvent divergentes, à l'aune des différentes approches du quatrième pouvoir attribué au monarque. Premièrement, il est possible de l'envisager, avec les libéraux, comme un pouvoir régulateur, cantonné dans cette mission à la sphère institutionnelle, où il est uniquement chargé de garantir l'équilibre entre les pouvoirs et le bon fonctionnement de la machine étatique. Toutefois, à l'exception de Charles Dunoyer, les tenants de cette conception, tel Lanjuinais, s'éloignent généralement de la position de Constant en ce qu'ils perçoivent dans le pouvoir royal une sorte de dualité ; tantôt neutre et régulateur, tantôt chef de l'Exécutif, leur monarque n'est pas nécessairement exclu du gouvernement, contrairement au pouvoir neutre constantien. Secondement, le pouvoir royal peut aussi être envisagé comme un pouvoir conservateur, gardien d'un ordre social et arbitre des intérêts, qui, loin de se cantonner à la sphère institutionnelle, doit assurer la direction effective du gouvernement pour mener à bien sa mission ; il s'agit de la vision des libéraux-conservateurs et doctrinaires tels Royer-Collard et Fonfrède.

268. Les conceptions françaises du pouvoir royal connurent des réceptions variées dans les monarchies étrangères. En Belgique, c'est la première d'entre elles, promue par de jeunes libéraux nourris à la théorie de Benjamin Constant, qui parut l'emporter lors des débats au Congrès national, lorsqu'il fallut déterminer la nature et l'étendue du rôle du chef de l'État. Pour autant, la Constitution de 1831, si elle marque assurément une rupture avec le modèle européen de la monarchie limitée, n'innove pas en confiant très classiquement le pouvoir exécutif au roi, dont elle ne spécifie pas la fonction. Il revenait alors aux commentateurs et acteurs politiques de proposer une interprétation du pouvoir royal en termes de pouvoir modérateur. Mais ce dernier, décrit sous les traits d'un arbitre entre les partis et amené à régner sur une nation divisée, doit être rattaché à la tradition du pouvoir conservateur.

269. À rebours de la France et de la Belgique, le Brésil et le Portugal devaient au contraire offrir une consécration juridique à l'idée de quatrième pouvoir à travers le pouvoir modérateur de la Constitution brésilienne de 1824 et de sa copie quasi parfaite, la Charte constitutionnelle portugaise de 1826. Ce nouveau pouvoir, qui appartient au roi ou à l'empereur, puise ses sources chez les différents théoriciens français du quatrième pouvoir, dont il réalise une ambivalente synthèse. La paternité présumée de Benjamin Constant, qui jouit d'un grand prestige dans les pays lusophones, mérite ainsi d'être relativisée, notamment au profit de celle, revendiquée par les constituants, de son contemporain Jean-Denis Lanjuinais. En effet, la Constitution de 1824 et la Charte de 1826 confient au monarque une double mission, puisqu'il incarne à la fois le rôle de pouvoir modérateur et celui de chef de l'Exécutif, cumul contraire aux enseignements du libéral de Coppet. Ceci dit, le critère de distinction entre les attributions qui relèvent du pouvoir modérateur et celles qui relèvent du rôle de chef de l'Exécutif apparaît beaucoup moins clairement que chez Lanjuinais et les autres libéraux français, ce qui tendra à entretenir une confusion entre pouvoir régulateur et pouvoir conservateur dans la pratique politique au Brésil et au Portugal. En particulier, la droite brésilienne s'essayera dans les années 1860 à une réinterprétation du pouvoir modérateur à l'aune des idées d'Henri Fonfrède, dont le pouvoir modérateur est avant tout un pouvoir conservateur. En conséquence, on doit souligner le caractère polymorphe du pouvoir modérateur dans les pays lusophones, qui constitue en réalité le reflet presque parfait de la diversité des approches du quatrième pouvoir royal en France. Cette diversité se retrouve tout aussi nettement dans les tentatives de constructions d'un quatrième pouvoir non monarchique.

CHAPITRE II
TRANSPOSITIONS ORGANIQUES DU POUVOIR RÉGULATEUR

270. La monarchie parlementaire présente cet avantage de faire incarner l'État et sa continuité dans l'institution monarchique ; celle-ci peut alors tendre vers l'idéal du pouvoir neutre, indépendant des intérêts et des passions humaines, qui semblait nécessaire à Benjamin Constant pour préserver l'équilibre institutionnel. Faute de disposer d'un monarque susceptible d'accepter un tel rôle, la France instaurera pour la première fois le parlementarisme républicain entre 1871 et 1879 ; le pouvoir neutre constantien n'est pourtant pas dénué de prérogatives. Pour le distinguer des autres organes constitutionnels, le chef d'État républicain, appelé président de la République, est désigné pour un mandat plus long que les parlementaires et bénéficie de l'irresponsabilité. La république parlementaire demeurera une exception française jusqu'à l'entre-deux-guerres[721].

271. Dans le « monde germanique », le XIXe siècle ne voit pas non plus l'émergence d'un parlementarisme monarchique. Il faut dire qu'à cette période, le constitutionnalisme allemand ne s'engage pas dans la voie tracée par les systèmes politiques des États où le constitutionnalisme révolutionnaire moderne trouve ses origines (Angleterre, États-Unis et France). En effet, le modèle allemand de la monarchie limitée repose encore très largement sur le principe monarchique, et la problématique élémentaire du détenteur de la souveraineté (peuple ou monarque) n'est donc pas tranchée. Dans la conception allemande de la monarchie, il n'est tout simplement pas envisageable de réduire le prince à un rôle de pur régulateur.

272. Ainsi retrouve-t-on dans ces deux situations, au demeurant très différentes, l'impossibilité de confier le pouvoir régulateur au monarque, soit que celui-ci ait tout bonnement disparu, remplacé alors par un « ersatz » républicain, soit qu'il demeure au contraire l'acteur principal du système institutionnel, au nom du principe monarchique. Pour autant, la recherche d'un tiers régulateur comme élément d'équilibre entre les pouvoirs ne disparaît pas avec la monarchie. En république parlementaire, le président est le substitut du monarque héréditaire ; en toute logique, il finit par revêtir à sa place les attributs du pouvoir régulateur. On passe dès lors du quatrième pouvoir royal au quatrième pouvoir présidentiel (**Section 1**), non sans difficultés : Constant refusait expressément cette transposition, au motif qu'un chef d'État

[721] V. Fr. BORELLA, *Éléments de droit constitutionnel*, *op. cit.*, pp. 247-249.

républicain n'est qu'un individu ordinaire, car il ne bénéficie pas de la légitimité historique d'un monarque héréditaire[722]. Les Allemands étaient eux aussi confrontés à la problématique de l'équilibre de leur premier constitutionnalisme ; ils y répondirent au cours du XIXe siècle par une autre forme de régulation institutionnelle, de nature juridictionnelle, qui apparaît comme un produit cohérent de l'histoire constitutionnelle des pays germaniques (**Section 2**).

SECTION 1. LE « MONARQUE RÉPUBLICANISÉ »

273. Dans sa *Théorie de la Constitution*, Carl Schmitt note qu'avec la progression de l'État libéral au XIXe siècle, l'institution monarchique est réutilisée de manière singulière[723]. Le roi est intégré au mécanisme en tant que chef de l'Exécutif disposant de certaines prérogatives, mais au sommet d'un pouvoir bien distinct (*Gewalt*). La monarchie cesse d'être une forme de gouvernement (*Staatsform*) pour devenir une simple forme gouvernementale (*Regierungsform*), mais qui possède un caractère représentatif : à la représentation populaire, celle du parlement, s'oppose une autre représentation, celle du monarque. Cette construction qui combine deux formes politiques – monarchie et démocratie – est typique de l'État libéral. Elle fut donc conservée même là où l'existence d'un monarque héréditaire était devenue impossible et que la république s'était imposée. En effet, malgré la disparition du roi, la recherche de l'équilibre persiste et il existe toujours un chef de l'État. Ce président d'État (*Staatspräsident*) est un « monarque républicanisé »[724] : sa position étant analogue à celle d'un chef d'État en monarchie, il peut devenir le réceptacle des diverses théories du pouvoir royal (§ I). La redéfinition de la fonction présidentielle par les constituants de 1958, désireux d'instaurer un arbitrage national au-dessus des partis, s'inscrit pleinement dans cette démarche (§ II).

§ I. LE CHEF D'ÉTAT RÉPUBLICAIN, HÉRITAGE DE LA NEUTRALITÉ DU POUVOIR ROYAL

274. Dans un cadre républicain, le chef de l'État peut être maintenu et doté de certaines prérogatives – droit de dissolution, désignation et révocation des ministres – afin de garantir la séparation des pouvoirs en permettant au gouvernement de conserver son autonomie face au parlement. Ainsi Schmitt

[722] V. *supra* § 164.
[723] C. SCHMITT, *Théorie de la Constitution, op. cit.*, p. 435.
[724] *Ibid.*, p. 436.

fait-il explicitement référence au président du Reich, dont les pouvoirs sont semblables à ceux dont disposait l'empereur[725], preuve que certains éléments constitutifs de la monarchie ont été relativisés pour devenir de simples éléments d'organisation des pouvoirs applicables aussi bien en république qu'en monarchie constitutionnelle. En ce sens, la position du chef de l'État sous la IIIe République française mérite une attention toute particulière : la « monarchie sans le roi » mise en place par les lois constitutionnelles de 1875 illustre parfaitement l'analyse de Carl Schmitt (A). Celui-ci, poussant jusqu'au bout son raisonnement, va recycler la théorie du pouvoir neutre de Benjamin Constant pour l'appliquer au président du Reich weimarien (B).

A. La position du chef de l'État dans une constitution d'attente monarchique : le président de la IIIe République, « roi, sauf l'hérédité »

275. Les lois constitutionnelles de 1875 ont des allures de « Troisième Charte »[726]. Étant avant tout l'œuvre d'un compromis entre républicains et monarchistes[727], elles offrent une bonne illustration de l'évolution de l'institution monarchique telle que décrite par Schmitt, qui en attribue la paternité au libéral Prévost-Paradol :

> « Prévost-Paradol a exposé cette construction de la théorie de l'État dans plusieurs articles et surtout dans son livre *La France nouvelle* (1869). Ses idées ont exercé une forte influence sur les lois constitutionnelles françaises de 1875. [...] la visée politique des auteurs de ces lois constitutionnelles était de rétablir la monarchie ; on cherchait ainsi à aménager la normation légiconstitutionnelle de telle manière que le rétablissement du monarque soit facilité au maximum. La construction de l'équilibre des pouvoirs est pourtant la même »[728].

Dans un régime républicain comme celui mis en place en 1875, l'institution monarchique demeure sous la forme d'un président élu. L'équilibre des pouvoirs est le même qu'en monarchie : seule l'hérédité disparaît. La IIIe République « n'a [en effet] pas hésité à emprunter à la monarchie toutes ses institutions, sauf le Roi »[729]. L'institution du chef de l'État joue un rôle central dans le compromis de 1875 ; elle est l'incarnation du « monarque républicanisé » que décrit Schmitt.

276. « Nous avons un roi, sauf l'hérédité », s'écrira Louis Blanc. Les lois constitutionnelles de 1875 paraissent effectivement plus proches de la Charte de 1830 que de la Constitution de la IIe République. Elles ne prévoient

---

[725] *Ibid.*, p. 437.
[726] M. MORABITO, *Histoire constitutionnelle de la France de 1789 à nos jours*, *op. cit.*, p. 312.
[727] Sur ce compromis rédactionnel, notamment en ce qui concerne la question du chef de l'État, v. L. de THY, *L'écriture des lois constitutionnelles de 1875. La fondation de l'ordre constitutionnel de la IIIe République*, thèse dactylographiée, Université de Bourgogne, 2017, p. 280 et s.
[728] C. SCHMITT, *Théorie de la Constitution*, *op. cit.*, p. 436.
[729] A. SAINT-GIRONS, *Manuel de droit constitutionnel*, 2e éd., Paris, Larose et Forcel, 1885, p. 356.

pourtant pas l'institution du chef de gouvernement, nécessaire à la dissociation entre le ministère et le chef de l'État. La coutume palliera cette absence, permettant à la doctrine publiciste de différencier dès 1875 le « pouvoir présidentiel » du « pouvoir ministériel »[730], ce qui n'est pas sans rappeler la distinction déjà opérée par Constant entre pouvoir royal et pouvoir exécutif. Le chef de l'État, élu pour sept ans, incarne alors l'élément « stable » du régime, tandis que le gouvernement en est l'élément « mouvant », simple reflet de la majorité partisane du moment au parlement. Formellement doté d'importantes prérogatives, le président de la République est armé pour exercer la mission d'un pouvoir régulateur. Si les lois constitutionnelles de 1875 restent évasives sur le rôle dévolu au chef de l'État, la doctrine s'attèle à le décrire en des termes proches de ceux employés par Benjamin Constant pour qualifier le pouvoir neutre[731] (1°). Mais dans la pratique constitutionnelle, le triomphe de la conception républicaine[732], au détriment des traditions libérale et conservatrice, conduit à la neutralisation de la fonction présidentielle et sonne le glas des tentatives d'instaurer un quatrième pouvoir en France (2°), du moins jusqu'à l'avènement de la Ve République.

1°) L'hypothèse d'un président-régulateur

277. La condition présidentielle « rappelle fort celle d'un *monarque parlementaire* »[733]. Il est vrai qu'en raison de l'analogie effectuée par les constituants entre la fonction présidentielle et la fonction royale, le chef de l'État de la IIIe République est généralement représenté sous les traits d'un monarque constitutionnel, « sauf le nom et la durée »[734], voire comme un véritable « roi »[735]. À l'instar du pouvoir royal chez Constant, son rôle est dépolitisé ; il devient pour la doctrine un « modérateur suprême »[736], extérieur au gouvernement et demeurant à l'écart de l'arène parlementaire. Or, cette position n'est prévue par aucun texte constitutionnel et paraît d'autant plus fragile que le président est avant tout désigné par une majorité parlementaire[737]. Elle serait cependant rendue possible par l'autorité

---

[730] L. RIBERT, *Esprit de la Constitution du 25 février 1875*, Paris, Germer Baillière, 1875, p. 150.

[731] Sur la vision du chef de l'État dans la doctrine de la IIIe République, v. par ex. C. HAUUY, « Le président de la République, vu par la doctrine publiciste, sous la IIIe République », *RFDC*, 2013/1 n° 93, pp. 67-82.

[732] Sur la conception républicaine du pouvoir exécutif, v. en particulier N. ROUSSELLIER, *La force de gouverner. Le pouvoir exécutif en France (XIXe-XXIe siècles)*, Paris, Gallimard, « NRF Essais », 2015, pp. 25-68.

[733] M. MORABITO, *Histoire constitutionnelle de la France de 1789 à nos jours*, *op. cit.*, p. 313. Il souligne.

[734] G. JÈZE, « La présidence de la République », *RDP*, 1913, p. 114.

[735] L. RIBERT, *op. cit.*, p. 150 ; P. LAFFITTE, « La vraie Constitution de 1875 », *RDP*, 1895, p. 92 ; L. DUGUIT, *L'État, les gouvernants et les agents*, Paris, Dalloz, « Bibliothèque Dalloz », 2005, p. 327.

[736] *Loc. cit.*

[737] Art. 2 de la Loi constitutionnelle du 25 févr. 1875, relative à l'organisation du pouvoir : « Le Président de la République est élu à la majorité absolue des suffrages par le Sénat et par la Chambre des députés réunis en Assemblée nationale. Il est nommé pour sept ans. Il est rééligible ».

personnelle du chef de l'État, son *auctoritas* serait-on tenté de dire, qui découle de « [son] expérience, [son] savoir et [son] prestige »[738].

278. Cette autorité incontestable dont doit bénéficier l'institution présidentielle joue exactement le même rôle en république que la légitimité dynastique d'un monarque héréditaire, bien qu'elle soit nécessairement plus limitée. L'irresponsabilité présidentielle, instaurée par l'article 6 de la Loi constitutionnelle du 25 février 1875, va également en ce sens. Elle est aussi, faut-il le rappeler, un vestige de l'hérédité monarchique, et ne connaît qu'une seule exception, la haute trahison, qui peut conduire le président à être mis en accusation par la Chambre puis jugé par le Sénat[739]. Bien que cette exception rompe avec les dispositions des Chartes de 1814 et 1830, elle ne remet pas fondamentalement en cause la posture de « monarque républicanisé » du président, comme en témoignent ses attributions.

279. Le président sous la IIIe République dispose en effet de trois prérogatives de régulation traditionnellement attribuées au pouvoir royal et qui lui permettent d'agir sur les trois pouvoirs : le droit de grâce, le droit de dissolution et la désignation des ministres. Le droit de faire grâce[740] offre au chef de l'État un moyen d'action sur le Judiciaire, conformément aux préconisations de Benjamin Constant. Le droit de dissolution[741], « condition tout à fait naturelle du Gouvernement parlementaire », lui « permet de mettre fin aux conflits persistants entre la Chambre populaire et le Gouvernement, en faisant appel au suffrage universel »[742], érigé en arbitre suprême du conflit. L'élément notable est que la dissolution présidentielle nécessite un avis conforme du Sénat, qui se trouve placé dans « une position *d'arbitre en premier ressort du conflit éventuel entre le Président de la République et la Chambre des députés* »[743], solution qui avait été expressément rejetée par Constant. La supériorité du Sénat, qui ne peut lui-même être dissous, est actée ; son avis, qui devait renforcer la décision présidentielle, ne pouvait en réalité que compliquer considérablement l'usage du droit de dissolution, qui fut d'ailleurs abandonné par ses titulaires après la présidence de Mac Mahon.

280. Reste donc ce qui sera en pratique la principale mission du chef de l'État : le choix des ministres. Cette prérogative a pris de plus en plus d'importance, en particulier à travers la désignation du chef du gouvernement. Ainsi, si les commentateurs du début de la IIIe République jugeaient généralement le choix présidentiel contraint car limité à « l'homme d'État que

---

738 L. DUGUIT, *Traité de droit constitutionnel*, 2e éd., Paris, Fontemoing & Cie, 1921-1925, t. 2, p. 665.
739 Art. 12 de la Loi constitutionnelle du 16 juil. 1875 sur les rapports des pouvoirs publics.
740 Art. 3 de la Loi constitutionnelle du 25 févr. 1875.
741 Art. 5 de la Loi constitutionnelle du 25 févr. 1875.
742 R. FOIGNET, *Manuel élémentaire de droit constitutionnel*, Paris, Arthur Rousseau, 1895, p. 43.
743 M. MORABITO, *Histoire constitutionnelle de la France de 1789 à nos jours*, *op. cit.*, p. 317. Il souligne.

réclame la volonté […] du Parlement »[744], c'est-à-dire au chef de la majorité parlementaire, ils vont finalement admettre que le chef de l'État peut choisir librement le président du Conseil : c'est « constitutionnellement un pouvoir considérable »[745]. En l'absence de majorité claire au parlement, il lui revient en effet de désigner l'homme qui sera le plus apte à réunir une telle majorité autour de lui, de manière à éviter ou à surmonter une potentielle crise ministérielle. Le choix du président de la République peut donc contribuer à former cette majorité nécessaire pour gouverner. Enfin, son rôle peut aussi s'avérer primordial lorsqu'il s'agit de mettre un terme aux fonctions du chef du gouvernement, car le président peut, dans certains cas, refuser sa démission, ou au contraire la forcer, pour prévenir une crise politique[746].

281. Le chef de l'État sous la IIIe République paraît ainsi armé pour exercer une fonction de régulation du système institutionnel, sans que cela ne se confirme pour autant dans la pratique.

2°) La neutralisation du quatrième pouvoir présidentiel dans la pratique politique

282. Sous la IIIe République, le triomphe définitif de la gauche républicaine sur la droite monarchiste mène à l'effacement immédiat et durable de la figure du chef de l'État dans le paysage institutionnel français (a). La persistance de l'idée d'un pouvoir présidentiel modérateur dans la doctrine constitutionnaliste et au sein du courant réformiste n'en demeure pas moins indiscutable, y compris sous une IVe République qui reproduit pourtant les errements de sa devancière (b).

a. L'impossible résurgence sous la IIIe République

283. C'est généralement à Mac Mahon et à Grévy que l'on reproche d'avoir le plus affaibli la fonction présidentielle, qu'ils transmirent particulièrement diminuée à leurs successeurs. Ce sont en effet les évènements de 1876 à 1879 – en particulier l'issue de la crise du 16 mai 1877 – qui viennent répondre, semble-t-il définitivement, aux interrogations sur le rôle du chef de l'État. En 1877, le maréchal de Mac Mahon constitue un gouvernement en opposition directe avec la Chambre des députés, qu'il dissout avec l'accord du Sénat. Les élections législatives qui s'en suivent sont pour lui un désaveu, le peuple confirmant la majorité républicaine de la Chambre. Acculé après le refus du Sénat de procéder à une nouvelle dissolution, Mac Mahon se soumet à la

---

[744] L. RIBERT, *op. cit.*, p. 164.

[745] L. DUGUIT, *Traité de droit constitutionnel*, *op. cit.*, t. 2, p. 666.

[746] Sur l'étendue de l'influence présidentielle en la matière, v. G. JÈZE, « La présidence de la République », *RDP*, 1920, pp. 486-494.

majorité républicaine en nommant Dufaure à la présidence du Conseil, actant la logique parlementaire. C'est Jules Grévy qui lui succède en 1879 ; sans remettre en cause l'existence de la fonction présidentielle, il va l'annuler en pratique. Dans son message adressé aux chambres le 6 février 1879[747], Grévy « saborde l'institution »[748] en renonçant au droit de dissolution ; la suprématie des assemblées est dès lors consacrée. La « Constitution Grévy » ainsi instaurée rompait avec la tradition libérale française pour s'inscrire dans la lignée de l'héritage républicain.

284. La fonction présidentielle est en effet susceptible de plusieurs lectures distinctes en 1875. La conception libérale, d'abord, s'inscrit clairement dans une continuité intellectuelle qui trouve son origine directe dans l'école libérale du Second Empire, tout particulièrement chez ceux que Marcel Morabito désigne comme « les pères spirituels » de la Constitution de 1875, Anatole Prévost-Paradol et Victor de Broglie[749]. Dans *La France nouvelle* (1868), Prévost-Paradol préconise, comme Benjamin Constant, un chef de l'État « [p]lacé au-dessus des partis, n'ayant rien à espérer ni à craindre de leurs rivalités et de leurs vicissitudes, [dont l']unique intérêt, comme son premier devoir, est d'observer avec vigilance le jeu de la machine politique, afin d'y prévenir tout grave désordre »[750], en particulier par l'usage du droit de dissolution. Victor de Broglie va quant à lui développer sa vision d'un chef d'État républicain dans ses *Vues sur le gouvernement de la France* (1861), recommandant de le désigner pour dix ans[751] et de l'investir « de tous les attributs de la royauté »[752] – inviolabilité[753], initiative législative et veto, puissance exécutive[754] – pour en faire un véritable « chef roi, sauf le nom et la durée »[755], qui règne *et* gouverne[756]. Broglie ne rejoint en conséquence ni Constant et son pouvoir neutre, ni les théoriciens du pouvoir conservateur ; sa position se rapprocherait plutôt de celle, libérale classique, d'un Lanjuinais,

---

[747] J. GRÉVY, « Message de M. le Président de la République » (6 févr. 1877), *JORF*, 7 févr. 1879, p. 819 (message au Sénat) et p. 826 (message à la Chambre des députés).
[748] J. GICQUEL, J.-É. GICQUEL, *Droit constitutionnel et institutions politiques*, 29e éd., Issy-les-Moulineaux, LGDJ-Lextenso, « Domat droit public », 2015, p. 488.
[749] M. MORABITO, *Histoire constitutionnelle de la France de 1789 à nos jours*, *op. cit.*, p. 311. Sur l'influence exercée par les deux hommes, v. aussi N. ROUSSELLIER, *op. cit.*, p. 73 et s.
[750] A. PRÉVOST-PARADOL, *op. cit.*, p. 134.
[751] V. de BROGLIE, *Vues sur le gouvernement de la France*, Paris, Michel Lévy frères, 1870, p. 228.
[752] *Ibid.*, p. 227.
[753] « [...] le président ou régent, inviolable, comme s'il était roi, inviolable même après l'expiration de sa magistrature, inviolable, quant à tous les actes de son administration, couvert, comme s'il était roi, par la responsabilité de ses ministres, ne pourrait, selon notre plan, être attaqué et pris à partie que pour tentative d'usurpation » (*ibid.*, p. 233).
[754] *Ibid.*, p. 247.
[755] *Ibid.*, p. 227.
[756] *Ibid.*, p. 274.

qui concilie en un même organe exercice du pouvoir exécutif et quatrième pouvoir régulateur.

285. La « Restauration sans le roi » d'Albert de Broglie devait s'inscrire dans une logique tout à fait semblable[757] en substituant à la responsabilité du chef de l'État voulue par Thiers la durée fixe de son mandat (sept ans)[758], afin de transformer un président de la République actif en « lieutenant général du royaume » à valeur davantage symbolique[759] :

> « [l]e septennat du maréchal de Mac-Mahon [...] nous donnait un délai de quelques années pendant lesquelles la porte restait ouverte à la monarchie : le Comte de Chambord pouvait réfléchir et revenir sur ses prétentions, ou la France se résigner à les accepter. Nous donnions ainsi du temps et en quelque sorte de la marge aux événements. Le trône restait vacant et j'avais réussi à y faire asseoir, sous le nom de Président, un véritable lieutenant-général du Royaume, prêt à céder la place, le jour où le Roi aurait été en mesure de la prendre »[760].

Quoiqu'envisagée par ses promoteurs comme provisoire, l'expérience de la « République présidentielle » (1873-1877) est marquée par la recherche d'un quatrième pouvoir présidentiel. En 1877, Mac Mahon allait ainsi affirmer son droit en tant que chef de l'État de s'opposer aux représentants issus des urnes, au nom d'une *essence* supérieure[761] et parce qu'il estimait incarner, seul, l'intérêt national, face aux intérêts particuliers portés par les parlementaires[762]. L'échec de cette tentative de résurgence d'un pouvoir conservateur en France sembla sonner le glas du quatrième pouvoir, qu'il soit régulateur et cantonné à la sphère institutionnelle, ou conservateur de la société, arbitre des intérêts particuliers. Léon Duguit jugeait toute nouvelle tentative vouée à l'échec, du moins tant que le chef de l'État ne « représente [pas] une force au moins égale

---

[757] La principale référence intellectuelle d'Albert de Broglie, chef du gouvernement en 1873-1874 puis 1877, demeurera en effet l'œuvre politique de son père, notamment ses *Vues sur le gouvernement de la France*, qu'il contribuera à faire rééditer en 1870 puis 1872.

[758] V. N. ROUSSELLIER, *op. cit.*, p. 76.

[759] V. O. RUDELLE, *La République absolue. Aux origines de l'instabilité constitutionnelle de la France républicaine 1870-1889*, Paris, Publications de la Sorbonne, 1982, p. 21 et p. 32.

[760] A. de BROGLIE, « Mémoires (III) – L'avènement de la République (II) », *Revue des Deux Mondes*, 1er déc. 1929, p. 594.

[761] V. O. RUDELLE, *op. cit.*, pp. 51-57.

[762] V. la lettre adressée par Mac Mahon au président du Conseil Jules Simon le 16 mai 1877, dans laquelle il écrit : « [...] si je ne suis pas comme vous responsable devant le Parlement, *j'ai une responsabilité envers la France* dont, aujourd'hui plus que jamais, je dois me préoccuper » (*JORF*, 17 mai 1877, n° 134, p. 3690. Nous soulignons). Dans son message aux chambres du 18 mai 1877, le maréchal réaffirme avec force sa mission conservatrice envers le pays, au nom de laquelle il entend incarner un arbitre entre les partis : « [n]i ma conscience, ni mon patriotisme ne me permettent de m'associer, même de loin et pour l'avenir, au triomphe de ces idées [celles de la gauche républicaine]. Je ne les crois opportunes ni pour aujourd'hui, ni pour demain. À quelque époque qu'elles dussent prévaloir, elles n'engendreraient que le désordre et l'abaissement de la France. Je ne veux ni en tenter l'application moi-même, ni en faciliter l'essai à mes successeurs. Tant que je serai dépositaire du pouvoir j'en ferai usage dans toute l'étendue de ses limites légales, pour m'opposer à ce que je regarde comme la perte de mon pays » (*JORF*, 19 mai 1877, n° 136, p. 3785).

à celle du parlement »[763]. En l'occurrence, sous la IIIe République, le président, qui « ne représente aucun élément de force sociale »[764] distinct de l'élément parlementaire, « sait à qui il tient son élection »[765] ; il demeure « le prisonnier des chambres »[766] qui l'ont élu et ne peut raisonnablement incarner un pouvoir indépendant[767].

286. Plus encore, l'utilité même d'un quatrième pouvoir paraît mise en doute, alors qu'après 1877, la France renoue en partie avec son héritage jacobin. Élu président en 1879, Jules Grévy avait ainsi défendu en 1848 un amendement très critique envers la fonction présidentielle, exposant à cette occasion sa conception de la séparation des pouvoirs, qu'il n'envisageait que comme une étape de transition vers la démocratie. Or, depuis la Révolution, les théories du quatrième pouvoir ne prennent justement sens que dans le cadre d'une séparation des pouvoirs. Pourquoi alors en instituer un alors que la République pourrait renouer avec l'idéal de l'unité démocratique du pouvoir au profit des représentants de la nation ? La figure du chef d'État irresponsable perdait durablement sa raison d'être ; la crise du parlementarisme et la montée en puissance du courant révisionniste[768] ne devaient rien y changer. André Tardieu ne disait pourtant pas autre chose que les partisans du pouvoir conservateur lorsqu'il préconisait le recours à un « instrument », le chef de l'État-arbitre, afin d'assurer la « prévalence restaurée de l'intérêt général sur l'intérêt particulier »[769]. On retrouve la position défendue par Lawrence Lowell, qui affirmait en 1928 que « c'est une erreur de supposer que la prospérité nationale équivaut à la somme des intérêts particuliers »[770]. Aussi mettait-il en avant la nécessité d'une « autorité » stabilisatrice pouvant « poursuivre, en dehors du contrôle du corps représentatif, dans certaines

---

[763] L. DUGUIT, *L'État, les gouvernants et les agents*, *op. cit.*, p. 327.
[764] *Ibid.*, p. 328.
[765] J. BARTHÉLEMY, *Le rôle du pouvoir exécutif dans les républiques modernes*, Paris, Giard et Brière, 1906, p. 657.
[766] L. DUGUIT, *L'État, les gouvernants et les agents*, *op. cit.*, p. 328.
[767] A. PRÉVOST-PARADOL (comme Constant avant lui) avait déjà souligné cette difficulté propre à la république : il estimait que le pouvoir régulateur était « l'office propre et particulier du monarque constitutionnel » et ne pouvait être raisonnablement exercé par un président de la République, « élu [et qui] représente lui-même un parti auquel il doit tout [...] et dont il est trop souvent l'instrument » (*op. cit.*, p. 134). À ses yeux, « il manque alors un ressort important à la machine politique » dans les régimes républicains (le monarque héréditaire naturellement neutre). Ceci dit, même « si la république n'a point de place pour cette utile magistrature, elle n'en est pas moins une forme de gouvernement très acceptable et très digne » qu'il faut « envisager sans appréhension » (*ibid.*, p. 139).
[768] Sur les conceptions de l'institution présidentielle au sein du mouvement révisionniste des années 1920-1930, v. S. PINON, *Les réformistes constitutionnels des années trente. Aux origines de la Ve République*, Paris, LGDJ, « BCSP », t. 114, 2003, p. 512 et s.
[769] A. TARDIEU, *La réforme de l'État. Les idées maîtresses de « L'heure de la décision »*, Paris, Flammarion, 1934, pp. 18-19.
[770] A. L. LOWELL, « La crise des gouvernements représentatifs et parlementaires dans les démocraties modernes », *RDP*, 1928, p. 573.

limites, la ligne d'action qu'[elle] croit nécessaire au bien public »[771]. L'influence intellectuelle d'un tiers pouvoir conservateur d'essence monarchique est flagrante.

287. Mais preuve de la prégnance de l'héritage jacobin, la IVe République, loin de toute rupture, ne fera finalement que confirmer juridiquement la « Constitution Grévy », alors même que les débats constituants de 1945-1946 avaient parfaitement exprimé le fond du problème.

b. Une timide réapparition sous la IVe République

288. Au sein de la première Assemblée constituante, la gauche, principalement par la voix de Pierre Cot, le rapporteur du projet de constitution du 19 avril 1946, va décrier la séparation et la division des pouvoirs, au nom, justement, du principe de l'unité démocratique du pouvoir qui exige une assemblée unique[772]. Quant au chef de l'État, il est jugé inutile[773], Pierre Cot finissant tout de même par lui reconnaître un rôle honorifique :

> « [l]e Président de la République n'est plus le chef de l'État, mais le premier magistrat de la République. Ce n'est plus un monarque sans couronne, ni trône, une sorte de roi constitutionnel à titre temporaire ; c'est le symbole de l'unité française, le gardien de la tradition gouvernementale, le conseiller et le confident des hommes responsables. Le Président de la République n'a plus de fonction politique, mais il a une grande fonction nationale »[774].

Le centre et la droite, notamment représentés par René Capitant, vont au contraire défendre la séparation des pouvoirs et le bicamérisme face au risque d'une « monarchie absolue de l'assemblée »[775], avatar d'une dérive jacobine qui exclut tout contrôle extérieur du pouvoir et avait déjà incité les Thermidoriens à repenser leur organisation institutionnelle en 1795.

289. La conception du chef de l'État portée par le Mouvement républicain populaire (MRP) est en ce sens tout à fait révélatrice : les démocrates-

---

[771] *Ibid.*, p. 579.

[772] « Quand on rejette ainsi la dualité du pouvoir – ou la trinité, pour les partisans du pouvoir judiciaire – on aboutit forcément à l'*unité du pouvoir, qui est la règle démocratique*. Tout le pouvoir appartient au peuple, sa volonté est souveraine. Le peuple ne pouvant exercer directement le pouvoir élit ses représentants. Dans cette conception unitaire du pouvoir, l'Assemblée élue par le suffrage universel est évidemment la pièce maîtresse, la clef de voûte de tout le système » (P. COT, *Rapport supplémentaire fait au nom de la commission de la constitution*, Première assemblée constituante, annexe n° 885 du 5 avril 1946, p. 849. Nous soulignons).

[773] Dans *Le Populaire* du 13 décembre 1945, L. BLUM s'attèle ainsi à décrire le chef de l'État comme « [u]n rouage embarrassant ou inutile » (art. reproduit *in L'Œuvre de Léon Blum*, Paris, Albin Michel, 1954-1972, t. 6, pp. 155-157).

[774] P. COT, préc., p. 849.

[775] R. CAPITANT, intervention du 10 avril 1946, reproduit *in JORF – Débats de l'Assemblée nationale constituante*, 11 avril 1946, n° 44, p. 1666.

chrétiens l'envisagent certes comme le rempart de l'Exécutif face aux potentiels abus du parlement, mais aussi plus spécifiquement, à l'instar du député Daniel Boisdon, comme « un *quatrième pouvoir* qui n'est plus celui-là, d'ordre matériel, mais d'ordre, en quelque sorte, spirituel. Il s'agit du pouvoir du chef de l'État. Il s'agit de l'homme qui doit rassembler, en quelque sorte, l'affection de tous les Français pour leur patrie »[776]. Ce quatrième pouvoir s'inscrit dans une tradition bien identifiée, puisque le MRP, à travers l'intervention de Paul Coste-Floret, va recourir à la notion d'arbitrage pour décrire son rôle, non de régulateur des pouvoirs, mais « d'arbitre politique [...] entre les partis »[777], l'objectif étant de confier à « un acteur prétendument abstrait du champ des contradictions politiques le soin de contrôler ces mêmes contradictions »[778].

290. Ceci dit, malgré l'échec du très jacobin projet du 19 avril 1946 – rejeté par référendum le 5 mai – puis l'adoption d'un texte constitutionnel davantage imprégné des idées du MRP, la IVe République ne parviendra pas à juguler la crise du parlementarisme née sous la IIIe République. Il est néanmoins intéressant de relever qu'une partie de la doctrine publiciste, ayant constaté les dysfonctionnements du régime politique mis en place par la Constitution de 1946, voit en l'institution présidentielle une autorité à même de pallier ces difficultés institutionnelles.

291. Le président de la IVe République est traditionnellement présenté comme une pâle copie de son prédécesseur de la IIIe République, un personnage victime d'un « effacement »[779], aux attributions « nombreuses quoique de second plan »[780]. Dans la réalité, le septennat de Vincent Auriol – et dans une moindre mesure celui de René Coty – témoigne pourtant de la pratique effective d'un arbitrage de type procédural ou formel, qui permit la construction doctrinale d'un chef de l'État « gardien de la Constitution »[781]. En 1953, Roland Drago estime ainsi que la présidence du Conseil des ministres par le chef de l'État « a été, malgré son apparence anodine, un des moyens grâce auquel le régime a trouvé son équilibre »[782]. De ce fait, il voit dans l'institution présidentielle « le principal sinon le seul facteur de cet

---

[776] D. BOISDON, intervention du 17 avril 1946, reproduit *in JORF – Débats de l'Assemblée nationale constituante*, 18 avril 1946, n° 50, p. 1955. Nous soulignons.
[777] P. COSTE-FLORET, intervention du 9 avril 1946, reproduit *in JORF – Débats de l'Assemblée nationale constituante*, 10 avril 1946, n° 43, p. 1638.
[778] Suivant l'analyse de P. DUJARDIN, *1946. Le droit mis en scène. Propositions pour une analyse matérialiste du droit*, Grenoble, PUG, « Critique du droit », 1979, p. 150.
[779] D. TURPIN, *Droit constitutionnel*, Paris, Puf, « Quadrige », 2003, p. 416.
[780] Fr. HAMON, M. TROPER, *Droit constitutionnel*, *op. cit.*, p. 405.
[781] V. en particulier sur ce point B. FARGEAUD, *La doctrine constitutionnelle sous la IVe République. Naissance d'une nouvelle génération de constitutionnalistes*, thèse dactylographiée, Université Paris II Panthéon-Assas, 2018, pp. 210-250.
[782] R. DRAGO, « L'article 32 de la Constitution du 27 octobre 1946 », *RDP*, 1953, pp. 168-169.

équilibre »[783], au point d'envisager l'apparition dans la pratique de la IVe République d'une nouvelle forme de parlementarisme dualiste.

292. « L'intelligente activité du Président Auriol »[784] se trouve également louée par Maurice Duverger en 1950 dans son ouvrage *Les constitutions de la France*. Selon lui, Vincent Auriol « anime la lettre du texte par une certaine philosophie de la fonction présidentielle qui veut attribuer leur plein sens à ces mots d'arbitre, de modérateur, de régulateur qu'on employait avant lui pour définir le rôle du Chef de l'État sans trop y croire »[785]. Dans son manuel de 1955, il dépeint le président de la IVe République sous les traits du « régulateur suprême du régime »[786] et se félicite de la « renaissance de la fonction présidentielle »[787] sous le septennat de Vincent Auriol.

293. Pour autant, l'ensemble de la doctrine ne s'accorde pas sur cette position quant à l'activisme constitutionnel du président Auriol. Dans un article publié en 1948[788], Georges Berlia juge sévèrement l'idée du chef de l'État « gardien de la Constitution », qui s'est développée en dehors des textes. L'auteur rappelle qu'en vertu de son irresponsabilité politique et du principe du contreseing de ses actes, le président de la République ne dispose pas de prérogatives constitutionnelles lui permettant d'exercer de façon effective la « garde » de la Constitution. Selon Berlia, l'idée du président « gardien de la Constitution » traduit sans doute « un climat et plus précisément une température politique » mais n'est juridiquement soutenue par aucune « procédure précise ou efficace que pourrait au moins mouvoir le chef de l'État »[789]. En ce sens, Roger Pinto souligne justement dans son manuel que « la constitution, qu'on l'approuve ou qu'on le regrette, ne reconnaît au président de la République aucun pouvoir propre »[790]. C'est la doctrine républicaine de la présidence : dans la logique du parlementarisme « à la française » des IIIe et IVe Républiques, l'irresponsabilité du chef de l'État le condamne à une certaine inaction.

294. Finalement, la France devra attendre 1958 pour véritablement renouer avec son héritage monarchique, et se rapprocher aussi, à certains égards, de la théorie schmittienne du gardien de la constitution.

---

783 *Ibid.*, p. 169.
784 M. DUVERGER, *Les constitutions de la France*, Paris, Puf, « QSJ ? », 1950, pp. 118-119.
785 *Ibid.*, p. 119.
786 M. DUVERGER, *Droit constitutionnel et institutions politiques*, Paris, Puf, « Thémis », 1955, p. 508.
787 *Ibid.*, p. 509.
788 G. BERLIA, « La présidence de la République, magistrature morale du régime », *RDP*, 1948, pp. 50-58.
789 *Ibid.*, p. 57.
790 R. PINTO, *Éléments de droit constitutionnel*, 2e éd., Lille, Corduant, 1952, p. 471.

B. Pouvoir neutre et présidence : la réinterprétation schmittienne de la notion

295. Afin de comprendre la conception schmittienne du pouvoir neutre, il convient de s'attarder un instant sur ce que le juriste allemand entend par neutralité. Dans un court article de 1931[791], il en distingue deux conceptions antagonistes : d'une part les acceptions négatives du terme de « neutralité », qui ne requièrent pas la décision et peuvent notamment s'apparenter à la non-intervention ou à la passivité[792] ; d'autre part, ses acceptions positives, aboutissant à une décision. Parmi celles-ci, on trouve premièrement la neutralité « au sens d'objectivité et d'impartialité fondée sur une norme confirmée »[793] ; c'est la neutralité du juge. Deuxièmement, la neutralité « fondée sur une compétence libre de tout intérêt égoïste »[794] est celle de l'expert ou du médiateur, qui se détermine indépendamment des intérêts en présence. Troisièmement, la neutralité « en tant qu'expression d'une totalité et d'une unité qui englobe tous les regroupements antagonistes, les relativisant de ce fait même » caractérise « la décision étatique qui, face au fractionnement et au partage de l'État en partis et en intérêts particuliers, tranche les conflits intra-étatiques, lorsque cette décision fait valoir l'intérêt de l'État en tant que totalité »[795]. Schmitt vise ici la neutralité du président du Reich. Il cite enfin la neutralité « de l'étranger extérieur, qui, en tant que tiers, provoque du dehors, si c'est nécessaire, une décision et partant l'unité »[796] : c'est l'objectivité d'un État protecteur vis-à-vis de ses protectorats et de leurs antagonismes internes.

296. Carl Schmitt va particulièrement s'appuyer sur la troisième acception de la neutralité pour confier la « garde » de la constitution au chef de l'État weimarien, qui doit pour cela incarner un pouvoir neutre (1°). Le juriste allemand s'emploiera alors à revêtir le président du Reich des habits du monarque constantien, non sans instrumentaliser, tout en la déformant considérablement au passage, la théorie du libéral de Coppet (2°).

---

[791] C. SCHMITT, « Exposé sommaire des différentes significations et fonctions du concept de neutralité de l'État en matière de politique intérieure », *in* C. SCHMITT, *La notion de politique*, Paris, Flammarion, « Champs classiques », 1992, pp. 155-160.
[792] *Ibid.*, p. 155.
[793] *Ibid.*, p. 159.
[794] *Loc. cit.*
[795] *Ibid.*, p. 160.
[796] *Loc. cit.*

1°) Du gardien de la constitution au pouvoir neutre : le recours à la théorie de Benjamin Constant

297. En dépit du destin tragique qu'on lui connaît, la République de Weimar apparaît comme un important laboratoire d'idées constitutionnelles. Ainsi en est-il du gardien de la constitution, thématique certes ancienne mais que Carl Schmitt fut le premier à véritablement conceptualiser. Il fut sans doute incité à le faire par un arrêt de la Cour de justice d'État du Reich allemand (*Staatsgerichtshof für das Deutsche Reich*) du 15 octobre 1927, dans lequel elle s'auto-qualifie de « gardien de la Constitution du Reich » (*Hüter der Reichsverfassung*) afin de s'ériger en principal organe habilité à interpréter la Constitution[797]. Schmitt considère que c'est à tort que la Cour s'est attribuée ce statut, une position qu'il va longuement développer dans un article paru en 1929[798]. S'il ne conteste pas entièrement l'idée d'un contrôle juridictionnel de constitutionnalité des lois, notamment dans les formes prévues par la Constitution de Weimar, il refuse de reconnaître à la Cour de justice d'État la fonction de gardien de la Constitution, car elle ne peut, selon lui, que revenir à un organe politique, seul à même de défaire la volonté du législateur.

298. Il s'agissait ensuite pour Schmitt de désigner et de décrire cet organe, ce qu'il fait dans un autre article de 1929, « *Der Hüter der Verfassung* », puis dans un ouvrage éponyme de 1932, qui en présente une version enrichie et remaniée[799]. Il y reprend et complète certains arguments de sa thèse « négative » – le gardien de la constitution ne peut pas être un juge – et y ajoute un versant positif sur le président du Reich (*Reichspräsident*), « son » gardien, qui doit constituer une instance neutre particulière (*eine besondere neutrale Gewalt*) :

> « […] les conflits entre les titulaires des décisions politiques suprêmes ne se laissent donc pas trancher par la justice (sauf violation ouverte de la constitution) ; ils peuvent être tranchés par une force politique supérieure, un tiers supérieur, mais qui deviendrait le maître de la constitution, ou bien par une instance non pas supérieure mais de même niveau, un tiers neutre ; c'est le sens d'un *pouvoir neutre et intermédiaire*, qui n'est pas situé au-dessus

---

[797] V. A. LE DIVELLEC, « Le gardien de la Constitution de Carl Schmitt. Éléments sur les paradoxes d'une "théorie" constitutionnelle douteuse », *in* O. BEAUD, P. PASQUINO (dir.), *La controverse sur « le gardien de la Constitution » et la justice constitutionnelle. Kelsen contre Schmitt*, Paris, Éd. Panthéon-Assas, « Colloques », 2007, pp. 36-37.

[798] C. SCHMITT, « Das Reichsgericht als Hüter der Verfassung » (1929), reproduit *in* C. SCHMITT, *Verfassungsrechtliche Aufsätze aus den Jahren 1924-1954*, Berlin, Duncker & Humblot, 1958, pp. 63-100.

[799] C. SCHMITT, *Der Hüter der Verfassung*, 4e éd., Berlin, Duncker & Humblot, 1996. Nous nous rapporterons également aux extraits traduits par A. LE DIVELLEC (« Le gardien de la Constitution de Carl Schmitt. Éléments sur les paradoxes d'une "théorie" constitutionnelle douteuse », art. préc., en particulier pp. 47-53) et à la traduction anglaise de L. VINX (*The guardian of the constitution. Hans Kelsen and Carl Schmitt on the limits of constitutional law*, Cambridge, CUP, « Cambridge studies in constitutional law », 2015, pp. 79-173).

des autres pouvoirs constitutionnels mais qui dispose de compétences et moyens d'action propres »[800].

Le juriste allemand recherche dans la doctrine politique et constitutionnelle du XIXe siècle un fondement théorique pour ce nouveau pouvoir ; il va ainsi rappeler l'existence de la célèbre théorie de Benjamin Constant, sans pour autant l'étudier en détail, comme si la formulation « pouvoir neutre » comptait finalement plus pour lui que le fond de la doctrine du libéral de Coppet. Schmitt ne fait pas partir son argumentation de la problématique constantienne de base – la nécessité de préserver les institutions politiques – mais va plutôt chercher à justifier l'existence d'un chef de l'État dans un régime de séparation des pouvoirs où la logique parlementaire s'est définitivement imposée[801].

299. Schmitt note ainsi que « tous les catalogues typiques de prérogatives et compétences des chefs d'État (monarques ou présidents) remontent à [la doctrine de Constant] »[802], et souligne l'une de ses idées directrices, à savoir la distinction entre régner et gouverner, qu'il avait assimilée à la distinction entre *auctoritas* et *potestas* dans *Théorie de la Constitution* (1928)[803]. Le chef de l'État, qui « assure la continuité et la permanence de l'unité étatique et de son fonctionnement uniforme », doit en effet disposer d'une « forme particulière d'autorité », car « la fonction particulière du tiers neutre ne réside pas dans une activité permanente de commandement et de réglementation, mais d'abord seulement médiatrice, conservatrice et régulatrice, [...] seulement active en cas de nécessité », ce « parce que le tiers neutre ne doit pas concurrencer les autres pouvoirs au sens d'une expansion de son propre pouvoir »[804]. De ces propos, rien n'aurait sans doute été renié par Constant ; son pouvoir neutre, comme celui de Schmitt, règne – ou préside – mais ne gouverne pas.

300. Cela étant dit, le juriste allemand peut affirmer que « [d]'après le droit positif de la Constitution de Weimar, la position du président du Reich élu par le peuple ne se laisse construire qu'à l'aide d'une théorie un peu plus développée d'un pouvoir neutre, médiateur, régulateur et préservateur »[805], soit l'énumération de toutes les dénominations possibles du quatrième pouvoir constantien. En effet, les compétences du *Reichspräsident* « correspondent typiquement au catalogue des compétences du chef de l'État établi par Constant ». Schmitt ajoute que « cet équilibrage original » instauré par la

---

[800] *Ibid.*, p. 132.

[801] Suivant l'analyse d'A. LE DIVELLEC, « Le gardien de la Constitution de Carl Schmitt. Éléments sur les paradoxes d'une "théorie" constitutionnelle douteuse », art. préc., pp. 48-49.

[802] C. SCHMITT, *Der Hüter der Verfassung*, *op. cit.*, pp. 133-134.

[803] V. *supra* § 195-196.

[804] C. SCHMITT, *Der Hüter der Verfassung*, *op. cit.*, pp. 136-137.

[805] *Ibid.*, p. 137.

Constitution de Weimar, caractérisé par « la combinaison d'une indépendance vis-à-vis du Reichstag, du fait de compétences autonomes, et de dépendance en raison de l'exigence générale du contreseing ministériel », ainsi que par « la protection de la Constitution [...] selon l'article 48, [...] ne serait qu'un mélange plein de contradictions et vide de sens si l'on ne se référait pas à cette théorie [du pouvoir neutre] »[806]. Pour étayer son analyse, Schmitt se réfère expressément aux débats constitutionnels de 1919, durant lesquels le futur chef de l'État était présenté comme un « pôle stable » (selon Hugo Preuss, le « père » de la Constitution de Weimar), un « point fixe » (Friedrich Neumann) ou encore une « entité médiatrice » qui incarne un pouvoir intermédiaire « entre le Parlement et le Gouvernement »[807], ce qui est révélateur car il ne s'agit pas de préserver une norme juridique, mais un équilibre politique entre les pouvoirs constitués. Il mentionne aussi des exemples tirés de la pratique politique de Weimar, notamment l'intervention du président Ebert à l'égard de la Bavière en 1922, durant laquelle celui-ci aurait parfaitement incarné le rôle d'un pouvoir neutre[808]. Pourtant, la théorie schmittienne est loin d'être dénuée d'équivoques.

2°) Les ambiguïtés du pouvoir neutre schmittien : un présidentialisme déguisé ?

301. Schmitt doit désormais expliquer comment il transpose le pouvoir neutre du monarque constantien au président du Reich. En d'autres termes, il faut montrer l'intérêt et surtout l'indépendance d'une telle fonction lorsqu'elle est associée à la présidence dans un régime républicain[809]. Le juriste allemand partage avec Constant la crainte du régime d'assemblée[810]. En 1932, il relèvera ainsi l'expansion, dans de nombreux pays européens, de ce qu'il appelle l'État « législateur » (*Gesetzesstaat*), qui correspond, dans sa typologie, à une forme de gouvernement dans lequel le pouvoir législatif prend le pas sur les autres

---

[806] *Ibid.*, pp. 137-138.

[807] *Ibid.*, pp. 138-139. Sur la conception du chef de l'État chez Preuss et la majorité des constituants de 1919, v. aussi J. HUMMEL, « Les figures weimariennes d'un "monarque élu". Sur la désignation populaire du Président du Reich (1919-1933) », *in* A.-M. LE POURHIET (dir.), *La désignation du chef de l'État. Regards croisés dans le temps et l'espace*, Clermont-Ferrand, Fondation Varenne et LGDJ, « Colloques et essais », 2012, pp. 66-67 et pp. 70-71.

[808] C. SCHMITT, *Der Hüter der Verfassung*, *op. cit.*, p. 139. SCHMITT avait déjà mentionné cet exemple dans *Théorie de la Constitution* : « Le Reichspräsident Ebert (qui n'était pas encore élu par l'ensemble du peuple allemand) a rempli cette fonction [de pouvoir neutre] à des moments essentiels, le plus nettement l'été 1922 lors du conflit entre la Bavière et le Reich » (*op. cit.*, p. 498). Il est ici fait allusion à l'un des épisodes qui opposa le gouvernement de la Bavière à celui du Reich. La Bavière faillit faire sécession en 1923, peu de temps avant la tentative de putsch (manquée) d'Hitler à Munich.

[809] V. S. BAUME, « De l'usage des pouvoirs neutres », *Pouvoirs*, 2012/4 n° 143, p. 20.

[810] « Le vice de presque toutes les constitutions a été de ne pas créer un pouvoir neutre, mais d'avoir placé la somme d'autorité dont il doit être investi dans un des pouvoirs actifs. Quand cette somme d'autorité s'est trouvée réunie à la puissance législative, la loi, qui ne devait s'étendre que sur des objets déterminés, s'est étendue à tout ; il y a eu arbitraire et tyrannie sans borne » (B. CONSTANT, *Cours de politique constitutionnelle*, *op. cit.*, t. 1, p. 179).

(telle la IIIe République de la « Constitution Grévy »)[811]. Schmitt va souligner la parenté qui existe entre l'État législateur et le *Koalitionsparteistaat*, qui résultent tous les deux d'une suprématie du parlement dangereuse pour l'équilibre des pouvoirs. Avec cette perversion du parlementarisme, la garantie de la constitution réside tout entière dans les mains de la majorité parlementaire, et par extension, des partis politiques :

> « [l]e parti qui forme la majorité et dispose légalement de la puissance publique, doit nécessairement admettre qu'au moment où le parti adverse se trouvera au même point que lui, ce dernier usera à son tour des pouvoirs légaux pour se consolider au pouvoir et refermer la porte sur lui ; en d'autres termes, qu'il écartera, par la voie légale, le principe de la légalité. La minorité, qui cherche à atteindre le pouvoir, proclame hautement que la majorité dominante en use ainsi depuis longtemps ; plus ou moins ouvertement, elle déclare les pouvoirs publics illégaux, reproche que ne peut encourir aucune puissance légale. Ainsi, au moment critique, chacun reproche à son adversaire son illégalité, chacun joue le rôle de "gardien de la Constitution". Le résultat, c'est une situation illégale et inconstitutionnelle »[812].

Pour Schmitt, il s'agit de contrer cette tendance et de lui opposer une résistance, ce qui nécessite de repenser en ce sens la fonction présidentielle. Le chef de l'État doit alors apparaître comme un tiers neutre, vis-à-vis non seulement des pouvoirs constitués, mais aussi des organisations partisanes, qui désormais structurent totalement la vie politique.

302. Quelle est la nature de cette neutralité ? Selon la typologie schmittienne, elle est à la fois la condition et la conséquence de la fonction principale du président du Reich, à savoir « maintenir l'unité du peuple comme une totalité politique », face à « la domination de coalitions parlementaires et [au] pluralisme des groupes de pouvoir sociaux et économiques »[813]. La neutralité du président signifie donc que celui-ci est indépendant des partis politiques et du parlement, ce qui est la conséquence de sa désignation populaire, car il a alors « la confiance du peuple entier, non pas indirectement par l'intermédiaire d'un Parlement déchiré en partis, mais immédiatement sur sa personne »[814]. Tant son statut – mandat long, destitution très difficile, indépendance face aux majorités parlementaires instables – que ses prérogatives – notamment le droit de dissolution, la désignation et la révocation du chancelier et du gouvernement, les pouvoirs spéciaux de l'article 48 – « ont pour sens de créer une instance neutre et médiatrice qui, en tant que telle, est le garant et gardien patenté de l'état constitutionnel et du fonctionnement conforme à la

[811] Sur cette typologie, v. C. SCHMITT, « Légalité et légitimité », *in* C. SCHMITT, *Du politique. « Légalité et légitimité » et autres essais*, Puiseaux, Pardès, « Révolution conservatrice », 1990, pp. 41-47 ; G. LE BRAZIDEC, *René Capitant, Carl Schmitt : crise et réforme du parlementarisme. De Weimar à la Cinquième République*, Paris, L'Harmattan, 1998, pp. 87-90 ; S. BAUME, *Carl Schmitt, penseur de l'État. Genèse d'une doctrine*, Paris, Presses de Sciences po, « Sciences po », 2008, pp. 132-134.
[812] C. SCHMITT, « Légalité et légitimité », préc., p. 66.
[813] C. SCHMITT, *Der Hüter der Verfassung*, *op. cit.*, p. 158.
[814] C. SCHMITT, *Théorie de la Constitution*, *op. cit.*, p. 498.

constitution des plus hautes instances fédérales »[815]. Sa position, qui ne « correspond rien moins qu'au principe démocratique »[816], s'inscrit aussi dans le prolongement de la doctrine wébérienne sur le *Reichspräsident*[817]. En effet, chez Max Weber également, le président représente la volonté populaire face aux partis politiques et assure de ce fait le rôle de contrepoids du parlement, divisé par les clivages partisans. La préoccupation de Weber[818], que recoupe aisément celle de Schmitt, est d'instaurer un palliatif des limites de la balance des pouvoirs, puisqu'il s'agit de contrer par le renforcement du président l'expansion du parlement et du *Parteienstaat* (« État de partis »).

303. Mais la nature réelle de la mission présidentielle interroge, car il est évident que le pouvoir « neutre-rassembleur » de Weber et de Schmitt, censé incarner seul l'intérêt général face aux partis, correspond bien davantage au modèle du pouvoir conservateur qu'à un pur régulateur. René Capitant l'avait sans doute entrevu dans l'article qu'il consacra en 1932 à la doctrine schmittienne du *Reichspräsident* :

> « [le président du Reich] est neutre parce qu'il est indépendant des partis, autonome, *überparteilich* suivant le mot qu'aime à répéter en toute occasion le Maréchal Hindenburg, mais non parce que sa volonté serait politiquement incertaine, ses pouvoirs inefficaces ou même sa mission simplement médiatrice. Car le Président du Reich est incontestablement un organe politique, au même titre que le Reichstag auquel il fait équilibre, et la mission de contrôle gouvernemental qui lui est assignée est au premier chef une mission politique »[819].

La neutralité du chef de l'État schmittien n'est pas celle du monarque constantien ; s'ils apparaissent tous deux indépendants des partis politiques (neutralité *supra partes* ou *überparteilich*), le président weimarien exerce un véritable pouvoir, au même titre que le parlement, puisqu'il est censé le contrebalancer. De ce renversement de perspective, on a ainsi pu écrire que « [l]e tiers neutre, porteur de l'*auctoritas* (dont la fonction ne devait pas être une activité de commandement et de réglementation), devenait chez Schmitt une *potestas* qui assumait, outre les tâches exécutives qui lui revenaient, les missions assignées au législatif »[820]. L'interprétation de Schmitt déforme donc complètement la théorie libérale de Constant[821], ce que n'a pas vraiment perçu

---

[815] C. SCHMITT, *Der Hüter der Verfassung*, *op. cit.*, p. 158.

[816] *Ibid.*, p. 159.

[817] W. MOMMSEN atteste cette filiation dans son ouvrage *Max Weber et la politique allemande 1890-1920* (Paris, Puf, « Sociologies », 1985, p. 478 et s.).

[818] Particulièrement développée dans un article de 1919 intitulé « Le président du Reich » (reproduit *in* M. WEBER, *Œuvres politiques (1895-1919)*, Paris, Albin Michel, « Bibliothèque Albin Michel Idées », 2004, pp. 503-507).

[819] R. CAPITANT, « Le rôle politique du président du Reich » (1932), *in* R. CAPITANT, *Écrits constitutionnels*, Paris, CNRS, 1982, p. 442.

[820] S. BREUER, *Anatomie de la Révolution conservatrice*, Paris, Éd. de la Maison des sciences de l'homme, 1996, p. 186.

[821] « Schmitt tente de justifier la neutralité du Président – son indépendance supposée par rapport aux partis – par *un recours extrêmement douteux à la conception du monarque de Benjamin Constant* »

Capitant. Le juriste français préfère toutefois se référer à Guizot, car sous Weimar comme durant la Monarchie de Juillet, ce sont le chef de l'État et le parlement qui incarnent chacun un pouvoir politique autonome, tandis que le cabinet joue seulement un rôle d'intermédiaire[822]. Or, l'existence d'un pouvoir ministériel distinct du pouvoir royal est justement au fondement de la doctrine de Constant, qui paraît dès lors difficilement transposable au contexte weimarien, et, *a fortiori*, au gardien de la constitution schmittien.

304. Capitant se serait-il fourvoyé sur les véritables intentions du juriste allemand, comme l'affirme Olivier Beaud[823] ? Il suffit, pour s'en convaincre, de s'interroger sur la mission dévolue dans les faits au président-gardien. Si le président Ebert, désigné par le parlement, se pose en gardien des institutions de Weimar, faisant usage de ses pouvoirs d'exception pour résoudre une crise constitutionnelle, le président Hindenburg, élu par l'ensemble du peuple, assure directement la garde de l'État – dont l'existence a précédé celle de la Constitution – et emploie ses pouvoirs d'exception pour mettre fin à une véritable crise existentielle du régime[824]. Dans une telle situation, « le conflit porte sur le droit lui-même : non pas seulement sur son contenu, mais encore sur son autorité même »[825], et seul un organe politique comme le *Reichspräsident* est alors à même de le trancher. Pour ce faire, il peut et même doit dépasser le seul cadre institutionnel, voire la légalité constitutionnelle[826], car, comme le dit Schmitt, « l'existence prévaut sur la norme »[827]. Protéger l'existence de l'État en tant que forme de l'existence politique, voilà donc le but ultime du président-gardien. Tant la fin que les moyens envisagés l'éloignent de la tradition du pouvoir régulateur, non sans que Schmitt ait préalablement brouillé les pistes, car, pourrait-on dire, « il ne présente pas sa thèse pour ce qu'elle est vraiment : un appel au présidentialisme. Cet appel reste voilé sous une série d'arguments d'apparence démocratique et parfois même libérale. Il en résulte des difficultés de lecture et d'interprétation qu'il

---

(R. BAUMERT, « Carl Schmitt contre le parlementarisme weimarien. Quatorze ans de rhétorique réactionnaire », *RFSP*, 58e année, 2008/1, p. 30. Nous soulignons).

822 R. CAPITANT, « Le rôle politique du président du Reich », art. préc., p. 442.

823 V. not. sa préface à *Théorie de la Constitution* (*op. cit.*), « Carl Schmitt ou le juriste engagé », p. 9, n. 17, ou encore G. LE BRAZIDEC, *op. cit.*, p. 112.

824 Suivant l'analyse de J. HUMMEL (« Les figures weimariennes d'un "monarque élu". Sur la désignation populaire du Président du Reich (1919-1933) », art. préc., pp. 81-84).

825 D. BARANGER, « Quand et pourquoi peut-on raisonner en terme de conflit constitutionnel ? », *in* J. HUMMEL (dir.), *Les conflits constitutionnels. Le droit constitutionnel à l'épreuve de l'histoire et du politique*, Rennes, PUR, « L'Univers des Normes », 2010, p. 169.

826 O. BEAUD explique que chez Schmitt, la justification ultime de cette méthode « extralégale » est « l'alliance du chef et du peuple » (*Les derniers jours de Weimar. Carl Schmitt face à l'avènement du nazisme*, Paris, Descartes & Cie, « Droit », 1997, p. 113).

827 V. C. SCHMITT, *Théorie de la Constitution*, *op. cit.*, p. 152 ; M. JESTAEDT, « La double constitution – une stratégie positiviste », *Jus politicum*, 2011, n° 6, disponible sur http://juspoliticum.com/article/La-double-constitution-Une-strategie-positiviste-404.html, consulté le 15 sept. 2019, p. 3.

ne faut pas méconnaitre »[828]. Le gardien de la constitution de Carl Schmitt est évidemment la « théorie d'un partisan »[829], celui d'un décisionnisme politico-juridique et d'une reprise en main présidentielle de la République de Weimar, rendue nécessaire par le naufrage de son gouvernement parlementaire[830] et l'impuissance face à la crise de son régulateur juridictionnel, dont l'existence constituait alors une spécificité du constitutionnalisme germanique.

305. Les thèses du juriste allemand connurent-elles un prolongement en droit constitutionnel français ? La réponse à cette question paraît difficile à déterminer, car rien ne prouve que Schmitt, par l'intermédiaire de René Capitant, ait pu avoir une réelle influence sur l'œuvre des constituants de 1958. Toujours est-il que sa théorie du gardien de la Constitution offre l'une des possibles clefs de compréhension de la fonction présidentielle sous la Ve République, dont le rôle original mais indéterminé peut aussi bien rappeler le chef de l'État weimarien que le pouvoir royal au XIXe siècle.

§ II. Le « moment » 1958 : une reformulation républicaine du pouvoir régulateur ?

306. « 1958 fait étrangement époque dans l'histoire du droit politique »[831]. Alors que la tradition républicaine française était celle d'une réduction des prérogatives du chef de l'État au profit du parlement, le nouveau régime fut fondé sur la logique inverse. De plus, comme le remarque Armel Le Divellec, « [s]ous bénéfice d'inventaire, on ne voit pas, au sein des grandes démocraties contemporaines, l'équivalent d'une unique personnalité ayant à ce point et durablement marqué l'orientation des institutions de son pays »[832]. On le sait, les idées constitutionnelles du général de Gaulle[833], principal « père

[828] R. BAUMERT, *La découverte du juge constitutionnel, entre science et politique. Les controverses doctrinales sur le contrôle de la constitutionnalité des lois dans les Républiques française et allemande de l'entre-deux-guerres*, Clermont-Ferrand, Fondation Varenne et LGDJ, « Collection des thèses », vol. 33, 2009, p. 450.
[829] *Ibid.*, p. 451.
[830] J. HUMMEL (« Les figures weimariennes d'un « monarque élu ». Sur la désignation populaire du Président du Reich (1919-1933) », art. préc., p. 79) parle très justement d'un « pouvoir gouvernemental vacant recueilli par le représentant suprême de l'État ». Dans le même sens, v. aussi, entre autres, l'analyse de S. BREUER (*op. cit.*, pp. 185-186) et la rétrospective de D. CUMIN, *Carl Schmitt. Biographie politique et intellectuelle*, Paris, Éd. du Cerf, « Passages », 2005, not. p. 54 et s.
[831] D. BARANGER, « Le dépérissement de la pensée institutionnelle sous la Ve République », *Droits*, 2006/2 n° 44, p. 36.
[832] A. LE DIVELLEC, « Le prince inapprivoisé. De l'indétermination structurelle de la présidence de la Ve République (simultanément une esquisse sur l'étude des rapports entre "droit de la constitution" et système de gouvernement) », *Droits*, 2006/2 n° 44, p. 110, n. 2.
[833] J.-L. DEBRÉ, *Les idées constitutionnelles du général de Gaulle*, Paris, LGDJ, « BCSP », t. 49, 1974.

fondateur » de la Ve République[834], furent déterminantes dans les choix effectués en 1958. Ceci étant, bien qu'on ne doive pas négliger les effets de la « diplomatie constituante »[835], qui favorisa la recherche du consensus au détriment parfois de la clarté, il est indéniable que la conception originelle de la présidence laisse subsister des zones d'ombre quant à la nature de sa mission au sein des nouvelles institutions.

307. La question fut pourtant longuement débattue en 1958, où il apparaît que la volonté d'instaurer un arbitre national placé au-dessus des partis se rapporte directement à la recherche d'un pouvoir modérateur de la république (A). Si les ambiguïtés d'une telle notion, loin d'avoir été levées, devaient par la suite conduire à une série de malentendus sur l'étendue du pouvoir présidentiel, la réflexion engagée sur l'idée d'une nouvelle fonction étatique, que celle-ci soit nommée arbitrage, fonction régulatrice ou pouvoir neutre, amène à repenser le sens de la séparation des pouvoirs afin de la prendre en compte (B).

A. L'ARBITRE *SUPRA PARTES* DE 1958 OU LA CONSTRUCTION D'UN POUVOIR MODÉRATEUR PRÉSIDENTIEL

308. Nombre de commentateurs ont présenté la Ve République comme « une synthèse inédite » des expériences constitutionnelles de la France depuis la Révolution[836]. De ce fait, la problématique d'un pouvoir régulateur ou plus largement modérateur ne pouvait être ignorée des débats qui entourèrent la création des nouvelles institutions. La Constitution de 1958 naît de la nécessité de repenser l'équilibre des pouvoirs après la crise du parlementarisme moniste des IIIe et IVe Républiques et le naufrage au cours de cette dernière de la tentative de rationalisation du parlementarisme, qui s'apparente à une résurgence des garanties internes mécanistes visant à empêcher l'empiétement du Législatif sur l'Exécutif. Si les constituants de 1958 soulèvent les mêmes

---

[834] A. LE DIVELLEC, « Le prince inapprivoisé. De l'indétermination structurelle de la présidence de la Ve République (simultanément une esquisse sur l'étude des rapports entre "droit de la constitution" et système de gouvernement) », art. préc., p. 110.

[835] *Ibid.*, p. 112. Dans un avant-projet de Constitution préparé par Michel Debré vers la mi-juin 1958, l'article 1er énonçait : « – [l]e président de la République est responsable du maintien de l'indépendance de la nation et de l'intégrité du territoire. – Assisté du Gouvernement, il définit l'orientation générale de la politique intérieure et extérieure du pays et en assure la continuité. – Il prend les initiatives nécessaires pour que les Pouvoirs publics puissent remplir leurs missions respectives dans l'intérêt de la nation et le respect de la présente Constitution » (reproduit *in* Comité national chargé de la publication des travaux préparatoires des institutions de la Ve République, *Documents pour servir à l'histoire de l'élaboration de la Constitution du 4 octobre 1958*, Paris, La Documentation française, 1987, vol. 1, p. 251). Face à l'opposition des ministres d'État Guy Mollet et Pierre Pfimlin, favorables à un régime parlementaire traditionnel, il dut être rapidement reformulé dans un sens moins favorable au chef de l'État que l'on retrouvera à l'article 5 de la Constitution du 4 octobre 1958.

[836] M. MORABITO, *Histoire constitutionnelle de la France*, *op. cit.*, p. 425 et s.

problématiques que les tenants du pouvoir régulateur, pourquoi n'y apporteraient-ils pas la même solution ?

309. C'est aux origines de la Ve République, dans les idées constitutionnelles du général de Gaulle, que se trouve sans doute la réponse. De Gaulle avait-il lu les théoriciens libéraux du pouvoir royal ? Tout au plus peut-on rappeler son excellente connaissance de l'histoire de France[837] et souligner qu'il adopta certaines revendications du mouvement de révisionnisme constitutionnel, auquel il s'était intéressé durant l'entre-deux-guerres : la séparation et l'équilibre des pouvoirs contre l'expansion illimitée du Législatif. Cette crainte du régime d'assemblée recoupe non seulement les préoccupations des libéraux et libéraux-conservateurs français du XIXe siècle, mais aussi celles de Carl Schmitt qui regrettait dans l'entre-deux-guerres l'expansion du *Gesetzesstaat* ou « État législateur ».

310. Dès 1946 à Bayeux, le général de Gaulle évoque un arbitre national placé au-dessus des partis et extérieur aux pouvoirs exécutif et législatif, justement parce qu'il est sensible à ce que signalaient les partisans d'un pouvoir régulateur, à savoir qu'entre des pouvoirs qui se font face et s'affrontent, l'équilibre est impossible sans l'intervention d'une tierce instance. Les principes constitutionnels défendus en 1958 passent donc par la restauration de l'autorité du chef de l'État, clef du nouvel équilibre des pouvoirs (1°). Le chef de l'État est conçu comme un pouvoir modérateur, non sans ambiguïtés quant à la portée réelle de celui-ci, tantôt présenté comme un régulateur institutionnel, politiquement et socialement neutre, tantôt comme un pouvoir conservateur amené à exercer un véritable arbitrage politique et social (2°).

1°) La nécessaire réhabilitation de la fonction présidentielle

311. Le nouvel État démocratique que de Gaulle appelle de ses vœux face aux excès du parlementarisme suppose non seulement la séparation mais aussi l'équilibre des pouvoirs (a), dont le chef de l'État, réhabilité et doté de réelles prérogatives de régulation, est le garant (b).

a. La séparation et l'équilibre des pouvoirs contre le « régime des partis »

312. Pour le général de Gaulle, le régime démocratique suppose en premier lieu une séparation effective des pouvoirs :

---

[837] J.-F. de BUJADOUX, « Aux sources de la pensée constitutionnelle du général de Gaulle », *Espoir*, 2017, n° 186, pp. 15-33 ; A. C. ROBERTSON, *La doctrine du général de Gaulle*, Paris, Librairie Arthème Fayard, « Les idées et la vie », 1959.

« [i]l nous paraît nécessaire que l'État démocratique soit l'État démocratique, c'est-à-dire que chacun des trois pouvoirs publics : exécutif, législatif, judiciaire, soit un pouvoir mais un seul pouvoir, que sa tâche se trouve limitée et séparée de celle des autres et qu'il en soit seul, mais pleinement responsable. Cela afin d'empêcher qu'il règne entre les pouvoirs de l'État cette confusion qui les dégrade et les paralyse [...] »[838].

Mais la séparation des pouvoirs n'est pas une condition suffisante ; la démocratie requiert également leur indépendance, « [...] afin de faire en sorte que l'équilibre établi entre eux ne permette à aucun d'en écraser aucun autre, ce qui conduirait à l'anarchie d'abord et, ensuite, à la tyrannie, soit d'un homme, soit d'un groupe d'hommes, soit d'un parti, soit d'un groupement de partis »[839]. Par conséquent, la séparation des pouvoirs ne doit pas seulement être théorique, mais effective ; elle est à la fois la cause et la conséquence de leur équilibre. Face à la représentation populaire du parlement, il est nécessaire que le chef de l'État puisse assurer le contrepoids. En outre, l'équilibre ne sera réel que si les organes exécutif et législatif peuvent mutuellement agir l'un sur l'autre. La contrepartie indispensable de la responsabilité du gouvernement devant le parlement est le droit de dissolution. Son existence, sans laquelle il n'y a pas d'équilibre possible entre les pouvoirs, protège l'Exécutif des abus et empiétements du Législatif[840].

313. Favorable à la démocratie politique, de Gaulle dénonce le régime représentatif parce qu'il implique une confiscation de la souveraineté du peuple au profit de ses représentants, autrement dit par les partis politiques. Mais cette opposition ne concerne que le régime représentatif tel qu'il a fonctionné sous les IIIe et IVe Républiques et ne vise pas, bien au contraire, le régime parlementaire en général. Celui-ci peut être démocratique si les garanties nécessaires sont prises « en assurant la séparation et l'équilibre des pouvoirs et en imposant, à la tête de l'État, la présence d'un véritable arbitre ayant les moyens constitutionnels pour faire appel au peuple, en cas de crise politique, par la dissolution et le référendum »[841]. Ces deux instruments sont en contradiction avec la logique du régime représentatif suivant laquelle seuls les représentants participent directement à la prise de décision politique. Dans le régime parlementaire, le général les considère au contraire comme des outils indispensables au maintien de l'équilibre, car ils permettent de placer le peuple au-dessus de ses représentants et des partis.

[838] Ch. de GAULLE, « Discours prononcé à Épinal », 29 sept. 1946, disponible sur http://mjp.univ-perp.fr/textes/ degaulle29091946.htm, consulté le 15 sept. 2019.
[839] *Loc. cit.*
[840] J.-L. DEBRÉ, *Les idées constitutionnelles du général de Gaulle*, *op. cit.*, p. 94.
[841] *Ibid.*, p. 95.

314. De Gaulle ne peut dès lors que condamner la Constitution de 1946, parce qu'elle permet une « absurde confusion des pouvoirs »[842] entre les mains des organisations partisanes, un « régime des partis » dans lequel l'expression de la volonté nationale n'est plus le fait de la majorité du corps électoral mais des partis politiques. En effet, sous la IVe République davantage encore que sous la IIIe République, les élections ne permettent pas au corps électoral d'exprimer clairement sa volonté, principalement à cause du mode de scrutin proportionnel qui ne laisse pas apparaître de véritables changements de majorité au sein du parlement. En l'absence de majorité claire sortie des urnes, les organisations partisanes sont les maîtres des accords de coalition et, partant, du gouvernement. Il y a une sorte de souveraineté des partis, puisqu'en pratique le gouvernement dépend essentiellement de leurs accords et très peu du résultat des élections. C'est cet État « partitocratique » dont l'impuissance est inéluctable que blâme le général de Gaulle[843]. Il est nécessaire de lui opposer un parlementarisme démocratique et rénové, fondé sur des pouvoirs réellement séparés et équilibrés. L'institution de la présidence en représente la principale garantie.

b. Le président de la République, « clef de voûte » d'un régime parlementaire rénové

315. La loi constitutionnelle du 3 juin 1958 confie au gouvernement la tâche de rédiger un projet de constitution qui devra mettre en application plusieurs principes parfaitement compatibles avec les idées du général de Gaulle, en particulier :

1) le caractère démocratique du régime : « [s]eul le suffrage universel est la source du pouvoir » ;
2) la séparation des pouvoirs : « [l]e pouvoir exécutif et le pouvoir législatif doivent être effectivement séparés de façon que le Gouvernement et le Parlement assument chacun pour sa part et sous sa responsabilité la plénitude de leurs attributions » ;
3) le régime parlementaire : « [l]e Gouvernement doit être responsable devant le Parlement »[844].

Les rédacteurs de la Constitution de 1958 font dès lors face à une triple difficulté : comment assurer la séparation effective des pouvoirs exécutif et législatif ? Comment garantir leur indépendance et leur équilibre de manière

---

842 Ch. de GAULLE, « Discours de Rennes », 27 juil. 1947, disponible sur http://www.charles-de-gaulle.org/wp-content/uploads/2017/03/Discours-de-Rennes.pdf, consulté le 15 sept. 2019.
843 J.-L. DEBRÉ, *op. cit.*, p. 122.
844 *Loi constitutionnelle du 3 juin 1958 portant dérogation transitoire aux dispositions de l'article 90 de la Constitution*, *JORF*, 4 juin 1958, p. 5326.

à éviter la domination de l'un sur l'autre ? À l'inverse, comment éviter la paralysie, conséquence d'une neutralisation mutuelle des pouvoirs ? Cette problématique, inhérente à la doctrine de la séparation des pouvoirs, avait été posée dans les mêmes termes par les révolutionnaires français. La Ve République naît d'ailleurs d'un constat qu'avait déjà réalisé Benjamin Constant et les doctrinaires à la suite des échecs constitutionnels de la Révolution : l'insuffisance des garanties internes de type mécaniste. La tentative de « rationaliser » le parlementarisme[845] en 1946 pour pallier le déséquilibre des pouvoirs fut en effet un échec flagrant : le droit de dissolution, conçu comme un mécanisme de garantie interne indispensable à l'équilibre entre Législatif et Exécutif, se révéla presque impossible à mettre en œuvre[846].

316. La réponse originale de 1958 avait été très largement esquissée par le général de Gaulle dans son discours prononcé à Bayeux le 16 juin 1946. Il n'est rien dans cet extrait qu'on ne retrouve dans le texte de 1958 :

> « En vérité, l'unité, la cohésion, la discipline intérieure du Gouvernement de la France doivent être des choses sacrées, sous peine de voir rapidement la direction même du pays impuissante et disqualifiée.
> Or, comment cette unité, cette cohésion, cette discipline seraient-elles maintenues à la longue si le pouvoir exécutif émanait de l'autre pouvoir auquel il doit faire équilibre, et si chacun des membres du Gouvernement, lequel est collectivement responsable devant la représentation nationale tout entière, n'était, à son poste, que le mandataire d'un parti ?
> C'est donc du chef de l'État, placé au-dessus des partis, élu par un collège qui englobe le Parlement, mais beaucoup plus large [...] que doit procéder le pouvoir exécutif.
> Au chef de l'État la charge d'accorder l'intérêt général quant au choix des hommes, avec l'orientation qui se dégage du Parlement ; à lui la mission de nommer les ministres, et d'abord, bien entendu, le Premier, qui devra diriger la politique et le travail du gouvernement ; au chef de l'État [...] l'attribution de servir d'arbitre au-dessus des contingences politiques, soit normalement par le Conseil, soit, dans les moments de graves

---

[845] La rationalisation du parlementarisme ou parlementarisme rationalisé, concept que l'on doit à Boris Mirkine-Guétzévitch, désigne la tentative de « traduire par des règles juridiques écrites et des mécanismes formels, les modes de fonctionnement du système parlementaire, et de les aménager dans une perspective rationnelle » (Ph. LAUVAUX, *Le parlementarisme*, *op. cit.*, p. 80). L'objectif poursuivi est « de créer, ou de reproduire artificiellement les conditions de la stabilité gouvernementale par des mécanismes institutionnels, à la fois plus efficaces et plus raffinés que ceux, empiriques, du parlementarisme traditionnel » (*ibid.*, p. 116).

[846] L'article 51 de la Constitution du 27 octobre 1946 dispose que « [s]i, au cours d'une même période de dix-huit mois, deux crises ministérielles surviennent dans les conditions prévues aux articles 49 et 50 [rejet d'une question de confiance ou adoption d'une motion de censure à la majorité absolue des députés à l'Assemblée], la dissolution de l'Assemblée nationale pourra être décidée en Conseil des ministres [...] ». Or, dans la pratique, il suffit à l'Assemblée de ne pas expressément voter une motion de censure ou d'exprimer sa défiance au gouvernement à la majorité relative pour pousser celui à la démission tout en rendant toute dissolution impossible. Du fait de la pratique de ces « votes calibrés », la plupart des crises ministérielles de 1946 à 1958 se produisirent hors des conditions prévues aux articles 49 et 50 et la dissolution ne fut prononcée qu'une fois, en 1955. Durant la IVe République, la conception mécaniste de la constitution est mise en échec (v. M. TROPER, « La machine et la norme. Deux modèles de constitution », art. préc., p. 160).

confusions, en invitant le pays à faire connaître, par des élections, sa décision souveraine [...] »[847].

Pour de Gaulle, il ne fait pas de doute que la garantie de la séparation et de l'équilibre des pouvoirs passe par une fonction présidentielle réhabilitée. À Bayeux, il propose un régime parlementaire dans lequel le gouvernement est responsable mais autonome face aux chambres, dont il n'est pas l'instrument passif. Aussi lui apparaît-il nécessaire que le pouvoir exécutif n'émane pas du pouvoir législatif mais du chef de l'État, qui par conséquent ne doit plus être l'élu du seul parlement. L'autonomie organique et fonctionnelle du gouvernement vis-à-vis de l'organe législatif est la principale caractéristique de la « Constitution de Bayeux » ; il revient au président de la République de la faire respecter.

317. Ces principes seront la ligne directrice des rédacteurs de la Constitution durant l'ensemble des travaux préparatoires. Dès la première réunion constitutionnelle du 13 juin 1958, le général de Gaulle rappelle ainsi que le principe de la séparation des pouvoirs « est au cœur de la question constitutionnelle ». Pour que les pouvoirs soient réellement séparés, « [...] ils ne doivent pas avoir la même source. Le Gouvernement ne doit donc pas procéder du Parlement mais du chef de l'État »[848]. Ce dernier, poursuit le général, exercera un rôle essentiel au sein des nouvelles institutions car il sera véritablement « la source de l'exécutif », sans pour autant y prendre part. Mais sa mission ne s'arrête pas à la désignation des ministres ; elle correspond plus généralement à celle d'un régulateur qui « a pour mandat d'assurer le fonctionnement régulier des Pouvoirs publics, notamment par l'exercice du droit de dissolution, qui lui appartiendra en propre et par la possibilité qui lui sera donnée de faire appel au référendum »[849].

318. La deuxième réunion constitutionnelle, tenue le 23 juin 1958, est l'occasion pour le général de Gaulle de préciser ses positions. Il réaffirme d'abord toute l'importance qu'il attache au principe de la séparation des pouvoirs et par conséquent à la nécessité de trouver en la personne du chef de l'État « une autorité qui ait pour mandat de veiller à cette séparation et qui dispose des moyens de remplir ce mandat ». Ces moyens sont les suivants :

1) le président est la source de l'Exécutif : il désigne le gouvernement ;

---

[847] Ch. de GAULLE, « Discours prononcé par le général de Gaulle à Bayeux, 16 juin 1946 », reproduit *in* Comité national chargé de la publication des travaux préparatoires des institutions de la Vᵉ République, *Documents pour servir à l'histoire de l'élaboration de la Constitution du 4 octobre 1958*, préc., vol. 1, p. 6.
[848] « Compte rendu de la réunion constitutionnelle du 13 juin 1958 », *in ibid.*, vol. 1, p. 245. Ce point essentiel aux yeux du général de Gaulle est considéré comme acquis dès le début du travail constituant.
[849] *Ibid.*, p. 246.

2) il peut dissoudre la chambre basse ou révoquer le gouvernement « si l'un ou l'autre excède les limites de sa compétence » ;
3) en cas de graves périls pour la nation, il prend « les mesures nécessaires à la continuité de la vie nationale »[850].

De cette réunion et notamment de la discussion qui suivit cet exposé du général ressort un accord entre les participants[851] sur la nécessité de faire du chef de l'État un véritable arbitre et non pas le chef de l'Exécutif. Dans une telle optique, le président de la République devient « le régulateur du fonctionnement du régime parlementaire rénové », chargé de « combattre [ses] dérèglements »[852], ou, comme le qualifie Michel Debré, « la clef de voûte de notre régime parlementaire »[853], une définition qui, pour Marcel Morabito, n'est pas sans rappeler celle que Constant donnait du pouvoir neutre[854]. La clarté n'est pourtant pas de mise concernant la conception de la présidence arbitrale en 1958.

2°) La duplicité du pouvoir modérateur présidentiel

319. L'arbitre *supra partes* de 1958 est un pouvoir modérateur. Il fut assez explicitement présenté lors des travaux constituants sous les traits d'un pur régulateur, neutre en raison de sa position vis-à-vis des partis et des pouvoirs de l'État (a). Pourtant, la conception gaullienne de la présidence exposée à Bayeux se rapproche à bien des égards du gardien schmittien et de la logique du pouvoir conservateur, à travers la figure de l'arbitre incarnant seul l'intérêt national face aux intérêts partisans (b).

a. L'arbitre de 1958, pouvoir neutre et régulateur ?

320. À l'instar du pouvoir neutre constantien, le chef de l'État de 1958 s'apparente à la pièce manquante de l'édifice institutionnel, celle qui permet de maintenir une séparation effective et un équilibre réel des pouvoirs. L'institution présidentielle est en effet conçue par les constituants comme un *pouvoir régulateur*, placé en dehors du pouvoir gouvernemental et surtout extérieur aux partis politiques.

[850] « Compte rendu de la réunion constitutionnelle du 23 juin 1958 », *in ibid.*, vol. 1, p. 277.
[851] Le général de Gaulle avait réuni les ministres Mollet, Pflimlin, Houphouët-Boigny, Jacquinot, Debré et le vice-président du Conseil d'État René Cassin.
[852] J.-L. DEBRÉ, *op. cit.*, p. 98.
[853] M. DEBRÉ, « Discours devant le Conseil d'État, 27 août 1958 », disponible sur http://mjp.univ-perp.fr/textes/debre1958.htm, consulté le 15 sept. 2019.
[854] M. MORABITO, *Histoire constitutionnelle de la France de 1789 à nos jours*, *op. cit.*, p. 442.

321. Dès 1946, à Bayeux et à Épinal, le général de Gaulle fait connaître sa vision d'un chef de l'État placé « au-dessus des contingences politiques »[855] et « au-dessus des partis »[856], devant, par son arbitrage, faire triompher l'intérêt général. Les termes employés en 1958 lors des travaux préparatoires furent sensiblement les mêmes. Lors de la réunion constitutionnelle du 13 juin, de Gaulle insiste ainsi sur l'idée que le président de la République, « [a]fin de jouer pleinement son rôle d'arbitre, [...] ne sera pas mêlé aux détails de la politique »[857]. Durant la séance du Comité consultatif constitutionnel du 8 août, il décrit le futur chef de l'État comme :

> « [...] un personnage impartial qui ne se mêle pas de la conjoncture politique et qui ne doit pas s'en mêler. Il est là [...] pour que les pouvoirs publics fonctionnent normalement, régulièrement, comme il est prévu dans la Constitution. Il est un arbitre ; il n'a pas à s'occuper de la conjoncture politique [...] »[858].

Une telle description correspond parfaitement à celle que Benjamin Constant aurait pu jadis faire du pouvoir neutre. L'une des manifestations de la neutralité de l'institution présidentielle se retrouve à l'article 8 de la Constitution du 4 octobre 1958, dont il était justement question lors de la séance du 8 août :

> « [l]e Président de la République nomme le Premier ministre. Il ne peut mettre fin à ses fonctions que sur présentation par celui-ci de la démission du Gouvernement.
> Sur proposition du Premier ministre, il nomme les autres membres du Gouvernement et met fin à leurs fonctions ».

Il appartient au premier ministre, désigné par le président de la République mais qui n'est pas responsable devant lui, de former son gouvernement et de demander la révocation des ministres. Cette compétence ne peut revenir en propre au président de la République « sans quoi tout l'équilibre [du] projet de Constitution serait renversé car un élément essentiel de ce projet c'est que le président la République est un arbitre et qu'il est là pour assurer le fonctionnement des Pouvoirs publics [...] »[859]. Autrement dit, le pouvoir neutre et régulateur voulu par les constituants implique que son titulaire demeure extérieur au gouvernement.

322. En vertu de l'article 8, le chef de l'État est donc la source du pouvoir exécutif sans y participer. Il dispose également du droit de dissoudre l'Assemblée nationale (article 12) et de celui de faire grâce (article 17). Ces trois prérogatives, qui correspondent à celles du pouvoir neutre dans la théorie constantienne, lui permettent d'agir sur l'ensemble des autres pouvoirs,

---

855 Ch. de GAULLE, « Discours prononcé par le général de Gaulle à Bayeux, 16 juin 1946 », préc., p. 6.
856 Ch. de GAULLE, « Discours prononcé à Épinal », préc.
857 « Compte rendu de la réunion constitutionnelle du 13 juin 1958 », *in Documents pour servir à l'histoire de l'élaboration de la Constitution du 4 octobre 1958*, préc., vol. 1, p. 246.
858 « Comité consultatif constitutionnel, séance du 8 août (après-midi) », *in ibid.*, vol. 2, p. 300.
859 *Loc. cit.*

exécutif, législatif et judiciaire. De ce fait, pour Patrice Rolland, « l'arbitre de 1958 est très exactement un pouvoir préservateur des institutions »[860], comme l'expriment également la formule retenue à l'article 5 de la Constitution – « [i]l assure, par son arbitrage, le fonctionnement régulier des pouvoirs publics ainsi que la continuité de l'État » – et les pouvoirs extraordinaires de l'article 16.

323. De Gaulle avait déjà pu préciser sa vision d'une fonction présidentielle essentiellement régulatrice et préservatrice des institutions au cours de la réunion constitutionnelle du 23 juin 1958. Guy Mollet estimait qu'un organe qui dispose du pouvoir de révoquer le gouvernement demeurerait difficilement dans une position de neutralité. Le général lui répondit que « [l]e président de la République est un arbitre. Il ne doit pas dissoudre à tout moment le Gouvernement. C'est seulement quand il estime que les circonstances sont exceptionnelles qu'il dispose de ce pouvoir »[861]. Suivant cette conception, les pouvoirs attribués au chef de l'État ne sont pas des armes politiques à son profit mais des prérogatives de régulation qui doivent être employées dans l'optique de maintenir l'équilibre constitutionnel et le bon fonctionnement des institutions. Partant, de Gaulle rappelait qu'à ses yeux, l'arbitre *supra partes* de 1958 est avant toute chose un régulateur des pouvoirs.

324. Mais les mutations de l'institution présidentielle dans la pratique de la Ve République, sans remettre en cause le sens d'une fonction de préservation des institutions, révèlent clairement que celle-ci ne pouvait rester une fonction parfaitement neutre. Ce constat invite à envisager une autre lecture de l'institution présidentielle.

b. L'arbitre de 1958, gardien de la Constitution et conservateur de la République ?

325. La Ve République est-elle schmittienne ? La réponse à cette question ne fait guère de doute pour Pasquale Pasquino, qui souligne l'écho que trouva la doctrine du rôle politique du président du Reich dans les articles 5 et 16 de la Constitution de 1958, directement inspirés par de Gaulle, dont on sait que l'analyse constitutionnelle fut nourrie par celle de René Capitant, ami et commentateur du juriste allemand[862]. Olivier Beaud juge au contraire que « [d]e l'amitié entre les deux hommes [Capitant et Schmitt], on ne peut pas

[860] P. ROLLAND, « Comment préserver les institutions politiques ? La théorie du pouvoir neutre chez B. Constant », art. préc., p. 71.

[861] « Compte rendu de la réunion constitutionnelle du 23 juin 1958 », *in Documents pour servir à l'histoire de l'élaboration de la Constitution du 4 octobre 1958*, préc., vol. 1, p. 277.

[862] P. PASQUINO, « SCHMITT Carl, 1888-1985. *Théorie de la constitution*, 1928 », *in* Fr. CHÂTELET, O. DUHAMEL, É. PISIER (dir.), *Dictionnaire des œuvres politiques*, Paris, Puf, « Quadrige », 2001, p. 1041.

pour l'instant déduire que Schmitt aurait eu, par l'intermédiaire du futur conseiller du général de Gaulle, une influence sur la rédaction de la Constitution de la Ve République »[863]. Bien qu'hypothétique, une telle influence n'en demeure pas moins plausible tant l'architecture institutionnelle de 1958 – qui « a pu présenter une analogie frappante avec le cas weimarien »[864] – paraît taillée sur mesure pour accueillir la thèse schmittienne du gardien de la constitution[865].

326. Le rapprochement avait déjà été implicitement réalisé par René Capitant dans son commentaire du discours de Bayeux en 1946 :

> « Souveraineté populaire, séparation des pouvoirs, arbitrage national du chef de l'État, voilà donc les trois principes de la Constitution de Bayeux. […] Reste le troisième principe : la nécessité d'un arbitrage national exercée par le chef de l'État.
> Il est, en quelque sorte, une conséquence des deux premiers. La souveraineté populaire entraîne, en effet, le règne des majorités : mais les majorités politiques sont changeantes. La séparation des pouvoirs, d'autre part, entraîne la diversité des organes de l'État. Leurs rapports sont réglés par la constitution. Mais *ne faut-il pas un gardien de celle-ci, qui en assure et en arbitre le fonctionnement* ?
> De ce double point de vue, un arbitrage national est nécessaire et ne peut être confié qu'au chef de l'État, représentant l'unité et la continuité de l'État, placé au-dessus des partis et même au-dessus des pouvoirs politiques, non pour empiéter sur leurs compétences, mais, au contraire, pour en garantir et en assurer l'exercice, conformément à la constitution.
> Une telle fonction est nécessaire en tout pays et en tout temps – mais combien plus nécessaire encore en France, dans les circonstances actuelles !
> Car tous les Français doivent avoir conscience des dangers intérieurs et extérieurs qui menacent la République et jusqu'à l'existence même de notre pays et de notre Union Française »[866].

L'analyse du juriste français, qui en appelle à l'instauration d'un gardien de la constitution placé au-dessus des partis et des pouvoirs, semble directement découler de celle de Schmitt. À l'instar du pouvoir neutre constantien et du *Reichspräsident* weimarien, le chef de l'État bayeusain est présenté sous les traits d'un régulateur du jeu des pouvoirs, c'est-à-dire comme le gardien d'un mécanisme constitutionnel.

---

[863] O. BEAUD, « Préface : Carl Schmitt ou le juriste engagé », *in* C. SCHMITT, *Théorie de la Constitution*, *op. cit.*, p. 9, n. 17. Il reconnaît toutefois que « [l]ongtemps suspectée, l'influence de Carl Schmitt sur la rédaction de l'article 5 pourrait être établie par la publication de sa correspondance avec Capitant » (*id.*, *La puissance de l'État*, Paris, Puf, « Léviathan », 1994, p. 393, n. 38).

[864] A. LE DIVELLEC, « Le gardien de la Constitution de Carl Schmitt. Éléments sur les paradoxes d'une "théorie" constitutionnelle douteuse », art. préc., p. 74. Sur le parallèle entre la Constitution weimarienne et celle de la Ve République, v. *id.*, « Parlementarisme dualiste : entre Weimar et Bayeux », *RFDC*, 1994/4 n° 20, pp. 749-758 ; Ph. LAUVAUX, *Destins du présidentialisme*, Paris, Puf, « Béhémot », 2002, not. pp. 13-14.

[865] Selon O. BEAUD, « […] le constituant [de 1958] a admis l'idée d'un gardien de la constitution au sens schmittien de l'arbitre politique » (*La puissance de l'État*, *op. cit.*, p. 393).

[866] R. CAPITANT, « Commentaire du discours de Bayeux par René Capitant, Délégué Général de l'Union Gaulliste pour la IVe République (*août 1946*) », reproduit *in RHFD*, 1995, n° 16, pp. 166-167. Nous soulignons.

327. Mais René Capitant retrouve très vite les accents dramatiques de la doctrine schmittienne : ce que le président de la République doit protéger en dernier recours, c'est la « substance » de la constitution qui se rapporte au « noyau existentiel de l'État »[867]. Dans la lignée de son homologue schmittien, le gardien esquissé par Capitant a pour mission essentielle de *conserver* l'unité de la communauté politique et renoue ainsi avec l'idée du pouvoir conservateur. Lors des travaux constitutionnels de 1958, une note de Jean Mamert confirmera cette logique. Le chef de l'État « assume la continuité de l'État : il assume *l'essentiel* », sachant que « ce qui est essentiel c'est ce qui met en cause l'intégrité de la nation, l'existence même de la patrie [...] »[868]. On aboutit ainsi à une définition de la fonction présidentielle qui est exactement celle d'un pouvoir conservateur, gardien d'un essentialisme étatique.

328. Quant au général de Gaulle, il préférera au terme de « gardien » celui de « garant », qui est repris au dernier alinéa de l'article 5 de la Constitution de 1958 – « [le président de la République] est le *garant* de l'indépendance nationale, de l'intégrité du territoire et du respect des traités » – mais ce même article commence par énoncer le principe selon lequel le chef de l'État « veille au respect de la Constitution », ce qui n'est pas sans rappeler la formule du gardien de la constitution[869]. On retrouve d'ailleurs celle-ci dans un avant-projet de constitution présenté le 18 juillet 1958, dont l'article 2 disposait à son premier alinéa que « [l]e président de la République fédérale est *gardien de la Constitution*, arbitre entre les peuples fédérés, et chef de l'exécutif

---

[867] A. LE DIVELLEC, « Le gardien de la Constitution de Carl Schmitt. Éléments sur les paradoxes d'une "théorie" constitutionnelle douteuse », art. préc., p. 76. Pour Schmitt, « [l]'acte constituant [...] détermine par une décision unique la globalité et l'unité politique du point de vue de sa forme particulière d'existence. Cet acte *constitue* la forme et le genre de l'unité politique [...] » (C. SCHMITT, *Théorie de la Constitution*, *op. cit.*, p. 152. Il souligne). Il précise que lorsqu'on parle de constitution, « [a]vant toute normation, on rencontre la *décision politique fondamentale du titulaire du pouvoir constituant*, c'est-à-dire du peuple dans la démocratie [...] » (*ibid.*, p. 154. Il souligne). C'est avant tout cette décision que le gardien de la constitution au sens schmittien du terme est chargé de défendre.

[868] J. MAMERT, « Note sur les travaux constitutionnels du 11 juin 1958 », *in Documents pour servir à l'histoire de l'élaboration de la Constitution du 4 octobre 1958*, préc., vol. 1, p. 238. Il souligne.

[869] Une grande partie de la doctrine fait ce rapprochement et qualifie sur la base de l'article 5 le président de la République de gardien de la constitution, mais dans un sens généralement moins fort que celui de la thèse schmittienne. Par ex., v. Ph. ARDANT, B. MATHIEU, *Droit constitutionnel et institutions politiques*, 28e éd., Issy-les-Moulineaux, LGDJ-Lextenso, « Manuel », 2016, p. 445 ; V. CONSTANTINESCO, S. PIERRÉ-CAPS, *Droit constitutionnel*, *op. cit.*, p. 355 ; Fr. HAMON, M. TROPER, *Droit constitutionnel*, *op. cit.*, p. 554 ; J. BOUDON, *Manuel de droit constitutionnel. La Ve République*, Paris, Puf, « Droit fondamental », 2014, pp. 83-84 ; Y. SACCUCCI, « L'article 5 de la Constitution de 1958, fondement des interprétations constituantes. Considérations épistémologiques sur les rapports entre factualité et normativité », *VIIIe Congrès français de droit constitutionnel*, Nancy, AFDC, 2011, p. 6 ; G. CONAC, « Article 5 », *in* Fr. LUCHAIRE, G. CONAC, X. PRÉTOT (dir.), *La Constitution de la République française. Analyses et commentaires*, Paris, Economica, 2009, pp. 234-235 ; M. PRÉLOT, J. BOULOUIS, *Institutions politiques et droit constitutionnel*, 11e éd., Paris, Dalloz, « Précis Dalloz », 1990, p. 709 ; Ph. ARDANT, « L'article 5 et la fonction présidentielle », *Pouvoirs*, 1987/2 n° 41, pp. 39-42.

fédéral »[870]. Par la suite, Georges Pompidou utilisa l'expression de « gardien et garant de la Constitution »[871] au cours de sa conférence de presse du 10 juillet 1969, tandis que François Mitterrand mentionnera sa qualité de « gardien des institutions » dans sa *Lettre à tous les Français* d'avril 1988, où il est précisé que « celui qui garde l'État, c'est le président de la République »[872].

329. Quoi qu'il en soit, de Gaulle, s'il ne s'est jamais référé à la figure du gardien, a théorisé puis incarné l'institution présidentielle d'une manière qui fait évidemment penser à la théorie schmittienne : une autorité *supra partes* représentant l'unité et la continuité de l'État[873] et exerçant à ce titre un arbitrage actif non seulement durant des situations extraordinaires – par exemple par l'usage des pouvoirs de l'article 16 après le putsch des généraux du 21 avril 1961 – qu'en des périodes moins troublées. En réalité, lorsque le général ébauche un « arbitre national » placé « au-dessus des querelles politiques »[874], d'abord à Bayeux puis en 1958, il se situe davantage dans le prolongement des pouvoirs conservateurs de la Restauration et de la Monarchie de Juillet que dans celui des régulateurs élaborés par Constant et les révolutionnaires[875]. À Bayeux, de Gaulle se réclamait du sage Solon afin de souligner la nécessité d'adapter la nouvelle constitution à son époque et au peuple auquel elle est destinée. Il rejoignait de la sorte un constat symptomatique depuis la Révolution : en France, « sans relâche, nous sommes portés à nous diviser contre nous-mêmes ! ». Ce ne sont pas les pouvoirs de l'État qui doivent être régulés en priorité, mais les intérêts sociaux et les partis qui s'opposent incessamment au sein d'un « peuple dispersé »[876]. L'argument

---

[870] « Compte rendu de la réunion du groupe de travail du 18 juillet 1958 », *in Documents pour servir à l'histoire de l'élaboration de la Constitution du 4 octobre 1958*, préc., vol. 1, p. 451. Nous soulignons.

[871] Extrait reproduit *in* É. ROUSSEL, *Georges Pompidou*, Paris, Jean-Claude Lattès, 1984, p. 343.

[872] Fr. MITTERRAND, *Lettre à tous les Français. Lettre de François Mitterrand adressée en avril 1988 lors de la campagne présidentielle*, disponible sur http://miroirs.ironie.org/socialisme/www.psinfo.net/entretiens/mitterrand/1988lettre.html, consulté le 15 sept. 2019.

[873] « L'idée que je me fais de l'État [est celle d']une institution de décision, d'action, d'ambition, n'exprimant et ne servant que l'intérêt national » (Ch. de GAULLE, *Mémoires de guerre*, t. III : *Le salut*, Paris, Plon, 1959, p. 98).

[874] Ch. de GAULLE, « Discours prononcé place de la République », 4 sept. 1958, disponible sur http://mjp.univ-perp.fr/textes/degaulle04091958.htm, consulté le 15 sept. 2019.

[875] L'attrait du général de Gaulle pour la tradition constitutionnelle libérale-conservatrice est d'ailleurs attestée (v. J.-F. BUJADOUX, « Aux sources de la pensée constitutionnelle du général de Gaulle », art. préc., pp. 21-24).

[876] Ch. de GAULLE, « Discours prononcé par le général de Gaulle à Bayeux, 16 juin 1946 », préc., p. 7. Aux yeux du général, « […] la rivalité des partis revêt chez nous un caractère fondamental […] sous lequel s'estompent trop souvent les intérêts supérieurs du pays. Il y a là un fait patent qui tient au tempérament national, aux péripéties de l'histoire et aux ébranlements du présent, mais dont il est indispensable à l'avenir du pays et de la démocratie que nos institutions tiennent compte et se gardent […] » (*ibid.*, p. 4).

sera développé par Michel Debré lors de son discours devant le Conseil d'État en 1958 :

> « [f]aute d'un vrai chef d'État, le Gouvernement, *en l'état actuel de notre opinion, en fonction de nos querelles historiques*, manque d'un soutien qui lui est normalement nécessaire. C'est dire que le Président de notre République ne peut être seulement, comme en tout régime parlementaire, le chef d'État qui désigne le Premier ministre, voire les autres ministres [...]. *Il est, dans notre France, où les divisions intestines ont un tel pouvoir sur la scène politique, le juge supérieur de l'intérêt national* »[877].

Autrement dit, il n'est pas concevable qu'en France l'arbitrage du chef de l'État soit cantonné à la seule sphère institutionnelle.

330. En renouant de la sorte avec l'héritage monarchique, la Constitution de 1958 concrétise à travers la magistrature exercée par son chef de l'État une sorte d'amalgame des conceptions libérales et libérales-conservatrices du pouvoir royal, ce qui devait largement contribuer à l'entretien de « l'indétermination structurelle de la présidence de la Ve République »[878]. Il n'empêche que les équivoques originaires – et loin d'être dissipées – quant à la nature de l'arbitre de 1958 se sont accompagnées d'une redéfinition libérale de la formule de la séparation des pouvoirs dont la fonction présidentielle réhabilitée a constitué le point de départ.

B. L'ARBITRE *SUPRA PARTES* DE 1958 ET LA SÉPARATION DES POUVOIRS : RÉINTERPRÉTATIONS POLITIQUE ET DOCTRINALE

331. Le projet constitutionnel gaullien, profondément original, est construit au service d'une vision de l'État et de la nation qui dépasse largement la seule dimension institutionnelle. Il est celui de l'unité – une « unité transcendante »[879] à travers l'instauration d'un « pouvoir d'État »[880] – face au pluralisme et aux querelles contingentes. De ce point de vue, de Gaulle ne s'inscrit pas dans une logique libérale, mais cela n'empêche pas que son discours de l'unité s'accompagne d'un discours typiquement libéral sur la

---

877 M. DEBRÉ, « Discours devant le Conseil d'État, 27 août 1958 », préc., nous soulignons.

878 A. LE DIVELLEC, « Le prince inapprivoisé. De l'indétermination structurelle de la présidence de la Ve République (simultanément une esquisse sur l'étude des rapports entre "droit de la constitution" et système de gouvernement) », art. préc., pp. 101-137.

879 *Ibid.*, p. 111.

880 Suivant l'idée développée par G. BURDEAU (« La conception du pouvoir selon la Constitution du 4 octobre 1958 », *RFSP*, 9e année, 1959/1, pp. 87-100). Il explique que « [l]e trait essentiel de la Constitution de 1958 réside dans le rétablissement de l'État au rang des forces animatrices de la vie politique. [...] elle conçoit le pouvoir d'État, non comme l'instrument d'un homme ou d'un parti, mais comme l'énergie de la nation entière » (*ibid.*, pp. 88-89). En l'occurrence, « [c]e pouvoir, qui ne procède pas des partis, qui n'est pas délégué par eux, c'est le pouvoir de la République » (*ibid.*, p. 92).

séparation et l'équilibre des pouvoirs[881]. À ce titre, le « moment » 1958, en renouvelant ces principes classiques du constitutionnalisme libéral, peut être vu comme une rupture libérale avec le républicanisme « à la française » marqué par la souveraineté parlementaire. La Constitution de la Ve République, que René Capitant lui-même avait présentée comme un texte « d'inspiration libérale »[882], s'approcherait ainsi, dans son équilibre originel de 1958, du modèle du gouvernement constitutionnel théorisé par Carl Friedrich (2°), mais suppose néanmoins une réinterprétation du principe de la séparation des pouvoirs afin de tenir compte de la fonction modératrice du chef de l'État (1°).

1°) Le principe de la séparation des pouvoirs dans la conception des constituants de 1958

332. En 1958, on assiste à la cohabitation de deux types de pensée institutionnelle en rupture avec les conceptions en vigueur sous les IIIe et IVe Républiques. La première, prégnante dans les thèses gaulliennes, est « la pensée de l'unité et de la souveraineté » dont l'objet consiste en « la formation et l'accomplissement de la volonté nationale ». La seconde est « la pensée libérale des pouvoirs » qui repose sur « la pluralité et l'altercation pacifique des institutions politiques », c'est-à-dire sur la séparation de pouvoirs « conçus plus ou moins nettement comme des corps autonomes »[883]. On sait toutefois que cette dernière fut essentiellement « l'instrument tactique » du général de Gaulle pour rompre avec la souveraineté parlementaire du « régime des partis », une espèce de « cheval de Troie [...] qui trompa les députés »[884]. La double pensée de 1958 résulte en fait d'une double opposition : à ce que de Gaulle et Debré appellent le régime d'assemblée, qui incarne le danger de la confusion des pouvoirs au sein de l'organe législatif, et au régime présidentiel tel que décrit par Debré[885], qui représente au contraire les risques de la division des pouvoirs. La formule retenue en 1958 est le résultat de la recherche d'un équilibre entre ces deux options : le régime parlementaire

---

[881] Comme le relève D. BARANGER (« Le dépérissement de la pensée institutionnelle sous la Ve République », art. préc., not. pp. 33-37).

[882] R. CAPITANT, « Préface », *in* L. HAMON, *De Gaulle dans la République*, Paris, Plon, « Tribune libre », 1958, p. XXII.

[883] D. BARANGER, « Le dépérissement de la pensée institutionnelle sous la Ve République », art. préc., p. 36.

[884] P. AVRIL, *Les conventions de la Constitution*, Paris, Puf, « Léviathan », 1997, p. 45. Le député P.-H. TEITGEN n'était pas dupe à ce sujet et lors de l'examen du projet de loi constitutionnelle le 1er juin 1958, il déclara non sans ironie : « [...] ce que l'on nous propose de faire, c'est de séparer le pouvoir exécutif et le pouvoir législatif du pouvoir judiciaire. C'est le retour [...] à la vieille doctrine de Montesquieu sur la séparation stricte des pouvoirs. En réalité, il s'agit de conceptions mythiques qui, depuis longtemps, n'ont plus aucune espèce de rapport avec la réalité » (intervention orale retranscrite *in* « Procès-Verbal de la commission du suffrage universel de l'Assemblée nationale le 1er juin 1958 », *in Documents pour servir à l'histoire de l'élaboration de la Constitution du 4 octobre 1958*, préc., vol. 1, p. 148).

[885] M. DEBRÉ, « Discours devant le Conseil d'État, 27 août 1958 », préc.

rénové réalise une séparation des pouvoirs, garantie indispensable de la liberté selon la doctrine libérale, tandis que l'arbitrage national assuré par son chef de l'État doit lui éviter de « sombrer dans la mer infinie de la dissimilitude » (Platon)[886].

333. De ce côté, la présidence réhabilitée fut souvent présentée sous les traits de la « clef de voûte » nécessaire au régime politique, expression comme on le sait employée par Michel Debré en 1958[887]. L'idée signifie que les tensions qui s'accumulent à cause de la rencontre entre des forces contraires finissent par produire une pression insupportable pour l'édifice institutionnel si elles ne se rejoignent pas toutes en un point unique où elles seront neutralisées. La clef de voûte permet de préserver la cohésion entre les composantes de l'ensemble et d'assurer un équilibre entre les forces qui le traversent. De ce fait, son retrait provoque l'effondrement de la construction qu'elle est censée maintenir. En 1958, la clef de voûte représente le moyen de concilier le principe libéral de la séparation des pouvoirs avec la nécessité de l'unité de l'État. La stabilité et l'équilibre des relations entre les pouvoirs séparés sont obtenus non pas par un balancement réciproque, en un mot par une autorégulation des pouvoirs, mais par l'intégration à l'édifice institutionnel d'une tierce instance qui le maintient en place en permettant la coexistence en son sein des principes divergents de l'unité de l'État et de la séparation des pouvoirs[888].

334. Telle qu'elle est invoquée par les rédacteurs de la Constitution de 1958, la séparation des pouvoirs s'entend essentiellement comme un principe négatif « qui interdit de confier toutes les fonctions juridiques de l'État ou même seulement deux d'entre elles à une même autorité ou qui recommande de les répartir entre plusieurs, mais sans préconiser un mode particulier de répartition »[889]. C'est le sens dans lequel elle est mentionnée à l'article 16 de la Déclaration des Droits de l'Homme et du Citoyen de 1789[890]. En 1958, le but n'est effectivement pas de séparer strictement les pouvoirs via une spécialisation fonctionnelle, comme ce qui est supposé être le cas dans la conception de Montesquieu et dans le régime présidentiel américain, mais

---

886 V. D. BARANGER, « Le dépérissement de la pensée institutionnelle sous la Ve République », art. préc., p. 41.

887 M. DEBRÉ, « Discours devant le Conseil d'État, 27 août 1958 », préc., mais comme le relève Fr. ROUVILLOIS (*Les origines de la Ve République*, Paris, Puf, « QSJ ? », 1998, p. 96), elle avait déjà été employée en 1946 par Pierre Cot, rapporteur du projet de Constitution du 19 avril : « [d]ans cette conception unitaire du pouvoir, l'Assemblée élue par le suffrage universel est évidemment [...] la clé de voûte de tout le système ».

888 Sur l'idée de la clef de voûte constitutionnelle, v. D. BARANGER, « Le dépérissement de la pensée institutionnelle sous la Ve République », art. préc., p. 38.

889 M. TROPER, « La Ve République et la séparation des pouvoirs », *Droits*, 2006/1 n° 43, p. 34.

890 « Toute Société dans laquelle la garantie des Droits n'est pas assurée, ni la séparation des Pouvoirs déterminée, n'a point de Constitution ».

seulement d'empêcher la confusion des pouvoirs qui conduit au despotisme[891]. Dès le début du processus constituant, on admet donc l'existence de deux organes principaux, le parlement et le gouvernement, mais aussi le fait qu'ils ne pourront être spécialisés dans les fonctions classiques, législative et exécutive[892]. Encore fallait-il trouver une cohérence à la répartition des compétences qui sera retenue, en d'autres termes une justification logique qui permettra de ranger l'ensemble des compétences du parlement au sein d'une seule et unique fonction juridique et l'ensemble de celles du gouvernement au sein d'une autre[893].

335. La première possibilité, notamment évoquée par Pierre-Henri Teitgen, consistait à distinguer d'un pouvoir exécutif ou gouvernemental, exercé par l'ensemble président-gouvernement, un pouvoir délibérant attribué au parlement[894]. La deuxième possibilité, qui semble avoir eu la préférence du général de Gaulle[895] et des rédacteurs de la Constitution[896], visait à opposer au pouvoir gouvernemental un pouvoir de contrôle, suivant une interprétation répandue du modèle parlementaire britannique[897]. Enfin, Michel Troper relève

---

[891] Le 1er juin 1958, à l'objection de Pierre-Henri Teitgen envers le principe d'une séparation stricte des pouvoirs, le ministre d'État P. PFLIMLIN répondit qu'il n'était question que « […] de demeurer fidèle à la doctrine traditionnelle de la démocratie française et universelle et d'écarter la confusion des pouvoirs et spécialement la confusion du pouvoir exécutif et du pouvoir législatif » (intervention orale retranscrite *in* « Procès-Verbal de la commission du suffrage universel de l'Assemblée nationale le 1er juin 1958 », *in Documents pour servir à l'histoire de l'élaboration de la Constitution du 4 octobre 1958*, préc., vol. 1, p. 154).

[892] Car comme le notait J. SOLAL-CÉLIGNY (« Note relative à la séparation des pouvoirs et à la fonction législative (vers le 2 juillet 1958) », *in ibid.*, vol. 1, p. 333), « [s]i la séparation des organes du pouvoir – Gouvernement et Parlement – a conservé sa valeur depuis qu'elle a été formulée, la séparation des fonctions législative et exécutive apparaît dépourvue de signification dans le contexte politique français du milieu du XXe siècle ».

[893] Suivant l'explication de M. TROPER (« Actualité de la séparation des pouvoirs », *in id.*, *Pour une théorie juridique de l'État*, Paris, Puf, « Léviathan », 1994, p. 233).

[894] V. « Procès-Verbal de la commission du suffrage universel de l'Assemblée nationale le 1er juin 1958 », *in Documents pour servir à l'histoire de l'élaboration de la Constitution du 4 octobre 1958*, préc., vol. 1, pp. 148-149 et p. 160.

[895] « Il nous paraît nécessaire que le Parlement en soit un, c'est-à-dire qu'il fasse les lois et contrôle le Gouvernement sans gouverner lui-même […] » (Ch. de GAULLE, « Discours prononcé à Épinal », préc.). Cette distinction est à nouveau évoquée dans le discours du 4 septembre 1958 : « [q]u'il existe un Gouvernement qui soit fait pour gouverner, à qui on en laisse le temps et la possibilité, qui ne se détourne pas vers autre chose que sa tâche, et qui, par là, mérite l'adhésion du pays. Qu'il existe un Parlement destiné à représenter la volonté politique de la nation, à voter les lois, à contrôler l'exécutif, sans prétendre sortir de son rôle » (*id.*, « Discours prononcé place de la République », préc.).

[896] V. par ex. le « Projet d'exposé des motifs de l'avant-projet de Constitution soumis au Comité consultatif constitutionnel le 29 juillet 1958 préparé par M. Jérôme Solal-Céligny », *in Documents pour servir à l'histoire de l'élaboration de la Constitution du 4 octobre 1958*, préc., vol. 1, p. 524 : « [l]a véritable mission du Parlement est de contrôler la politique gouvernementale et de consentir les limitations nécessaires aux droits fondamentaux des citoyens. Telle est la signification moderne de la séparation des pouvoirs, telle est la condition de l'efficacité et de la stabilité gouvernementale dans le respect des libertés essentielles ».

[897] « Il ne s'agit pas […] de retirer au Parlement la totalité de ses attributions législatives. […] Il s'agit de définir les rôles respectifs véritables du Gouvernement et du Parlement : au premier, il revient de gouverner, au sens entier du terme, sans avoir pour cela rien à solliciter du Parlement. À ce dernier, il incombe de

qu'une troisième interprétation de la séparation des pouvoirs, « trialiste », était possible en 1958[898] : à côté du pouvoir gouvernemental et du pouvoir délibérant ou de contrôle, on pouvait en percevoir un troisième, un pouvoir régulateur dénommé « fonction d'arbitrage »[899] dont l'objet est de régler les rapports entre les deux premiers en garantissant leur séparation et leur équilibre. Cette distinction présentait un double intérêt : d'un côté, elle permet de reconnaître au chef de l'État une fonction juridique à part entière, suivant le modèle bayeusain promu par de Gaulle ; de l'autre, la fonction présidentielle ainsi déterminée est clairement séparée du pouvoir gouvernemental, conformément à la conception originelle du rôle de l'arbitre présenté en 1958 sous les traits d'un régulateur (et non d'un acteur) du jeu politique.

336. Finalement, sans obéir entièrement à l'une de ces trois hypothèses, le système instauré par la Constitution de 1958 emprunte à chacune, ce qui atteste d'une nouvelle manière d'envisager les rapports entre l'État et la société. En effet, dans la tripartition traditionnelle du pouvoir, chacune des trois fonctions étatiques recouvre des actes dont la portée est essentiellement sociale : la sauvegarde de la société nécessite l'adoption de règles juridiques générales, leur exécution effective et l'existence d'un mode de règlement pacifique des litiges. À l'inverse, lorsqu'il est question en 1958 d'une fonction d'arbitrage, comme d'ailleurs d'une fonction délibérante ou de contrôle, « on ne vise plus des fonctions nécessaires à l'équilibre social, mais *des activités internes à un système distinct de la société* »[900]. Seule la fonction gouvernementale permet à l'État d'agir sur la société, tandis que les autres sont exercées en son sein à l'égard des organes qui le composent, soit pour concourir en amont au fonctionnement du gouvernement, soit pour le contrôler, soit encore pour *réguler* les rapports entre l'organe gouvernemental et l'organe délibérant ou de contrôle.

337. En conséquence, bien que la logique gaullienne ne soit pas à proprement parler celle d'une balance des pouvoirs, la volonté de réhabiliter le principe de la séparation des pouvoirs dans la nouvelle Constitution permet une lecture des idées de 1958 sous le prisme d'un paradigme constitutionnel

---

contrôler l'action gouvernementale et, en cas de désaccord sur le sens de celle-ci, de mettre en jeu la responsabilité politique du cabinet par la voie de la motion de censure. *Telle est aujourd'hui la signification fonctionnelle de la séparation des pouvoirs, dont le régime anglais, dans lequel la plupart des lois sont faites par le Gouvernement sous le contrôle du Parlement, fournit le meilleur exemple* » (J. SOLAL-CÉLIGNY, « Note relative à la séparation des pouvoirs et à la fonction législative (vers le 2 juillet 1958) », *in ibid.*, vol. 1, p. 334. Nous soulignons).

[898] M. TROPER, « Actualité de la séparation des pouvoirs », art. préc., p. 234.

[899] *Loc. cit.*

[900] *Loc. cit.* ; nous soulignons.

libéral, y compris dans sa revendication d'une tierce institution neutre et régulatrice.

2°) L'arbitre de 1958 et le modèle du gouvernement constitutionnel de Carl J. Friedrich : de la nécessité d'un pouvoir neutre

338. Les théories contemporaines du pouvoir régulateur prennent systématiquement comme point de départ un système constitutionnel basé sur le principe cardinal de la séparation des pouvoirs. Son contenu est extrêmement simple : il ne faut pas qu'un même organe exerce tous les pouvoirs de l'État. C'est ce principe qu'énonçait Montesquieu : « [l]orsque dans la même personne ou dans le même corps de magistrature, la puissance législative est réunie à la puissance exécutrice, il n'y a point de liberté ; parce qu'on peut craindre que le même monarque ou le même sénat ne fasse des lois tyranniques pour les exécuter tyranniquement »[901]. Autrement dit, en cas de réunion des pouvoirs entre de mêmes mains, le despote qui les détient ne pourra être stoppé s'il les exerce de manière tyrannique et sera en mesure de modifier les lois à sa guise, y compris au moment de les exécuter. En 1958, l'argument en faveur de la séparation des pouvoirs est inversé par le général de Gaulle, car la confusion des pouvoirs qu'il dénonce n'est pas celle qui s'exercerait au profit d'un individu despotique, mais d'une assemblée impuissante divisée par les partis. Dans ce cas, le danger ne provient pas de l'abus de pouvoir qui mène à la tyrannie, mais au contraire de la paralysie des pouvoirs qui conduit à l'anarchie[902] : la logique gaullienne complète en quelque sorte celle de l'auteur de l'*Esprit des lois*[903].

339. L'attachement au principe de la séparation des pouvoirs dans une optique libérale ressort très fortement des travaux du constitutionnaliste et politiste américain d'origine allemande Carl Joachim Friedrich. Son œuvre majeure, dont la première publication date de 1937, fut rééditée dans une version remaniée demeurée la plus célèbre, *Constitutional Government and Democracy* (1950). Cet ouvrage, qui s'inscrit pleinement dans le contexte de la reconstruction constitutionnelle des États européens dans l'immédiat après-guerre, connaît à l'initiative de Boris Mirkine-Guetzévitch une traduction

---

[901] MONTESQUIEU, *De l'esprit des lois*, *op. cit.*, livre XI, chap. 6, p. 397.

[902] « […] la cause profonde de nos épreuves […] c'est la confusion et, par là même, l'impuissance des pouvoirs » (Ch. de GAULLE, « Discours d'investiture (1er juin 1958) », disponible sur http://www2.assemblee-nationale.fr/decouvrir-l-assemblee/histoire/grands-moments-d-eloquence/general-de-gaulle-1er-juin-1958, consulté le 15 sept. 2019).

[903] M. TROPER, « La Ve République et la séparation des pouvoirs », art. préc., pp. 38-39.

française parue quelques mois seulement avant l'adoption de la nouvelle Constitution[904].

340. Friedrich cherche à montrer que l'évolution historique du constitutionnalisme va dans le sens de la recherche d'un « système de freins efficaces à l'action gouvernementale », organisé autour de la séparation et de la division du pouvoir[905]. Le professeur américain entend promouvoir ce qu'il désigne sous le terme de « gouvernement constitutionnel », c'est-à-dire un système d'organisation du pouvoir de l'État qui soit doté de freins[906]. Cela signifie que, du fait de ce « jeu pratique des freins et contrepoids »[907], l'essence du gouvernement constitutionnel repose sur l'équilibre entre les pouvoirs de l'État, soit précisément l'un des objectifs énoncés à Bayeux puis poursuivis par les constituants de 1958.

341. Cependant, le point de savoir si la séparation et la division des pouvoirs conduiront effectivement à l'équilibre souhaité dépend aussi d'autres facteurs. En particulier, la structuration partisane, avec le développement des partis de masse modernes, constitue un élément nouveau qui doit être pris en considération, car s'il « n'efface par la séparation des pouvoirs, [...] il l'atténue certainement »[908]. Carl J. Friedrich relève toutefois que « l'alternance entre deux partis constitue en elle-même un frein régulateur qui réduit par conséquent le besoin d'une séparation rigide »[909]. Il n'empêche que la séparation des pouvoirs, indispensable instrument de la limitation du pouvoir de l'État, a clairement « facilité entre différentes factions et revendications rivales, le maintien d'un équilibre non pas stable, mais mouvant, qui ne cesse de s'adapter au poids changeant de ces groupes à mesure qu'ils évoluent »[910].

342. Face à ce constat, Friedrich reconnaît, à l'instar du général de Gaulle en 1946, que « [l]e point de vue [...] selon lequel un équilibre des pouvoirs dans la Constitution elle-même permettra de contrôler les partis et ainsi de freiner leur action ne peut plus être accepté »[911]. Assurément, des pouvoirs séparés et

---

904 C. J. FRIEDRICH, *La démocratie constitutionnelle*, Paris, Puf, « Bibliothèque de la science politique », 1958. Sur les idées constitutionnelles et politiques de Friedrich, v. G. DEMELEMESTRE, « La pensée processuelle de Carl Joachim Friedrich : une conceptualisation dynamique de l'institution politique », *Jus politicum*, 2012, n° 7, disponible sur http://juspoliticum.com/article/La-pensee-processuelle-de-Carl-Joachim-Friedrich-466.html, consulté le 15 sept. 2019.
905 C. J. FRIEDRICH, *op. cit.*, p. 25.
906 *Ibid.*, pp. 66-70 ; v. également L. KLEIN, « Démocratie constitutionnelle et constitutionnalisme démocratique : essai de classification des théories juridiques de la démocratie », *RFDC*, 2017/1 n° 109, pp. 121-141, en particulier pp. 134-138.
907 C. J. FRIEDRICH, *op. cit.*, p. 157.
908 *Ibid.*, p. 158.
909 *Loc. cit.*
910 *Ibid.*, p. 159.
911 *Ibid.*, p. 160.

divisés représentent une étape nécessaire, mais une telle précaution n'offrira jamais une protection suffisante au plus faible des adversaires s'il n'existe pas, au sein même du système institutionnel, un « arbitre neutre et indépendant des pouvoirs séparés »[912]. Friedrich revendique sur cette question du pouvoir neutre et régulateur l'influence de Benjamin Constant, dont il reprend l'argumentation. Aussi estime-t-il, dans la droite ligne du libéral français, que l'intervention d'une telle instance est rendue nécessaire pour remettre chacun des pouvoirs à sa place si jamais ceux-ci « empiètent l'un sur l'autre, se troublent l'un l'autre, ou se gênent l'un l'autre »[913]. L'analogie avec l'arbitre national de 1958, justement chargé d'assurer la régulation des rapports entre les pouvoirs divisés par les partis, semble évidente.

343. Mais Friedrich rappelle ensuite une problématique majeure du pouvoir régulateur : « [a]ucun pouvoir n'est absolument neutre, sinon il ne serait pas un pouvoir »[914]. Cela présageait des évolutions futures de la Ve République, dont la pratique tranchera dans une intensité variable en faveur d'un chef de l'État exerçant effectivement le gouvernement. L'expérience weimarienne avait par ailleurs déjà démontré toute la difficulté de construire une magistrature présidentielle qui soit véritablement « un arbitre neutre et un gardien de la Constitution »[915]. Friedrich souligne que les Allemands ont voulu tirer la leçon de cet échec dans leur nouvelle Constitution, qui établit une cour constitutionnelle « représentant le pouvoir et l'arbitre neutres »[916] et renoue ainsi avec la tradition constitutionnelle germanique.

SECTION 2. LE CONSTITUTIONNALISME ALLEMAND ET L'ÉMERGENCE D'UNE RÉGULATION JURIDICTIONNELLE DES RAPPORTS POLITIQUES

344. L'histoire de la justice constitutionnelle connaît depuis quelques années un regain d'intérêt dans la doctrine française. Dans cette perspective, celle-ci se voit contrainte d'abandonner une approche de la question uniquement centrée sur la fonction de contrôle formel de constitutionnalité des lois pour s'intéresser aux racines essentiellement politiques de la justice constitutionnelle. À ce sujet, si le constitutionnalisme libéral n'a émergé qu'assez tardivement outre-Rhin, c'est pourtant bien là que se trouvent les origines de la justice constitutionnelle moderne. L'idée fondatrice d'une

---

912 *Loc. cit.*
913 *Loc. cit.*
914 *Ibid.*, p. 161.
915 *Ibid.*, p. 160.
916 *Ibid.*, p. 161.

régulation des rapports politiques par le droit se trouve en effet consacrée dès le XIXe siècle par plusieurs textes constitutionnels allemands, qui instaurent des organes juridictionnels chargés de trancher les éventuels conflits entre organes constitutionnels. Le « monde germanique » devait ainsi ouvrir la voie en la matière, car si la question du maintien de l'équilibre institutionnel – et donc du règlement des conflits entre les pouvoirs – était tout aussi présente dans les pays où s'est développé en premier le constitutionnalisme révolutionnaire moderne (Angleterre, États-Unis, France), de tels mécanismes régulateurs n'y avaient jamais été mis en place sous cette forme juridictionnelle, ni de manière durable[917].

345. Au début, ce n'est ni la volonté de garantir les droits fondamentaux, ni même les contraintes du fédéralisme qui motivent l'instauration des premières formes de justice constitutionnelle ; il s'agit plutôt d'une tentative d'équilibrer le modèle allemand de la monarchie constitutionnelle, la monarchie limitée, dont les contradictions inhérentes et en apparence indépassables, notamment sur la question du détenteur de la souveraineté, provoquaient des affrontements récurrents entre les deux principaux organes constitutionnels, à savoir le prince et la représentation populaire. La régulation juridictionnelle des conflits entre organes constitutionnels apparaît ainsi comme une réponse spécifique des Allemands à la singularité de leur constitutionnalisme (§ I). Les influences françaises revendiquées ou supposées, notamment chez des auteurs tels Hegel, Triepel ou Schmitt, nous permettent toutefois de rattacher la tradition germanique de la régulation juridictionnelle à celle du pouvoir régulateur. La recherche de l'équilibre institutionnel conduit donc dès le XIXe siècle plusieurs États allemands à mettre en place des mécanismes de règlement des conflits entre organes constitutionnels ; une généalogie s'avère nécessaire (§ II).

§ I. Un aboutissement de la tradition constitutionnelle germanique

346. Deux aspects du constitutionnalisme allemand du XIXe siècle ont nettement contribué à le distinguer de ses équivalents anglais, américain et français (A) : premièrement, la constitution envisagée comme une norme, et non comme un mécanisme, et secondement, le développement d'une forme singulière de gouvernement, la monarchie limitée, qui servira de cadre au

[917] Aux États-Unis, les Pères fondateurs rejetèrent l'idée des Anti-fédéralistes de tenir des conventions constitutionnelles régulières, au nom de leur confiance en un mode de régulation institutionnelle purement endogène. En France, les Thermidoriens refusèrent avec véhémence et pour les mêmes raisons le jury constitutionnaire de Sieyès, tandis que la fonction du Sénat conservateur de l'an VIII fut rapidement pervertie dans la pratique.

développement, alors non moins singulier, d'une forme de régulation juridictionnelle des rapports politiques. Car à l'instar des Français, les Allemands étaient eux aussi à la recherche d'un tiers régulateur pour assurer l'équilibre de leur premier constitutionnalisme (B).

A. La voie allemande du constitutionnalisme

347. C'est en Allemagne qu'on trouve pour la première fois une authentique conception de la constitution comme norme, dont l'affirmation au cours du XIXe siècle a été clairement favorisée par le rejet des doctrines mécanistes des révolutionnaires, manifeste dans la doctrine hégélienne de la *Verfassung*, irréductible à la *Konstitution*[918]. Il faut dire que les raisons qui poussent à mettre en place une constitution sont particulièrement différentes outre-Rhin de celles mises en avant aux États-Unis (instaurer le contrat fondamental d'une jeune société politique) ou en France (préserver les acquis de la Révolution). En Allemagne, le but poursuivi par la constitution est la limitation du pouvoir royal. Elle n'est cependant jamais le produit d'un « intérêt général », mais une concession du prince par laquelle il impose volontairement des limites à sa souveraineté. De ce fait, plutôt que de concevoir la constitution comme une machine autorégulée, c'est-à-dire capable de s'équilibrer d'elle-même, du seul fait d'une distribution efficiente des pouvoirs, les Allemands tendent à envisager la constitution comme un pacte énumérant les compétences propres à chaque organe, privilégiant donc une régulation par le droit, et non par le mécanisme de la balance des pouvoirs employé par les révolutionnaires français et américains[919].

348. Cette confiance dans les capacités régulatrices du droit apparaît comme très ancienne en Allemagne, trouvant certainement sa source dans les premiers « procès constitutionnels » au début du Saint-Empire romain germanique[920]. Au XIVe siècle, une procédure arbitrale (*Austräge*) est mise en place de façon

---

[918] G. W. Fr. HEGEL, *Principes de la philosophie du droit*, 3e éd., Paris, Puf, « Quadrige », 2013, § 273 et s., p. 460 et s.

[919] Sur les conceptions allemandes de la constitution, v. M. STOLLEIS, *Histoire du droit public en Allemagne. 1800-1914*, Paris, Dalloz, « Rivages du droit », 2014, notamment pp. 104-109 et 140-144.

[920] La doctrine contemporaine cite souvent en exemple le procès devant une juridiction de l'Empire du duc de Saxe et de Bavière, Henri « le Lion », en 1180. Celui-ci fut condamné à la perte de tous ses fiefs et alleux pour avoir refusé de se soumettre aux directives de son cousin, l'empereur Frédéric Barberousse. Mais n'était-ce pas plutôt un procès politique ? S'il est clair que les rivalités politiques au sein de l'Empire servent de trame de fond à cette affaire, toujours est-il que c'est bien un « trouble à l'ordre constitutionnel » qui était en cause, et que le choix d'un règlement juridictionnel du conflit est en lui-même significatif (v. not. R. HOKE, « Verfassungsgerichtsbarkeit in den deutschen Ländern in der Tradition der deutschen Staatsgerichtsbarkeit », *in* Chr. STARCK, Kl. STERN (dir.), *Landesverfassungsgerichtsbarkeit*, Baden-Baden, Nomos, 1983, vol. 1, p. 30 ; G. ROBBERS, « Die historische Entwicklung der Verfassungsgerichtsbarkeit », *JuS*, 1990/4, p. 257 ; A. LE DIVELLEC, « Les prémices de la justice constitutionnelle en Allemagne avant 1945 », *in* D. CHAGNOLLAUD (dir.), *Aux origines du contrôle de constitutionnalité. XVIIIe-XXe siècle*, Paris, Éd. Panthéon-Assas, « Droit public », 2003, p. 105).

permanente afin de trancher les différends entre les seigneurs féodaux ; elle prend progressivement la forme d'un véritable pouvoir juridictionnel, qui est confié à deux instances, la Chambre impériale de justice (*Reichskammergericht*), créée en 1495, et le Conseil aulique (*Reichshofrat*), en 1559[921]. Dotées d'importantes compétences, elles occupaient toutes deux une place primordiale sous le Saint-Empire. La première, notamment, écrit Michael Stolleis, « joua un rôle unificateur, faisant naître la conviction [...] que les conflits politiques pouvaient en principe se traduire en termes juridiques et être tranchés par la justice »[922]. La prégnance de cette idée explique ainsi qu'au XIXe siècle, la responsabilité des ministres soit essentiellement appréhendée outre-Rhin comme une responsabilité « constitutionnelle », ni purement politique, ni purement pénale, car liée à une faute (la violation de la constitution) pour laquelle l'organe de jugement compétent est de nature non pas politique, mais juridictionnelle ou quasi juridictionnelle[923].

349. Mais c'est véritablement avec la monarchie limitée que la régulation juridictionnelle des conflits politiques devient un enjeu central du droit constitutionnel allemand. Le pilier de cette forme de gouvernement est la fidélité au principe monarchique, que l'Allemagne du XIXe siècle ne consent pas à écarter et qui assure l'unité de l'*auctoritas* et de la *potestas*, y compris dans les États dotés de constitutions représentatives[924].

350. Concrètement, la séparation des pouvoirs aboutit à l'attribution exclusive au monarque du pouvoir exécutif et à un partage du pouvoir législatif entre le monarque et le parlement[925]. Le « dualisme constitutionnel » qui en ressort ne doit cependant pas tromper : un équilibre entre le monarque et la représentation populaire ne saurait en effet exister, car gouvernement et parlement sont en situation de lutte perpétuelle. Pour qu'un tel système de séparation rigide des pouvoirs[926] « puisse fonctionner durablement, un mode

---

[921] V. M. STOLLEIS, *Histoire du droit public en Allemagne. Droit public impérial et science de la police. 1600-1800*, Paris, Puf, « Fondements de la politique », 1998, pp. 196-207.

[922] *Ibid.*, p. 203.

[923] V. A. LE DIVELLEC, « Des conflits constitutionnels dans un "État constitutionnel" : le mécanisme des "litiges entre organes" devant la Cour constitutionnelle fédérale d'Allemagne », *in* J. HUMMEL (dir.), *Les conflits constitutionnels. Le droit constitutionnel à l'épreuve de l'histoire et du politique*, Rennes, PUR, « L'Univers des Normes », 2010, pp. 101-102 (particulièrement n. 12) ; *id.*, « Les prémices de la justice constitutionnelle en Allemagne avant 1945 », art. préc., pp. 112-114.

[924] J. HUMMEL, *Le constitutionnalisme allemand (1815-1918) : le modèle allemand de la monarchie limitée*, Paris, Puf, « Léviathan », 2002, p. 75.

[925] Sur cette définition de la monarchie limitée, v. M. FROMONT, « Le constitutionnalisme allemand », *Pouvoirs*, 1993/3 n° 66, p. 7.

[926] Qui, pour M. FROMONT, « à bien des égards, rappelle la Constitution américaine » (*ibid.*, p. 8, plus précisément au sujet de la Constitution prussienne de 1850). Chr. MÖLLERS note en ce sens que « [c]omme aux États-Unis, le système allemand est dualiste, mais contrairement au système américain le dualisme n'est pas purement démocratique. Le conflit entre l'exécutif et le parlement au cours du XIXe siècle allemand est un conflit entre différentes formes de légitimité politique » (*The Three Branches. A*

général de régulation des conflits accorde aux diverses instances étatiques des droits constitutionnels qui sont autant d'armes leur permettant de faire face à un état de *guerre constitutionnelle* permanent »[927], note Jacky Hummel. Dans la pratique, le dualisme entre le principe monarchique et le principe représentatif semble inconciliable, car le monarque et la représentation populaire cherchent mutuellement à s'imposer en usant des armes constitutionnelles à leur disposition ; le pacte constitutionnel n'est plus qu'un « compromis dilatoire »[928]. La problématique insoluble de la souveraineté, qui mène à une tension constante entre le prince et le peuple (ou ses représentants), conduit ainsi les publicistes allemands du XIXe siècle à rechercher des formes de médiation entre les organes constitutionnels.

351. La doctrine conservatrice tend dès lors à considérer que dans le cadre de la monarchie limitée, les conflits de compétence entre organes constitutionnels peuvent être réglés par un simple recours au principe monarchique. Cette thèse fut reprise par Bismarck lors du conflit constitutionnel prussien, qui opposa, de 1862 à 1866, le roi Guillaume Ier de Prusse et son gouvernement au parlement prussien, au sujet d'un projet de réorganisation de l'armée. Selon la théorie bismarckienne des lacunes (*Lückentheorie*), si la résolution constitutionnelle du conflit s'avère impossible et que la recherche d'un compromis politique échoue, c'est le principe monarchique qui doit résoudre la difficulté en faveur du trône. Autrement dit, si le constituant n'a pas prévu une situation, il faut remonter au droit antérieur à la constitution, donc au principe monarchique[929].

352. À l'inverse, pour les libéraux progressistes, la décision ultime en cas de conflit entre les organes constitutionnels appartient au corps électoral, qui rend son verdict lors de nouvelles élections. Il s'agit donc de recourir au mécanisme de l'appel au peuple : en cas de désaccord entre la représentation populaire et le monarque, ce dernier doit dissoudre le parlement et en appeler au corps électoral ; si le résultat est défavorable au gouvernement, celui-ci doit alors

---

Comparative Model of Separation of Powers, Oxford, OUP, « Oxford Constitutional Theory », 2013, p. 34. Nous traduisons). De même, comme l'écrit A. LE DIVELLEC, dans la monarchie allemande, « la parlementarisation n'a pas surmonté la séparation organique des pouvoirs », à rebours de l'évolution qu'ont connue la France et le Royaume-Uni (*Le gouvernement parlementaire en Allemagne. Contribution à une théorie générale*, Paris, LGDJ, « BCSP », t. 119, 2004, p. 12).

[927] J. HUMMEL, *Le constitutionnalisme allemand (1815-1918) : le modèle allemand de la monarchie limitée*, *op. cit.*, p. 104. Il souligne.

[928] V. C. SCHMITT, *Théorie de la Constitution*, *op. cit.*, p. 198.

[929] Sur le conflit constitutionnel prussien de 1862-1866 et la théorie monarchiste des lacunes, v. notamment G. JELLINEK, *Gesetz und Verordnung. Staatsrechtliche Untersuchungen auf rechtsgeschichtlicher und rechtsvergleichender Grundlage*, Freiburg, Mohr, 1887, p. 376 ; J. HUMMEL, *Le constitutionnalisme allemand (1815-1918) : le modèle allemand de la monarchie limitée*, *op. cit.*, p. 239 et s. ; *id.*, « Le conflit constitutionnel prussien de 1862-1866 et la crise du Seize-Mai. Regards croisés », *in id.*, (dir.), *Les conflits constitutionnels. Le droit constitutionnel à l'épreuve de l'histoire et du politique*, Rennes, PUR, « L'Univers des Normes », 2010, pp. 59-77.

être changé. Ce modèle de régulation des conflits théorisé par Benjamin Constant est repris en Allemagne notamment par Rotteck[930], qui ne l'envisage pas toutefois comme un moyen d'atteindre le parlementarisme ; l'intention n'est pas d'instaurer une responsabilité politique des ministres devant le parlement mais de placer le peuple au cœur du système[931].

353. Le constitutionnalisme allemand du XIXe siècle se caractérise en effet par un net refus des conceptions anglaise et française de la monarchie constitutionnelle, qui sous-entendent un chef de l'État inactif et distinct d'un pouvoir ministériel qui gouverne conformément aux vœux de la majorité. L'importance conférée au principe monarchique par les libéraux allemands rend très difficile la réception des idées de Constant outre-Rhin. L'affirmation du pouvoir royal comme pouvoir neutre se rencontre toutefois dans la doctrine hégélienne de la monarchie[932], qui cherche à concilier le constitutionnalisme avec le maintien du principe monarchique. Hegel distingue le pouvoir gouvernemental du pouvoir princier et affirme la primauté des institutions sur ce dernier, qui devient alors, suivant l'analyse de Jean-Louis Vieillard-Baron, « le principe vital de l'État, ce qui assure son individualité vivante, en somme son âme au sens hégélien du terme »[933]. Pour cela, sa « majesté » le soustrait de tout arbitraire en le plaçant au-dessus des agitations humaines, tandis que l'hérédité du trône, c'est-à-dire la succession naturelle, prévient les factions et assure la continuité et la stabilité[934]. Mais cette réception supposée de la théorie du pouvoir neutre chez Hegel ne doit pas tromper, car globalement, la doctrine germanique de l'époque refuse de disjoindre l'*auctoritas* de la *potestas*. En Allemagne, les deux restent réunies dans la figure du prince, qui règne *et* gouverne, exerçant de ce fait la majeure partie du pouvoir exécutif.

354. Les conceptions de Constant ne semblent pas, dès lors, avoir servi de soubassement aux textes constitutionnels allemands du XIXe siècle. On y retrouve néanmoins la même préoccupation de garantir un équilibre institutionnel par le recours, si nécessaire, à une tierce instance arbitrale.

---

930 V. K. von ROTTECK, *Lehrbuch des Vernunftrechts und der Staatswissenschaften*, 2e éd., Stuttgart, Hallberg, 1840, vol. 2, p. 235 et s.

931 V. J. HUMMEL, *Le constitutionnalisme allemand (1815-1918) : le modèle allemand de la monarchie limitée*, *op. cit.*, p. 135 et surtout *id.*, « Convergences et discordances des discours libéraux allemand et français (1815-1848) », *RFHIP*, 2006/2 n° 24, p. 243.

932 L'influence de Constant sur Hegel est notamment affirmée par C. SCHMITT (« Neutralité et neutralisations » (1939), *in* C. SCHMITT, *Du politique. « Légalité et légitimité » et autres essais*, Puiseaux, Pardès, « Révolution conservatrice », 1990, p. 123).

933 J.-L. VIEILLARD-BARON, « Le prince et le citoyen : pouvoir et propriété du corps selon Hegel », *Revue de métaphysique et de morale*, 2001/1 n° 25, p. 117.

934 G. W. Fr. HEGEL, *op. cit.*, § 281, p. 480.

B. Le recours à l'arbitrage juridictionnel comme élément d'équilibrage du système constitutionnel

355. En dépit de la relative impénétration des idées françaises[935], les Allemands étaient eux aussi à la recherche d'un « pouvoir judiciaire des autres pouvoirs », car leur modèle de monarchie limitée, qui rend possible le conflit sans pour autant se soucier de sa résolution, contient les germes d'une régulation exogène du jeu politique. La solution constantienne d'un pouvoir royal strictement régulateur étant *a priori* écartée par la prégnance outre-Rhin du principe monarchique, l'approche allemande, qui, déjà à cette époque, privilégiait une conception quasi normative de la constitution, devait plutôt emprunter la voie originale du règlement juridictionnel des conflits politiques.

356. Selon Heinrich Triepel, le développement de la justice constitutionnelle (*Verfassungsgerichtsbarkeit*) en Allemagne n'a pas pour objet le contrôle des normes, mais bien la résolution des conflits politiques[936]. Le juriste allemand se penche notamment sur les sources théoriques de la justice constitutionnelle, et en particulier sur le principe libéral de la division des pouvoirs, qui fut déterminant pour son institution[937]. Une lecture stricte de ce principe conduit à mettre en avant l'autonomie et l'indépendance des différents pouvoirs ; couplée au principe monarchique, une telle conception constitue le fondement du modèle allemand de la monarchie limitée. Elle interdit aussi au juge de s'immiscer dans la sphère de compétence des autres, et conduit donc à l'impossibilité d'une régulation juridictionnelle des rapports politiques.

357. Mais une deuxième lecture, celle des révolutionnaires français, insiste sur l'harmonie entre les pouvoirs, indispensable au bon fonctionnement de la machine politique. D'après Triepel, c'est « [d]e là [que] vient l'idée d'un *pouvoir modérateur* ou *régulateur*, un *pouvoir arbitre*, un *pouvoir judiciaire*

---

[935] La doctrine allemande fait souvent référence à l'influence de Constant sur la conception allemande de la responsabilité ministérielle, de nature juridictionnelle (v. par ex. R. HOKE, art. préc., pp. 59-63). *De la responsabilité des ministres* (1814) fut en effet traduit en allemand en 1831. Robert von Mohl note d'ailleurs que l'ouvrage de Constant « a été pillé par les écrivains allemands » (R. von MOHL, *Die Verantwortlichkeit der Minister in Einherrschaften mit Volksvertretung*, Tübingen, Laupp, 1837, p. 89). L'effectivité de cette influence en la matière est toutefois relativisée par A. LE DIVELLEC (« Les prémices de la justice constitutionnelle en Allemagne avant 1945 », art. préc., p. 113).

[936] V. H. TRIEPEL, « Wesen und Entwicklung der Staatsgerichtsbarkeit », *in Veröffentlichungen der Vereinigung der Deutschen Staatsrechtslehrer*, Berlin, De Gruyter, 1929, t. 5, p. 4. Il s'agit d'un rapport présenté à l'occasion de la rencontre des professeurs de droit public tenue à Vienne en 1928 (le second rapporteur était Hans Kelsen). À ce sujet, v. R. BAUMERT, *La découverte du juge constitutionnel, entre science et politique. Les controverses doctrinales sur le contrôle de la constitutionnalité des lois dans les Républiques française et allemande de l'entre-deux-guerres*, *op. cit.*, pp. 177-179 et le commentaire d'A. LE DIVELLEC, « Droit, politique et justice constitutionnelle : deux textes de Heinrich Triepel », *Jus politicum*, 2009, n° 2, disponible sur http://juspoliticum.com/article/Droit-politique-et-justice-constitutionnelle-deux-textes-de-Heinrich-Triepel-83.html, consulté le 15 sept. 2019, pp. 8-19.

[937] H. TRIEPEL, préc., p. 12.

des autres pouvoirs, l'idée d'un organe d'équilibre entre les pouvoirs constitués et entre eux et le *pouvoir constituant* »[938]. Dans la doctrine libérale de Benjamin Constant, c'est au pouvoir royal que cette tâche est dévolue, mais, précise Triepel, on avait déjà songé, avant et après le libéral de Coppet, à une instance juridictionnelle ou quasi juridictionnelle. En Allemagne, l'idée d'Éphorat de Fichte, qui ne croyait pas à l'efficience de la séparation des pouvoirs, s'inscrit dans cette logique, tout comme en Amérique le *Council of Censors* de la Constitution pennsylvanienne de 1776 et en France le jury constitutionnaire de Sieyès, qui inspirera le Sénat conservateur de l'an VIII puis ceux des deux Empires.

358. L'influence de ces précédents est restée relativement limitée outre-Rhin, mais Triepel relève tout de même des traces de l'idée d'origine dans le choix de confier à des juridictions spécifiques plutôt qu'à une chambre haute le soin de juger les ministres. En tout cas, ajoute-il, l'Allemagne a connu l'influence de l'idée de pouvoir régulateur dans la Constitution de 1849, qui en particulier instaurait un Tribunal d'Empire (*Reichsgerichts*) doté de nombreuses compétences, notamment celle de juger les litiges entre le *Reichstag* et le gouvernement[939]. La préférence du maître allemand va cependant à une troisième lecture, réputée américaine, de la division des pouvoirs, qui conduit à envisager le pouvoir juridictionnel comme un contrepoids (*Gegengewicht*) tant face au Législatif que face à l'Exécutif, et à lui confier un rôle de *pouvoir modérateur* chargé de maintenir les autres pouvoirs dans les limites prévues par la constitution. Nul besoin dans cette conception d'une instance spécifique : le juge ordinaire peut tout à fait exercer cette mission, qui prend alors la forme d'un contrôle diffus de constitutionnalité[940].

359. Pour finir, quels enseignements peut-on tirer de cet exposé sommaire de Triepel ? La monarchie limitée allemande consacre évidemment une conception stricte de la séparation des pouvoirs, ce qui a pour conséquence la création d'un cadre constitutionnel hautement conflictuel. Confrontés à l'impossibilité que leur système politique dépasse de lui-même ses contradictions, les Allemands, comme Constant et les révolutionnaires français, dont ils s'inspirent sans doute, vont se tourner vers une forme de régulation exogène des relations entre les pouvoirs. Bien entendu, la forme qu'elle prend outre-Rhin, celle d'une justice d'État, voire d'un embryon de justice constitutionnelle, apparaît très différente de celle des projets français ; elle est en effet le produit de la tradition constitutionnelle germanique, marquée par le refus de la conception mécaniste de la constitution. Ceci dit, le

---

[938] *Ibid.*, p. 13. Nous traduisons. Les formules en italique sont en français dans le texte.
[939] *Ibid.*, p. 14.
[940] *Ibid.*, pp. 14-15.

fond du problème demeure le même, à savoir l'équilibre général du premier constitutionnalisme libéral.

§ II. LES MÉCANISMES MIS EN PLACE AVANT 1945

360. Le développement de la justice constitutionnelle dans les États germaniques a déjà fait l'objet de plusieurs travaux conséquents. En Allemagne, les études classiques de Rudolf Hoke et Ulrich Scheuner[941] proposent de grandes synthèses de cette histoire. En France, Armel Le Divellec et Olivier Jouanjan[942] y ont consacré des développements substantiels. Il en ressort notamment que les mécanismes mis en place constituent la réponse des Allemands à la problématique de l'équilibre institutionnel. C'est ainsi qu'avant 1919, on retrouve outre-Rhin de nombreuses dispositions constitutionnelles qui contiennent les germes d'une régulation par le juge des rapports politiques (A). L'expérience weimarienne en permettra ensuite un développement significatif, bien que mouvementé (B).

A. LES PRÉMICES DE LA RÉGULATION JURIDICTIONNELLE AVANT 1919

361. C'est la dimension presque contractuelle de la constitution (un pacte entre le prince et le peuple) qui explique qu'en Allemagne, les conflits entre organes soient envisagés comme des litiges entre des cocontractants, dont on peut alors confier la résolution à un tiers arbitre. Avant 1919, plusieurs constitutions ont ainsi instauré un mode de résolution juridictionnelle ou quasi juridictionnelle de certains conflits. Les cours mises en place en ce sens exerçaient principalement deux compétences : le jugement des ministres, dont la responsabilité pouvait être engagée par le parlement, et la résolution des litiges constitutionnels proprement dits, c'est-à-dire des conflits de compétence.

362. La responsabilité quasi pénale – ou constitutionnelle – des ministres est considérée comme une garantie essentielle de la monarchie constitutionnelle

---

[941] R. HOKE, art. préc. ; U. SCHEUNER, « Die Überlieferung der deutschen Staatsgerichtsbarkeit im 19. und 20. Jahrhundert », *in* Chr. STARCK (dir.), *Bundesverfassungsgericht und Grundgesetz*, Tübingen, Mohr, 1976, vol. 1, pp. 1-62.

[942] A. LE DIVELLEC, « Les prémices de la justice constitutionnelle en Allemagne avant 1945 », art. préc. ; O. JOUANJAN, « Le contrôle incident des normes et les contradictions de l'État monarchique en Allemagne (1815-1860) », *in* O. JOUANJAN (dir.), *Figures de l'État de droit. Le Rechtsstaat dans l'histoire intellectuelle et constitutionnelle de l'Allemagne*, Strasbourg, PUS, « Collections de l'Université Robert Schuman », 2001, pp. 253-291 ; *id.*, « Aperçu d'une histoire des fonctions de justice constitutionnelle en Allemagne (1815-1933) », *in* C. GREWE, O. JOUANJAN, É. MAULIN, P. WACHSMANN (dir.), *La notion de « justice constitutionnelle »*, Paris, Dalloz, « Thèmes et commentaires », 2005, pp. 13-48.

allemande ; elle apparaît dans la plupart des constitutions des États allemands au XIXe siècle. Il ne s'agit pas d'une responsabilité politique, mais « fautive », car visant exclusivement les violations de la constitution et des lois, « par action ou omission ». Le caractère juridictionnel du mécanisme est très marqué, et ce sont généralement les règles de la procédure pénale qui s'appliquent[943]. Il s'agit donc bien d'un procès, qui se conclut par un jugement, que l'instance qui statue soit un tribunal ordinaire ou une juridiction *ad hoc*.

363. En effet, contrairement aux Anglais et aux Français, les Allemands n'ont pas privilégié le jugement des ministres par la chambre haute du parlement[944], mais par les juridictions ordinaires ou par une instance spéciale, appelée la plupart du temps « Cour de justice d'État » (*Staatsgerichtshof*)[945]. Cette appréhension essentiellement juridictionnelle de la responsabilité ministérielle traduit en fait le refus du principe parlementaire outre-Rhin. Pour les conservateurs, en effet, la juridictionnalisation de la procédure empêche ses dérives et son détournement à des fins purement politiques, autrement dit la parlementarisation du régime. L'importance pratique de ces mécanismes restera toutefois assez limitée, puisqu'on ne recense qu'une quinzaine de mises en action en un siècle, dont seule la moitié mena à un jugement[946]. Cette compétence sera pourtant maintenue au profit de la Cour constitutionnelle dans la Constitution autrichienne de 1920[947], et ce malgré l'introduction d'une véritable responsabilité politique des ministres devant le parlement. De même, dans la Constitution allemande de 1919, le *Staatsgerichtshof* est compétent pour juger, sur la demande du *Reichstag*, les ministres et le chef de l'État, « pour violation coupable de la Constitution ou d'une loi du Reich »[948].

---

[943] A. LE DIVELLEC cite l'exemple de la Constitution du Grand-Duché de Saxe-Weimar-Eisenach du 5 mai 1816, dans sa version du 15 octobre 1850 complétée par la loi du 22 octobre 1850, notamment les articles 14 à 22 (« Les prémices de la justice constitutionnelle en Allemagne avant 1945 », art. préc., p. 113).

[944] À l'exception (relative) du Grand-Duché de Bade, dont l'instance de jugement était mixte. L'article 67-b de la Constitution du 22 août 1818, dans sa version modifiée par la loi du 20 février 1868 indiquait en effet que les accusations sont soumises à « la juridiction de la Première Chambre [des états] qui siège comme Cour de justice d'État en s'adjoignant le président du Tribunal supérieur de justice et huit autres juges choisis par le sort parmi les membres des tribunaux collégiaux » (*ibid.*, p. 111).

[945] Sur cette question organique, v. en particulier *ibid.*, pp. 109-111.

[946] V. *Ibid.*, p. 114 ; O. JOUANJAN, « Aperçu d'une histoire des fonctions de justice constitutionnelle en Allemagne (1815-1933) », art. préc., p. 29 et R. HOKE, art. préc., p. 63.

[947] Art. 142 (1) de la Loi constitutionnelle fédérale autrichienne du 1er oct. 1920 : « La Cour constitutionnelle juge les organes suprêmes de la Fédération et des Länder, qui en raison de leur responsabilité constitutionnelle sont mis en accusation pour violation fautive du droit dans l'exercice de leurs fonctions ». Sur ce sujet, v. en particulier la thèse de Ch. EISENMANN, *La justice constitutionnelle et la Haute Cour constitutionnelle d'Autriche*, Paris, LGDJ, 1928, notamment pp. 276-280.

[948] Art. 59 de la Constitution de Weimar (promulguée le 11 août 1919) : « Le *Reichstag* peut mettre en accusation le président du Reich, le chancelier du Reich et les ministres devant la Haute Cour de justice du Reich pour violation coupable de la Constitution ou d'une loi du Reich ».

364. Plus originale encore était la compétence que bon nombre de constitutions attribuaient à un organe juridictionnel pour résoudre les conflits entre organes étatiques portant sur l'interprétation du texte constitutionnel. La Constitution du Royaume de Saxe de 1831 en fournit un exemple tout à fait éclairant à son article 153 :

> « [l]orsque des doutes apparaissent à propos de l'interprétation des points individuels du texte de la Constitution, et que ceux-ci ne peuvent être réglés par l'accord entre le gouvernement et les états [assemblées représentatives], les points de vue contradictoires seront soumis, par le gouvernement aussi bien que par les états, à la Cour de justice d'État pour décision »[949].

D'autres États – Oldenbourg, Mecklembourg, Brunswick, Saxe-Hildburghausen, Reuss branche cadette, les villes libres d'Hambourg, Brême et Lubeck ainsi que la Hesse électorale – adoptèrent des dispositions similaires dans leurs constitutions. Celles-ci constituaient avant tout des concessions du monarque et avaient donc pour objectif de garantir certaines compétences dans le domaine gouvernemental aux assemblées représentatives. Mais les monarques étaient dans une logique de résistance face aux textes qu'ils avaient concédés, tandis que les assemblées étaient au contraire dans une logique de revendication. Il revenait donc à un tiers organe de trancher ces litiges et de déterminer le juste équilibre[950].

365. C'est aussi le cas dans la Constitution « mort-née » de 1849, la première à être adoptée pour toute l'Allemagne. Elle instituait en effet un Tribunal d'Empire, qui, parmi de nombreuses autres attributions, devait résoudre « les litiges entre la Chambre des États et la Chambre du peuple, et entre chacune d'entre elles et le Gouvernement d'Empire, lorsque les parties sont d'accord pour réclamer la décision du Tribunal »[951]. On envisageait donc déjà une forme de régulation des conflits constitutionnels au niveau fédéral.

366. Dans certains États, cette régulation était confiée à des juridictions ordinaires, l'inconvénient étant alors de confier la résolution de litiges hautement politiques à des magistrats traditionnels, au risque d'une confusion[952]. Cela démontre néanmoins la confiance que les Allemands avaient dans les vertus régulatrices du droit, et ce même si la majorité des États a plutôt fait le choix de créer une nouvelle instance[953]. Quoi qu'il en soit, le

---

[949] Traduction d'A. LE DIVELLEC (« Les prémices de la justice constitutionnelle en Allemagne avant 1945 », art. préc., p. 116).

[950] V. *ibid.*, p. 115 ; O. JOUANJAN, « Aperçu d'une histoire des fonctions de justice constitutionnelle en Allemagne (1815-1933) », art. préc., p. 25 et pp. 29-31.

[951] Traduction d'A. LE DIVELLEC (« Les prémices de la justice constitutionnelle en Allemagne avant 1945 », art. préc., p. 125).

[952] V. R. HOKE, art. préc., p. 58.

[953] V. A. LE DIVELLEC, « Les prémices de la justice constitutionnelle en Allemagne avant 1945 », art. préc., p. 110.

juge – ordinaire ou non, selon la formule retenue – est érigé en tiers arbitre des conflits constitutionnels, autrement dit en « corps intermédiaire à la question politique de l'équilibre constitutionnel ». Dans le système non parlementaire qu'est la monarchie limitée allemande, il est même en position de devenir « l'*ersatz* du parlementarisme défaillant », un « mécanisme d'équilibre, le chaînon manquant »[954].

367. La Prusse n'allait toutefois pas suivre cette voie. La Constitution de 1850, qui consacre le principe monarchique, se garde bien d'établir un quelconque mécanisme de régulation juridictionnelle des conflits : l'intense conflit constitutionnel qui oppose, de 1862 à 1866, le roi à la représentation populaire, est finalement résolu par un recours direct au principe monarchique. Cette conception conservatrice et donc restrictive du constitutionnalisme, qui devait logiquement s'imposer sous l'Empire avec l'hégémonie prussienne, allait geler pour quelques décennies le développement de la régulation juridictionnelle des rapports politiques. Si la question subsista tout de même, notamment autour de la problématique fédérative, elle ne fut véritablement relancée qu'à partir de 1919.

B. AVANCÉES THÉORIQUES ET LIMITES PRATIQUES DE LA RÉGULATION JURIDICTIONNELLE SOUS LA RÉPUBLIQUE DE WEIMAR

368. Quoique la situation politique et constitutionnelle ait été bouleversée en 1918-1919 du fait de l'abandon brutal du modèle de la monarchie limitée au profit de celui de la république démocratique, l'idée d'une régulation juridictionnelle des rapports politiques se développa considérablement avec l'avènement de la République de Weimar, tant au niveau du Reich que des Länder. L'héritage constitutionnel du XIXe siècle, couplé à la crainte d'une fragilité des nouveaux édifices institutionnels, explique sans doute ce regain d'intérêt.

369. La majorité des Länder – douze sur dix-sept – instaurèrent dans leur constitution des cours constitutionnelles, dont les attributions étaient fort variables, et six d'entre eux confiaient explicitement à une cour la compétence pour résoudre les « litiges constitutionnels » (*Verfassungsstreitigkeiten*)[955]. Pour les autres, l'article 19 de la Constitution de Weimar instituait une procédure particulière :

---

[954] O. JOUANJAN, « Le contrôle incident des normes et les contradictions de l'État monarchique en Allemagne (1815-1860) », art. préc., p. 262.

[955] Sur ce point, nous renvoyons une nouvelle fois aux études d'A. LE DIVELLEC, « Les prémices de la justice constitutionnelle en Allemagne avant 1945 », art. préc., pp. 134-137 et d'U. SCHEUNER, art. préc., pp. 47-50.

« [l]es litiges constitutionnels internes à un Land dans lequel aucune juridiction n'est compétente pour les résoudre […] relèvent de la compétence de la Cour de justice d'État pour le Reich allemand, saisie par l'une des parties litigantes, à moins qu'une autre juridiction du Reich ne soit compétente ».

Ainsi, afin de garantir la stabilité institutionnelle au sein des composantes du Reich, les constituants weimariens avaient prévu un mode de règlement juridictionnel des conflits internes aux Länder. En revanche, aucun mécanisme similaire ne fut instauré pour résoudre les conflits entre organes du Reich.

370. Les litiges constitutionnels internes à un Land et dont la résolution fut confiée soit à la cour constitutionnelle du Land s'il en avait une, soit au *Staatsgerichsthof* du Reich, apparaissent récurrents sous Weimar ; le *Staatsgerichtshof* trancha ainsi 92 affaires entre 1920 et 1933[956]. Il faut d'abord noter que devant le silence de la Constitution, il accepta non seulement les saisines des organes constitutionnels (assemblées et gouvernement), ce qui était dans la logique du mécanisme, mais aussi, de manière beaucoup plus originale, de groupes parlementaires et même de partis politiques. Les recours portaient sur des sujets extrêmement variés mais concernaient souvent, logiquement, des actes susceptibles d'affecter l'équilibre institutionnel (convocation du parlement, résolution des assemblées, adoption d'une motion de censure, usage du droit de dissolution). La crise politique et l'utilisation d'ordonnances de nécessité dans les Länder entraîna également un contentieux important, tandis que l'ouverture de la saisine aux partis politiques multiplia les recours sur les lois électorales.

371. Les constituants de 1919 n'avaient pas prévu de procédure analogue au niveau fédéral, laissant au seul jeu politique le soin de régler les conflits. Et on le sait, ceux-ci furent particulièrement nombreux et graves sous la République de Weimar, qui connut une vie politique et constitutionnelle des plus agitées. Ceci dit, la Cour de justice d'État fut parfois amenée à trancher des conflits hautement politiques, notamment entre le Reich et les Länder. La plus célèbre de ces affaires est certainement celle dite du « coup de Prusse » (*Preussenschlag*). Le 20 juillet 1932, le gouvernement von Papen (le « cabinet des barons »), soutenu par le *Reichspräsident* Hindenburg, prit une ordonnance sur le fondement de l'article 48 de la Constitution[957] pour déposer

---

[956] Selon S. HOFFMANN (*Die Rechtsprechung des Staatsgerichtshofs für das Deutsche Reich in der verfassungsgerichtlichen Rezeption nach 1945*, Berlin, Logos, 2005, p. 6).

[957] Art. 48, al. 1er de la Constitution de Weimar (promulguée le 11 août 1919) : « [s]i un Land ne remplit pas les devoirs qui lui incombent en vertu de la Constitution et des lois du Reich, le président du Reich peut l'y contraindre en utilisant la force ». L'alinéa 2 dispose quant à lui que « [l]e président du Reich peut, lorsque la sûreté et l'ordre public sont gravement troublés ou compromis au sein du Reich, prendre les mesures nécessaires à leur rétablissement ; en cas de besoin, il peut recourir à la force. À cette fin, il peut suspendre totalement ou partiellement l'exercice des droits fondamentaux garantis aux articles 114, 115, 117, 118, 123, 124 et 153 ».

le gouvernement social-démocrate de la Prusse, qui saisit alors le *Staatsgerichtshof*, appuyé dans cette démarche par quatre autres Länder. Il s'agissait donc d'un litige de type fédératif, opposant le Reich à un Land, pour lequel la Cour est compétente en vertu de l'article 19 de la Constitution. Celle-ci rendit une décision très mesurée le 25 octobre 1932, qui, sans donner entièrement raison au gouvernement du Reich, ne remit pas en cause l'emploi des pouvoirs spéciaux de l'article 48, ce qui aboutit en pratique à valider le coup de force du cabinet présidentiel. Bien sûr, ce litige, qui constituait un véritable conflit constitutionnel, eut lieu dans un contexte politiquement dramatique, à un moment où la République de Weimar était de toute manière déjà entrée dans une phase de dissolution[958]. Mais quoi qu'il en soit, comme le note Olivier Jouanjan, « [d]ans cette affaire du "Coup prussien" [...] la juridiction constitutionnelle avait sans doute touché concrètement les limites politiques de sa mission »[959].

372. C'est dans ce cadre conflictuel que se déroula la célèbre controverse entre Hans Kelsen et Carl Schmitt sur le thème du gardien de la constitution[960]. Pour Schmitt, la Constitution de Weimar n'est pas un pacte – comme pouvaient l'être les constitutions des monarchies limitées du XIXe siècle – mais la décision politique fondamentale du peuple allemand. Garder la Constitution, c'est donc défendre un choix politique global (« Constitution au sens positif »), et non simplement garantir un contrat passé entre les constituants. Or, selon le juriste allemand, aucun juge n'est doté d'une force suffisante pour cela. De ce fait, s'il ne contestait pas les compétences attribuées au *Staatsgerichtshof*, notamment à l'égard des litiges constitutionnels, Schmitt les considérait comme secondaires, car relatives seulement aux lois constitutionnelles, et insistait plutôt sur le fait que la défense de la « Constitution au sens positif » est une fonction éminemment politique. Dans le contexte politiquement conflictuel de Weimar, confier la garde de la Constitution à des juges était de toute manière intenable en

---

[958] V. O. BEAUD, *Les derniers jours de Weimar. Carl Schmitt face à l'avènement du nazisme*, *op. cit.*, particulièrement pp. 123-181 sur le cas prussien.

[959] O. JOUANJAN, « Aperçu d'une histoire des fonctions de justice constitutionnelle en Allemagne (1815-1933) », art. préc., p. 39.

[960] Sur cette controverse, v. notamment O. BEAUD, P. PASQUINO (dir.), *La controverse sur « le gardien de la Constitution » et la justice constitutionnelle. Kelsen contre Schmitt*, Paris, Éd. Panthéon-Assas, « Colloques », 2007 ; R. BAUMERT, *La découverte du juge constitutionnel, entre science et politique. Les controverses doctrinales sur le contrôle de la constitutionnalité des lois dans les Républiques française et allemande de l'entre-deux-guerres*, *op. cit.*, pp. 509-522 ; P. PASQUINO, « Gardien de la constitution ou justice constitutionnelle ? Carl Schmitt et Hans Kelsen », *in* M. TROPER, L. JAUME (dir.), *1789 et l'invention de la constitution*, Paris, LGDJ, « La pensée juridique moderne », 1994, pp. 143-152 ; S. PAULSON, « Arguments "conceptuels" de Schmitt à l'encontre du contrôle de constitutionnalité et réponse de Kelsen », *in* C.-M. HERRERA (dir.), *Le droit, le politique autour de Max Weber, Hans Kelsen, Carl Schmitt*, Paris, L'Harmattan, 1995, pp. 243-259 ; Chr. GUSY, « Juge constitutionnel et "gardien de la Constitution" », *in* C. GREWE, O. JOUANJAN, É. MAULIN, P. WACHSMANN (dir.), *La notion de « justice constitutionnelle »*, Paris, Dalloz, « Thèmes et commentaires », 2005, pp. 161-172.

pratique ; pour Schmitt, seul le président du Reich était de taille à assumer ce rôle[961].

373. Cette thèse était, on le sait, totalement remise en cause par Kelsen[962]. Les deux auteurs s'accordaient à première vue sur la nécessaire indépendance du gardien, mais Kelsen s'inquiétait de l'impartialité du chef de l'État s'il endossait une telle fonction, d'autant plus que Schmitt donnait assez peu d'arguments en ce sens (son statut et son mode de désignation plébiscitaire). Pour le juriste autrichien, seul un organe juridictionnel, en particulier une cour constitutionnelle, peut être le gardien de la constitution. Contrairement à Schmitt, qui envisage la défense de la constitution à travers les situations d'exception, Kelsen la conçoit comme la mise en œuvre d'une garantie de la conformité des actes juridiques étatiques avec la constitution. Le professeur viennois élude en grande partie la dimension politique du problème mise en avant par Schmitt ; il n'accorde pas non plus d'importance au règlement des litiges entre organes, question pourtant centrale sous Weimar[963].

374. En fait, il paraît désormais évident que les deux hommes ne cherchaient pas à résoudre le même genre de problématique, aussi la controverse sur le gardien de la constitution semble-t-elle parfois prendre des allures de « dialogue de sourds »[964]. Finalement, les deux thèses apparaissent même complémentaires, celle de Kelsen pour les situations normales, dans une optique de régularisation des actes juridiques étatiques, et celle de Schmitt pour les situations d'exception, où, à la manière d'un pouvoir conservateur, il s'agit alors de sauvegarder l'idée même de l'existence politique[965].

375. Il y a cependant un prérequis à l'effectivité de ces doctrines, à savoir la sincérité démocratique du gardien, sachant que le gardien politique est nécessairement plus dangereux que le gardien juridictionnel, ce que la descente aux enfers de la République de Weimar démontra de manière dramatique. C'est dans la prétendue impartialité du président du Reich que

---

[961] C. SCHMITT, *Der Hüter der Verfassung*, *op. cit.*

[962] H. KELSEN, *Qui doit être le gardien de la Constitution ?* (1931), Paris, Michel Houdiard, « Les Sens du droit », 2006.

[963] Il est d'ailleurs révélateur que la Loi constitutionnelle autrichienne de 1920, dont Kelsen fut l'un des rédacteurs, ne contient aucune disposition analogue à celles de la Constitution de Weimar concernant les litiges entre organes.

[964] O. BEAUD, « Kelsen contre Schmitt : un dialogue de sourds ? », *in* O. BEAUD, P. PASQUINO (dir.), *La controverse sur « le gardien de la Constitution » et la justice constitutionnelle. Kelsen contre Schmitt*, Paris, Éd. Panthéon-Assas, « Colloques », 2007, pp. 197-207.

[965] R. CAPITANT l'avait déjà souligné dans son article de 1932 (« le rôle politique du président du Reich », art. préc., pp. 443-444) : « Sauvegarder la Constitution, cela ne signifie pas exercer le contrôle de constitutionalité sur chacune des lois votées, et la réponse qu'adressait récemment M. Hans Kelsen à Carl Schmitt, pour défendre avec toute la conviction d'une paternité spirituelle reconnue, l'institution d'une Cour constitutionnelle, est évidemment sans portée. Il ne s'agit pas de confier au Président l'exercice d'une fonction juridictionnelle, mais bien plutôt de lui demander de parer au coup d'État et de sauver en Allemagne les institutions démocratiques et parlementaires. Pour cela, la constitution lui donne des armes ».

réside le talon d'Achille de la thèse schmittienne, comme le relèvera plus tard Franz Neumann :

> « [...] on ne pouvait [...] pas considérer le président comme le « gardien de la Constitution » ainsi que le souhaitaient les théoriciens antidémocrates. Il n'incarnait pas la démocratie, et était loin d'agir en chef impartial de l'État, dominant les querelles de partis et les intérêts particuliers. Pendant toute la République de Weimar, et spécialement sous Hindenburg, la présidence ne cessa de prendre ouvertement position. Les groupes politiques organisaient et contrôlaient l'élection du président ; il restait lié aux groupes particuliers qui le conseillaient et l'entouraient. Il avait ses préférences et sa propre orientation politique qu'il tentait de réaliser bien au-delà des limites constitutionnelles »[966].

Telle était donc la principale faiblesse sous Weimar de cette idée d'un président-gardien de la constitution. Celle-ci présente toutefois l'intérêt de mettre en exergue les limites de la régulation juridictionnelle en cas de crise politique et constitutionnelle particulièrement grave, une impuissance qui sera manifeste durant les dernières années de la République de Weimar. Après 1945, les constituants allemands voulurent à l'évidence tirer les conséquences de cette expérience en privant le chef de l'État des pouvoirs exceptionnels dont il disposait dans la Constitution de 1919, puis en faisant le choix d'une procédure juridictionnelle de règlement des litiges constitutionnels[967].

---

[966] Fr. NEUMANN, *Béhémot. Structure et pratique du national-socialisme* (1942), Paris, Payot, 1987, p. 41.

[967] Art. 93, al. 1er de la Loi fondamentale pour la République fédérale d'Allemagne du 23 mai 1949 : « [l]a Cour constitutionnelle fédérale statue : 1. sur l'interprétation de la présente Loi fondamentale, à l'occasion de litiges sur l'étendue des droits et obligations d'un organe fédéral suprême ou d'autres parties investies de droits propres, soit par la présente Loi fondamentale, soit par le règlement intérieur d'un organe fédéral suprême [...] ». Avant même l'adoption de la loi fondamentale, plusieurs Länder avaient anticipé la solution retenue par le constituant fédéral en instaurant dans leur texte constitutionnel un tel mécanisme (v. A. LE DIVELLEC, « Des conflits constitutionnels dans un "État constitutionnel" : le mécanisme des "litiges entre organes" devant la Cour constitutionnelle fédérale d'Allemagne », art. préc., pp. 108-112).

CONCLUSION DU CHAPITRE II

376. L'objet de ce chapitre était d'étudier les mutations organiques du pouvoir régulateur au cours du XIXe siècle. En France, l'avènement de la république parlementaire entre 1870 et 1879 conduit à l'adoption d'une structure institutionnelle qui ne diffère guère de celle de la monarchie parlementaire. Toujours est-il que la substitution du monarque héréditaire par un président d'État interroge sur la délimitation du rôle de ce dernier. La place qu'il occupe dans l'organisation institutionnelle est précisément celle d'un monarque parlementaire et les lois constitutionnelles de 1875, si elles ne proposent pas de description de la mission présidentielle, lui attribuent globalement les prérogatives d'un pouvoir régulateur : droit de dissolution, désignation des ministres, droit de grâce. En outre, le président de la République est élu pour un mandat plus long que les députés et bénéficie d'une irresponsabilité héritée de l'inviolabilité royale. Rien d'étonnant alors à ce que les différentes approches du pouvoir présidentiel sous la IIIe République puis lors des débats constituants de 1946 soient peu ou prou calquées sur celles du pouvoir royal, précédemment étudiées. S'il n'est pas un pouvoir neutralisé, le pouvoir présidentiel peut s'apparenter tantôt à un régulateur du parlementarisme, tantôt à un pouvoir conservateur, arbitre entre les partis. Mais en avait-il seulement les moyens ?

377. Dans l'Allemagne weimarienne, la question ne se pose pas de la sorte, car le président du Reich, qui avait été conçu par les constituants de 1919 comme l'élément d'équilibre de leur nouvelle république parlementaire, dispose d'importantes prérogatives, notamment les pouvoirs exceptionnels de l'article 48. Or, selon Carl Schmitt, seul le recours à la doctrine de Benjamin Constant permet d'appréhender convenablement sa mission. Le juriste allemand entreprend donc de transposer l'idée d'un pouvoir neutre et régulateur au chef de l'État weimarien, qui devient le gardien de la Constitution. Mais Schmitt n'hésite pas à déformer et à instrumentaliser la théorie constantienne afin de justifier sa thèse. En fait, la mission essentielle du gardien de la Constitution schmittien consiste en la sauvegarde de l'existence même de l'État ; il s'apparente donc bien davantage à une forme spécifique de pouvoir conservateur qu'à un pouvoir régulateur.

378. Finalement, les constituants français de 1958 devaient involontairement réaliser une synthèse de toutes ces difficultés. La volonté manifestée dès 1946 par de Gaulle d'instaurer un arbitrage national au-dessus des partis, véritable pouvoir modérateur de la république, traduit à la fois la volonté d'équilibrer le régime parlementaire rénové et celle d'assurer la sauvegarde de certains fondements existentiels de l'État. S'il est clair que le général n'avait pas, du moins avant son accession à la magistrature suprême, de vues totalement abouties sur le sujet, la figure du chef de l'État qu'il esquisse à Bayeux est celle d'un pouvoir conservateur, arbitre des partis et des intérêts sociaux. Ce n'est que lors des débats constituants qu'il est en quelque sorte « déguisé » en pouvoir régulateur, non sans équivoques, avant de rapidement retrouver sa véritable nature dans la pratique. Il n'empêche que la relecture de la formule de la séparation des pouvoirs réalisée en 1958 permet d'engager une réflexion sur la nature du pouvoir régulateur, envisagé comme une nouvelle fonction juridique de l'État, interne à la sphère institutionnelle et nécessaire à l'équilibre des pouvoirs.

379. Lorsqu'elle est présentée dans l'entre-deux-guerres, la thèse schmittienne du président-gardien politique de la Constitution – qui connaît des échos sous la Ve République – constitue aussi une rupture avec la tradition germanique de la régulation juridictionnelle des rapports entre organes constitutionnels, qui prend racine outre-Rhin dès le début du XIXe siècle. À cette période, plusieurs constitutions d'États allemands confient à des juges le soin de trancher certains conflits de nature politique ou constitutionnelle. Les Allemands, qui étaient eux aussi confrontés à la problématique de l'équilibre entre les pouvoirs, s'engageaient ainsi dans une voie originale par rapport à celles envisagées dans les systèmes institutionnels des États à l'origine du constitutionnalisme révolutionnaire moderne. Il faut dire que leur constitutionnalisme présentait alors deux spécificités qui tendent à le distinguer nettement de ses homologues anglais, américain et français : d'une part, la constitution est davantage conçue comme une norme que comme une machine, et d'autre part, le modèle allemand de la monarchie limitée repose sur le principe monarchique ; la problématique du détenteur de la souveraineté (peuple ou monarque) apparaît donc insoluble. Surtout, le prince demeure un acteur majeur du jeu politique : il est inconcevable de le réduire à un rôle de régulateur. En conséquence, l'approche germanique devait plutôt privilégier la solution originale d'une régulation juridictionnelle des conflits politiques, consacrée au cours du XIXe siècle par l'instauration dans plusieurs constitutions d'États de mécanismes arbitraux de règlement des conflits entre organes.

380. L'idée se développe considérablement sous Weimar, notamment au niveau du Reich, puisque la Constitution de 1919 instaure pour la première fois une « Cour de justice d'État pour le Reich allemand », compétente pour trancher les litiges fédératifs ainsi que les conflits constitutionnels internes à un Land. Les constituants n'avaient toutefois pas prévu de procédure analogue au niveau du Reich, laissant le soin au jeu politique de régler les litiges entre les pouvoirs fédéraux. Mais le fonctionnement chaotique de la République de Weimar, confrontée à des crises politiques et constitutionnelles d'une extrême gravité, allait très rapidement exposer les limites politiques de la régulation juridictionnelle, parfaitement visibles dans l'affaire dite du « Coup de Prusse ». C'est dans ce contexte mouvementé qu'eut lieu la controverse entre Carl Schmitt et Hans Kelsen sur le gardien de la Constitution. Pour le premier, il ne pouvait s'agir que du président du Reich, seule entité à même de trancher des conflits éminemment politiques lorsqu'il s'agit de préserver l'existence même de l'État, ce dont un juge se montrerait incapable. Pour le second, c'est au contraire au juge constitutionnel d'exercer ce rôle, car la prétendue neutralité du président du Reich, à l'instar de celle des rois sous la Restauration et Juillet, n'est qu'une chimère. En réalité, si les critiques sonnent souvent juste, les deux thèses apparaissent finalement complémentaires et laissent entrevoir une dichotomie à la fois organique et fonctionnelle entre la régulation politique et la régulation juridictionnelle.

Conclusion du Titre second

381. Dans ce titre, nous avons pu constater la polymorphie du quatrième pouvoir, qui est loin de se limiter à la seule théorie de Benjamin Constant. Sous le terme ambivalent de pouvoir modérateur se regroupent en effet des modèles et réalités très divers et parfois même antagonistes.

382. En France, sous la Restauration puis la Monarchie de Juillet, les nombreuses théories du pouvoir royal peuvent se résumer à deux approches radicalement différentes. Les libéraux tendent ainsi à décrire le monarque comme un régulateur, cantonné dans sa mission à la sphère institutionnelle, où il est seulement chargé de maintenir l'équilibre entre les pouvoirs. Cependant, s'il poursuit les mêmes finalités que le pouvoir neutre constantien, ce pouvoir de régulation constitutionnelle s'en éloigne tout autant, parce qu'il n'est pas incompatible avec une participation active du pouvoir royal au gouvernement. L'institution monarchique apparaît alors comme une sorte de dualité variant au gré des circonstances, tantôt autorité neutre et régulatrice, tantôt pouvoir actif et chef de l'Exécutif. Cette approche du pouvoir royal se retrouve particulièrement chez Jean-Denis Lanjuinais. À l'inverse, les approches du pouvoir royal en termes de pouvoir conservateur poursuivent des fins radicalement différentes, puisque le monarque, loin d'être réduit à un rôle purement institutionnel, y prend les traits d'une autorité tutélaire et gouvernante, chargée d'arbitrer les conflits politiques afin de préserver l'ordre social post-révolutionnaire. Il s'agit notamment de la position des doctrinaires tels Royer-Collard durant la Restauration puis Fonfrède sous la Monarchie de Juillet. Pour autant, les Chartes ne consacreront aucune définition précise du pouvoir royal, tandis que la pratique constitutionnelle des rois actera leur rôle actif au sein du gouvernement, les conduisant finalement à leur perte.

383. À rebours de la France, les pays lusophones – dans la Constitution brésilienne de 1826 et la Charte portugaise de 1826 – devaient au contraire offrir une consécration juridique au pouvoir modérateur du monarque, réalisant un curieux amalgame des idées françaises sur le sujet. En effet, tant dans ses approches théoriques que dans sa pratique, leur pouvoir modérateur paraît continuellement tiraillé entre les modèles antagonistes du pouvoir conservateur et du pouvoir régulateur. À cette période, la Belgique connaît semblable équivoque quant à son chef de l'État, car après avoir offert une magnifique tribune aux théories françaises les plus libérales lors des débats constituants de 1830, c'est finalement la figure de plus en plus atténuée d'un pouvoir conservateur qui ressurgit dans la pratique du régime.

384. Quoi qu'il en soit, force est de constater l'échec pratique du quatrième pouvoir royal, que celui-ci prenne les traits d'un pouvoir conservateur ou d'un régulateur institutionnel ; ne serait-il alors qu'une chimère constitutionnelle ? On peut toutefois se demander si le jeu n'était pas faussé dès le départ. François Saint-Bonnet a ainsi parfaitement exposé les difficultés qu'il y avait à *engendrer* – une figure d'incarnation nationale – et non à *créer* – un pouvoir actif – lors de la désignation du chef de l'État. En ce sens, le ralliement de Constant à la monarchie héréditaire est d'abord celui à une technique constitutionnelle qui permet, selon lui, l'*engendrement* d'un pouvoir naturellement neutre car désigné par l'histoire et la continuité dynastique, à rebours d'un chef de l'État républicain élu, individu ordinaire. Pour autant, c'est une situation de concurrence entre dynasties qui se présente en France en 1814-1815 puis en 1830. La sélection entre un Bourbon, un Orléans ou un Bonaparte ne peut par conséquent être considérée comme un choix purement technique ; c'est un choix partisan, une désignation qui certes ne passe pas par le suffrage mais demeure pleinement politique[968]. C'est ainsi que Léopold de Saxe-Cobourg, prince étranger, est élu roi des Belges par le Congrès national en 1830. La situation au Brésil et au Portugal, connus pour leurs vies politiques mouvementées et marquées par les luttes entre prétendants au trône, n'est guère plus enviable. La justification première de la monarchie, à savoir sa supposée neutralité, était balayée, ouvrant la voie à des tentatives de transposition organique du pouvoir régulateur.

385. Avec l'émergence du parlementarisme républicain en France à partir de 1870, le président de la République devient assez naturellement le réceptacle des théories du quatrième pouvoir royal. Le pouvoir présidentiel peut ainsi devenir le régulateur d'un parlementarisme défaillant ou plutôt être appréhendé à travers le prisme de la notion d'arbitre, non un arbitre formel, mais un arbitre politique, entre les partis, voire un arbitre social. Ce pouvoir conservateur du chef de l'État n'incarnerait-il pas alors une sorte de « cicérone » de la République ? On peut le penser à la lumière de la permanence de cette recherche d'un quatrième pouvoir présidentiel, tant lors des débats constituants de 1946 qu'en 1958, où l'arbitre institutionnel défini dans la Constitution deviendra dans la pratique gaullienne du pouvoir le « guide » de la nation ; nous y reviendrons. La porosité manifeste entre le pouvoir conservateur et le pouvoir régulateur ressort tout aussi nettement de l'interprétation schmittienne de la fonction présidentielle sous la République de Weimar. Carl Schmitt a en effet recours à la théorie du pouvoir neutre de Benjamin Constant afin de légitimer sa thèse d'un gardien politique de la Constitution. Chargé de sauvegarder l'existence même de l'État, sa mission s'apparente en réalité bien davantage à celle d'un type particulier de pouvoir

---

[968] V. Fr. SAINT-BONNET, « *Genitum, non factum*. La désignation du chef de l'État (1799-1815) », *in* A.-M. LE POURHIET (dir.), *La désignation du chef de l'État. Regards croisés dans le temps et l'espace*, Clermont-Ferrand, Fondation Varenne et LGDJ, « Colloques et essais », 2012, en particulier pp. 32-37.

conservateur, déguisé sous les traits d'un pouvoir régulateur. La thèse de Schmitt s'oppose aussi frontalement à celle d'un gardien juridictionnel, et donc d'une régulation essentiellement juridictionnelle, une solution très développée par les Allemands depuis le début du XIXe siècle afin de répondre aux spécificités de leur constitutionnalisme. À ce sujet, la fin de la période weimarienne, marquée par la décomposition rapide de la République allemande, présente l'intérêt d'opposer régulation politique et régulation juridictionnelle tout en exposant au grand jour leurs faiblesses respectives. La régulation juridictionnelle présente une limite fonctionnelle certaine, puisqu'elle se montre incapable de résoudre les crises politiques les plus graves. À l'inverse, l'effectivité de la régulation politique du président apparaît menacée par une faiblesse organique puisqu'elle est conditionnée à l'impartialité du régulateur. Cette étude historique terminée, nous pouvons donc d'ores et déjà distinguer la régulation politique du chef de l'État de la régulation juridictionnelle d'un organe juridictionnel.

Conclusion de la Première partie

386. L'idée du pouvoir régulateur apparaît à la fin du XVIIIe siècle comme une conséquence imprévue du constitutionnalisme révolutionnaire moderne. Celui-ci renvoie principalement au principe de la séparation des pouvoirs théorisé par Montesquieu et va de pair avec l'émergence d'une conception mécaniste de la constitution, alors comprise comme un ensemble d'institutions politiques en interaction. Selon cette doctrine, on pourrait fabriquer une constitution comme on concevrait une machine automatique, c'est-à-dire capable de s'équilibrer et de fonctionner par elle-même. C'est typiquement la logique des freins et contrepoids – *checks and balances* – dans la Constitution américaine de 1787, souvent comparée à une mécanique autorégulée.

387. En France, en revanche, les échecs successifs des constitutions révolutionnaires, copies imparfaites de l'œuvre des Pères fondateurs américains, démontrèrent très vite la nécessité d'ajouter une pièce à la machine constitutionnelle, un *régulateur* à même de rétablir l'équilibre entre les pouvoirs et de prévenir ou régler leurs conflits et dissensions. De multiples projets de tierce-instance régulatrice, tel le jury constitutionnaire présenté par Sieyès en l'an III, virent le jour au cours des féconds débats constitutionnels de la Révolution, sans cependant connaître de concrétisation.

388. C'est assurément sous la plume de Benjamin Constant et sa doctrine du pouvoir « neutre » ou « préservateur » que l'idée connut son accomplissement théorique. L'originalité du projet de Constant est double. D'une part, converti au monarchisme en 1814, il transféra le pouvoir régulateur d'une assemblée *ad hoc* au roi qui, doté de prérogatives régulatrices – dissolution, nomination et révocation des ministres, droit de grâce… –, est placé en dehors du gouvernement. D'autre part, la caractéristique organique essentielle de ce nouveau pouvoir est la neutralité. Celle-ci s'exprime vis-à-vis de la société – l'action du pouvoir « neutre » est strictement cantonnée à la sphère institutionnelle – et par rapport aux partis et aux intérêts – le pouvoir « neutre » ne doit avoir d'intérêt qu'au maintien de l'équilibre entre les pouvoirs et à la prévention de leurs dissensions. Benjamin Constant répondait de la sorte à l'objection classique *quis custodiet ipsos custodes ?* Qui gardera les gardiens ?

389. Emblématique, la doctrine constantienne du pouvoir neutre ne connut pourtant pas de consécration pratique en France sous la Restauration et la Monarchie de Juillet, d'autant plus qu'elle subit les interférences de conceptions concurrentes du pouvoir royal, envisagé comme un quatrième pouvoir distinct du triptyque traditionnel de Montesquieu. Premièrement, il est possible de l'envisager, avec les libéraux, comme un pouvoir régulateur, cantonné dans cette mission à la sphère institutionnelle, où il est uniquement chargé de garantir l'équilibre entre les pouvoirs et le bon fonctionnement de la machine étatique. Toutefois, à l'exception de Charles Dunoyer, les tenants de cette conception, tel Lanjuinais, s'éloignent généralement de la position de Constant en ce qu'ils perçoivent dans le pouvoir royal une sorte de dualité ; tantôt neutre et régulateur, tantôt chef de l'Exécutif, leur monarque n'est pas nécessairement exclu du gouvernement, contrairement au pouvoir neutre constantien. Secondement, le pouvoir royal peut aussi être envisagé comme un pouvoir conservateur, gardien d'un ordre social et arbitre des intérêts, qui, loin de se cantonner à la sphère institutionnelle, doit assurer la direction effective du gouvernement pour mener à bien sa mission ; il s'agit de la vision des libéraux-conservateurs et doctrinaires tels Royer-Collard et Fonfrède.

390. Cette polymorphie du quatrième pouvoir est exprimée par la formule ambivalente du pouvoir modérateur, sous laquelle se regroupent ces approches différentes voire clairement antagonistes du pouvoir royal. Avec l'avènement de la République parlementaire en France puis en Allemagne, c'est le président d'État qui devint le nouveau réceptacle du pouvoir modérateur, tantôt envisagé comme le régulateur d'un parlementarisme potentiellement défaillant, tantôt comme un arbitre des intérêts qui, loin de se cantonner à la sphère institutionnelle, doit trancher les conflits sociaux et partisans en sa qualité de garant de l'intérêt général.

391. L'ambiguïté susmentionnée est présente dans la thèse du gardien de la Constitution de Carl Schmitt. Si le juriste allemand affirmait s'être inspiré de la doctrine constantienne du pouvoir neutre et régulateur pour théoriser le rôle du *Reichspräsident* de la République de Weimar, on constate vite que le gardien schmittien correspond bien davantage à un pouvoir conservateur chargé de protéger l'État dans son existence même. De la même façon, il apparaît clairement que la présidence de la Ve République française a été conçue en 1958 comme un pouvoir modérateur. Mais c'est là que se trouve la principale cause de son indétermination structurelle. Si le pouvoir présidentiel n'est pas de même nature que celui exercé par les autres organes de la République, est-il un pouvoir régulateur, extérieur au gouvernement car seulement chargé de garantir le bon fonctionnement du parlementarisme rénové, ou un pouvoir conservateur, arbitre des intérêts et des partis ? La pratique gaullienne des institutions trancha manifestement en faveur de la seconde option, sans toutefois lever tous les doutes sur le sujet.

392. En parallèle, les Allemands, qui étaient eux aussi confrontés à la problématique de l'équilibre entre les pouvoirs, développèrent un mode original de régulation juridictionnelle des rapports entre les organes constitutionnels qui prit racine outre-Rhin dès le début du XIXe siècle. Il faut dire que leur modèle de monarchie limitée, qui reposait fondamentalement sur le principe monarchique, excluait toute possibilité de réduire le chef de l'État (le prince) à un rôle purement régulateur entre les pouvoirs actifs. En conséquence, l'approche germanique devait plutôt passer par l'instauration de mécanismes juridictionnels de règlement des litiges politiques ou constitutionnels entre organes, dans les Länder puis au niveau du Reich. L'avantage d'une telle solution est que le juge bénéficie d'une présomption d'impartialité et qu'il est par nature extérieur aux pouvoirs exécutif et législatif. Bref, il n'est pas partie du jeu politique et ne participe pas à la fonction gouvernementale.

393. Historiquement, on peut donc envisager deux types de pouvoir régulateur : un organe politique, le chef de l'État, et un organe juridictionnel, la juridiction constitutionnelle. Partant, il est d'ores et déjà possible de distinguer une régulation politique et une régulation juridictionnelle du régime politique. Nous verrons que cette dichotomie de la régulation institutionnelle structure les représentations contemporaines du pouvoir régulateur en droit constitutionnel.

SECONDE PARTIE
LES MANIFESTATIONS INSTITUTIONNELLES CONTEMPORAINES DU POUVOIR RÉGULATEUR

394. En droit constitutionnel, le mot « pouvoir » est bivalent puisqu'il renvoie à la fois à une fonction juridique de l'État et à l'organe chargé d'exercer cette fonction. Ainsi l'expression « pouvoir régulateur » désigne-t-elle *et* une fonction de régulation du régime politique, *et* l'organe titulaire de cette fonction au sein du régime politique. Or, on affirme généralement que « la fonction crée l'organe » et que c'est selon le rôle que l'on entend faire jouer à un organe que l'on détermine sa nature et ses traits caractéristiques. Autrement dit, c'est à l'aune de la fonction de régulation que se construit l'organe régulateur.

395. Il s'agit donc d'abord de savoir quelle est la mission du pouvoir régulateur dans le régime politique pour ensuite en déduire ses principaux attributs organiques. En tout état de cause, le pouvoir régulateur est celui qui est chargé d'exercer la régulation du régime politique. Cette régulation du régime politique, principal fondement contemporain du pouvoir régulateur, représente un phénomène constitutionnel à part entière (**Titre premier**). Elle évoque immédiatement la figure du tiers régulateur car elle suppose qu'il existe au moins une instance de régulation placée au cœur du jeu institutionnel mais capable, par sa position d'extériorité par rapport aux acteurs politiques et à leurs intérêts propres, d'assurer le fonctionnement cohérent et régulier du régime politique (**Titre second**).

TITRE PREMIER
LA RÉGULATION DU RÉGIME POLITIQUE, OBJET DU POUVOIR RÉGULATEUR

396. Selon l'Académie française, est *régulateur* ce « [q]ui assure la *régulation* d'un système, d'un phénomène, d'une activité »[969]. Par transposition au droit constitutionnel, le pouvoir *régulateur* serait celui qui assure la *régulation* de l'activité des pouvoirs publics ou plus largement de leur mode d'organisation et de leurs relations mutuelles au sein de la sphère étatique : le régime politique.

397. Fondement contemporain du pouvoir régulateur, la régulation apparaît comme « un terme polysémique et multifonctionnel »[970]. On aurait pourtant tort de la présenter comme un « non-concept » – la régulation recouvre une réalité autonome du phénomène constitutionnel – ou un « faux-concept » – elle n'est pas issue d'une construction purement artificielle[971]. En dépit des apparences, la régulation présente une véritable cohérence et il revient alors aux constitutionnalistes, « confrontés au défi d'en déterminer le champ sémantique dans le domaine du droit [...] d'établir si, au mot, peut correspondre une notion juridique nouvelle pour exprimer des rapports que les catégories existantes ne permettent plus de saisir »[972]. La principale difficulté de la démarche réside dans l'utilisation essentiellement métaphorique de l'idée de régulation en droit constitutionnel, qui repose sur des définitions extra-juridiques issues d'autres champs disciplinaires voire du langage courant. Or « [l]a science juridique ne peut se contenter des usages profanes du mot régulation pour élaborer une notion juridique »[973]. Elle doit au contraire baser son approche sur l'analyse des dispositions juridiques et des pratiques observables en la matière pour déterminer dans quelle mesure l'idée de régulation désigne une réalité concrète du droit constitutionnel, productrice

---

969 V° « Régulateur, -trice » *in Dictionnaire de l'Académie française*, 9e éd. ; nous soulignons.

970 P.-L. FRIER, « La régulation comme fonction : propos introductifs », *in* G. MARCOU, Fr. MODERNE (dir.), *Droit de la régulation, service public et intégration régionale*, Paris, L'Harmattan, « Logiques juridiques », 2005, t. 1, p. 69.

971 G. TIMSIT, « La régulation. La notion et le phénomène », *RFAP*, 2004/1 n° 109, p. 5.

972 G. MARCOU, « La notion juridique de régulation », *AJDA*, 2006/7, p. 347.

973 G. MARCOU, « Régulation et service public. Les enseignements du droit comparé », *in* G. MARCOU, Fr. MODERNE (dir.), *Droit de la régulation, service public et intégration régionale*, Paris, L'Harmattan, « Logiques juridiques », 2005, t. 1, p. 12.

d'effets juridiques tangibles sur le plan des rapports entre les institutions politiques et des actes juridiques qui en sont la manifestation.

398. Il ressort de l'usage doctrinal de l'idée de régulation une diversité qui témoigne d'un réel désordre conceptuel. Aussi apparaît-il nécessaire d'établir la cohérence de la régulation en tant que notion juridique efficiente[974]. Cela implique de dépasser ses significations courantes afin de cerner son rôle fondamental en droit constitutionnel (**Chapitre I**). Dans ce cadre, l'analyse met en évidence que la régulation du régime politique peut être appréhendée comme une fonction juridique spécifique, exercée par un organe régulateur au sein de la sphère étatique (**Chapitre II**).

Chapitre I. L'idée de régulation en droit constitutionnel

Chapitre II. La régulation du régime politique, une fonction constitutionnelle

[974] « L'opposition entre notion et concept apparaît d'emblée relative, l'usage peu fixé, dans la mesure où la question même de l'intérêt de leur distinction n'est pas tranchée. On emploiera indistinctement l'un comme l'autre pour désigner toute forme d'abstraction, de représentation mentale, sans que cela brouille le message » (X. BIOY, « Notions et concepts en droit : interrogations sur l'intérêt d'une distinction… », *in* G. TUSSEAU (dir.), *Les notions juridiques*, Paris, Economica, « Études juridiques », 2009, p. 22).

CHAPITRE I
L'IDÉE DE RÉGULATION EN DROIT CONSTITUTIONNEL

399. « Difficile d'échapper à la régulation »[975]. En dépit des divergences sur ce qu'elle recouvre comme sur la place qu'il convient de lui accorder, l'idée a totalement investi le champ juridique, y compris en droit constitutionnel. Cependant, son usage suscite généralement un certain scepticisme, car plusieurs points déterminants à son sujet demeurent en suspens.

400. En premier lieu, la question de la consistance exacte de l'idée de régulation dans le droit constitutionnel contemporain et, par là, de l'intérêt que le constitutionnaliste peut trouver à s'en servir, doit être posée. En effet, il est ardu de vouloir déceler dans les textes fondamentaux une définition de la régulation. De la plupart des constitutions se dégagent pourtant des références directes à la régulation, dont l'interprétation n'est pas toujours évidente. L'absence de définition par le droit positif conduit alors à s'interroger sur une définition doctrinale de la régulation. Or, en la matière, il existe « [d]eux positions extrêmes : pour l'une, tout est régulation ; pour l'autre, rien n'en relève »[976]. Pour ne pas « clore le débat avant même de l'avoir entamé »[977], le juriste se doit de dépasser cette antinomie afin d'emprunter une voie médiane.

401. En second lieu, la doctrine publiciste rencontre également des difficultés lorsqu'il s'agit de déterminer la structure de chacun des objets qui composent la régulation. La profusion de significations à laquelle renvoie désormais ce terme explique largement ces complications. Pour que la régulation ne devienne pas l'un de ces mots « fourre-tout » au contenu vague et incertain, un simple « gadget »[978] du droit constitutionnel, il importe d'identifier et d'analyser son objet, son environnement et ses modalités d'exercice.

---

[975] M. COLLET, « Valeur(s) de la régulation », *in Mélanges en l'honneur de Jacqueline Morand-Deviller. Confluences*, Paris, Montchrestien, 2007, p. 241.

[976] « Deux positions contestables l'une et l'autre : l'une, parce qu'elle nie toute réalité – la régulation existe, vous l'avez rencontrée ; la seconde, parce qu'elle n'est d'aucune utilité – à quoi servirait en effet de regrouper sous une même dénomination des objets hétérogènes si c'est seulement pour en décrire les fonctions communes de manière si vague que l'on n'en pourrait finalement tirer aucune conclusion théorique ni pratique […] » (v. G. TIMSIT, « Normativité et régulation », *CCC*, 2006, n° 21, p. 84 ; *id.*, « Régulation et théorie du droit », *in* G. MARCOU, Fr. MODERNE (dir.), *Droit de la régulation, service public et intégration régionale*, Paris, L'Harmattan, « Logiques juridiques », 2005, t. 1, p. 249).

[977] G. TIMSIT, « Normativité et régulation », art. préc., p. 84.

[978] J. CHEVALLIER, « L'État régulateur », *RFAP*, 2004/3 n° 111, p. 474.

402. On voudrait ici démontrer l'effectivité et, partant, l'utilité de l'idée de régulation en droit constitutionnel. Il est pour cela nécessaire de « rompre avec la régulation comme notion "passe-partout" et de la travailler comme concept [...] »[979] efficient. Son établissement en tant qu'instrument juridique à part entière implique d'aller au-delà de l'impression d'hétérogénéité qui ressort de ses emplois par la doctrine, seulement fondés sur des références extra-juridiques (**Section 1**). La régulation acquiert ainsi une véritable consistance et une signification propre en droit constitutionnel, mais encore faut-il y distinguer son champ d'application, dont la représentation doctrinale paraît relativement mal articulée (**Section 2**).

SECTION 1. L'IDENTIFICATION MALAISÉE DE L'IDÉE DE RÉGULATION EN DROIT CONSTITUTIONNEL

403. Une étude généalogique des usages de l'idée de régulation en droit constitutionnel révèle l'existence de deux approches distinctes. En effet, la régulation a d'abord été appréhendée par référence exclusive au concept de régulateur. Ceci n'est pas surprenant car l'usage juridique du vocable « régulateur » est très largement antérieur à celui du terme « régulation ». Toutefois, si le nom et l'adjectif « régulateur » sont employés dès la fin du XVIIIe siècle par les constitutionnalistes, c'est la doctrine contemporaine qui va attribuer les significations courantes de ceux-ci, à savoir ce qui règle ou ce qui régularise, à la régulation. Par la suite, une autre approche de la régulation va émerger en droit constitutionnel, fondée sur sa définition dans les disciplines extra-juridiques, scientifiques et techniques. Cette nouvelle conception marque l'autonomisation définitive de l'idée de régulation dans le domaine juridique.

404. La coexistence de ces deux démarches, qui présentent de profondes divergences l'une avec l'autre, constitue cependant un frein à la reconnaissance de la régulation en tant que notion juridique. La première s'appuie sur un présupposé, celui de la dépendance de l'idée de régulation au concept de régulateur. Cela n'apparaît guère étonnant : comme l'écrivait Michel Troper, « [l]a difficulté [...] est [...] qu'un même concept peut être désigné par plusieurs termes différents et qu'un même mot peut servir à désigner plusieurs concepts. Or, le concept n'est pas directement accessible et

---

[979] J. COMMAILLE, Br. JOBERT, « La régulation politique : l'émergence d'un nouveau régime de connaissance ? », *in id.*, (dir.), *Les métamorphoses de la régulation politique*, Paris, LGDJ, « Droit et société », vol. 24, 1998, p. 14.

on doit nécessairement tenter de le saisir dans le langage »[980]. Quoi qu'il en soit, l'identification de la régulation aux significations courantes du concept de régulateur conduit à assimiler celle-ci à d'autres notions du droit constitutionnel ; dans ce cadre, elle ne constitue pas un concept autonome et perd tout intérêt. Il convient dès lors de constater que cette première approche de la régulation relève d'un égarement conceptuel (§ I). Ensuite, la seconde approche, qui ne sera adoptée que tardivement par la doctrine sans remplacer totalement la première, peut renvoyer à des éléments de définition hétérogènes, introduisant de nouvelles difficultés. Pour autant, elle présente le grand mérite d'émanciper l'idée de régulation en droit constitutionnel (§ II).

§ I. UNE CONFUSION RÉPANDUE : L'AMALGAME DES CONCEPTS DE RÉGULATION ET DE RÉGULATEUR

405. L'appréhension doctrinale classique de l'idée de régulation repose sur un présupposé, à savoir la concordance des termes « régulation » et « régulateur », ce dernier étant d'usage plus ancien. Cette perspective conduit à expliquer l'idée de régulation en se référant exclusivement à la définition du nom ou de l'adjectif « régulateur ». Il apparaît même que c'est par ce biais que la régulation a trouvé ses premiers usages dans la doctrine constitutionnaliste française[981]. Cela n'est toutefois pas sans poser difficulté, car le concept de régulateur, qui réfère aux notions établies de réglementation ou de régularisation, n'est pas source de clarté pour le droit constitutionnel. Son usage est même problématique, particulièrement si ses acceptions servent de fondement à une tentative de définition de la régulation (A). En ce sens, la position d'une partie de la doctrine sur les juridictions constitutionnelles constitue une parfaite illustration de la confusion. En effet, si le juge constitutionnel est parfois qualifié de « régulateur », en référence à la fonction de régularisation des normes législatives qu'il exerce, cette qualification dérive souvent en « régulation », non sans poser difficulté, car cela revient à assimiler la régulation à la régularisation (B) et, partant, à lui dénier toute autonomie conceptuelle – donc tout intérêt – en droit constitutionnel.

---

[980] M. TROPER, « Libre administration et théorie générale du droit. Le concept de libre administration », *in* J. MOREAU, G. DARCY (dir.), *La libre administration des collectivités locales. Réflexions sur la décentralisation*, Paris, Economica-PUAM, « Droit public positif », 1984, p. 56.
[981] En particulier à travers l'article de L. FAVOREU, « Le Conseil constitutionnel régulateur de l'activité normative des pouvoirs publics », *RDP*, 1967, pp. 5-120.

A. L'ORIGINE DE LA CONFUSION : LE RECOURS AU CONCEPT DE RÉGULATEUR EN DROIT CONSTITUTIONNEL

406. Puisque l'idée de régulation en droit constitutionnel continue d'être identifiée par toute une partie de la doctrine au concept de régulateur, il convient de s'interroger sur la pertinence d'une telle approche. Une tentative de définition de la régulation à partir des usages juridiques originels – notamment doctrinaux – du concept de régulateur se heurte en effet à un obstacle majeur. Celui-ci réside dans le recours souvent superflu à ce concept, qui fait désormais double emploi avec des notions juridiques bien établies, en l'occurrence la réglementation ou la régularisation. Ainsi le vocable « régulateur » est-il employé par quelques auteurs majeurs de la doctrine classique dans ses acceptions courantes, à savoir en référence à l'idée de règle, à ce qui règle (1°). Dès lors, la démarche qui consiste à se baser sur le concept de régulateur pour définir juridiquement la régulation ne peut convenir, car elle fait perdre toute utilité à l'idée de régulation en ne la distinguant pas des notions juridiques de réglementation ou de régularisation (2°).

1°) Un recours superflu : l'exemple de l'usage du concept de régulateur par la doctrine publiciste classique

407. Le vocable « régulateur » apparaît très régulièrement dans les travaux de Raymond Carré de Malberg, où il renvoie à « l'idée de règle ». Ainsi en est-il de la loi, qui, « selon la doctrine généralement admise, implique essentiellement l'idée de règle ; ce qui distingue la loi de tout autre acte d'autorité, c'est son caractère *régulateur* »[982]. L'adjectif « régulateur » – ou son féminin « régulatrice » – est ici employé dans un sens assez similaire à celui de « réglementaire », c'est-à-dire que l'action régulatrice est celle qui est productrice de règles de droit. En ce sens, le Conseil fédéral suisse dispose d'une « compétence régulatrice » qui s'analyse comme une « compétence propre et initiale de réglementation »[983], tandis qu'en France, « le pouvoir régulateur […] appartient normalement aux ministres »[984], bien que « la puissance régulatrice » y soit naturellement exercée « par le chef général de l'administration, c'est-à-dire par le Président de la République, en forme de décrets »[985]. De manière encore plus explicite, Carré de Malberg décrit expressément « l'ordre juridique régulateur » comme étant celui « créateur de

---

[982] R. CARRÉ DE MALBERG, *Contribution à la théorie générale de l'État spécialement d'après les données fournies par le Droit constitutionnel français*, Paris, Recueil Sirey, 1920-1922, t. 1, p. 274. Nous soulignons. Dans le même sens, v. aussi *ibid.*, p. 288.

[983] *Ibid.*, p. 581, n. 5.

[984] *Ibid.*, p. 669, n. 22.

[985] *Ibid.*, pp. 671-672. Dans le même sens, v. aussi *id.*, *La loi, expression de la volonté générale. Études sur le concept de la loi dans la Constitution de 1875*, Paris, Recueil Sirey, 1931, p. 60.

règles »[986] et au sein duquel la loi, elle-même dotée d'un « pouvoir régulateur »[987], occupe une place centrale. Le parlement devient alors, en tant que titulaire du pouvoir législatif, « le régulateur des compétences matérielles de l'autorité administrative : la Constitution lui remet le soin de fixer législativement, dans ses rapports avec l'Exécutif, la sphère d'intervention et d'action respectives de la loi et du règlement »[988]. Le concept de régulateur ne trouve donc pas de définition claire chez Carré de Malberg. On peut toutefois noter qu'il se caractérise par la référence à la normativité, autrement dit à la création de règles de droit.

408. Une signification assez semblable peut être relevée dans l'œuvre d'Adhémar Esmein. Selon le professeur français, « le pouvoir législatif [a] pris une importance prépondérante et toujours croissante parmi les attributs de la souveraineté : c'est par lui qu'elle se limite elle-même et s'endigue en quelque sorte ; c'est le *régulateur* de l'État »[989]. De même, il écrit plus loin que le pouvoir législatif endosse le rôle de « véritable régulateur de la souveraineté »[990] et que « par les lois qu'il fait, il est le régulateur de tous les autres »[991] pouvoirs. L'idée de domination, de direction, s'applique également ici : est régulateur ce qui dirige, met en ordre. Pour Esmein, le pouvoir législatif est régulateur parce qu'il occupe une place prépondérante face aux deux autres pouvoirs, au vu de sa capacité à produire des règles de droit qui s'imposent à eux.

409. Enfin, on retrouve très ponctuellement le terme « régulateur » sous la plume de Léon Duguit, qui l'emploie dans un sens tout à fait différent de celui retenu par Carré de Malberg. Par exemple, l'influence de Hegel est qualifiée de « *régulatrice* de la doctrine juridique allemande »[992], ce qui renvoie plutôt à un caractère prépondérant ou déterminant, qui vient régler, cadencer, ordonner.

410. Dès lors, il apparaît clairement que ces rares usages du terme « régulateur » dans la doctrine constitutionnelle classique ne poursuivaient qu'un but essentiellement métaphorique, reproduisant presque à l'identique

---

[986] R. CARRÉ DE MALBERG, *Confrontation de la théorie de la formation du droit par degrés avec les idées et les institutions consacrées par le droit positif français relativement à sa formation*, Paris, Recueil Sirey, 1933, p. 105.
[987] R. CARRÉ DE MALBERG, *La loi, expression de la volonté générale. Études sur le concept de la loi dans la Constitution de 1875*, *op. cit.*, p. 86.
[988] R. CARRÉ DE MALBERG, *Contribution à la théorie générale de l'État spécialement d'après les données fournies par le Droit constitutionnel français*, *op. cit.*, t. 1, p. 599.
[989] A. ESMEIN, H. NÉZARD, *Éléments de droit constitutionnel français et comparé*, 7e éd., Paris, Recueil Sirey, 1921, t. 1, p. 26. Nous soulignons. Le terme « régulateur » est employé de manière semblable dès la première édition de l'ouvrage (1896).
[990] *Ibid.*, p. 31.
[991] *Ibid.*, p. 469.
[992] L. DUGUIT, *Traité de droit constitutionnel*, *op. cit.*, t. 1, p. 185. Nous soulignons.

les significations extra-juridiques courantes du terme. Sur cette base, il pouvait notamment servir à qualifier la production des règles de droit ainsi que leurs effets, mais cette utilité originaire semble aujourd'hui révolue face à l'émergence et à l'établissement de notions juridiques plus précises telle la réglementation[993]. L'attrait, tout relatif, de la doctrine classique pour le concept de régulateur s'expliquerait donc uniquement par des considérations terminologiques qui n'ont désormais plus lieu d'être. Il n'a par conséquent aucune autonomie ni consistance, ne pouvant être appréhendé sans référence à d'autres concepts. Ce genre d'usage du vocable « régulateur » en droit constitutionnel apparaît plus perturbant qu'éclairant, en particulier lorsque ses acceptions servent de point de départ à une tentative de définition de la régulation.

2°) Un recours perturbant : l'appréhension insatisfaisante de l'idée de régulation sur la base du concept de régulateur

411. La démarche qui consiste à définir la régulation par référence exclusive aux acceptions du vocable « régulateur » conduit nécessairement à considérer que l'idée de régulation n'a elle non plus aucune autonomie ni consistance. Or, si les auteurs classiques font parfois référence au concept de régulateur, ils n'emploient jamais le terme « régulation », dont la diffusion dans le domaine juridique sera beaucoup plus tardive[994]. Aussi, lorsqu'une partie de la doctrine contemporaine croit trouver « le soubassement théorique et la préfiguration du concept de régulation » dans les usages traditionnels du vocable « régulateur », elle procède en réalité à « la construction d'une généalogie rétrospective et fictive »[995]. Une telle démarche semble de plus relever d'une lecture tout à fait anachronique des origines de l'idée de régulation, en ce sens que cette dernière, répandue dès le XIXe siècle dans les sciences techniques et naturelles, ne commence à être employée dans les sciences sociales qu'après la Seconde Guerre mondiale, particulièrement sous l'influence du développement de la cybernétique[996].

412. L'identification de l'idée de régulation au concept de régulateur apparaît pourtant tentante, car elle « repose sur l'existence d'un dénominateur commun, qui ne saurait être contesté, à savoir l'existence d'un rapport à la

---

[993] V. par ex. M. HECQUARD-THÉRON, *Essai sur la notion de réglementation*, Paris, LGDJ, « BDP », t. 126, 1977.

[994] Sur ce point, v. J. CHEVALLIER, « De quelques usages du concept de régulation », *in* M. MIAILLE (dir.), *La régulation entre droit et politique*, Paris, L'Harmattan, « Logiques juridiques », 1995, pp. 73-81.

[995] *Ibid.*, p. 74.

[996] V. *ibid.*, not. pp. 74-75 et pp. 80-81; *id.*, « La régulation juridique en question », *Droit et société*, 2001/3 n° 49, pp. 828-829.

règle, révélé par leur racine latine identique, *regula* »[997]. Pour autant, si la doctrine contemporaine est effectivement confrontée au défi de déterminer le champ sémantique de la régulation dans le domaine du droit, elle ne devrait pas succomber à cette « tentation » soulignée par Gérard Marcou, qui revient à « proposer des définitions larges, qui évitent la difficulté d'avoir à préciser les différences avec les notions voisines, et donnent l'illusion de proposer une théorie ou une interprétation nouvelle »[998]. Le rapport étymologique de la régulation à l'idée de règle conduit en effet à de fréquentes « indistinctions ou pures confusions »[999] entre les concepts de régulation et de réglementation, ou tout au moins à employer l'expression de « régulation juridique » pour désigner, à l'instar de l'usage que la doctrine classique faisait du concept de régulateur, l'activité de production de règles de droit ou même leur simple présence sur un sujet donné. Pour Antoine Jeammaud, « [i]l s'agit là d'un pur effet de mode, sinon d'une confusion »[1000], qui, par certains aspects, résulterait davantage aujourd'hui d'une fâcheuse tendance à l'anglicisation du vocabulaire juridique[1001]. Il apparaît en effet qu'aux États-Unis, la première acception de la régulation (*regulation*) correspond à ce que l'on appellerait en français la réglementation ; le terme ne signifie donc pas la même chose d'un côté à l'autre de l'Atlantique, ce qui constitue au passage une source d'ambiguïté supplémentaire[1002].

413. Ainsi, le concept extra-juridique de régulateur ne peut servir de fondement à une définition de la régulation. Ce genre de démarche participe à la déformation conceptuelle en ce qu'il revient en réalité à dénier toute consistance juridique à l'idée de régulation, la faisant correspondre à des notions juridiques déjà établies, telles la réglementation ou la régularisation. L'identification – incorrecte – de la régulation à la régularisation constitue même le principal fondement de son apparition dans le droit constitutionnel contemporain.

---

[997] L. CALANDRI, *Recherche sur la notion de régulation en droit administratif français*, Paris, LGDJ, « BDP », t. 259, 2008, p. 53.

[998] G. MARCOU, « La notion juridique de régulation », art. préc., p. 347.

[999] A. JEAMMAUD, « Introduction à la sémantique de la régulation juridique. Des concepts en jeu », *in* J. CLAM, G. MARTIN (dir.), *Les transformations de la régulation juridique*, Paris, Maison des sciences de l'homme - Réseau européen Droit et société, LGDJ, « Droit et société », vol. 5, 1998, p. 50.

[1000] *Ibid.*, p. 53.

[1001] Tendance également relevée et regrettée par M. LOMBARD (« La régulation et la distinction du droit public et du droit privé en droit français », *in* J.-B. AUBY, M. FREEDLAND (dir.), *La distinction du droit public et du droit privé : regards français et britanniques*, Paris, Éd. Panthéon-Assas, « Colloques », 2004, pp. 89-90) ; G. TIMSIT (« La régulation. La notion et le phénomène », art. préc., p. 5) ; P.-L. FRIER (« La régulation comme fonction : propos introductifs », art. préc., pp. 67-68).

[1002] Comme le souligne B. du MARAIS dans son manuel *Droit public de la régulation économique*, Paris, Presses de Sciences po et Dalloz, « Amphi », 2004, p. 482.

B. UNE CONSÉQUENCE DE LA CONFUSION : L'ASSIMILATION ERRONÉE DE LA RÉGULATION À LA RÉGULARISATION

414. Dans le langage courant, est régulateur ce qui régularise, rend conforme à une règle, une norme. Un tel usage s'est également répandu dans le vocabulaire juridique ; le *Cornu* définit ainsi le vocable « régulateur » comme étant ce « [q]ui a pour fin de normaliser, de régulariser le cours d'activités ou d'opérations diverses »[1003]. En ce sens, le juge constitutionnel est régulièrement qualifié de juge « régulateur », c'est-à-dire un juge qui régularise, qui s'assure de la conformité de la loi aux normes supérieures (1°). Mais loin de se limiter à cette qualification, une partie de la doctrine opère un glissement malencontreux qui mène à un emploi indifférencié des termes « régulateur » et « régulation » pour qualifier la fonction des juridictions constitutionnelles (2°). Cela conduit à ne pas distinguer la régulation de la régularisation.

1°) La requalification de la fonction régularisatrice des juridictions constitutionnelles en fonction régulatrice

415. Sur le plan du droit positif, rappelons qu'à l'occasion de sa décision du 6 novembre 1962, le Conseil constitutionnel français s'était proclamé « organe régulateur de l'activité des pouvoirs publics »[1004], une qualification jugée « sans signification juridique »[1005] par Dominique Rousseau et à laquelle le juge constitutionnel devait finalement renoncer dans sa décision du 23 septembre 1992[1006], sans plus de précisions quant à son sens et à sa portée. Cet abandon n'a toutefois nullement interrompu l'usage récurrent de cette expression d'origine jurisprudentielle par la doctrine constitutionnaliste française[1007].

[1003] V° « Régulateur, trice » *in* G. CORNU (dir.), 12e éd., Paris, Puf, « Quadrige », 2018, p. 886.

[1004] Déc. 62-20 DC du 6 nov. 1962, « Loi relative à l'élection du président de la République au suffrage universel direct et adoptée par le peuple par le référendum du 28 octobre 1962 », *Rec.* 27 ; L. FAVOREU, L. PHILIP *et al.*, *Les grandes décisions du Conseil constitutionnel*, 17e éd., Paris, Dalloz, « Grands arrêts », 2013, n° 13, pp. 146-154. Le Conseil constitutionnel se déclare incompétent pour contrôler les lois référendaires. Son argumentation ressort clairement du deuxième considérant : « il résulte de l'esprit de la Constitution qui a fait du Conseil constitutionnel un organe régulateur de l'activité des pouvoirs publics que les lois que la Constitution a entendu viser dans son article 61 sont uniquement les lois votées par le Parlement et non point celles qui, adoptées par le peuple à la suite d'un référendum, constituent l'expression directe de la souveraineté nationale », alors que l'activité des pouvoirs publics n'en constitue que l'expression indirecte.

[1005] D. ROUSSEAU, « Chronique de jurisprudence constitutionnelle 1991-1992 », *RDP*, 1993, p. 34.

[1006] Déc. 92-313 DC du 23 sept. 1992, dite « Maastricht III », *Rec.* 94.

[1007] V. not. Ph. ARDANT, B. MATHIEU, *Droit constitutionnel et institutions politiques*, *op. cit.*, p. 127 ; P. AVRIL, J. GICQUEL, *Le Conseil constitutionnel*, 6e éd., Paris, Montchrestien-Lextenso, « Clefs », 2011, p. 141 ; *id.*, *Lexique de droit constitutionnel*, 5e éd., Paris, Puf, « QSJ ? », 2016, pp. 28-29 (v° « Conseil constitutionnel ») ; J. BOUDON, *Manuel de droit constitutionnel. La Ve République*, *op. cit.*,

416. En réalité, par cette auto-qualification d'« organe *régulateur* », le Conseil constitutionnel faisait référence à la nature de son contrôle de constitutionnalité des lois, qui s'apparente en effet à une fonction de *régularisation*, c'est-à-dire à « [l']action de rendre un acte ou une situation conforme à la règle »[1008] (en l'occurrence de s'assurer de la conformité des lois avec la Constitution). Le juge constitutionnel serait donc *régulateur* en ce qu'il a pour objet de garantir, par son contrôle, la *régularité* des règles juridiques, un principe doté d'une signification propre et d'une autonomie en droit constitutionnel. Ainsi, la Cour constitutionnelle du Rwanda a, dans un arrêt du 11 février 2001, dégagé une définition spécifique de la régularité, entendue, en droit constitutionnel, comme le rapport de compatibilité ou de conformité des lois aux normes supérieures. Sur cette base, elle a indiqué que « le rôle du juge constitutionnel est de vérifier, grâce à cette hiérarchie, la *régularité* des règles de droit litigieuses qui lui sont présentées et tirer les conséquences de leur examen »[1009]. De même, Kelsen, s'interrogeant en 1928 sur le problème juridique de la régularité, estimait-il que celle-ci « s'applique à chaque degré dans la mesure où il est application ou reproduction du droit. Car la régularité n'est que le rapport de correspondance d'un degré inférieur à un degré supérieur de l'ordre juridique »[1010]. Le maître de Vienne pouvait ensuite préciser que « [g]aranties de la Constitution signifie donc : garanties de la *régularité* des règles immédiatement subordonnées à la Constitution, c'est-à-dire, essentiellement, garanties de la constitutionnalité des lois »[1011].

417. Par conséquent, puisque le contrôle de constitutionnalité des lois consiste à garantir leur régularité vis-à-vis de la constitution, la juridiction qui

---

p. 205 ; D. CHAGNOLLAUD, *Droit constitutionnel contemporain. La Constitution de la Vᵉ République*, 7ᵉ éd., Paris, Dalloz, « Cours », 2015, p. 417 ; V. CONSTANTINESCO, S. PIERRÉ-CAPS, *Droit constitutionnel*, *op. cit.*, p. 448 (« missions régulatrices » du Conseil constitutionnel) et p. 463 ; R. DEBBASCH, *Droit constitutionnel*, 9ᵉ éd., Paris, LexisNexis, « Objectif Droit – Cours », 2014, p. 171 ; J. GICQUEL, J.-É. GICQUEL, *Droit constitutionnel et institutions politiques*, *op. cit.*, p. 768 et p. 784 ; M. de GUILLENCHMIDT, *Droit constitutionnel et institutions politiques*, 3ᵉ éd., Paris, Economica, 2010, p. 417 ; F. MÉLIN-SOUCRAMANIEN, P. PACTET, *Droit constitutionnel*, 35ᵉ éd., Paris, Sirey-Dalloz, « LMD », p. 518 ; M. MORABITO, *Histoire constitutionnelle de la France de 1789 à nos jours*, *op. cit.*, p. 437 ; D. ROUSSEAU, *Droit du contentieux constitutionnel*, 10ᵉ éd., Paris, LGDJ-Lextenso, « Domat droit public », 2013, p. 27 et p. 30 ; M.-Chr. STECKEL, *Le Conseil constitutionnel et l'alternance*, Paris, LGDJ, « BCSP », t. 106, 2002, p. 183 et s. (le Conseil constitutionnel est présenté comme « le régulateur des effets juridiques de l'alternance ») ; D. TURPIN, *Droit constitutionnel*, *op. cit.*, p. 686.

[1008] V° « Régularisation » *in* G. Cornu (dir.), *op. cit.*, p. 886.

[1009] Cour constitutionnelle de la République rwandaise, arrêt n° 33/CS-SCC du 11 févr. 2001. Nous soulignons.

[1010] H. KELSEN, « La garantie juridictionnelle de la Constitution (La Justice constitutionnelle) », *RDP*, 1928, p. 200.

[1011] *Ibid.*, p. 201. Nous soulignons. Dans la lignée de Kelsen, v. la thèse de Ch. EISENMANN, *La justice constitutionnelle et la Haute cour d'Autriche*, Paris, LGDJ, 1928, not. pp. 101-102 : « [...] l'existence d'une loi comme d'un acte juridique quelconque consiste simplement en sa validité. Or celle-ci suppose en théorie sa parfaite régularité. [...] Contrôler la constitutionnalité [...] d'une loi, c'est donc en réalité examiner si l'on a véritablement affaire à une loi, si un acte qui prétend à être une loi a effectivement, objectivement, cette qualité ».

réalise ce contrôle effectue une mission de régularisation. Celle-ci fut par la suite requalifiée par la jurisprudence puis la doctrine en mission régulatrice, le juge constitutionnel devenant « organe *régulateur* » du simple fait qu'il soit amené à *régulariser* les normes législatives[1012]. Ainsi, en s'auto-qualifiant d'« organe régulateur de l'activité des pouvoirs publics », le Conseil constitutionnel voulait seulement signifier que la Constitution de 1958 le chargeait de régulariser l'activité normative des pouvoirs publics, notamment les lois adoptées par le parlement, mais en aucun cas de contrôler la volonté du peuple exprimée directement par la voie du référendum. Cette qualification superflue, largement prolongée par la doctrine, se trouve toutefois à l'origine d'un amalgame malencontreux entre régulation et régularisation.

2°) La requalification de la fonction régulatrice des juridictions constitutionnelles en fonction de régulation

418. La démarche qui mène à l'assimilation pure et simple de la régulation à la régularisation trouve une illustration particulièrement éclairante dans le long article de Louis Favoreu consacré au « Conseil constitutionnel régulateur de l'activité normative des pouvoirs publics »[1013] et qui contient une tentative d'explication de la signification juridique de cette formule. L'auteur note que le Conseil constitutionnel, qu'il qualifie indistinctement d'organe « régulateur » ou « régularisateur », assure un « contrôle de régularité juridique d'un type particulier » dans le cadre duquel « il s'agit toujours [...]

[1012] Dans un sens tout à fait identique, car résultant d'un même usage du concept de régulateur en droit, l'action du juge administratif, particulièrement celle du Conseil d'État, est très régulièrement qualifiée de régulatrice. Ainsi, c'était déjà par l'expression de « régulateur suprême » que J.-M. de GÉRANDO définissait l'autorité du roi à l'égard des juridictions (*Institutes du droit administratif français ou Élémens du Code administratif*, Paris, Nêve, 1829-1836, t. 1, p. 18 et p. 281). Par la suite, Th. DUCROCQ désigne le Conseil d'État comme le « régulateur des compétences administratives » (*Cours de droit administratif*, 6e éd., Paris, Ernest Thorin, 1881, t. 1, not. p. 255), tandis qu'É. LAFERRIÈRE, suivant le même raisonnement, relève qu'il détient un « pouvoir régulateur » à l'égard, d'une part, des actes administratifs, et d'autre part, des décisions juridictionnelles (*Traité de la juridiction administrative et des recours contentieux*, 2e éd., Paris, Berger-Levrault et Cie, 1896, t. 2, p. 394). L'usage de cette qualification, également employée par J. RIVERO, (« Le Conseil d'État, Cour régulatrice », *D.*, 1954, chron., pp. 157-162), s'est très largement prolongé dans la doctrine contemporaine, où il apparaît aujourd'hui récurrent (sur cet usage, v. en particulier L. CALANDRI, *op. cit.*, not. pp. 46-49). De la même manière que le juge constitutionnel, le juge administratif, notamment le Conseil d'État, est qualifié de « régulateur » car il est celui qui « régularise », c'est-à-dire celui qui garantit la régularité, qui assure, par son œuvre coordinatrice, l'unité de la juridiction administrative (R. ODENT, *Contentieux administratif*, Paris, Dalloz, 2007, pp. 604-610). *Contra* P. DELVOLVÉ, « Le Conseil d'État, régulateur de l'ordre juridictionnel administratif », *in Juger l'administration, administrer la justice. Mélanges en l'honneur de Daniel Labetoulle*, Paris, Dalloz, 2007, not. p. 261 : « le Conseil d'État agit sur un système complexe et en coordonne les actions en vue d'obtenir un fonctionnement correct et régulier de l'administration. Son rôle pourrait être présenté tout entier comme celui d'un régulateur », c'est-à-dire celui qui régule, assure la régulation.

[1013] L. FAVOREU, « Le Conseil constitutionnel régulateur de l'activité normative des pouvoirs publics », art. préc.

de vérifier la conformité de dispositions normatives précises à des règles déterminées contenues dans la Constitution »[1014]. Le qualificatif « régulateur » renvoie donc directement à la fonction de régularisation de la juridiction constitutionnelle, c'est-à-dire « une comparaison, terme à terme entre deux règles écrites, dont l'une permet de mesurer la validité de l'autre »[1015]. Aussi Louis Favoreu explique-t-il que le Conseil constitutionnel, en tant qu'organe *régulateur*, « est chargé de *régulariser* [...] l'activité des autorités ayant reçu pouvoir de créer des normes »[1016].

419. Mais loin de se limiter à cette analyse de l'action régulatrice – ou régularisatrice – de la juridiction constitutionnelle, Louis Favoreu opère un glissement terminologique qui l'amène à employer sans distinction les termes « régulateur » et « régulation » : l'organe *régulateur* ou régularisateur est désormais celui qui exerce une mission de « *régulation* de l'activité "normative" des pouvoirs publics »[1017]. De cette manière, une certaine conception de la régulation en droit constitutionnel a fait son apparition dans la doctrine publiciste française. Elle ne dispose d'aucune autonomie ni consistance, car sa signification, à l'instar de celle du qualificatif « régulateur », dépend d'une référence expresse à la régularisation. Ainsi, « l'activité normative des organes de l'État est disciplinée et *régularisée* du fait de l'intervention ou de la seule existence [de l'organe *régulateur*] »[1018], tandis que la fonction de régulation est définie comme un « contrôle de régularité » qui consiste à « vérifier la conformité de règles juridiques à d'autres règles » par une « confrontation entre le texte constitutionnel et la disposition inférieure »[1019]. De fait, ce que Louis Favoreu appelle *régulation* correspond, sur la base des significations courantes du vocable « régulateur », à l'exercice d'une fonction juridictionnelle de *régularisation* de l'activité normative des pouvoirs publics[1020].

420. En conséquence, après cette substitution, le terme « régulation » ne sert à rien d'autre qu'à désigner l'action de régularisation, et plus précisément le contrôle de la régularité juridique, autrement dit la mise en conformité à la règle supérieure. Cette démarche est regrettable car elle rend l'idée de régulation superflue en lui déniant toute autonomie vis-à-vis de la régularisation, et, partant, toute utilité en droit constitutionnel ; elle est

---

[1014] *Ibid.*, p. 46.
[1015] *Ibid.*, pp. 46-47.
[1016] *Ibid.*, p. 62. Nous soulignons.
[1017] *Ibid.*, p. 30. Nous soulignons.
[1018] *Ibid.*, p. 31. Nous soulignons.
[1019] *Ibid.*, p. 47.
[1020] En ce sens, Louis Favoreu exclut de cette fonction de régulation de l'activité *normative* des pouvoirs publics tout ce qui ne relève pas expressément du contrôle de régularité juridique. Il en exclut par exemple le contrôle de leur activité *politique*, car le Conseil constitutionnel n'est pas chargé de régulariser le jeu politique (*ibid.*, p. 14 et s.).

pourtant prolongée par toute une partie de la doctrine constitutionnelle contemporaine[1021]. Quoi qu'il en soit, il paraît désormais clair que toute tentative d'identification de l'idée de régulation en droit constitutionnel est vouée à l'échec si elle se base exclusivement sur les significations du concept extra-juridique de régulateur. L'usage de ce dernier en droit est davantage source de confusion que de clarté. *A contrario*, le recours aux significations extra-juridiques de la régulation permet l'identification d'une nouvelle conception de cette idée, qui peut dès lors se développer indépendamment d'autres notions juridiques déjà établies.

§ II. L'AUTONOMISATION TARDIVE DE L'IDÉE DE RÉGULATION EN DROIT CONSTITUTIONNEL

421. La régulation est devenue, au cours du XXe siècle, un paradigme scientifique majeur. Selon Thomas Kühn, un paradigme désigne « les découvertes scientifiques universellement reconnues qui, pour un temps, fournissent à une communauté de chercheurs des problèmes types et des solutions »[1022]. Sur ce plan, le paradigme forme donc un *modèle* qui recouvre « à la fois une théorie, des méthodes et des critères de jugement, généralement en un mélange inextricable »[1023]. Le paradigme participe également à une *matrice disciplinaire*, c'est-à-dire « une possession commune de la part des spécialistes d'une discipline particulière »[1024]. Pour autant, sa portée n'est pas cloisonnée par les frontières disciplinaires : c'est en effet par l'importation et l'assimilation de modèles théoriques issus d'autres branches du savoir que les connaissances scientifiques, notamment en sciences sociales, progressent.

422. Aussi le concept de régulation présente-t-il « tous les aspects d'un paradigme de ce type, dès l'instant où il tend à être utilisé par la plupart des sciences sociales, en permettant dès lors aux chercheurs venant d'horizons disciplinaires variés de dialoguer »[1025]. En droit, il va désormais être défini *a*

[1021] V. par ex. Fr. BORELLA, *Éléments de droit constitutionnel*, *op. cit.*, p. 74 et s. ; V. CONSTANTINESCO, S. PIERRÉ-CAPS, *Droit constitutionnel*, *op. cit.*, p. 447 (à l'origine, le Conseil constitutionnel « est exclusivement un organe en charge de la régulation des pouvoirs publics ») ; L. FAVOREU, L. PHILIP *et al.*, *Les grandes décisions du Conseil constitutionnel*, *op. cit.*, pp. 150-151 (le Conseil constitutionnel n'a reçu mission que d'assurer la « régulation de l'expression indirecte de la souveraineté nationale et non de son expression directe ») ; J. GICQUEL, J.-É. GICQUEL, *Droit constitutionnel et institutions politiques*, *op. cit.*, p. 768 et pp. 784-785 ; F. MÉLIN-SOUCRAMANIEN, P. PACTET, *Droit constitutionnel*, *op. cit.*, p. 527 ; D. ROUSSEAU, *Droit du contentieux constitutionnel*, *op. cit.*, p. 49 ; M.-Chr. STECKEL, *op. cit.*, not. p. 263 et s. (le Conseil constitutionnel assure « [l]a régulation directe des effets juridiques de [l'alternance] »).

[1022] Th. KÜHN, *Les structures des révolutions scientifiques* (1962), Paris, Flammarion, « Champs sciences », 2008, p. 11.

[1023] *Ibid.*, p. 155.

[1024] *Ibid.*, p. 248.

[1025] J. CHEVALLIER, « De quelques usages du concept de régulation », art. préc., p. 73.

minima par les idées de bon fonctionnement et de maintien en équilibre ; la régulation acquiert par là une signification propre, détachée des sens génériques du vocable « régulateur ». L'approche juridique de la régulation, qui se réfère directement aux conceptions des sciences techniques et de la vie, peut donc être qualifiée de « métaphorique », en ce qu'elle réalise un « processus selon lequel certains éléments de la connaissance ont été transférés depuis un domaine objectivement délimité à un autre »[1026]. Ce genre d'importation conceptuelle apparaît indispensable aux sciences sociales (dont le droit), qui, rappelait Hauriou, ont besoin pour progresser d'établir « par des analogies les relations qui [les] unissent aux sciences déjà constituées »[1027].

423. Toutefois, concernant la régulation, une telle perspective n'a émergé que très progressivement en droit constitutionnel. Si l'on doit effectivement à Louis Favoreu d'avoir introduit, dès 1967, l'usage doctrinal du terme « régulation », l'acquisition par celui-ci d'une définition propre, à partir de ses significations dans les sciences extra-juridiques, sera nettement plus tardive (A). Le prolongement de ces transferts entre disciplines sous l'impulsion d'une partie de la doctrine constitutionnaliste consacrera définitivement cette conception autonome de la régulation en droit constitutionnel (B).

A. L'ORIGINE DE L'AUTONOMISATION : LE RECOURS AUX CONCEPTIONS EXTRA-JURIDIQUES DE LA RÉGULATION EN DROIT CONSTITUTIONNEL

424. Une approche autonome de la régulation a progressivement émergé à partir des acceptions techniques du concept de régulateur, qui, dans ce cadre, ne signifie pas ce qui règle ou régularise, mais désigne ce qui maintient une constance, une continuité, ce qui assure un fonctionnement régulier. Définie sur cette base, l'idée de régulation est tardivement importée depuis les sciences extra-juridiques dont elle est originaire vers le droit (1°), et notamment en droit constitutionnel (2°).

1°) Les sources de la réception juridique de l'idée de régulation

425. En tant que concept autonome, la régulation est d'abord apparue au XVIIIe siècle dans les sciences dites techniques. Dès 1728, relève Jacques Chevallier, le terme « régulateur » est employé pour désigner « un système de commande destiné à maintenir constante la valeur d'une grandeur, quelles que

---

[1026] H. ROTTLEUTHNER, « Les métaphores biologiques dans la pensée juridiques », *APD*, 1986, t. 31, p. 215.
[1027] M. HAURIOU, *Leçons sur le mouvement social*, Paris, Larose et Forcel, 1899, pp. 1-2.

soient les perturbations qui pourraient le faire varier […] »[1028]. C'est en ce sens qu'on parlera de régulateur de débit, de lumière, de pression, de tension, de température, de vitesse, de régulateur horloger ou encore de régulateur thermique, ou thermostat. Au XIXe siècle, un tel usage se répand dans les sciences naturelles, notamment en physiologie avec Claude Bernard. Même si celui-ci n'emploie qu'incidemment le terme de « régulation », le processus d'homéostasie qu'il découvre renvoie directement à l'idée d'équilibre de l'organisme (par exemple l'équilibre thermique du corps)[1029] ; la régulation désigne alors « la fonction qui assure la constance des caractéristiques du milieu intérieur d'un être vivant, en dépit des variations du milieu extérieur »[1030]. On voit de la sorte se profiler les principales caractéristiques du concept transdisciplinaire de régulation, à savoir l'idée de maintien en équilibre d'un ensemble, en dépit des perturbations extérieures, et par le biais d'un ensemble d'ajustements.

426. La réception de l'idée de régulation dans les sciences sociales sera plus tardive ; il faut en effet attendre la fin de la Seconde Guerre mondiale pour qu'elle y fasse son apparition, à la suite de l'émergence des analyses cybernétique et systémique, dont l'objectif est d'énoncer un ensemble de principes généraux valables pour tous les systèmes et par conséquent applicables à tous les domaines du savoir. La régulation constitue un concept fondamental de ces approches, dans la mesure où elle recouvre l'ensemble des procédés permettant le maintien en équilibre d'un système par l'annulation des effets des perturbations extérieures. En ce sens, la régulation est une activité essentielle, car son existence conditionne la survie du système. Elle est ainsi devenue un « concept-clé »[1031] aussi bien dans la sociologie – en particulier à partir de la sociologie des organisations – que dans l'économie et la science politique[1032].

427. En droit, la réception du concept de régulation s'effectue sous deux angles distincts, résumables par la formule suivante : « [l]e droit régule la société en se régulant lui-même »[1033]. D'un point de vue externe, d'abord, le

---

[1028] J. CHEVALLIER, « L'État régulateur », art. préc., p. 474 ; *id.*, « De quelques usages du concept de régulation », art. préc., p. 73.

[1029] Sur ce processus, v. Cl. BERNARD, *Introduction à l'étude de la médecine expérimentale*, Paris, J.-B. Baillière et fils, 1865, not. p. 104-112. Le terme « homéostasie » en lui-même fut inventé par W. Br. CANNON (*The wisdom of the body*, New York, W.W. Norton & Company, 1932) à partir de deux mots grecs : *stasis* (« état, position ») et *homoios* (« égal, semblable à »).

[1030] J. CHEVALLIER, « De quelques usages du concept de régulation », art. préc., p. 74.

[1031] J. CHEVALLIER « La régulation juridique en question », *Droit et société*, 2001/3 n° 49, p. 829. Plus généralement, sur la diffusion du concept de régulation en sciences sociales, v. *id.*, « De quelques usages du concept de régulation », art. préc., pp. 78-80.

[1032] Sur la signification du vocable « régulation » en science politique et en sociologie, v. not. E. d'HOMBRES, « Régulation par qui ? Régulation de quoi ? », *Raisons politiques*, 2007/4 n° 28, pp. 127-151.

[1033] G. TEUBNER, *Le droit, un système autopoïetique*, Paris, Puf, « Les voies du droit », 1993, p. 103.

droit est appréhendé comme un mode de régulation des comportements ; dans ce cadre, la régulation apparaît comme la principale fonction de la norme juridique. D'un point de vue interne, ensuite, on peut aussi envisager le droit comme un système, supposant dès lors l'existence de mécanismes de régulation afin de garantir sa cohérence et, par là, sa stabilité. Cette conception de la régulation acquiert une importance encore plus remarquable si l'on estime, dans la lignée de Niklas Luhmann[1034], que le système juridique est un système autopoïetique ; la régulation (autorégulation) a alors pour objet de maintenir l'équilibre du système juridique, via un processus d'autoproduction, d'autoconservation et d'autodescription des composantes systémiques[1035]. Quoi qu'il en soit, même si l'on ne partage pas cette conception du droit comme système autopoïetique, il n'en demeure pas moins que la simple existence d'un système juridique confère à l'idée de régulation un cadre propice et une importance considérable.

428. Cette conception de la régulation, d'origine extra-juridique, fera l'objet d'une double réception en droit administratif français. D'une part, le droit public de l'économie a largement assimilé des conceptions de la régulation directement issues de la science économique ; cela n'est guère étonnant, le droit public de l'économie étant parfois renommé explicitement et sans distinction *droit public de la régulation économique*[1036]. D'autre part, la multiplication des « autorités administratives indépendantes » (AAI) a entraîné une appropriation par la doctrine et le droit positif du concept extra-juridique de régulation, notamment parce que le législateur et le Conseil d'État ont pu qualifier l'action de certains de ces organismes de « régulation ». Tel est le cas dès 1983 avec le rapport d'Yves Cannac et de François Gazier réalisé au nom de la Commission du rapport et des études du Conseil d'État. Les deux auteurs considèrent que « globalement, c'est le mot de régulation qui caractérise le mieux la mission des autorités administratives indépendantes »[1037], car celles-ci sont bornées à assurer le fonctionnement correct d'un secteur spécifique. Le rapport se fonde explicitement sur « une « vision systémique » de la société et de ses rapports avec l'État » afin de

---

[1034] V. par ex. N. LUHMANN, « Le droit comme système social », *Droit et société*, 1989, n° 11-12, pp. 53-67 ; J. A. GARCIA AMADO, « Introduction à l'œuvre de Niklas Luhmann », *Droit et société*, 1989, n° 11-12, pp. 15-52.
[1035] G. TEUBNER, *op. cit.*, p. 42.
[1036] V. par ex. B. du MARAIS, *Droit public de la régulation économique*, *op. cit.*, p. 481 et s. : l'auteur définit la régulation, dans la lignée de l'analyse micro-économique, comme « l'ensemble des techniques qui permettent d'instaurer et de maintenir un équilibre économique optimal qui serait requis par un marché qui n'est pas capable, en lui-même, de produire cet équilibre » (p. 483). Il distingue ensuite les différentes modalités institutionnelles de la régulation, elles-aussi issues de la théorie économique, à savoir la régulation spontanée, la régulation par le marché, la régulation avec le marché (corégulation) et enfin la régulation du marché ou régulation hiérarchique (pp. 485-495).
[1037] Y. CANNAC, Fr. GAZIER, *Les autorités administratives indépendantes*, *EDCE*, 1983-1984, n° 35, p. 20.

définir ce qu'est la régulation. Celle-ci est présentée comme « la tâche qui consiste à assurer […] le type d'*équilibre* voulu par la loi »[1038]. Par la suite, d'autres travaux du Conseil d'État s'inscriront directement dans le prolongement du rapport de 1984. Un rapport de 2001 fait ainsi explicitement référence aux travaux du sociologue Michel Crozier afin d'établir une définition de la régulation, décrite comme « l'action des mécanismes correcteurs qui maintiennent un système en existence » et consistant à « faire fonctionner correctement un système complexe »[1039].

429. C'est donc à la suite cette double réception – par le biais du droit public de l'économie et par celui de la qualification de la mission des AAI – de ses conceptions extra-juridiques que la régulation est devenue, depuis la fin du XXe siècle, « une donnée majeure du droit administratif français »[1040] ; elle l'est également devenue en droit constitutionnel.

2°) La réception de l'idée de régulation en droit constitutionnel

430. En droit constitutionnel, les premières références à la régulation suivent de très près son apparition comme concept autonome dans les sciences techniques. Cela n'a rien d'étonnant ; la doctrine de la constitution comme machine, qui devient incontournable à la fin du XVIIIe siècle, conduit en effet à appliquer au droit constitutionnel des concepts directement issus des disciplines techniques, en particulier de la mécanique[1041]. Par là, la recherche et le maintien d'un *équilibre* entre les pouvoirs deviennent les objectifs centraux du constitutionnalisme révolutionnaire moderne, qui ne peut être aisément appréhendés que par le recours – à peine anachronique – à l'idée de régulation, et plus spécifiquement à celle d'autorégulation. Cette dernière apparaît comme tout à fait structurante de la doctrine constitutionnelle de Montesquieu puis, en ligne directe, de celle des *Founding Fathers* américains[1042] : la doctrine de la balance et de l'équilibre des pouvoirs. Les régulateurs des révolutionnaires français et le pouvoir neutre de Benjamin Constant, conçus pour garantir l'existence d'un *équilibre* institutionnel, s'inscrivent dans une logique de régulation identique, car leur mission revient

---

[1038] *Loc. cit.* (nous soulignons).

[1039] Rapport public du Conseil d'État, *Les autorités administratives indépendantes*, *EDCE*, 2001, n° 52, p. 279.

[1040] L. CALANDRI, *op. cit.*, p. 20. D'innombrables travaux ont été consacrés à la question de la régulation en droit administratif. On peut toutefois citer la contribution de Ch. VAUTROT-SCHWARZ (« Police et régulation », *in id.*, (dir.), *La police administrative*, Paris, Puf, « Thémis », 2014, pp. 55-84), qui présente l'intérêt de baser explicitement sa définition juridique de la régulation sur les conceptions extra-juridiques du terme, c'est-à-dire sur l'idée de maintien en équilibre et sur celle de système.

[1041] Sur ce point, nous renvoyons tout particulièrement à nos développements *supra*, première partie, titre premier, chap. I.

[1042] V. *supra* § 79 et s.

en fait à assurer la *régulation* du *système* complexe auquel s'apparente la machine constitutionnelle[1043]. Par la suite, dans la doctrine classique, l'idée d'équilibre entre les pouvoirs constitués sera également très présente chez les théoriciens de la séparation des pouvoirs, à l'instar de Raymond Carré de Malberg[1044], Adhémar Esmein[1045] ou Léon Duguit[1046]. De même, l'usage du terme « régulateur » par Maurice Hauriou en référence directe à l'idée d'équilibre démontre à quel point sa « théorie de l'institution » était perméable aux disciplines extra-juridiques, dont la biologie et la thermodynamique[1047].

431. L'idée de régulation imprègne donc fondamentalement le constitutionnalisme libéral ; pour autant, l'apparition du vocable « régulation » sera nettement plus tardive, puisqu'il faudra attendre 1967 pour que Louis Favoreu en fasse pour la première fois usage – insatisfaisant – en droit constitutionnel afin de désigner l'action de régulariser, donc sans référence aux conceptions extra-juridiques de la régulation[1048]. Le prolongement de son utilisation par la doctrine constitutionnelle contemporaine s'accompagne toutefois de l'introduction de significations propres.

432. Un exemple tout à fait éclairant de cette évolution de sens est celui du caractère « régulateur » des juridictions constitutionnelles, dont la nouvelle définition abandonne l'idée d'un contrôle de la régularité juridique au profit de celle, issue des disciplines extra-juridiques, du maintien en équilibre. Le juge constitutionnel apparaît alors comme un « régulateur » non plus seulement parce qu'il assure une forme de régularisation de l'ordre juridique ou de l'activité normative des pouvoirs publics, mais parce qu'il est chargé du maintien de l'équilibre constitutionnel et du fonctionnement régulier de ces mêmes pouvoirs. Gilbert Knaub semble être le premier à exprimer une telle conception du rôle « régulateur » de la juridiction constitutionnelle, qu'il étudie à travers sa fonction de « *régulation* [...] des rapports entre les organes de l'État »[1049]. Afin d'appuyer son analyse, l'auteur se réfère à deux déclarations particulièrement éclairantes. La première est extraite du discours

---

[1043] V. de manière générale *supra* première partie, titre premier. Dans ce même sens, v. O. FERREIRA, « De l'introduction du vocabulaire de la régulation dans le domaine du droit et de son utilisation contemporaine », *RRJ*, 2017/2 n° 167, pp. 453-482, en particulier pp. 456-472.

[1044] R. CARRÉ DE MALBERG, *Contribution à la théorie générale de l'État spécialement d'après les données fournies par le Droit constitutionnel français*, *op. cit.*, t. 2, not. p. 61, 66, 79, 82, 95, 358, 386.

[1045] A. ESMEIN, H. NÉZARD, *Éléments de droit constitutionnel français et comparé*, *op. cit.*, not. pp. 129-130, p. 222, 224, 468 (citant Condorcet), 484.

[1046] L. DUGUIT, *Traité de droit constitutionnel*, *op. cit.*, t. 2, not. pp. 405-407, p. 640, 656, 658.

[1047] Sur l'idée d'équilibre chez Hauriou et ses nombreux emprunts aux sciences extra-juridiques, v. not. J. SCHMITZ, *La théorie de l'institution du doyen Maurice Hauriou*, Paris, L'Harmattan, « Logiques juridiques », 2013, pp. 96-105.

[1048] V. *supra* § 416 et s.

[1049] G. KNAUB, « Le Conseil constitutionnel et la régulation des rapports entre les organes de l'État », *RDP*, 1983, p. 1149. Nous soulignons.

prononcé par le président du Conseil constitutionnel Roger Frey le 8 novembre 1977 à l'occasion de la visite au Conseil constitutionnel du président de la République, dans lequel il affirmait que le Conseil « n'a cessé de se comporter […] comme un véritable *régulateur* des compétences entre les pouvoirs publics, contribuant ainsi pour une part essentielle au maintien d'un *équilibre* dans lequel Montesquieu voyait déjà le fondement même de la démocratie ». La seconde est issue de l'allocution du président de la République Valéry Giscard d'Estaing le même jour, où il soulignait la place primordiale occupée par le Conseil constitutionnel, « chargé de faire respecter l'*équilibre* des pouvoirs »[1050]. Gilbert Knaub adopte en conséquence une définition de la régulation en droit constitutionnel directement issue de sa signification extra-juridique. Il existerait ainsi une régulation « garantissant l'équilibre constitutionnel entre les pouvoirs publics » et une régulation « visant à sauvegarder un équilibre politique entre la majorité et l'opposition »[1051].

433. Avec l'émergence de cette conception autonome de la régulation apparaît donc une nouvelle difficulté : la détermination de l'équilibre qu'elle a pour but de maintenir. C'est pour cette raison que le professeur Knaub distingue deux types de régulations, chacune fondée sur un équilibre différent. Dans le premier cas, l'équilibre est celui « initialement élaboré entre les pouvoirs publics », qui se situe « dans le cadre strict des règles fixées par le Constituant »[1052] ; on peut alors parler de régulation « objective »[1053] car l'enjeu est « le maintien de l'équilibre institutionnel défini par la Constitution »[1054], en d'autres termes le bon fonctionnement de la « mécanique constitutionnelle »[1055]. Le Conseil constitutionnel a fait explicitement référence à un tel équilibre en 1992[1056]. Dans le second cas, la régulation a pour objet la sauvegarde d'un équilibre entre les partis, qui est plus politique et dynamique que le premier ; cela exige un contrôle *in concreto* de la part du régulateur[1057].

434. Dans sa thèse sur *la dissolution des assemblées parlementaires*, publiée la même année[1058], Philippe Lauvaux adopte une conception voisine de la régulation en droit constitutionnel, qui transparaît de son identification des

---

[1050] *Ibid.*, pp. 1150-1151. Nous soulignons.
[1051] *Ibid.*, p. 1152.
[1052] *Ibid.*, pp. 1152-1153.
[1053] *Ibid.*, p. 1153.
[1054] *Ibid.*, p. 1160.
[1055] *Ibid.*, p. 1161.
[1056] Est mentionné dans la déc. 92-313 DC du 23 sept. 1992 (préc.) « l'équilibre des pouvoirs établi par la Constitution ».
[1057] G. KNAUB, art. préc., pp. 1160-1161.
[1058] Ph. LAUVAUX, *La dissolution des assemblées parlementaires*, Paris, Economica, « Centre Interuniversitaire Belge de Droit Comparé », t. 24, 1983.

fonctions de la dissolution. En préalable de son essai de « classification des fonctions positives de la dissolution », l'auteur relève en effet que « [l]a majeure partie des cas de dissolution [...] entrent, du point de vue fonctionnel, dans la catégorie générale des fonctions *régulatrices* du système politique »[1059]. Autrement dit, la dissolution a « une fonction de *régulation* du système politique »[1060], en ce qu'elle a pour but le maintien ou le rétablissement de son équilibre. Celui-ci peut être de différentes natures, aussi Philippe Lauvaux en distingue-t-il deux types.

435. Premièrement, la fonction de régulation de la dissolution peut être appréhendée comme « un procédé de résolution des conflits entre les pouvoirs constitués et donc comme un facteur essentiel de l'*équilibre* qui doit être maintenu entre eux »[1061]. Il s'agit alors d'une régulation objective, dont l'objet est le maintien de l'équilibre constitutionnel entre les pouvoirs, le but étant généralement de garantir la séparation des pouvoirs exécutif et législatif telle qu'elle a été souhaitée par le constituant.

436. Deuxièmement, il existe aussi « une fonction régulatrice de la dissolution, qui procède de la conception démocratique d'appel au corps électoral : celle qui consiste en la recherche ou la confirmation d'une majorité [parlementaire] »[1062]. Dans ce cas, l'exercice de la régulation passe nécessairement par un contrôle *in concreto* de la situation politique, car l'équilibre visé, plus dynamique, relève essentiellement du comportement des partis politiques. Le but est en effet d'assurer la stabilité et la cohérence du gouvernement dans son existence et sa composition partisane, ce qui fait de la dissolution davantage « un régulateur des "pouvoirs partisans" qu'un régulateur des pouvoirs étatiques »[1063], comme l'observait Jacques Velu. Ceci dit, les régimes démocratiques contemporains étant des régimes de partis, une telle régulation « partisane » contribue directement à la stabilité et au bon fonctionnement du système politique dans son ensemble.

437. À l'instar de Gilbert Knaub, Philippe Lauvaux procédait ainsi à la transposition en droit constitutionnel de la signification extra-juridique de la régulation, désormais définie par les idées de maintien en équilibre et de fonctionnement cohérent. Un tel usage s'est depuis largement répandu au sein de la doctrine constitutionnaliste.

1059 *Ibid.*, p. 414. Nous soulignons.
1060 A. MATHIOT, « Préface », *in ibid.*, p. VII. Nous soulignons.
1061 *Ibid.*, p. 475. Nous soulignons.
1062 *Ibid.*, p. 476.
1063 J. VELU, *La dissolution du Parlement. Étude sur les conditions de légalité constitutionnelle que doit remplir l'acte de dissolution*, Bruxelles, Bruylant, « Centre interuniversitaire de droit public », 1966, p. 542.

B. Le développement du recours aux conceptions extra-juridiques de la régulation en droit constitutionnel

438. Les approches de la régulation fondées sur sa définition extra-juridique vont très largement perdurer et s'imposer en droit constitutionnel, notamment – mais pas exclusivement – par le biais de l'analyse du phénomène transitionnel. Il apparaît en effet que les régimes politiques en transition démocratique constituent un cadre particulièrement propice à l'expression d'une régulation institutionnelle, d'où le fait que les études doctrinales portant sur les constitutionnalismes africains ou post-soviétiques y fassent régulièrement référence[1064]. Deux idées majeures vont venir structurer la définition de la régulation en droit constitutionnel et ne la quitteront plus : premièrement, l'idée de maintien en équilibre et de fonctionnement cohérent, issue des conceptions extra-juridiques ; deuxièmement, l'idée de prévention et de règlement des conflits, propre à la conception constitutionnelle de la régulation.

439. Dans un article de 1996, Jean du Bois de Gaudusson appréhende ainsi la régulation comme un *moyen de prévention et de règlement des conflits politiques*. Il relève qu'en Afrique, l'émergence du constitutionnalisme, devenu un élément important de la vie politique, avait pour corollaire logique l'apparition d'une régulation pacifique – et non plus uniquement brutale ou armée – des rapports politiques[1065]. Boubacar Issa Abdourhamane adopte une position similaire dans sa thèse soutenue en 2002, où il souligne que la démocratie constitutionnelle est « le régime politique le mieux à même d'assurer une régulation pacifique des conflits institutionnels, constitutifs de la dynamique de tout système politique »[1066]. Ce dernier auteur précise par ailleurs que le champ de la régulation constitutionnelle recouvre « les relations entre les diverses branches du pouvoir, envisagées en terme de coopération ou/ et de conflits dont la finalité est d'arriver à un *fonctionnement cohérent du système politique* »[1067].

[1064] V. en particulier J.-P. MASSIAS, *Droit constitutionnel des États d'Europe de l'Est*, 2e éd., Paris, Puf, « Droit fondamental », 2008, not. pp. 44-47 et pp. 98-104.

[1065] J. du BOIS de GAUDUSSON, « Les solutions constitutionnelles des conflits politiques », *Afrique contemporaine*, 1996, n° 180, p. 251. Dans le même sens, v. C. KEUTCHA TCHAPNGA, « Droit constitutionnel et conflits politiques dans les États francophones d'Afrique noire », *RFDC*, 2005/3 n° 63, pp. 451-491. L'auteur affirme notamment que « [l]e meilleur moyen de régulation des conflits politiques en Afrique réside dans leur prévention » (p. 456).

[1066] B. ISSA ABDOURHAMANE, *Les Cours constitutionnelles dans le processus de démocratisation en Afrique : analyse comparative à partir des exemples du Bénin, de la Côte d'Ivoire et du Niger*, thèse dactylographiée, Université Montesquieu-Bordeaux IV, 2002, p. 108.

[1067] *Ibid.*, p. 32. Nous soulignons.

440. En ce même sens, Fabrice Hourquebie appelle dans sa thèse à dépasser la conception trop restrictive de la régulation « centrée sur le seul domaine de la normativité » (celle de Louis Favoreu) par l'adoption d'« une conception plus large, touchant aussi directement aux rapports entre les pouvoirs publics »[1068]. En effet, la régulation « doit désormais s'analyser comme au service de l'équilibre entre les pouvoirs »[1069], car elle « renvoie à un équilibre à maintenir entre des pouvoirs d'inégale force » et a pour objet le « maintien de la cohérence spécifique du système »[1070]. On retrouve cette idée de maintien d'une constance chez Jean-Pierre Massias, qui, rappelant que « [l]e concept même de régulation est un emprunt aux sciences dures », la définit comme « le processus qui vise à assurer le fonctionnement cohérent du système constitutionnel [...] »[1071]. Pour que celui-ci « se fonde et – surtout – existe, il doit y avoir nécessairement production de pratiques de stabilisation [...] »[1072]. De ce fait, la régulation devient ici « la capacité du système à produire des éléments stabilisants capables de réduire l'effet des éléments de crise (par essence déstabilisants) »[1073].

441. Nicaise Médé choisit lui aussi de faire explicitement référence au sens originel de la régulation, celui des sciences de la nature et de la cybernétique[1074]. La régulation correspondrait alors, suivant les termes de Gérard Marcou, à « la description d'un système global et de la fonction qui maintient et reproduit l'ordre de ce système »[1075], tandis que la régulation constitutionnelle consisterait plus précisément en « le maintien et la reproduction de l'ordre constitutionnel »[1076], visant tout particulièrement « les conflits entre organes constitutionnels ou des crises internes aux pouvoirs publics »[1077]. Célestin Sietchoua Djuitchoko note de même que « [d]ans toutes les définitions de la régulation juridique, l'accent est mis sur la recherche de l'équilibre et le rétablissement de cet équilibre lorsque l'ordre juridique est troublé »[1078]. Dans ce cadre, l'objectif de la régulation constitutionnelle consiste en « le rétablissement ou la réalisation de l'équilibre de l'ordre

---

1068 F. HOURQUEBIE, *Sur l'émergence du contre-pouvoir juridictionnel sous la Ve République*, Bruxelles, Bruylant, 2004, p. 205.
1069 *Ibid.*, pp. 205-206.
1070 *Ibid.*, p. 206.
1071 J.-P. MASSIAS, « La complexité systémique du droit constitutionnel de la transition », *Revue d'études politiques et constitutionnelles est-européennes*, 2006, n° spécial, p. 54.
1072 *Ibid.*, p. 56.
1073 *Ibid.*, p. 57.
1074 N. MÉDÉ, « La fonction de régulation des juridictions constitutionnelles en Afrique francophone », *AIJC*, 2007, n° 23, p. 46.
1075 G. MARCOU, « La notion juridique de régulation », art. préc., p. 347.
1076 N. MÉDÉ, art. préc., p. 46.
1077 *Ibid.*, p. 52.
1078 C. SIETCHOUA DJUITCHOKO, « L'idée de régulation dans la construction du droit constitutionnel actuel des États d'Afrique noire francophone », *RRJ*, 2007/3 n° 119, p. 1545.

constitutionnel »[1079]. Par ailleurs, ajoute-il, « [l]e règlement des conflits est d'instinct pris en considération quand on prononce le mot régulation, et le droit n'en fait pas exception ». En conséquence, la régulation constitutionnelle peut être définie comme « *l'ajustement, conformément aux règles de droit constitutionnel, des actes des organismes constitutionnels et le rétablissement de cet équilibre quand l'ordre constitutionnel est troublé* »[1080].

442. Ces quelques analyses contemporaines prolongent la démarche entreprise dès le début des années 1980 par une partie de la doctrine et confirment par là l'ancrage en droit constitutionnel d'une conception autonome de la régulation, essentiellement importée des disciplines extra-juridiques. Mais le succès d'une telle approche laisse aussi entrevoir certaines difficultés. La diversité des définitions « métaphoriques » de la régulation révèle en effet des incertitudes quant à la manière dont elle s'exerce et à la nature de l'équilibre recherché. Cette indétermination est accentuée par la systématisation assez restreinte de l'idée de régulation en droit constitutionnel.

SECTION 2. LA REPRÉSENTATION TROP PEU STRUCTURÉE DE L'IDÉE DE RÉGULATION EN DROIT CONSTITUTIONNEL

443. L'étude de la régulation nécessite, pour le constitutionnaliste, d'opérer une requalification de ses outils conceptuels. Il lui faut d'abord arrêter un champ d'étude qui soit suffisamment autonome et cohérent pour être érigé en modèle analysable, puis, à l'intérieur de ce champ, déterminer les éléments qui le composent et leurs interactions afin de saisir ses tensions, sa dynamique globale et leur mode de régulation.

444. Or, « [i]l y a dans l'idée même de régulation l'idée de système complexe et interactionnel »[1081]. Dans ces conditions, il convient d'appréhender la constitution non pas seulement comme une composante, parmi d'autres, d'un système social global, mais comme le pivot d'un système plus réduit d'organisation des pouvoirs de l'État[1082], au sein duquel s'exerce nécessairement une régulation (§ I). L'étude des différentes modalités de cette régulation systémique impose de dépasser sa structuration par trop

[1079] *Ibid.*, p. 1546.
[1080] *Ibid.*, p. 1545. Il souligne.
[1081] J.-P. MASSIAS, « La complexité systémique du droit constitutionnel de la transition », art. préc., p. 55.
[1082] P. AVRIL estime en ce sens qu'une constitution doit être « considérée dans une perspective dynamique comme un *système* composé d'éléments structuraux (les organes, leurs compétences et leurs prérogatives), et d'éléments fonctionnels (les conventions) qui sont interdépendants et qui réagissent les uns sur les autres » (*Les conventions de la Constitution, op. cit.*, p. 133. Nous soulignons).

insuffisante dans la doctrine constitutionnelle afin d'en proposer une typologie (§ II).

§ I. Le système institutionnel, cadre essentiel de la régulation

445. On a parfois comparé la Constitution des États-Unis de 1787 à une structure « cybernétique », dont la régulation pourrait être pensée en termes de « stabilisation par la rétroaction »[1083]. Un tel recours à l'analogie – l'application au droit constitutionnel de concepts empruntés à des disciplines extra-juridiques – se base sur le postulat selon lequel il existe une similitude entre l'objet d'étude et une théorie issue d'un autre domaine, et que l'usage de cette théorie peut permettre une meilleure compréhension de l'objet d'étude.

446. Comme nous l'avons vu, les juristes vont souvent rechercher le sens de la cybernétique ou de la systémique pour qualifier la régulation. Il nous paraît en conséquence pertinent de pousser cette analogie au lieu d'exercice de la régulation en droit constitutionnel : le régime politique, qui structure l'organisation institutionnelle du pouvoir politique. Érigé en système complexe (A), le régime politique devient tout à la fois le fondement et l'enjeu d'une régulation (B).

A. Une approche systémique du régime politique

447. L'approche systémique s'est progressivement dégagée à partir des années 1940, grâce notamment aux travaux de Norbert Wiener sur la cybernétique[1084], mais c'est tout particulièrement au biologiste Ludwig von Bertalanffy qu'elle doit sa formalisation. Définissant les systèmes comme des « complexe[s] d'éléments en interaction »[1085], Bertalanffy est à l'origine d'une *Théorie générale* à portée interdisciplinaire, puisqu'elle a vocation à s'appliquer dans toutes les branches du savoir, y compris les sciences

[1083] V. not. M. LANDAU, « La théorie constitutionnelle et l'organisation des pouvoirs aux États-Unis », art. préc. ; A. PAPATOLIAS, *op. cit.*, pp. 94-95.
[1084] Le terme « cybernétique », forgé en 1947 par le mathématicien Norbert Wiener à partir du mot grec *κῦβερνήτης* (*kubernêtês*), « pilote, timonier », désigne « la théorie entière de la commande et de la communication, aussi bien chez l'animal que dans la machine » (N. WIENER, *La cybernétique. Information et régulation dans le vivant et la machine* (1948), Paris, Éd. du Seuil, « Sources du savoir », 2014, p. 70). Selon Wiener, la cybernétique, qui s'articule tout particulièrement autour de l'étude du concept de « rétroaction » (*feedback*), constitue « le meilleur terme possible pour exprimer *l'art et la science de la régulation* dans l'ensemble des domaines où cette notion est applicable » (*id.*, *I am a mathematician*, extrait reproduit *in* J. GUILLAUMAUD, *Norbert Wiener et la cybernétique*, Paris, Seghers, « Savants du monde entier », 1971, p. 134. Nous soulignons).
[1085] L. von BERTALANFFY, *Théorie générale des systèmes* (1968), Paris, Dunod, « idem », 2012, p. 53.

humaines et sociales[1086]. Nous souhaiterions par conséquent démontrer la pertinence d'une approche systémique du droit constitutionnel.

448. La tâche principale d'une constitution est de nature organisationnelle. Elle crée des institutions politiques, indique leur composition et les modalités de recrutement, leur attribue des fonctions et des compétences. Elle trace aussi des liaisons entre ces organes, précise la nature de leurs relations, instaure des moyens de contrôle et des mécanismes pour résoudre les conflits. En somme, la constitution met en place un modèle organisationnel cohérent, le régime politique, conçu pour assurer de lui-même sa propre stabilité et sa continuité face aux perturbations externes ou internes. Dès lors, la notion de système (1°) est pleinement applicable à l'analyse des régimes politiques. Ceux-ci peuvent effectivement être appréhendés comme des *systèmes institutionnels* (2°) dotés d'une logique organisationnelle propre (3°).

1°) La notion de système

449. D'une manière générale, un système, quel qu'il soit, peut être défini comme « un objet complexe, formé de composants distincts reliés entre eux par un certain nombre de relations »[1087]. Tout système se caractérise par quatre éléments fondamentaux : l'*interaction*, la *globalité*, l'*organisation* et la *complexité*[1088].

450. Premièrement, l'*interaction* ou interdépendance des éléments du système ne correspond pas nécessairement à une situation d'équilibre interne. Elle signifie simplement que les éléments sont liés et entretiennent des relations les uns avec les autres[1089]. Dans certaines conditions, il est possible que ces relations s'équilibrent, mais dans d'autres, elles peuvent aussi produire des déséquilibres ou des perturbations. Il existe des systèmes dont certains des éléments entretiennent entre eux des relations de conflit. Une forme remarquable d'interaction est la rétroaction, ou *feedback*, qui constitue l'un des objets d'étude majeurs de la cybernétique.

451. Deuxièmement, la *globalité* du système signifie qu'il « possède un degré de complexité plus grand que ses parties, autrement dit qu'il possède des propriétés irréductibles à celles de ses composants »[1090]. Le système ne se résume donc pas à la somme des éléments qui le composent, dont il faut néanmoins noter qu'ils peuvent eux-mêmes constituer des sous-systèmes,

---

[1086] « Partout autour de nous des systèmes ! » (*ibid.*, p. 1).

[1087] J. LADRIÈRE, « SYSTÈME, *épistémologie* », *Encyclopædia Universalis*, disponible sur http://www.universalis-edu.com/encyclopedie/systeme-epistemologie/, consulté le 15 sept. 2019, p. 5.

[1088] V. D. DURAND, *La systémique*, 13e éd., Paris, Puf, « QSJ ? », 2017, pp. 10-13.

[1089] V. J.-W. LAPIERRE, *L'analyse des systèmes politiques*, Paris, Puf, « Le sociologue », 1973, pp. 24-25.

[1090] J. LADRIÈRE, préc., p. 5.

c'est-à-dire des systèmes à part entière mais d'ordre inférieur à l'ensemble auquel ils appartiennent.

452. Troisièmement, l'idée d'*organisation* « peut être considérée comme le concept central de la systémique »[1091]. Elle correspond avant tout à « un agencement de relations entre composants ou individus qui produit une nouvelle unité possédant des qualités que n'ont pas ses composants »[1092], mais peut aussi désigner un processus de transformation, voire de réorganisation. Par conséquent, on peut dire que « l'organisation implique l'idée d'une sorte d'optimisation des composants d'un système et de leur agencement »[1093].

453. Quatrièmement, la *complexité* inhérente à tout système ne doit pas être confondue avec la complication. Un ensemble compliqué comportera de nombreux éléments plus ou moins désordonnés mais dont l'organisation peut être simple. La complexité relève quant à elle de la composition du système (le nombre d'éléments, leurs caractéristiques et les relations entre eux) mais aussi des incertitudes de son environnement externe. Elle empêche donc de prévoir avec certitude le fonctionnement concret et l'évolution du système[1094].

454. Arrivé à ce point, il est possible de décrire d'une manière générale la composition d'un système, en adoptant successivement les points de vue structurel et fonctionnel[1095]. Du point de vue structurel, un système comprend une *frontière* plus ou moins étanche qui le sépare de son environnement extérieur, des *éléments* identifiables, un *réseau de relations et de communication* entre ceux-ci et des *réservoirs* dans lesquels sont stockées des ressources telles de l'énergie ou des informations. Du point de vue fonctionnel, un système comporte des *flux* divers, des *centres de décision* qui agissent sur les débits des flux, des *boucles de rétroaction* qui permettent aux décideurs de réagir aux effets de leurs décisions et des *délais* qui laissent la possibilité de procéder aux ajustements nécessaires à la bonne marche du système. Enfin, il faut ajouter les *entrées* et les *sorties*, qui représentent les rapports du système avec son environnement extérieur.

455. Ces caractéristiques de base, applicables à n'importe quel système, peuvent tout à fait convenir pour qualifier la composition et le fonctionnement des régimes politiques, qu'il est alors possible d'appréhender en termes de *systèmes institutionnels*, comme nous allons le voir.

[1091] D. DURAND, *op. cit.*, p. 12.
[1092] *Loc. cit.*
[1093] *Loc. cit.*
[1094] *Ibid.*, p. 13.
[1095] V. *ibid.*, pp. 13-15.

2°) La notion de système institutionnel

456. Les régimes politiques se prêtent aisément à l'analyse systémique[1096]. D'après Maurice Duverger, ceux-ci constituent en effet :

> « [...] des *ensembles cohérents et coordonnés* d'institutions [politiques], dont il est artificiel de séparer les *différents éléments.* Il y a une *interdépendance* étroite entre toutes les institutions d'un même régime : de même qu'il y a d'ailleurs *interdépendance* étroite entre les régimes politiques et les institutions sociales, économiques, etc. »[1097].

On retrouve bien dans cette définition les références aux caractéristiques fondamentales d'un système (interaction ou interdépendance, globalité, organisation, complexité), aux différents éléments qui le composent (les institutions politiques ou pouvoirs publics) et à ses rapports avec son environnement extérieur (les autres systèmes sociaux)[1098].

457. Il convient toutefois de noter, afin d'éviter toute confusion, que la notion de régime politique peut être employée dans un sens plus large[1099] – elle renvoie alors à l'exercice du pouvoir politique en général voire au « style que la société doit au pouvoir »[1100], autrement dit au système politique dans son ensemble – ou au contraire plus strictement, pour évoquer « l'ensemble des dispositions juridiques qui organisent les institutions [politiques] »[1101], en particulier les dispositions constitutionnelles. Le fonctionnement concret du régime résulte dès lors de la combinaison entre le régime politique au sens strict et ce que Marie-Anne Cohendet appelle le « système de variables déterminantes »[1102], qui peuvent être juridiques mais non constitutionnelles

---

[1096] A. HAURIOU, « Recherches sur une problématique et une méthodologie applicables à l'analyse des institutions politiques », *RDP*, 1971, pp. 305-352. L'auteur relève que « [c]e type d'analyse paraît le plus complet [...] car il permet de définie un système à la fois par ses fonctions propres et par ses réactions à l'environnement ». Il est en outre transposable à toutes les catégories de régimes politiques (p. 310).

[1097] M. DUVERGER, *Droit constitutionnel et institutions politiques. Théorie générale des régimes politiques*, Paris, Puf, « Thémis », 1959, p. 11. Nous soulignons.

[1098] « Comme une machine, comme un organisme vivant, *un régime politique est un système* dont les éléments s'enclenchent réciproquement et réagissent les uns sur les autres » (M. DUVERGER, *Échec au roi*, Paris, Albin Michel, 1978, p. 26. Nous soulignons). Dans le même sens, Fr. BORELLA définit le régime politique comme « un système cohérent et relativement stable d'institutions politiques telles qu'elles fonctionnent. Le critère est donc institutionnel et privilégie les données juridiques résultant de la Constitution écrite ou de la coutume constitutionnelle : organes des différents pouvoirs, leurs compétences, les relations entre eux » (*Éléments de droit constitutionnel, op. cit.*, p. 240).

[1099] Pour une vue d'ensemble, v. G. de VERGOTTINI, « Régimes politiques », *in* M. TROPER, D. CHAGNOLLAUD (dir.), *Traité international de droit constitutionnel*, Paris, Dalloz, « Traités Dalloz », 2012, t. 2, pp. 113-157.

[1100] G. BURDEAU, « POLITIQUE – Les régimes politiques », *Encyclopædia Universalis*, disponible sur http://www.universalis-edu.com/encyclopedie/politique-les-regimes-politiques/, consulté le 15 sept. 2019, p. 1.

[1101] O. DUHAMEL, « Remarques sur la notion de régime semi-présidentiel », *in Droit, institutions et systèmes politiques. Mélanges en hommage à Maurice Duverger*, Paris, Puf, 1987, p. 587.

[1102] M.-A. COHENDET, « Le système de variables déterminantes », *in Mélanges en l'honneur de Jean Gicquel. Constitutions et pouvoirs*, Paris, Montchrestien, 2008, pp. 119-134.

(par exemple le mode de scrutin[1103]) ou non juridiques (le système partisan, le contexte ou encore les acteurs). Pour désigner la pratique institutionnelle issue des interactions constantes entre ces deux facteurs que sont les règles constitutionnelles et les variables déterminantes, Marie-Anne Cohendet utilise le concept de système politique[1104]. Il s'agit effectivement d'un système, dans la mesure où il constitue un ensemble formé de différents éléments qui interagissent constamment[1105].

458. Cependant, le concept de système politique risque lui aussi de prêter à confusion car il peut aussi désigner, dans une acception beaucoup plus large issue de la sociologie, « l'ensemble des processus de décision qui concernent la totalité d'une société globale »[1106]. Dans ce cadre, il constitue un sous-système d'une société globale décomposable en cinq sous-systèmes principaux, eux-mêmes composés de divers sous-systèmes : le système biosocial, le système écologique (ou socio-géographique), le système économique, le système culturel et enfin, le système politique, qui a donc pour environnement immédiat (« intra-sociétal ») les quatre premiers[1107].

459. Aussi, dans un souci de clarté et afin d'éviter toute confusion avec d'autres sous-systèmes sociaux, on parlera plutôt de système institutionnel pour désigner un ensemble d'institutions politiques interdépendantes et les relations qu'elles entretiennent entre elles et avec l'extérieur du système[1108].

[1103] Bien que l'on puisse aussi constitutionnaliser un mode de scrutin (v. L. SEUROT, « Faut-il constitutionnaliser le mode de scrutin aux élections législatives ? », *RFDC*, 2015/3 n° 103, pp. 657-678).

[1104] M.-A. COHENDET, *La cohabitation. Leçons d'une expérience*, Paris, Puf, « Recherches politiques », 1993, not. pp. 70-73 et pp. 283-289 ; *id.*, « La classification des régimes, un outil pertinent dans une conception instrumentale du droit constitutionnel », *in L'architecture du droit. Mélanges en l'honneur de Michel Troper*, Paris, Economica, 2006, pp. 299-314. Dans un sens très semblable, Armel Le Divellec distingue le « droit de la constitution », c'est-à-dire le cadre juridique du régime politique, de son fonctionnement réel, le « système de gouvernement ». Ce dernier requiert une approche qui soit autant que possible « systémique », afin d'être pensé « de façon globale et dynamique » (A. LE DIVELLEC, « Le prince inapprivoisé. De l'indétermination structurelle de la présidence de la Ve République (simultanément une esquisse sur l'étude des rapports entre "droit de la constitution" et système de gouvernement) », art. préc., n° 44, pp. 103-110).

[1105] Sur ces interactions entre variables déterminantes et entre variables déterminantes et régime politique, v. M.-A. COHENDET, « Le système de variables déterminantes », art. préc., pp. 129-131.

[1106] J.-W. LAPIERRE, *L'analyse des systèmes politiques*, *op. cit.*, p. 34. Pour une définition encore plus large, v. par ex. R. DAHL, *L'analyse politique contemporaine*, Paris, Robert Laffont, « Science nouvelle », 1973, p. 28 : « [u]n système politique est n'importe quel ensemble constant de rapports humains qui impliquent, dans une mesure significative, des relations de pouvoir, de gouvernement ou d'autorité ».

[1107] Sur la délimitation et l'environnement du système politique, v. J.-W. LAPIERRE, *L'analyse des systèmes politiques*, *op. cit.*, pp. 26-46.

[1108] Il existe des « institutions-corps » et des « institutions-mécanismes ». Une « institution-corps », ou « institution-organisme », bénéficie d'« une existence propre, transcendant ses composants individuels, auxquels elle n'est plus réductible ». *A contrario*, une « institution-mécanisme » n'est pas « un système humain juridiquement structuré mais [...] un système de règles de droit, formant un ensemble mécanique, susceptible de se combiner avec d'autres ». Par exemple, le principe de la responsabilité ministérielle est une institution-mécanisme. Ces deux types d'institutions « se complètent et se conjuguent pour former des ensembles institutionnels complexes » (M. PRÉLOT, J. BOULOUIS, *Institutions politiques et droit constitutionnel*, *op. cit.*, p. 44).

Une constitution établit, avant toute chose, un système institutionnel, qui est un sous-système du système politique au sens large du terme. En effet, la constitution organise et structure le cadre de la prise de décision politique[1109]. Elle crée des organes, les dote de compétences, précise leur composition et leurs modalités de recrutement. Elle indique les liens qui unissent ces organes et de quelle manière ils devront entrer en relation les uns avec les autres, instaure des points de contrôle et des modes de résolution des conflits. Le système institutionnel qu'elle met en place – Michel Troper emploie l'expression de « système d'organes »[1110] – constitue un modèle cohérent qui peut assurer lui-même sa propre continuité et son fonctionnement correct en s'adaptant à des variables imprévues sans engendrer de trop importantes perturbations[1111]. Plusieurs principes d'organisation cybernétiques le caractérisent.

3°) Les principes d'organisation du système institutionnel

460. Les éléments qui composent le système institutionnel entretiennent des relations les uns avec les autres (a). La manière dont s'agencent ces relations, selon que celles-ci se déroulent autour d'un canal hiérarchique unique ou au contraire sur la base d'une égalité entre les éléments, détermine la forme organisationnelle du système, qui peut être horizontale ou verticale (b), et génère un processus stabilisateur de rétroaction (c) permettant une régulation du système.

a. Interaction et interdépendance

461. D'abord, l'interaction entre les éléments du système institutionnel est rendue possible et nécessaire par la séparation et la division des pouvoirs. Le respect de ce principe rend les branches du gouvernement indépendantes mais coordonnées, c'est-à-dire interdépendantes. L'idée centrale est d'empêcher la

---

[1109] Dès 1733, BOLINGBROKE définissait la constitution comme « cet assemblage de lois, d'institutions, et de coutumes, dérivées de certains principes fixes de la raison, dirigées vers certains principes fixes du bien public, qui *composent le système général*, selon lequel la communauté a accepté d'être gouvernée » (*A dissertation upon parties* (1733), *in The Works of Lord Bolingbroke*, Philadelphie, Carey and Hart, 1841, vol. 2, p. 88. Nous traduisons et soulignons).

[1110] « Cette dernière expression conduit à souligner un point important : chacun des organes ainsi créés n'est qu'un élément d'un ensemble organisé, c'est-à-dire qu'il exerce ses compétences [...] en relation avec les autres organes » (M. TROPER, « Le problème de l'interprétation et la théorie de la supralégalité constitutionnelle », *in id.*, *Pour une théorie juridique de l'État*, Paris, Puf, « Léviathan », 1994, p. 306).

[1111] Armel Le Divellec écrit en ce sens que le système mis en place par la constitution « doit normalement aboutir à un exercice régulier (c'est-à-dire relativement constant, sur une période donnée) des instruments constitutionnels », ce qui ne signifie pas immuable car des mutations sont toujours à l'œuvre, même en l'absence de changement formel des règles juridiques (A. LE DIVELLEC, « Le prince inapprivoisé. De l'indétermination structurelle de la présidence de la Ve République (simultanément une esquisse sur l'étude des rapports entre "droit de la constitution" et système de gouvernement) », art. préc., p. 107).

concentration des trois pouvoirs entre de mêmes mains, définition même de la tyrannie, en se basant sur l'hypothèse que toute velléité expansionniste d'une branche du gouvernement rencontrerait immédiatement la résistance des autres branches, ce qui agirait comme un frein. En pratique, il est cependant impossible de séparer les trois pouvoirs entre trois organes s'excluant mutuellement, de telle sorte qu'aucune interaction ne soit possible. Les Pères fondateurs américains l'avaient parfaitement compris, et ont de ce fait conçu leur système institutionnel pour qu'il existe entre ses différentes composantes une forte interaction, considérée comme le meilleur moyen de régulation de l'ensemble[1112]. En conséquence, chaque branche du gouvernement fédéral s'est vue attribuer un domaine d'action propre, tout en empiétant partiellement sur les compétences des autres. Ainsi, le président peut opposer son veto aux lois adoptées par le Congrès[1113] ; le Sénat intervient dans le pouvoir présidentiel de nommer aux emplois publics[1114] ; la Cour suprême peut déclarer inconstitutionnelles les lois adoptées par le Congrès[1115]. Par ailleurs, le Congrès a le pouvoir de destituer « [l]e président, le vice-président et tous les fonctionnaires civils des États-Unis [...] sur mise en accusation et condamnation pour trahison, corruption ou autres crimes et délits majeurs »[1116]. Comme l'écrit Martin Landau, « [c]es recoupements de compétence permettent à chacune des trois branches d'exercer une résistance et un contrôle sur les autres et, c'est de cette manière que le système s'équilibre »[1117].

462. Cette logique de freins et contrepoids – *checks and balances* – est encore renforcée par les distinctions dans les modalités de recrutement et la durée des mandats des membres de chaque organe : les représentants sont élus pour deux ans[1118], les sénateurs pour six ans avec un renouvellement par tiers tous les deux ans[1119], le président pour quatre ans[1120], tandis que les juges à la Cour suprême sont désignés à vie par le président, avec le consentement du Sénat[1121]. Une telle diversité place les composantes du système dans une situation d'égalité et rend presque impossible la possibilité d'un monopole de

---

[1112] Tout en reconnaissant que l'existence de cette interaction entre les organes dans le cadre de la balance des pouvoirs contribue également à introduire de la *complexité* dans le fonctionnement du système institutionnel, à l'inverse d'une stricte spécialisation des organes (v. J. BOUDON, *Le frein et la balance. Études de droit constitutionnel américain*, *op. cit.*, pp. 309-316).
[1113] Art. Ier, section 7, al. 2 de la Constitution des États-Unis de 1787.
[1114] Art. II, section 2, al. 2.
[1115] Depuis l'arrêt *Marbury v. Madison*, 5 U.S. 137 (1803).
[1116] Art. II, section 4.
[1117] M. LANDAU, « La théorie constitutionnelle et l'organisation des pouvoirs aux États-Unis », art. préc., p. 73.
[1118] Art. Ier, section 2, al. 1.
[1119] Art. Ier, section 3, al. 1 et 2.
[1120] Art. II, section 1, al. 1.
[1121] Art. II, section 2, al. 2.

l'une d'elle. *A contrario*, dans les systèmes institutionnels de type parlementaire, l'existence de l'organe exécutif dépend plus ou moins directement de la composition du parlement. La régulation est alors assurée soit par l'existence dans la constitution de moyens d'action réciproques qui permettent à un organe d'agir directement sur l'existence de l'autre, à savoir le droit de dissolution du parlement et la possibilité d'engager la responsabilité politique de l'Exécutif, soit par les partis politiques eux-mêmes. Par conséquent, on constate que la forme du système institutionnel influe directement sur la forme de la régulation qui s'exerce en son sein.

b. Systèmes plats et systèmes pyramidaux

463. Il est possible de distinguer, dans la théorie des systèmes, des systèmes verticaux dits « en pointe » ou « pyramidaux » et des systèmes horizontaux dits « plats »[1122]. La première catégorie de système a tendance à concentrer le pouvoir en un seul point, autour d'une chaîne unique de commandement. C'est typiquement le cas des régimes politiques à parti unique telles les démocraties populaires, où le parti, organisé selon le principe du centralisme démocratique (c'est-à-dire la direction par un seul centre et la subordination de toutes les entités à ce centre), fait généralement office de chaîne de transmission aux différents niveaux[1123]. Il y existe un canal de pouvoir unique : pour que le système fonctionne correctement, ses composantes doivent s'emboîter les unes dans les autres, les décisions prises au sommet déterminant le fonctionnement des éléments subordonnés. Un système dit « plat » tend à l'inverse à diviser le pouvoir autour de divers canaux de transmission, aboutissant à un ensemble d'organes interdépendants et de poids plus au moins égal.

464. Le système institutionnel conçu par les Pères fondateurs américains en 1787 est plat, du fait de la séparation et de la division des pouvoirs et de l'existence des freins et contrepoids. En effet, les centres de décision et les canaux de pouvoir sont multiples, car les constituants ont souhaité élaborer un système extrêmement redondant, où il n'existe aucun monopole. Le but de la

---

[1122] Sur ces deux catégories appliquées aux systèmes institutionnels, v. M. LANDAU, « La théorie constitutionnelle et l'organisation des pouvoirs aux États-Unis », art. préc., pp. 80-81. Elles peuvent aussi être employées pour qualifier les formes d'organisation des systèmes juridiques (v. par ex. Fr. OST, M. van de KERCHOVE, *De la pyramide au réseau ? Pour une théorie dialectique du droit*, Bruxelles, Publications des Facultés universitaires Saint-Louis, 2002) ou encore celles des systèmes politiques (v. par ex. J.-W. LAPIERRE, « La pyramide et le réseau », *La pensée de midi*, 2002/1 n° 7, pp. 15-20).

[1123] M. LESAGE (« Le rôle du chef de l'État en période de transition », *RECEO*, 1992/4, vol. 23, pp. 41-48) écrivait à ce sujet que « [t]out système politique a besoin d'un régulateur. La régulation du système précédent [de type démocratie populaire] était assurée par le Secrétaire général du Parti et le Bureau politique, qui fixait les orientations de la politique et la répartition des compétences entre les organes du Parti et ceux de l'État, dans le cadre d'un système à parti unique ». Plus largement, v. *id.*, *Les institutions soviétiques*, 2e éd., Paris, Puf, « QSJ ? », 1983, not. pp. 7-68 ; *id.*, *Le système politique de l'URSS*, Paris, Puf, « Thémis », 1987, not. pp. 188-299.

redondance est que « [...] la défaillance de l'un des organes n'entraîne pas et ne puisse pas entraîner de dommage irréparable pour l'ensemble. Le principe est celui du double système de freinage sur une voiture, des deux pilotes dans un avion [...] »[1124]. Le système a ainsi la capacité de supporter la défaillance d'un organe, qui pourra être partiellement suppléé par un autre, et de survivre même s'il subit de graves dommages ou dysfonctionnements[1125].

465. Ceci dit, chaque organe existe et fonctionne indépendamment des autres, ce qui donne nécessairement naissance à des tensions au sein du système. Les choix politiques doivent être négociés en permanence car ils sont le résultat de ces tensions et de la concurrence entre les organes. Le caractère horizontal du système peut aussi être cause de conflits, d'impasses et d'immobilisme par absence d'un centre de décision capable d'agir rapidement. Les évolutions du régime politique américain au cours du XXe siècle vers un système davantage hiérarchisé en faveur de la présidence constituent une réaction face à ces inconvénients[1126]. Les présidentialismes tendront en effet vers des systèmes en pointe, organisés autour de la prééminence du chef de l'État[1127]. La situation instaurée par les régimes parlementaires stables n'est pas différente puisque « [l]e propre des systèmes parlementaires de gouvernement est la solidarité juridique et politique entre le gouvernement et les assemblées représentatives », qui conduit « en pratique à une symbiose politique entre le cabinet et la majorité (essentiellement fixe) parlementaire, renforcée par le phénomène partisan »[1128], le tout jouant généralement pleinement en faveur du chef du gouvernement, qui est aussi le chef de la majorité. En fait, quelle que soit sa forme, le système, s'il est bien conçu, peut se stabiliser de lui-même : c'est le processus de la rétroaction.

[1124] M. LANDAU, « La théorie constitutionnelle et l'organisation des pouvoirs aux États-Unis », art. préc., p. 83. Pour une vision plus détaillée du principe de redondance, v. *id.*, « Redundancy, Rationality, and the Problem of Duplication and Overlap », *Public Administration Review*, 1969/4, vol. 29, pp. 346-358.

[1125] Les dispositions de l'article 16 de la Constitution française du 4 octobre 1958 – les pouvoirs exceptionnels du président de la République – et ses équivalents étrangers ou historiques – par exemple l'article 48 de la Constitution de Weimar – s'inscrivent parfaitement dans cette logique, car elles visent à confier une fonction de suppléance au chef de l'État afin de pallier à une défaillance du système.

[1126] A. M. SCHLESINGER, *La Présidence impériale*, Paris, Puf, « XXe siècle », 1976. Pour une réactualisation, v. aussi D. LACORNE, J. VAÏSSE (dir.), *La présidence impériale. De Franklin D. Roosevelt à George W. Bush*, Paris, Odile Jacob, « Histoire et Document », 2007.

[1127] J.-É. GICQUEL considère ainsi le présidentialisme, au même titre que la cohabitation, comme un mode possible de régulation politique de la Ve République (« Équilibres et déséquilibres sous la Ve République », *RFDC*, 2015/2 n° 102, p. 265). En effet, la régulation politique sous la Ve République est véritablement structurée autour de la prééminence de l'élection présidentielle au suffrage universel direct (*id.*, « Les conflits constitutionnels sous la Ve République », *in* J. HUMMEL (dir.), *Les conflits constitutionnels. Le droit constitutionnel à l'épreuve de l'histoire et du politique*, Rennes, PUR, « L'Univers des Normes », 2010, p. 160).

[1128] A. LE DIVELLEC, « L'articulation des pouvoirs dans les démocraties parlementaires européennes : fusion et mitigation », *Pouvoirs*, 2012/4 n° 143, p. 131 et p. 133 ; v. aussi *id.*, « Propositions pour l'analyse doctrinale des gouvernements parlementaires », *VIIe Congrès français de droit constitutionnel*, Paris, AFDC, 2008.

c. La stabilisation par la rétroaction

466. Il existe des systèmes institutionnels qui assurent eux-mêmes leur stabilité en prévenant ou en corrigeant les dysfonctionnements. De tels systèmes, que l'on peut qualifier d'autorégulateurs, sont généralement basés sur le principe de la « stabilisation par la rétroaction » (*feedback stabilization*) : en recyclant une partie de leurs *inputs* en *outputs*, ils se régulent eux-mêmes[1129]. Issu de la cybernétique, le principe de la rétroaction a été utilisé en droit constitutionnel ; le biophysicien américain John R. Platt a ainsi constaté des similitudes frappantes avec la logique des freins et contrepoids exposée dans *Le Fédéraliste*[1130]. Les rétroactions négatives (*negative feedbacks*) servent à éviter une accumulation de tensions qui pourrait provoquer une rupture au sein du système. Ce risque est écarté en intégrant directement au système un réseau de boucles de rétroaction (*feedback loops*) dont le rôle est d'empêcher des fluctuations trop brutales et de permettre au système de réagir de manière stable et cohérente à des influences perturbatrices.

467. Le processus est souvent illustré à l'aide de l'exemple d'un radiateur et de son thermostat[1131]. Un système ouvert (le radiateur) auquel on adjoint un mécanisme de régulation exogène (le thermostat) est capable de réagir aux perturbations de son environnement en maintenant constante sa variable essentielle (sa température) dans une limite conforme à l'objectif qui lui a été assigné de l'extérieur (la température souhaitée). Il s'agit d'une boucle de rétroaction élémentaire : le système prend en compte tout écart entre la température souhaitée et ses *outputs* (la température réelle) en modifiant en conséquence ses *inputs* (augmentation ou diminution de l'activité de l'appareil de chauffage).

468. Dans le dispositif institutionnel américain, l'idée consiste, selon Platt, à « installer, à chaque point critique du système, un équilibre entre les intérêts et motivations conflictuels afin d'obtenir une pression constante contre les excès et les défauts dans lesquels le gouvernement était susceptible de tomber

---

[1129] Un système politique – au même titre que ses sous-systèmes – n'est jamais totalement fermé, c'est-à-dire entièrement replié sur lui-même, et dispose au moins d'une entrée par laquelle s'introduit ce qui provoque ou alimente son fonctionnement : ce qu'on appelle les *inputs*. Le système dispose aussi d'une sortie avec laquelle il entre en relation avec son environnement : ce qui sort du système de cette manière est appelé *outputs*. Les *outputs* sont des réactions aux *inputs* ; les deux termes expriment l'interaction du système avec son environnement mais également avec lui-même, car il est parfaitement envisageable qu'un système réagisse à ses propres *outputs* (v. J.-W. LAPIERRE, *L'analyse des systèmes politiques*, *op. cit.*, pp. 40-46).

[1130] J. R. PLATT, « The Federalists and the Design of Stabilization », *in id.*, *The Step to Man*, New York, John Wiley & Sons, 1966, pp. 108-131.

[1131] V. par ex. M. LALLEMENT, « SYSTÉMISME », *Encyclopædia Universalis*, disponible sur http://www.universalis-edu.com/encyclopedie/systemisme/, consulté le 15 sept. 2019, p. 2 ; J.-W. LAPIERRE, *L'analyse des systèmes politiques*, *op. cit.*, pp. 231-232.

[...] »[1132]. Ces propos correspondent tout à fait à ceux tenus par Madison dans les *Federalist Papers* 47 à 51, où il explique que la stabilité du système doit provenir de sa structure interne, organisée d'une manière telle que les relations entre les composantes puissent assurer l'autorégulation de l'ensemble[1133]. Cette organisation qui doit conduire à l'équilibre correspond au principe newtonien d'action et de réaction, c'est-à-dire aux freins et contrepoids dans le langage constitutionnel, ou encore, en termes cybernétiques, à un processus de rétroaction négative.

469. Dans le cadre du régime parlementaire classique du XIXe siècle et de la première moitié du XXe siècle, le principe de la responsabilité politique, en permettant la prise en compte des variations du soutien au ministère dans le corps électoral, était le principal mécanisme de rétroaction négative. Élus au suffrage restreint puis universel, les parlementaires étaient considérés comme les représentants directs du peuple, et leur soutien majoritaire était requis pour tout gouvernement, qui démissionnait s'il était mis en minorité, puisque cela signifiait une perte de confiance en la politique menée dans la société. Le régime des partis et la réaction que constitua la rationalisation du parlementarisme réduisirent presque à néant l'effectivité de ce type de contrôle parlementaire. Demeure seulement le renouvellement régulier des chambres par le biais d'élections, qui constitue désormais le principal fournisseur d'*inputs* du régime parlementaire. La technique des sondages d'opinion, aujourd'hui largement employée par le personnel politique, est un autre procédé d'information rétroactive (l'*input* se compose exclusivement d'informations) qui n'entraîne toutefois de conséquences sur le système politique que dans la mesure où ses résultats sont pris en compte par les gouvernants[1134].

470. Étant donné qu'un certain nombre de décisions politiques concernent directement le fonctionnement même du système institutionnel, une partie de ce qui en sort y rentre aussitôt ; c'est ce que David Easton appelle les *intrasystem outputs*[1135]. Ceux-ci amènent à des réactions du système (*inputs* endogènes, ou *withinputs* chez Easton[1136]), par exemple des demandes, des contraintes ou des ressources qu'il s'adresse à lui-même. Ce processus

---

[1132] J. R. PLATT, *op. cit.*, p. 109. Nous traduisons.
[1133] V. *supra*, première partie, titre premier, chap. I.
[1134] Sur le processus de rétroaction dans les démocraties libérales, v. not. J.-W. LAPIERRE, *L'analyse des systèmes politiques*, *op. cit.*, pp. 248-249. L'auteur relève que l'information rétroactive existe aussi dans les régimes à parti unique, où revient au parti et à ses organisations satellites (associations, syndicats) de l'émettre, ce qui n'est pas sans poser difficulté : les informations étant filtrées, il en résulte un décalage important entre la rétroaction et la réalité, sur laquelle les gouvernants ne sont vraiment informés que par les rapports de la police secrète (*ibid.*, p. 250).
[1135] D. EASTON, *Analyse du système politique*, Paris, Armand Colin, « Analyse politique », 1974, p. 327.
[1136] D. EASTON, *A Framework for Political Analysis*, Englewood Cliffs, Prentice-Hall, « Prentice-Hall Contemporary Political Theory Series », 1965, pp. 114-115.

d'action et de réaction, qui prend la forme d'un réseau de boucles de rétroaction par le biais duquel le système réagit par des *inputs* endogènes (*withinputs*) à ses *intrasystem outputs*, correspond à la dynamique interne du système et permet sa régulation[1137].

471. La régulation du système consiste en des modifications fonctionnelles ou des aménagements de certaines de ses composantes, afin de prendre en compte les variations de ses *inputs* sans pour autant modifier son mode d'organisation (le régime politique mis en place par la constitution). Le cas le plus courant est le renouvellement partiel ou total de la composition de l'un des organes politiques, tels la dissolution du parlement ou le changement de gouvernement en régime parlementaire. L'alternance au gouvernement ou le changement de majorité au parlement ne transforment pas la structure du système institutionnel ; bien au contraire, ils garantissent son maintien et celui du respect des règles constitutionnelles. *A contrario*, dans les systèmes à parti unique, il n'y a généralement pas de dispositions juridiques effectives pour encadrer le changement de gouvernants. Seules existent des pratiques qui, si elles n'excluent pas le recours à la violence, ne remettent pas non plus en cause le maintien du système institutionnel[1138]. Jean-William Lapierre note en ce sens que « [m]ême un coup d'État, si ses auteurs se contentent de violer “exceptionnellement” les règles de recrutement du personnel gouvernemental sans les modifier, n'est qu'un processus d'autorégulation adaptative dans une situation critique, mais non révolutionnaire »[1139]. La dynamique interne du système, source de complexité et de conflits potentiels, implique en effet l'existence d'une régulation à même de garantir le fonctionnement cohérent de ce système.

B. La problématique de la régulation systémique

472. La notion de régulation du système institutionnel est porteuse d'une double difficulté. Elle se caractérise en effet par son ambivalence (1°) et sa complexité (2°).

[1137] La décision de dissoudre un parlement en conflit ouvert avec l'Exécutif illustre parfaitement un tel processus d'action (la censure du gouvernement par le parlement) et de réaction (la dissolution du parlement par le chef de l'État ou de gouvernement).

[1138] En témoignent l'assassinat – commandité par Staline – de Trotski en 1940, les multiples procès staliniens, ou encore l'exécution de Beria et l'élimination de Malenkov sous l'impulsion de Khroutchev. Sur l'évolution de la composition des organes dirigeants et les successions au sommet en URSS, v. not. M. LESAGE, *Le système politique de l'URSS*, *op. cit.*, pp. 464-479 ; B. R. BOCIURKIW, « The Problem of Succession in the Soviet Political System: The Case of Khrushchev », *Canadian Journal of Economics and Political Science*, nov. 1960, pp. 575-591.

[1139] J.-W. LAPIERRE, *L'analyse des systèmes politiques*, *op. cit.*, p. 262.

1°) L'ambivalence de la notion

473. La régulation, remarque Jean-Pierre Massias, « désigne, tout à la fois, le processus de maintien et d'ajustement d'un système complexe en rapport avec des principes ou des normes et un outil conceptuel de représentation du système »[1140]. En d'autres termes, le système n'existe que parce qu'il est régulé et n'est analysable qu'à travers l'étude de sa régulation.

474. On constate ainsi que le système institutionnel instauré par la Constitution américaine de 1787 se confond totalement avec son mode de régulation, tant et si bien qu'il paraît plus approprié de le qualifier de *régime de freins et contrepoids* que de régime présidentiel[1141]. De même, les régimes parlementaires sont définis sur la base de leur mode principal de régulation – l'existence d'un gouvernement politiquement responsable devant le parlement – auquel on ajoute parfois la possibilité pour l'Exécutif de dissoudre la chambre élue (mécanisme régulateur par excellence). Étudier un régime parlementaire revient donc à étudier sa régulation, y compris lorsqu'elle est de nature partisane : le bipartisme est incontestablement le principal vecteur de stabilité du système institutionnel britannique, et le parti majoritaire joue un rôle majeur dans le processus de rétroaction, qui peut conduire à un changement de *leadership*[1142].

475. C'est bien là que se trouve l'ambiguïté fondamentale de la régulation : celle-ci n'existe que parce qu'elle est la conséquence d'un fonctionnement systémique, mais le système n'existe lui-même que parce qu'il est régulé. Par conséquent, la régulation est à la fois un produit du système et une activité indispensable à la survie du système. Cette dualité intrinsèque n'est pas sans incidence sur sa complexité.

2°) La complexité de la notion

476. La régulation consiste en « un mode de cohabitation, de combinaison d'éléments divers et le plus souvent susceptibles de produire des interactions

---

[1140] J.-P. MASSIAS, « La complexité systémique du droit constitutionnel de la transition », art. préc., pp. 54-55.

[1141] V. en ce sens la position de J. BOUDON, *Manuel de droit constitutionnel. Théorie générale – Histoire – Régimes étrangers*, Paris, Puf, « Droit fondamental », 2015, pp. 170-171 ; *id.*, *Le frein et la balance. Études de droit constitutionnel américain*, *op. cit.*

[1142] En 1990, Margaret Thatcher, contestée au sein même du parti conservateur à cause de l'impopularité de sa réforme de la fiscalité locale (*poll tax*) est poussée à la démission par son propre camp ; en 2007, du fait de la contestation montante au sein de son camp de l'intervention en Irak, Tony Blair quitte ses fonctions de premier ministre et de leader du parti travailliste ; en 2016, la victoire du *leave* – en faveur duquel de nombreux élus conservateurs avaient fait campagne – lors du référendum sur la sortie du Royaume-Uni de l'Union européenne conduit au retrait de David Cameron (v. not. J. BOUDON, *Manuel de droit constitutionnel. Théorie générale – Histoire – Régimes étrangers*, *op. cit.*, pp. 196-202).

conflictuelles »[1143] ; son étude n'est pas celle du fonctionnement global du système, mais plutôt l'étude des interactions entre les différents éléments du système, des tensions et de la dynamique qu'elles génèrent. On mesure alors l'adaptation de l'idée de régulation à celle de système institutionnel, dont on a déjà exposé combien elle pouvait être porteuse de complexité pour les institutions et les interactions entre celles-ci. Aussi doit-on dire que « [l]a régulation se nourrit de la complexité » du système institutionnel[1144].

477. Il faut néanmoins noter que la régulation peut elle-même être directement productrice de complexité. Celle-ci s'exprime à la fois dans son objet et dans sa forme. L'objet de la régulation institutionnelle, tout d'abord, est double – le maintien de la structure fondamentale du système d'une part, le règlement des conflits et des crises au sein du système d'autre part – ce qui peut se révéler source de contradiction et, par là, de complexité. C'est le cas des *checks and balances* américains, qui visent à empêcher la concentration des pouvoirs dans un même organe mais au prix d'un risque de paralysie complète du système[1145]. Autrement dit, le mode de régulation choisi pour garantir le maintien de la structure fondamentale du système américain – l'autonomie et l'égalité des organes – est lui-même source de tensions qui nécessitent une régulation[1146]. Dans les systèmes en pointe de type présidentialiste, la régulation est fondamentalement assurée par le chef de l'État, ce qui conduit souvent à la problématique inverse. Dans ces pays, on assiste généralement à un excès de compétence du président pouvant mener à une démesure voire une dénaturation de la régulation politique. Le rééquilibrage du système passe alors par la mise en œuvre d'un processus de régulation juridictionnelle prioritairement tourné vers l'encadrement des prérogatives présidentielles[1147].

478. Enfin, la complexité de la régulation s'exprime dans sa forme. Celle-ci est d'abord la conséquence des éléments précédemment exposés. En effet, la régulation institutionnelle, dont on a déjà distingué plusieurs niveaux d'exercice, ne peut être envisagée sous une forme unique, et il est évident que

---

[1143] J.-P. MASSIAS, « La complexité systémique du droit constitutionnel de la transition », art. préc., p. 55. Nous soulignons.

[1144] *Loc. cit.*

[1145] Les Pères fondateurs ont fait le choix de « la liberté au prix de la paralysie du gouvernement » (v. J. BOUDON, « Les impasses constitutionnelles aux États-Unis. L'exemple du conflit budgétaire en 1995-1996 », *in* J. HUMMEL (dir.), *Les conflits constitutionnels. Le droit constitutionnel à l'épreuve de l'histoire et du politique*, Paris, Rennes, « L'Univers des Normes », 2010, pp. 84-90).

[1146] Aux États-Unis, en cas de blocage budgétaire entre le Congrès et le président, la régulation du conflit relève non des règles constitutionnelles mais du comportement des acteurs. Ceux-ci préféreront le compromis à l'impasse, parce que celle-ci « nie leur ambition et parce qu'elle suscite, dans une démocratie, l'hostilité de l'électorat contre l'un des acteurs politiques jugés coupables de cette impasse » (*ibid.*, p. 97).

[1147] L'hypothèse se vérifie particulièrement dans les systèmes institutionnels des États d'Afrique noire francophone (v. C. SIETCHOUA DJUITCHOKO, « L'idée de régulation dans la construction du droit constitutionnel actuel des États d'Afrique noire francophone », art. préc., not. pp. 1557-1569).

l'autorégulation systémique n'adopte pas la même expression que la régulation politique d'un chef de l'État ou qu'une régulation de nature juridictionnelle. Il faut dès lors s'interroger sur la spécificité de chacune de ces régulations au sein du système institutionnel. De fait, la régulation en droit constitutionnel apparaît multiforme car conduite par des acteurs différents, ce qui détermine sa nature. Il convient désormais d'analyser cette diversité et sa représentation en droit constitutionnel.

§ II. La formalisation limitée de l'idée de régulation en droit constitutionnel

479. Une description de la structure de la régulation du système institutionnel peut donner un certain nombre de repères sur ses modalités. On ne doit toutefois pas espérer, sur ce sujet, pouvoir se contenter des éléments de réponse donnés par les constitutions, qui, s'ils sont autant d'indications utiles à la connaissance de la régulation, ne suffisent pas à la caractériser. Il revient alors à la doctrine de construire des classifications les plus exhaustives possible. On ne peut pourtant se contenter de celles déjà existantes, qui sont certes parfois utiles à l'identification de la régulation constitutionnelle, mais demeurent insuffisantes voire clairement déformantes (A). Aussi convient-il d'en proposer une typologie simple mais cohérente (B).

A. L'insuffisance des classifications existantes

480. Face à la complexité du phénomène de la régulation en droit constitutionnel, il n'est pas étonnant que les juristes aient déjà voulu souligner son caractère pluriel en identifiant en son sein plusieurs catégories. La première distinction, fondamentale mais insuffisante, conduit à différencier la régulation qui s'exerce à travers la constitution de celle qui, au contraire, émerge dans un cadre extra-légal (1°). La seconde, qui s'est dessinée sous la plume de Louis Favoreu, oppose la régularisation normative à la régulation politique, sans qu'on puisse toutefois en tirer des conséquences quant aux acteurs et aux modalités d'exercice de cette dernière (2°).

1°) La distinction élémentaire d'une régulation intra-constitutionnelle et d'une régulation extra-constitutionnelle

481. « La Constitution plus efficace que les putschs » titrait le journal *Jeune Afrique économie* (1er octobre 1996)[1148]. Mais l'un n'empêche pas toujours

[1148] « La constitution plus efficace que le putsch ? » s'interrogeait la même année J. du BOIS de GAUDUSSON (« Les solutions constitutionnelles des conflits politiques », art. préc., p. 255).

l'autre, et la permanence, notamment en Afrique subsaharienne, de coups d'État, « relativise encore le rôle joué par les règles de droit dans la régulation du pouvoir politique »[1149]. Partant de ce constat, il convient d'établir une dichotomie entre, d'une part, une régulation *intra-constitutionnelle* du système institutionnel, qui s'exerce par et dans le cadre des règles juridiques fixées par le droit constitutionnel et, d'autre part, une régulation *extra-juridique* ou *extra-constitutionnelle* du système institutionnel, qui apparaît nécessairement en cas d'impasse à une crise institutionnelle que la régulation intra-constitutionnelle ne parvient pas à régler.

482. La forme la plus souvent adoptée par la régulation extra-constitutionnelle est sans conteste celle du coup d'État[1150], qui s'analyse alors comme « le moyen inconstitutionnel de sortir d'un blocage constitutionnel »[1151]. Pour autant, tous les coups d'État ne poursuivent pas une finalité régulatrice du système institutionnel ; ils n'interviennent pas toujours dans une situation de blocage des institutions. Michel Troper distingue en ce sens deux significations de l'expression « coup d'État », qui peut tout à la fois désigner « la solution par la force d'une crise résultant de l'opposition de deux autorités entre lesquelles est partagée la puissance suprême de l'État » et « un coup de force tenté par des individus investis d'une fonction supérieure »[1152]. Michel Troper propose donc de « réserver le terme "coup d'État" pour désigner le premier fait, et d'utiliser pour le second, le terme de "rébellion" ou

---

[1149] S. PIERRÉ-CAPS, *Droits constitutionnels étrangers*, *op. cit.*, p. 198.

[1150] Elle n'est toutefois pas la seule ; une tentative de coup d'État peut mener à des phénomènes plus globaux, qui vont au-delà des frontières du système institutionnel pour atteindre le système politique voire la société globale dans leur ensemble. Il peut s'agir d'une guerre civile ou encore d'une révolution, dont les causes dépassent généralement le cadre de la seule crise institutionnelle (sur la distinction et les liens entre la notion de coup d'État et celle de révolution politique, v. M. MOCK, *Le coup d'État moderne, formation ajuridique d'un nouvel ordre juridique*, thèse dactylographiée, Université Paris II Panthéon-Assas, 2012, pp. 54-230). La régulation extra-constitutionnelle du système institutionnel peut également adopter la forme extrême d'une intervention extérieure, qui ne se limite plus uniquement à l'intervention militaire d'un État tiers ou de la communauté internationale mais s'accompagne de plus en plus d'une intervention juridique, au niveau constitutionnel. Cet encadrement international du pouvoir constituant, notamment en Afrique, aboutit à des accords politiques qui parfois donnent « lieu et naissance à des montages surprenants » (J. du BOIS de GAUDUSSON, « Défense et illustration du constitutionnalisme en Afrique après quinze ans de pratique du pouvoir », *in Renouveau du droit constitutionnel. Mélanges en l'honneur de Louis Favoreu*, Paris, Dalloz, 2007, p. 622) voire même à des « dispositions constitutionnelles de dupe » (J. OWONA, « L'essor du constitutionnalisme rédhibitoire en Afrique noire. Étude de quelques "constitutions Janus" », *in L'État moderne : horizon 2020. Aspects internes et externes. Mélanges offerts à P.-F. Gonidec*, Paris, LGDJ, 1985, p. 243), ce qui pousse Karim Dosso à souligner son caractère souvent plus déstabilisateur que régulateur : « [q]ue la crise du constitutionnalisme en Afrique soit le résultat des nombreux dysfonctionnements internes, on le savait. Que la crise du constitutionnalisme en Afrique ait une dimension internationale, notamment à travers les organisations internationales, on le découvre avec stupeur » (K. DOSSO, « Les pratiques constitutionnelles dans les pays d'Afrique noire francophone : cohérences et incohérences », *RFDC*, 2012/2 n° 90, supplément électronique, pp. e81-e82).

[1151] Fr. SAINT-BONNET, « La prévention du conflit constitutionnel en l'an III », art. préc., p. 33. Sur la notion de coup d'État, v. aussi *id.*, « Technique juridique du coup d'État », *in* Fr. BLUCHE (dir.), *Le prince, le peuple et le droit. Autour des plébiscites de 1851 et 1852*, Paris, Puf, « Léviathan », 2000, pp. 123-160.

[1152] M. TROPER, *La séparation des pouvoirs et l'histoire constitutionnelle française*, *op. cit.*, p. 199.

de “pronunciamiento” »[1153]. La première situation relève en effet d’un blocage institutionnel, et le coup d’État vient pallier la défaillance de la régulation intra-constitutionnelle ; il peut de ce fait être qualifié de régulateur. En revanche, dans la seconde situation, il s’agit d’un coup de force (visant généralement la prise du pouvoir) qui ne relève en rien de la régulation mais doit au contraire être analysé comme une forme de perturbation extra-systémique du système institutionnel[1154].

483. Sans doute la gravité de la crise institutionnelle n’offre-t-elle parfois guère d’autres alternatives que le recours à l’arbitrage militaire[1155], dans lequel l’armée joue le rôle d’un régulateur extra-constitutionnel. Le coup d’État du 27 janvier 1996 au Niger a ainsi été présenté comme ayant eu une double fonction[1156]. Il aurait d’abord joué un *rôle curatif* de la crise politique qui était le résultat de la gestion catastrophique de la cohabitation « à la française » par le président de la République Mahamane Ousmane et le premier ministre Hama Amadou, issus de camps politiques opposés[1157]. Il aurait ensuite eu un *rôle préventif*, dans la mesure où il aurait permis d’éviter la guerre civile au Niger, autrement dit d’empêcher la contagion au système politique, voire à la société globale dans son ensemble, d’une crise à l’origine spécifique au sous-système institutionnel. Toutefois, dans la réalité constitutionnelle, les coups d’État qui non seulement seraient nécessaires à la régulation d’un système institutionnel dérégulé, mais surtout, atteindraient leur objectif en ce sens, apparaissent tout à fait anecdotiques. La plupart du temps, les coups d’État, même lorsque qu’ils visent réellement une régulation extra-constitutionnelle du système institutionnel, constituent seulement des causes supplémentaires

[1153] *Loc. cit.*

[1154] Tel est par exemple le cas de la tentative de putsch menée par le lieutenant-colonel Antonio Tejero le 23 février 1981 en Espagne (le « 23-F » pour les Espagnols), qui se produit en l’absence de toute crise institutionnelle et constitue plutôt l’expression du ressentiment d’une partie de l’armée, farouchement anti-communiste voire nostalgique du franquisme, envers le processus de démocratisation (v. P. PRESTON, « La peur de la liberté : l’armée espagnole de l’après-franquisme », *Lignes*, 1988/3 n° 4, pp. 195-220 ; M. TROUVÉ, « La culture du pronunciamento en Espagne », *Parlement[s]*, 2009/2 n° 12, pp. 87-98 ; *id.*, « “Le poids des mots, le choc des photos” : le lieutenant-colonel Tejero aux Cortès le 23 février 1981 », *Parlement[s]*, 2017/3 hors-série n° 12, pp. 241-248).

[1155] Dans tous les cas, l’instabilité institutionnelle est ce qui justifie le coup d’État, tout en étant également une condition nécessaire à sa réussite : l’État n’est prenable que s’il est affaibli (v. M. MOCK, *op. cit.*, pp. 261-263).

[1156] Sur les causes et l’objet du coup d’État de 1996, v. en particulier B. ISSA ABDOURHAMANE, *Crise institutionnelle et démocratisation au Niger*, Talence, CEAN et IEP de Bordeaux, « Études et Recherches », 1996.

[1157] C. TOULABOR parle, non sans une certaine ironie, de « putsch salvateur » (« Préface », *in ibid.*, p. 3). Sur la crise politique de 1995-1996 au Niger et le phénomène de cohabitation en Afrique, v. aussi G. CONAC, « Semi-presidentialism in a francophone context », *in* R. ELGIE, S. MOESTRUP (dir.), *Semi-presidentialism outside Europe: a comparative study*, Londres, Routledge, « Routledge research in comparative politics », 2007, pp. 86-88.

d'instabilité institutionnelle, en l'occurrence d'importantes perturbations extra-systémiques[1158].

484. Quoi qu'il en soit, il existe une influence réciproque entre la régulation intra-constitutionnelle et la régulation extra-constitutionnelle. En effet, la seconde intervient en réaction aux insuffisances de la première. De ce fait, la seule crainte de l'apparition d'une forme extra-constitutionnelle de régulation du système institutionnel détermine forcément les choix du constituant en la matière, qui peuvent aller jusqu'à l'institutionnalisation pure et simple d'un état d'exception extra-légal. C'est précisément ce que relève Philippe Ségur au sujet de l'institution de la dictature sous la République romaine :

> « [l]'institution vise […] clairement à donner une forme légale à un pouvoir qui, par nécessité, ne relève plus de l'ordre constitutionnel ordinaire. Elle manifeste une volonté d'intégration dans le système juridique de ce qui excède le droit et le menace : la force extra-légale. […] l'institution tente d'assimiler, sous le couvert de circonstances exceptionnelles, ce qui, par définition, s'oppose à toute forme de légalité instituée (la rupture de légitimité, la violence d'un système politique concurrent) »[1159].

La même conception sous-tend l'article 16 de la Constitution française du 4 octobre 1958, qui « constitutionnalise l'état d'exception dans une même dialectique du droit et de la force »[1160]. C'était en effet la volonté des rédacteurs de la Constitution que de permettre l'exercice d'une régulation constitutionnelle y compris dans les moments de grave crise[1161]. René Capitant voyait ainsi dans l'article 16 une « constitutionnalisation de l'appel du 18 juin 1940 »[1162]. D'une certaine manière, on prévient l'exercice de la régulation extra-juridique en la constitutionnalisant.

485. La distinction entre régulation intra-constitutionnelle et régulation extra-constitutionnelle du système institutionnel est donc fondamentale mais

---

[1158] Les interventions extra-constitutionnelles peuvent aussi avoir pour objectif affiché un changement de régime politique, c'est-à-dire une véritable rupture systémique, qualifiée par la doctrine de changement anticonstitutionnel de régime. Kelsen considérait en ce sens que « [l]a révolution – au sens large de ce mot, qui comprend également le coup d'État – est toute modification de la Constitution ou tout changement ou substitution de Constitution qui ne sont pas légitimes, c'est-à-dire qui ne sont pas opérés conformément aux dispositions de la Constitution en vigueur » (H. KELSEN, *Théorie pure du droit*, Paris, LGDJ, « La pensée juridique », 1999, p. 209). Sur le sujet, v. not. R. BEN ACHOUR (dir.), *Les changements anticonstitutionnels de gouvernement. Approches de droit constitutionnel et de droit international*, Aix-en-Provence, PUAM, « Les cahiers de l'Institut Louis-Favoreu », n° 3, 2014.

[1159] Ph. SÉGUR, « Le mythe de la dictature à la romaine et l'article 16 de la Constitution de 1958 », *in Le pouvoir, mythes et réalité. Mélanges en hommage à Henry Roussillon*, Toulouse, Presses de l'Université Toulouse 1 Capitole, 2014, t. 1, p. 652. Sur l'institution dictatoriale romaine durant la République, v. A. PIERRÉ-CAPS, « L'État d'exception dans la Rome antique », *Civitas Europa*, 2016/2 n° 37, pp. 339-349.

[1160] Ph. SÉGUR, art. préc., p. 653.

[1161] Sur les débats autour de la rédaction de l'article 16 en 1958, v. D. MAUS, « L'écriture de l'article 16 de la Constitution de 1958 : une "constitution" pour une crise ? », *in Le pouvoir, mythes et réalité. Mélanges en hommage à Henry Roussillon*, Toulouse, Presses de l'Université Toulouse 1 Capitole, 2014, t. 1, pp. 493-518.

[1162] V. Ph. SÉGUR, art. préc., p. 649.

demeure bien sûr insuffisante en ce qu'elle ne nous permet pas de distinguer les différentes formes de régulation que le constituant peut décider d'instaurer. En revanche, il convient de ne pas retenir l'opposition entre « régulation normative » et « régulation politique ».

2°) La distinction inopérante d'une « régulation normative » et d'une « régulation politique »

486. Dans son étude de 1967 sur le Conseil constitutionnel français et les pouvoirs publics, le doyen Favoreu esquisse une typologie de la régulation constitutionnelle en distinguant la régulation de l'activité « politique » des pouvoirs publics, dont sont expressément chargées certaines cours étrangères, et la régulation de l'activité « normative » des pouvoirs publics, la seule qu'exerce le Conseil constitutionnel[1163]. Ce classement a été résumé à une opposition entre la régulation dite « politique » des organismes politiques et la régulation dite « normative » des juridictions constitutionnelles[1164].

487. Pour autant, le critère de la distinction n'est pas l'identité de l'auteur ni les modalités d'exercice de la régulation, mais son objet. Le Conseil constitutionnel français, écrit Louis Favoreu, « est chargé de veiller à ce que les organes investis du pouvoir normatif général se conforment à la Constitution dans l'édiction des actes fondamentaux, c'est en effet un organe régulateur de l'activité normative des pouvoirs publics, et non de leur activité politique »[1165]. En d'autres mots, les rédacteurs de la Constitution de 1958 ont « chargé le Conseil de la régulation de la fonction législative du Parlement et non de la fonction politique de contrôle du gouvernement »[1166]. Ils ne l'ont pas conçu « pour pouvoir intervenir dans le jeu politique et en régulariser le déroulement ; il contribue seulement à en codifier les règles »[1167]. Appréhendée de la sorte, la régulation normative consiste seulement en « l'ajustement des normes édictées par les pouvoirs publics à la Constitution »[1168] et appartient de manière certaine aux juridictions constitutionnelles. Elle se rapporte au contrôle objectif ou abstrait des normes, dont elle vise à assurer la régularité. Son objet est la *régularisation* du système

---

[1163] L. FAVOREU, « Le Conseil constitutionnel régulateur de l'activité normative des pouvoirs publics », art. préc., not. pp. 15-30.

[1164] V. par ex. C. SIETCHOUA DJUITCHOKO, « L'idée de régulation dans la construction du droit constitutionnel actuel des États d'Afrique noire francophone », art. préc., pp. 1559-1562 ; F. HOURQUEBIE, *Sur l'émergence du contre-pouvoir juridictionnel sous la Ve République*, *op. cit.*, pp. 205-206.

[1165] L. FAVOREU, « Le Conseil constitutionnel régulateur de l'activité normative des pouvoirs publics », art. préc., p. 14.

[1166] *Ibid.*, p. 15.

[1167] *Loc. cit.*

[1168] C. SIETCHOUA DJUITCHOKO, « L'idée de régulation dans la construction du droit constitutionnel actuel des États d'Afrique noire francophone », art. préc., p. 1561.

juridique[1169], mais pas de maintenir un équilibre entre les pouvoirs ou un fonctionnement cohérent des institutions[1170].

488. Toutefois, si le Conseil constitutionnel français n'est pas doté d'une fonction de régulation du système institutionnel, il ne fait pas de doute que son rôle de *régularisation normative* participe à la régulation globale[1171]. Louis Favoreu relève que le Conseil « contribue à la codification des règles politiques » (c'est le Conseil « constituant secondaire »)[1172]. En effet, l'article 61 de la Constitution le charge d'un contrôle de plein droit sur les lois organiques et les règlements des assemblées parlementaires[1173], c'est-à-dire sur les actes qui contiennent les principales « règles du jeu politique ». De ce fait, affirme-t-il, « [l]a définition de l'équilibre politique déjà nettement esquissée dans la Constitution se poursuit et s'achève dans les règlements et les lois organiques sous la surveillance du Conseil constitutionnel »[1174]. Le doyen Favoreu refusera en conséquence de basculer dans la tentation de l'antipolitique. Comme il le rappellera notamment en 1990, « [l]e juge constitutionnel est nécessairement impliqué dans le débat politique. [...] Il ne faut donc pas affirmer que le juge constitutionnel doit se tenir à l'écart des discussions politiques »[1175]. Si la régulation normative – ou régularisation juridictionnelle – n'est pas de nature politique, elle a évidemment une portée politique.

489. Par ailleurs, dans cette typologie, les deux catégories ne s'opposent pas sur la base de l'identité du régulateur. Si la régulation normative relève uniquement de la mission juridictionnelle des cours constitutionnelles, la régulation politique appartient quant à elle de manière certaine mais non exclusive au chef de l'État. Les auteurs distinguent en effet, au sein de la régulation politique, une *régulation juridique des conflits politiques*, confiée

---

1169 Sur la confusion répandue entre les notions de *régulation* et de *régularisation*, v. *supra* § 412 et s.

1170 L. FAVOREU conteste formellement l'idée que le Conseil constitutionnel puisse assurer la régulation du jeu politique en étant notamment chargé de résoudre les conflits politiques. Son rôle n'est pas de maintenir un équilibre entre les pouvoirs (« Le Conseil constitutionnel régulateur de l'activité normative des pouvoirs publics », art. préc., pp. 13-14).

1171 M.-Chr. STECKEL montre ainsi dans sa thèse (*Le Conseil constitutionnel et l'alternance*, *op. cit.*) que le Conseil constitutionnel, en exerçant sa fonction de régularisation normative, protège le principe de l'alternance et « régule » ses effets juridiques, notamment en contrôlant les modalités des redécoupages électoraux (pp. 136-138) et en posant « les limites de l'irréductibilité du politique après une alternance » (pp. 158-179).

1172 L. FAVOREU, « Le Conseil constitutionnel régulateur de l'activité normative des pouvoirs publics », art. préc., p. 24.

1173 Art. 61, al. 1er de la Constitution du 4 oct. 1958 : « [l]es lois organiques, avant leur promulgation, [...] et les règlements des assemblées parlementaires, avant leur mise en application, doivent être soumis au Conseil constitutionnel qui se prononce sur leur conformité à la Constitution ».

1174 L. FAVOREU, « Le Conseil constitutionnel régulateur de l'activité normative des pouvoirs publics », art. préc., p. 25.

1175 L. FAVOREU, « Crise du juge et contentieux constitutionnel en droit français », *in* J. LENOBLE (dir.), *La crise du juge*, Bruxelles et Paris, Story-Scienta et LGDJ, « La Pensée juridique moderne », 1990, p. 71.

par les constitutions aux juridictions constitutionnelles[1176]. Louis Favoreu indiquait lui-même que contrairement au Conseil constitutionnel français, « [c]ertaines Cours étrangères sont expressément chargées du contentieux des comportements politiques » et sont habilitées « non seulement pour contrôler la constitutionnalité des lois, mais encore pour trancher les différends politiques susceptibles de surgir entre les pouvoirs publics à propos de l'interprétation de la loi fondamentale »[1177]. Le juge est ainsi introduit dans la régulation politique, qu'il va assurer aux côtés d'organes politiques, en particulier le chef de l'État, mais avec des techniques forcément différentes.

490. Finalement, ce classement ne nous apprend pas grand-chose. Il conduit seulement à opposer une « régulation normative », qui n'est de toute façon pas distinguable de la fonction de régularisation des juridictions constitutionnelles, d'une « régulation politique », qui renvoie quant à elle à l'exercice d'une fonction de régulation systémique, puisqu'elle vise expressément le maintien d'un équilibre institutionnel. Mais on ne peut tirer de cette distinction aucune conséquence quant à l'identité du régulateur ou aux modalités d'exercice de la régulation. En effet, elle ne peut pas être résumée à une opposition entre régulation du juge constitutionnel et régulation du chef de l'État, ou entre processus juridictionnel et processus politique de régulation. Ce que Louis Favoreu appelle la régulation de l'activité « politique » des pouvoirs publics, ce que nous appelons de manière générique la régulation du système institutionnel, peut être assurée à la fois par la voie juridictionnelle et par la voie politique, autrement dit à la fois par le juge constitutionnel et par le chef de l'État, roi ou président. La distinction devient inopérante, aussi convient-il de proposer une autre typologie de la régulation en droit constitutionnel.

B. Proposition d'une typologie de la régulation constitutionnelle du système institutionnel

491. Après l'avoir clairement dissociée de la régulation extra-constitutionnelle, on peut opérer au sein de la régulation constitutionnelle deux distinctions qui vont donner un certain nombre de repères sur sa portée et son contenu. On doit tout d'abord distinguer l'autorégulation constitutionnelle et l'exorégulation constitutionnelle, qui se caractérise par la présence d'un acteur régulant spécifique (1°). On peut ensuite discerner deux catégories d'exorégulation, en se basant sur l'identité du régulateur : la

[1176] V. par ex. C. SIETCHOUA DJUITCHOKO, « L'idée de régulation dans la construction du droit constitutionnel actuel des États d'Afrique noire francophone », art. préc., pp. 1559-1560.
[1177] L. FAVOREU, « Le Conseil constitutionnel régulateur de l'activité normative des pouvoirs publics », art. préc., pp. 15-16.

régulation politique et la régulation juridictionnelle du système institutionnel (2°).

1°) La distinction de l'autorégulation et de l'exorégulation constitutionnelles

492. Le constitutionnalisme révolutionnaire moderne a contribué à faire de la régulation du système institutionnel le produit d'une décision du pouvoir constituant. Cela a pour conséquence que le processus de régulation est désormais énoncé juridiquement, de telle sorte qu'il s'impose aux organes politiques, que ceux-ci soient régulés par une tierce instance dotée d'une fonction spécifique (*exorégulation*) ou qu'ils participent directement à un processus d'*autorégulation*. Dans ce second cas, ce qui permet la régulation du système institutionnel, c'est que le pouvoir arrête le pouvoir. Mais c'est aussi l'émergence de pratiques politiques et d'un « consensus interprétatif »[1178] qui ne sont pas expressément prévus par la constitution.

493. En effet, la régulation constitutionnelle comporte une part inévitable d'indétermination, en particulier s'il s'agit d'une autorégulation, qui repose essentiellement sur l'agencement des organes et de leurs compétences. Elle se trouve alors complétée par des usages directement issus des rapports politiques entre les organes, y compris les adaptations informelles de la norme constitutionnelle que Pierre Avril a appelé « conventions de la constitution »[1179]. Ce type de régulation, qui peut être qualifié de politique et d'informel (n'étant pas expressément prévu par la constitution), demeure intra-constitutionnel (et donc intra-systémique) en ce sens qu'il s'exerce dans le cadre fixé par le droit constitutionnel[1180].

494. Ceci dit, les rapports politiques sont susceptibles d'être tempérés par le juge constitutionnel, si tant est toutefois que celui-ci puisse être saisi et ne décline pas sa compétence. En France, le Conseil constitutionnel est incompétent pour contrôler les pratiques et usages politiques ; n'étant pas considérés comme des règles de droit, ceux-ci échappent à tout contrôle juridictionnel[1181]. Aux États-Unis, la Cour suprême ne se prononce pas non

---

1178 D. BARANGER, « Quand et pourquoi peut-on raisonner en terme de conflit constitutionnel ? », art. préc., p. 173.

1179 P. AVRIL, *Les conventions de la Constitution*, *op. cit.* ; *id.*, « Les “conventions de la Constitution” », *RFDC*, 1993/2 n° 14, pp. 327-340.

1180 On doit toutefois relever l'existence, notamment en Afrique, d'un « constitutionnalisme alternatif » (K. DOSSO, art. préc., p. e73) marqué par l'émergence de règles – les accords politiques – autres que celles de la constitution mais ayant également vocation à organiser et à réguler le système institutionnel. Ces accords politiques sont parfois ouvertement *contra constitutionem* et peuvent alors s'apparenter à des mécanismes de régulation extra-constitutionnelle (v. P. MAMBO, « Les rapports entre la constitution et les accords politiques dans les États africains : réflexion sur la légalité constitutionnelle en période de crise », *RD McGill*, 2012/4 n° 57, pp. 921-952).

1181 V. M.-Chr. STECKEL, *op. cit.*, pp. 159-162.

plus sur les « questions politiques »[1182] – ce qui ne signifie pas que son action n'ait pas d'implications politiques. Ainsi, lorsque le président Carter décida de mettre fin à un traité de défense mutuelle avec Taïwan sans obtenir l'accord des deux tiers du Sénat, le sénateur Goldwater saisit (avec d'autres) la branche judiciaire, en soulignant que si la Constitution demeure silencieuse sur la dénonciation d'un traité international, elle requiert les deux tiers des voix au Sénat pour sa conclusion[1183], et qu'en toute logique, la procédure devait être la même pour mettre fin à un traité que pour le conclure. La Cour suprême conclut pourtant au rejet de la requête, au motif que l'affaire relevait de la « question politique » et que, de ce fait, elle « devait incontestablement être appréciée selon des critères politiques »[1184]. En résumé, la Cour suprême refuse d'être le régulateur de ce qui constitue selon elle « un conflit entre des branches égales de notre gouvernement, chacune d'elles disposant de ressources pour protéger et faire valoir ses intérêts »[1185]. Autrement dit, elle refuse de contrôler les mécanismes de freins et contrepoids – en particulier dans les domaines des affaires étrangères et de la guerre – et, par là, d'opposer une hypothétique régulation juridictionnelle des rapports politiques à l'autorégulation constitutionnelle voulue par les Pères fondateurs[1186].

495. En définitive, on doit distinguer au sein de la régulation constitutionnelle la régulation exogène (exorégulation) du système institutionnel de sa régulation endogène (autorégulation)[1187]. Cette distinction

---

[1182] L'arrêt *Marbury v. Madison*, 5 U.S. (1 Cranch) 137 (24 févr. 1803), est célèbre pour avoir proclamé le principe du contrôle judiciaire de constitutionnalité des lois. Toutefois, dans ce même arrêt, le président de la Cour John Marshall affirmait également que « [l]es questions qui sont par nature politiques, ou que la Constitution et les lois placent sous l'autorité de l'exécutif, ne peuvent jamais être discutées devant cette Cour » (v. É. ZOLLER, *Les grands arrêts de la Cour suprême des États-Unis*, Paris, Dalloz, « Grands arrêts », 2010, pp. 1-28). Cette première formulation de la « doctrine des questions politiques » de la Cour suprême sera plus tard précisée par l'arrêt *Baker v. Carr*, 369 U.S. 186 (26 mars 1962).

[1183] Art. II, section 2, al. 2 de la Constitution des États-Unis de 1787.

[1184] *Goldwater v. Carter*, 444 U.S. 996, 1003 (13 déc. 1979).

[1185] *Ibid.*, 444 U.S. 1004.

[1186] Sur les rapports entre le contrôle de constitutionnalité des lois aux États-Unis et les *checks and balances* à travers la doctrine des « questions politiques », v. not. D. HOWARD, « La conception mécaniste de la constitution », art. préc., pp. 167-173.

[1187] L'Académie française définit l'adjectif « *Exogène* » comme ce « [d]ont la cause est extérieure, par opposition à *Endogène* » (V° « Exogène » *in Dictionnaire de l'Académie française*, 9e éd.). Une autre signification peut cependant être accordée à cette terminologie, ce qui conduit J.-P. MASSIAS à plutôt distinguer d'un côté la régulation *exogène*, qui « implique que le système complexe gère ses relations avec son environnement extérieur », de la régulation *endogène*, qui « concerne le fonctionnement (interne) du système », et de l'autre côté la régulation *exo-causale*, « assurée par un organe extérieur ou du moins autonome dans le système » de la régulation *endo-causale*, ou autorégulation (« La complexité systémique du droit constitutionnel de la transition », art. préc., pp. 58-59). Dans le même sens, Albane Geslin préfère parler d'une régulation *endo-causale*, « système dans lequel l'ajustement se réalise de façon spontanée par les organes même du système, sans intervention sensible d'un régulateur extérieur », et d'une régulation *exo-causale*, « dans laquelle un organe autonome – le régulateur – réalise l'ajustement du système » (A. GESLIN, « Organisations internationales *versus* groupes : quels modes de régulation des crises ? », *in* Y. ÉCHINARD, F. LABONDANCE (dir.), *La crise dans tous ses états*, Grenoble, PUG, « L'économie en plus », 2011, pp. 116-117 ; *id.*, « Le champ de la régulation », *RFDA*, 2010/4, p. 731).

prend en considération les modalités d'exercice de la régulation et repose sur la présence ou non d'un acteur régulant. Dans le premier cas, la régulation est assurée par un organe spécialisé, extérieur au système ou du moins autonome au sein de celui-ci. L'organe régulateur a pour principale mission la régulation institutionnelle et son fonctionnement est alors parallèle aux composantes actives du système, tout en demeurant distinct. En revanche, la régulation endogène repose intégralement sur un processus d'autorégulation, sans intervention d'un organe spécifique. L'autorégulation systémique peut être directement issue de la volonté du pouvoir constituant (autorégulation constitutionnelle). C'est le cas des systèmes dont l'équilibre repose sur la balance des pouvoirs (Constitutions françaises de 1791 et 1795, Constitution américaine de 1787) ou encore de ceux qui, dans le cadre d'un régime parlementaire, instaurent des moyens d'action réciproques entre Exécutif et Législatif. L'autorégulation peut aussi émerger spontanément du comportement des acteurs politiques (autorégulation intra-constitutionnelle, notamment certaines conventions de la constitution).

496. En tout cas, il paraît exclu que l'on puisse identifier des systèmes institutionnels dont le processus de régulation serait majoritairement exogène ; leur structure même ne permet de retenir qu'une régulation intégralement ou au moins majoritairement endogène, car il est rare qu'un mécanisme systémique soit exclusivement régulateur, ou que l'action d'un organe au sein du système soit entièrement consacrée à la régulation. Il en est ainsi du juge constitutionnel à qui certaines constitutions attribuent expressément une fonction de régulation, sans pour autant remettre en cause sa principale mission, qui consiste quant à elle en une fonction juridictionnelle de régularisation normative, le contrôle de constitutionnalité des lois. De même, le droit de dissolution, instrument régulateur par excellence au sein des systèmes parlementaires, peut aussi être employé à des fins purement partisanes (dissolution dite « à l'anglaise »), en particulier lorsque l'activité de son titulaire n'est pas exclusivement ou principalement consacrée à la régulation (chef de gouvernement ou chef de l'État gouvernant).

497. La régulation exogène (exorégulation) ne constitue donc qu'un moyen pour le constituant de pallier ou de prévenir les insuffisances du processus d'autorégulation, qui demeure majoritaire. Elle peut être exercée par des organes divers et, en conséquence, selon des modalités différentes ; cela permet de distinguer deux catégories en son sein.

2°) La distinction de la régulation politique et de la régulation juridictionnelle

498. Le pouvoir constituant peut faire le choix de compléter l'autorégulation constitutionnelle par l'instauration d'une forme d'exorégulation. Dans les régimes politiques contemporains, cette dernière peut être confiée à des organismes politiques, mais aussi à des juges. Il existe par conséquent une exorégulation politique et une exorégulation juridictionnelle du système institutionnel[1188]. Ces deux catégories ne diffèrent pas par leur objet – elles renvoient toutes deux à un équilibre à maintenir entre les pouvoirs – mais par l'identité du régulateur. La distinction repose donc sur un critère essentiellement organique qui permet la prise en considération des modalités d'exercice de la régulation par le tiers régulant.

499. La régulation politique est celle qui est exercée par les organismes politiques, mais elle se rapporte, pour l'essentiel, à la doctrine de la régulation par le chef de l'État. La régulation politique correspond à « [l]a conception ancienne de la régulation »[1189], selon les mots de Célestin Sietchoua Djuitchoko. Elle coïncide avec la fonction régulatrice du pouvoir neutre constantien, archétype du pouvoir régulateur, et fut, jusqu'à l'émergence de la justice constitutionnelle, la seule forme d'exorégulation du système institutionnel envisagée. En effet, si Benjamin Constant qualifiait son nouveau pouvoir de « pouvoir judiciaire des autres pouvoirs »[1190], il avait aussi souligné la nature profondément politique de sa fonction de régulation, écartant fermement l'idée de la confier à un juge[1191].

500. Qualifiée par contraste de « nouvelle conception de la régulation »[1192], la régulation juridictionnelle doit son émergence au succès des idées d'État de droit et de garantie juridictionnelle de la constitution[1193]. Elle va ainsi connaître une généralisation progressive après la Seconde Guerre mondiale, dans la lignée de la Constitution italienne de 1947 et de la Loi fondamentale allemande de 1949. Au début des années 1990, les nouvelles constitutions des pays d'Europe centrale et orientale vont instaurer dans chaque État une cour constitutionnelle[1194]. La même voie sera suivie dans les États d'Afrique noire francophone[1195]. L'objectif était de briser l'exclusivisme de la régulation

---

[1188] La distinction entre la régulation politique et la régulation juridictionnelle du pouvoir est notamment avancée par F. HOURQUEBIE (*Sur l'émergence du contre-pouvoir juridictionnel sous la Ve République*, *op. cit.*, p. 206) ou encore P. AVRIL, qui mentionne l'existence d'un « double système de régulation constitutionnelle » (v. *Les conventions de la Constitution*, *op. cit.*, pp. 152-155 ; *id.*, « Les "conventions de la Constitution" », art. préc., p. 339).

[1189] C. SIETCHOUA DJUITCHOKO, art. préc., p. 1548.

[1190] B. CONSTANT, *Fragments*, *op. cit.*, p. 390.

[1191] V. *supra* § 152-155.

[1192] C. SIETCHOUA DJUITCHOKO, art. préc., p. 1552.

[1193] Sur le lien entre ces deux idées indissociables, v. L. FAVOREU, « De la démocratie à l'État de droit », *Le Débat*, 1991/2 n° 64, pp. 154-158.

[1194] Sur le sujet, v. not. M. GARRIGUE-VIEUVILLE, « Le rôle des cours constitutionnelles dans la construction institutionnelle des régimes postcommunistes européens : l'exemple du chef de l'État », *VIIe Congrès français de droit constitutionnel*, Paris, AFDC, 2008.

[1195] V. not. sur ce sujet J. GICQUEL, « Réflexions sur la régulation juridictionnelle en Afrique francophone », *in Mélanges en l'honneur du Professeur Jean Rossetto*, Issy-les-Moulineaux, LGDJ-Lextenso, 2016, pp. 57-63 ; Th. HOLO, « Émergence de la justice constitutionnelle », *Pouvoirs*, 2009/2

politique – celle du chef de l'État en Afrique noire francophone, du parti unique dans les ex-démocraties populaires – en faisant participer le juge constitutionnel à la régulation du système institutionnel[1196].

501. Ceci étant dit, la nécessaire dissociation entre la régulation politique et la régulation juridictionnelle ne signifie en rien que cette dernière n'a pas de portée politique. Bien au contraire, son objet, qui ne diffère pas de celui de la régulation politique – maintien de l'équilibre entre les pouvoirs constitués et bon fonctionnement du système institutionnel –, va amener le régulateur juridictionnel à apprécier des situations politiques, et par conséquent à ne pas raisonner en des termes strictement juridiques. Par contre, les modalités d'exercice de la régulation juridictionnelle sont logiquement très différentes de celles de la régulation politique, car son auteur est astreint à certaines formes propres à l'activité du juge que ne connaissent pas les organes de nature politique. En effet, alors qu'en vertu de nombreux textes fondamentaux, le chef de l'État et la Cour constitutionnelle sont chargés de réguler le système institutionnel, leurs régulations n'appartiennent pas, en principe, à la même catégorie et ne présentent donc pas les mêmes modalités. Par conséquent, la distinction de la régulation politique et de la régulation juridictionnelle sur la base d'un critère essentiellement organique apparaît comme la plus pertinente pour refléter au mieux la dualité pratique de l'exorégulation constitutionnelle.

---

n° 129, pp. 101-114 ; B. KANTÉ, « Les juridictions constitutionnelles et la régulation des systèmes politiques en Afrique », *in Mélanges en l'honneur de Jean Gicquel. Constitutions et pouvoirs*, Paris, Montchrestien, 2008, pp. 265-276.

[1196] Marion Garrigue-Vieuville relève ainsi que « [s]i le président de la République est un régulateur du "marché politique ou institutionnel" à l'instar de la norme régulatrice dans un régime de liberté et de concurrence, si les pouvoirs constitutionnels, notamment législatif et exécutif, sont ainsi régulés conformément au principe et à l'esprit de l'équilibre, c'est-à-dire de la séparation des pouvoirs, dans le postcommunisme, les chefs d'État "nouvelle vague" sont largement amputés de leur fonction arbitrale ou régulatrice, par les nouveaux pouvoirs et les nouvelles compétences des Cours constitutionnelles [...] » (M. GARRIGUE-VIEUVILLE, art. préc., p. 22).

Conclusion du Chapitre I

502. L'énonciation de l'idée de régulation est une tâche à la portée du constitutionnaliste, à la condition toutefois que celui-ci cherche à dépasser la pléthore de significations du terme, qui peut indûment laisser croire à un manque de consistance. L'édification d'une généalogie de ses usages en droit constitutionnel dévoile que ceux-ci ont d'abord été effectués par la simple transposition des acceptions du concept de régulateur à la régulation. Mais une telle approche n'apparaît pas satisfaisante eu égard aux impératifs de précision du vocabulaire juridique et d'utilité de la notion de régulation. En donnant à la régulation les sens courants du concept de régulateur, à savoir ce qui règle ou ce qui régularise, on l'assimile à des notions juridiques déjà bien établies, telles la réglementation et la régularisation. Cela revient à dénier à l'idée de régulation toute autonomie et, partant, toute utilité en droit constitutionnel. Plus tardivement, une autre démarche, basée sur l'appropriation juridique des significations scientifiques et techniques de la régulation, va progressivement s'ancrer en droit constitutionnel. Elle conduit à la consécration définitive dans ce domaine d'une conception autonome de la régulation, désormais définie par les idées de maintien en équilibre, de continuité et de bon fonctionnement, qui ne la quitteront plus.

503. Ceci étant, le développement de cette nouvelle approche de la régulation apporte aussi son lot de difficultés, relatives à l'indétermination de son cadre et de ses modalités d'exercice. Or, de l'idée de régulation transparaît nécessairement celle de système, issue de la cybernétique et caractérisée par quatre éléments fondamentaux : l'interaction, la globalité, l'organisation et la complexité. Dès lors, une approche systémique du régime politique permet d'appréhender celui-ci comme un système institutionnel, qui organise les interactions entre plusieurs institutions interdépendantes et au sein duquel s'exerce immanquablement une régulation. Celle-ci, que l'on peut qualifier de systémique ou d'institutionnelle, apparaît pourtant trop peu formalisée en droit constitutionnel. Si l'on peut assez facilement adopter la distinction fondamentale entre la régulation constitutionnelle et la régulation extra-constitutionnelle, la distinction assez répandue entre une régulation dite « normative » et une régulation dite « politique », mise en avant par Louis Favoreu, doit être considérée comme inopérante. On propose de distinguer la régulation endogène, qui repose sur un processus d'autorégulation, et l'exorégulation (ou régulation exogène), assurée par un organe régulateur spécifique. Le critère est donc la présence ou non d'un acteur régulant. Sur la base d'un critère organique, on peut ensuite distinguer au sein de l'exorégulation la régulation politique des organismes politiques et la régulation juridictionnelle des juges constitutionnels. Toutes deux désignent une fonction constitutionnelle de régulation, dont l'objet est le maintien de l'équilibre constitutionnel entre les pouvoirs et le bon fonctionnement du système institutionnel.

CHAPITRE II
LA RÉGULATION DU RÉGIME POLITIQUE, UNE FONCTION CONSTITUTIONNELLE

504. « La régulation existe [...] : vous l'avez rencontrée »[1197]. Quoi qu'il y paraisse, il s'agit d'une réalité autonome dans le constitutionnalisme contemporain et seule l'absence d'attention suffisante portée sur le droit positif conduit à penser qu'elle n'a qu'un usage doctrinal. Il convient dès lors de préciser les modalités selon lesquelles la régulation est appréhendée par le droit constitutionnel positif. Celles-ci témoignent de la consécration d'une approche fonctionnelle de la régulation et, partant, du pouvoir régulateur.

505. Ce dernier peut en effet désigner une fonction juridique de l'État exercée au sein du système institutionnel. Entendu de la sorte, il n'est pas défini par l'identité de ses titulaires mais par le « [r]ôle propre et caractéristique joué par un organe dans un ensemble dont les parties sont interdépendantes »[1198] (autrement dit un système), selon la définition de la fonction d'André Lalande. Ainsi, la perspective des fonctions étatiques « se rapporte aux activités, à l'action, aux actes des hommes qui constituent cet appareil gouvernant, à ce que font ces organes étatiques »[1199]. Charles Eisenmann dissocie plus précisément les « fonctions-objet » (ou « fonctions-moyens »), qui correspondent au produit ou à l'acte juridique de la fonction, des « fonctions-fin », déterminées par leur finalité[1200]. Il convient d'admettre que le pouvoir régulateur est une « fonction-fin » – contrairement aux pouvoirs législatif, exécutif et judiciaire[1201] – car il se caractérise par l'objectif de tendre vers la régulation d'un système, ce qui constitue une finalité en soi.

[1197] G. TIMSIT, « La régulation. La notion et le phénomène », art. préc., p. 5.

[1198] V° « Fonction » *in* A. LALANDE, *Vocabulaire critique et technique de la philosophie*, Paris, Puf, « Quadrige », 2010, p. 361.

[1199] Ch. EISENMANN, « Les fonctions de l'État » (1964), reproduit *in id.*, *Écrits de théorie du droit, de droit constitutionnel et d'idées politiques*, éd. établie par Ch. LEBEN, Paris, Éd. Panthéon-Assas, « Droit public », 2002, p. 184.

[1200] *Ibid.*, p. 184 et s.

[1201] Ces trois fonctions sont identifiées par leurs produits juridiques : « l'État exerce une fonction qui consiste à créer des règles de droit, une autre fonction qui consiste à poser des décisions qui concernent soit un individu, soit une situation déterminée, une autre encore qui consiste à réaliser matériellement, dans les faits, ces règles ou ces décisions » (*ibid.*, p. 184). Ainsi, la fonction législative est définie par rapport à l'acte législatif, c'est-à-dire la loi, la fonction judiciaire ou juridictionnelle par l'acte juridictionnel ou décision de justice et la fonction exécutive ou administrative par l'acte administratif ou acte d'exécution de règles législatives (v. Ch. EISENMANN, « La théorie des fonctions de l'État chez Carré de Malberg » (1966), reproduit *in id.*, *Écrits de théorie du droit, de droit constitutionnel et d'idées politiques*, éd. établie par Ch. LEBEN, Paris, Éd. Panthéon-Assas, « Droit public », 2002, pp. 222-227).

506. Par ailleurs, lorsqu'on parle de fonction régulatrice du régime politique, on ne vise pas une fonction exercée par l'État en direction de la société – comme l'est le gouvernement, qui englobe le triptyque traditionnel législatif, exécutif et judiciaire – mais plutôt « des activités internes à un système distinct de la société »[1202]. En effet, la régulation du fonctionnement des institutions et de leurs rapports mutuels – qui doit être clairement distinguée de la régulation des rapports sociaux – est une fonction intra-systémique, c'est-à-dire une fonction exercée au sein du système et dont les effets lui sont directement et exclusivement destinés.

507. La régulation est dotée d'une essence fonctionnelle pleinement discernable dans le droit constitutionnel positif contemporain. Même en l'absence de consécration explicite, on pourra déterminer l'existence d'une telle fonction par le biais d'un faisceau d'indices basé sur l'attribution ou non de prérogatives régulatrices à un organe du système. D'une part, la fonction de régulation du régime politique dispose d'une assise et de fondations en droit positif qui serviront à l'identifier (**Section 1**). D'autre part, certains organes – chefs d'État et cours constitutionnelles – disposent de prérogatives constitutionnelles d'un type particulier qui témoignent d'une volonté de leur attribuer un pouvoir régulateur au sein du système institutionnel (**Section 2**).

SECTION 1. IDENTIFICATION DE LA FONCTION CONSTITUTIONNELLE DE RÉGULATION

508. « Pour vérifier si la notion de régulation peut constituer une notion juridique nouvelle, il convient de partir du droit positif »[1203]. Une approche positiviste de l'idée de régulation du régime politique amène prioritairement à prendre en considération les apports des sources officielles du droit constitutionnel. Or, à première vue, le constat semble sans appel : le mot « régulation » est pratiquement absent des textes comme de la jurisprudence des cours. Mais cette considération d'ordre purement terminologique doit être relativisée en raison de l'existence de représentations de la régulation institutionnelle dans le droit positif. Celles-ci consacrent une perspective fonctionnelle de la régulation, définie par rapport à sa finalité : le bon fonctionnement ou l'équilibre du système institutionnel. Cela n'empêche pas que la construction doctrinale d'une définition de la fonction constitutionnelle de régulation demeure inachevée : des incohérences se maintiennent, comme

---

[1202] M. TROPER, « Actualité de la séparation des pouvoirs », art. préc., p. 234.

[1203] G. MARCOU, « Introduction », *in* G. MARCOU, Fr. MODERNE (dir.), *Droit de la régulation, service public et intégration régionale*, Paris, L'Harmattan, « Logiques juridiques », 2005, t. 2, p. 12.

en témoigne la persistance de la figure de l'« arbitre-régulateur » dans la littérature constitutionnelle.

509. L'analyse des sources formelles du droit constitutionnel positif met effectivement en lumière l'érection de la régulation du régime politique en fonction étatique spécifique, singularisée par sa finalité (§ I). Ce processus de particularisation reste cependant menacé par l'usage de certains raccourcis conceptuels ou d'amalgames erronés, source de confusion et de malentendus politiques et doctrinaux. En ce sens, on rappellera la nécessité de dissocier la fonction de régulation institutionnelle de l'arbitrage, qui constitue en droit constitutionnel une notion à part entière et d'une nature différente (§ II).

§ I. LA CONSÉCRATION DE LA FONCTION CONSTITUTIONNELLE DE RÉGULATION DANS LE DROIT POSITIF

510. La régulation passe parfois pour un « concept exotique »[1204] du constitutionnalisme, propre aux discours doctrinaux mais absent du droit constitutionnel positif. Pourtant, l'étude de ce dernier montre l'existence de multiples références, directes ou indirectes, à la régulation, qui apparaît ainsi ancrée dans la réalité constitutionnelle, où elle prend les traits d'une fonction juridique attribuée au chef de l'État ou à la cour constitutionnelle. L'examen de la consécration tant textuelle (A) que jurisprudentielle (B) de cette fonction constitutionnelle de régulation dévoile sa spécification dans le droit constitutionnel positif contemporain.

A. LES RÉFÉRENCES TEXTUELLES À LA FONCTION CONSTITUTIONNELLE DE RÉGULATION

511. Les références à la fonction de régulation du système institutionnel par le constituant s'effectuent de différentes manières.

512. Premièrement, une disposition constitutionnelle peut explicitement consacrer le caractère régulateur d'un organe étatique, chef de l'État ou cour constitutionnelle. Tel est le cas du président de la République en Grèce, expressément qualifié par la Constitution de 1975 de « régulateur du régime politique »[1205]. Il en est de même dans les textes fondamentaux de plusieurs

[1204] Suivant l'expression de G. TIMSIT, *Archipel de la norme*, Paris, Puf, « Les voies du droit », 1997, p. 166.

[1205] Art. 30, al. 1er de la Constitution grecque du 9 juin 1975 ; A. PANTÉLIS, *Droit constitutionnel hellénique*, Paris, L'Harmattan, « Logiques juridiques », 2018, p. 364 et s. ; P. POULIS, *Droit constitutionnel et institutions helléniques*, Paris, L'Harmattan, « Logiques juridiques », 2008, p. 143 et s. ; durant les débats constituants, Constantin Caramanlis, le principal « père fondateur » de la Constitution de

États d'Afrique noire francophone – au Bénin[1206], au Cameroun[1207], au Congo[1208], en Côte d'Ivoire[1209], à Djibouti[1210], au Gabon[1211], en Guinée[1212], au Mali[1213], au Tchad[1214] ou encore au Togo[1215] – qui, par des formulations presque identiques, font de leur juridiction constitutionnelle « l'organe régulateur du fonctionnement des institutions et de l'activité des pouvoirs publics ».

513. Deuxièmement, la fonction de régulation peut transparaître de la qualification constitutionnelle d'un organe de l'État. Si l'on envisage les dispositions constitutionnelles relatives au chef de l'État, il apparaît que plusieurs d'entre elles font directement référence à sa qualité d'arbitre ou encore de modérateur des pouvoirs. Ainsi la Constitution espagnole de 1978 désigne-t-elle le roi comme « l'arbitre et le modérateur du fonctionnement régulier des institutions »[1216]. La formule est reprise presque à l'identique dans

---

1975, décrivait de la sorte la fonction régulatrice du chef de l'État : « [...] le projet gouvernemental dote le Président de la République de [...] pouvoirs indispensables à l'accomplissement de sa mission. La mission du Président de la République, du Chef de l'État, consiste d'une part à *assurer la régulation du fonctionnement du régime politique*, et d'autre part à *maintenir des relations harmonieuses entre le Gouvernement et la Chambre*, et entre cette dernière et le corps électoral » (Chambre des Hellènes, 5e chambre révisionnelle, *Procès-verbaux des débats des séances de l'assemblée plénière de la Chambre sur la Constitution de 1975 (Procès-verbaux C)*, Athènes, Imprimerie nationale, 1975, p. 43. Extrait traduit par N. BARBAROUSSIS, *La fonction régulatrice du président de la Troisième République hellénique*, Paris, LGDJ, « BCSP », t. 97, 2000, p. 28. Nous soulignons), encore qu'on ne comprend pas vraiment en quoi le maintien de « relations harmonieuses » entre les pouvoirs ne participerait pas également pleinement à « la régulation du fonctionnement du régime politique »...

1206 Art. 114 de la Constitution de la République du Bénin du 11 déc. 1990 : « [l]a Cour Constitutionnelle [...] est l'organe régulateur du fonctionnement des institutions et de l'activité des pouvoirs publics ».

1207 Art. 46 de la Constitution du Cameroun du 2 juin 1972 : « Le Conseil constitutionnel [...] est l'organe régulateur du fonctionnement des institutions ».

1208 Art. 175, al. 3 de la Constitution du Congo du 6 nov. 2015 : « [l]a Cour constitutionnelle est l'organe régulateur du fonctionnement des institutions et des activités des pouvoirs publics ».

1209 Art. 126, al. 2 de la Constitution de la Côte d'Ivoire du 8 nov. 2016 : « [l]e Conseil constitutionnel est l'organe régulateur du fonctionnement des pouvoirs publics ».

1210 Art. 75, al. 2 de la Constitution de la République de Djibouti du 15 sept. 1992 : « [le Conseil constitutionnel] est l'organe régulateur du fonctionnement des institutions et de l'activité des pouvoirs publics » ; M. A. BAHDON, « Fonctions et rôles de la justice constitutionnelle. Étude du Conseil constitutionnel djiboutien », *RFDC*, 2015/1 n° 101, pp. 1-27.

1211 Art. 83 de la Constitution du Gabon du 26 mars 1991 : « [l]a Cour constitutionnelle [...] est l'organe régulateur du fonctionnement des institutions et de l'activité des pouvoirs publics ».

1212 Art. 93, al. 4 de la Constitution de la République de Guinée du 7 mai 2010 : « [la Cour constitutionnelle] est l'organe régulateur du fonctionnement et des activités des pouvoirs législatif et exécutif et des autres organes de l'État ».

1213 Art. 85, al. 2 de la Constitution du Mali du 25 févr. 1992 : « [la Cour constitutionnelle] est l'organe régulateur du fonctionnement des institutions et de l'activité des pouvoirs publics ».

1214 Art. 161, al. 5 de la Constitution du Tchad du 14 avril 1996 : « [l]e Conseil constitutionnel est l'organe régulateur du fonctionnement des institutions et de l'activité des pouvoirs publics ».

1215 Art. 99 de la Constitution du Togo du 14 oct. 1992 : « [l]a Cour constitutionnelle [...] est l'organe régulateur du fonctionnement des institutions et de l'activité des pouvoirs publics ».

1216 Art. 56, al. 1er de la Constitution espagnole du 27 déc. 1978.

les Constitutions andorrane[1217] et comorienne[1218]. Au Maroc, la Constitution de 2011 indique que le monarque est « [l']Arbitre suprême entre [l]es institutions [de l'État] »[1219]. Il importe en conséquence de s'attarder sur la signification de l'arbitrage, dont on convient qu'elle est pour le moins « ambiguë »[1220], voire « polysémique »[1221]. Ceci étant, on peut dire que l'arbitrage évoque avant tout autre chose « l'exercice par une autorité extérieure aux autorités susceptibles d'entrer en conflit d'un pouvoir neutre habilité à régler le cas échéant de tels conflits »[1222]. De ce fait, il est généralement admis que le chef de l'État, en tant qu'arbitre, « assure une fonction régulatrice et protectrice du jeu institutionnel »[1223]. Arbitrer et modérer les institutions ou les pouvoirs publics revient alors à assurer le fonctionnement correct de ceux-ci. Ces éléments correspondent donc à l'exercice d'un pouvoir régulateur[1224].

514. Troisièmement, le constituant peut décider de confier à l'un des organes de l'État une mission qui relève directement de la régulation institutionnelle. Il s'agit d'une référence *finaliste* à l'idée de régulation. Tel est le cas dans la Constitution française de 1958, dont l'article 5 dispose que « [l]e Président de la République [...] assure, par son arbitrage, le fonctionnement régulier des pouvoirs publics ainsi que la continuité de l'État »[1225]. Autrement dit, l'article 5 mandate le chef de l'État pour exercer dans le système institutionnel une fonction de régulation, qui ressort clairement de la référence aux idées de bon fonctionnement et de continuité. En ce sens, « [l]'arbitrage n'apparaît pas comme une mission, mais comme une modalité d'action pour remplir une

[1217] Art. 44, al. 2 de la Constitution de la principauté d'Andorre du 14 mars 1993 : « [l]es coprinces sont les arbitres et les modérateurs du fonctionnement des pouvoirs publics et des institutions » ; B. BEIGNIER, P. PASTOR VILANOVA, « Les deux visages du président de la République en Andorre : prince et président », *in Le pouvoir, mythes et réalité. Mélanges en hommage à Henry Roussillon*, Toulouse, Presses de l'Université Toulouse 1 Capitole, 2014, t. 1, pp. 79-103.

[1218] Art. 12, al. 1er de la Constitution de l'Union des Comores du 23 déc. 2001 : « [l]e président de l'Union [...] est l'arbitre et le modérateur du fonctionnement régulier de ses institutions ».

[1219] Art. 42, al. 1er de la Constitution du Royaume du Maroc du 1er juil. 2011.

[1220] G. CARCASSONNE, M. GUILLAUME, *La Constitution*, 13e éd., Paris, Éd. du Seuil, « Points », 2016, p. 59 ; B. CHANTEBOUT, *Droit constitutionnel*, 32e éd., Paris, Sirey-Dalloz, « LMD », 2015, p. 400 ; P. AVRIL, « Les avatars de la "monarchie républicaine" » (2003), reproduit *in Écrits de théorie constitutionnelle et de droit politique*, Paris, Éd. Panthéon-Assas, « Les introuvables », 2010, p. 288 et s.

[1221] L. FAVOREU *et al.*, *Droit constitutionnel*, 19e éd., Paris, Dalloz, « Précis », 2016, p. 707.

[1222] M. PRÉLOT, J. BOULOUIS, *Institutions politiques et droit constitutionnel*, *op. cit.*, p. 710.

[1223] J. GICQUEL, *Droit constitutionnel et institutions politiques*, 9e éd., Paris, Montchrestien, « Domat droit public », 1987, p. 649.

[1224] V. en ce sens J. M. SANCHEZ GOMEZ, *La Couronne dans le régime constitutionnel espagnol contemporain*, thèse dactylographiée, Université Nancy II, 2004, pp. 332-341. L'auteur considère que l'article 56 de la Constitution espagnole de 1978 confie à la couronne un authentique pouvoir « régulateur ». Il apparaît d'ailleurs que la définition que l'article 56 donne du roi est directement inspirée de l'article 5 de la Constitution française de 1958, qui fait quant à lui expressément référence à une fonction de régulation confiée au chef de l'État (M. HERRERO DE MINON, « Les sources étrangères de la Constitution », *Pouvoirs*, 1979/1 n° 8, p. 105).

[1225] Art. 5, al. 1er de la Constitution de la République française du 4 oct. 1958.

mission déterminée »[1226] : la régulation. Selon les mots de Philippe Ardant, il « n'est qu'un moyen au service d'une fin »[1227], les deux buts visés étant le fonctionnement régulier des pouvoirs publics et la continuité de l'État. On retrouve la formule de l'article 5 en des termes presque identiques dans les constitutions de plusieurs États africains – au Burundi[1228], au Cameroun[1229], en Centrafrique[1230], au Congo[1231], au Gabon[1232], à Madagascar[1233], au Mali[1234], en Mauritanie[1235], au Niger[1236] ou encore au Tchad[1237] – mais l'approche fonctionnelle de la régulation est également consacrée de la sorte dans d'autres textes fondamentaux qui reprennent, sous des formulations diverses, la référence de l'article 5 aux principes de bon fonctionnement et de continuité – en Arménie[1238], en Biélorussie[1239], au Cambodge[1240], en Géorgie[1241], au Kazakhstan[1242], au Maroc[1243], au Mozambique[1244], en Ouzbékistan[1245], en

---

[1226] G. CONAC, « Article 5 », préc., p. 250.
[1227] Ph. ARDANT, « L'article 5 et la fonction présidentielle », art. préc., p. 42.
[1228] Art. 95, al. 1er de la Constitution du Burundi du 18 mars 2005.
[1229] Art. 5, al. 2 de la Constitution du Cameroun du 2 juin 1972.
[1230] Art. 26, al. 1er de la Charte constitutionnelle de transition de la Centrafrique du 18 juil. 2013.
[1231] Art. 64, al. 3 de la Constitution du Congo du 6 nov. 2015.
[1232] Art. 8, al. 1er de la Constitution du Gabon du 26 mars 1991.
[1233] Art. 45, al. 3 de la République de Madagascar du 11 déc. 2010.
[1234] Art. 29 de la Constitution du Mali du 25 févr. 1992.
[1235] Art. 24 de la Constitution de la République islamique de Mauritanie du 20 juil. 1991.
[1236] Art. 46, al. 3 de la Constitution du Niger du 25 nov. 2010.
[1237] Art. 60, al. 3 de la Constitution du Tchad du 14 avril 1996.
[1238] Art. 49, al. 2 de la Constitution de l'Arménie du 5 juil. 1995 : « [l]e président de la République [...] assure le fonctionnement régulier des pouvoirs législatif, exécutif et judiciaire ».
[1239] Art. 79, al. 2 de la Constitution de la Biélorussie du 24 nov. 1996 : « [...] il [le président de la République de Biélorussie] assure [...] la continuité et la coopération des organes du pouvoir d'État, et il assure la médiation entre les organes du pouvoir d'État ».
[1240] Art. 9 de la Constitution du Cambodge du 21 sept. 1993 : « [l]e Roi joue le rôle d'arbitre suprême pour garantir le fonctionnement régulier des pouvoirs publics ».
[1241] Art. 69, al. 1er de la Constitution de la Géorgie du 24 août 1995 (modifié par la loi constitutionnelle du 15 oct. 2010) : « [l]e président [...] exerce les pouvoirs qui lui sont conférés par la Constitution pour assurer le bon fonctionnement des institutions de l'État ».
[1242] Art. 40, al. 3 de la Constitution du Kazakhstan du 5 sept. 1995 : « [l]e Président de la République assure par son arbitrage le fonctionnement concerté de toutes les branches du pouvoir de l'État et la responsabilité des institutions du pouvoir devant le peuple ». Nous traduisons.
[1243] Art. 42, al. 1er de la Constitution du Royaume du Maroc du 1er juil. 2011 : « [l]e Roi [...] veille [...] au bon fonctionnement des institutions constitutionnelles [...] ».
[1244] Art. 146, al. 1er de la Constitution du Mozambique du 21 déc. 2004 : « [l]e président de la République [...] veille au bon fonctionnement des pouvoirs publics ». Nous traduisons.
[1245] Art. 89 de la Constitution de l'Ouzbékistan du 8 déc. 1992 : « [l]e Président de la République d'Ouzbékistan [...] assure le fonctionnement et l'interaction concertés des pouvoirs publics ». Nous traduisons.

Pologne[1246], au Portugal[1247], en Roumanie[1248], en Russie[1249], au Sénégal[1250], en Slovaquie[1251], au Tadjikistan[1252] ou encore en Turquie[1253] – ou s'appuient, comme la Constitution croate[1254], sur les idées d'équilibre et de stabilité, indissociables de celle de régulation.

515. Quatrièmement, la fonction de régulation peut être indirectement consacrée par le texte constitutionnel. Beaucoup de constitutions laissent le soin à leurs interprètes de dégager, à partir du faisceau d'attributions dévolues au chef de l'État ou à la juridiction constitutionnelle, le rôle assigné à chacun de ces organes au sein du système institutionnel. En Italie, la doctrine majoritaire peut soutenir, à la lecture des dispositions constitutionnelles relatives à l'organisation des pouvoirs, que le président de la République dispose d'un pouvoir régulateur du système institutionnel[1255]. La disposition qui fonde une telle interprétation de la mission présidentielle est l'article 87 de la Constitution, qui affirme que « [l]e président de la République est le chef de l'État et représente l'unité nationale »[1256]. En fait, les constituants ont attribué au président, en tant que chef de l'État italien et représentant de son unité, une mission de stabilisation politique. La Constitution de 1947 ne le

---

[1246] Art. 126, al. 1er de la Constitution de la Pologne du 2 avril 1997 : « [l]e président de la République de Pologne est [...] le garant de la continuité des pouvoirs publics ».

[1247] Art. 120 de la Constitution du Portugal du 2 avril 1976 : « [l]e président de la République [...] garantit le fonctionnement régulier des institutions démocratiques ».

[1248] Art. 80, al. 2 de la Constitution de la Roumanie du 8 déc. 1991 : « [l]e président de la Roumanie veille [...] au bon fonctionnement des autorités publiques. Dans ce but, le président exerce la fonction de médiation entre les pouvoirs de l'État, ainsi qu'entre l'État et la société ».

[1249] Art. 80, al. 2 de la Constitution de la Fédération russe du 12 déc. 1993 : « [l]e président de la Fédération russe [...] assure le fonctionnement harmonieux et la collaboration des organes du pouvoir d'État ».

[1250] Art. 42, al. 3 de la Constitution du Sénégal du 22 janv. 2001 : « [i]l [le président de la République] est le garant du fonctionnement régulier des institutions [...] ».

[1251] Art. 101, al. 1er de la Constitution de la Slovaquie du 3 sept. 1992 : « [l]e Président [...] assure par ses décisions le fonctionnement régulier des organes constitutionnels [...] ».

[1252] Art. 64, al. 2 de la Constitution du Tadjikistan du 6 nov. 1994 : « [l]e Président est le garant [...] du fonctionnement et de l'interaction concertés des organes de l'État [...] ». Nous traduisons.

[1253] Art. 104 de la Constitution de la Turquie du 7 nov. 1982 : « [l]e président de la République veille [...] au fonctionnement régulier et harmonieux des organes de l'État ».

[1254] Art. 94, al. 2 de la Constitution de la Croatie du 22 déc. 1990 : « [l]e président de la République assure le fonctionnement régulier et équilibré et la stabilité du gouvernement ».

[1255] V. not. V. FUMALORI, « Neutralité du pouvoir ou pouvoir neutre du chef de l'État en Italie », *in Liber Amicorum Jean-Claude Escarras. La communicabilité entre les systèmes juridiques*, Bruxelles, Bruylant, 2005, pp. 462-463 ; S. PIERRÉ-CAPS, *Droit constitutionnel étranger*, *op. cit.*, p. 106 ; Fr. LAFFAILLE, « La mutation de la forme de gouvernement parlementaire en Italie : le chef de l'état contestable co-législateur ? », *RFDC*, 2012/1 n° 89, pp. 11-12 ; *id.*, « L'Italie : un régime parlementaire à "correctif présidentiel" ? », *VIIIe Congrès français de droit constitutionnel*, Nancy, AFDC, 2011 ; E. BALBONI, « Évolutions manifestes et latentes de la fonction présidentielle en Italie », *in* L. MOREL (dir.), *L'Italie en transition. Recul des partis et activation de la fonction présidentielle*, Paris, L'Harmattan, « Logiques politiques », 1997, pp. 60-63 ; M. LUCIANI, « Il Presidente della Repubblica: oltre la funzione di garanzia della Costituzione », *in* M. LUCIANI, M. VOLPI, *Il Presidente della Reppublica*, Bologne, Società editrice il Mulino, 1997, pp. 11-24 ; S. GALEOTTI, B. PEZZINI, *Il Presidente della Repubblica nella Costituzione italiana*, Turin, Utet Libreria, 1996, pp. 35-36 ; G. U. RESCIGNO *et al.*, *Il presidente della repubblica. Art. 83-87*, Bologne et Rome, Nicola Zanichelli et Foro Italiano, 1978, pp. 142-144.

[1256] Art. 87, al. 1er de la Constitution de la République italienne du 22 déc. 1947.

définit à aucun moment comme un régulateur, mais l'idée de régulation découle directement de son statut constitutionnel. Il en est de même en Bulgarie, où la Constitution dispose, à son article 92, que le chef de l'État « incarne l'unité du peuple [...] »[1257]. S'il n'est pas explicitement qualifié de régulateur, le président bulgare assure, en tant qu'incarnation de l'unité, une fonction de régulation et de stabilisation systémiques qui ressort de ses attributions et de son statut constitutionnels[1258]. Celles-ci le placent clairement en dehors de la tripartition classique des pouvoirs. Enfin, on peut citer la Constitution moldave de 1994, qui consacre de manière indirecte le rôle de régulateur institutionnel de la Cour constitutionnelle en lui confiant la mission d'assurer « la réalisation du principe de la séparation du pouvoir d'État en pouvoirs législatif, exécutif et judiciaire [...] »[1259], soit la base de l'équilibre constitutionnel des pouvoirs.

516. À la lumière de ces dispositions constitutionnelles, la régulation du régime politique apparaît devoir être appréhendée sous l'angle fonctionnel. Une telle approche est largement confortée et précisée dans son contenu par la jurisprudence de certaines cours constitutionnelles.

B. Les références jurisprudentielles à la fonction constitutionnelle de régulation

517. La conception fonctionnelle de la régulation institutionnelle, qui est identifiable sous diverses formes dans de nombreux textes fondamentaux, trouve également un écho dans la jurisprudence de certaines cours constitutionnelles. Outre la réception des dispositions constitutionnelles qui consacrent expressément une fonction de régulation, certaines d'entre elles ont développé et précisé sa signification bien au-delà des seuls apports textuels. Bien que le terme « régulation » soit rarement mentionné, les cours hongroise, bulgare et italienne ont, dans plusieurs de leurs décisions, tiré de leur interprétation des dispositions constitutionnelles relatives au chef de l'État l'attribution à celui-ci d'une véritable fonction régulatrice du système institutionnel, spécifiée car déclarée distincte des fonctions exécutive, législative et judiciaire (1°). De même, le juge constitutionnel africain a pu

---

1257 Art. 92, al. 1er de la Constitution de la République de Bulgarie du 13 juil. 1991.

1258 T. MONOVA, « Konstitutsionniyat statut na prezidenta na Republika Bulgariya », *Law Journal of New Bulgarian University*, 2011/1, p. 32 et pp. 35-41; S. ANDREEV, « Semi-presidentialism in Bulgaria: the cyclical rise of informal powers and individual political ambitions in a "dual executive" », *in* R. ELGIE, S. MOESTRUP (dir.), *Semi-presidentialism in Central and Eastern Europe*, Manchester, Manchester University Press, 2008, pp. 36-37 ; G. BLINASKI, *Parlamentarnoto upravlenie v Bulgariâ*, Sofia, Stopanstvo, 1995, p. 71.

1259 Art. 134, al. 3 de la Constitution de la République de Moldavie du 29 juil. 1994.

établir puis expliciter dans sa jurisprudence la mission de régulation que lui confie – de façon explicite ou non – la constitution (2°).

1°) Les références à la fonction régulatrice du chef de l'État : une tentative de spécification jurisprudentielle

518. À plusieurs reprises, la juridiction constitutionnelle hongroise a fait référence dans sa jurisprudence à la mission de régulation systémique du président de la République. Aux termes de l'article 9, alinéa 1er de la Loi fondamentale de 2011, celui-ci « incarne l'unité de la nation et veille au fonctionnement démocratique de l'État »[1260]. Cette formulation, tirée de l'article 29, alinéa 1er de la Constitution de 1949[1261], a soulevé des interrogations quant à sa portée[1262], mais a néanmoins été appréhendée par la Cour hongroise comme fondant l'une des fonctions principales du chef de l'État. Dans sa décision 48/1991 (IX.26), le juge constitutionnel indiqua que, sur la base de cette disposition constitutionnelle,

> « [l]e président de la République peut prendre une décision politique indépendante dans les cas où surviennent dans le fonctionnement démocratique des organes de l'État de graves troubles qui requièrent son intervention. Par cette mesure exceptionnelle, le président peut sortir d'une impasse la machine étatique afin que son fonctionnement normal puisse être redémarré. Une telle intervention présidentielle s'inscrit dans le cadre de l'article 29 (1) de la Constitution [...]. La Constitution n'exige pas que d'autres organes portent la responsabilité de la décision de la présidence, dès lors que le fonctionnement démocratique de l'État se trouve en crise »[1263].

Le rôle de gardien du fonctionnement démocratique de l'État énoncé à l'article 29 (désormais à l'article 9) consiste donc en une fonction autonome de régulation dont dispose le chef de l'État magyar. La Cour constitutionnelle devait plus tard le réaffirmer dans sa décision 8/1992 (I.30), en précisant que « dans certains cas, la Constitution donne au président de la République un pouvoir de décision indépendant lorsque de graves troubles dans le fonctionnement des organes de l'État nécessitent son intervention »[1264]. Elle confirmait de la sorte l'existence dans l'ordre constitutionnel hongrois d'un pouvoir régulateur présidentiel, dont elle précise qu'il « ne se limite pas à

[1260] Art. 9, al. 1er de la Loi fondamentale de la Hongrie du 25 avril 2011.

[1261] Art. 29, al. 1er de la Constitution de la République de Hongrie du 20 août 1949 : « [l]e chef de l'État de la Hongrie est le Président de la République, qui symbolise l'unité de la nation et veille au fonctionnement démocratique des organes de l'État ».

[1262] Cette disposition, en plaçant sur un même plan l'unité de la nation et le fonctionnement démocratique de l'État, peut laisser penser à une référence indirecte à l'État-nation hongrois. Ceci étant, une telle interprétation ne semble pas correspondre à la réalité de la communauté nationale hongroise, divisée entre plusieurs États, ni à celle de l'État hongrois, dont le substrat humain se caractérise par une relative hétérogénéité (v. J.-P. MASSIAS, *Droit constitutionnel des États d'Europe de l'Est*, *op. cit.*, p. 265).

[1263] Déc. 48/1991 (IX.26) du 23 sept. 1991. Nous traduisons.

[1264] Déc. 8/1992 (I.30) du 28 janv. 1992. Nous traduisons.

résoudre les crises, mais inclut également le cours normal des affaires de l'État [...] »[1265]. Cette interprétation est fondée sur la mission constitutionnelle de « garde du fonctionnement démocratique de l'État », qui doit être considérée comme la règle générale de compétence du président de la République. De ce fait, celui-ci, bien qu'il soit le chef de l'État, « est en dehors du pouvoir exécutif »[1266]. Sa fonction échappe à la classification traditionnelle des pouvoirs de l'État.

519. En Bulgarie, c'est la décision n° 27 de 1995 de la Cour constitutionnelle qui constitue un élément de réponse important dans la détermination de la nature de l'institution présidentielle et de son rôle dans le système institutionnel. Quatre ans après l'entrée en vigueur de la nouvelle Constitution de 1991, la majorité parlementaire demanda à la haute juridiction l'interprétation de l'article 92, alinéa 1er qui définit la présidence en ces termes : « [l]e président de la République est le chef de l'État. Il incarne l'unité du peuple et représente la République de Bulgarie dans les relations internationales ». Le juge répondit que le président, en tant que chef de l'État et incarnation de l'unité de la nation, exerce une mission éminemment politique pouvant avoir des répercussions considérables, et que dans la mise en œuvre de certains de ses pouvoirs, régis par les articles 98 à 101 de la Constitution, il « exerce également une *fonction de régulation par rapport aux autres organes de l'État* »[1267]. Par conséquent, les dispositions de l'article 92, en particulier celle aux termes de laquelle le président « incarne l'unité du peuple », impliquent une mission régulatrice du régime politique dont l'existence est expressément consacrée par la Cour bulgare dans cette décision.

520. La Cour avait par ailleurs tenté, dans sa décision n° 6 de 1993, de déterminer la place de l'institution présidentielle face au principe de la séparation des pouvoirs, énoncé à l'article 8 de la Constitution[1268]. Le contenu politique et juridique de ce principe est que le pouvoir d'État a trois principaux domaines d'action confiés à trois organes qui sont relativement indépendants mais interagissent les uns avec les autres. Ces trois pouvoirs sont la manifestation de la même unité et de la même souveraineté de l'État. Or, le président de la République, en tant que chef de l'État et incarnation de son unité, est au-delà des trois pouvoirs, il n'appartient à aucun en particulier[1269].

[1265] *Loc. cit.*
[1266] Déc. 48/1991 (IX.26), préc. ; nous traduisons.
[1267] Déc. n° 25 du 21 déc. 1995, affaire n° 27/95, *JO*, 19 janv. 1996, n° 6. Nous traduisons et soulignons.
[1268] Art. 8 de la Constitution de la République de Bulgarie du 13 juil. 1991 : « Le pouvoir est divisé en pouvoir législatif, pouvoir exécutif et pouvoir judiciaire ».
[1269] Déc. n° 6 du 22 avril 1993, affaire n° 4/93, *JO*, 30 avril 1993, n° 36.

521. On doit enfin mentionner la jurisprudence de la Cour constitutionnelle italienne sur l'institution présidentielle. La décision n° 1 de 2013[1270] apparaît à cet égard emblématique : le président de la République « représente l'unité nationale » (article 87, alinéa 1er de la Constitution de 1947) « non seulement dans le sens de l'unité territoriale, mais aussi et surtout dans celui de la cohésion et du fonctionnement harmonieux des pouvoirs [...] ». Cela confirme l'interprétation traditionnelle de l'article 87 susmentionnée. Il revient dès lors au président d'assurer « la modération et la stimulation des autres pouvoirs de l'État, qui sont présumés avoir tendance à exercer leurs pouvoirs de manière excessive ou au contraire à l'inertie ». La Constitution lui attribue des prérogatives « dans le but de sauvegarder à la fois leur séparation et leur équilibre »[1271]. Selon la haute juridiction italienne, le président de la République a donc un « rôle de garant de l'équilibre constitutionnel »[1272]. Il est « le suprême garant de l'équilibre entre les pouvoirs de l'État »[1273], ce qui caractérise une fonction de régulation des pouvoirs au sein du système institutionnel. Celle-ci, rappelle la Cour, « ne peut pas être classée dans la division tripartite traditionnelle des branches de l'État »[1274]. En effet, il est clair que le président de la République, « qui se situe en dehors de la "boucle" politico-gouvernementale »[1275], avait indiqué le juge italien dans sa décision n° 200 de 2006, « a été placé par la Constitution en dehors des pouvoirs traditionnels de l'État [...] »[1276]. Une telle interprétation jurisprudentielle va dans le sens de la conception doctrinale traditionnelle de la fonction présidentielle, envisagée en termes de quatrième pouvoir.

522. Lorsqu'une telle mission de régulation du système institutionnel est confiée – expressément ou non – au juge constitutionnel, celui-ci peut être amené à qualifier et définir son propre rôle.

2°) Les références à la fonction régulatrice du juge constitutionnel : l'auto-description fonctionnelle des cours africaines

523. Une telle hypothèse est surtout présente dans les États d'Afrique noire francophone, où les cours constitutionnelles ont été classiquement investies du contrôle de la constitutionnalité des lois (fonction de régularisation) puis sont devenues les gardiennes des droits et libertés fondamentaux. La fonction

---

[1270] Déc. n° 1/2013 du 15 janv. 2013, *JO*, 23 janv. 2013, n° 4 ; Fr. LAFFAILLE, « Chronique de droit politique italien (2014) », *RFDC*, 2014/2 n° 98, pp. 491-492.
[1271] Déc. n° 1/2013, préc., § 8.2. Nous traduisons.
[1272] *Ibid.*, § 8.3. Nous traduisons.
[1273] *Ibid.*, § 9. Nous traduisons.
[1274] *Ibid.*, § 4. Nous traduisons.
[1275] Déc. n° 200/2006 du 18 mai 2006, *JO*, 24 mai 2006, n° 21. Nous traduisons.
[1276] Déc. n° 1/2013, préc., § 8.2. Nous traduisons.

de régulation du fonctionnement des institutions et de l'activité des pouvoirs publics s'analyse alors comme « une prérogative additionnelle, un étage supplémentaire de l'architecture de superposition des compétences des Cours constitutionnelles africaines francophones »[1277]. Selon la présidente de la Cour constitutionnelle du Gabon Marie-Madeleine Mborantsuo, elle va en effet « bien au-delà de leur mission première, celle du contrôle de constitutionnalité »[1278]. De plus, son inscription dans la constitution la légitime et confirme le rôle expressément régulateur du juge constitutionnel.

524. Ceci étant, la formule retenue dans les textes fondamentaux africains ne constitue qu'une transposition, dans une version améliorée, de l'auto-qualification du Conseil constitutionnel français, qui, dans sa décision du 6 novembre 1962, s'était proclamé « organe régulateur de l'activité des pouvoirs publics »[1279]. Partant, le juge français voulait souligner sa compétence d'attribution qui s'exerce uniquement sur les pouvoirs publics, et non sur le peuple, l'emploi du concept de régulateur faisant ici référence à la régularisation qu'exerce le Conseil sur les normes adoptées par le parlement, et non à la régulation[1280]. On peut donc se demander si la réception d'un qualificatif jurisprudentiel français dans les constitutions africaines doit être interprétée de manière restrictive ou non. La réponse à cette interrogation repose sur les choix et orientations jurisprudentiels des cours africaines. Or celles-ci paraissent avoir opté, à travers leurs décisions, pour une conception large de leur rôle régulateur.

525. Pour autant, les juridictions constitutionnelles africaines font rarement des références explicites à leur fonction constitutionnelle de régulation, car contrairement au Conseil constitutionnel français et à la plupart des cours européennes, elles disposent déjà d'une assise textuelle claire pour l'exercer. Il faut néanmoins relever l'exemple donné par la Cour constitutionnelle du Bénin[1281]. Afin d'exprimer sa nature régulatrice, la haute juridiction commence d'abord par mentionner le fondement constitutionnel de celle-ci. Dans sa décision DCC 03-078 du 12 mai 2003, elle rappelle qu'en vertu de l'article 114 de la Constitution béninoise, elle « est, entre autres, *l'organe régulateur du fonctionnement des institutions et de l'activité des pouvoirs publics* »[1282]. La Cour indique ensuite, dans ce que Nicaise Médé regarde

---

[1277] N. MÉDÉ, « La fonction de régulation des juridictions constitutionnelles en Afrique francophone », art. préc., p. 47.
[1278] M.-M. MBORANTSUO, *La contribution des Cours constitutionnelles à l'État de droit en Afrique*, Paris, Economica, 2007, p. 239.
[1279] Déc. 62-20 DC du 6 nov. 1962, préc.
[1280] V. *supra* § 413-415.
[1281] Fr. J. AÏVO, « La Cour constitutionnelle du Bénin », *RFDC*, 2014/3 n° 99, pp. 715-740.
[1282] Déc. DCC 03-078 du 12 mai 2003, *GOUGBEDJI Cyrille* et *AKOBI Issifou Ahmed*, *Rec.*, 2003, p. 322. La Cour souligne.

comme « [l']un de ses considérants d'anthologie »[1283] car tout à fait révélateur, « qu'*en cette qualité, elle est fondée à prendre toute décision pour éviter toute paralysie du fonctionnement des institutions* de la République »[1284]. De la sorte, le juge béninois explicite la fonction régulatrice que lui a confiée le constituant, en soulignant sa principale finalité : le bon fonctionnement du système institutionnel et des différentes entités qui le composent. Selon le professeur Arsène-Joël Adéloui, la régulation de la Cour constitutionnelle se présente dès lors comme une *fonction-fin* « lui permettant d'assurer [...] un rééquilibrage permanent des pouvoirs en provoquant au besoin, des ajustements dans le système institutionnel ». En conséquence, son exercice implique de « prendre des décisions fortes afin de lever les blocages ou de rétablir l'équilibre du système institutionnel »[1285], c'est-à-dire un réel pouvoir de décision (le « régulateur-décideur ») au service d'une finalité définie.

526. *A contrario*, la Constitution malgache du 11 décembre 2010 ne comporte pas de disposition semblable à celle de l'article 114 de la Constitution béninoise. Cette absence d'assise textuelle n'a toutefois pas empêché la Haute Cour constitutionnelle de Madagascar de reconnaître l'existence implicite d'une fonction de régulation au sein du système institutionnel, en invoquant pour ce faire l'esprit de la Constitution et les expériences constitutionnelles étrangères. Dans sa décision du 25 mai 2018, la juridiction proclame ainsi que :

> « [...] *conformément à l'esprit de la Constitution, elle représente l'organe régulateur du fonctionnement des Institutions et de l'activité des pouvoirs publics*, notamment lorsque celle-ci est entravée dans l'exercice des attributions qui leur sont conférées par la Constitution par les effets d'une crise politique [...] ;
> [...] *une telle fonction de régulation des pouvoirs publics est actuellement établie et reconnue par des Cours constitutionnelles ou institutions voisines des pays de la zone Afrique* pour ne citer que celles du Gabon et du Benin ; que la Haute Cour Constitutionnelle de Madagascar est membre et adhère aux principes des diverses Associations de Cours Constitutionnelles ou Institutions voisines de par le monde »[1286].

La Cour indique également que « cette fonction de régulation, réalisée dans des circonstances exceptionnelles, s'analyse en un recours dans l'intérêt de la Constitution et est dictée par la nécessité de faire respecter l'esprit de la Constitution »[1287]. Dans un avis rendu le 1er juin 2018, elle précisera par

---

[1283] N. MÉDÉ, *Les grandes décisions de la Cour constitutionnelle du Bénin*, Sarrebruck, Éditions universitaires européennes, 2012, p. 55.
[1284] Déc. DCC 03-078 du 12 mai 2003, préc., p. 323. Nous soulignons.
[1285] A.-J. ADÉLOUI, « Désignation des représentants de l'Assemblée nationale à la CENA et ses démembrements », note sous CCB, 22 févr. 2011, EP 11-014, *ABJC*, 2013, p. 426.
[1286] Déc. n° 18-HCC/D3 du 25 mai 2018 relative à une requête en déchéance du Président de la République Hery RAJAONARIMAMPIANINA, disponible sur http://www.hcc.gov.mg/decisions/d3/decision-n18-hcc-d3-du-25-mai-2018-relative-a-une-requete-en-decheance-du-president-de-la-republique-hery-rajaonarimampianina/, consulté le 15 sept. 2019, § 17 et 18. Nous soulignons.
[1287] *Ibid.*, § 17.

ailleurs que l'exercice de « ses pouvoirs de régulation et de sanctions » consiste à « trac[er] le processus de sortie de crise » afin de « mettre fin à la crise politique »[1288]. La principale finalité de sa fonction de régulation est donc la résolution des crises systémiques, autrement dit de s'assurer du fonctionnement correct et sans accroc du système institutionnel. En ce sens, l'auto-qualification jurisprudentielle de la haute juridiction malgache doit s'entendre de manière beaucoup plus extensive que celle du Conseil constitutionnel français en 1962, car elle s'inscrit dans la même logique étendue que les fonctions de régulation textuellement attribuées à plusieurs de ses homologues africaines.

527. Par conséquent, la régulation du régime politique apparaît pouvoir être étudiée, à la lumière de sa représentation dans le droit positif, sous l'angle d'une fonction constitutionnelle. Cependant, le processus de spécification de la fonction de régulation subit l'interférence de la notion d'arbitrage, de laquelle elle est souvent rapprochée, non sans causer quelques évidentes difficultés.

§ II. Les limites du recours au modèle de l'« arbitre-régulateur »

528. Le recours à la notion d'arbitrage permet-il de décrire de façon satisfaisante le rôle du pouvoir régulateur ? Si la référence est aujourd'hui récurrente dans la doctrine, notamment lorsqu'il s'agit de qualifier le pouvoir neutre constantien[1289], elle n'en demeure pas moins problématique. Benjamin Constant n'a d'ailleurs jamais utilisé le terme d'*arbitre*, qui désignait essentiellement un pouvoir conservateur sous la Restauration et la Monarchie de Juillet[1290]. De fait, la figure du régulateur ne doit pas être confondue avec celle de l'arbitre, même si dans la doctrine constitutionnaliste, la fonction

[1288] Avis n° 03-HCC/AV du 1er juin 2018 concernant une demande d'avis sur la signification de la Décision n° 18-HCC/D3 relative à une requête en déchéance du Président de la République, disponible sur http://www.hcc.gov.mg/avis/avis-n03-hcc-av-du-1er-juin-2018-concernant-une-demande-davis-surla-signification-de-la-decision-n18-hcc-d3-du-25-mai-2018-relative-a-une-requete-en-decheance-du-president-de-la/, consulté le 15 sept. 2019, § 9.

[1289] V. not. M.-H. CAITUCOLI-WIRTH, art. préc., p. 6 ; M.-A. COHENDET, « L'arbitrage du président de la République », *APD*, 2009, t. 52, p. 20 ; J.-P. FELDMAN, « Le constitutionnalisme selon Benjamin Constant », art. préc., p. 696 ; Th. CHOPIN, *op. cit.*, p. 89 ; S. HOLMES, *op. cit.*, p. 202 ; Ph. LAUVAUX, *La dissolution des assemblées parlementaires*, *op. cit.*, pp. 83-84 ; P. BASTID, *Benjamin Constant et sa doctrine*, *op. cit.*, t. 2, p. 917.

[1290] À cette époque, seul Dunoyer recourt au mot « arbitre » afin de qualifier un pouvoir strictement régulateur, non sans mettre en garde contre les dérives possibles d'un tel pouvoir arbitral : « [i]l est d'autant plus nécessaire que le roi, souverain modérateur de tous les pouvoirs, délègue la puissance exécutive et se détache bien d'elle […] si le roi restait confondu avec elle, il deviendrait nécessairement suspect de vouloir attirer à lui toute l'autorité, et changer son *rôle d'arbitre et de régulateur suprême de tous les pouvoirs* en celui de maître absolu de tous les pouvoirs » (Ch. DUNOYER, « De la royauté, ou de la première magistrature de l'État dans une monarchie constitutionnelle », art. préc., pp. 49-50. Nous soulignons).

arbitrale du chef de l'État coïncide fréquemment avec une fonction de régulation du système institutionnel[1291]. On admettra que les deux notions ont des points communs : en droit constitutionnel, toutes deux évoquent immanquablement l'idée de résolution des conflits entre les organes de l'État. Elles n'ont pourtant pas le même contenu, ni la même signification. L'arbitre est celui qui règle un litige, qui tranche un différend, alors que le régulateur est l'organe qui assure le fonctionnement correct d'un système complexe, en l'occurrence le système institutionnel en droit constitutionnel.

529. Supposée équivoque, la notion d'arbitrage se laisse difficilement cerner par le constitutionnaliste, car les difficultés sémantiques entretiennent les incertitudes doctrinales. Le flou apparent de la formule, présentée par Georges Vedel comme « la plus brumeuse de toutes les nuées qui encombrent le ciel politique français », est incontestable. Il est vrai que les différentes acceptions du vocable, sans être forcément contradictoires, supposent une compétence d'action variable et plus ou moins discrétionnaire. Néanmoins, toutes impliquent l'exercice d'un *véritable pouvoir de décision* par l'arbitre. Cette indétermination de la notion d'arbitrage – dont la construction apparaît indissociable de l'histoire constitutionnelle française – nécessite une clarification de son contenu et de sa portée en droit constitutionnel (A). De toute évidence, l'arbitrage n'est pas réductible à l'exercice d'une fonction de régulation institutionnelle, comme le révèle l'exemple emblématique de l'avènement de la Ve République. Initialement, l'arbitre présidentiel fut parfois perçu, à tort, comme un simple « régulateur du jeu des pouvoirs publics »[1292], mais réapparut après 1958 comme le détenteur d'un pouvoir conservateur, arbitre des intérêts et des partis plus que des institutions (B).

A. La notion d'arbitrage en droit constitutionnel

530. Il convient en premier lieu de mettre en exergue les différentes acceptions de la notion d'arbitrage en droit constitutionnel afin d'expliciter son ambivalence (1°), puis de s'interroger sur son contenu dans la conception des constituants de la Ve République française (2°).

1°) La signification traditionnelle de l'arbitrage

531. Le terme d'arbitrage était traditionnellement employé par la doctrine publiciste des IIIe et IVe Républiques françaises afin de qualifier la fonction assumée par le chef de l'État en régime parlementaire classique. D'emblée

---

[1291] V. not. G. CONAC, « Article 5 », préc., p. 249 ; M. TROPER, « Actualité de la séparation des pouvoirs », art. préc., p. 234 ; L. HAMON, « Préface », *in* A. PANTÉLIS, *Les grands problèmes de la nouvelle constitution hellénique*, Paris, LGDJ, « BCSP », t. 64, 1979, p. 15.

[1292] J. GICQUEL, *Essai sur la pratique de la Ve République. Bilan d'un septennat*, Paris, LGDJ, « BCSP », t. 33, 1977, p. 62.

pourtant, la recherche d'une définition juridique se heurte à une difficulté que Jean Gicquel relève dans sa thèse sur la pratique gaullienne de la Ve République[1293]. En effet, dans le langage courant, l'arbitre peut aussi bien désigner la « [p]ersonne choisie pour mettre fin à un différend entre deux parties, en le tranchant ou en l'apaisant » que celle « qui est en mesure d'imposer à autrui ses décisions », c'est-à-dire le « maître absolu »[1294]. On est alors tenté d'opérer un rapprochement entre ces acceptions et celles possibles en droit constitutionnel : à la première se rapporterait l'arbitrage juridique ou formel et à la seconde l'arbitrage politique ou réel.

532. L'arbitrage juridique ou formel est celui du juge qui, saisi d'un commun accord par les parties à un litige, tranche leur différend de manière impartial, neutre. Dans ce cadre, les pouvoirs de l'arbitre seront limités à l'objet de la requête des parties. On rencontre un arbitrage de ce type en droit international, qui a connu une réception manifeste par le droit constitutionnel[1295]. Il correspond notamment à l'arbitrage entre les pouvoirs publics exercé par certaines juridictions constitutionnelles[1296]. L'arbitrage politique ou réel prend une tout autre forme : selon Jean-Louis Debré, « au nom de l'intérêt national ou général qu'elle doit représenter, l'institution arbitrale, n'attendant pas nécessairement d'être saisie d'un litige, impose sa décision aux différentes parties, aux différents groupes d'intérêts qui s'opposent »[1297]. L'arbitre a « le droit et a même le devoir » de s'autosaisir afin de prendre la décision qui s'impose, « précisément parce qu'il a reçu la mission générale de faire triompher une certaine idée du droit, une certaine conception de l'intérêt collectif »[1298]. C'est évidemment la figure du pouvoir conservateur qui ressort de cette description. Du reste, la notion d'arbitrage existait sous la Restauration et la Monarchie de Juillet, où elle s'appliquait souvent au roi[1299]. À cette période, l'arbitre n'était pas le détenteur d'un pouvoir régulateur cantonné à la sphère institutionnelle, mais bien celui d'un pouvoir social dont

---

1293 *Ibid.*, p. 54.
1294 V° « Arbitre » *in Dictionnaire de l'Académie française*, 9e éd.
1295 J. GICQUEL, *Essai sur la pratique de la Ve République. Bilan d'un septennat*, *op. cit.*, p. 57.
1296 V. not. L. FAVOREU, W. MASTOR, *Les cours constitutionnelles*, 2e éd., Paris, Dalloz, « Connaissance du droit », 2016, p. 111 ; M. GARRIGUE-VIEUVILLE, « Le rôle des cours constitutionnelles dans la construction institutionnelle des régimes postcommunistes européens : l'exemple du chef de l'État », art. préc., pp. 21-27 ; M. FROMONT, *La justice constitutionnelle dans le monde*, Paris, Dalloz, « Connaissance du droit », 1996, p. 66. En ce sens, la Cour constitutionnelle belge était appelée « Cour d'arbitrage » jusqu'en 2007 (v. Fr. DELPÉRÉE, A. RASSON-ROLAND, « La Cour d'arbitrage belge », *AIJC*, 1988, n° 4, pp. 67-77).
1297 J.-L. DEBRÉ, *Les idées constitutionnelles du général de Gaulle*, *op. cit.*, pp. 195-196.
1298 *Ibid.*, p. 196.
1299 V. *supra* not. § 215 et s.

la mission consiste à modérer les oppositions entre les clans et les partis qui divisent la communauté politique[1300].

533. Par conséquent, ces deux formes d'arbitrage ont une portée très différente en droit constitutionnel. Dans le premier cas, la mission de l'arbitre est limitée au règlement des litiges institutionnels entre organes étatiques qui ont fait l'objet d'une saisine. Cela signifie qu'il est possible que les parties trouvent un accord sous la forme d'un compromis pour se passer du recours à l'arbitrage. À l'opposé, dans le second cas, l'institution arbitrale « peut, à tout instant, imposer sa décision, dans la mesure où elle doit veiller d'une manière permanente au respect de l'idée qu'elle incarne »[1301]. Avec cette forme d'arbitrage, l'arbitre dispose de la légitimité nécessaire pour intervenir et imposer ses décisions aux parties dès lors qu'il l'estime utile à sa principale mission. Celle-ci peut être exprimée de la sorte : « donner une forme institutionnelle aux oppositions et les renouveler à temps afin de prévenir les risques d'anarchie et la tentation de l'ochlocratie »[1302]. Une telle conception de l'arbitrage est l'apanage d'un pouvoir conservateur.

534. À ces deux formes d'arbitrage sont liées deux conceptions divergentes du rôle du chef de l'État en régime parlementaire. La première, la plus répandue en Europe, est notamment celle de la monarchie espagnole, dont la Constitution est la seule avec celle de la France qui attribue explicitement un rôle d'arbitre au chef de l'État. Elle fut aussi celle, en droit comme en fait, des IIIe et IVe Républiques françaises. À cette période, la magistrature du chef de l'État apparaît limitée voire neutralisée et son pouvoir d'arbitrage devient tellement faible que l'on peut légitimement douter de sa réalité. Le président ne peut en effet intervenir de son propre chef ; son arbitrage est conditionné à l'initiative du gouvernement ou du parlement. La pratique est bien sûr en cause mais le chef de l'État partait avec un désavantage certain dans le droit positif. On se souviendra simplement que les lois constitutionnelles de 1875 comme la Constitution de 1946 imposent le contreseing ministériel pour l'ensemble des actes présidentiels. Autre exemple, l'article 5 de la loi du 25 février 1875 conditionne l'usage du droit de dissolution par le président à un

---

[1300] C'est par exemple en ce sens que Royer-Collard emploie le terme d'arbitre : « [h]eureuse dans son malheur, une nation qui [...] trouve dans son prince, image de la Providence, *un modérateur* élevé au-dessus de toutes les passions, capable de rattacher les événements à leurs causes, et de découvrir dans la nature des maux celle des remèdes qu'ils sollicitent ; *un juste arbitre* de la sévérité et de la clémence, qui, après avoir fait concourir l'une et l'autre au salut de l'État, n'étudie plus dans le passé que la leçon de l'avenir, et *se hâte d'appeler tous les intérêts de la grande famille à une réconciliation solennelle et durable* » (P.-P. ROYER-COLLARD, « Discours sur la loi d'amnistie » (1815), reproduit *in* Pr. de BARANTE, *La vie politique de M. Royer-Collard. Ses discours et ses écrits*, *op. cit.*, t. 1, p. 193. Nous soulignons). Sur la notion d'arbitre sous la Restauration, v. O. FERREIRA, « Le Roi "dans" la Charte de 1814. *Prisons imaginaires* », art. préc., pp. 16-19.

[1301] J.-L. DEBRÉ, *Les idées constitutionnelles du général de Gaulle*, *op. cit.*, p. 196.

[1302] Selon les termes employés par O. FERREIRA (« Le Roi "dans" la Charte de 1814. *Prisons imaginaires* », art. préc., p. 18).

avis conforme du Sénat, tandis que l'article 51 de la Constitution de 1946 lui en retire le bénéfice au profit du gouvernement.

535. La pratique ne fit finalement qu'aller dans le sens de ces dispositions constitutionnelles handicapantes pour le président de la République, contraint à l'impuissance. Ceci étant, la plupart d'entre eux n'entendirent pas se restreindre à « l'inauguration des chrysanthèmes » ou jouer le rôle d'une « potiche »[1303]. Au sein du système institutionnel, le chef de l'État conserve en particulier une liberté de choix dans la désignation du chef de gouvernement. Contrairement au Royaume-Uni, où le bipartisme a rendu cette prérogative stérile – le monarque se contente d'entériner le résultat de l'élection en désignant le leader du parti victorieux –, le multipartisme de la IIIe République française laisse une large marge de manœuvre au chef de l'État, que Léon Blum appelait justement la « préférence *arbitraire* »[1304] du président de la République. C'est comme cela que les constituants de 1946 comprirent la désignation du maréchal Pétain par Albert Lebrun le 17 juin 1940 et c'est pour cette raison qu'ils ôtèrent au chef de l'État le choix réel en la matière pour ne lui laisser qu'une compétence purement formelle. Cela n'empêcha pas Vincent Auriol d'exercer une forte magistrature d'influence[1305]. Dans son discours d'investiture, il exprima en une célèbre formule le difficile équilibre que constitue la position d'arbitre : « [j]e ne serai ni un président soliveau, ni un président personnel ». Cela n'empêcha pas non plus René Coty de jouer de son autorité pour imposer à l'Assemblée nationale « le plus illustre des Français » lors de la crise de mai 1958[1306].

536. Ceci étant, la présidence de 1879 à 1958 paraît davantage s'apparenter à une magistrature morale qu'à de l'arbitrage proprement dit. On se souvient du mot d'Armand Fallières lors de son élection : « [...] le président de la République peut être *l'arbitre et le conseiller* de la politique française, sans cependant prendre aucune part active à cette politique »[1307]. Dans la réalité, les conseils prennent le pas sur l'arbitrage : non seulement le président n'a aucune prise sur la politique menée, mais il n'a pas non plus les moyens d'arbitrer les rapports entre les pouvoirs ou les partis. Jean Gicquel prend un exemple éclairant en ce sens. En 1955, après la chute du gouvernement Faure, l'opportunité d'une dissolution de l'Assemblée nationale se pose, les

---

1303 J. GICQUEL, *Essai sur la pratique de la Ve République. Bilan d'un septennat*, *op. cit.*, p. 59.

1304 Cité par J. GICQUEL, *ibid.*, p. 60. Nous soulignons.

1305 La pratique constitutionnelle du président Auriol fut marquée par l'exercice d'un arbitrage de type procédural ou formel qui amena une partie de la doctrine publiciste de la IVe République à envisager le chef de l'État comme un « gardien de la Constitution » – toutefois bien éloigné du gardien schmittien. Sur ce point, v. *supra* § 288-291 ; B. FARGEAUD, *La doctrine constitutionnelle sous la IVe République. Naissance d'une nouvelle génération de constitutionnalistes*, *op. cit.*, pp. 210-250.

1306 J. GICQUEL, *Essai sur la pratique de la Ve République. Bilan d'un septennat*, *op. cit.*, p. 60.

1307 Cité par L. DUGUIT, *Traité de droit constitutionnel*, *op. cit.*, t. 4, p. 809. Nous soulignons.

conditions très strictes de mise en œuvre étant réunies pour la première fois depuis l'instauration de la Constitution de 1946. La question fut tranchée par un vote des ministres au cours duquel le chef de l'État ne joua aucun rôle, se contentant d'entériner la décision après s'être assuré de sa validité. « [T]émoin plutôt qu'acteur, [il] agit, en quelque sorte à la manière d'un notaire »[1308]. Cantonné à l'exercice d'une magistrature d'influence, le président de 1879 à 1958 ne pouvait être un arbitre, « faute d'y avoir été convié et faute surtout d'en avoir les moyens »[1309]. L'analyse classique de son rôle en termes d'arbitrage apparaît donc abusive, car sauf en ce qui concerne la désignation du président du Conseil avant 1946, le chef de l'État n'exerce pas un pouvoir de décision. La Ve République s'est placée d'emblée à l'opposé de cette conception, contre laquelle le général de Gaulle et les constituants de 1958 ont voulu instituer un véritable arbitrage politique au sommet de l'État.

537. Ces différentes acceptions de l'arbitrage permettent-elles de qualifier de façon satisfaisante le rôle du pouvoir régulateur ? Le régulateur juridictionnel est assurément un arbitre de type juridique ou formel[1310], et il est aussi possible que le chef de l'État, lorsqu'il actionne certains mécanismes régulateurs prévus par la constitution, exerce un « arbitrage procédural »[1311] qui consiste à « constat[er] » et à « assur[er] la relance de la partie »[1312]. En revanche, ce n'est pas le cas du régulateur politique du système institutionnel, tel le pouvoir neutre constantien, dont la nature implique nécessairement l'auto-saisine. Le régulateur politique n'est pas non plus un arbitre politique, qui tranche des conflits partisans et correspond à un pouvoir social dont le champ d'action dépasse la frontière du système institutionnel.

538. On pourrait arrêter ici le raisonnement mais l'usage de la métaphore sportive paraît ouvrir une perspective différente. De ce point de vue, l'arbitrage juridique ou formel évoquerait celui de l'arbitre de touche au football qui, sollicité par l'arbitre principal, n'intervient que par son intermédiaire. L'arbitrage politique ou réel conduirait pour sa part à participer directement au jeu. Le chef de l'État-régulateur correspondrait alors à la figure de l'arbitre principal, qui surveille le bon déroulement du match, s'assure du respect des règles et s'autosaisit dans ce but en cas de conflits ou de désaccords. Aussi le roi de Constant ou le président de 1958 seraient-ils des arbitres sans pour autant s'inscrire ni dans l'arbitrage juridique ou formel, ni dans l'arbitrage politique ou réel. Marie-Anne Cohendet affirme en ce sens

---

1308 J. GICQUEL, *Essai sur la pratique de la Ve République. Bilan d'un septennat*, *op. cit.*, p. 61.
1309 *Loc. cit.*
1310 V. en ce sens A.-J. ADÉLOUI, « Désignation des représentants de l'Assemblée nationale à la CENA et ses démembrements », préc., p. 426 ; C. KEUTCHA TCHAPNGA, « Droit constitutionnel et conflits politiques dans les États francophones d'Afrique noire », art. préc., p. 470.
1311 Ph. LAUVAUX, *La dissolution des assemblées parlementaires*, *op. cit.*, p. 84.
1312 J. GICQUEL, *Essai sur la pratique de la Ve République. Bilan d'un septennat*, *op. cit.*, p. 61.

que dans la Constitution de 1958, « la mission présidentielle est une mission d'arbitrage et, *en droit comme en sport*, l'arbitre n'est pas un capitaine, il est celui qui veille au respect des règles et qui intervient en cas de conflit »[1313].

539. Cette analogie n'est pourtant pas satisfaisante, comme le révèle la double acception qui caractérisa pendant longtemps le concept d'arbitre. L'acception judiciaire, apparue en 1213 dans la langue française, puis par extension celle de maître souverain (1653) se sont effectivement maintenues seules durant plusieurs siècles avant que n'apparaisse l'acception sportive à la fin du XIXe siècle (1896)[1314]. La chronologie montre donc qu'il est inexact de considérer que l'arbitrage sportif correspond à la « conception classique de l'arbitrage »[1315], même si l'arbitre sportif est aujourd'hui beaucoup plus connu du profane que l'arbitre-juge ou l'arbitre politique. De plus, contrairement à une opinion doctrinale répandue[1316], l'arbitrage est historiquement un concept juridique. En droit constitutionnel, l'arbitre est un juge – ce qui correspond au sens originaire du terme – ou un pouvoir conservateur[1317], mais il n'est pas « celui qui veille à ce que le jeu des institutions se déroule conformément à la règle »[1318], autrement dit un ersatz d'arbitre sportif[1319]. Aussi convient-il d'écarter la métaphore sportive, « commode mais arbitraire, car les pouvoirs et l'arbitrage qui est censé les faire fonctionner régulièrement ne sont pas franchement assimilables à une partie de football »[1320]. On doit en conclure que « [l]'arbitrage au sens sportif du terme est une illusion, qu'il faut bannir du vocabulaire politique si l'on tient à éviter de fâcheux quiproquos, comme

[1313] M.-A. COHENDET, *Le président de la République*, 2e éd., Paris, Dalloz, « Connaissance du droit », 2012, p. 58. Nous soulignons. Dans le même sens, v. *id.*, « L'arbitrage du président de la République », art. préc., p. 17 : « [o]n oppose parfois l'arbitrage sportif à l'arbitrage juridique, cependant ils se rejoignent sur les aspects essentiels. Dans le droit du sport, l'arbitre veille à ce que les joueurs respectent les règles du jeu, il tranche leurs différends en fonction de ces règles, il n'impose pas ses propres règles ou sa façon de jouer aux joueurs ».

[1314] V° « Arbitre » *in* A. REY, *Dictionnaire historique de la langue française*, Paris, Le Robert, 2010 ; Th. CLAY, *L'arbitre*, Paris, Dalloz, « NBT », vol. 2, 2001, pp. 14-17.

[1315] M.-A. COHENDET, *Le président de la République*, *op. cit.*, p. 58.

[1316] V. par ex. J.-M. DENQUIN, *La monarchie aléatoire*, Paris, Puf, « Béhémot », 2001, p. 52 ; J. MASSOT, *L'arbitre et le capitaine. Essai sur la responsabilité présidentielle*, Paris, Flammarion, « Champs », 1987, p. 221.

[1317] C'est-à-dire sa principale signification sous la Restauration et la Monarchie de Juillet, sauf chez Charles Dunoyer, qui emploie le terme d'arbitre pour qualifier un pouvoir régulateur au sens du pouvoir neutre constantien (v. Ch. DUNOYER, art. préc., p. 50).

[1318] M.-A. COHENDET, « Article 9 », *in* Fr. LUCHAIRE, G. CONAC, X. PRÉTOT (dir.), *La Constitution de la République française. Analyses et commentaires*, Paris, Economica, 2009, p. 380.

[1319] Encore qu'il ne soit pas exclu que l'arbitrage exponentiel de certaines cours constitutionnelles puisse se laisser saisir assez justement par une analogie sportive. Gérard Conac expliquait par exemple au sujet du juge africain que celui-ci est « un arbitre qui doit apprendre les règles du jeu aux joueurs : comme l'arbitre sportif qui surveille le jeu sans y participer, il doit discipliner les gouvernants sans se substituer à eux » (G. CONAC, « Le juge constitutionnel en Afrique, censeur ou pédagogue ? », *in id.* (dir.), *Les cours suprêmes en Afrique*, Paris, Economica, 1989, t. 2, p. XVI).

[1320] J.-M. DENQUIN, *La monarchie aléatoire*, *op. cit.*, p. 53.

nous le montre l'application de la Constitution de 1958 »[1321]. Le modèle de chef de l'État esquissé à Bayeux et consacré par l'avènement de la Ve République se voulait en effet une manière de transcender les deux solutions opposées du figurant et du gouvernant par la pratique d'un arbitrage actif et revalorisé.

2°) L'arbitrage dans la Constitution de 1958 : l'apanage d'un pouvoir conservateur ?

540. À Bayeux, le général de Gaulle proclama l'exigence « qu'au-dessus des contingences politiques soit établi un véritable arbitrage national qui fasse valoir la continuité au milieu des combinaisons »[1322]. C'est bien sûr au chef de l'État que revient « l'attribution de servir d'arbitre au-dessus des contingences politiques, soit normalement par le Conseil, soit, dans les moments de grave confusion, en invitant le pays à faire connaître, par des élections, sa décision souveraine »[1323]. Il semblerait ainsi que pour le général, il existe deux degrés d'arbitrage : l'arbitrage dans les moments normaux et l'arbitrage « dans les moments de grave confusion ». Cette gradation est tout à fait visible dans la Constitution de 1958, qui ajoute cependant un troisième niveau d'arbitrage, en cas de péril national.

541. En période normale, l'arbitrage du chef de l'État ne paraît guère différer de celui exercé par ses prédécesseurs des IIIe et dans une moindre mesure IVe Républiques. C'est à lui que revient « la charge d'accorder l'intérêt général quant au choix des hommes, avec l'orientation qui se dégage du Parlement » en désignant les membres du gouvernement, « lequel est collectivement responsable devant la représentation nationale tout entière »[1324] mais pas devant le président de la République. Cet arbitrage de faible intensité s'exerce également par le Conseil. La présidence du Conseil des ministres permet au chef de l'État d'exercer une magistrature d'influence et surtout « d'assurer, au-dessus des partis, le fonctionnement régulier des institutions et de faire valoir, au milieu des contingences politique, les intérêts permanents de la Nation »[1325]. Détaché des détails de la politique menée, l'arbitre présidentiel incarne la continuité de l'État ; comme sous les IIIe et IVe Républiques, il est l'élément « stable » du régime.

542. Ceci étant, contrairement à ses prédécesseurs, le chef de l'État de 1958 a également les moyens d'arbitrer « dans les moments de grave confusion », c'est-à-dire en cas de crise politique ou sociale majeure. Dans un tel contexte,

---

[1321] J. GICQUEL, *Essai sur la pratique de la Ve République. Bilan d'un septennat*, *op. cit.*, p. 61.
[1322] Ch. de GAULLE, « Discours prononcé par le général de Gaulle à Bayeux, 16 juin 1946 », préc., p. 5.
[1323] *Ibid.*, p. 6.
[1324] *Loc. cit.*
[1325] Ch. de GAULLE, « Discours prononcé à Épinal », préc.

l'arbitrage présidentiel s'exerce par la dissolution de l'Assemblée nationale ou par le recours au référendum ; ces deux outils érigent le peuple en arbitre « irrécusable »[1326], « suprême »[1327] et « souverain »[1328], amené à trancher un conflit entre organes étatiques ou à choisir quant à la politique menée. Sous la Ve République, la décision de recourir à la procédure du référendum prévue à l'article 11 de la Constitution appartient au chef de l'État, qui exerce ce pouvoir sans contreseing (article 19) sur proposition du gouvernement ou du parlement. L'usage de cet instrument doit lui permettre, lorsqu'il se pose une « question vitale pour l'intérêt de la nation »[1329], de provoquer un arbitrage populaire. Quant à la dissolution de l'Assemblée nationale, elle constitue le principal et ultime moyen de sanctionner un conflit entre l'Exécutif et le Législatif, mais le général de Gaulle l'envisage également comme « une nouvelle forme d'appel au peuple »[1330], à qui est offert par ce biais la possibilité de renouveler ou d'infirmer sa confiance au président-arbitre national. Ce dernier, qu'il agisse par le moyen de la dissolution ou par celui du référendum, joue en quelque sorte le rôle d'une interface en déclenchant la participation directe de la nation à la vie politique. Dans ces conditions, la mission de l'arbitre est de nature sociale ou politique au sens fort du terme, et non purement institutionnelle.

543. De manière générale, l'arbitrage du chef de l'État dans la Constitution de 1958 s'exerce par la sollicitation d'un autre pouvoir, comme le détaillait Michel Debré devant le Conseil d'État :

> « [L]e président de la République, comme il se doit, n'a d'autre pouvoir que celui de solliciter un autre pouvoir : il sollicite le Parlement, il sollicite le Comité constitutionnel, il sollicite le suffrage universel. Mais cette possibilité de solliciter est fondamentale »[1331].

Dans l'exercice de ce type de prérogatives constitutionnelles, le président de la République assure un rôle de *médiateur* et non d'arbitre au sens littéral du terme, car il ne règle pas directement les conflits entre les pouvoirs mais saisit d'autres institutions à cette fin. En effet, la Constitution place le chef de l'État en situation non de trancher lui-même les litiges – autrement dit d'arbitrer – mais seulement d'user de certains mécanismes pour en appeler à un tiers capable de prendre l'ultime décision pour mettre fin au conflit, qu'il s'agisse

---

[1326] J.-M. DENQUIN, *La monarchie aléatoire*, *op. cit.*, p. 120.

[1327] O. ROUQUAN, *Régulations et stratégies présidentialisées sous la Ve République*, *op. cit.*, p. 810, n. 393.

[1328] J. BOUDON, *Manuel de droit constitutionnel. La Ve République*, *op. cit.*, p. 97 ; J.-L. DEBRÉ, *Les idées constitutionnelles du général de Gaulle*, *op. cit.*, p. 199.

[1329] *Loc. cit.*

[1330] J. GICQUEL, *Essai sur la pratique de la Ve République. Bilan d'un septennat*, *op. cit.*, p. 157. Sur ce point, v. également O. ROUQUAN, « La stratégie charismatique gaullienne », *Parlement[s]*, 2005/2 n° 4, pp. 75-93.

[1331] M. DEBRÉ, « Discours devant le Conseil d'État, 27 août 1958 », préc.

de l'arbitre juridique – le Conseil constitutionnel – ou de l'arbitre politique suprême – le peuple[1332].

544. Par contre, si « les institutions de la République, l'indépendance de la nation, l'intégrité de son territoire ou l'exécution de ses engagements internationaux sont menacées d'une manière grave et immédiate et que le fonctionnement régulier des pouvoirs publics constitutionnels est interrompu »[1333], le chef de l'État-arbitre « ne sollicite plus, il assume »[1334]. En cas d'extrême péril, l'article 16 de la Constitution l'habilite à prendre toutes les mesures exigées par les circonstances afin qu'il puisse répondre seul « de l'indépendance, de l'honneur, de l'intégrité de la France et du salut de la République »[1335]. L'article 16 est en quelque sorte « le bras armé de l'article 5 »[1336] : il donne au président des moyens d'accomplir dans les périodes les plus troubles la mission de régulation du système institutionnel qui lui est confiée. Cependant, les termes employés par de Gaulle en 1946 et en 1958 sont sans équivoque quant au réel sens des dispositions de l'article 16. Comme le relève très justement Julien Boudon, elles « ont pour but de conserver ou de restaurer un ordre constitutionnel préexistant »[1337]. On comprend d'emblée que le président assume un « rôle *conservateur* »[1338] : de l'État, de la nation, de la Constitution. L'arbitre de 1958 est un gardien de la Constitution au sens fort, schmittien, du terme et incarne le *pouvoir conservateur de la République*.

545. Par conséquent, le pouvoir d'arbitrage présidentiel de la Constitution de 1958 paraît pour le moins protéiforme. Juridiquement, le chef de l'État cumule les statuts de médiateur (entre les organes étatiques et entre le peuple et les organes étatiques), d'arbitre procédural ou formel et surtout d'arbitre politique, qui correspond dans la tradition constitutionnelle française à un pouvoir conservateur. Lors de l'étude du projet constitutionnel au Conseil d'État, le président Latournerie souligna ainsi qu'« il est attaché à ce mot [arbitrage] une idée de conciliation dans un intérêt supérieur, de composition des intérêts dans une synthèse aussi harmonieuse que possible »[1339]. En ce sens, la mission du chef de l'État dépasse les frontières de la sphère

---

[1332] V. en ce sens O. ROUQUAN, *Régulations et stratégies présidentialisées sous la Vᵉ République*, *op. cit.*, p. 208.

[1333] Art. 16 de la Constitution de la République française du 4 oct. 1958.

[1334] J.-L. DEBRÉ, *op. cit.*, p. 199.

[1335] Ch. de GAULLE, « Discours prononcé place de la République », préc.

[1336] J. BOUDON, *Manuel de droit constitutionnel. La Vᵉ République*, *op. cit.*, p. 85.

[1337] *Ibid.*, p. 86.

[1338] *Ibid.*, p. 84. Il souligne.

[1339] « Conseil d'État, Assemblée générale, séance du 27 août 1958 (après-midi) », reproduit *in Documents pour servir à l'histoire de l'élaboration de la Constitution du 4 octobre 1958*, préc., vol. 3, p. 303.

institutionnelle : elle n'a jamais correspondu à un pur pouvoir régulateur[1340]. Cela explique sans doute que le contour exact de la fonction arbitrale ait fait l'objet d'un malentendu originel au sein de la classe politique, non sans conséquences quant à la pratique de la Ve République.

B. LES ÉQUIVOQUES DE LA NOTION D'ARBITRAGE : LE CAS DE LA VE RÉPUBLIQUE FRANÇAISE

546. Dès sa mise en avant lors des travaux préparatoires de la nouvelle Constitution, la notion d'arbitrage souffrait d'une ambiguïté (1°) qui devait conduire après 1958 à une clarification par la pratique, excessivement présentée comme un dévoiement (2°).

1°) L'arbitre de 1958, un accord illusoire ?

547. Les dispositions de l'article 5 de la Constitution[1341], source fondamentale du pouvoir arbitral du président de la République, ne se laissent pas facilement saisir. Il est vrai qu'elles ont fait l'objet de lectures divergentes. Consacrent-elles l'effacement politique du chef de l'État – tel « un obstacle dressé par les héritiers de Grévy contre toute tentative de pouvoir personnel »[1342] – ou au contraire sa centralité retrouvée au sein du système institutionnel ? L'idée d'un arbitrage présidentiel en 1958 apparaît principalement comme un compromis qui se « présentait […] comme une espèce de "bricolage" constitutionnel »[1343]. On se rappellera que dans un avant-projet de constitution élaboré par Michel Debré, le président de la République « [a]ssisté du gouvernement, […] définit l'orientation générale de la politique intérieure et extérieure du pays et en assure la continuité »[1344]. Une telle formulation était bien entendu inacceptable pour des hommes forgés par la tradition parlementaire française, tels Pierre Pflimlin ou Guy Mollet, selon lesquels la fonction présidentielle méritait certes d'être réhabilitée mais devait demeurer cantonnée en dehors de la sphère gouvernementale. De ce fait, c'est finalement le terme d'arbitrage qui fut retenu dans le texte définitif, en dépit

[1340] La nature et l'étendue du pouvoir arbitral du roi dans la Constitution marocaine de 2011 paraissent se placer tout à fait sur le même plan, « sous l'effet d'une forme de mimétisme avec la Constitution [française de 1958] » qui a conduit à l'instauration d'un véritable « gaullisme héréditaire » au Maroc depuis 1962 (D. MELLONI, « Le nouvel ordre constitutionnel marocain : de la "monarchie gouvernante" à la "monarchie parlementaire" ? », *in* Centre d'Études Internationales (dir.), *La Constitution marocaine de 2011. Analyses et commentaires*, Paris, LGDJ, 2012, p. 9).

[1341] « Le Président de la République veille au respect de la Constitution. Il assure, par son arbitrage, le fonctionnement régulier des pouvoirs publics ainsi que la continuité de l'État. Il est le garant de l'indépendance nationale, de l'intégrité du territoire et du respect des traités ».

[1342] M. MORABITO, *Histoire constitutionnelle de la France de 1789 à nos jours*, *op. cit.*, p. 441.

[1343] Selon les termes de P. AVRIL au sujet du texte de la Constitution de 1958 (*La Ve République. Histoire politique et constitutionnelle*, Paris, Puf, « Droit fondamental », 1987, p. 30).

[1344] « Avant-projet de Constitution préparé à la mi-juin 1958 », reproduit *in Documents pour servir à l'histoire de l'élaboration de la Constitution du 4 octobre 1958*, préc., vol. 1, p. 251.

de sa duplicité manifeste. Susceptible d'interprétations alternatives voire divergentes, le concept présentait le mérite de concilier gaullistes et tenants du parlementarisme moniste.

548. Les principaux protagonistes du processus constituant n'étaient toutefois pas dupes à ce sujet, comme en témoigne la teneur d'une note de Raymond Janot qui alertait sur le caractère « illusoire » de l'accord sur le rôle arbitral du chef de l'État. Dans la logique des IIIe et IVe Républiques, le président-arbitre est « un personnage qui ne prend jamais parti sur les grands problèmes [...] et dont l'autorité morale est d'autant moins contestée qu'elle ne s'exerce pratiquement pas »[1345], autant dire un pouvoir effacé voire neutralisé. Il est certain que cette conception, combattue dès 1946 par le général de Gaulle car elle conduit en fait à la négation de l'arbitrage, ne pouvait être celle de 1958. Janot peine pourtant dans sa note à cerner la nouvelle signification de la notion ; il aboutit à une définition qui peut tout aussi bien correspondre à un pouvoir conservateur, arbitre des intérêts, qu'à un « régulateur du jeu des pouvoirs publics »[1346] :

> « [c]ertes, un arbitre n'est pas un partisan. Mais ce n'est pas non plus un spectateur. Un arbitre est une personne qui décide dans certains cas particulièrement graves et qui, par conséquent, a le pouvoir propre de décider en ces cas graves »[1347].

Pour Jean Gicquel, « [s]ans doute est-ce là ressusciter, sinon outrer la théorie du "pouvoir neutre" »[1348] que de se réclamer d'une telle conception de l'arbitrage, qui implique que le chef de l'État soit doté d'importants pouvoirs propres.

549. Raymond Janot reconnaîtra par la suite que l'apparent consensus sur la notion d'arbitrage en 1958 relevait en grande partie d'un « *quiproquo* »[1349], notamment provoqué par une réception déformante de son acception sportive en droit constitutionnel :

> « [...] certains ministres d'État pensaient qu'on donnait trop de pouvoirs au président qui ne devait être qu'un arbitre. En réalité, pour eux, c'était l'arbitre d'un match de tennis. Pour nous c'était celui qui prend une décision d'arbitrage »[1350].

[1345] R. JANOT, « Note pour le général de Gaulle du 16 juin 1958 », reproduit *in ibid.*, vol. 1, p. 257.
[1346] J. GICQUEL, *Essai sur la pratique de la Ve République. Bilan d'un septennat*, *op. cit.*, p. 62.
[1347] R. JANOT, « Note pour le général de Gaulle du 16 juin 1958 », reproduit *in Documents pour servir à l'histoire de l'élaboration de la Constitution du 4 octobre 1958*, préc., vol. 1, p. 257.
[1348] J. GICQUEL, *Essai sur la pratique de la Ve République. Bilan d'un septennat*, *op. cit.*, p. 62.
[1349] R. JANOT, propos reproduits *in* D. MAUS, O. PASSELECQ (dir.), *Témoignages sur l'écriture de la Constitution de 1958*, Paris, La Documentation française, « Les cahiers constitutionnels de Paris I », 1997, p. 47.
[1350] R. JANOT, « Du discours de Bayeux à la Constitution de la Ve République », *Espoir*, n° 108, p. 12 et s. ; disponible sur http://education.francetv.fr/matiere/epoque-contemporaine/premiere/article/naissance-de-la-constitution-de-la-ve-republique-par-raymond-janot, consulté le 15 sept. 2019.

Or, dans le vocabulaire juridique comme dans le langage courant, l'arbitre est traditionnellement celui qui prend une décision afin de trancher une question. Les gaullistes purent ainsi s'appuyer sur cette définition somme toute très usuelle pour imposer dans la pratique leur conception de l'arbitrage, dévoilant au passage la véritable nature de la présidence de la Ve République.

2°) De l'arbitre au guide : la révélation du pouvoir conservateur présidentiel dans la pratique de la Ve République

550. Depuis le discours de Bayeux, le 16 juin 1946, on sait que le général de Gaulle assigne au chef de l'État la mission d'être un arbitre et que cet arbitre ressemble davantage à un pouvoir conservateur, amené à trancher des conflits partisans et sociaux, qu'à un pouvoir régulateur dont l'action serait cantonnée au système institutionnel. Or, rapidement après 1958, le terme « arbitre » va être abandonné au profit de ceux de « garant » et surtout de « guide » (a). Cette évolution phraséologique, sans remettre en cause la doctrine gaullienne du pouvoir présidentiel, tend plutôt à mettre en lumière son sens profond (b).

a. L'évolution de la terminologie gaullienne

551. En avril 1959, la Documentation française publiait un commentaire général de la nouvelle Constitution intitulé « *Commentaires sur la Constitution du 4 octobre 1958 accompagnés du texte intégral de la Constitution* »[1351]. Bien que présenté de façon anonyme[1352], ce fascicule établissait en quelque sorte le premier « mode d'emploi officieusement officiel de la Constitution »[1353]. À la question « [q]uelle est […] la mission du Président de la République ? », on donnait ainsi la réponse suivante :

> « [c]'est une mission d'arbitre, mais d'arbitre dans un sens positif. Il y a deux façons de considérer le métier d'arbitre : l'arbitre peut simplement regarder, mais il peut aussi prendre des décisions, des arbitrages. Eh bien, dans cette Constitution, le Président de la République n'est pas celui qui regarde et se contente de regarder ; c'est quelqu'un qui arbitre effectivement, au sens positif de ce terme »[1354].

Il était donc parfaitement clair dès l'avènement de la Ve République que l'arbitrage présidentiel n'aurait pas grand-chose à voir avec celui de ses prédécesseurs des IIIe et IVe Républiques, au mieux comparables à des arbitres

---

[1351] *Commentaires sur la Constitution du 4 octobre 1958 accompagnés du texte intégral de la Constitution*, Paris, La Documentation française, « Notes et études documentaires », n° 2530, 1959, reproduit *in Documents pour servir à l'histoire de l'élaboration de la Constitution du 4 octobre 1958*, préc., vol. 4, pp. 155-206.

[1352] On sait désormais que le principal rédacteur de ces *Commentaires* très autorisés est Raymond Janot (v. *ibid.*, vol. 4., p. 156).

[1353] Selon les mots de Didier Maus (*loc. cit.*).

[1354] *Ibid.*, vol. 4, p. 164.

de matchs de tennis. Jean-Louis Debré ne dit pas autre chose lorsqu'il décrit la dualité au sommet de l'État telle qu'elle était envisagée par le général de Gaulle en 1958 :

> « Un Chef de Gouvernement, nommé par le Président de la République, mais responsable autant devant le Parlement que devant lui, qui détermine, anime, coordonne et contrôle l'action quotidienne du Gouvernement.
> Un chef de l'État, clef de voûte des institutions, en ce sens que, personnage impartial, *arbitre suprême de l'intérêt de l'État*, dont la vocation est d'élever le débat politique, le rôle est de faire respecter le bon fonctionnement des institutions et dont la mission est d'imposer le recours au souverain en cas de blocage du système politique. Chef de l'État qui, en tant que garant de l'intérêt national, doit pouvoir, en des heures troublées ou lors de périls menaçant la Nation, assumer les pouvoirs de l'État »[1355].

Cette présidence réhabilitée, dépeinte sous les traits d'un véritable « monarque républicain »[1356], se rattache aisément à la tradition du pouvoir conservateur, conçu comme un arbitre des partis et des intérêts.

552. Élu à la magistrature suprême le 21 décembre 1958, le général de Gaulle va pourtant progressivement abandonner le terme d'arbitre pour qualifier sa mission. Cette évolution supposée de la fonction présidentielle, accentuée après la tenue du référendum du 28 octobre 1962 par l'émergence du fait majoritaire, est consacrée lors de la conférence de presse du 31 janvier 1964[1357]. À cette occasion, le général de Gaulle, en réponse à la question d'un journaliste, put préciser le regard qu'il portait sur la Constitution de la Ve République après cinq ans de pratique des institutions. Chose remarquable, il ne va pas une seule fois employer les mots « arbitre » et « arbitrage » dans sa description du rôle du chef de l'État depuis 1958.

553. « [G]arant du destin de la France et de celui de la République », celui-ci est présenté comme « l'homme de la nation, désignée par elle pour répondre de son destin ». De ce fait, il « est naturellement le seul détenteur de l'autorité de l'État » qui lui est « déléguée tout entière [...] par le peuple qui l'a élu », de telle sorte qu'il ne peut exister « aucune autre [autorité], ni ministérielle, ni civile, ni militaire, ni judiciaire, qui ne puisse être conférée ou maintenue autrement que par lui »[1358] (conception du chef de l'État comme « clef de voûte » des institutions). Disposant des moyens d'en appeler au peuple afin de trancher les litiges, « [s]oit par voie du référendum, soit par la voie des élections, soit par les deux », le président de la République demeure par conséquent un médiateur mais aussi un arbitre au sens fort de ce terme. C'est

---

[1355] J.-L. DEBRÉ, *op. cit.*, p. 277. Nous soulignons.
[1356] Notion imaginée à la Libération par Michel Debré et Emmanuel Monick sous le pseudonyme commun de Jacquier-Bruère (v. JACQUIER-BRUÈRE, *Refaire la France. L'effort d'une génération*, Paris, Plon, 1945, p. 120 et s.).
[1357] Ch. de GAULLE, « Conférence de presse du 31 janvier 1964 », disponible sur https://fresques.ina.fr/de-gaulle/fiche-media/Gaulle00382/conference-de-presse-du-31-janvier-1964.html, consulté le 15 sept. 2019.
[1358] *Loc. cit.*

ainsi le président « qui arrête les décisions prises dans les conseils, qui promulgue les lois, qui négocie et signe les traités, qui décrète ou non les mesures qui lui sont proposées, qui est le chef des armées, qui nomme aux emplois publics, […] qui, en cas de péril, doit prendre sur lui de faire tout ce qu'il faut »[1359]. S'il est vrai qu'ici de Gaulle « récite la constitution »[1360], il ne fait pas cas de la distinction que son article 19 opère entre les compétences propres du chef de l'État et celles soumises à contreseing[1361]. La signification du contreseing ministériel se trouve modifiée : « il servait auparavant à désigner au regard du Parlement les ministres assumant la responsabilité de l'acte présidentiel ; il traduirait désormais, tout autant, si pas davantage, la responsabilité ministérielle vis-à-vis du Président de la République »[1362], constatait Georges Berlia.

554. De Gaulle pouvait dès lors écarter toute idée de « dyarchie » de l'Exécutif[1363] car le gouvernement, bien que responsable devant le parlement, est avant tout « celui du Président ». En effet, c'est le chef de l'État « qui nomme le gouvernement, et en particulier le Premier ministre, qui peut le changer lorsqu'il estime que la tâche qu'il lui destinait est terminée, ou bien s'il se trouvait qu'il ne s'entendit plus avec lui »[1364]. Alors qu'il affirmait pendant les réunions constitutionnelles de 1958 que le ministère était responsable devant le parlement mais évidemment pas devant l'arbitre présidentiel[1365], le général de Gaulle admet en 1964 que la responsabilité du gouvernement devant le chef de l'État est de droit commun, tandis qu'elle n'est qu'exceptionnelle devant l'Assemblée nationale[1366].

555. Par la suite, de Gaulle eut à plusieurs reprises l'occasion de réitérer son analyse de la Ve République au regard de la pratique des institutions. La conférence de presse du 9 septembre 1965 lui offrit la possibilité d'expliciter ce qu'était dans sa vision les fondements du nouveau régime :

> « […] ce que la constitution nouvelle comporte de complètement nouveau et de capital, c'est l'avènement du peuple en tant que tel et collectivement comme la source du pouvoir

---

1359 *Loc. cit.*

1360 *Loc. cit.*

1361 Art. 19 de la Constitution du 4 oct. 1958 : « [l]es actes du Président de la République autres que ceux prévus aux articles 8 (1er alinéa), 11, 12, 16, 18, 54, 56 et 61 sont contresignés par le Premier ministre et, le cas échéant, par les ministres responsables ».

1362 G. BERLIA, « La conférence de presse du Président de la République du 31 janvier 1964 », *RDP*, 1964, p. 128.

1363 J. BOUDON, « Brèves réflexions sur la "dyarchie" de l'exécutif en France », *Droits*, 2016/1 n° 63, pp. 215-224.

1364 Ch. de GAULLE, « Conférence de presse du 31 janvier 1964 », préc.

1365 V. « Comité consultatif constitutionnel, séance du 8 août (après-midi) », *in Documents pour servir à l'histoire de l'élaboration de la Constitution du 4 octobre 1958*, préc., vol. 2, p. 300.

1366 « La censure n'est prévue par la constitution dans les rapports entre le ministère et le parlement que dans des conditions qui font de cette rupture, qui donnent à cette rupture, un caractère d'exceptionnelle gravité » (Ch. de GAULLE, « Conférence de presse du 31 janvier 1964 », préc.).

du chef de l'État, et le cas échéant comme le recours direct de celui-ci. Et d'autre part, l'attribution au président qui est le seul représentant et le mandataire de l'ensemble de la Nation, du devoir d'en tracer la conduite dans les domaines essentiels, et des moyens de s'en acquitter. C'est en vertu de cette double institution et parce qu'elle a pleinement fonctionné que depuis sept ans, le régime s'est vu doter de la stabilité, de l'autorité, de l'efficacité qui l'ont mis en mesure de résoudre des problèmes avec lesquels la France était confrontée »[1367].

Pour le général, le président de la République incarne à la fois le représentant, « le mandataire et le *guide* » du peuple. « [I]nvesti, appelé par la confiance et soutenu par la confiance de l'ensemble de la Nation », il a le devoir d'agir « en conformité avec les charges et les responsabilités qui sont dans le nouveau régime celles que lui impose sa fonction », en orientant « la politique française au dedans et au dehors » et en prenant les décisions suprêmes, dans les problèmes qui engag[ent] le destin [de La France] et qui ne [peuvent] être tranchés autrement qu'en coupant des nœuds gordiens »[1368].

556. Dans ce cadre institutionnel tracé par le général de Gaulle, le président de la République, « qui n'appartient pas aux partis, qui n'est pas délégué par plusieurs partis [...] qui est là pour le pays [...], répond à quelque chose qui est commun à tous les Français par-dessus les partis et qui est leur intérêt commun, leur intérêt national »[1369]. Il dispose pour cela « des moyens et de la charge, de représenter, de faire valoir, au besoin d'imposer, par-dessus toutes les tendances particulières et momentanées, l'intérêt supérieur et permanent de la Nation »[1370]. C'est précisément la mission d'un pouvoir conservateur, naturellement amené à pratiquer un arbitrage politique entre les partis et les intérêts particuliers. De ce point de vue, on ne constate pas de véritable rupture dans la doctrine gaullienne du chef de l'État.

b. Signification de cette évolution

557. De l'*arbitre* au *guide*, l'évolution terminologique quant à la qualification du chef de l'État dans la Constitution de 1958, si elle est pour partie le résultat de la conjoncture politique du début de la Ve République[1371],

---

[1367] Ch. de GAULLE, « Conférence de presse du 9 septembre 1965 », disponible sur https://fresques.ina.fr/de-gaulle/fiche-media/Gaulle00384/conference-de-presse-du-9-septembre-1965.html, consulté le 15 sept. 2019.

[1368] *Loc. cit.* ; nous soulignons.

[1369] Ch. de GAULLE, « Entretien avec Michel Droit, troisième Partie » (15 déc. 1965), disponible sur https://fresques.ina.fr/de-gaulle/fiche-media/Gaulle00112/entretien-avec-michel-droit-troisieme-partie.html, consulté le 15 sept. 2019.

[1370] Ch. de GAULLE, « Conférence de presse du 27 novembre 1967 », disponible sur https://fresques.ina.fr/de-gaulle/fiche-media/Gaulle00139/conference-de-presse-du-27-novembre-1967.html, consulté le 15 sept. 2019.

[1371] À cette période, les partis politiques, empêtrés dans le conflit algérien, venaient d'emporter dans leur chute la IVe République et pâtissaient de ce fait d'un grand discrédit auprès de l'opinion publique. Laisser le soin au général de Gaulle de régler seul la crise passait dès lors pour une porte de sortie honorable, aussi

tient essentiellement à la personnalité exceptionnelle du premier détenteur de la fonction. « Le général de Gaulle est un missionnaire, si d'autres hommes politiques sont des gestionnaires »[1372]. La « certaine idée » qu'il se fait de la France, sa « raison d'être »[1373], implique que lui soit rendu son « rang »[1374] parmi les nations ; on touche là le principal fondement de la philosophie politique gaullienne :

> « [c]e qu'il y a, en moi, d'affectif imagine naturellement la France [...] comme vouée à une destinée éminente et exceptionnelle. J'ai, d'instinct, l'impression que la Providence l'a créée pour des succès achevés ou des malheurs exemplaires. [...] le côté positif de mon esprit me convainc que la France n'est réellement elle-même qu'au premier rang ; que, seules, de vastes entreprises sont susceptibles de compenser les ferments de dispersion que son peuple porte en lui-même [...]. Bref, à mon sens, la France ne peut être la France sans la grandeur »[1375].

L'action politique du général de Gaulle devait tourner exclusivement autour de cet objectif, dont la réalisation concrète suppose la solidité et la stabilité des institutions.

558. On connaît la méfiance du général envers les partis politiques. Dans sa vision, ceux-ci doivent être juridiquement cantonnés afin de ne plus être la source du pouvoir et par conséquent de perdre leur mainmise sur l'État. À cette fin, de Gaulle préconise de garantir de façon effective la séparation et l'équilibre des pouvoirs et de créer au-dessus des partis un véritable arbitrage national. Celui-ci ne se limite pas à l'exercice d'une fonction de régulation institutionnelle mais se rapporte à la mission d'un véritable pouvoir conservateur, laquelle « consiste moins à départager les pouvoirs que de faire prévaloir l'intérêt général sur la somme des intérêts particuliers »[1376]. C'est parce qu'il se consacre à cette mission que le général de Gaulle apparaît comme un missionnaire.

559. Certains ont cru percevoir à travers cette variation du discours gaullien, caractérisé après 1962 par l'émergence de la figure du *guide*, une rupture doctrinale qui marquerait un abandon ou du moins une redéfinition de la notion d'arbitre[1377]. En réalité, s'il y eut bien une évolution discursive quant à

---

les partis tolérèrent-ils – jusqu'en 1962 – une présidentialisation provisoire de la république, convaincus du caractère éphémère du pouvoir gaullien.

[1372] J. GICQUEL, *Essai sur la pratique de la Ve République. Bilan d'un septennat*, *op. cit.*, p. 77.

[1373] Ch. de GAULLE, « Entretien avec Michel Droit, première Partie » (13 déc. 1965), disponible sur https://fresques.ina.fr/de-gaulle/fiche-media/Gaulle00110/entretien-avec-michel-droit-premiere-partie.html, consulté le 15 sept. 2019.

[1374] V. Ch. de GAULLE, *Mémoires de guerre*, t. III : *Le salut*, *op. cit.*, p. 43 et s.

[1375] Ch. de GAULLE, *Mémoires de guerre*, t. I : *L'appel*, Paris, Plon, 1954, p. 1.

[1376] J. GICQUEL, *Essai sur la pratique de la Ve République. Bilan d'un septennat*, *op. cit.*, p. 79.

[1377] Jean-Louis Debré parle ainsi d'une « évolution de la doctrine du général de Gaulle » et prend bien soin de distinguer la notion d'arbitre de celle de guide, sans toutefois les opposer (J.-L. DEBRÉ, *op. cit.*, p. 278 et s.) ; de son point de vue, « rapidement cette idée d'arbitrage va être modifiée » après 1958 (*ibid.*, p. 269). Marie-Anne Cohendet apparaît nettement plus catégorique lorsqu'elle dénonce le « chapeau de

la description du rôle du chef de l'État, celle-ci s'apparente essentiellement à une clarification doctrinale. Dès l'avènement de la Ve République, l'idée d'arbitrage va être approfondie par le général de Gaulle, sans être pour autant modifiée dans sa substance. Sur le fond, la mission du *guide* telle qu'énoncée dans le discours gaullien ne diffère pas de celle de l'arbitre de 1958 ni du modèle bayeusain d'une présidence réhabilitée. Qu'il soit qualifié d'arbitre ou de guide, il s'agit depuis le début de faire du chef de l'État l'incarnation d'un pouvoir conservateur de la République, chargé d'arbitrer les luttes partisanes et sociales afin de faire triompher l'intérêt national et qui n'est donc pas limité à la seule sphère institutionnelle. Aussi, la pratique du début de la Ve République n'amène pas à un dévoiement de l'arbitrage présidentiel mais plutôt à la révélation de son sens authentique en droit constitutionnel français, qui avait été quelque peu occulté par sa neutralisation sous les Républiques précédentes.

560. Par la suite, les successeurs du général adoptèrent cette même conception de l'arbitrage présidentiel, pensé comme l'apanage d'un véritable pouvoir politique et social. Valéry Giscard d'Estaing affirma ainsi lors de son discours de Verdun-sur-le-Doubs en 1978 que le président-arbitre « n'appartient pas au jeu des partis. Il doit regarder plus haut et plus loin, et penser d'abord à l'intérêt supérieur de la nation »[1378]. C'est également au nom de son statut d'arbitre que François Mitterrand déclara être le « garant de la cohésion sociale », ce qui voulait dire le garant « de la cohésion nationale »[1379].

561. En conséquence, la fonction d'arbitrage doit être nettement distinguée de la fonction de régulation en droit constitutionnel. En premier lieu, la notion d'arbitrage peut correspondre à une « fonction-moyen », tandis que la régulation se caractérise au contraire par sa finalité (« fonction-fin »). Dans ce cas, l'arbitrage, qualifié de juridique ou formel, constitue un mode d'exercice parmi d'autres de la régulation juridictionnelle. En second lieu, l'arbitre désigne au contraire un pouvoir conservateur, c'est-à-dire social ou politique au sens fort du terme, conformément à la tradition constitutionnelle

prestidigitateur » duquel les présidents auraient tiré de nouvelles missions et de nouveaux pouvoirs non prévus en 1958, bref une nouvelle définition *contra constitutionem* de l'arbitrage (M.-A. COHENDET, *Le président de la République*, *op. cit.*, p. 54 et s.).

1378 V. GISCARD d'ESTAING, « Allocution de M. Valéry Giscard d'Estaing à Verdun-sur-le-Doubs, vendredi 27 janvier 1978 », disponible sur http://discours.vie-publique.fr/notices/787003100.html, consulté le 15 sept. 2019.

1379 Fr. MITTERRAND, « Discours de François Mitterrand, Président de la République, sur le bilan en matière de justice sociale, de réussite économique, de libertés, ainsi que sur son engagement dans le débat électoral, Lille, vendredi 7 février 1986 », disponible sur http://discours.vie-publique.fr/notices/867003500.html, consulté le 15 sept. 2019. Sur cette conception de la présidence mise en avant par François Mitterrand puis par Jacques Chirac, v. Fr. DAVID, « Le Président de la République, garant de la cohésion sociale », *RFDC*, 2004/3 n° 59, pp. 533-566.

monarchique française[1380]. Dans cette hypothèse, la mission originelle de l'arbitre diffère par nature de celle d'un régulateur institutionnel, ce qui fut source de confusion. Une fois ces équivoques levées, il convient d'étudier les moyens d'exercer la fonction de régulation, qui, prenant la forme de prérogatives à portée régulatrice, manifestent son existence.

SECTION 2. EXPRESSIONS DE LA FONCTION CONSTITUTIONNELLE DE RÉGULATION : LES PRÉROGATIVES RÉGULATRICES

562. La prérogative régulatrice est une *attribution constitutionnelle* d'un type particulier. Une « attribution » désigne en premier lieu l'un « des pouvoirs attachés à une fonction ou conférés au titulaire d'une fonction ». En ce sens, la prérogative régulatrice consiste en une compétence attachée à la fonction de régulation du système institutionnel, ou du moins à l'organe qui l'exerce. Plus généralement, une « attribution » désigne « [l]e fait d'attribuer quelque chose à quelqu'un »[1381], et « attribuer » signifie « [c]onférer à quelqu'un un avantage, une prérogative, un emploi »[1382], « [d]onner »[1383]. Aussi l'attribution ou la prérogative régulatrice est-elle « constitutionnelle » tant dans un sens matériel – elle est de nature constitutionnelle – que dans un sens formel – elle est « donnée » à l'organe régulateur par une norme formellement constitutionnelle, dont elle procède[1384].

563. Les prérogatives régulatrices doivent s'entendre comme des compétences constitutionnelles dont l'objet est d'assurer la régulation du système institutionnel, c'est-à-dire de mettre en œuvre des mécanismes visant le fonctionnement régulier des institutions politiques ou son rétablissement[1385]. Selon Aristovoulos Manessis, on ne peut les concevoir

---

[1380] « La fonction arbitrale […] se confond avec celle de chef de l'État dans notre tradition millénaire » (J. d'ORLÉANS, « Il faut rétablir la Constitution dans la perspective tracée par de Gaulle », disponible sur http://www.lefigaro.fr/vox/politique/2018/10/09/31001-20181009ARTFIG00207-jean-de-france-il-faut-retablir-la-constitution-dans-la-perspective-tracee-par-de-gaulle.php, consulté le 15 sept. 2019).

[1381] V° « Attribution » *in Dictionnaire de l'Académie française*, 9e éd.

[1382] V° « Attribuer » *in ibid.*, 8e éd.

[1383] V° « Attribuer » *in ibid.*, 9e éd.

[1384] Sur la distinction entre droit constitutionnel au sens formel et droit constitutionnel au sens matériel, v. par ex. V. CONSTANTINESCO, S. PIERRÉ-CAPS, *Droit constitutionnel*, *op. cit.*, pp. 187-188.

[1385] Comme le soutenait D. PAPASPYROU dans son rapport sur la nouvelle constitution grecque en 1975, il faut « assur[er] certaines compétences à caractère régulateur [au chef de l'État]. Au moyen de ces pouvoirs, il sera possible d'éviter les crises politiques ou d'affronter des situations exceptionnelles », autrement dit d'exercer une fonction de régulation du système institutionnel (« Rapport général de la Majorité sur le projet gouvernemental de la constitution. Le Président de la République », *To Syntagma*, 1975, p. 464. Extrait traduit par N. BARBAROUSSIS, *La fonction régulatrice du président de la Troisième République hellénique*, *op. cit.*, p. 29).

« sans le pouvoir discrétionnaire de choisir entre deux ou plusieurs actions, tout aussi légales au regard de la constitution, portant en elles une marge d'initiative en vue d'assurer le fonctionnement régulier du régime au moyen de relations harmonieuses entre le gouvernement, la Chambre et le peuple (ce dernier étant seul juge) »[1386]. Les prérogatives régulatrices forment une catégorie distincte de compétences constitutionnelles, puisqu'elles n'entrent pas dans le cadre de la distinction traditionnelle entre les compétences exécutives, législatives et judiciaires[1387]. Leur attribution à un organe constitue un indice sérieux permettant de présumer de l'existence et de l'efficience d'un pouvoir régulateur, que la fonction de régulation soit expressément consacrée par la constitution – encore faut-il que son titulaire dispose des moyens de l'exercer[1388] – ou qu'elle existe implicitement. Suivant cette logique, on traitera successivement des attributions constitutionnelles dont l'usage manifeste l'exercice d'une régulation politique, propres au régulateur politique du système institutionnel (§ I) puis de celles permettant la réalisation d'une régulation juridictionnelle et qui appartiennent généralement à son régulateur juridictionnel (§ II).

§ I. Les moyens d'exercice de la régulation politique

564. La régulation politique est celle pratiquée par les organes politiques. On va en conséquence s'intéresser aux prérogatives constitutionnelles à visée régulatrice traditionnellement attribuées au chef de l'État. Celles-ci peuvent être réparties en trois catégories, suivant une gradation tenant à l'intensité et à la rareté de la régulation exercée : en premier lieu, les prérogatives dont l'usage est habituel car il a pour but de faciliter le fonctionnement du système institutionnel (A) ; en deuxième lieu, celles qui ont été conçues afin de permettre au régulateur de dénouer une crise ou un dysfonctionnement au sein du système (B) ; en dernier lieu, les prérogatives dites « d'exception », dont la mise en œuvre témoigne non plus d'une volonté de remédier à un simple

---

[1386] A. MANESSIS, « La signification juridico-politique de la révision constitutionnelle de 1986. Un bilan général et critique », *Dikeo ke Politiki*, 1986, n° 13-14, p. 27. Extrait traduit par N. BARBAROUSSIS, *op. cit.*, p. 245).

[1387] V. en ce sens, toujours sur le cas grec où la question fut particulièrement traitée par la doctrine, N. BARBAROUSSIS, *op. cit.*, pp. 29-32 ; A. PANTÉLIS, *Les grands problèmes de la nouvelle constitution hellénique*, Paris, LGDJ, « BCSP », t. 64, 1979, pp. 263-264.

[1388] Comme le soulignait logiquement Constantin Caramanlis, le principal « père fondateur » de la Constitution grecque de 1975, lors des débats constituants, « [s]i le Chef de l'État ne dispose d'aucun pouvoir, comment pourrait-il jouer son rôle de régulateur ? » (Chambre des Hellènes, 5e chambre révisionnelle, *Procès-verbaux des débats des séances de l'assemblée plénière de la Chambre sur la Constitution de 1975 (Procès-verbaux C)*, préc., p. 16). Dans le même sens, « comment est-il possible pour le Président de la République d'exercer sa fonction de régulateur du régime politique sans en avoir les pouvoirs ? » (*ibid.*, p. 43).

dysfonctionnement mais de celle de sauvegarder le système dans son existence même (C), quitte pour cela à sortir des limites du système institutionnel pour s'aventurer dans la sphère sociale.

565. Par contre, on ne traitera pas des compétences du chef de l'État qui, tout en facilitant voire en rendant possible l'exercice du pouvoir régulateur, ne possèdent pas en elles-mêmes de caractère régulateur[1389]. Tel est le cas des compétences présidentielles (ou royales) soumises à contreseing ministériel, que Marie-Anne Cohendet définit comme « des pouvoirs formels qui lui permettent de veiller au fonctionnement normal des institutions au quotidien »[1390]. Par exemple, la présidence du Conseil des ministres par le chef de l'État « a pour objectif de lui permettre de veiller au fonctionnement régulier des institutions, et en particulier du Gouvernement [...] »[1391], mais elle n'a pas directement de portée régulatrice.

A. L'EXERCICE ORDINAIRE DE LA RÉGULATION POLITIQUE : LA DÉSIGNATION DU GOUVERNEMENT

566. Dans les moments habituels, l'intervention du régulateur politique a pour principal objet de faciliter le fonctionnement du système institutionnel. En régime parlementaire, cela passe surtout par la désignation du gouvernement – en particulier du premier ministre – par le chef de l'État. Cette prérogative peut être discrétionnaire, conditionnée[1392] ou s'apparenter à une compétence liée[1393]. Elle peut également être combinée ou non avec une investiture parlementaire. Quelle que soit la formule retenue, son exercice se trouve néanmoins conditionné dans les faits par la situation politique. Même quand le chef de l'État est juridiquement libre de nommer qui il veut à la tête

[1389] La doctrine italienne qualifie ces compétences présidentielles de « pouvoirs de garantie » ou « pouvoirs de contrôle » car leur raison d'être est de permettre au chef de l'État de surveiller le fonctionnement des institutions. Sans être directement régulatrices, elles se trouvent évidemment liées à l'exercice de la régulation politique par la finalité à laquelle elles concourent plus ou moins expressément, qui est « *la garantie d'un processus politique correct* » (E. BALBONI, « Évolutions manifestes et latentes de la fonction présidentielle en Italie », art. préc., p. 62).

[1390] M.-A. COHENDET, « Article 9 », préc., p. 380.

[1391] *Ibid.*, p. 375.

[1392] L'article 99 de la Constitution espagnole du 27 décembre 1978 prévoit que le roi, après avoir consulté les partis, propose un candidat à la présidence du gouvernement mais celui-ci n'est officiellement nommé que s'il obtient la confiance de la chambre basse. En Belgique, le roi nomme les ministres. Cependant, si la chambre basse renverse à la majorité absolue le gouvernement tout en proposant la désignation d'un nouveau premier ministre, le roi doit nommer le successeur proposé (art. 96 de la Constitution du 17 févr. 1994). Sur ces procédures, v. D. ROJAS, « La quête de la formation d'un gouvernement en Espagne à l'aune de l'expérience belge : un défi posé à l'encadrement juridique », *RDP*, 2017, pp. 459-477.

[1393] C'est notamment le cas de la procédure prévue à l'article 99 de la Constitution de la République de Bulgarie du 13 juil. 1991 ou encore celle de l'article 37 de la Constitution grecque du 9 juin 1975.

du gouvernement – comme c'est par exemple le cas en France[1394] ou encore en Italie[1395] –, l'existence d'une responsabilité ministérielle devant le parlement ou du moins devant la chambre basse de celui-ci limite d'office l'étendue de ce choix, puisque le gouvernement et son chef ne peuvent rester en place s'ils se trouvent confrontés à une majorité parlementaire qui leur est hostile.

567. En conséquence, le chef de l'État est contraint de prendre en compte l'orientation politique du parlement afin de désigner un premier ministre qui puisse former un gouvernement stable. C'est en vue de garantir le caractère régulateur de la désignation et, partant, d'assurer la stabilité du système institutionnel que certaines constitutions posent des conditions qui obligent juridiquement le monarque ou le président à désigner une personne objectivement en position d'obtenir la confiance de la chambre[1396]. Dans les cas où il n'existe pas de telles conditions constitutionnelles, la portée du pouvoir du chef de l'État est plus ou moins importante selon la consistance de la majorité parlementaire[1397]. Disposant d'une large marge d'action lorsque le parlement est morcelé en de multiples groupes peu disciplinés et plus ou moins opposés les uns aux autres, celle-ci décroît à mesure que se révèle l'existence d'une majorité cohérente et structurée. La prérogative discrétionnaire peut même finir par se transformer en compétence liée en pratique, le chef de l'État étant contraint de nommer le candidat de la majorité[1398], sauf à ce qu'il soit lui-même reconnu comme le chef de cette majorité, comme en France hors période cohabitation.

[1394] Art. 8, al. 1er de la Constitution de la République française du 4 oct. 1958 ; P. AVRIL, « Article 8 », *in* Fr. LUCHAIRE, G. CONAC, X. PRÉTOT (dir.), *La Constitution de la République française. Analyses et commentaires*, Paris, Economica, 2009, pp. 352-370.

[1395] Art. 92, al. 2 de la Constitution de la République italienne du 22 déc. 1947. Toutes les compétences présidentielles sont soumises à contreseing mais certaines, comme la désignation du chef du gouvernement, sont clairement l'expression d'un pouvoir propre (v. Ph. LAUVAUX, *Les grandes démocraties contemporaines*, 3e éd., Paris, Puf, « Droit fondamental », 2004, pp. 806-808).

[1396] V. par ex. l'art. 47, al. 1er de la Constitution du Royaume du Maroc du 1er juil. 2011 : « [l]e Roi nomme le Chef du Gouvernement au sein du parti politique arrivé en tête des élections des membres de la Chambre des Représentants, et au vu de leurs résultats », ou encore l'art. 187, al. 1er de la Constitution du Portugal du 2 avril 1976 : « [l]e premier ministre est nommé par le président de la République en fonction des résultats électoraux, après que celui-ci ait entendu les partis représentés à l'Assemblée de la République ».

[1397] Sur ce point, v. J.-Cl. COLLIARD, « La désignation du Premier ministre en régime parlementaire », *in Mélanges offerts à Georges Burdeau. Le Pouvoir*, Paris, LGDJ, 1977, en particulier pp. 107-114.

[1398] En Autriche, l'établissement après 1945 du *Proporzsystem* – qui se traduit par une Grande Coalition entre le Parti populaire autrichien (ÖVP) et le Parti social-démocrate (SPÖ) – conduisit à la neutralisation de la prérogative présidentielle de désignation du chancelier, qui devint un pouvoir purement formel (v. A. LE DIVELLEC, « La neutralisation de la Présidence de la République en Autriche », *RFSP*, 46e année, 1996/6, not. pp. 942-953). En réalité, le principe de responsabilité du gouvernement devant le parlement a abouti à transférer au seul parlement le choix du gouvernement. C'est ce que Walter Bagehot appelait la « fonction élective », qu'il considérait comme « la plus importante fonction de la Chambre » : le monarque se contente d'entériner le choix du parlement, et donc indirectement celui des électeurs, en nommant premier ministre le leader du parti victorieux (W. BAGEHOT, *The English Constitution*, Londres, Chapman and Hall, 1867, p. 165. Nous traduisons).

568. Cette variation du pouvoir présidentiel dans la pratique a été directement prise en compte par le constituant grec en 1975. En effet, l'article 37 de la Constitution grecque dispose que « [l]e président de la République nomme le Premier ministre » mais précise qu'« [e]st nommé Premier ministre le chef du parti qui dispose de la majorité absolue des sièges ». Bien que dispensée de contreseing[1399], la compétence du chef de l'État est par conséquent liée si une majorité claire se dégage au parlement. « Si aucun parti ne dispose de la majorité absolue », le président a de nouveau une compétence liée puisqu'il est alors chargé de « donne[r] un mandat exploratoire au chef du parti qui dispose de la majorité relative, afin d'examiner la possibilité de formation d'un Gouvernement jouissant de la confiance de la Chambre ». Par contre, en cas d'échec de ce mandat exploratoire, les constituants de 1975 avaient prévu de laisser une marge d'initiative potentiellement décisive au chef de l'État. Celui-ci pouvait décider, afin de pallier l'absence de majorité parlementaire, de « confier une nouvelle mission exploratoire au chef du parti qui occupe la seconde place à la Chambre, ou nommer Premier ministre […] un membre de la Chambre ou une personnalité extraparlementaire » à même de recevoir la confiance de la Chambre. Il avait même la possibilité d'« accorder au Premier ministre ainsi désigné le droit de dissoudre la Chambre afin de procéder à de nouvelles élections ».

569. L'aménagement constitutionnel originel venait donc encadrer assez strictement l'exercice de la compétence présidentielle de désignation du premier ministre, tout en laissant une certaine latitude au chef de l'État en cas d'absence de majorité parlementaire. C'est ce qu'avait justement relevé Constantin Tsatsos lors d'une intervention devant la Chambre des députés le 19 mai 1975 :

> « Le président n'a pas le droit de choisir le gouvernement qu'il veut. Si la Chambre fonctionne bien, le président est dans l'impossibilité de faire quoi que ce soit. Il choisira […] le gouvernement de la majorité […]. Quand interviendra-t-il ? – Si la Chambre est incapable de donner naissance à un gouvernement. […] Alors la Constitution est obligée de disposer que lorsque le parlement ne peut donner un gouvernement stable, le président doit dissoudre la Chambre […]. Et, même avant la dissolution, il fait un effort pour créer une majorité non point de son goût, mais du goût de la Chambre, pour qu'il y ait une vie politique normale »[1400].

Ainsi conditionnée, la compétence présidentielle de nomination a une portée strictement régulatrice, l'idée étant de faire du chef de l'État un *facilitateur* et non un perturbateur de la vie politique. Ceci étant, la révision constitutionnelle de 1986 abolit le pouvoir discrétionnaire du président de nommer en cas

[1399] Art. 35 de la Constitution grecque du 9 juin 1975.
[1400] Extrait reproduit *in* A. PANTÉLIS, *Les grands problèmes de la nouvelle constitution hellénique*, *op. cit.*, p. 248.

d'absence de majorité le premier ministre de son choix sans tenir compte de l'avis des partis représentés au parlement. La nouvelle procédure de l'article 37, bien que toujours dispensée de contreseing, instaure une compétence totalement liée et laisse seulement subsister la possibilité d'une régulation informelle du chef de l'État lors de la désignation du gouvernement[1401]. En l'absence de tout pouvoir discrétionnaire, il ne semble plus possible de parler de prérogative régulatrice.

570. En matière de désignation du gouvernement, la portée du pouvoir du régulateur politique est décuplée dans les situations de forte fragmentation parlementaire, où le chef de l'État « tend à se poser comme point de référence, capable de se soustraire à des pressions politiques et donc à même de suivre une conduite totalement indépendante »[1402]. Il est alors susceptible de se présenter comme « l'accoucheur du Parlement »[1403], suivant l'expression de René Capitant. Dans cette hypothèse où aucune majorité parlementaire claire ne s'est dégagée des urnes, le chef de l'État peut intervenir de diverses manières. Il peut pousser à la formation d'un cabinet minoritaire ou accompagner la constitution d'une coalition gouvernementale susceptible d'obtenir le soutien d'une majorité au parlement. Dans certains cas, il peut aussi, en dernier recours, désigner un premier ministre sans tenir compte du parlement.

571. En Italie, le président de la République, qui « représente l'unité nationale »[1404], incarne à ce titre « le gardien de la stabilité politique du régime parlementaire »[1405]. Dans cette optique, il désigne un président du Conseil apte à former un gouvernement qui pourra bénéficier de la confiance des deux chambres. Pour cela, le président de la République doit nécessairement tenir compte de la position des partis représentés au parlement, mais son

---

[1401] En cas d'absence de majorité absolue, le chef de l'État doit confier un mandat exploratoire au chef du parti qui a obtenu la majorité relative. En cas d'échec, il confie un mandat exploratoire au chef du deuxième parti représenté au parlement, puis au chef du troisième parti. Si le processus demeure sans résultat, le président « convoque auprès de lui les chefs des partis et, l'impossibilité de la formation d'un Gouvernement jouissant de la confiance de la Chambre étant confirmée, cherche à obtenir la formation d'un Gouvernement de tous les partis représentés à la Chambre, qui procédera à des élections ». C'est lors de cette étape que le président peut jouer un rôle de médiateur entre les partis, c'est-à-dire assurer une forme de régulation non institutionnalisée. Si cette procédure échoue également, il « confie au président du Conseil d'État ou de la Cour de cassation ou de la Cour des comptes la formation d'un Gouvernement jouissant de la plus large acceptation possible, afin que ce dernier procède à des élections, et il dissout la Chambre » (art. 37, al. 3 de la Constitution grecque du 9 juin 1975, version modifiée par la révision du 14 mars 1986). Sur la révision de l'article 37 et ses conséquences, v. N. BARBAROUSSIS, *op. cit.*, p. 151 et s.

[1402] E. BALBONI, « Évolutions manifestes et latentes de la fonction présidentielle en Italie », art. préc., p. 64.

[1403] R. CAPITANT, « La réforme du parlementarisme », reproduit *in Écrits d'entre-deux-guerres (1928-1940)*, éd. établie par O. BEAUD, Paris, Éd. Panthéon-Assas, « Les introuvables », 2004, p. 333.

[1404] Art. 87, al. 1er de la Constitution de la République italienne du 22 déc. 1947.

[1405] Fr. LAFFAILLE, « L'Italie : un régime parlementaire à "correctif présidentiel" ? », art. préc.

« autonomie décisionnelle » se trouve décuplée si le système connaît une « crise partitocratique »[1406]. C'est ainsi qu'apparurent sous la présidence Scalfaro (1992-1999) des cabinets qualifiés de « présidentiels »[1407], tels les gouvernements Dini (1995-1996)[1408] et d'Alema (1998-2000)[1409]. Le phénomène fut toutefois relativisé par l'application de la loi électorale de 1993, surnommée *Mattarellum*[1410], dont le caractère fortement majoritaire favorisa l'émergence d'une certaine bipolarisation entre une coalition de centre-droit et une coalition de centre-gauche. Mais la non-stabilisation du système partisan couplée au retour à un mode de scrutin essentiellement proportionnel en 2005 permit au chef de l'État italien de retrouver une incontestable marge de manœuvre, comme en témoigne le gouvernement Monti (2011-2013), imposé et maintenu par le président de la République Giorgio Napolitano[1411].

572. En Bulgarie, la Constitution accorde au président de la République la possibilité de nommer un « gouvernement d'office » en cas d'impossibilité de former un gouvernement « normal » soutenu par une majorité à l'Assemblée nationale[1412]. Dans un même temps, il doit dissoudre cette dernière. L'exercice de ces deux prérogatives est dispensé de contreseing[1413]. Depuis 1991, quatre

---

[1406] *Loc. cit.*

[1407] C'est-à-dire des gouvernements formés à l'initiative du chef de l'État et maintenus grâce à son appui. En ce sens, v. not. E. BALBONI, « Évolutions manifestes et latentes de la fonction présidentielle en Italie », art. préc., pp. 63-67.

[1408] En décembre 1994, la majorité gouvernementale se disloque à la suite du départ de la Ligue du Nord. Le président du Conseil sortant Silvio Berlusconi, poussé à la démission, préconise des élections anticipées immédiates mais le président Scalfaro préfère confier à Lamberto Dini le soin de former un gouvernement de techniciens pouvant être soutenu par les chambres. C'est chose faite le 17 janvier 1995. Le parlement sera finalement dissous le 16 février 1996, ce qui conduira à la victoire de la coalition de centre-gauche lors des élections législatives anticipées du 21 avril 1996.

[1409] Le 9 octobre 1998, le gouvernement Prodi est mis en minorité lors d'un vote de confiance à la Chambre des députés. Romano Prodi démissionne de la présidence du Conseil et le président de la République Scalfaro choisit de le remplacer par Massimo d'Alema. Celui-ci réussit à former autour de lui un gouvernement bénéficiant de la confiance des deux chambres du parlement.

[1410] Cette loi doit son surnom à son principal promoteur, le député et ancien ministre Sergio Mattarella. Sur les multiples réformes de la loi électorale en Italie, v. Fr. LAFFAILLE, « Chronique de droit politique italien (2014) », préc., pp. 489-490.

[1411] Le gouvernement Berlusconi perd sa majorité à la Chambre des députés le 8 novembre 2011 et présente sa démission le 12 novembre après l'adoption de la loi de finances. Le 13 novembre, l'économiste Mario Monti, ancien commissaire européen, est chargé par le président Napolitano de former un gouvernement indépendant composé de techniciens et ayant vocation à demeurer en fonction jusqu'à la fin de la mandature (au printemps 2013). Le gouvernement Monti obtient la confiance du parlement les 17 (au Sénat) et 18 novembre (à la Chambre).

[1412] Le président de la République charge le candidat désigné par le premier groupe parlementaire de former un gouvernement. En cas d'échec, il confie cette mission au candidat désigné par le deuxième groupe parlementaire, puis si nécessaire à celui d'un autre groupe parlementaire. « S'il n'y a pas d'accord sur la formation du gouvernement, le président de la République nomme un gouvernement d'office, dissout l'Assemblée nationale et fixe la date de nouvelles élections dans le délai prévu à l'article 64, al. 3 […] » (art. 99, al. 5 de la Constitution de la République de Bulgarie du 13 juil. 1991).

[1413] Art. 102, al. 3 de la Constitution de 1991.

« gouvernements d'office » ont été nommés[1414] : à chaque fois, le chef de l'État a eu toute latitude pour désigner le premier ministre et former le gouvernement de son choix. De même, en Allemagne, l'article 63 de la Loi fondamentale confère au président fédéral le pouvoir de proposer au *Bundestag* un candidat à la chancellerie, qu'il lui revient de nommer une fois celui-ci élu à la majorité absolue[1415]. En cas d'échec, le *Bundestag* peut s'accorder pour élire dans les quatorze jours qui suivent une autre personne à la majorité absolue de ses membres[1416]. Il s'agit donc d'une compétence liée dès lors qu'il existe une majorité parlementaire identifiée. En revanche, si aucun chancelier n'est élu par la chambre basse, le président fédéral exerce un véritable pouvoir de décision puisqu'il peut choisir entre la nomination d'un chancelier minoritaire – le candidat ayant obtenu la majorité relative des voix au *Bundestag* – ou la dissolution du *Bundestag*[1417]. L'exercice de cette prérogative présidentielle est dispensé de contreseing[1418].

573. Par conséquent, la désignation du gouvernement constitue une prérogative à visée régulatrice dans la mesure où elle a pour principale finalité de faciliter le fonctionnement du système institutionnel. On peut également l'envisager comme un moyen politique de prévenir une situation de blocage provoquée par une défaillance ou une insuffisance du mécanisme parlementaire, de la surmonter ou du moins d'en atténuer les conséquences en assurant la continuité des institutions. D'autres prérogatives régulatrices permettent au régulateur politique de réagir à une crise intra-systémique.

B. L'EXERCICE DE LA RÉGULATION POLITIQUE EN CAS DE CRISE POLITIQUE

574. Le chef de l'État-régulateur peut être doté des moyens constitutionnels pour intervenir en période critique, afin de débloquer le fonctionnement du système institutionnel. « Pour cet effet, deux attributions lui sont nécessaires, la faculté de dissoudre les assemblées législatives, et celle de destituer les dépositaires du pouvoir exécutif »[1419]. Envisagée de manière classique comme

[1414] Il s'agit du gouvernement de Reneta Indjova (du 17 octobre 1994 au 25 janvier 1995), désignée par le président Jelev après la chute du gouvernement Berov, du gouvernement de Stefan Sofiyanski (du 19 février au 20 mai 1997), désigné par le président Stoyanov après la chute du gouvernement Videnov, du gouvernement de Gueorgui Bliznachki (du 6 août au 7 novembre 2014), désigné par le président Plevneliev à la suite de la démission du premier ministre Plamen Orecharski et enfin de celui d'Ognyan Guerdjikov (du 27 janvier au 4 mai 2017), nommé par le président Radev à la suite de la démission du premier ministre Boïko Borissov.

[1415] Art. 63, al. 1 et 2 de la Loi fondamentale pour la République fédérale d'Allemagne du 23 mai 1949.

[1416] Art. 63, al. 3 de la Loi fondamentale.

[1417] Art. 63, al. 4 de la Loi fondamentale.

[1418] Art. 58 de la Loi fondamentale.

[1419] B. CONSTANT, *Fragments*, *op. cit.*, p. 387. Avec le droit de grâce, il s'agissait des trois prérogatives communes au pouvoir préservateur constantien, que celui-ci soit républicain ou monarchique.

un mode de résolution des conflits entre les pouvoirs[1420], la dissolution est l'instrument d'exorégulation critique par excellence dans les régimes parlementaires (2°). À l'inverse, le droit de destitution représentait à l'origine l'expression d'une responsabilité politique des ministres devant le monarque. Cela explique qu'il ait souvent disparu avec l'évolution moniste du parlementarisme, ou subsisté sous la forme d'une prérogative strictement régulatrice (1°).

1°) La révocation du gouvernement

575. L'existence d'une double responsabilité du gouvernement, devant le parlement et le chef de l'État, « semble présenter l'avantage sur le parlementarisme moniste d'apporter au Gouvernement un point d'appui en l'institution du chef de l'État, face au Parlement, et, par conséquent, d'assurer une certaine stabilité du pouvoir exécutif »[1421], soit l'une des finalités de la régulation institutionnelle. Le régulateur politique intervient ainsi à la naissance et à la fin de vie de l'organe exécutif. De fait, dans le parlementarisme dualiste, l'attribution du pouvoir de révoquer le gouvernement au chef de l'État constitue le corollaire du pouvoir de nomination. Cependant, contrairement à ce dernier qui est d'usage normal, la révocation n'a une portée régulatrice que dans la mesure où elle est employée afin de mettre fin à une situation de blocage politique ou constitutionnel. En tant que prérogative régulatrice, elle est seulement un moyen de remédier à une défaillance dans le fonctionnement du système institutionnel, et non une arme politique dans les mains du chef de l'État.

576. On doit dès lors introduire, suivant l'exemple portugais, une distinction entre la responsabilité proprement politique du gouvernement, qui s'exerce devant le parlement, et une éventuelle responsabilité « institutionnelle », qui caractérise la relation du gouvernement et du régulateur politique (a). La subsistance contemporaine d'une telle responsabilité institutionnelle est démontrée avec force par les usages récents d'une prérogative régulatrice de révocation du ministère, dans des régimes pourtant directement issus du modèle de Westminster (b). On soulignera de la sorte que la stabilité de certains régimes parlementaires, même conformes au type du gouvernement de cabinet britannique, implique la présence d'un chef de l'État irresponsable mais susceptible d'interventions régulatrices exceptionnelles.

[1420] Pour autant, quoi qu'ait pu prétendre la doctrine classique par la suite, « [d]ans le régime anglais du XVIIIe siècle et du début du XIXe siècle, la dissolution ne joua jamais le rôle que lui reconnaît la théorie classique : entre 1700 et 1831, pas une seule dissolution du Parlement ne fut la suite d'une défaite du gouvernement devant les Chambres » (J. VELU, *op. cit.*, p. 248). Sur les origines anglaises du droit de dissolution, v. Ph. LAUVAUX, *La dissolution des assemblées parlementaires*, *op. cit.*, pp. 5-16.

[1421] A. LE DIVELLEC, « Parlementarisme dualiste : entre Weimar et Bayeux », *RFDC*, 1994/4 n° 20, p. 749.

a. L'expression d'une responsabilité « institutionnelle » du gouvernement devant le régulateur politique : l'exemple portugais

577. Au Portugal, la révision constitutionnelle du 30 septembre 1982 conditionne l'exercice de la prérogative présidentielle de révocation du gouvernement à une finalité strictement régulatrice. En effet, si le premier ministre est doublement responsable, « devant le président de la République et, en vertu de la responsabilité politique du gouvernement, devant l'Assemblée de la République »[1422], la Constitution précise désormais que « *[l]e président de la République ne peut révoquer le gouvernement que lorsque ceci s'avère nécessaire au fonctionnement régulier des institutions démocratiques*, et après consultation du conseil d'État »[1423]. On constate que la nouvelle rédaction de ces dispositions impose une condition matérielle – une finalité unique et obligatoire – à la révocation du gouvernement par le chef de l'État et retire le caractère politique de la responsabilité du premier ministre devant le président de la République.

578. Bien qu'aux termes de l'article 190 de la Constitution, le gouvernement soit responsable devant le chef de l'État, ce dernier ne peut le révoquer que dans un objectif régulateur, c'est-à-dire afin de maintenir ou de rétablir le « fonctionnement régulier des institutions démocratiques »[1424]. D'après Marcelo Rebelo de Sousa[1425], « [c]e que l'on entend par fonctionnement régulier des institutions démocratiques est une réalité très exigeante. On peut penser à des perturbations graves qui mettent en doute la continuité de l'État »[1426]. Le président Jorge Sampaio estime ainsi qu'avec cette condition,

---

[1422] Art. 191, al. 1er de la Constitution du Portugal du 2 avril 1976, révisé par la loi constitutionnelle 1/82 du 30 sept. 1982. La responsabilité politique du gouvernement devant le parlement s'exerce classiquement par la demande d'un vote de confiance au parlement par le gouvernement (art. 193) ou par le vote d'une motion de censure du gouvernement par le parlement (art. 194). Le rejet d'une motion de confiance ou l'adoption d'une motion de censure par le parlement entraîne la démission du gouvernement (art. 195, al. 1er, e) et f)). La première version de l'article 191, alinéa 1er disposait : « [l]e premier ministre est *politiquement responsable devant le président de la République* et, en vertu de la responsabilité politique du gouvernement, devant l'Assemblée de la République ». Nous soulignons.

[1423] Art. 195, al. 2 de la Constitution du Portugal du 2 avril 1976, révisé par la loi constitutionnelle 1/82 du 30 sept. 1982. Nous soulignons. La disposition originelle n'imposait pas de condition au président, qui pouvait révoquer librement le gouvernement.

[1424] Reprise à l'article 195, cette formule est d'abord celle de l'article 120, qui définit la fonction présidentielle : « [l]e président de la République représente la République portugaise. *Il garantit* l'indépendance nationale, l'unité de l'État et *le fonctionnement régulier des institutions démocratiques*. Il est par voie de conséquence le commandant suprême des forces armées ». Nous soulignons.

[1425] Professeur de droit public à l'Université de Lisbonne, ancien ministre, Marcelo Rebelo de Sousa est élu président de la République portugaise en 2016.

[1426] « Entretien avec Monsieur Marcelo Rebelo de Sousa », reproduit *in* P. J. CANELAS RAPAZ, « Le Président de la République et le régime politique portugais – Entretiens », *Jus politicum*, 2014, n° 10, disponible sur http://juspoliticum.com/article/Le-President-de-la-Republique-et-le-regime-politique-portugais-Entretiens-736.html, consulté le 15 sept. 2019, p. 43.

« il faudrait presque un cataclysme pour démettre le Gouvernement »[1427]. En conséquence, « le Gouvernement peut mal gouverner et il ne s'agirait pourtant pas d'un mauvais fonctionnement des institutions démocratiques »[1428]. Du coup, on saisit bien que les circonstances nécessaires à l'exercice du pouvoir présidentiel de révocation sont de nature exceptionnelle. Mais l'indétermination de la condition matérielle demeure.

579. Les tentatives de définition ne permettent pas de lever les incertitudes : il est généralement admis que le chef de l'État ne peut révoquer le gouvernement qu'en cas « d'événements graves – de dimension juridique ou politique – qui affecteraient la stabilité même du régime démocratique et seraient liés au comportement, par action ou par omission, du Gouvernement »[1429]. Au regard de cette imprécision, on ne doit pas oublier qu'il ne revient qu'au président de la République d'apprécier si la condition matérielle de l'article 195, alinéa 2 est ou non remplie[1430]. Aurait-on alors affaire à une formule « chewing-gum »[1431] sans véritable contenu objectif, un simple formalisme à la merci de l'interprétation présidentielle ? L'existence de listes exhaustives de situations critiques dans lesquelles la révocation du gouvernement par le chef de l'État serait permise va dans le sens contraire[1432]. On peut principalement retenir trois hypothèses : premièrement, les crises politiques et sociales les plus graves et exceptionnelles, qui dépassent le champ institutionnel, comme une guerre, une insurrection ou tout autre situation portant gravement atteinte à la paix sociale, et dont le règlement exige le changement de gouvernement[1433] ; deuxièmement, un manquement constitutionnel grave de la part du gouvernement[1434] ; troisièmement, une

[1427] « Entretien avec Monsieur Jorge Sampaio », reproduit *in ibid.*, p. 24. Jorge Sampaio fut président de la République portugaise de 1996 à 2006.

[1428] *Ibid.*, p. 25.

[1429] J. de MATOS CORREIRA, R. LEITE PINTO, *A responsabilidade política*, Lisbonne, Universidade Lusíada Editora, 2010, p. 107. Nous traduisons.

[1430] Sauf à considérer qu'une révocation abusive tomberait sous le coup de la responsabilité pénale du président de la République, énoncée à l'article 130 de la Constitution de 1976.

[1431] J. AGUIAR, « A história múltipla », *Análise Social*, 1996, n° 139, p. 1245.

[1432] En français, v. en particulier R. GARNIER, *Un modèle européen de démocratie : le cas portugais*, Paris, LGDJ, « BCSP », t. 116, 2005, p. 343. L'auteur répertorie sept types de crise politique qui permettent une intervention du chef de l'État dans le cadre fixé par l'article 195, alinéa 2.

[1433] Il s'agit des première et troisième hypothèses retenues par Roxane Garnier : « les situations exceptionnelles comme la guerre, ou une insurrection peuvent empêcher le gouvernement de conduire la politique pour laquelle il a été nommé et peuvent exiger la nomination d'un nouveau gouvernement » ainsi que « l'existence d'un fossé profond et durable entre le gouvernement et la population affectant gravement la paix sociale, son incapacité à maintenir le calme, ou l'utilisation de violents moyens de répression » (*loc. cit.*).

[1434] Cela correspond aux quatrième, cinquième et septième hypothèses de Roxane Garnier : « de graves accusations émises à l'occasion d'une enquête parlementaire […] si aucune majorité ne se dégage pour voter une motion de censure » ; « une situation d'affrontement irréductible entre le Président de la République et le Premier ministre, accompagnés d'actes déloyaux à l'encontre du chef de l'État comme par exemple la rétention d'information, le refus de contresigner les actes du Président, etc. » ; enfin « l'absence de présentation du programme de gouvernement, du projet de plan (art. 91) et du budget (art. 106) et autres

situation de blocage institutionnel provoqué par l'absence de majorité parlementaire claire au soutien du gouvernement, sans pour autant qu'une majorité ne se dégage pour le renverser[1435]. Jusqu'à présent, seule cette dernière situation s'est présentée. En 1978, soit avant la révision constitutionnelle, le président António Ramalho Eanes révoqua le gouvernement de Mário Soares (deuxième gouvernement constitutionnel portugais), car celui-ci n'avait pas démissionné bien qu'il ne disposât plus d'un soutien parlementaire stable[1436].

580. Quoi qu'il en soit, dans les trois cas, le renvoi du gouvernement doit permettre d'assurer le maintien ou le retour du « fonctionnement régulier des institutions démocratiques ». *A contrario*, il ne peut pas servir de mode d'expression d'un désaccord présidentiel quant à la politique menée par le gouvernement ; en droit constitutionnel portugais, cette attribution du chef de l'État consiste en une prérogative à portée strictement régulatrice. Dans ce cadre, la responsabilité du gouvernement et du premier ministre devant le président de la République continue d'exister ; depuis 1982, elle a simplement cessé d'être politique[1437] pour devenir « institutionnelle ». Si la responsabilité politique est mise en jeu en cas de rupture de confiance politique, la responsabilité « institutionnelle », largement évoquée dès les débats constituants dérivés[1438], « est – doit [...] être – aveugle »[1439] à ce genre de variable. Autrement dit, elle interdit au chef de l'État de révoquer le gouvernement pour des raisons politiques (un désaccord quant à la politique menée) et limite l'usage de cette prérogative à des situations de crise. En

manquements constitutionnels graves » (*loc. cit.*). Dans sa thèse, Paulo José Canelas Rapaz estime centrale l'hypothèse d'un manquement du premier ministre à son obligation « d'informer le président de la République sur les sujets relatifs à la conduite de la politique intérieure et extérieure du pays ». C'est en effet l'existence de ce « devoir d'information » qui permet au chef de l'État d'exercer ses prérogatives, notamment régulatrices (P. J. CANELAS RAPAZ, *Le président de la République portugaise. La construction de la figure présidentielle portugaise depuis 1986*, thèse dactylographiée, Université Paris II Panthéon-Assas, 2012, pp. 277-279).

[1435] Il s'agit des deuxième et sixième catégories de crises politiques répertoriées par Roxane Garnier : « l'incapacité du gouvernement à obtenir le soutien de l'Assemblée [...] pour faire voter ses projets de lois et, notamment, la loi de finances alors même qu'aucune majorité ne se dégage pour censurer le gouvernement et le renverser » et la « rupture d'une coalition gouvernementale sans que le Premier ministre ne présente sa démission ou ne demande le vote d'une motion de confiance » (R. GARNIER, *Un modèle européen de démocratie : le cas portugais*, *op. cit.*, p. 343).

[1436] Sur les circonstances de cette crise politique, v. *ibid.*, pp. 146-153 ; J. GEORGEL, « La crise politique de 1978 au Portugal », *RDP*, 1979, pp. 425-463.

[1437] C'est notamment l'opinion de l'ancien président de la République Jorge Sampaio (« Entretien avec Monsieur Jorge Sampaio », *in* P. J. CANELAS RAPAZ, « Le Président de la République et le régime politique portugais – Entretiens », préc., p. 24).

[1438] V. *Diário da Assembleia da República*, 21 juil. 1982, n° 23, disponible sur http://debates.parlamento.pt/catalogo/r3/dar, consulté le 15 sept. 2019, pp. 5150-5172.

[1439] P. J. CANELAS RAPAZ, *Le président de la République portugaise. La construction de la figure présidentielle portugaise depuis 1986*, *op. cit.*, p. 287.

matière institutionnelle, il s'agit surtout du refus de démission d'un gouvernement ayant perdu sa majorité au parlement.

581. En Australie en 1975 ou encore aux Tuvalu en 2013, la survenance de crises politiques majeures de ce type est venue rappeler que le chef de l'État disposait encore, de manière effective, du pouvoir de destituer le premier ministre afin de surmonter le blocage du système institutionnel.

b. Un mode exceptionnel de déblocage du fonctionnement du système institutionnel

582. Dans les royaumes du Commonwealth, dotés d'un système parlementaire du type de Westminster, le chef de l'État joue un rôle essentiellement symbolique. Néanmoins, l'effacement politique du monarque ou de son représentant est tempéré par l'existence de pouvoirs de réserve, c'est-à-dire des pouvoirs propres du chef de l'État qui ont pour but de maintenir et protéger les principes constitutionnels fondamentaux du système institutionnel incarné par le chef de l'État. L'exercice de ces pouvoirs est rarement observé ; il intervient généralement dans le cadre de crises systémiques majeures, afin de débloquer la situation[1440]. Plus précisément, un pouvoir de réserve est « un pouvoir que le chef de l'État peut exercer discrétionnairement, sans, ou à l'encontre de, l'avis du gouvernement »[1441]. De ce fait, on parle parfois de « prérogatives personnelles »[1442] du monarque, parce qu'il les exerce à sa propre initiative, et non à celle des ministres. Selon Rodney Brazier, ces pouvoirs sont « en réserve, afin d'être utilisés dans des cas exceptionnels, et en aucun cas régulièrement ou systématiquement »[1443].

583. Typiquement, cela inclut le pouvoir de renvoyer le gouvernement, « arme lourde »[1444] dont le déclenchement peut être, dans certaines situations

---

[1440] D'après Th. GUILLUY, la *Prérogative royale* s'apparente à une subsistance contemporaine du pouvoir neutre constantien car elle ne relève pas d'un pouvoir politique gouvernemental mais d'un « *pouvoir constitutionnel* en ce sens qu'il demeure le garant de l'intégrité de la Constitution, c'est-à-dire du fonctionnement régulier des institutions, si toutefois les circonstances l'exigeaient ». L'exercice de ce pouvoir « ne peut donc être une ingérence du monarque dans les affaires politiques ou gouvernementales. Il ne saurait […] être justifié que par la nécessité de remédier […] à une situation exceptionnelle […] », telle une crise institutionnelle grave (*Du « self-government » des Dominions à la dévolution. Recherches sur l'apparition et l'évolution de la Constitution britannique*, Paris, Éd. Panthéon-Assas, « Thèses », 2018, pp. 204-205. Nous soulignons).

[1441] A. TWOMEY, *The Veiled Sceptre. Reserve Powers of Heads of State in Westminster Systems*, Cambridge, CUP, « Cambridge Studies in Constitutional Law », 2018, p. 6. Nous traduisons.

[1442] I. JENNINGS, *Cabinet Government*, 3e éd., Cambridge, CUP, 1969, p. 394 ; J. R. MALLORY, *The Structure of Canadian Government*, Toronto, Macmillan, 1971, p. 33. Nous traduisons.

[1443] R. BRAZIER, « Monarchy and the personal prerogatives: a personal response to Professor Blackburn », *Public Law*, printemps 2005, p. 47. Nous traduisons.

[1444] « Entretien avec Monsieur Marcelo Rebelo de Sousa », reproduit *in* P. J. CANELAS RAPAZ, « Le Président de la République et le régime politique portugais – Entretiens », préc., p. 43.

de blocage systémique, plus efficient pour rétablir le fonctionnement régulier des institutions que la dissolution du parlement, assimilable à une « bombe atomique »[1445]. Première hypothèse en ce sens, le gouvernement en place se maintient alors qu'il fait face à une majorité hostile cohérente au parlement, à la suite d'une rupture de coalition, à l'entente des différentes oppositions à un gouvernement minoritaire ou encore à une série de défaites du parti gouvernemental à des élections partielles (*1*). Dans la seconde hypothèse, la révocation du premier ministre par le chef de l'État fait suite à son refus de demander la dissolution bien qu'il s'agisse de la seule solution régulatrice satisfaisante (*2*).

1. La crise institutionnelle tuvaluane de 2013

584. En 2013, le gouverneur général des Tuvalu démit de ses fonctions le gouvernement après que celui-ci, ayant de toute évidence perdu la confiance du parlement, eut réussi à échapper à la censure par diverses pratiques déloyales tels le report d'élections partielles, le refus de convoquer le parlement et la démission dilatoire d'un ministre[1446]. L'élément déclencheur de la crise fut le décès du ministre des Finances – et député – le 21 décembre 2012, qui laissait gouvernement et opposition avec sept sièges chacun au parlement qui en compte quinze. Le gouvernement retarda l'organisation de l'élection partielle jusqu'à ce que la Haute Cour des Tuvalu ordonne, le 24 mai 2013[1447], sa tenue. L'élection partielle eut lieu le 28 juin et fut remportée par le candidat de l'opposition. Toutefois, le premier ministre Willy Telavi refusa de convoquer le parlement, arguant qu'en vertu de la Constitution, un délai maximum de douze mois pouvait intervenir entre les sessions[1448]. Or, du fait de la vacance d'un siège, le parlement ne s'était plus réuni depuis décembre 2012. L'opposition dénonça une manœuvre déloyale dont le seul objectif était d'éviter un vote de défiance[1449].

585. Le 3 juillet 2013, à la suite d'une demande de l'opposition, le gouverneur général Sir Iakoba Italeli exerça un pouvoir de réserve afin de

---

[1445] *Loc. cit.*

[1446] Sur les enjeux constitutionnels de la crise tuvaluane de 2013, on se rapportera en particulier à A. TWOMEY, *The Veiled Sceptre. Reserve Powers of Heads of State in Westminster Systems*, *op. cit.*, pp. 296-300.

[1447] Déc. *Regina v. Prime Minister and Minister Responsible for Elections*; Civil Case 1.2013 (24 Mai 2013).

[1448] Art. 116, al. 2 de la Constitution des Tuvalu du 1er octobre 1986 : « [l]es sessions du Parlement doivent se tenir de telle manière qu'aucune période de plus de douze mois n'intervienne entre la fin d'une session et le début de la suivante ». Nous traduisons.

[1449] « Parliament needs one yearly meeting only says defiant Tuvalu PM », *Radio New Zealand*, 2 juil. 2013, disponible sur http://www.radionz.co.nz/international/pacific-news/220300/parliament-needs-one-yearly-meeting-only-says-defiant-tuvalu-pm, consulté le 15 sept. 2019.

convoquer le parlement à l'encontre de l'avis du premier ministre. Cette première intervention peut de toute évidence être qualifiée de régulatrice dans la mesure où son objet était de rétablir le fonctionnement normal des institutions. Le parlement se réunit le 30 juillet et rejeta une demande de dissolution présentée par le premier ministre. Après cet échec, le ministre de la Santé annonça sa démission du parlement dans le but de gagner du temps. Le lendemain, le *speaker* Kamuta Latasi, soutien du gouvernement, ajourna le parlement jusqu'à ce qu'une élection partielle puisse se tenir, au motif que la Constitution ne permettrait pas la mise aux voix d'une motion de censure tant qu'un siège est vacant. Mais l'*Attorney-General* prit la position inverse, soutenant que le vote de censure pouvait se tenir. De ce fait, le 31 juillet, le gouverneur général appela de nouveau le parlement à siéger le 2 août, sans le consentement du premier ministre. Celui-ci réagit le 1er août en annonçant qu'il avait demandé à la reine de révoquer le gouverneur général[1450] « parce qu'il ne coopère plus avec le gouvernement »[1451].

586. Le gouverneur général répliqua le jour même en démettant le premier ministre de ses fonctions, au motif qu'il n'avait plus la confiance du parlement, et en nommant un premier ministre par intérim. Sa déclaration[1452] relevait que le premier ministre sortant avait été mis en minorité par les députés le 31 juillet lors du vote sur la demande de dissolution. Le gouverneur général en concluait que le cabinet n'ayant plus la confiance du parlement, il avait par tout moyen cherché à éviter que la motion de censure soit débattue. De ce fait, le gouverneur général utilisa les pouvoirs de réserve qui lui sont attribués pour révoquer le premier ministre Willy Telavi et nommer le chef de l'opposition Enele Sopoaga comme premier ministre par intérim. Ce dernier devait veiller à ce que le parlement soit convoqué dans les plus brefs délais afin d'élire un premier ministre conformément à la Constitution[1453].

587. Le parlement devant se réunir dès le 2 août, l'*Attorney-General* adressa à la Haute Cour une demande *ex parte* urgente afin de s'assurer que la convocation du parlement par le gouverneur général était valable, que la motion de censure pouvait être examinée même si un siège était vacant et qu'en conséquence, le *speaker* ne pouvait pas empêcher la tenue du débat sur

---

[1450] Art. 55, al. 1er de la Constitution des Tuvalu : « [l]e Gouverneur général est nommé et peut être révoqué à tout moment par le Souverain, agissant conformément à l'avis du Premier ministre ». Nous traduisons.

[1451] « Ousted PM defends actions in Tuvalu political crisis, blames Governor-General », *Pacific.Scoop*, 8 août 2013, disponible sur http://pacific.scoop.co.nz/2013/08/tuvalu-ex-pm-defends-actions-in-political-crisis-blames-governor-general/, consulté le 15 sept. 2019. Nous traduisons.

[1452] I. T. ITALELI, « Proclamation to Dismiss the Prime Minister and Appointment of Caretaker Prime Minister », 1er août 2013, mentionnée *in* A. TWOMEY, *The Veiled Sceptre. Reserve Powers of Heads of State in Westminster Systems*, *op. cit.*, p. 297.

[1453] Les modalités de l'élection du premier ministre par les membres du parlement sont exposées à l'article 63 de la Constitution des Tuvalu.

la censure. Le *Chief Justice* Ward confirma ces trois points[1454]. En outre, l'*Attorney-General* lui demandait d'approuver la validité du renvoi du premier ministre en ces termes : « lorsqu'il existe des preuves qui suggèrent raisonnablement que le premier ministre n'observe pas l'esprit de la Constitution de manière à respecter son article 4, alinéa 3, le gouverneur général a le pouvoir de révoquer le premier ministre »[1455]. Le *Chief Justice* indiqua qu'il ne répondrait pas sur ce point avant que les autres parties intéressées aient eu la possibilité de présenter des observations. Ceci étant, la question ne fut finalement pas traitée par la Haute Cour. En effet, le parlement se réunit le 2 août à la suite de la convocation du gouverneur général, adopta une motion de censure contre le gouvernement Telavi par huit voix contre quatre puis, le 4 août, élut un premier ministre (Enele Sopoaga)[1456], conformément à l'article 62 de la Constitution. L'éventuelle invalidité de la révocation initiale du premier ministre par le gouverneur général était donc désormais couverte par la constitutionnalité de cette nouvelle procédure.

588. Le seul pouvoir explicite de révocation du premier ministre conféré au gouverneur général se trouve à l'article 64 de la Constitution, qui l'autorise à destituer discrétionnairement un premier ministre qui « est incapable d'exercer correctement ses fonctions en raison d'une infirmité physique ou mentale ». Toutefois, l'avis concordant de plusieurs médecins est nécessaire. Lors de la crise de 2013, aucune procédure de ce type n'a été entreprise. Par conséquent, la seule justification à l'exercice d'un tel pouvoir de réserve par le gouverneur général est qu'il s'agit d'un pouvoir implicite qui existe en dehors des dispositions constitutionnelles textuelles pour remédier à des situations de blocage complet du fonctionnement du système institutionnel et rétablir sa cohérence. Les interventions successives du gouverneur général – convocations du parlement, destitution du premier ministre et nomination d'un premier ministre par intérim – correspondent de toute évidence à ce schéma puisqu'elles faisaient suite à un blocage volontaire du fonctionnement normal du système institutionnel de la part du gouvernement.

589. Dans une précédente affaire[1457], la Haute Cour tuvaluane avait affirmé qu'un refus du cabinet de convoquer la chambre est contraire à « l'esprit de la Constitution » s'il a pour seule motivation d'empêcher un vote de défiance et

---

[1454] Déc. *Parliamentray Rules of Procedure; ex parte Originating Summons by Attorney General*, Civil Case 5.13 (1er août 2013).

[1455] Art. 4, al. 2 de la Constitution des Tuvalu : « [...] la présente Constitution doit être interprétée et appliquée de manière à atteindre les objectifs d'un gouvernement juste et démocratique, à la lumière de la raison, de l'expérience et des valeurs tuvaluanes ». Nous traduisons.

[1456] C. COONEY, « Tuvalu parliament elects new prime minister », *ABC News*, 4 août 2013, disponible sur https://www.abc.net.au/news/2013-08-02/an-tuvalu-parliament-votes-to-remove-pm-telavi/4861930, consulté le 15 sept. 2019.

[1457] Déc. *Amasone v Attorney General*, Case n° 24 of 2003 (6 août 2003).

qu'une telle situation justifie l'exercice par le gouverneur général d'un pouvoir de réserve afin de remettre en marche les mécanismes du régime parlementaire. Suivant cette logique, on peut considérer qu'il existe dans les systèmes de type westminsterien une prérogative régulatrice de révocation dès lors qu'un cabinet qui a à l'évidence perdu la confiance de la chambre se maintient en empêchant la tenue d'un vote de défiance par divers moyens (non-convocation du parlement, refus du *speaker* de mettre aux voix la motion de censure)[1458].

590. Dans un autre cas de figure, illustré par la crise australienne de 1975, la révocation du ministère participe au déblocage du système institutionnel en ce qu'elle permet une dissolution régulatrice.

2. *La crise institutionnelle australienne de 1975*

591. Le 11 novembre 1975, le gouverneur général de l'Australie Sir John Kerr révoquait le premier ministre Gough Whitlam, qui bénéficiait pourtant de la confiance de la Chambre des représentants, et décidait de la dissolution du parlement[1459]. L'exercice de ces prérogatives, vestige d'une pratique dualiste révolue, est d'autant plus remarquable que la Constitution australienne de 1900 consacre un régime parlementaire de type

---

[1458] Un parallèle peut être établi avec la crise politique canadienne de 2008. À la suite des élections anticipées du 14 octobre 2008, les conservateurs du premier ministre Stephen Harper maintinrent leur majorité relative à la Chambre des communes en passant de 127 à 143 sièges (sur 308). Dans l'opposition, les libéraux obtinrent 77 sièges, le Nouveau Parti démocratique (NPD) 37 sièges, le Bloc québécois 49 sièges et deux indépendants furent élus. Quelques semaines plus tard, le gouvernement conservateur minoritaire présenta une série de mesures controversées telles la suspension du droit de grève des fonctionnaires et la fin du financement public des partis politiques. Le 1er décembre, les leaders du Parti libéral et du NPD annoncèrent en réaction leur intention de renverser le gouvernement conservateur minoritaire et de former une coalition gouvernementale majoritaire avec le soutien du Bloc québécois. Le 4 décembre, Stephen Harper demanda au gouverneur général Michaëlle Jean de proroger le parlement (v° « Prorogation du Parlement » *in Compendium de la procédure parlementaire*, disponible sur http://www.noscommunes.ca/About/Compendium/ParliamentaryCycle/c_d_prorogation_parliament-f.htm, consulté le 15 sept. 2019). Bien que l'objectif évident de la manœuvre fût de repousser la tenue d'un vote de défiance, le gouverneur général accéda à la demande. Elle imposa cependant deux conditions au premier ministre : que le parlement se réunisse dans un bref délai et que le gouvernement lui soumette un projet de budget, ce qui équivaut à une question de confiance (v. « PM gave Jean pledges in prorogation crisis », *CBC*, 2 oct. 2010, disponible sur http://www.cbc.ca/news/politics/pm-gave-jean-pledges-in-prorogation-crisis-1.969491, consulté le 15 sept. 2019). De ce fait, en dépit de l'existence d'une majorité parlementaire alternative, la situation ne pouvait pas se présenter de la même manière qu'aux Tuvalu en 2013. Finalement, le parlement fut prorogé jusqu'au 26 janvier 2009 et le 28 janvier, après un changement de leader chez les libéraux, ces derniers acceptèrent de voter le nouveau projet de budget des conservateurs, mettant fin à la possibilité d'une coalition majoritaire et, partant, à la crise politique.

[1459] Sur le déroulement et les enjeux constitutionnels de cette crise, on se rapportera en particulier à Ph. LAUVAUX, *La dissolution des assemblées parlementaires*, *op. cit.*, pp. 86-94 ; *id.*, « Le conflit constitutionnel australien de 1975 », *in* J. HUMMEL (dir.), *Les conflits constitutionnels. Le droit constitutionnel à l'épreuve de l'histoire et du politique*, Rennes, PUR, « L'Univers des Normes », 2010, pp. 121-134.

westminsterien qui a fonctionné dès l'origine sous la forme d'un gouvernement de cabinet dans un cadre bipartisan[1460].

592. Ceci étant, il ne faut pas oublier que contrairement au Royaume-Uni, l'Australie est un État fédéral. Pour cette raison, son bicamérisme n'est pas calqué sur le modèle britannique, c'est-à-dire très atténué, mais se caractérise au contraire par les pouvoirs équivalents confiés aux deux chambres, comme aux États-Unis ; d'ailleurs, à l'instar de son homologue américain, le Sénat australien représente égalitairement les États fédérés[1461]. Au reste, depuis 1949, les sénateurs sont élus à la représentation proportionnelle (scrutin à vote unique transférable) alors que le scrutin pour les élections à la Chambre des représentants continue d'être majoritaire à un tour, avec une correction (vote préférentiel). Par conséquent, une coalition ou un parti gouvernemental clairement majoritaire à la Chambre peut ne pas l'être au Sénat. La Constitution prévoit une procédure régulatrice de dissolution simultanée en cas de désaccord persistant entre les deux assemblées, qui peuvent être convoquées en assemblée unique après les élections – ce qui devrait favoriser la position du gouvernement majoritaire à la Chambre – si les désaccords subsistent[1462].

593. Avant 1974, la procédure de la dissolution simultanée n'avait été déclenchée que deux fois (en 1914 et 1951) et jamais les deux chambres n'avaient dû être réunies conjointement. Le rôle politique du Sénat demeurait assez limité, d'autant plus qu'il était en général contrôlé par le même parti que la Chambre des représentants. Mais en 1974, le Sénat refusa, pour la première fois, d'adopter le budget, ce qui conduit le premier ministre travailliste Gough

---

[1460] Face au Parti travailliste australien se trouve la Coalition, alliance stable réunissant le Parti libéral d'Australie et le Parti national (agrarien) d'Australie.

[1461] Art. 7, al. 2 de la Constitution de l'Australie du 9 juil. 1900. Depuis 1983, le nombre de sénateurs par État est de douze. En outre, depuis 1975, le territoire de la capitale australienne et le territoire du Nord (qui n'ont pas le statut d'État) sont représentés chacun par deux sénateurs.

[1462] Art. 57 de la Constitution de l'Australie : « [s]i la Chambre des représentants vote une loi et que le Sénat la rejette ou refuse de la voter ou la vote en lui apportant des amendements que la Chambre [...] n'accepte pas et si après un intervalle de trois mois la Chambre [...], dans la même session, vote de nouveau la loi avec ou sans les amendements votés ou suggérés par le Sénat et que de nouveau le Sénat la rejette ou refuse de la voter, ou la vote avec des amendements que la Chambre [...] n'approuve pas, le Gouverneur général pourra dissoudre les deux chambres simultanément. Cette dissolution toutefois ne devra pas avoir lieu dans les six mois qui précèdent l'expiration du mandat de la Chambre des représentants.
Si, après cette dissolution, la Chambre [...] vote de nouveau la loi avec ou sans les amendements faits, suggérés ou approuvés par le Sénat, et que le Sénat la rejette ou refuse de la voter, ou la vote avec des amendements que la Chambre [...] n'approuve pas, le Gouverneur général pourra convoquer les deux chambres en assemblée unique.
Alors les membres présents délibéreront et voteront le projet de loi tel qu'il a été en dernier lieu adopté par la Chambre des représentants. Tout amendement qui aura été fait par une chambre et refusé par l'autre, mais qui a été ratifié par la majorité absolue du nombre total des membres du Sénat et de la Chambre [...] sera considéré comme ayant été adopté par les deux chambres ; il en sera de même pour le projet considéré dans son ensemble. Dès lors le projet sera présenté au gouverneur général pour qu'il donne son assentiment au nom de la Reine ».

Whitlam à recourir à la double dissolution afin de surmonter le blocage. Les élections qui suivirent reconduisirent la majorité gouvernementale à la Chambre, sans toutefois lui permettre de prendre le contrôle du Sénat. On décida de réunir les deux chambres lors d'une session conjointe et le budget fut par la suite voté.

594. Le 15 octobre 1975, dans un contexte politique très défavorable au gouvernement à cause de l'affaire dite « des emprunts arabes »[1463], l'opposition libérale-nationale refusa à nouveau de voter le budget au Sénat, jusqu'à ce que le premier ministre demande la dissolution simultanée. Celui-ci ne céda pas, arguant de l'inconstitutionnalité de l'action de l'opposition ; il contestait en particulier le pouvoir du Sénat en matière financière[1464]. Le 11 novembre, après l'échec d'une ultime tentative de conciliation, le chef du gouvernement décida de demander au gouverneur général un renouvellement partiel anticipé du Sénat, espérant une progression des travaillistes. Normalement, la chambre haute se renouvelle par moitié tous les trois ans, mais une dérogation à cette règle pouvait exceptionnellement se justifier en 1975 par la nécessité de pourvoir quatre sièges de sénateurs nouvellement créés pour les territoires de la capitale et du Nord.

595. Le consentement, formellement requis, du gouverneur général ne fut jamais accordé, puisque le jour même, Sir John Kerr signifia à Gough Whitlam sa révocation puis chargea le leader de l'opposition libérale-nationale Malcom Fraser de former un gouvernement intérimaire dans le but d'assumer la responsabilité d'une double dissolution des chambres. Averti de la situation, le Sénat adopta immédiatement la législation budgétaire en attente[1465], tandis que la procédure de la dissolution simultanée était déclenchée par le nouveau cabinet, conformément à la volonté du gouverneur général. Les élections qui s'en suivirent le 13 décembre 1975 virent la large victoire de la coalition libérale-nationale, qui emporta la majorité absolue des sièges tant à la Chambre des représentants qu'au Sénat.

596. Sir John Kerr expliqua sa décision de renvoyer le premier ministre et sa conception de son rôle de régulateur du régime politique dans un exposé des motifs publié le 11 novembre 1975[1466]. Son argumentation se présente en trois

---

[1463] En 1975, l'affaire des emprunts, ou affaire Khemlani, fut un scandale politique qui impliqua directement le cabinet Whitlam, accusé d'avoir inconstitutionnellement tenté d'emprunter de l'argent à des pays du Moyen-Orient par l'intermédiaire du sulfureux banquier pakistanais Tirath Khemlani, sans respecter les procédures. Le Trésorier d'Australie Jim Cairns puis le ministre des Mines et de l'Énergie, Rex Connor, furent contraints de démissionner après avoir assuré du contraire au parlement.

[1464] V. l'intervention du premier ministre Gough Whitlam devant la Chambre des représentants : *House of Representatives Official Hansard*, 16 oct. 1975, n° 42, pp. 2199-2202.

[1465] *Senate Official Hansard*, 11 nov. 1975, n° 46, p. 1885.

[1466] Sir J. KERR, *Statement of Reasons for the dismissal of Gough Whitlam, issued by Government House on November 11, 1975*, disponible sur http://whitlamdismissal.com/1975/11/11/kerr-statement-of-reasons.html, consulté le 15 sept. 2019.

points. Premièrement, « [e]n raison de la nature fédérale de [la] Constitution et ses dispositions », le Sénat, qui « est, au même titre que la Chambre, une assemblée élue par le peuple », possède « incontestablement le pouvoir constitutionnel de refuser ou de reporter l'octroi de crédits au gouvernement ». Il lui revient en effet « d'assurer la représentation des États [...] et l'article 53 lui donne les mêmes pouvoirs que la Chambre à l'égard des projets de loi [...] ». Certes, il y a eu « des débats publics sur la question de savoir s'il existait une convention [...] selon laquelle le Sénat ne devait en aucun cas exercer le pouvoir de rejeter un projet de loi de finances » mais « [l]a Constitution doit prévaloir sur n'importe quelle convention »[1467]. Deuxièmement,

> « [i]l a été question de la possibilité d'organiser un renouvellement partiel du Sénat si le gouvernement n'obtenait pas les crédits nécessaires. Si cette demande m'était formulée, je serais obligé de la rejeter, car la tenue d'une telle élection alors que la situation budgétaire continue d'être bloquée ne garantit en rien que le blocage soit clairement et rapidement surmonté »[1468].

Troisièmement, dans un système parlementaire, « un premier ministre qui ne peut pas obtenir de fonds [...] doit demander la dissolution ou démissionner. S'il refuse de le faire, [le chef de l'État] a le pouvoir et même le devoir constitutionnel de le révoquer »[1469].

597. Ainsi, le gouverneur général, après avoir constaté l'impasse budgétaire et s'être assuré de l'impossibilité d'un compromis entre la Chambre des représentants et le Sénat ou entre le gouvernement et l'opposition, en arriva à la conclusion que le seul moyen approprié pour surmonter un tel blocage institutionnel était la dissolution du parlement. Devant le refus du premier ministre Gough Whitlam d'actionner ce mécanisme régulateur, le représentant du monarque utilisa ses prérogatives constitutionnelles à visée régulatrice afin de le révoquer puis de nommer un gouvernement intérimaire chargé de garantir le financement immédiat de l'État et de mettre en œuvre la dissolution simultanée des deux assemblées. Il revenait ensuite au peuple de trancher le conflit que les partis politiques avaient échoué à régler. L'intervention régulatrice de Sir John Kerr a été fortement critiquée ; il n'est pourtant pas contestable qu'elle a permis de résoudre une crise systémique majeure. Par ailleurs, elle révèle que dans des situations de grande tension, aucune convention constitutionnelle n'interdit au gouverneur général d'exercer son

---

[1467] *Loc. cit.* ; nous traduisons. Sur les controverses concernant la constitutionnalité de l'intervention du gouverneur général, v. Ph. LAUVAUX, « Le conflit constitutionnel australien de 1975 », art. préc., pp. 128-133.

[1468] Sir J. KERR, *Statement of Reasons for the dismissal of Gough Whitlam, issued by Government House on November 11, 1975*, préc.; nous traduisons.

[1469] *Loc. cit.* ; nous traduisons.

pouvoir de révoquer les ministres si cela permet de rétablir le fonctionnement régulier des institutions.

598. Par conséquent, on notera que la révocation du ministère peut constituer un puissant instrument régulateur en cas de graves dysfonctionnements des mécanismes du parlementarisme. Hors les cas où il existe une majorité gouvernementale alternative (Tuvalu 2013), son usage est généralement suivi de la dissolution de la chambre. En ce qu'elle permet de remettre la décision finale au corps électoral, arbitre suprême, la dissolution constitue un mode traditionnel de régulation critique dans les systèmes institutionnels parlementaires.

2°) La dissolution des assemblées parlementaires

599. À titre principal, la dissolution est conçue comme un « mode de régulation d'une crise institutionnelle » que Jean Gicquel et Jean-Éric Gicquel n'hésitent pas à comparer à une « soupape de sûreté du régime [parlementaire], qu'il s'agisse de réduire ou de prévenir une crise, en vue de maintenir la *cohérence* du système majoritaire »[1470]. En 1889, Jules Ferry affirmait ainsi dans un projet de discours que la dissolution est « un droit nécessaire, *c'est la régulation du régime constitutionnel*, c'est le moyen de résoudre les conflits insolubles qui peuvent se prolonger indéfiniment aux États-Unis pendant des années, mais qui ne peuvent se prolonger chez nous sans paralyser la vie nationale »[1471]. L'acte de dissolution consiste en une forme d'appel au peuple – plus précisément au corps électoral – par le moyen d'élections législatives anticipées, ce qui est directement générateur d'*inputs* pour le système institutionnel.

600. Traditionnellement, la doctrine classique distingue, selon la dichotomie établie par Prévost-Paradol[1472], dissolution royale et dissolution ministérielle. La première procède d'une intervention plus ou moins neutre du chef de l'État, qui donne au peuple le soin d'arbitrer en dernier recours un conflit réel ou potentiel entre l'Exécutif et le Législatif ; la seconde est décidée par le ministère suivant son propre intérêt. Mais l'utilisation du critère organique conduit forcément à dégager d'autres catégories de dissolution où la compétence appartient à l'assemblée parlementaire elle-même (autodissolution), au peuple (dissolution référendaire), à plusieurs organes conjointement (généralement le chef de l'État et le ministère) et les cas de

---

[1470] J. GICQUEL, J.-É. GICQUEL, *Droit constitutionnel et institutions politiques*, *op. cit.*, p. 608. Ils soulignent.

[1471] J. FERRY, « La révision de la constitution de 1875 et le droit de dissolution. Projet de discours du 14 février 1889 », reproduit *in Commentaire*, 1985/4 n° 32, p. 1173. Nous soulignons.

[1472] A. PRÉVOST-PARADOL, *La France nouvelle* (1868), *op. cit.*, p. 137.

dissolution automatique[1473]. Dans le cadre d'une approche fonctionnaliste de la régulation, on s'intéressera davantage à la finalité – régulatrice ou non – de l'acte de dissolution qu'à l'organe compétent. Il apparaît que certains constituants ont, d'une manière ou d'une autre et plus ou moins expressément, conditionné l'usage du droit de dissolution à l'exercice d'une fonction de régulation du système institutionnel (a). Ce caractère régulateur de la dissolution se manifeste dans des situations critiques lorsqu'elle permet de rétablir le fonctionnement normal du système (b).

a. Les formules de dissolution régulatrice

601. La dissolution peut être une prérogative régulatrice autonome (*1*) ou assortie de conditions objectives à cette fin (*2*).

1. La dissolution autonome

602. Il existe des dispositions constitutionnelles qui établissent un droit de dissolution autonome, c'est-à-dire non conditionné à une finalité proprement régulatrice ou à la survenance d'une crise politique. Tel est le cas de l'article 88 de la Constitution italienne de 1947[1474], de l'article 12 de la Constitution française de 1958[1475] ou encore de l'article 172 de la Constitution portugaise de 1976[1476]. On peut toutefois penser que l'exercice du droit de dissolution est conditionné par la définition de la mission globale de son titulaire. Or dans ces trois pays, elle consiste au moins partiellement en une fonction de régulation du système institutionnel[1477].

603. En France par exemple, l'article 5 « constitutionnalise l'esprit de la fonction présidentielle »[1478], selon les mots de Philippe Ardant. Il

---

[1473] Pour une classification exhaustive des systèmes de dissolution basée sur le critère de la compétence organique, on se rapportera en particulier à Ph. LAUVAUX, *La dissolution des assemblées parlementaires*, *op. cit.*, pp. 57-216.
[1474] « Le président de la République peut, après consultation de leurs présidents, dissoudre les chambres ou même une seule d'entre elles. Il ne peut pas exercer cette faculté au cours des six derniers mois de son mandat, hormis s'ils coïncident en totalité ou en partie avec les six derniers mois de la législature ». Seules une limite temporelle est fixée et une consultation préalable imposée.
[1475] Le 1er alinéa impose seulement une consultation préalable du premier ministre et des présidents des assemblées et le 4e alinéa fixe une limite temporelle : [i]l ne peut être procédé à une nouvelle dissolution dans l'année qui suit [les élections provoquées par une dissolution]. L'article 16, alinéa 5 pose une autre limite temporelle : « [l]'Assemblée nationale ne peut être dissoute pendant l'exercice des pouvoirs exceptionnels ».
[1476] Seules des limites temporelles sont posées au 1er alinéa : « [l]'Assemblée de la République ne peut être dissoute dans les six mois suivant son élection, au cours du dernier semestre du mandat du président de la République ou pendant l'état de siège ou l'état d'urgence ».
[1477] V. *supra* § 512-513. En France (art. 5), le président de la République « assure, par son arbitrage, le fonctionnement régulier des pouvoirs publics ainsi que la continuité de l'État ». Au Portugal (art. 120), il garantit « le fonctionnement régulier des institutions démocratiques ». En Italie (art. 87), « [l]e président de la République est le chef de l'État et représente l'unité nationale » ce qui implique selon les interprètes une fonction régulatrice du jeu politique.
[1478] Ph. ARDANT, « L'article 5 et la fonction présidentielle », art. préc., p. 38.

« correspond à une sorte de déontologie de la fonction présidentielle, fixant des principes qui doivent inspirer au président des règles de conduite »[1479]. Suivant cette logique, l'usage par le chef de l'État de ses prérogatives constitutionnelles trouverait des limites dans les finalités posées à l'article 5. La dissolution ne pourrait ainsi être actionnée que dans le but d'assurer « le fonctionnement régulier des pouvoirs publics ainsi que la continuité de l'État ». Quel que soit le degré d'indétermination supposé de cette formule, il paraît en tout cas évident qu'elle n'inclut pas les dissolutions tactiques, dites de « convenance personnelle »[1480]. Pour cette raison, la dissolution de 1997, décidée par Jacques Chirac en dehors de toute crise politique, a pu être présentée comme un « abus du droit de dissolution »[1481]. D'aucuns ont affirmé qu'elle « manque de base constitutionnelle puisqu'elle ne peut être rattachée à la fonction d'arbitrage qui est celle du Président »[1482]. Cette opinion est cependant contestée en raison de l'indétermination et du caractère forcément subjectif des finalités de l'article 5, que seul le chef de l'État est en mesure d'interpréter dans l'exercice de ses prérogatives constitutionnelles.

604. La situation est fondamentalement la même au Portugal, où le président de la République, « [e]n tant que *régulateur du système constitutionnel*, [...] apprécie seul l'opportunité de la dissolution. Son usage dépend de sa bonne foi »[1483] dans la manière dont il prend en compte les finalités de la mission présidentielle décrite à l'article 120 de la Constitution de 1976. En Italie, l'interprétation moniste du régime parlementaire conduit à écarter la

---

1479 G. CONAC, « Article 5 », préc., p. 230.

1480 Selon les mots de Jacques Chirac lui-même, alors candidat à l'élection présidentielle de 1995 : « [l]a dissolution n'a jamais été faite pour la convenance personnelle du président de la République. Ça, c'est une conception monarchique du pouvoir que je n'ai pas. Je ne vois aujourd'hui aucune espèce de raison qui pourrait justifier une dissolution » (cité *in* G. BRESSON, N. GAUTHIER, « Entre Chirac et Balladur, le fossé se creuse à mesure que l'écart se réduit », *Libération*, 3 avril 1995, disponible sur https://www.liberation.fr/evenement/1995/04/03/entre-chirac-et-balladur-le-fosse-se-creuse-a-mesure-que-l-ecart-se-reduit_131416, consulté le 15 sept. 2019).

1481 « M. René Rémond a alors rappelé que le droit de dissolution ne devait s'exercer que dans des circonstances exceptionnelles, crise de société telle celle de mai 1968 ou dysharmonie profonde entre les pouvoirs entraînant des risques de blocage comme en 1981 et en 1988. Il a alors estimé qu'au contraire, la dissolution intervenue en avril 1997, alors même que le Gouvernement disposait d'une majorité écrasante à l'Assemblée nationale, s'apparentait à une anticipation d'échéances électorales dans le droit fil de la coutume britannique, mais que contrairement à cette pratique britannique, le Président de la République restait en fonctions même en cas d'échec, et qu'il s'agissait donc à ses yeux d'un *abus du droit de dissolution* » (« Audition de M. René Rémond, membre de l'académie française, président de la fondation nationale des sciences politiques », *in* Chr. BONNET, *Rapport fait au nom de la commission des Lois constitutionnelles, de législation, du suffrage universel, du Règlement et d'administration générale sur la proposition de loi organique, adoptée par l'Assemblée nationale, après déclaration d'urgence, modifiant la date d'expiration des pouvoirs de l'Assemblée nationale*, Sénat, Annexe au procès-verbal de la séance du 16 janvier 2001, p. 36. Nous soulignons). Sur la controverse constitutionnelle autour de la dissolution française de 1997, v. L. ECK, *L'abus de droit en droit constitutionnel*, Paris, L'Harmattan, « Logiques juridiques », 2010, pp. 206-212.

1482 D. ROUSSEAU, « Neuf constitutionnalistes répondent à trois questions concernant les élections législatives de 1997 », *RDP*, 1997, p. 654.

1483 R. GARNIER, *op. cit.*, p. 342. Nous soulignons.

possibilité d'une dissolution personnelle du président à caractère antimajoritaire. Une telle manœuvre serait considérée comme contraire au principe de la confiance – « [l]e gouvernement doit avoir la confiance des deux chambres » – que consacre l'article 94 de la Constitution de 1947[1484]. Le président Scalfaro avait résumé cette logique de la sorte : « [t]ant que le Parlement exprime une majorité qui fonctionne, les Chambres ne seront pas dissoutes ». En 1998, malgré la chute du cabinet Monti, il « n'avait pas voulu dissoudre dans la mesure où il avait été possible de trouver ou de "fabriquer" une nouvelle majorité au Parlement »[1485]. En l'absence d'instabilité persistante, le recours à la dissolution par le chef de l'État n'était pas requis pour assurer la régulation du système institutionnel italien.

605. De ce point de vue, la Constitution congolaise de 1992 innovait en conditionnant expressément l'exercice de la prérogative présidentielle de dissolution de l'Assemblée nationale à une fonction de régulation du système institutionnel. Aux termes de l'article 80, la dissolution pouvait être prononcée « [l]orsque l'équilibre des institutions publiques est rompu notamment en cas de crise aiguë et persistante entre le pouvoir exécutif et le Parlement »[1486]. Si l'intention du pouvoir constituant d'instaurer un droit de dissolution à visée strictement régulatrice ressort bien de cette formule, on ne peut que constater le flou de la condition matérielle – qui plus est laissée à l'appréciation du chef de l'État – et les difficultés qu'il pouvait y avoir à l'appliquer[1487].

606. On rencontre aussi des procédures de dissolution dont le déclenchement est expressément assorti d'une condition objective. L'intérêt est de fixer à l'avance les situations dans lesquelles il pourra être fait usage du droit de dissolution, d'une part afin d'empêcher les dissolutions purement tactiques ou

---

[1484] Ph. LAUVAUX, *Les grandes démocraties contemporaines*, *op. cit.*, p. 821 et s.

[1485] P. PASQUINO, « Les transformations du système politique (1992-2000) », *in* S. CASSESE (dir.), *Portrait de l'Italie actuelle*, Paris, La Documentation française, « Les études », 2001, p. 43.

[1486] Art. 80 de la Constitution de la République du Congo du 15 mars 1992.

[1487] En 1992, la rupture de l'accord de gouvernement conclu entre le parti présidentiel Union panafricaine pour la démocratie sociale (UPADS) et le Parti congolais du travail (PCT) déclenche une crise politique. Le 30 septembre, un accord est signé entre le PCT et l'opposition de l'Union pour la république et la démocratie (URD), faisant basculer la majorité parlementaire en faveur d'une nouvelle coalition. Le 31 octobre, le gouvernement est censuré par la nouvelle majorité parlementaire, mais refuse de démissionner. Le 18 novembre, le président de la République Pascal Lissouba décide de dissoudre l'Assemblée nationale. Les conditions matérielles de l'article 80, en particulier la survenance d'une « crise aiguë et persistante », étaient-elles remplies de manière à justifier une dissolution ? Quoi qu'il en ait été, il fut aussitôt accusé par la coalition majoritaire d'avoir violé la Constitution. Les troubles qui s'en suivirent ne prirent fin qu'à la suite d'un appel aux partis politiques lancé par le haut commandement militaire, qui permit un accord portant sur la formation d'un gouvernement d'union et l'organisation d'élections législatives anticipées. Sur le déroulement de cette crise et ses conséquences politiques, v. P. YENGO, *La guerre civile du Congo-Brazzaville (1993-2002). « Chacun aura sa part »*, Paris, Éd. Karthala, « Hommes et sociétés » 2006, p. 178 et s.

sans finalité régulatrice, d'autre part afin de responsabiliser les partis politiques.

2. *La dissolution objectivement conditionnée*

607. Dans une première hypothèse, la dissolution est conditionnée à l'impossibilité de former un ministère en situation d'obtenir la confiance du parlement, une telle situation constituant un blocage du système institutionnel causé par un dysfonctionnement du jeu partisan. La dissolution peut être automatique – compétence liée du chef de l'État en Espagne[1488], en Grèce[1489] ou encore en Pologne[1490] – ou demeurer une compétence discrétionnaire du chef de l'État-régulateur. La Loi fondamentale allemande attribue ainsi au président fédéral un pouvoir personnel de dissolution dans le cas où aucun candidat à la chancellerie n'obtient la majorité absolue des voix au *Bundestag*[1491]. La marge de manœuvre offerte au président consiste à nommer le candidat qui a obtenu la majorité relative (option du gouvernement minoritaire) ou à dissoudre le *Bundestag*[1492]. Lorsqu'il n'existe pas de majorité parlementaire en mesure d'élire un chancelier, le chef de l'État est donc fait juge de la viabilité d'un gouvernement minoritaire. S'il apparaît qu'une majorité parlementaire plus nette peut émerger de nouvelles élections, il lui revient de décider du recours à l'arbitrage populaire dans l'optique d'assurer la stabilité institutionnelle.

608. En Tunisie, « le président de la République peut décider la dissolution de l'Assemblée des représentants du peuple » si la confiance n'a pas été accordée au gouvernement dans les quatre mois suivant la première désignation consécutive aux élections[1493]. Dans un sens proche, l'article 76 de la Constitution maltaise de 1964 dispose :

[1488] Art. 99, al. 5 de la Constitution du 27 déc. 1978 : « [s]i, un délai de deux mois étant écoulé depuis le premier vote d'investiture, aucun candidat n'a obtenu la confiance du Congrès, le roi dissoudra les deux chambres et convoquera de nouvelles élections avec le contreseing du président du Congrès ».

[1489] Art. 37, al. 3 de la Constitution du 9 juin 1975 : « […] l'impossibilité de la formation d'un Gouvernement jouissant de la confiance de la Chambre étant confirmée, [le président de la République] cherche à obtenir la formation d'un Gouvernement de tous les partis représentés à la Chambre, qui procédera à des élections ; en cas d'échec, il confie au président du Conseil d'État ou de la Cour de cassation ou de la Cour des comptes la formation d'un Gouvernement jouissant de la plus large acceptation possible, afin que ce dernier procède à des élections, et il dissout la Chambre ».

[1490] Art. 155, al. 2 de la Constitution du 2 avril 1997.

[1491] Art. 63, al. 4 de la Loi fondamentale du 23 mai 1949.

[1492] V. O. BEAUD, « Crise politique allemande et pouvoirs méconnus du président fédéral », *JP blog*, 24 nov. 2017, disponible sur http://blog.juspoliticum.com/2017/11/24/crise-politique-allemande-et-pouvoirs-meconnus-du-president-federal-par-olivier-beaud/, consulté le 15 sept. 2019 ; Ph. LAUVAUX, *La dissolution des assemblées parlementaires*, *op. cit.*, pp. 153-155.

[1493] Art. 89, al. 4 de la Constitution tunisienne du 27 janvier 2014 ; R. BEN ACHOUR, « La Constitution tunisienne du 27 janvier 2014 », *RFDC*, 2014/4 n° 100, pp. 783-801.

> « si le poste de Premier ministre est vacant et que le Président estime qu'il ne sera pas en mesure, dans un délai raisonnable, de nommer à ce poste une personne pouvant disposer de l'appui de la majorité des membres de la Chambre des représentants, le Président peut dissoudre le Parlement »[1494].

Cette disposition, qui laisse une certaine marge d'appréciation au chef de l'État-régulateur en l'absence de majorité stable, a été reprise presque à l'identique par les constitutions de certains autres États du Commonwealth – par exemple à La Barbade[1495] et aux Bahamas[1496] – au bénéfice du gouverneur général.

609. Dans une seconde hypothèse, la dissolution est conditionnée à la survenance d'une crise politique manifestée par un élément objectif telle la mise en minorité du cabinet ou l'impossibilité d'adopter le budget. La dissolution est automatique en Estonie – compétence liée du chef de l'État – « [s]i le *Riigikogu* n'a pas adopté le budget de l'État deux mois après le début de l'année budgétaire »[1497] tandis que la Constitution polonaise ouvre la possibilité au président de la République de dissoudre en cas de non-adoption de la loi budgétaire par la Diète[1498]. En Grèce, la révision constitutionnelle de 1986 est venue instaurer une condition objective pour dissoudre la Chambre des députés, afin d'empêcher les dissolutions à la convenance personnelle du chef de l'État. Désormais, le régulateur du régime politique (article 30) « peut dissoudre la Chambre des députés si deux Gouvernements ont démissionné ou même ont été désapprouvés par elle, et que sa composition n'assure pas la stabilité gouvernementale »[1499].

610. Les constituants allemands de 1949 avaient de même souhaité rationaliser au maximum la procédure de dissolution en limitant son usage aux situations de crise politique. En vertu de l'article 68, alinéa 1er de la Loi fondamentale, « [s]i une motion de confiance proposée par le Chancelier fédéral n'obtient pas l'approbation de la majorité des membres du *Bundestag*, le Président fédéral peut, sur proposition du Chancelier fédéral, dissoudre le *Bundestag* » sauf si celui-ci « a élu un autre Chancelier fédéral à la majorité de ses membres ». Cela permet d'écarter toute possibilité de dissolution contre-majoritaire car s'il existe une majorité alternative cohérente en mesure d'élire un nouveau chancelier, la dissolution du *Bundestag* ne peut pas être prononcée. L'usage de la dissolution est – sauf détournement de

---

[1494] Art. 76, al. 5 (b) de la Constitution de Malte du 21 sept. 1964.
[1495] Art. 61, al. 2 de la Constitution de La Barbade du 30 nov. 1966.
[1496] Art. 66, al. 2 de la Constitution des Bahamas du 10 juil. 1973.
[1497] Art. 119 de la Constitution estonienne du 28 juin 1992.
[1498] Art. 225 de la Constitution du 2 avril 1997.
[1499] Art. 41, al. 1er de la Constitution du 9 juin 1975. L'ancienne version de cet article disposait que le président de la République pouvait « dissoudre la Chambre des députés s'il y a un désaccord manifeste entre elle et le sentiment populaire ou si sa composition n'assure pas la stabilité gouvernementale », ce qui, en l'absence de condition objective, lui laissait une marge d'initiative bien plus importante.

procédure[1500] – limité au règlement de crises internes au système institutionnel[1501].

611. On constate dans de nombreux régimes politiques parlementaires une volonté de consacrer un pouvoir de dissolution qui soit strictement régulateur. Cependant, la signification, les effets et même la possibilité de la dissolution demeurent tributaires d'un contexte politique dont elle n'est pas à l'origine mais duquel elle se trouve au contraire totalement dépendante. Autrement dit, la nature de l'acte de dissolution, formellement conditionnée par les dispositions constitutionnelles, dépend surtout des variables systémiques. Aussi convient-il d'examiner les circonstances politiques dans lesquelles la dissolution est appelée à remplir un rôle de régulation du système institutionnel.

b. Un instrument de régulation critique du système institutionnel parlementaire

612. « La fonction que la dissolution est amenée à remplir varie […] selon la nature des objectifs politiques [régulateurs ou non] qui déterminent son usage »[1502]. Schématiquement, on peut envisager deux catégories de dissolution régulatrice : dans la première, la dissolution vise à la résolution d'un conflit entre les pouvoirs (*1*) et dans la seconde, elle a pour perspective la formation d'une majorité parlementaire stabilisée (*2*). Une autre catégorie de dissolution, plus rare, a trait au règlement institutionnel d'un conflit extra-institutionnel. Il n'est pas exclu que dans certaines circonstances critiques, elle participe également à la régulation du système institutionnel (*3*).

1. Le règlement d'un conflit entre les pouvoirs

613. Cette fonction traditionnelle de la dissolution est issue de la pratique du parlementarisme classique où s'opposaient deux pouvoirs égaux mais de

---

[1500] La pratique allemande du droit de dissolution en 1972, 1983 et 2005, caractérisée par des rejets artificiels de la motion de confiance afin de formellement remplir la condition objective de l'article 68, alinéa 1er, laisse apparaître des situations qui sont « des cas d'école de la notion d'abus de droit institutionnel ». Si la dissolution de 1972 constitue un « abus discutable » (elle fut prononcée à des fins régulatrices légitimes, dans la mesure où la fragile majorité sociale-libérale de Willy Brandt s'était érodée et que le l'opposition conservatrice n'était pas non plus en mesure de proposer une majorité gouvernementale alternative), les dissolutions de 1983 et 2005 constituent des « abus manifestes » puisque dans les deux cas, le gouvernement disposait d'une solide majorité au *Bundestag* mais organisa volontairement le rejet artificiel d'une motion de confiance pour permettre une dissolution de convenance (v. L. ECK, *op. cit.*, pp. 213-225).

[1501] On retrouve cette volonté de rationalisation de la procédure de dissolution dans les constitutions de plusieurs pays d'Europe centrale et orientale. Sur le sujet, v. B. SCHAEFFER, *L'institution présidentielle dans les États d'Europe centrale et orientale*, thèse dactylographiée, Université de Nantes, 2010, pp. 354-355.

[1502] Ph. LAUVAUX, *La dissolution des assemblées parlementaires*, *op. cit.*, p. 402.

nature différente, le monarque et ses ministres d'un côté et le parlement, en particulier sa chambre élue, de l'autre. Dans cette optique, « le droit de dissolution apparaît logiquement comme un instrument privilégié de résolution des conflits »[1503]. Néanmoins, comme le relève Pierre Albertini, l'analyse classique fait abstraction des données empiriques telles les tendances partisanes, qui influent de façon déterminante sur les relations entre les pouvoirs :

> « [...] un conflit au sein du système constitutionnel se ramène, en définitive, à un heurt entre les composantes partisanes. Le réduire à un antagonisme entre des organes constitués, sans tenir compte des partis par lesquels ceux-ci s'expriment, [...] aboutit à isoler artificiellement le comportement des organes constitués alors que celui-ci est étroitement conditionné par l'état des partis et des groupes politiques »[1504].

Par conséquent, en dehors du contexte dualiste classique, on ne trouve que peu de situations de conflit entre pouvoirs constitués en tant que tels. Dans une première hypothèse, typique du régime parlementaire dualiste, le conflit oppose directement le chef de l'État au parlement, comme ce fut le cas en France en 1962. La dissolution qui s'en suivit correspond pleinement à la théorie classique de la résolution d'un conflit entre deux pouvoirs[1505]. Dans une seconde hypothèse, la dissolution fait suite à un conflit entre le gouvernement soutenu par la chambre basse et la chambre haute[1506], ce qui correspond aux doubles dissolutions de 1974 et 1975 en Australie[1507].

614. En régime parlementaire moniste, gouvernement et parlement « cessent d'être des centres autonomes d'autorité ; leur situation est fonction des relations qui les lient aux partis et, par conséquent, leurs rapports réciproques sont commandés par la structure et le nombre des forces partisanes »[1508]. Dès lors, même en cas de mise en jeu de la responsabilité gouvernementale, l'antagonisme traditionnel entre les pouvoirs exécutif et législatif s'estompe au profit d'une lutte partisane révélatrice d'une crise gouvernementale. Dans cette hypothèse, « [l]a fonction de la dissolution [...] est la résolution d'un désaccord entre les partis d'une coalition gouvernementale ou entre un parti gouvernemental minoritaire et ses alliés extérieurs » suffisamment grave pour rendre impossible tout « replâtrage » ou constitution d'un nouveau

---

[1503] *Ibid.*, p. 343.

[1504] P. ALBERTINI, *Le droit de dissolution et les systèmes constitutionnels français*, Paris, Puf, 1977, p. 229.

[1505] Sur le même plan, les deux dissolutions prononcées par François Mitterrand après son accession (1981) puis sa réélection (1988) à la présidence de la République visaient à prévenir le conflit avec l'Assemblée, où la droite demeurait majoritaire.

[1506] Sur cette hypothèse, on se rapportera en particulier à Ph. LAUVAUX, *La dissolution des assemblées parlementaires*, *op. cit.*, pp. 346-356.

[1507] V. *supra* § 589 et s.

[1508] G. BURDEAU, *Traité de science politique*, t. VI : *L'État libéral et les techniques politiques de la démocratie gouvernée*, 3e éd., Paris, LGDJ, 1987, p. 768.

gouvernement. Les élections déclenchées, « avec les réajustements qu'elles opèrent entre les partis qui ont vocation gouvernementale, sont destinées à constituer la base d'une nouvelle alliance ou simplement d'une alliance renouvelée »[1509]. La dissolution peut intervenir à la suite d'une rupture de la coalition gouvernementale, ce qui fut le cas des dissolutions italiennes de 1972[1510], 1983[1511], 1987[1512] et 2008[1513] ou encore portugaises de 1978[1514] et 1985[1515]. Une autre possibilité moins fréquente, rencontrée en Italie en 1976[1516] ou encore au Portugal en 1987[1517] et 2011[1518], est celle du retrait d'un soutien sans participation à un gouvernement minoritaire. Ceci étant, dans les deux cas, le chef de l'État-régulateur peut faire le choix de la stabilité parlementaire et privilégier la solution d'un gouvernement minoritaire alternatif au détriment de celle de la dissolution. C'est une telle décision qui fut à l'origine de la célèbre affaire « King-Byng » au Canada en 1926[1519].

[1509] Ph. LAUVAUX, *La dissolution des assemblées parlementaires*, *op. cit.*, p. 439.

[1510] Le 7 janvier 1972, le cabinet Colombo démissionne à la suite de la décision du Parti républicain de lui retirer son soutien sans participation. Devant l'impossibilité de former un nouveau gouvernement bénéficiant de la confiance des deux chambres, le président de la République Giovanni Leone dissout le parlement le 28 février.

[1511] Le retrait du Parti socialiste de la coalition gouvernementale le 22 avril 1983 provoque la démission du cabinet Fanfani. Le 5 mai, le président de la République Sandro Pertini prononce la dissolution des deux chambres du parlement.

[1512] Le 3 mars 1987, le socialiste Bettino Craxi démissionne de la présidence du Conseil après une rupture de l'alliance avec la Démocratie chrétienne. Le refus de la Chambre, le 28 avril, d'accorder sa confiance à un cabinet minoritaire exclusivement composé de démocrates-chrétiens conduit le président de la République Francesco Cossiga à dissoudre le parlement.

[1513] Le 16 janvier 2008, la démission du ministre de la Justice Clemente Mastella entraîne le retrait de son parti, l'Union des démocrates pour l'Europe, de la coalition gouvernementale, qui perd ainsi sa faible majorité au Sénat. Le 24 janvier, le gouvernement Prodi obtient la confiance de la Chambre par 326 voix contre 275 mais la perd au Sénat par 161 voix contre 156, ce qui le contraint à la démission. Le 6 février, le président de la République Giorgio Napolitano dissout le parlement.

[1514] Le 23 juillet 1978, les ministres du Centre démocratique et social (CDS) démissionnent du gouvernement de coalition Parti socialiste-CDS dirigé par le socialiste Mário Soares. Le président Eanes le révoque le 25 juillet et met en place un cabinet présidentiel sans tenir compte de la composition du parlement. Il dissout finalement l'Assemblée le 13 juillet 1979.

[1515] En juin 1985, le « bloc central » réunissant socialistes et sociaux-démocrates se rompt avec le retrait des ministres sociaux-démocrates du gouvernement Soares. Le président Eanes prononce la dissolution le 12 juillet.

[1516] Le 30 avril 1976, le gouvernement Moro V, cabinet minoritaire exclusivement composé de démocrates-chrétiens, démissionne après l'annonce par les communistes et les socialistes de leur intention de refuser la confiance. Le lendemain, le président Leone prononce la dissolution des chambres.

[1517] Le 3 avril 1987, le gouvernement minoritaire de centre-droit dirigé par Aníbal Cavaco Silva est renversé par le parlement à la suite du retrait du soutien sans participation du Parti rénovateur démocratique, ce qui provoque la dissolution de l'Assemblée par le président de la République Mário Soares.

[1518] Le 23 mars 2011, le rejet par les députés d'une série de mesures de rigueur conduit à la démission du gouvernement minoritaire socialiste dirigé par José Sócrates et à la dissolution de l'Assemblée par le chef de l'État Aníbal Cavaco Silva le 31 mars.

[1519] À l'occasion des élections générales du 29 octobre 1925, le Parti conservateur remporte une majorité simple de 116 sièges sur 245 tandis que les libéraux du premier ministre sortant Mackenzie King n'obtiennent que 101 sièges. Pouvant compter sur le soutien sans participation du Parti progressiste (22 députés), King se maintient à la tête d'un gouvernement minoritaire libéral. Mais quelques mois plus tard, un scandale de corruption au ministère des Douanes conduit les progressistes à prendre leurs distances avec

615. En dehors de ces hypothèses de dissolutions intervenant afin de résoudre un conflit entre les pouvoirs constitués ou partisans, la dissolution acquiert un caractère régulateur en ce qu'elle a pour objet de stabiliser le système institutionnel en dégageant une majorité parlementaire.

2. La recherche d'une majorité parlementaire stabilisée

616. Le recours régulateur au droit de dissolution peut être provoqué par l'impossibilité de former un ministère à la suite des élections législatives. Dans un tel cas de figure, hors les procédures de dissolution automatique[1520], l'alternative offerte au régulateur est la désignation d'un gouvernement minoritaire[1521].

617. Un autre élément déclencheur de ce type de dissolution régulatrice est l'érosion progressive de la majorité parlementaire au cours de la législature, ce qui complique l'action gouvernementale et menace la stabilité du système institutionnel. Le délitement de la majorité peut aussi bien provenir de la défection de certains de ses parlementaires[1522] que d'une série de défaites du parti gouvernemental à des élections partielles[1523].

---

le gouvernement. Le 26 puis le 28 juin 1926, King demande au gouverneur général Julian Byng la dissolution de la Chambre des communes. Usant de ses pouvoirs de réserve, Lord Byng refuse par deux fois au motif que la Chambre devrait d'abord avoir la possibilité de soutenir un gouvernement alternatif. King démissionne le 28 juin et le gouverneur général nomme premier ministre Arthur Meighen, le leader du Parti conservateur. À la tête d'un gouvernement conservateur minoritaire, il échoue à obtenir la confiance du parlement et demande la dissolution le 2 juillet 1926, qui est cette fois accordée par Byng. Sur l'affaire « King-Byng », v. not. J. R. MALLORY, *op. cit.*, p. 50 et s. ; A. TWOMEY, *op. cit.*, p. 388 et s. ; Th. GUILLUY, *Du « self-government » des Dominions à la dévolution. Recherches sur l'apparition et l'évolution de la Constitution britannique*, *op. cit.*, pp. 200-203.

[1520] L'article 99, alinéa 5 de la Constitution espagnole de 1978 fait de la dissolution une compétence liée du roi en pareille situation : « [s]i, un délai de deux mois étant écoulé depuis le premier vote d'investiture, aucun candidat n'a obtenu la confiance du Congrès, le roi dissoudra les deux chambres et convoquera de nouvelles élections avec le contreseing du président du Congrès ». On trouve notamment des dispositions constitutionnelles semblables en Bulgarie (art. 99, al 5), en Pologne (art. 155, al. 2) et en Slovénie (art. 111, al. 4 et 5).

[1521] En Allemagne, l'alternative entre la dissolution du *Bundestag* et la désignation d'un chancelier minoritaire est institutionnalisée (v. *supra* § 570 et § 608).

[1522] À l'issue des élections fédérales allemandes de 1969, la coalition sociale-libérale (cabinet Brandt I) ne dispose que d'une majorité absolue de 12 sièges, rapidement remise en cause par la défection de plusieurs députés hostiles à l'*Ostpolitik*. Le 23 septembre 1972, le président fédéral Gustav Heinemann dissout le *Bundestag* sur proposition du chancelier Brandt, qui avait délibérément perdu un vote de confiance la veille.

[1523] Aux élections générales britanniques de 1974, les travaillistes emportent une majorité absolue de seulement trois sièges, qui disparaît en un an. En 1979, les petites formations qui assuraient la survie du gouvernement se joignent à l'opposition conservatrice lors du vote d'une motion de censure, adoptée d'une seule voix. « [L]a dissolution qui s'ensuivit n'avait évidemment plus aucun caractère tactique » (Ph. LAUVAUX, *La dissolution des assemblées parlementaires*, *op. cit.*, p. 433). Elle remplit son rôle de dégager une majorité gouvernementale stabilisée puisque le Parti conservateur remporte la majorité absolue des sièges à la Chambre.

618. Enfin, dans quelques rares hypothèses, la dissolution participe à la fonction de régulation du système institutionnel bien qu'elle ait des causes et vise à produire des effets extra-systémiques.

3. Le règlement institutionnel d'une crise extra-systémique

619. Dans un nombre très réduit de « circonstances où la maîtrise des événements vient à échapper au système institutionnel, le droit de dissolution intervient pour replacer sur le terrain électoral, c'est-à-dire dans le cadre du système institutionnel lui-même, un conflit qui s'est développé en dehors de celui-ci »[1524]. Dès lors que ce conflit extra-systémique menace directement le bon fonctionnement voire l'existence même du système, le caractère régulateur de ce type de dissolution ne peut être nié.

620. Ainsi, la dissolution de 1968 en France était « dotée d'une fonction spécifique de résolution d'un conflit qui s'était développé en dehors du cadre parlementaire. Elle est en cela fondamentalement différente de la dissolution de 1962 »[1525]. Elle consistait en effet en une « dissolution *exutoire* permettant de ramener dans l'espace institutionnel un conflit qui s'était développé dans la rue et que l'on ne parvenait pas à maîtriser sur ce terrain »[1526] mais son enjeu – la stabilisation immédiate du système institutionnel vis-à-vis de son environnement social et, partant, la survie même du régime – lui confère indubitablement une nature régulatrice[1527].

621. Quoi qu'il en soit, en dehors de cette dernière hypothèse très spécifique de dissolution, les prérogatives traditionnelles du régulateur politique ont pour objet soit de faciliter le fonctionnement interne du système institutionnel, soit de surmonter une crise ou un dysfonctionnement intra-systémique. Cependant, lorsque l'élément déstabilisant est d'origine extra-systémique et vient menacer par son importance l'existence même du régime, la régulation politique change de dimension.

C. L'EXERCICE EXTRAORDINAIRE DE LA RÉGULATION POLITIQUE

622. En cas de péril extrême, l'objet essentiel de la régulation politique est de sauvegarder l'État et, partant, l'existence même du système institutionnel. Dans cette hypothèse, il ne s'agit plus seulement de surmonter un

---

1524 *Ibid.*, p. 414.
1525 *Ibid.*, p. 463.
1526 Fr. HAMON, M. TROPER, *Droit constitutionnel*, *op. cit.*, p. 659. Ils soulignent.
1527 En ce sens, v. J. GICQUEL, J.-É. GICQUEL, *Droit constitutionnel et institutions politiques*, *op. cit.*, p. 608.

dysfonctionnement systémique mais bien de « mettre fin à une crise politico-existentielle du régime »[1528]. Certaines constitutions prévoient à l'avance un dispositif spécial dans ce but, dont l'exemple le plus éloquent est sans doute celui de l'article 16 de la Constitution française de 1958[1529], qui servit de modèle à nombre de dispositions du même type à travers le monde[1530].

623. La mise en œuvre de ces pouvoirs d'exception implique une double condition. D'une part, il faut une menace « grave et immédiate » sur le système institutionnel – « les institutions de la République » – ou sur son environnement immédiat – la nation, son territoire, ses engagements internationaux. D'autre part, le fonctionnement normal du système institutionnel et l'exercice traditionnel de la régulation en son sein ne sont plus possibles car « le fonctionnement régulier des pouvoirs publics constitutionnels est interrompu ». De plus, l'exercice des pouvoirs d'exception doit poursuivre la finalité régulatrice « d'assurer aux pouvoirs publics constitutionnels, dans les moindres délais, les moyens d'accomplir leur mission », c'est-à-dire de rétablir au plus vite le fonctionnement régulier du système institutionnel afin que celui-ci puisse faire face aux menaces extra-systémiques.

624. On est donc en présence d'une forme extrême et tout à fait spécifique de régulation politique, dans la mesure où elle a pour principal objet de remettre en marche un système à l'arrêt. Dans ce cas prévu à l'article 16, la fonction de régulation du régulateur politique « peut éventuellement devenir une fonction de suppléance. En cas de circonstances exceptionnelles, le président peut utiliser cet article et se substituer aux autres pouvoirs »[1531]. Il s'agit en fait d'une application particulière du principe de redondance[1532] dans le but d'être en capacité de remédier à une grave défaillance du système institutionnel. Pour sauvegarder ce dernier, la régulation peut alors être amenée à sortir du champ institutionnel afin de faire directement face à des menaces d'ordre extra-systémique (graves troubles sociaux, tentative de coup

---

[1528] J. HUMMEL, « Les figures weimariennes d'un "monarque élu". Sur la désignation populaire du Président du Reich (1919-1933) », art. préc., p. 81.

[1529] « Lorsque les institutions de la République, l'indépendance de la nation, l'intégrité de son territoire ou l'exécution de ses engagements internationaux sont menacées d'une manière grave et immédiate et que le fonctionnement régulier des pouvoirs publics constitutionnels est interrompu, le Président de la République prend les mesures exigées par ces circonstances, après consultation officielle du Premier ministre, des présidents des assemblées ainsi que du Conseil constitutionnel. [...] Ces mesures doivent être inspirées par la volonté d'assurer aux pouvoirs publics constitutionnels, dans les moindres délais, les moyens d'accomplir leur mission [...] ».

[1530] S. KARAGIANNIS (« L'article 16 des autres. Pénétration d'une originalité française dans certains Constitutions étrangères », *RDP*, 2016, pp. 959-960) relève pas moins de dix-neuf constitutions, en particulier en Afrique francophone, dont « la parenté [...] est irréfutable en ce qui concerne le legs de l'article 16 ».

[1531] G. CONAC, « Article 5 », préc., p. 250.

[1532] V. *supra* § 462.

d'État, guerre civile, invasion étrangère…). L'idée est de permettre l'exercice d'une régulation constitutionnelle même en cas de déstabilisation majeure du système institutionnel et d'éviter ainsi le recours à une forme de régulation extra-constitutionnelle[1533].

625. En conséquence, on retiendra qu'en période normale, il revient au régulateur politique de surveiller et de faciliter le fonctionnement du système institutionnel en cherchant à prévenir toute perturbation en son sein. En cas de crise institutionnelle, il lui revient d'intervenir pour tenter de surmonter le blocage. Enfin, dans des circonstances exceptionnelles tels de graves troubles extra-systémiques, il peut se substituer aux autres organes étatiques afin de compenser leur défaillance et écarter la menace. Pour remplir cette fonction de régulation sous ses différents aspects, le régulateur politique dispose des prérogatives régulatrices que la constitution lui attribue à cet effet. Leur usage est au moins en partie discrétionnaire car il comporte nécessairement une marge d'initiative en vue d'assurer la bonne marche du système institutionnel. Dans cette optique, l'exercice inévitable d'une régulation politique au sein du système peut se trouver complété voire concurrencé par celui d'une régulation de nature juridictionnelle. Elle appartient généralement aux cours constitutionnelles, qui disposent pour ce faire d'attributions constitutionnelles spécifiques.

§ II. Les moyens d'exercice de la régulation juridictionnelle

626. « Pour ce qui est de la régulation du fonctionnement des institutions, le juge constitutionnel use de son pouvoir et de diverses techniques pour créer une atmosphère propice à un fonctionnement équilibré des pouvoirs »[1534]. La régulation juridictionnelle se traduit par l'exercice d'un réel pouvoir de décision puisqu'il est « manifeste que le juge constitutionnel ne se contente presque jamais d'appliquer des règles juridiques préétablies […] et objectivement connaissables, mais qu'il se livre presque toujours à une sorte d'arbitrage, de mise en balance de plusieurs solutions également possibles »[1535]. Cela laisse penser à Armel Le Divellec que « le terme de

---

[1533] V. *supra* § 479 et s.

[1534] J.-L. ATANGANA AMOUGOU, « La Cour constitutionnelle béninoise : un modèle de justice constitutionnelle en Afrique ? », *in La Constitution béninoise du 11 décembre 1990 : un modèle pour l'Afrique ? Mélanges en l'honneur de Maurice Ahanhanzo-Glélé*, Paris, L'Harmattan, « Études Africaines », 2014, p. 651.

[1535] A. LE DIVELLEC, « Le juge constitutionnel et les relations entre les parlements et le pouvoir exécutif. Les limites de la régulation juridictionnelle d'un système de gouvernement », *in* S. MOUTON (dir.), *Le régime représentatif à l'épreuve de la justice constitutionnelle*, Issy-les-Moulineaux, LGDJ-Lextenso, « Grands Colloques », 2016, p. 183.

régulation convient beaucoup mieux au travail que réalise le juge constitutionnel ; il ne peut guère raisonnablement être qualifié d'application »[1536].

627. La régulation juridictionnelle est assurée selon plusieurs modalités. « *A priori*, la fonction de régulation devrait viser les conflits entre organes constitutionnels ou des crises internes aux pouvoirs publics, dans l'exercice de leurs activités constitutionnelles »[1537]. C'est particulièrement le cas des procédures de résolution juridictionnelle des conflits intra-systémiques. Dans ce cadre est attribuée au juge une sorte de pouvoir d'arbitrage distinct du classique contrôle de la régularité des normes (A). Ceci étant, la mission de contrôle des cours constitutionnelles correspond aussi, pour partie, à la fonction de régulation, notamment en ce qu'elle leur permet de surveiller voire de prendre part à la détermination des « règles du jeu politique », qui structurent le fonctionnement concret du système institutionnel (B).

A. L'ARBITRAGE JURIDICTIONNEL DES CONFLITS INSTITUTIONNELS

628. Au sein du système, le régulateur juridictionnel est un « arbitre tiers »[1538]. Il est en effet amené à assurer la résolution pacifique des conflits institutionnels, constitutifs de la dynamique du système, en vue d'assurer le fonctionnement régulier de celui-ci[1539]. La réponse qu'apporte le juge constitutionnel doit pouvoir mettre un terme au litige. Pour cela, un régime strict de sanction est parfois mis en place. Par exemple, l'article 53, alinéa 3 de la Constitution du Niger dispose qu'est « passible des mêmes conséquences que l'empêchement absolu, le refus du Président de la République d'obtempérer à un arrêt de la Cour constitutionnelle constatant une violation par celui-ci des dispositions de la présente Constitution »[1540]. L'arbitrage du régulateur juridictionnel vise classiquement les litiges entre organes du système (1°) mais également les conflits internes à l'un d'entre eux (2°).

[1536] *Ibid.*, pp. 183-184.

[1537] N. MÉDÉ, « La fonction de régulation des juridictions constitutionnelles en Afrique francophone », art. préc., p. 52.

[1538] F. HOURQUEBIE, *Sur l'émergence du contre-pouvoir juridictionnel sous la Ve République*, *op. cit.*, p. 345.

[1539] Dans une approche consensualiste du système institutionnel, « tout dysfonctionnement ne peut être que provisoire et doit être surmonté pour assurer l'équilibre et l'harmonie d'un ensemble [...] dont ce doit être les constantes. Le conflit est ici une pathologie, un événement exceptionnel, un accident qu'il faut traiter afin de revenir le plus rapidement possible à ce qui doit être l'état *normal* du fonctionnement [du système], celui assuré par tous les éléments qui [...] assurent le maintien ou le rétablissement de l'*équilibre* » (J. COMMAILLE, Br. JOBERT, « La régulation politique : l'émergence d'un nouveau régime de connaissance ? », art. préc., p. 20. Ils soulignent).

[1540] Art. 53, al. 3 de la Constitution du Niger du 25 nov. 2010.

1°) L'arbitrage des conflits inter-organiques

629. Dès lors qu'ils « naissent entre sujets titulaires de fonctions constitutionnelles et portent sur l'interprétation ou l'application de la Constitution »[1541], les conflits entre entités du système institutionnel peuvent être considérés comme des conflits constitutionnels, dont le critère réside dans « la lésion d'un rapport constitutionnel institutionnel »[1542]. Plus précisément, « [l]'acte ou fait juridique à l'origine du conflit doit avoir pour effet de léser les attributions constitutionnelles d'un organe constitutionnel autre que son auteur »[1543]. Mais à la différence d'une simple controverse constitutionnelle, « l'atteinte portée à un rapport constitutionnel institutionnel semble grevée d'une dimension et d'enjeux politiques dont la gravité » crée une situation de tension telle que le fonctionnement sans à-coups du système s'en trouve menacé[1544]. Plus radicalement, Denis Baranger estime « qu'il n'y a de conflit constitutionnel que lorsque la crise politique 1/prend une formulation constitutionnelle (porte sur une question d'interprétation de la constitution) et 2/conduit à la mise en péril de la constitution elle-même »[1545]. Si l'on adopte ce raisonnement, il apparaît que l'institution par le constituant d'une procédure de résolution juridictionnelle des litiges inter-organiques traduit la volonté d'éviter que tout désaccord quant à l'interprétation de la constitution puisse devenir un conflit constitutionnel au sens où la constitution elle-même serait en danger.

630. En Allemagne, l'article 93, alinéa 1er de la Loi fondamentale dispose que « [l]a Cour constitutionnelle fédérale statue : 1. sur l'interprétation de la présente Loi fondamentale, à l'occasion de litiges sur l'étendue des droits et obligations d'un organe fédéral suprême ou d'autres parties investies de droits propres, soit par la présente Loi fondamentale, soit par le règlement intérieur d'un organe fédéral suprême ». Alors que ce type de dispositif existe – souvent de façon plus restrictive – au sein de quelques autres systèmes institutionnels européens[1546], il apparaît particulièrement abouti outre-Rhin où les

[1541] É. CARPENTIER, « L'organe, l'acte et le conflit constitutionnels », *AIJC*, 2004, n° 20, p. 84. Elle souligne.

[1542] É. CARPENTIER, *La résolution juridictionnelle des conflits entre organes constitutionnels*, Clermont-Ferrand, Fondation Varenne et LGDJ, « Collection des thèses », vol. 5, 2006, p. 251.

[1543] *Ibid.*, p. 188.

[1544] J. HUMMEL, « Les conflits constitutionnels. Définition(s) d'un objet d'étude », *in id.*, (dir.), *Les conflits constitutionnels. Le droit constitutionnel à l'épreuve de l'histoire et du politique*, Rennes, PUR, « L'Univers des Normes », 2010, p. 26.

[1545] D. BARANGER, « Quand et pourquoi peut-on raisonner en terme de conflit constitutionnel ? », art. préc., p. 169.

[1546] Tel est le cas en Italie (art. 134 de la Constitution du 22 déc. 1947), en Espagne (art. 59, al. 1er, c) de la Loi organique n° 2/1979 portant sur le Tribunal constitutionnel, du 3 oct. 1979), en Bulgarie (art. 149, al. 1er de la Constitution du 13 juil. 1991), en Slovénie (art. 160 de la Constitution du 23 déc. 1991), en Slovaquie (art. 126, al. 1er de la Constitution du 3 sept. 1992), en Pologne (art. 189 de la Constitution du 2 avril 1997) et en Roumanie depuis la révision de 2003 (art. 146 e) de la Constitution du 8 déc. 1991).

constituants de 1949 étaient déterminés à « s'assurer que le jeu dynamique des institutions respecte *de façon effective* le cadre constitutionnel »[1547].

631. Contrairement aux formules adoptées dans certains Länder[1548], la solution retenue au niveau fédéral ne vise pas directement les conflits de nature politique mais uniquement les litiges sur l'interprétation de la Loi fondamentale, c'est-à-dire « ce qui peut être tranché par la voie juridictionnelle »[1549]. Ce point fut également mis en exergue dès 1950 par Ernst Friesenhahn, futur membre de la Cour constitutionnelle (1951-1963) :

> « [...] l'article 93-I-1 LF n'a délibérément pas appelé la Cour à décider des *litiges constitutionnels entre les organes fédéraux*, mais seulement « sur l'*interprétation* de la présente Loi fondamentale *à l'occasion de litiges* [...] ». Cela signifie qu'un *litige* concret entre certaines parties litigantes est certes la condition pour l'intervention de la Cour [...], mais appelle uniquement la Cour à se prononcer sur une question préalable, en l'occurrence une décision abstraite relative à une norme exactement délimitée quant à son possible contenu »[1550].

En conséquence, ajoutait Friesenhahn, « le règlement du litige en lui-même est laissé à l'arrangement politique et non attribué au tribunal »[1551], ce qui revient à dire que la décision juridictionnelle n'a pas pour objet direct de trancher directement le conflit mais plutôt de permettre un processus d'autorégulation des pouvoirs.

632. Cependant, dans son mémoire sur le statut (*Status-Denkschrift*) du 27 juin 1952, la jeune Cour fédérale affirma qu'elle « se distingue fondamentalement de toutes les autres juridictions [...] en ce qu'elle seule connaît un type particulier de litiges juridiques, à savoir les litiges juridiques politiques [*politische Rechtsstreitigkeiten*] ». Ceux-ci doivent être compris comme les différends dans lesquels « le Politique lui-même est l'objet d'une appréciation juridictionnelle sur la base des normes existantes »[1552]. Cela montre bien que la distinction qu'avait voulue opérer le constituant entre litiges politiques et litiges juridiques est somme toute très relative. Comme

---

[1547] A. LE DIVELLEC, « Des conflits constitutionnels dans un "État constitutionnel" : le mécanisme des "litiges entre organes" devant la Cour constitutionnelle fédérale d'Allemagne », art. préc., p. 100. Il souligne.

[1548] Huit Länder avaient déjà adopté une constitution avant 1949 et toutes (sauf celle d'Hambourg avant 1952) instauraient en des termes larges une procédure d'arbitrage des conflits entre organes par une cour constitutionnelle, visant soit des « litiges constitutionnels » sans plus de précision, soit des « questions douteuses » ou des « différends » quant à « l'interprétation de la Constitution » (v. *ibid.*, pp. 109-110).

[1549] Séance de la commission relative à la justice (*Rechtspflegeausschuss*) du 10 nov. 1948, cité *in ibid.*, pp. 110-111.

[1550] E. FRIESENHAHN, « Über Begriff und Arten der Rechtsprechung unter besonderer Berücksichtigung der Staatsgerichtsbarkeit nach dem Grundgesetz und den westdeutschen Landesverfassungen », *in Festschrift für Richard Thoma*, Tübingen, J.C.B. Mohr (Paul Siebeck), 1950, pp. 55-56. Il souligne. Nous traduisons.

[1551] *Ibid.*, p. 57. Nous traduisons.

[1552] *Status-Denkschrift* (27 juin 1952), reproduit *in Jahrbuch des öffentlichen Rechts der Gegenwart*, vol. 6, 1957, p. 170. Nous traduisons.

l'écrit Constance Grewe, « la Cour constitutionnelle fédérale instituée par [la Loi fondamentale] peut dès lors recueillir cet héritage de confiance dans le juge, capable de traduire et de résoudre en termes juridiques des conflits politiques et investi du rôle de gardien de la Constitution »[1553] et de la bonne marche du système institutionnel qu'elle instaure.

633. En Afrique, plusieurs constitutions attribuent à la cour constitutionnelle le pouvoir de statuer sur les conflits de compétence ou d'attribution entre les organes de l'État[1554]. Ainsi chargé de maintenir chaque pouvoir public dans les limites fixées par le constituant, le juge constitutionnel africain se pose en arbitre juridictionnel garant des équilibres institutionnels et se trouve placé « au centre de gravité des régimes politiques »[1555]. Son rôle consiste à fixer une interprétation des dispositions constitutionnelles litigieuses dans un sens qui favorise un fonctionnement sans à-coups du système institutionnel. Or, ce dernier marche « comme un animal à quatre pattes qui, si elles ne se déplacent toutes dans la même direction vont le ralentir, le déséquilibrer si elles ne l'empêchent tout simplement d'avancer »[1556]. C'est pourquoi les constituants africains, en confiant aux juridictions constitutionnelles le soin de connaître des conflits d'attribution ou de compétence entre les organes étatiques, ont voulu assurer au système institutionnel une certaine cohérence et une certaine stabilité dans son fonctionnement.

634. La crise institutionnelle malgache de 1996. La montée en puissance de la régulation juridictionnelle en Afrique fut notamment illustrée par le déroulement de la crise politique de 1996 à Madagascar, qui se conclut par la destitution du président de la République. Bien qu'instituant un régime

---

1553 C. GREWE, « Le contrôle de constitutionnalité des lois en Allemagne. Quelques comparaisons avec le système français », *Pouvoirs*, 2011/2 n° 137, p. 146.

1554 Tel est notamment le cas au Bénin (art. 117 de la Constitution du 11 déc. 1990), au Cameroun (art. 47, al. 1er de la Constitution du 2 juin 1972), aux Comores (art. 36, al. 2 de la Constitution du 23 déc. 2001), en République démocratique du Congo (art. 161, al. 3 de la Constitution du 18 févr. 2006), en Centrafrique (art. 76 de la Charte constitutionnelle de transition du 18 juil. 2013), au Gabon (art. 84, al. 1er de la Constitution du 26 mars 1991), en Guinée (art. 94 de la Constitution du 7 mai 2010), à Madagascar (art. 116 de la Constitution du 11 déc. 2010), au Mali (art. 86 de la Constitution du 25 févr. 1992), au Niger (art. 126, al. 1er de la Constitution du 25 nov. 2010), au Rwanda (art. 145, al. 1er de la Constitution du 4 juin 2003), au Sénégal (art. 92, al. 1er de la Constitution du 22 janv. 2001) ou encore au Tchad (art. 161, al. 6 de la Constitution du 14 avril 1996). En Guinée-Équatoriale, il est seulement fait référence à « des conflits entre les organes constitutionnels », sans que la nature de ces conflits ne soit précisée (art. 94, al. 2, f. de la Constitution du 17 janv. 1995). *A contrario*, l'article 167, al. 4 (a) de la Constitution de la République d'Afrique du Sud du 4 févr. 1997 dispose que la Cour constitutionnelle « règle les différends entre les organes étatiques […] qui concernent leur statut constitutionnel, leurs pouvoirs ou leurs fonctions » (nous traduisons).

1555 A. I. SALAMI, *La protection de l'État de droit par les cours constitutionnelles africaines. Analyse comparative des cas béninois, ivoirien, sénégalais et togolais*, thèse dactylographiée, Université François Rabelais de Tours, 2005, p. 170.

1556 É. HOUNTONDJI, *L'essor de la justice constitutionnelle au Bénin, au Mali et au Sénégal*, thèse dactylographiée, Université de Cergy-Pontoise, 2007, p. 194.

d'essence parlementaire[1557], la Constitution malgache du 18 septembre 1992 prévoyait en son article 50 une procédure d'empêchement définitif du chef de l'État :

> « [l]'empêchement définitif du président de la République peut être déclaré par la Cour constitutionnelle saisie par une résolution adoptée à la majorité des deux tiers au moins des députés composant l'Assemblée nationale, pour violation de la Constitution ou pour toute autre cause dûment constatée et prouvée entraînant son incapacité permanente d'exercer ses fonctions ».

Usant de cette ressource constitutionnelle, l'Assemblée nationale, en conflit ouvert avec le président de la République Albert Zafy, adopta le 26 juillet 1996 une résolution d'empêchement définitif du chef de l'État, à la majorité des deux tiers. Les députés avançaient huit motifs fondés sur différentes « violations de la Constitution » qu'aurait commises le président de la République.

635. Saisie par le président de l'Assemblée nationale aux fins de déclarer l'empêchement définitif du chef de l'État, la Haute Cour constitutionnelle procéda, dans sa décision du 4 septembre 1996[1558], à un contrôle juridictionnel complet, alors que la rédaction de l'article 50 pouvait laisser penser à une simple « déclaration [...] recognitive »[1559] de sa part. Écartant toute compétence liée, le juge constitutionnel malgache ne se contenta pas de constater la réalité du vote d'empêchement voire de vérifier le respect de la procédure prévue par la Constitution mais se livra à une appréciation de la validité juridique des motifs avancés. En l'occurrence, la haute juridiction entreprit de contrôler la matérialité des faits et leur qualification juridique afin de s'assurer de l'existence d'au moins une « violation de la Constitution » pouvant justifier la destitution du président de la République[1560]. Elle venait ainsi souligner la nature constitutionnelle – et non purement politique – de la responsabilité présidentielle.

[1557] Le régime institué par la Constitution de 1992 se caractérise à la fois par la responsabilité politique du gouvernement devant l'Assemblée nationale (art. 94) et par l'élection directe du président de la République (art. 45). À ce sujet, v. Ch. CADOUX, « Semi-presidentialism in Madagascar », *in* R. ELGIE, S. MOESTRUP (dir.), *Semi-presidentialism outside Europe: a comparative study*, Londres, Routledge, « Routledge research in comparative politics », 2007, pp. 92-104 ; Fr. JULIEN-LAFERRIÈRE, « Les institutions de la IIIe République malgache », *RDP*, 1994, pp. 635-673.

[1558] Déc. n° 17-HCC/D3 du 4 sept. 1996 relative à l'empêchement définitif du président de la République, *JO de la République de Madagascar* du 5 sept. 1996.

[1559] A. R. RAJAONA, « Un événement constitutionnel inédit à Madagascar : la destitution du chef de l'État d'un régime parlementaire par l'évocation de sa responsabilité politique », *RFDC*, 1998/2 n° 34, p. 367.

[1560] « [I]l revient [...] à la Haute Cour constitutionnelle, en matière de procédure d'empêchement, de contrôler si les griefs invoqués reposent sur des faits existants et si ces griefs sont de nature à constituer une violation des devoirs et obligations qui incombent au Président de la République selon la Constitution » (déc. n° 17-HCC/D3 du 4 sept. 1996, préc.).

636. En fin de compte, la Haute Cour constitutionnelle « joua le jeu des parlementaires »[1561] et constata qu'il y avait eu violation de la Constitution en ce que le chef de l'État n'avait pas promulgué certaines lois dans les conditions de l'article 57. Elle estima également que le rattachement par décret de l'Inspection générale de l'État à la présidence de la République violait l'article 63 (répartition des compétences au sein de l'Exécutif) car il constituait une intrusion du président de la République dans un domaine relevant des compétences du premier ministre. Par conséquent, la Haute Cour prononça l'empêchement définitif du chef de l'État en application de l'article 50.

637. Il restait néanmoins à désigner l'autorité chargée d'exercer provisoirement les fonctions du président de la République. L'article 52, alinéa 1er de la Constitution de 1992 disposait qu'« [e]n cas de vacance, d'empêchement définitif, ou d'empêchement temporaire, les fonctions du président de la République sont provisoirement exercées par le président du Sénat ». Or, le Sénat n'avait pas encore été mis en place en 1996. Les dispositions constitutionnelles transitoires prévoyaient cependant que « [l]'Assemblée nationale exerce la plénitude du pouvoir législatif jusqu'à la mise en place du Sénat »[1562]. La conséquence logique d'une telle subrogation aurait pu être la désignation du président de l'Assemblée nationale mais la haute juridiction procéda à une autre interprétation de la Constitution.

638. Selon la Cour, le choix du président du Sénat pour assurer l'intérim de la présidence de la République s'explique par la « neutralité » de la chambre haute par rapport à la procédure de mise en cause de la responsabilité constitutionnelle du chef de l'État, qui est une prérogative exclusive de l'Assemblée nationale. Cette compétence de la chambre basse en matière d'empêchement disqualifie son président, partie prenante au conflit[1563], pour exercer l'intérim de la présidence de la République. Celui-ci doit être confié à une institution qui n'a pas directement été impliquée dans le conflit entre le chef de l'État et les députés. Pour la haute juridiction, « il échet de faire application des principes constitutionnels de la continuité de l'État et de la séparation des pouvoirs ». Conséquemment, elle chargea le gouvernement d'organiser l'élection du nouveau président de la République et confia au premier ministre, en tant que chef du gouvernement, « les attributions normalement dévolues par la Constitution au président de la République à

[1561] N. MÉDÉ, « La fonction de régulation des juridictions constitutionnelles en Afrique francophone », art. préc., p. 54.

[1562] Art. 145, al. 4 de la Constitution de la République de Madagascar du 18 sept. 1992.

[1563] Le président de l'Assemblée nationale Richard Andriamanjato, qui comptait se porter candidat à l'élection présidentielle (ce qu'il fit), était à l'initiative de la procédure de destitution du chef de l'État Albert Zafy.

l'exclusion toutefois [...] de la dissolution de l'Assemblée Nationale »[1564]. Par cette contribution déterminante au règlement de la crise politique, le juge malgache démontrait sa volonté d'être non pas un spectateur, mais un régulateur des rapports entre les pouvoirs.

639. De fait, si la survenance de conflits inter-organiques est une manifestation normale de la dynamique systémique globale, la résolution pacifique de ces conflits se montre indispensable pour garantir l'équilibre constitutionnel des pouvoirs. En cela, l'attribution d'une prérogative d'arbitrage des conflits entre organes au juge constitutionnel constitue pleinement un dispositif de régulation du système institutionnel. Il n'en va pas différemment pour les conflits internes à un organe, dès lors que ceux-ci mettent en cause le fonctionnement régulier des institutions.

2°) L'arbitrage des conflits intra-organiques

640. La transformation des démocraties contemporaines en « État de partis » (*Parteienstaat*), qui constitue la réalité du constitutionnalisme contemporain, relativise la théorie classique de la séparation des pouvoirs. Celle-ci s'exprime désormais essentiellement à travers le dialogue partisan entre majorité et opposition[1565]. Par conséquent, l'idée de conflit au sein du système institutionnel ne peut plus être entendue dans un rapport inter-organique exclusif. Le domaine d'intervention du régulateur doit être élargi aux conflits qui naissent entre des composantes partisanes d'un organe du système (généralement le parlement) et menacent de paralysie cet organe.

641. En Allemagne, outre les « organes fédéraux suprêmes » que sont le président fédéral, le *Bundestag*, le *Bundesrat* et le gouvernement fédéral, la Cour constitutionnelle a admis qu'elle pouvait être saisie par des députés à titre individuel, dès lors qu'ils se prévalent d'un droit qui leur est constitutionnellement garanti, et par des partis politiques pour les mêmes motifs. Surtout, peuvent également former un recours constitutionnellement valable lors d'un litige entre organes « d'autres parties »[1566], qui sont définies dans la Loi relative à la Cour constitutionnelle fédérale comme « les *parties de ces organes* investies de droits propres, soit par la Loi fondamentale, soit par les règlements intérieurs du *Bundestag* ou du *Bundesrat* »[1567]. L'idée sous-jacente, écrit Armel Le Divellec, est « de prendre acte qu'un organe constitutionnel collectif [...] possède logiquement une structuration

---

[1564] Déc. n° 17-HCC/D3 du 4 sept. 1996, préc.

[1565] V. J.-P. FELDMAN, « La séparation des pouvoirs et le constitutionnalisme. Mythes et réalités d'une doctrine et de ses critiques », art. préc., not. pp. 491-492 ; B. NABLI, « L'opposition parlementaire : un contre-pouvoir politique saisi par le droit », *Pouvoirs*, 2010/2 n° 133, pp. 127-134.

[1566] Art. 93, alinéa 1er de la Loi fondamentale de 1949.

[1567] § 63 de la Loi relative à la Cour constitutionnelle fédérale (*Bundesverfassungsgerichtsgesetz – BVerfGG*) du 12 mars 1951. Nous soulignons.

complexe : outre ses instances internes de travail [...], il est composé de forces politiques qui, précisément, peuvent être en désaccord fondamental sur l'interprétation des règles constitutionnelles »[1568]. Les membres du gouvernement fédéral, les présidents des assemblées et les commissions parlementaires sont considérés comme des « parties d'organes ». Plus particulièrement, les groupes parlementaires au *Bundestag* et même les députés à titre individuel lorsqu'ils invoquent les droits de l'ensemble du *Bundestag* peuvent également saisir la Cour d'un litige entre organes en tant que « parties d'organes ». La minorité politique se trouve ainsi en capacité de mettre en cause devant le régulateur juridictionnel un acte de la majorité censé impliquer l'ensemble de l'organe.

642. Au Bénin, s'agissant de la Cour constitutionnelle instaurée par la Constitution de 1990, « le pouvoir de régulation a servi à débloquer nombre de crises à l'intérieur d'un organe »[1569]. Aux termes de l'article 114, la haute juridiction est « l'organe régulateur du fonctionnement des institutions et de l'activité des pouvoirs publics ». Une seule déclinaison de cette fonction apparaît à l'article 117 : la Cour « statue obligatoirement sur [...] les conflits d'attributions entre les institutions de l'État », c'est-à-dire sur des litiges d'ordre inter-organique dont le règlement correspond à la régulation de « l'activité des pouvoirs publics ». Que faut-il alors entendre par « fonctionnement des institutions » ? Selon Nicaise Médé, il s'agit à l'évidence de « la marche desdites institutions : leur vie interne, leur relation aux tiers, etc. »[1570]. Cela inclut logiquement les conflits entre composantes d'un même organe, qui peuvent conduire à une crise paralysante en son sein.

643. Le champ de compétence de la Cour béninoise – en l'occurrence son pouvoir régulateur consacré à l'article 114 – recouvre cet aspect du fonctionnement du système institutionnel, d'autant plus que l'article 3 de la Constitution dispose que « tout citoyen a le droit de se pourvoir devant la Cour constitutionnelle contre les lois, textes et actes présumés inconstitutionnels »[1571]. Ce principe se traduit notablement de deux manières. D'une part, la saisine du juge constitutionnel est marquée par son extrême ouverture et la très grande diversité des requérants potentiels : le chef de l'État, les présidents des institutions constitutionnelles – Assemblée nationale, Conseil économique et social, Haute Autorité de l'audiovisuel et de la communication –, les députés à titre individuel, les associations et les

---

[1568] A. LE DIVELLEC, « Des conflits constitutionnels dans un "État constitutionnel" : le mécanisme des "litiges entre organes" devant la Cour constitutionnelle fédérale d'Allemagne », art. préc., p. 113.
[1569] Fr. J. AÏVO, « La Cour constitutionnelle du Bénin », art. préc., p. 738.
[1570] N. MÉDÉ, « La fonction de régulation des juridictions constitutionnelles en Afrique francophone », art. préc., p. 49.
[1571] Art. 3, al. 3 de la Constitution du 11 déc. 1990.

citoyens[1572]. D'autre part, l'objet du contrôle s'étend à l'ensemble des normes juridiques mais aussi aux activités de l'administration, des institutions de l'État et de leurs membres. C'est au titre de cette prérogative générale de contrôle de constitutionnalité des actes et activités que la Cour béninoise peut être amenée à se prononcer sur des conflits intra-organiques.

644. En ce sens, à l'occasion de sa décision DCC 03-078 du 12 mai 2003[1573], la haute juridiction, après avoir rappelé qu'elle est, en vertu de l'article 114 de la Constitution, « l'organe régulateur du fonctionnement des institutions [...] », spécifie « qu'en cette qualité, elle est fondée à prendre toute décision pour *éviter la paralysie du fonctionnement des institutions de la République* ». Cette décision faisait suite à la décision DCC 03-077 du 7 mai 2003[1574]. Dans cette affaire, la doyenne d'âge de l'Assemblée nationale, qui présidait en cette qualité la première séance de la nouvelle législature, avait exigé que « la composition du Bureau tienne compte de la configuration politique de l'Assemblée » en opérant « un partage des postes du Bureau entre la mouvance [majorité] et l'opposition ». Devant le refus des députés de la majorité, la doyenne d'âge stoppa le processus électoral des membres du Bureau et suspendit à plusieurs reprises la séance, « paralysant du coup l'institution parlementaire »[1575] par l'usage de ces techniques dilatoires. « Saisie pour remettre à flots une institution aux mécanismes grippés »[1576], la Cour se fonde notamment sur l'article 35 de la Constitution[1577] pour estimer que « [l]a doyenne d'âge [...] a violé la Constitution ». Par la suite, dans sa décision du 12 mai 2003, elle décrète que « [l]e Bureau de l'Assemblée nationale devra être installé au plus tard le mercredi 14 mai 2003 à minuit » et ordonne pour ce faire à la doyenne d'âge de « convoquer l'Assemblée nationale dès la date de la présente décision et poursuivre *sans discontinuité*, c'est-à-dire *au cours de la même séance*, l'élection des autres membres du Bureau ». La Cour précise en outre qu'« [e]n cas de résistance, il sera procédé immédiatement à son remplacement par le doyen d'âge suivant, et ainsi de suite jusqu'à l'aboutissement du processus électoral »[1578]. Usant de son

---

[1572] Art. 19 et s. de la Loi n° 91-009 du 4 mars 1991 portant Loi organique sur la Cour constitutionnelle modifiée par la Loi du 31 mai 2001 ; Art. 31 du Règlement intérieur de la Cour constitutionnelle de la République du Bénin.

[1573] Déc. DCC 03-078 du 12 mai 2003, préc.

[1574] Déc. DCC 03-077 du 7 mai 2003, *AKOBI Issifou Ahmed, AMOUDA-ISSIFOU Razaki, OROU SEGO Orou Gabé et PRINCE AGBODJAN Roberto Serge*, *Rec.*, 2003, p. 311.

[1575] *Ibid.*, p. 313.

[1576] N. MÉDÉ, « La fonction de régulation des juridictions constitutionnelles en Afrique francophone », art. préc., p. 50. Dans cette affaire, la Cour avait été saisie de plusieurs « recours en inconstitutionnalité du blocage du processus électoral à l'Assemblée nationale ».

[1577] « Les citoyens chargés d'une fonction publique ou élus à une fonction politique ont le devoir de l'accomplir avec conscience, compétence, probité, dévouement et loyauté dans l'intérêt et le respect du bien commun ».

[1578] Déc. DCC 03-078 du 12 mai 2003, préc., p. 323. La Cour souligne.

pouvoir régulateur, elle remettait ainsi en marche une entité systémique majeure bloquée de l'intérieur.

645. Cette régulation juridictionnelle des conflits intra-organiques par l'exercice d'un « véritable pouvoir décisionnel »[1579] s'est manifestée dans l'affaire dite de la « configuration politique » de la Commission électorale nationale autonome (CENA), une autorité administrative indépendante *ad hoc* chargée de superviser les processus électoraux[1580]. Sa composition, censée « *tenir compte de la configuration politique* pour assurer *la participation de toutes les forces politiques représentées à l'Assemblée nationale et pour garantir la transparence, principe à valeur constitutionnelle, dans la gestion des élections* », était contestée devant la Cour par plusieurs députés[1581]. Celle-ci leur donne raison en jugeant inconstitutionnelle la composition de la CENA :

> « […] la composition de la CENA telle que décidée par l'Assemblée nationale conduit à une confiscation de cette institution par certains groupes parlementaires en violation de la règle d'égalité édictée par l'article 26 de la Constitution et n'est donc pas de nature à assurer la transparence et la sincérité des élections comme l'exige un État de droit de démocratie pluraliste […] en tout état de cause, quelle que soit la configuration politique de l'Assemblée nationale, aucun groupe parlementaire, aucune force politique ne doit s'attribuer le monopole de la CENA […] »[1582].

La haute juridiction rappelle qu'elle est, en vertu de la Constitution, « l'organe régulateur du fonctionnement des institutions ». En cette qualité, elle décide que « les deux (02) postes indûment attribués respectivement aux groupes Consensus National et PRD doivent être affectés aux groupes Nation et Développement d'une part, et Solidarité et Progrès d'autre part »[1583]. D'autorité, le régulateur juridictionnel remaniait la composition d'une entité administrative dont le rôle apparaît crucial pour la stabilité du système institutionnel.

[1579] M.-M. MBORANTSUO, *op. cit.*, p. 241.

[1580] « [L]a création de la CENA, en tant qu'autorité administrative indépendante, est liée à la recherche d'une formule permettant d'isoler, dans l'administration de l'État, un organe disposant d'une réelle autonomie […] pour l'exercice d'attributions concernant le domaine sensible […] des élections honnêtes, régulières, libres et transparentes » (CCB, déc. DCC 34-94 du 23 déc. 1994, *Président de la République*, *Rec.*, 1994, p. 159 et s.).

[1581] Déc. DCC 01-011 du 12 janv. 2001, *BIO BIGOU Bani Léon, SACCA-KINA GUEZERE L. Chabi, DAVO LANI Bernard, AKOBI I. Ahamed, Rec.*, 2001. La Cour souligne.

[1582] *Ibid.*, p. 59. Confirmant cette logique, la Cour béninoise devait réaffirmer en 2009, au sujet de la composition de la Haute Cour de justice (art. 135 de la Constitution), que « [l]e choix des députés appelés à représenter l'Assemblée Nationale en tant que Corps, à animer ses organes de gestion ou à siéger au sein d'autres institutions de l'État, doit se faire selon le principe à valeur constitutionnelle de la représentation proportionnelle majorité / minorité » (déc. DCC 09-002 du 8 janv. 2009, *Come Gb. OKE AKANLO, Sylvain ZOHOUN, Assouan Comlan B. DEGLA, Émile TOSSOU*).

[1583] Déc. DCC 01-012 du 22 janv. 2001, *BIO BIGOU Bani Léon, SACCA-KINA G. CHABI Jérôme, Président de la République*, *Rec.*, 2001, p. 68.

646. En 2011, un conflit interne à l'Assemblée nationale empêchait la désignation des personnes appelées à siéger au sein des démembrements de la CENA (les commissions électorales communales et les commissions électorales d'arrondissement). L'intervention du juge constitutionnel, saisi par le président de la CENA puis par celui du parlement, permit de débloquer la situation et, partant, d'éviter que la crise intra-organique ne se propage à l'ensemble du système institutionnel. La Cour considéra à cette occasion que la non-désignation des représentants de l'Assemblée nationale au sein des démembrements de la CENA, qui entraînait « un blocage préjudiciable au fonctionnement normal de l'Assemblée Nationale et de la Commission Électorale Nationale Autonome »[1584], confinait à « un acte délibéré de nature à freiner ou arrêter le processus électoral, élément fondamental de la Démocratie Béninoise »[1585]. De ce fait, elle estima qu'il était « de nécessité absolue qu['elle] ordonne toutes dispositions utiles au bon et prompt fonctionnement de toute Institution de la République impliquée dans le processus électoral »[1586], en l'espèce l'Assemblée nationale. Au Bénin, on en déduit que « l'autorégulation des institutions, le libre jeu des forces politiques, l'art des combinaisons qui est de l'essence de la vie politique, ne s'exercent que dans les limites fixées par la juridiction constitutionnelle et sous son contrôle »[1587], suivant l'analyse de Nicaise Médé.

647. Quoi qu'il en soit, il apparaît que le règlement juridictionnel des conflits intra-organiques, au même titre que celui des conflits inter-organiques, participe à la régulation systémique globale. La fonction de régulation juridictionnelle se trouve par ailleurs affirmée par la participation des cours à l'édiction des règles régissant le fonctionnement concret du système institutionnel.

B. La contribution à l'édiction des « règles du jeu politique »

648. Par leur jurisprudence, les cours constitutionnelles précisent les règles qui régissent le fonctionnement concret du régime politique, contrôlent leur édiction et s'assurent de leur respect par les acteurs politiques – Armel Le Divellec évoque en ce sens « une emprise croissante du juge sur la détermination des normes ponctuelles de droit positif encadrant la relation entre parlement et Exécutif »[1588]. Dans cette optique, le juge-régulateur va

---

[1584] Déc. EP 11-014 du 22 févr. 2011, *Président de l'Assemblée Nationale*.
[1585] Déc. EP 11-006 du 14 févr. 2011, *Président de la Commission Électorale Nationale Autonome (CENA)*.
[1586] *Loc. cit.*
[1587] N. MÉDÉ, art. préc., p. 51.
[1588] A. LE DIVELLEC, « Le juge constitutionnel et les relations entre les parlements et le pouvoir exécutif. Les limites de la régulation juridictionnelle d'un système de gouvernement », art. préc., p. 154.

chercher à favoriser un fonctionnement cohérent du régime politique tout en respectant le cadre général et les grands équilibres fixés par le pouvoir constituant originaire.

649. En 1996, le juge constitutionnel béninois fut amené à se prononcer sur la création d'un poste de premier ministre dans le cadre du régime présidentiel institué par la Constitution du 11 décembre 1990[1589]. Il se livra à « une analyse didactique des régimes politiques »[1590] en distinguant le régime parlementaire du régime présidentiel puis en caractérisant ce dernier :

> « [...] le critère juridique essentiel qui définit le régime parlementaire est la responsabilité politique du Gouvernement devant le Parlement [...] en revanche, le régime présidentiel retenu par la Constitution du 11 décembre 1990 se caractérise par *l'élection du président de la République au suffrage universel direct et par le fait que, détenteur du pouvoir exécutif, le président de la République est le chef du Gouvernement et n'est pas responsable devant l'Assemblée nationale* »[1591].

Ces trois caractéristiques – le chef de l'État est élu au suffrage universel direct (1), détient et exerce le pouvoir gouvernemental (2) et n'est pas responsable devant le parlement (3) – définissent selon la Cour le régime présidentiel tel qu'il est en vigueur au Bénin.

650. Refusant de tomber dans un « fétichisme des concepts juridiques »[1592], la Cour constate que la Constitution n'impose au président de la République « ni la structure du Gouvernement, ni la dénomination et les attributions de ses membres » et que les attributions confiées au premier ministre par le décret du 9 avril 1996, « à savoir la Coordination de l'action gouvernementale et les Relations avec les institutions, ne font de lui que le *premier* des ministres » : le président de la République demeure le chef du gouvernement. Par conséquent, « la création, dans ces conditions, d'un poste de Premier ministre ne porte pas atteinte au régime présidentiel choisi par le peuple béninois »[1593] puisqu'elle ne remet absolument pas en cause ses fondements structurels. Le

---

[1589] Déc. DCC 96-020 du 26 avril 1996, *GBETIN Dézégni et consorts*. Par le décret n° 96-128 du 9 avril 1996, Matthieu Kérékou, élu président de la République, forme son gouvernement. Celui-ci comporte un poste de premier ministre, confié à Adrien Houngbéji, arrivé en troisième position lors du premier tour de l'élection présidentiel et qui a apporté un soutien décisif à Matthieu Kérékou à l'occasion du second tour. Sept requêtes en inconstitutionnalité sont adressées à la Cour, notamment aux motifs que « *l'appellation Premier ministre [...] est non conforme au régime présidentiel pour lequel nous avons opté* », que « *l'institution du poste de Premier ministre porte atteinte à l'esprit et à la lettre de la Constitution* » ou encore que « *l'institution actuelle d'un poste de Premier ministre cadre avec un régime parlementaire ou semi-présidentiel, donc responsable devant le Parlement* ».

[1590] A. I. SALAMI, *op. cit.*, p. 115.

[1591] Déc. DCC 96-020 du 26 avril 1996, préc. ; la Cour souligne.

[1592] A. I. SALAMI, *op. cit.*, p. 116. Dans le même sens, L. SINDJOUN considère « [c]'est une rupture avec l'ethnocentrisme occidental marquant l'appréhension du poste du Premier Ministre ; ethnocentrisme dont les auteurs des requêtes sont prisonniers » (*Les grandes décisions de la justice constitutionnelle africaine. Droit constitutionnel jurisprudentiel et Politiques constitutionnelles au prisme des systèmes politiques africains*, Bruxelles, Bruylant, 2009, p. 567).

[1593] Déc. DCC 96-020 du 26 avril 1996, préc. ; la Cour souligne.

juge béninois fait le choix de la souplesse dans le respect du cadre institutionnel fixé par le constituant.

651. En 2006, la Cour béninoise fut saisie de pas moins de vingt-quatre recours en inconstitutionnalité contre la Loi constitutionnelle n° 2006-13 du 23 juin 2006 par laquelle « les députés à l'Assemblée Nationale ont procédé dans la précipitation à la modification de l'article 80 de la Constitution en portant à cinq ans la durée du mandat parlementaire avec effet rétroactif pour la présente législature ». Après avoir relevé quelques irrégularités procédurales, la Cour apprécie le fond de la loi et observe dans son 31e considérant que :

> « [l]e mandat de quatre (4) ans, qui est une situation constitutionnellement établie, est le résultat du *consensus national* dégagé par la Conférence des Forces Vives de la Nation de février 1990 et consacré par la Constitution en son Préambule qui réaffirme l'opposition fondamentale du peuple béninois à la confiscation du pouvoir ; que même si la Constitution a prévu les modalités de sa propre révision, *la détermination du peuple béninois à créer un État de droit et de démocratie pluraliste, la sauvegarde de la sécurité juridique et de la cohésion nationale commandent que toute révision tienne compte des idéaux qui ont présidé à l'adoption de la Constitution du 11 décembre 1990* [...] »[1594].

En conséquence, la Cour censure l'ensemble de la Loi constitutionnelle, jugée contraire à la Constitution. « Par son étendue, la fonction de régulation semble brimer les règles constitutionnelles d'exercice de la souveraineté »[1595], ce qui n'est pas sans poser d'évidentes difficultés juridiques quant à l'existence de principes supraconstitutionnels[1596]. Ceci étant, la haute juridiction du Bénin, en voulant garantir le maintien de la structure fondamentale du système institutionnel contre l'atteinte portée par l'une de ses composantes, poursuit une finalité régulatrice tout à fait conforme à sa mission générale.

652. Cette participation directe de la justice constitutionnelle à l'édiction des « règles du jeu politique » est également illustrée en Europe par la jurisprudence de la Cour italienne. Celle-ci a par exemple admis en 1996, dans le silence de la Constitution de 1947, que le Sénat puisse discuter et voter une motion de censure individuelle dirigée contre un seul ministre[1597]. Elle exerce en outre un contrôle très approfondi sur les lois électorales, qualifiées de « constitutionnellement nécessaires » car « indispensables pour assurer le fonctionnement et la continuité des organes constitutionnels »[1598], ce qui est l'objectif majeur de la régulation institutionnelle. C'est pourquoi les juges

---

[1594] Déc. DCC 06-074 du 8 juil. 2006, *Président de la République*, *Rec.*, 2006, p. 365 et s. (la Cour souligne).
[1595] N. MÉDÉ, art. préc., p. 52.
[1596] V. *ibid.*, pp. 53-55 ; *id.*, *Les grandes décisions de la Cour constitutionnelle du Bénin*, *op. cit.*, pp. 137-139.
[1597] Déc. n° 7/1996 du 18 janv. 1996, *JO*, 24 janv. 1996, n° 4.
[1598] Déc. n° 15/2008 et n° 16/2008 du 30 janv. 2008, *JO*, 5 févr. 2008, n° 6.

italiens ont opéré une censure partielle de la loi électorale en vigueur (n° 270 de 2005)[1599] dans leur décision n° 1 de 2014[1600].

653. La haute juridiction affirme en préalable qu'« il n'existe pas de modèle de système électoral imposé par la Charte constitutionnelle » et que « la stabilité du gouvernement et l'efficience du processus décisionnel » représentent certainement « un objectif constitutionnellement légitime » – d'autant plus qu'il s'agit d'un objectif important de la régulation institutionnelle. Cependant, il apparaît indispensable à la Cour que soit respectée l'égalité des électeurs au moment du vote. Or, la loi mise en cause instaure une prime de majorité sans prévoir un seuil minimal pour en bénéficier. De plus, la prime de majorité en vigueur pour l'élection du Sénat, qui est attribuée à l'échelle régionale – et non à l'échelle nationale comme à la Chambre – crée « un mécanisme intrinsèquement irrationnel, contraire à l'objectif d'assurer la gouvernabilité » car il a pour effet que la composition du Sénat provienne du résultat d'une « somme aléatoire de primes régionales », qui peut diverger des résultats nationaux. Pour la Cour, favoriser de la sorte la formation de majorités discordantes dans les deux chambres[1601] compromet le fonctionnement de la forme de gouvernement parlementaire telle qu'elle a été retenue en Italie en 1947[1602]. Par ailleurs, elle juge l'obligation des listes partisanes bloquées contraire au principe du vote libre et personnel.

654. S'agissant finalement des effets de la censure pour inconstitutionnalité, l'annulation rétroactive des élections de 2013 est écartée au nom du « principe fondamental de la continuité de l'État », qui « n'est pas une abstraction et se concrétise concrètement par la continuité [...] de tous les organes constitutionnels, à commencer par le Parlement »[1603]. On constate que la haute juridiction italienne a poursuivi tout au long de sa décision une finalité

[1599] La Loi électorale de 2005, dite Loi Calderoli (du nom de son rapporteur Roberto Calderoli) ou *Porcellum* (cochonnerie, porcherie) instaure un scrutin proportionnel avec prime majoritaire qui assure 55 % des sièges à la Chambre à la coalition arrivée en tête au niveau national, tandis qu'au Sénat, la prime majoritaire est calculée à l'échelon des régions. Sont également introduits des seuils pour obtenir des sièges à la Chambre : 10 % des voix pour une coalition, 2 % pour un parti au sein d'une coalition et 4 % pour un parti seul. Au Sénat, ces seuils sont respectivement de 20 %, 3 % et 8 %, pris en compte au niveau régional. Sur la genèse et le contexte d'adoption de ce texte, v. C. BEDOCK, « Du *mattarellum* au *porcellum* : une comparaison des réformes électorales de 1993 et 2005 en Italie », *Pôle Sud*, 2011/1 n° 34, pp. 27-44.

[1600] Déc. n° 1/2014 du 13 janv. 2014, *JO*, 15 janv. 2014, n° 3 ; M. LUCIANI, « La garantie aristocratique de la démocratie : à propos de la sentence de la Cour constitutionnelle italienne sur la loi électorale », *Constitutions*, 2014/3 n° 11, pp. 328-333.

[1601] À l'issue des élections générales de 2013, la coalition de centre-gauche, arrivée en tête au niveau national, obtient une majorité absolue des sièges à la Chambre mais pas au Sénat, dont la composition résulte d'une addition de résultats régionaux.

[1602] Celle-ci repose notamment sur un bicamérisme strictement égalitaire : « [l]a fonction législative est exercée collectivement par les deux chambres » (art. 70 de la Constitution du 22 déc. 1947) et « [l]e gouvernement doit avoir la confiance des deux chambres » (art. 94, al. 1er).

[1603] Déc. 1/2014 du 13 janv. 2014, préc. ; nous traduisons.

clairement régulatrice, cherchant à concilier les objectifs de stabilité gouvernementale, de fonctionnement sans à-coups et de continuité du système avec le respect du cadre constitutionnel démocratique et parlementaire fixé par les constituants de 1947.

655. Qu'en est-il alors du contrôle de la dévolution du pouvoir, fonction traditionnellement attribuée aux juridictions constitutionnelles ? *A priori*, elle ne consiste qu'en un contrôle de la régularité juridique du processus électoral, ce qui ne retire cependant rien à son caractère déterminant, notamment dans le cadre politique et institutionnel faiblement stabilisé des démocraties émergentes. En Afrique noire francophone, les cours sont ainsi chargées de veiller à la périodicité et à la transparence des élections[1604]. « En donnant des compétences aussi déterminantes à une juridiction, relève Éric Hountondji, nul doute que les constituants ont entendu *centraliser la gestion du premier conflit névralgique auquel donne lieu la dévolution du pouvoir*, et par là, *assurer une protection politique à la pérennisation du système installé* »[1605]. Il est vrai que les contestations électorales sont monnaie courante dans le paysage politique africain, créant des tensions qui ont désormais tendance à se cristalliser au niveau des juridictions constitutionnelles. En qualité de juge électoral, ces dernières – dans des pays comme le Bénin, le Mali ou le Sénégal – ont agi de manière décisive dans la résolution ou la prévention de conflits politiques en imposant leur autorité en ce domaine aux acteurs politiques[1606]. Elles ne se sont pas contentées d'un rôle de régularisateur juridique des élections. Dans un tel contexte de démocratisation, l'attribution au juge constitutionnel de larges compétences en matière électorale témoigne de la volonté des constituants d'en faire un acteur majeur du système institutionnel, garant de sa stabilité.

656. Par conséquent, plusieurs prérogatives traditionnellement octroyées au juge constitutionnel possèdent une portée régulatrice. D'abord, l'attribution d'un pouvoir spécifique d'arbitrage des litiges inter-organiques apparaît

---

[1604] Avec plus ou moins de réussite. Parmi une littérature abondante, v. not. D. Fr. MELEDJE, « Le contentieux électoral en Afrique », *Pouvoirs*, 2009/2 n° 129, pp. 139-155. En tant que juge électoral, la justice constitutionnelle devient le « seul organe en charge de la *régularité* du processus électoral » (A. P. MEL, « La justice constitutionnelle à l'épreuve de la participation électorale internationale en Afrique francophone », *RFDC*, 2016/2 n° 106, supplément électronique, p. e11. Nous soulignons). L'auteur qualifie le juge constitutionnel de « *régulateur* des actes préparatoires » et du résultat des élections, mais il apparaît que dans ce cadre, l'usage du terme « régulateur » renvoie uniquement à son sens courant, celui qui *régularise* un processus (*ibid.*, p. e12 et s. ; nous soulignons). En l'occurrence, les cours constitutionnelles effectuent un « *contrôle de la régularité* » des opérations électorales (K. AHADZI NONOU, « Contentieux électoral et Cours constitutionnelles en Afrique noire francophone », *Constitutions*, 2019/3, p. 320. Nous soulignons).

[1605] É. HOUNTONDJI, *L'essor de la justice constitutionnelle au Bénin, au Mali et au Sénégal*, *op. cit.*, p. 193. Nous soulignons.

[1606] V. C. KEUTCHA TCHAPNGA, « Droit constitutionnel et conflits politiques dans les États francophones d'Afrique noire », art. préc., pp. 469-470.

évidemment déterminante dans une démarche de régulation du système institutionnel. Ensuite, le régulateur juridictionnel, par le biais de sa compétence générale de contrôle de constitutionnalité des normes, se trouve à même d'intervenir afin de débloquer le fonctionnement interne d'un organe, dont la paralysie peut se révéler néfaste à la marche sans à-coups du système. Enfin, les cours participent à la détermination et la précision des « règles du jeu politique » qui structurent le système et concourent à son fonctionnement régulier. Par ailleurs, les compétences qui leur sont dévolues en matière de contentieux des élections, sans directement posséder une finalité régulatrice – il s'agit en premier lieu de contrôler la régularité juridique du processus électoral – assoient leur rôle de régulateur car en permettant de prévenir des crises politiques au sujet de la dévolution du pouvoir, elles contribuent à la stabilisation du système institutionnel.

Conclusion du Chapitre II

657. À la lumière du droit constitutionnel positif, nous avons voulu démontrer dans ce chapitre la cohérence et, partant, la pertinence d'une approche fonctionnelle de la régulation du régime politique.

658. L'étude des sources officielles du droit constitutionnel fait état de multiples références textuelles et jurisprudentielles à une fonction constitutionnelle de régulation attribuée à un organe du système institutionnel, qu'il s'agisse du chef de l'État en sa qualité de régulateur politique ou de la juridiction constitutionnelle en sa qualité de régulateur juridictionnel. Consacrée comme fonction constitutionnelle, la régulation se trouve définie en droit positif par rapport à sa finalité, à savoir le fonctionnement régulier et équilibré du système institutionnel. On en déduit que contrairement aux autres fonctions juridiques de l'État, qui correspondent à des « fonctions-objet », la régulation du régime politique constitue une « fonction-fin » du droit constitutionnel. La démarche de spécification du pouvoir régulateur apparaît néanmoins menacée par des amalgames doctrinaux douteux mais récurrents avec la notion d'arbitrage. L'arbitrage au sens juridique ou formel du terme est un moyen, un outil pouvant être mis au service de la régulation, qui représente une fin. Tel est par exemple le cas de l'arbitrage des cours constitutionnelles. À l'inverse, l'arbitre politique est traditionnellement l'incarnation d'un pouvoir conservateur qui, loin de se limiter à la sphère institutionnelle, agit dans la société afin de faire triompher l'intérêt général sur les intérêts particuliers et partisans. C'est évidemment à ce modèle – et non à celui du pouvoir régulateur – que correspond la figure gaullienne du chef de l'État esquissée à Bayeux et consacrée dans la Constitution de 1958, non sans causer de multiples malentendus politiques et doctrinaux quant à la nature du pouvoir présidentiel sous la Ve République française.

659. Même en l'absence d'une consécration formelle explicite, l'existence d'une fonction constitutionnelle de régulation peut être déduite de l'attribution à un organe du système de certaines prérogatives particulières. Celles-ci consistent en des moyens juridiques d'exercer la régulation du système institutionnel et se répartissent entre prérogatives politiques exercées par le régulateur politique – tels la désignation et la révocation du gouvernement, la dissolution des assemblées parlementaires, les pouvoirs de crise – et prérogatives juridictionnelles du régulateur juridictionnel – tels l'arbitrage des conflits inter-organiques et intra-organiques ou encore le contrôle des règles de fonctionnement concret du système. À l'exception des pouvoirs de crise, ces attributions constitutionnelles ont pour particularité de ne produire des effets directs qu'au sein du système institutionnel, et non vis-à-vis de la société. Elles se placent de ce fait en dehors de la tripartition classique des pouvoirs. On constate en outre que leur usage n'est pas régulateur par principe, mais uniquement dans la mesure où la finalité poursuivie par l'auteur de l'acte est régulatrice : faciliter le fonctionnement du système institutionnel, surmonter une situation de blocage ou un dysfonctionnement en son sein voire sauvegarder son existence même face à des menaces internes ou externes. La spécification finaliste d'une fonction constitutionnelle de régulation du régime politique apparaît ainsi confirmée.

Conclusion du Titre premier

660. Dans le cadre d'une étude du pouvoir régulateur, il a paru nécessaire d'établir le fondement juridique de son activité, à savoir la régulation du régime politique. Celle-ci peut-elle représenter une notion juridique cohérente et utile en droit constitutionnel ? En dépit d'importantes difficultés sémantiques, source d'un désordre conceptuel récurrent, une réponse positive se dégage de notre analyse. La régulation est une réalité ancrée dans le phénomène constitutionnel contemporain.

661. L'approche doctrinale classique, qui revient à définir la régulation par la transposition des acceptions courantes du concept de régulateur, n'est pas satisfaisante car elle se trouve à l'origine d'errements regrettables en la matière. Assimilée à des notions juridiques établies telles la réglementation ou la régularisation, la régulation se voit dénier toute autonomie en droit constitutionnel. C'est pourquoi une seconde approche doctrinale va procéder au dépassement de cette première perspective. En réalisant l'importation dans le champ du droit constitutionnel des conceptions extra-juridiques, scientifiques et techniques, de la régulation, elle contribue à l'autonomisation de la régulation qui est désormais définie par son objectif d'assurer l'équilibre des pouvoirs ainsi que leur fonctionnement harmonieux, y compris dans leurs relations mutuelles. Il apparaît en outre que de l'idée de régulation ressort nécessairement celle de système complexe en tant que cadre de son exercice. Or les régimes politiques, compris comme des ensembles cohérents d'organes politiques interdépendants, peuvent aisément être appréhendés comme des systèmes institutionnels au sein desquels s'exerce nécessairement une régulation. Celle-ci prend majoritairement la forme d'un processus d'autorégulation mais peut également être pour partie exogène, c'est-à-dire exercée par un régulateur spécifique, qu'il s'agisse d'un organe de nature politique ou juridictionnelle.

662. La régulation ne représente pas qu'un outil théorique d'analyse des régimes politiques. L'idée est ouvertement consacrée dans les sources officielles du droit constitutionnel – textuelles comme jurisprudentielles – qui entérinent une perspective fonctionnelle de la régulation du régime politique, identifiée en tant que « fonction-fin » par son objectif d'assurer le fonctionnement régulier du système institutionnel. De ce fait, il convient d'écarter l'amalgame récurrent entre la figure du régulateur et celle de l'arbitre, ce dernier étant juridiquement soit le juge d'un différend – et éventuellement à ce titre un instrument régulateur – soit un pouvoir conservateur dont la portée dépasse la sphère institutionnelle.

663. Saisie par le droit positif, la régulation du régime politique se concrétise en une nouvelle fonction juridique singularisée par sa finalité mais aussi par sa portée, puisqu'elle ne vise à produire des effets qu'au sein du système institutionnel. Cette essence particulière du pouvoir régulateur se caractérise par l'existence dans l'ordre constitutionnel de prérogatives dites régulatrices, en ce qu'elles permettent l'exercice concret de la régulation systémique. Ces prérogatives d'un type particulier – car tournées vers le système institutionnel et ne relevant d'aucun des trois pouvoirs traditionnels – sont attribuées à l'organe régulateur et varient selon la nature politique ou juridictionnelle de ce dernier. La spécificité fonctionnelle du pouvoir régulateur étant de la sorte établie, il convient à présent d'en apprécier les paramètres organiques en lien avec le fonctionnement concret des régimes politiques contemporains.

TITRE SECOND
LE RÉGULATEUR, ORGANE DU RÉGIME POLITIQUE

664. Le *régulateur* est un organe spécifique et distinct spécialement chargé d'exercer à l'intérieur du système institutionnel une fonction de régulation, c'est-à-dire d'assurer le fonctionnement correct et sans à-coups de l'ensemble appelé régime politique. Derrière l'institution qu'est le régulateur, on trouve un ou plusieurs individus autonomes et dotés chacun de leur propre personnalité. Attribuer à un organe une mission régulatrice ne devient effectif qu'après qu'on a précisé qui compose, ou du moins qui peut composer, l'organe régulateur. Autrement dit, la fonction de régulation définie de manière abstraite par le constituant se concrétise par la désignation de son titulaire.

665. Étant donné la nature tout à fait particulière de la fonction de régulation par rapport aux autres fonctions juridiques de l'État, il est nécessaire de prendre des précautions concernant celui qui est chargé de l'exercer. En l'occurrence, il faut à la fois le protéger de lui-même, en quelque sorte, c'est-à-dire de ses passions, qui peuvent assurément mettre en péril sa mission, et de l'influence de son environnement, en particulier de celle des acteurs politiques dont il doit réguler le comportement. Pour cela, la mise en place par le constituant d'un statut du régulateur avec des garanties en ce sens s'impose.

666. « Un homme aura beau être intelligent, énergique, prévoyant, beau ou autre chose. On ne le choisira pas s'il est présumé être "partial" ou "intéressé" [...]. Inversement, si on le sait être "juste", on peut fermer les yeux sur tous ses défauts »[1607]. Ces propos d'Alexandre Kojève montrent que l'indépendance est la qualité juridique indispensable du régulateur (**Chapitre I**). Mais même autonome, le régulateur n'en demeure pas moins un organe placé dans le système institutionnel et qui fonctionne parallèlement aux entités directement actives de celui-ci. De fait, il apparaît que l'environnement politique et institutionnel génère diverses contraintes qui influencent directement le choix des constituants en matière de régulation puis la pratique concrète du régulateur, autrement dit son efficacité réelle (**Chapitre II**). L'enjeu de son indépendance n'en est que plus crucial.

[1607] A. KOJÈVE, *Esquisse d'une phénoménologie du droit*, Paris, Gallimard, « Tel », 1981, p. 194.

Chapitre I. L'exigence d'indépendance du régulateur

Chapitre II. L'incidence des contraintes du contexte systémique

CHAPITRE I
L'EXIGENCE D'INDÉPENDANCE DU RÉGULATEUR

667. La notion de pouvoir régulateur postule l'existence d'un acteur régulant qui bénéficie d'une autonomie au sein du système institutionnel. Autrement dit, la régulation dite exogène est par définition assurée par un organe distinct et spécifique dont l'action propre est nécessairement affranchie de celle des acteurs politiques. L'indépendance constitue donc une caractéristique essentielle du pouvoir régulateur et on peut *a minima* admettre que l'existence d'un organe indépendant est un indice de l'existence d'un pouvoir régulateur.

668. L'indépendance est la « [s]ituation d'un organe public auquel son statut assure la possibilité de prendre ses décisions en toute liberté et à l'abri de toutes instructions et pressions »[1608]. Elle représente « la condition matérielle et psychologique permettant à celui qui en bénéficie de décider en impartialité, c'est-à-dire sans devoir suivre des ordres formulés par un tiers, ni même être influencé par lui »[1609]. L'indépendance du régulateur renvoie donc, plus largement, au principe d'impartialité, souvent assimilé à une forme de neutralité, et représente une qualité juridique indispensable au fonctionnement correct des mécanismes d'exorégulation systémique.

669. L'indépendance s'exprime sous la forme d'une double extériorité qui conduit à éloigner le régulateur *et* de la direction gouvernementale du pays, *et* du monde partisan (**Section 1**). Souvent proclamé en droit[1610], le principe ne doit pas moins être assuré concrètement. Afin de satisfaire à cette exigence, condition nécessaire à l'exercice objectif et, partant, à l'efficacité de la fonction de régulation au sein du système institutionnel, l'organe régulateur se distingue par une série de garanties tenant à sa composition, au mode de désignation de ses membres ou encore au statut de ces derniers (**Section 2**).

[1608] V° « Indépendance » *in* G. CORNU (dir.), *op. cit.*, p. 538.

[1609] V° « Indépendance » *in* M.-A. FRISON-ROCHE, *Les 100 mots de la régulation*, Paris, Puf, « QSJ ? », 2011, p. 78.

[1610] L'article 134, alinéa 2 de la Constitution de la République de Moldavie du 29 juil. 1994 dispose exemplairement que « [l]a Cour constitutionnelle est indépendante de toute autre autorité publique et se soumet uniquement à la Constitution ». Dans le même sens, v. par ex. art. 159, al. 5 de la Constitution espagnole du 27 déc. 1978 ; art. 137, al. 1er de la Constitution de la République italienne du 22 déc. 1947 ; art. 143 de la Constitution de la Roumanie du 8 déc. 1991 ; art. 124 de la Constitution de la République slovaque du 3 sept. 1992.

SECTION 1. UN ORGANE « EN DEHORS »

670. Dans le constitutionnalisme ancien, les gouvernants sont réputés vertueux et leurs actes guidés par l'intérêt général. Dans le schéma libéral moderne, duquel découle l'idée de régulation constitutionnelle, l'organe titulaire de la fonction de régulation doit nécessairement être *indépendant* du gouvernement – les pouvoirs actifs de Benjamin Constant – *et* des organisations partisanes qui structurent le fonctionnement des démocraties contemporaines, car ceux-ci poursuivent prioritairement leurs propres intérêts.

671. L'exigence d'indépendance du régulateur se définit doublement. Il convient d'abord de prévoir une extériorité vis-à-vis des pouvoirs actifs (§ I), de manière à prévenir à la fois les interférences entre l'exercice de la fonction gouvernementale, dirigée vers la sphère sociale, et celui de la fonction de régulation, propre à la sphère institutionnelle, et les conflits d'intérêts[1611]. Il s'agit ensuite d'une extériorité vis-à-vis des partis politiques et groupes d'intérêt (§ II), une indépendance *supra partes*, afin d'éviter la « capture » du régulateur. Il est en effet à craindre que le régulateur se détourne de sa mission et emploie ses prérogatives afin de défendre des intérêts partisans. Il doit par conséquent être protégé de l'influence des intérêts partisans.

§ I. UN ORGANE EN DEHORS DU GOUVERNEMENT

672. L'exigence d'extériorité – tant fonctionnelle qu'organique – du régulateur par rapport au pouvoir gouvernemental est une manifestation d'un principe général en matière d'exorégulation systémique : la séparation de l'opérateur et du régulateur (A). Sa formulation en droit constitutionnel institutionnel conduit à réactualiser la distinction traditionnelle de l'autorité (*auctoritas*) et du pouvoir (*potestas*), issue du droit romain (B).

A. LE PRINCIPE DE SÉPARATION DE L'OPÉRATEUR ET DU RÉGULATEUR

673. Dans le domaine économique, l'établissement d'autorités de régulation sectorielle vise à assurer le bon fonctionnement d'un marché donné, notamment en garantissant le libre jeu de la concurrence[1612]. Ce processus, qui accompagne celui de libéralisation des marchés, est assorti, sous la pression

---

[1611] Un conflit d'intérêts désigne une « [s]ituation d'interférence entre un intérêt public et des intérêts publics ou privés de nature à influencer l'exercice indépendant d'une fonction » (v° « Conflit d'intérêts » *in* P. AVRIL, J. GICQUEL, *Lexique de droit constitutionnel*, *op. cit.*, p. 28).
[1612] J. CHEVALLIER, « Autorités administratives indépendantes et État de droit », *Civitas Europa*, 2016/2 n° 37, pp. 143-154.

de l'Union européenne, d'un impératif de séparation des opérateurs et de leur régulateur[1613]. En effet, au nom de l'exigence d'impartialité, la fonction de régulation ne saurait être confiée aux acteurs économiques eux-mêmes, qui deviendraient alors juge et partie. Au contraire, seule une séparation institutionnelle nette avec l'organe chargé de surveillance permet de mener à bien un contrôle efficient. Une telle séparation est aujourd'hui très largement recommandée sous le nom de *principe de séparation de l'opérateur et du régulateur*[1614]. Sa mise en œuvre conduit par exemple à ne pas accepter qu'un opérateur public sur un secteur ouvert à la concurrence soit aussi chargé d'en fixer les règles, car il s'agit d'un conflit d'intérêts évident.

674. La traduction de ce principe en droit constitutionnel passe par la séparation des organes gouvernementaux législatif et exécutif – que Benjamin Constant désignait comme les « pouvoirs actifs »[1615] – et du régulateur du régime politique. C'est précisément ce qu'Adolphe Thiers visait dans sa fameuse maxime : le roi règne mais ne gouverne pas[1616]. Une telle exigence possède deux fondements théoriques. Le premier est d'ordre fonctionnel : la régulation du régime politique est une activité de nature spécifique et clairement distincte de la fonction gouvernementale. De fait, le régulateur détient des prérogatives constitutionnelles afin d'agir sur les entités du système institutionnel mais pas sur les individus. Il n'a pas de vocation sociale, contrairement au gouvernement qui est exercé par l'État vis-à-vis de la société. Autrement dit, le régulateur « ne saurait commander quoi que ce soit à un citoyen, et par conséquent, [...] il ne gouverne pas »[1617]. Le second fondement, d'ordre organique, consiste en l'exigence d'impartialité du régulateur, qui passe par son indépendance organique par rapport aux pouvoirs actifs afin d'éviter les conflits d'intérêts. Un organe qui participe au pouvoir gouvernemental n'est pas en mesure d'exercer de façon équitable une fonction de régulation du système institutionnel puisque ses intérêts propres sont directement en jeu. « [T]out le monde s'accorde sur ce principe de technique juridique : personne ne peut être juge de ses propres affaires »[1618], résumait

[1613] La séparation des fonctions réglementaire et opérationnelle entre dans le droit positif par la directive du 16 mai 1988 (88/301/CEE) mais ne devient à proprement parler un principe que dans la directive du 5 juin 1992 (92/44/CEE). Sur l'émergence du principe de séparation en droit de l'Union, v. H. DELZANGLES, « L'indépendance des autorités administratives indépendantes chargées de réguler des marchés de services publics : éléments de droit comparé et européen », *Droit et Société*, 2016/2 n° 93, p. 302 et s. ; G. ECKERT, « L'indépendance des autorités de régulation économique à l'égard du pouvoir politique », *RFAP*, 2012/3 n° 143, pp. 630-634.

[1614] V. S. NICINSKI, *Droit public des affaires*, 6e éd., Issy-les-Moulineaux, LGDJ-Lextenso, « Domat droit public », 2018, p. 197 et s.

[1615] B. CONSTANT, *Fragments*, *op. cit.*, pp. 452-453 ; *id.*, *Principes de politique*, *op. cit.*, p. 326.

[1616] V. A. THIERS, « Article du 4 février 1830 », préc., p. 146. Sur ce point, nous renvoyons à nos développements *supra*, not. § 196 et § 202.

[1617] Fr. SAINT-BONNET, « *Genitum, non factum*. La désignation du chef de l'État (1799-1815) », art. préc., p. 29.

[1618] H. KELSEN, *Qui doit être le gardien de la Constitution ?*, *op. cit.*, p. 65.

Kelsen. Le régulateur ne doit pas être une institution « agissante » mais rechercher le bon fonctionnement du gouvernement sans le diriger car « la direction ou le gouvernement chemine avec l'ambition »[1619] et n'est guère compatible avec l'impartialité.

675. L'instauration d'une fonction de régulation du système institutionnel doit par conséquent conduire à distinguer les fonctions générales de commandement et de règlementation (qui disposent du *pouvoir d'agir* sur la société) et celle de régulateur (qui a *autorité* sur ce pouvoir). Depuis Constant, le chef de l'État est le récipiendaire traditionnel de cette fonction, mais il peut aussi demeurer un chef effectif de l'Exécutif, alors susceptible d'utiliser ses prérogatives régulatrices à son profit. Tout débordement ou confusion de ce type risquant de mettre en péril l'équilibre constitutionnel des pouvoirs, il convient de le priver de l'une ou l'autre de ces fonctions, voire des deux (logique plus radicale qui conduit à la neutralisation complète du chef de l'État, comme dans les monarchies parlementaires européennes contemporaines ou, de façon moindre, sous les IIIe et IVe Républiques françaises). La fonction de régulation sera alors attribuée à une tierce instance spécialement destinée à cet effet.

676. Mais que reste-t-il à l'organe régulateur s'il n'est pas doté d'une parcelle du pouvoir gouvernemental, c'est-à-dire s'il ne peut agir sur les individus mais uniquement sur les pouvoirs constitués ? La distinction des fonctions d'opérateur et de régulateur, traduite en droit constitutionnel par un principe de séparation des pouvoirs actifs et du pouvoir régulateur, semble pouvoir être ramenée à celle du pouvoir (*potestas*) et de l'autorité (*auctoritas*).

B. Une remise à jour de la distinction classique entre l'autorité (*auctoritas*) et le pouvoir (*potestas*)

677. En droit romain, « la *potestas* est la faculté d'agir et l'*auctoritas* la faculté de fonder l'action d'une autre personne »[1620]. On se souvient à ce propos de la célèbre formule de Cicéron : *cum potestas in populo, auctoritas in senatu sit* (« le pouvoir réside dans le peuple, l'autorité appartient au Sénat »). Elle énonce la distinction entre la *potestas* – c'est-à-dire « la possibilité d'imposer une décision en recourant à la contrainte »[1621] – exercée par les magistrats qui représentent le peuple et l'*auctoritas patrum* (des « pères ») que détient le Sénat. D'après Theodor Mommsen, l'*auctoritas* est

---

[1619] Fr. SAINT-BONNET, « *Genitum, non factum*. La désignation du chef de l'État (1799-1815) », art. préc., p. 22.

[1620] P. NOAILLES, *Du droit sacré au droit civil*, Paris, Sirey, « Publication de l'Institut de droit romain de l'Université de Paris », 1949, p. 250.

[1621] A.-Cl. HUSSER, « L'autorité », *Le Télémaque*, 2013/1 n° 43, pp. 16-17.

un « mot qui se refuse à toute définition stricte ». Elle est « moins qu'un ordre et plus qu'un conseil : c'est un conseil qu'on peut malaisément se dispenser de suivre, comme celui donné par l'homme du métier au profane, par le chef de parti parlementaire aux membres de son groupe »[1622].

678. Réalité « éthico-sociale » qui recouvre un « mélange déroutant de pouvoir politique et de prestige social » d'après Victor Ehrenberg[1623], « [l]'autorité ne s'institutionnalise guère »[1624]. Elle n'est pas comme la *potestas* « un droit qui s'exerce sans intermédiaire, un pouvoir direct sur les choses ou sur les personnes qui y sont soumises »[1625], un pouvoir gouvernant et actif en somme. Au contraire, l'*auctoritas* « ne se présente [sous aucun de ses aspects] comme un pouvoir de commandement. Elle n'ordonne pas. Elle est l'antithèse de l'*imperium* ou de la *potestas*. Elle propose ou elle rectifie »[1626]. Il n'empêche qu'elle demeure avant tout « un mode d'action *politique* »[1627], principalement dévolu au Sénat à Rome. Par la suite, le pape romain revendiqua envers l'empereur détenteur de la *potestas* une forme spéciale d'*auctoritas*. La distinction fut formulée de manière célèbre par le pape Gélase Ier dans la lettre qu'il adressa à l'empereur Anastase en 494 : « *[d]uo sunt quibus principaliter mundus hic regitur : auctoritas sacra pontificum et regalis potestas* »[1628]. Avec la sécularisation de l'État, la distinction entre le pouvoir et l'autorité s'est progressivement effacée au profit d'autres oppositions, en particulier la séparation des pouvoirs exécutif, législatif et judiciaire[1629]. Elle retrouve toutefois un intérêt dans le droit constitutionnel contemporain avec l'émergence de la régulation qui fait apparaître la figure du régulateur.

679. Le régulateur exerce une *autorité* sur les organes gouvernementaux mais il n'a pas, contrairement à eux, de *pouvoir* général de réglementation et de commandement sur les individus. Un organe qui cumule *auctoritas* et *potestas* – l'empereur romain avant la christianisation[1630], le roi qui règne *et*

[1622] Th. MOMMSEN, *Le Droit public romain*, Paris, Ernest Thorin, 1891, t. VII, p. 232.
[1623] Cité par C. SCHMITT, *Théorie de la Constitution*, *op. cit.*, p. 211.
[1624] Ch. DELSOL, *L'autorité*, Paris, Puf, « QSJ ? », 1994, p. 9.
[1625] P. NOAILLES, *Fas et Jus. Études de droit romain*, Paris, Les Belles Lettres, « Collection d'études anciennes », 1948, p. 261.
[1626] M. REVAULT d'ALLONNES, *Le pouvoir des commencements. Essai sur l'autorité*, Paris, Éd. du Seuil, « Points », 2006, p. 28.
[1627] *Ibid.*, p. 27. Nous soulignons.
[1628] « Il y a deux choses […] par lesquelles ce monde est principalement régi : l'autorité sacrée des pontifes et le pouvoir royal » (v. la traduction de cette lettre par G. DAGRON, *Empereur et prêtre. Étude sur le « césaropapisme » byzantin*, Paris, Gallimard, « Bibliothèques des Histoires », 1996, p. 310).
[1629] A. SUPIOT mentionne également les nouvelles oppositions entre État et nation, État et société civile, État et marché qui alimentent ou ont alimenté le débat institutionnel (*Homo juridicus. Essai sur la fonction anthropologique du Droit*, Paris, Éd. du Seuil, « Points », 2009, p. 237).
[1630] V. M. DERYCKE, Fr. DUTRAIT, « Autorité : retour aux sources », *Le Télémaque*, 2009/1 n° 35, p. 123 et s.

gouverne[1631] ou même le président de la Ve République française[1632] – devient un acteur omnipotent du système institutionnel, un chef politique au sens fort du terme pleinement engagé dans la conduite et la direction du gouvernement du pays[1633]. C'est une conséquence concrète du primat de l'*auctoritas* sur la *potestas*. Juridiquement, seul le recours au modèle du pouvoir conservateur, incarnation de l'intérêt général face aux intérêts particuliers et aux partis, permet de justifier ce non-respect du principe de la séparation des organes gouvernementaux et du régulateur[1634]. *A contrario*, le refus de tout pouvoir conservateur de l'ordre social, dans la lignée de la doctrine libérale de Constant, conduit à confier la fonction de régulation du régime politique à une *autorité* constitutionnelle créée spécialement dans ce but.

680. Le régulateur est donc « l'*autorité* que l'on invoque lorsqu'il faut affirmer ou protéger [une] situation juridique [créée par d'autres] »[1635], par exemple le fonctionnement régulier du système institutionnel. L'*auctoritas* désigne alors les opérations qui ont pour but de conférer validité et garantie à l'équilibre constitutionnel des pouvoirs dont les protagonistes ne sont pas en mesure d'assurer à eux seuls l'entière effectivité. L'auteur (*auctor*) se distingue de l'acteur ; il n'est pas un agent actif du système institutionnel mais

---

[1631] On pense à la doctrine médiévale des deux corps du roi, qui attribue au monarque un corps terrestre et mortel mais aussi un corps politique et immortel qui incarne l'État. De l'union hypostatique des deux corps, tirée de la formulation théologique de la double nature du Christ, la monarchie médiévale a forgé la continuité du pouvoir politique et de l'État, symbolisée par l'adage rituel « le roi est mort, vive le roi ! » (v. E. KANTOROWICZ, *Les Deux Corps du Roi. Essai sur la théologie politique au Moyen Âge*, *op. cit.* ; *supra* § 211 sur la réutilisation de cette théorie par certains libéraux au XIXe siècle).

[1632] Il est tout à fait révélateur qu'Emmanuel Macron – alors candidat à l'élection présidentielle – ait fait référence à la théorie des deux corps du roi pour qualifier la présidence de la République : « […] le président, qui a plusieurs corps, est constitutionnellement le garant des institutions, de la dignité de la vie publique. Or, cette responsabilité symbolique ne relève ni de la technique ni de l'action, elle est d'ordre littéraire et philosophique. […] La fonction présidentielle réclame de l'esthétique et de la transcendance » (J. GARCIN, « Emmanuel Macron : "J'aurais eu la vanité de devenir écrivain. L'humilité, non" », *L'Obs*, 15 févr. 2017, disponible sur http://www.nouvelobs.com/presidentielle-2017/20170214.OBS5320/emmanuel-macron-j-aurais-eu-la-vanite-de-devenir-ecrivain-l-humilite-non.html, consulté le 15 sept. 2019). Élu à la magistrature suprême, il affirme de manière plus convenue que « […] le président de la République n'est pas seulement un acteur de la vie politique, il en est la clé de voûte. Il est le garant des institutions. […] En architecture, quand la clé de voûte est mal positionnée, tout s'effondre » (L. DUPONT, É. GERNELLE, S. LE FOL, « Emmanuel Macron : le grand entretien », *Le Point*, 30 août 2017, disponible sur http://www.lepoint.fr/politique/exclusif-emmanuel-macron-le-grand-entretien-30-08-2017-2153393_20.php, consulté le 15 sept. 2019).

[1633] Comme l'explique Pascal Jan, le président sous la Ve République française « est acteur et non spectateur. Il est engagé […]. C'est un régulateur du système politique qu'il oriente dans la direction voulue en fonction des circonstances du moment […]. Arbitre certainement, le président est avant tout un décideur […] » qui, hormis les épisodes de cohabitation, gouverne réellement (P. JAN, « La réelle mais fragile prééminence présidentielle sous la Ve République », *LPA*, 5 févr. 2015, 2015/26, p. 6).

[1634] En ce sens, l'État providence a certes hérité du rôle de « grand Régulateur des marchés » (A. SUPIOT, *op. cit.*, p. 237) mais il est également un opérateur économique, au nom justement de l'intérêt général qu'il est censé incarner.

[1635] P. NOAILLES, *Fas et Jus. Études de droit romain*, *op. cit.*, p. 274. Nous soulignons.

il apporte à celui-ci une augmentation (*augere*, « augmenter ») spécifique[1636]. Il a une *autorité* qu'Alexandre Kojève définit comme « la *possibilité* qu'a un agent [le régulateur] d'*agir* sur les autres (ou sur un autre), sans que ces autres *réagissent* sur lui, tout en étant *capables* de le faire »[1637]. Cette autorité est « légitime par définition [...] : elle s'institue dans et par le mouvement même de sa reconnaissance »[1638]. Elle se distingue de la sorte de la domination.

681. L'*auctoritas* apparaît comme un élément de la personnalité juridique. À l'instar de la *potestas*, « c'est un attribut attaché à la personne et originairement à la personne physique ; l'*auctor* dans sa notion primitive était un homme et non une abstraction »[1639]. Mais elle se singularise en ce qu'elle « caractérise une considération qui repose pour l'essentiel sur le facteur de la *continuité* et renvoie à l'idée de tradition et de durée »[1640]. Le fait est que tant dans les monarchies que dans les républiques parlementaires contemporaines, la figure du chef de l'État continue d'être configurée par rapport à cet horizon, dans le but d'établir un « point fixe » au sein du système institutionnel, un symbole de son unité et de sa permanence.

682. « Institutionnellement, l'autorité réside en dehors du gouvernement [...]. Par contre, le pouvoir est dans le gouvernement »[1641]. Un chef d'État

---

[1636] Il n'est toutefois pas exclu que le détenteur de l'autorité devienne, dans des circonstances tout à fait exceptionnelles et de façon très temporaire, un acteur du système institutionnel. L'intervention décisive du roi d'Espagne Juan Carlos lors des événements dits du 23-F (la tentative de coup d'État du 23 février 1981) constitue un exemple éclatant en ce sens. Contrainte par un véritable état de nécessité constitutionnelle – l'ensemble du gouvernement et des députés est retenu en otage par le lieutenant-colonel Tejero et ses hommes dans l'enceinte du parlement –, la Couronne donne immédiatement des instructions afin de former un gouvernement qui puisse assumer « la plénitude du pouvoir civil et militaire [...], de façon transitoire et *sous la direction et l'autorité de Sa Majesté le Roi* » (note du ministère de l'Intérieur du 23 févr. 1981 intitulée « Déclaration du gouvernement de la nation », nous soulignons). En outre, le roi, commandant suprême des forces armées (art. 62 de la Constitution du 27 déc. 1978) et surtout capitaine général des trois armes (le grade le plus élevé de l'armée espagnole) ordonne aux militaires de prendre toutes les mesures nécessaires pour maintenir l'ordre constitutionnel. Le 24 février à 1 heure 14 du matin, Juan Carlos apparaît à la télévision en uniforme de capitaine général afin d'informer la nation de son action, dénoncer les putschistes et demander aux forces armées de demeurer loyales aux institutions que l'Espagne s'est démocratiquement données. Dans la nuit, les militaires indiquent les uns après les autres se placer sous ses ordres du roi, mais il apparaît clairement que leur loyauté s'exerce vis-à-vis de l'*autorité* de la Couronne en tant que telle, et non envers la Couronne en tant qu'organe constitué. Sur le rôle de garant de l'ordonnancement institutionnel espagnol exercé par l'autorité royale lors des événements du 23-F, on se rapportera en particulier à la thèse de J. M. SANCHEZ GOMEZ, *La Couronne dans le régime constitutionnel espagnol contemporain*, *op. cit.*, pp. 348-387. Ce point est également relevé par N. ZANON, « La polémique entre Hans Kelsen et Carl Schmitt sur la justice constitutionnelle », *AIJC*, 1989, n° 5, p. 179. Sur l'*auctoritas* propre au monarque espagnol, v. not. P. DE VEGA, « El poder moderator », *Revista de Estudios Politicos*, 2002, n° 116, pp. 7-24.

[1637] A. KOJÈVE, *La notion de l'autorité*, Paris, Gallimard, « Bibliothèque des Idées », 2004, p. 58. Il souligne.

[1638] A.-Cl. HUSSER, « L'autorité », art. préc., p. 17.

[1639] P. NOAILLES, *Fas et Jus. Études de droit romain*, *op. cit.*, p. 274.

[1640] C. SCHMITT, *Théorie de la Constitution*, *op. cit.*, p. 211.

[1641] M. MOLOMB'EBEBE, *Le paradoxe comme fondement et horizon du politique chez Hannah Arendt*, Paris et Bruxelles, De Boeck, 1997, p. 227.

parlementaire peut ainsi être privé de tout pouvoir gouvernant afin d'incarner une telle autorité. Mais cette solution n'est pas envisageable en régime présidentiel, où le chef de l'État est par définition le détenteur unique et effectif du pouvoir exécutif. Pour autant, Hannah Arendt estime que « la nécessité d'établir une institution concrète, clairement distincte du législatif et de l'exécutif, et spécialement conçue pour recevoir l'autorité »[1642] est présente aux États-Unis. L'une des principales innovations constitutionnelles de la Révolution américaine est la détermination d'un nouveau réceptacle pour l'*auctoritas*, qui fut confiée non à un organe politique – le Sénat à Rome – mais au Judiciaire[1643], particulièrement à la Cour suprême. L'autorité constitutionnelle de cette dernière – au même titre que celle du Sénat romain – est singulière parce qu'elle est représentée par une entité distincte du gouvernement sans en être coupée au sein du système institutionnel. « Sachant que les opinions se forment et s'aiguisent par l'échange et la confrontation, la médiation de leurs divergences n'est possible qu'au travers d'une instance composée d'hommes choisis à cet effet […] »[1644], écrit Arendt. De manière générale, il s'agit d'un argument majeur en faveur de l'instauration d'un régulateur juridictionnel dont « [l]'autorité augmente le pouvoir ou l'action du gouvernement en lui assurant une sorte de confirmation »[1645], c'est-à-dire en garantissant son bon fonctionnement et la stabilité de son environnement institutionnel.

683. Générateur d'autorité, le régulateur est présumé ne pas dépendre des pouvoirs actifs ou gouvernementaux. Toutefois, son impartialité demeure grandement contestable si cette indépendance organique n'est pas accompagnée d'une certaine neutralité partisane.

[1642] H. ARENDT, *De la révolution*, Paris, Gallimard, « Folio essais », 2013, p. 307. Sur la conception de l'autorité chez Hannah Arendt, v. V. LEFEBVE, *Politique des limites, limites de la politique. La place du droit dans la pensée de Hannah Arendt*, Bruxelles, Éditions de l'Université de Bruxelles, « Philosophie politique : généalogies et actualités », 2016, pp. 88-97 ; *id.*, « La théorie constitutionnelle de Hannah Arendt ou l'articulation entre droit et politique à l'épreuve du phénomène révolutionnaire », *Jurisdoctoria*, 2015, n° 12, not. pp. 63-64 ; Y. SINTOMER, « Pouvoir et autorité chez Hannah Arendt », *L'Homme et la société*, 1994, n° 113, not. p. 130.

[1643] « Parce que l'"autorité", l'augmentation que le Sénat doit ajouter aux décisions politiques, n'est pas le pouvoir, elle nous paraît curieusement insaisissable et intangible, ayant à cet égard une ressemblance frappante avec la branche judiciaire du gouvernement de Montesquieu, dont il disait la puissance "*en quelque façon nulle*", et qui constitue néanmoins la plus haute autorité dans les gouvernements constitutionnels » (H. ARENDT, « Qu'est-ce que l'autorité ? », *in id.*, *La crise de la culture*, Paris, Gallimard, « Folio essais », 1986, p. 161).

[1644] H. ARENDT, *De la révolution*, *op. cit.*, p. 348.

[1645] M. MOLOMB'EBEBE, *Le paradoxe comme fondement et horizon du politique chez Hannah Arendt*, *op. cit.*, p. 227.

§ II. UN ORGANE EN DEHORS DU JEU PARTISAN

684. L'indépendance *supra partes* est une caractéristique essentielle de l'organe régulateur. Il s'agit en particulier d'éviter sa « capture » par les acteurs partisans du système institutionnel (A) afin de garantir au mieux sa neutralité-impartialité vis-à-vis des entités régulées (B).

A. LE RISQUE DE CAPTURE DU RÉGULATEUR

685. D'après Marie-Anne Frison-Roche, la capture (du régulateur) est « un terme usuellement utilisé dans les théories économiques et vise la situation dans laquelle une institution – en pratique le régulateur – perd son indépendance par l'influence exercée par un tiers sur lui »[1646]. En droit constitutionnel, elle permet de désigner le cas où un organe, bien que spécifiquement destiné à assurer la régulation du système institutionnel, finit par servir des intérêts particuliers ou partisans. La capture du régulateur par des acteurs du jeu politique constitue une défaillance majeure du processus de régulation systémique, menacé de s'écrouler. En ce qu'elle empêche le régulateur de remplir correctement sa fonction, elle est un obstacle au fonctionnement régulier et équilibré du système dans son ensemble. Il faut par conséquent prévenir ce phénomène de capture car il est à craindre que le régulateur, du fait de l'influence que parviendraient à exercer sur lui les entités régulées, se détourne de la poursuite de ses objectifs constitutionnels et que la fonction de régulation s'exerce au profit d'un camp seulement. Les faits générateurs et l'intensité de la capture sont variables (1°). Sa forme la plus insidieuse – car généralement indirecte – est la capture partisane ou idéologique, qui s'est notamment manifestée lors de la crise institutionnelle portugaise de 2015 (2°).

1°) Les formes de capture

686. Deux facteurs ont tendance à favoriser la survenance du risque de capture[1647]. Le premier de ces facteurs résulte des « liens étroits » que peut entretenir l'entité régulatrice avec les entités régulées. Cela est difficilement

---

[1646] V° « Capture du régulateur » *in* M.-A. FRISON-ROCHE, *Les 100 mots de la régulation, op. cit.*, p. 33. Le risque de capture a été théorisé en 1971 par l'Américain et « prix Nobel » d'économie (1982) G. J. STIGLER (« The Theory of Economic Regulation », *The Bell Journal of Economics and Management Science*, vol. 2, 1971/1, pp. 3-21) puis précisé par les travaux des économistes français J.-J. LAFFONT et J. TIROLE (« prix Nobel » d'économie en 2014) en 1991 (« The Politics of Government Decision-Making: A Theory of Regulatory Capture », *The Quarterly Journal of Economics*, vol. 106, 1991/4, pp. 1089-1127).
[1647] V. G. DEZOBRY, « L'indépendance des autorités de régulation économique à l'égard des opérateurs régulés », *RFAP*, 2012/3 n° 143, p. 649.

évitable en raison du « contact permanent »[1648] qui existe entre elles. En effet, le régulateur, surtout s'il est un organe politique comme le chef de l'État, est nécessairement amené à côtoyer régulièrement les acteurs politiques dans le cadre de ses activités. Le second facteur, auquel le premier contribue, est la porosité dans la composition de l'organe régulateur par rapport au personnel politique à proprement parler. De fait, les régulateurs sont souvent issus de la classe politique. Les chefs d'État des républiques parlementaires sont la plupart du temps d'anciens responsables politiques et partisans expérimentés et il peut parfois en être de même des membres des autorités de régulation juridictionnelle[1649].

687. La forme de capture la plus extrême est la corruption, par laquelle une entité régulée détourne le régulateur de sa mission de façon à s'approprier partiellement voire totalement son pouvoir de décision. Au Gabon, la présidente de l'« organe régulateur du fonctionnement des institutions et de l'activité des pouvoirs publics »[1650] Marie-Madeleine Mborantsuo n'est autre que l'ancienne maîtresse du président Omar Bongo, père de deux de ses enfants – qui ont donc pour demi-frère l'actuel président Ali Bongo. De manière générale, « [L]a consanguinité est étonnante : affinités politiques, intérêts économiques et liens familiaux sont inextricables »[1651] au sein de la haute juridiction, remettant totalement en cause son impartialité et, partant, l'effectivité de son pouvoir décisionnel, qui paraît accaparé par le clan présidentiel[1652]. De telles accusations de népotisme expliquent le surnom

---

[1648] A. PERROT, « Les frontières entre régulation sectorielle et politique de la concurrence », *Revue française d'économie*, vol. 16, 2002/4, p. 103.

[1649] Particulièrement en l'absence de conditions – par exemple l'exigence d'une compétence juridique – quant au choix des membres de la juridiction constitutionnelle, comme c'est le cas du Conseil constitutionnel français (H. ROUSSILLON, P. ESPLUGAS, *Le Conseil constitutionnel*, 8e éd., Paris, Dalloz, « Connaissance du droit », 2015, pp. 16-23). Une telle situation permet la nomination au sein de l'institution d'hommes (et de femmes) politiques. Si la pratique n'est pas systématique, elle n'en demeure pas moins tout à fait habituelle (v. Th. GUILLUY, « Nominations au Conseil constitutionnel : une fausse surprise et un vrai doute », *JP Blog*, 19 févr. 2019, disponible sur http://blog.juspoliticum.com/2019/02/19/nominations-au-conseil-constitutionnel-une-fausse-surprise-et-un-vrai-doute-par-thibault-guilluy/, consulté le 15 sept. 2019) et se trouve renforcée par la présence très contestée des anciens présidents de la République en tant que membres de droit (v. E. LEMAIRE, « Les politiques au Conseil constitutionnel : une dangereuse aberration », *JP blog*, 28 juin 2016, disponible sur http://blog.juspoliticum.com/2016/06/28/les-politiques-au-conseil-constitutionnel-une-dangereuse-aberration/, consulté le 15 sept. 2019).

[1650] « La Cour constitutionnelle [...] est l'organe régulateur du fonctionnement des institutions et de l'activité des pouvoirs publics » (art. 83 de la Constitution du 26 mars 1991).

[1651] G. DOUGUELI, « Gabon : portrait de Marie-Madeleine Mborantsuo, celle dont dépend le dénouement de la crise post-électorale », *Jeune Afrique*, 22 sept. 2016, disponible sur http://www.jeuneafrique.com/mag/358121/politique/gabon-portrait-de-marie-madeleine-mborantsuo-celle-dont-depend-denouement-de-crise-post-electorale/, consulté le 15 sept. 2019.

[1652] On mentionnera seulement, à titre d'exemple révélateur, les décisions de la Cour constitutionnelle en matière électorale qui validèrent et confirmèrent les très controversées élection – en 2009 – puis réélection – en 2016 – d'Ali Bongo. Dans les deux cas, la fraude électorale apparaît particulièrement massive voire grossière. En 2009, après avoir déclaré élu le candidat Ali Bongo (CCG, déc. n° 046/CC du 4 sept. 2009, *Proclamation des Résultats de l'Élection du Président de la République du 30 août 2009*), la Cour rejette

donné par l'opposition à la Cour constitutionnelle : la « tour de Pise »[1653] – parce qu'elle penche toujours du côté du pouvoir en place.

688. Cette situation regrettable peut aussi provenir de « l'octroi d'avantages et de facilités propres à peser grandement sur la conscience de certains membres de la juridiction constitutionnelle au mépris des règles de protection d'ordre institutionnel »[1654]. En 2010, le président Ali Bongo a fait accorder à titre définitif des concessions de terrains à une société civile immobilière gérée par Madame Mborantsuo, pour une valeur de plusieurs milliards de francs CFA[1655]. Au Sénégal, le traitement du président du Conseil constitutionnel a été considérablement augmenté par un décret 2011-1046 du 26 juillet 2011. La soudaine générosité de l'Exécutif a d'autant plus posé question qu'elle s'est manifestée au moment où l'institution était amenée à se prononcer sur la recevabilité de la très controversée candidature du président Abdoulaye Wade à un troisième mandat. Après la validation discutable de cette candidature[1656], d'aucuns ont estimé que le chef de l'État « a utilisé pour cela un Conseil constitutionnel aux ordres, dont il a nommé tous les membres, et à qui il a grassement accordé une hausse des salaires et autres avantages matériels, juste avant qu'ils ne s'expriment sur les candidatures présidentielles »[1657]. Dans de tels cas, la capture par corruption – matérielle (financière) ou non – apparaît

---

la quasi-totalité des recours de l'opposition (CCG, déc. n° 052/CC du 12 oct. 2009, *relative aux requêtes tendant à l'annulation des résultats de l'élection présidentielle du 30 août 2009*). En 2016, elle valide la réélection du président sortant, bien qu'il ait été démontré que celle-ci était, eu égard aux résultats connus, mathématiquement impossible (v. M. MOUISSI, « Résultats de l'élection Présidentielle 2016 au Gabon », *mays-mouissi.com. Analyses économiques, financières et budgétaires orientées vers l'Afrique*, 27 août 2016, disponible sur https://www.mays-mouissi.com/2016/08/27/resultats-de-lelection-presidentielle-2016-gabon/, consulté le 15 sept. 2019 ; *id.*, « Gabon : Ces chiffres qui démontrent qu'Ali Bongo a perdu la présidentielle », *mays-mouissi.com. Analyses économiques, financières et budgétaires orientées vers l'Afrique*, 27 août 2016, disponible sur https://www.mays-mouissi.com/2016/09/15/gabon-chiffres-demontrent-quali-bongo-a-perdu-presidentielle/, consulté le 15 sept. 2019). La conduite du processus électoral a par ailleurs fait l'objet de nombreuses protestations internationales, notamment de la part de la Mission d'Observation Électorale de l'Union européenne (v. la *Déclaration conjointe de la Haute-Représentante/Vice-Présidente Federica Mogherini et du Commissaire à la Coopération internationale et au Développement Neven Mimica à la suite de la proclamation des résultats définitifs de l'élection présidentielle par la Cour Constitutionnelle du Gabon* du 24 sept. 2016, disponible sur https://eeas.europa.eu/headquarters/headquarters-homepage/10413, consulté le 15 sept. 2019).

[1653] T. BERTHEMET, « Au Gabon, l'univers impitoyable de la famille Bongo », *Le Figaro*, 15 oct. 2016, p. 15.

[1654] M. DIAKHATE, « Les ambiguïtés de la juridiction constitutionnelle dans les États de l'Afrique noire francophone », *RDP*, 2015, p. 802.

[1655] V. Décret n° 0316/PR/MEFBPIB/DGI/DDOF du 1er juillet 2010, terrain urbain formant la parcelle n° 2/Section YD6 concédé pour une mise en valeur minimum de trois milliards ; Décret n° 0317/PR/MEFBPIB/DGI/DDOF du 1er juil. 2010, terrain urbain formant la parcelle n° 38/Section ZO6 concédé pour une mise en valeur minimum d'un milliard cinq cent millions.

[1656] Les juges ont estimé que la limite de deux mandats instaurée par la Constitution de 2001 n'empêchait pas le président sortant, élu en 2000 puis réélu en 2007, de se présenter à un troisième mandat en 2012 car la règle n'existait pas encore au moment de sa première élection (v. déc. n° 1/E/2012 du 27 janv. 2012).

[1657] *L'Express*, 3 févr. 2012, cité par A. SOMA, « Le statut du juge constitutionnel africain », *in La Constitution béninoise du 11 décembre 1990 : un modèle pour l'Afrique ? Mélanges en l'honneur de Maurice Ahanhanzo-Glélé*, Paris, L'Harmattan, « Études Africaines », 2014, p. 463, n. 78.

évidente. Pour cette raison, elle ne représente paradoxalement pas le type de capture le plus dangereux, car elle se repère facilement et si l'ensemble du système institutionnel n'est pas corrompu, il est possible de la combattre, par exemple en remplaçant les membres qui composent l'organe régulateur.

689. La capture est plus difficile à traiter lorsqu'elle ne se manifeste pas ouvertement. « [D]es juges sous influence ? »[1658] s'interroge ainsi Jean Marcou à propos de leurs modes de désignation essentiellement politiques. À cause de la prégnance des organes politiques, en particulier le chef de l'État, dans le choix des membres des juridictions constitutionnelles, ces derniers font parfois figure de « valet[s] du pouvoir politique »[1659]. Le risque est renforcé lorsque le choix de l'organe politique est personnel et discrétionnaire, lui permettant de nommer des personnes de confiance voire des hommes de paille[1660]. Même si la nomination politique n'est pas en soi incompatible avec l'indépendance du régulateur, il demeure qu'elle a tendance à placer le juge constitutionnel dans un rapport de dépendance voire de subordination à l'égard de l'autorité de nomination. « [L]'esprit de faveur, d'amitié, de complaisance est plus difficile à tuer que les malformations constitutionnelles à redresser »[1661] mettait en garde Charles Eisenmann en 1959. L'instauration d'un tel climat favorise grandement la capture du régulateur, ou au moins accentue la suspicion quant à une potentielle capture, ce qui porte atteinte à la réputation et, partant, à l'autorité du régulateur.

690. En outre, la capture peut être d'ordre idéologique ou partisan. L'organe régulateur est composé d'individus qui appartiennent potentiellement à un parti politique ou tout du moins qui ont des convictions politiques et idéologiques fortes – d'autant plus lorsqu'ils sont recrutés au sein de la classe politique ou que leur candidature a été soutenue par un camp contre un autre. Cette réalité peut conduire le régulateur à favoriser – consciemment ou non – son parti ou son courant idéologique d'origine. Certaines captures idéologiques ou partisanes aboutissent à la neutralisation du pouvoir régulateur. On peut par exemple interpréter en ce sens la renonciation de Jules Grévy, républicain convaincu, à son droit de dissolution, une semaine après son élection par des chambres totalement dominées par les républicains.

1658 J. MARCOU, *Justice constitutionnelle et systèmes politiques. États-Unis, Europe, France*, Grenoble, PUG, « Le politique en plus », 1997, p. 26.
1659 A. SOMA, « Le statut du juge constitutionnel africain », art. préc., p. 457.
1660 Comme le relève M. DIAKHATE (art. préc., p. 796), même dans les cas où le chef de l'État partage la compétence de nomination avec d'autres organes – qu'il s'agisse du parlement ou d'une entité censée être dépolitisée, par exemple le Conseil supérieur de la Magistrature (CSM) – le risque n'est guère moindre. La concordance des majorités présidentielle et parlementaire conduit à uniformiser leurs vues quant à la désignation des juges constitutionnels, tandis qu'un organe supposé dépolitisé tel le CSM peut lui-même faire l'objet d'une capture – et donc d'un contrôle de ses choix – par le pouvoir exécutif.
1661 Ch. EISENMANN, « Palindrome ou stupeur ? », *Le Monde*, 5 mars 1959.

691. Dans d'autres circonstances, le régulateur utilise ses prérogatives constitutionnelles dans l'intérêt du camp partisan dont il est issu ou de ses idées politiques, au risque de provoquer une crise institutionnelle. Tel fut le cas au Portugal en 2015.

2°) Le régulateur perturbateur : le cas de la crise institutionnelle portugaise de 2015

692. À l'issue des élections législatives portugaises du 4 octobre 2015, la coalition de droite « Portugal en avant » arrive en tête du scrutin avec 38,5 % des voix et 107 députés, perdant cependant sa majorité absolue au parlement, qui compte 230 sièges. Le Parti socialiste ne remporte que 32,3 % des voix et 86 députés mais l'ensemble des forces de gauche obtient la majorité absolue des voix et des sièges (123 députés). De ce fait, la coalition de droite se trouve dans une position délicate : elle ne peut former un gouvernement majoritaire et stable que si elle dispose du soutien du Parti socialiste.

693. Le président de la République Anibal Cavaco Silva – à qui revient, en sa qualité de régulateur du régime politique[1662], la prérogative de désigner le premier ministre[1663] – appelle alors à la formation d'un gouvernement « stable et durable »[1664] soutenu par les socialistes. Cependant, ces derniers, refusant de s'allier avec la droite, négocient un accord avec le Bloc de gauche et la Coalition démocratique unitaire (qui réunit les communistes et les écologistes) afin de former un gouvernement socialiste soutenu par l'ensemble des partis de gauche représentés au parlement. Cette solution majoritaire (123 sièges sur 230) est présentée au chef de l'État le 20 octobre mais ce dernier, issu de la droite, la juge « incohérente »[1665]. Le 22 octobre, il charge le premier ministre sortant et leader de la coalition « Portugal en avant », pourtant minoritaire au parlement (107 sièges), de former un nouveau gouvernement.

694. Pourquoi nommer un premier ministre qui ne bénéficie manifestement pas de la confiance de l'Assemblée et prendre de la sorte le risque de mettre en cause la stabilité institutionnelle ? Les justifications avancées par le président de la République sont principalement idéologiques, visant directement des orientations de la politique gouvernementale qu'il estime nécessaire de maintenir pour garantir « la confiance et la crédibilité

[1662] Art. 120 de la Constitution du Portugal du 2 avril 1976.

[1663] Art. 187 de la Constitution : « [l]e premier ministre est nommé par le président de la République en fonction des résultats électoraux, après que celui-ci ait entendu les partis représentés à l'Assemblée de la République ».

[1664] A. CAVACO SILVA, « Comunicação ao País do Presidente da República após as Eleições Legislativas de 4 de outubro », 6 oct. 2015, disponible sur http://anibalcavacosilva.arquivo.presidencia.pt/, consulté le 15 sept. 2019. Nous traduisons.

[1665] A. CAVACO SILVA, « Comunicação ao País do Presidente da República sobre a indigitação do Primeiro-Ministro », 22 oct. 2015, disponible sur http://anibalcavacosilva.arquivo.presidencia.pt/, consulté le 15 sept. 2019. Nous traduisons.

internationale du pays ». Il déclare ainsi que « [l]e respect des engagements pris dans la zone euro […] est absolument essentiel pour le financement de notre économie et, par conséquent, pour la croissance économique et la création d'emplois » et qu'« [e]n dehors de l'Union européenne et de l'euro, l'avenir du Portugal serait catastrophique ». Par ailleurs, il ajoute :

> « [e]n 40 ans de démocratie, les gouvernements portugais n'ont jamais compté sur le soutien de forces politiques anti-européennes, c'est-à-dire de forces politiques qui, dans les programmes électoraux qu'ils ont présentés au peuple portugais, préconisent l'abrogation du Traité de Lisbonne, du Traité budgétaire, de l'Union bancaire et du Pacte de stabilité et de croissance, le démantèlement de l'Union économique et monétaire et le départ du Portugal de l'euro, ainsi que la dissolution de l'OTAN, organisation dont le Portugal est l'un des membres fondateurs ».

Anibal Cavaco Silva reconnaît lui-même que son choix « n'assure pas pleinement la stabilité politique dont le pays a besoin » mais considère que « les conséquences financières, économiques et sociales d'une alternative clairement incohérente suggérée par d'autres forces politiques sont bien plus graves »[1666]. Ce faisant, il se pose en « censeur du programme gouvernemental »[1667] et non en régulateur du régime politique.

695. Qualifié d'« excessif »[1668] par le professeur Jorge Miranda, l'un des principaux rédacteurs de la Constitution de 1976, le discours engagé du chef de l'État fut très critiqué. De façon prévisible, son action provoqua une crise institutionnelle immédiate puisque le nouveau gouvernement, minoritaire en sièges, fut censuré dès le 10 novembre à l'occasion de la première présentation de son programme à l'Assemblée[1669]. Après deux semaines d'hésitation, le président Cavaco Silva finit par nommer premier ministre le secrétaire général du Parti socialiste, non sans avoir auparavant imposé plusieurs conditions de fond au nouveau gouvernement. Si certaines relèvent de la volonté d'assurer la stabilité du système institutionnel[1670], objectif régulateur légitime, la plupart

---

[1666] *Loc. cit.*

[1667] A.-V. MADEIRA, « Gouvernement minoritaire et crainte d'instabilité institutionnelle : analyse du cas portugais suite aux élections législatives d'octobre 2015 », *RDP*, 2017, p. 445.

[1668] Agência de Notícias de Portugal (Lusa), « Jorge Miranda considera que Cavaco Silva foi "excessivo" », *Publico*, 24 oct. 2015, disponible sur http://www.publico.pt/2015/10/24/politica/noticia/jorge-miranda-considera-que-cavaco-silva-foi-excessivo-1712259, consulté le 15 sept. 2019. Nous traduisons.

[1669] En vertu de l'article 192 de la Constitution de 1976, « [l]e programme du gouvernement est soumis à l'examen de l'Assemblée de la République par une déclaration du premier ministre, dans un délai maximum de dix jours à compter de sa nomination ». Ce programme peut faire l'objet de motions de rejet présentées par les groupe parlementaires (art. 180, al. 2), dont l'adoption requiert la majorité absolue des députés en fonction (art. 192, al. 4). Le 10 novembre 2015, la motion de rejet du programme gouvernemental présentée par le groupe socialiste fut adoptée par 123 voix (sur 230) contre 107.

[1670] Il s'agit de « l'approbation des questions de confiance » et de « l'approbation des budgets de l'État, en particulier du budget pour 2016 » (v. A. CAVACO SILVA, « Presidência da República divulga documento entregue ao Secretário-Geral do Partido Socialista », 23 nov. 2015, disponible sur http://anibalcavacosilva.arquivo.presidencia.pt/, consulté le 15 sept. 2019. Nous traduisons).

concernent le programme gouvernemental[1671]. Ces exigences manifestent une nouvelle tentative présidentielle de s'immiscer dans les débats partisans afin de provoquer des tensions au sein de la coalition de gauche.

696. Le régulateur du régime politique portugais s'est par conséquent mué en son principal perturbateur. Ancien président du principal parti de la droite et premier ministre durant près de dix ans, le président de la République Anibal Cavaco Silva a de toute évidence cherché à favoriser un camp et des opinions, au risque d'exposer le système institutionnel à une crise inter-organique. Dans ces circonstances, la capture idéologique du régulateur est patente.

697. Quelle que soit sa forme, la capture du régulateur par les acteurs partisans témoigne d'une grave défaillance des mécanismes de régulation exogène du système institutionnel. Elle contrevient directement à l'indépendance de l'organe régulateur et, partant, remet en cause son impartialité. De ce fait, on oppose à ce risque un principe de neutralité du régulateur, spécialement vis-à-vis du champ partisan.

B. L'IDÉAL DE NEUTRALITÉ DU RÉGULATEUR

698. La régulation institutionnelle demeure neutre dès lors qu'elle ne vise à produire d'effets directs qu'au sein d'un système donné et distinct de la société. Dans ce cadre, le régulateur se présente comme un organisme fonctionnellement ou techniquement neutre puisqu'il ne prend pas de décision pour l'avenir du groupe social. Il agit sur les pouvoirs à l'intérieur du système institutionnel, et non sur les individus[1672]. De ce fait, il se situe en dehors du gouvernement[1673]. Mais le régulateur doit également tendre vers une neutralité organique vis-à-vis des acteurs partisans du système institutionnel. Cette neutralité *supra partes* lui permet de décider de façon impartiale, c'est-à-dire en toute objectivité, sans prendre parti en faveur d'un camp contre un autre ni subir l'influence directe ou indirecte d'un tiers. Elle se rapporte aux significations positives – car permettant la décision – de la neutralité chez

[1671] Sont ici visées « le respect des règles de discipline budgétaire appliquées à tous les pays de la zone euro [...] ; « le respect des engagements internationaux du Portugal dans le cadre des organisations de défense collective » ; « le rôle du Comité permanent du dialogue social, compte tenu de la pertinence de sa contribution à la cohésion sociale et au développement du pays » ; « la stabilité du système financier, compte tenu de son rôle central dans le financement de l'économie portugaise » (*loc. cit.*).

[1672] En ce sens, Constant écrivait que « le pouvoir préservateur ne peut rien commander aux individus » (B. CONSTANT, *Fragments*, *op. cit.*, p. 451). Pour cela, il ne doit entretenir « aucune relation » directe avec eux (*ibid.*, p. 417).

[1673] « [La] force [du pouvoir préservateur] ne peut pas être dans l'un des ressorts [le pouvoir exécutif, le pouvoir législatif ou le pouvoir judiciaire], car elle lui servirait à détruire les autres. *Il faut qu'elle soit en dehors, qu'elle soit neutre,* en quelque sorte, pour que son action s'applique nécessairement partout où il est nécessaire qu'elle soit appliquée, et pour qu'elle soit préservatrice, réparatrice, sans être hostile » (B. CONSTANT, *Principes de politique*, *op. cit.*, p. 324).

Carl Schmitt. Plusieurs d'entre elles intéressent particulièrement la notion de pouvoir régulateur.

699. Premièrement, on trouve la neutralité « au sens d'objectivité et d'impartialité fondée sur une norme confirmée »[1674] qui est celle du régulateur juridictionnel. Deuxièmement, la neutralité « fondée sur une compétence libre de tout intérêt égoïste »[1675] permet une prise de décision indépendamment des intérêts en présence. Elle est celle de l'expert ou du médiateur, dont la figure incarne certains organes régulateurs. Troisièmement, la neutralité « en tant qu'expression d'une totalité et d'une unité qui englobe tous les regroupements antagonistes, les relativisant de ce fait même » caractérise « la décision étatique qui, face au fractionnement et au partage de l'État en partis et en intérêts particuliers, tranche les conflits intra-étatiques, lorsque cette décision fait valoir l'intérêt de l'État en tant que totalité »[1676]. Schmitt vise ici la neutralité du président du Reich en tant que gardien de la constitution[1677]. Elle correspond également à la nature du pouvoir arbitral du chef de l'État gaullien[1678], placé au-dessus des partis. Dans tous les cas, la neutralité du régulateur ne s'apparente sûrement pas à un comportement passif ni à une absence de convictions, comme l'a souvent rappelé Mário Soares[1679] – président de la République portugaise de 1986 à 1996 – qui ne récusait pas dans l'exercice de ses fonctions le qualificatif constantien de pouvoir « neutre »[1680].

700. La neutralité supposée de la régulation institutionnelle a des implications directes sur les caractéristiques organiques du régulateur. En effet, le régulateur qui exerce une fonction neutre pour la société, qui ne fait pas de choix pour elle, n'a pas besoin d'une légitimité démocratique. D'un autre côté, comment s'assurer de la supériorité de l'*autorité* régulatrice sur les *pouvoirs* actifs au sein du système institutionnel tout en empêchant que son *auctoritas* ne devienne une *potestas* ? Des garanties organiques d'indépendance doivent être mises en place pour soustraire le régulateur à l'influence des acteurs politiques (pouvoirs actifs, organisations partisanes…) afin de tendre vers son impartialité et ainsi assurer l'efficacité de l'exorégulation constitutionnelle du système institutionnel.

[1674] C. SCHMITT, « Exposé sommaire des différentes significations et fonctions du concept de neutralité de l'État en matière de politique intérieure », art. préc., p. 159.

[1675] *Loc. cit.*

[1676] *Ibid.*, p. 160.

[1677] V. *supra* § 293 et s.

[1678] V. *supra* not. § 306-328 et § 549-554.

[1679] M. SOARES, « Prefácio », *in id.*, *Intervenções 8*, Lisbonne, Imprensa Nacional – Casa da Moeda, 1994, p. 26.

[1680] P. J. CANELAS RAPAZ, « Le Président de la République portugaise, un pouvoir "neutre" ? », *VIIe Congrès français de droit constitutionnel*, Paris, AFDC, 2008.

Section 2. Les garanties organiques de l'indépendance

701. L'objectif en la matière est autant de « renforcer *et* contenir »[1681] le pouvoir régulateur au sein du système institutionnel – c'est-à-dire de lui permettre d'assurer sa mission sans sortir des bornes fixées par le constituant – que de prévenir le risque de capture du régulateur et la survenance de conflits d'intérêts. De ce fait, bien que la neutralité absolue de l'organe régulateur soit improbable[1682], il importe de chercher *a priori* à assurer son indépendance, qualité juridique indispensable à l'impartialité. Des garanties constitutionnelles d'indépendance doivent donc être prévues à cet effet. Elles concernent principalement la manière dont le régulateur est recruté (§ I) et son statut, ou celui de ses membres s'il s'agit d'un organe collectif (§ II).

§ I. La problématique du mode de recrutement du régulateur

702. On dit habituellement que puisque *la fonction crée l'organe*, le mode de désignation de ce dernier doit être déterminé selon le rôle que les constituants entendent lui confier[1683]. Or, l'exercice efficient de la fonction de régulation du système institutionnel implique nécessairement l'indépendance – à défaut de la neutralité – de son titulaire, qualité intrinsèque du régulateur qui apparaît fortement tributaire de la manière dont il est recruté. Par ailleurs, le pouvoir régulateur ne peut être un pouvoir totalement effacé, ce qui pose d'évidentes difficultés dans les régimes politiques qui ont fait le choix, par tradition, de conserver la figure du monarque. En effet, le recrutement héréditaire du chef de l'État prive celui-ci de l'exigence contemporaine de la

---

[1681] O. FERREIRA, « L'élection au suffrage direct du Président au Portugal : renforcer *et* contenir le pouvoir modérateur en République (1911-2011) », *in* A.-M. LE POURHIET (dir.), *La désignation du chef de l'État. Regards croisés dans le temps et l'espace*, Clermont-Ferrand, Fondation Varenne et LGDJ, « Colloques et essais », 2012, pp. 128-161.

[1682] V. P. MASSINA, « Le juge constitutionnel africain francophone : entre politique et droit », *RFDC*, 2017/3 n° 111, p. 658.

[1683] *A contrario*, « [l]e mode d'élection d'un organe ne détermine pas ses fonctions » (J.-É. GICQUEL, « 1958-1962 : L'hésitation en France », *in* A.-M. LE POURHIET (dir.), *La désignation du chef de l'État. Regards croisés dans le temps et l'espace*, Clermont-Ferrand, Fondation Varenne et LGDJ, « Colloques et essais », 2012, p. 95). Dans les onze États de l'Union européenne qui ont retenu le principe de l'élection populaire du chef de l'État, la légitimité populaire dont dispose ce dernier n'entraîne sa domination sur le gouvernement qu'en France. Sur la pertinence de ces exemples étrangers en la matière, v. P. BRUNET, « Regard sceptique sur la nécessité de l'élection présidentielle », *in ibid.*, pp. 195-199 ; Fr. FRISON-ROCHE, « Dissiper les ambiguïtés. Un Président élu au suffrage universel pour quoi faire ? », *Est Europa*, 2013, pp. 173-176.

légitimité démocratique, ce qui conduit à la réduction voire à l'annulation pure et simple de ses prérogatives propres.

703. L'enjeu est donc de trouver le « procédé miraculeux de désignation »[1684] permettant à la fois d'obtenir un organe impartial pouvant tendre vers l'idéal de neutralité et de générer suffisamment d'autorité – et non de pouvoir – afin que le régulateur dispose d'une *auctoritas* supérieure à la *potestas* du gouvernement. À l'évidence, la question ne se pose pas dans les mêmes termes qu'il s'agisse de désigner – en règle générale par une élection – un chef de l'État incarnant un pouvoir régulateur (A) ou de procéder au recrutement de juges constitutionnels chargés d'une mission de régulation du système institutionnel (B).

A. LE RECRUTEMENT DU RÉGULATEUR POLITIQUE

704. « La difficulté la plus importante provient du mode de formation de l'organe, puisque Constant attribue la « neutralité » du monarque à l'hérédité de sa charge »[1685]. L'institution présidentielle « se renouvelant périodiquement n'est point un être à part, ne frappe en rien l'imagination » relève le libéral de Coppet afin de souligner la futilité d'une tentative de neutralisation du chef d'État républicain. Prévoir son irresponsabilité politique, explique-t-il, revient soit à « constituer ses ministres juges de l'obéissance qu'ils lui doivent »[1686] et donc à annuler son pouvoir, soit au contraire à l'ériger en gouvernant absolu.

705. Or pour exister en tant que tel, le pouvoir régulateur ne peut pas être un pouvoir actif et gouvernant, acteur agissant et donc forcément partial, ni un pouvoir nul, qui n'est plus à proprement parler un pouvoir. Le pouvoir régulateur est « au milieu, mais au-dessus des [...] autres, autorité à la fois supérieure et intermédiaire »[1687]. D'après Constant, la monarchie constitutionnelle accomplit cet équilibre car elle dispose d'un « être à part » : le roi. « Un monarque qui tire sa position héréditaire de sa place dans une dynastie ancienne assurée de ses possessions peut en général facilement maintenir une position de neutralité sans tomber dans l'insignifiance politique »[1688], rappelle en ce sens Carl Schmitt. En revanche, la république ne dispose pas d'un tel outil : son chef de l'État ne peut incarner cet « être à

[1684] Fr. SAINT-BONNET, « *Genitum, non factum.* La désignation du chef de l'État (1799-1815) », art. préc., p. 22.
[1685] R. BAUMERT, *La découverte du juge constitutionnel, entre science et politique. Les controverses doctrinales sur le contrôle de la constitutionnalité des lois dans les République française et allemande de l'entre-deux-guerres*, *op. cit.*, p. 497.
[1686] B. CONSTANT, *Principes de politique*, *op. cit.*, p. 331.
[1687] *Ibid.*, p. 325.
[1688] C. SCHMITT, *Théorie de la Constitution*, *op. cit.*, p. 498.

part », capable d'imposer son autorité face aux représentants du peuple, que s'il dispose soit d'une légitimité historique exceptionnelle, soit d'une légitimité démocratique complète. Un paradoxe apparaît cependant : si le pouvoir régulateur est doté de la même légitimité que les pouvoirs actifs, n'est-il pas également de même nature qu'eux ? C'est la principale difficulté lorsqu'on choisit d'instaurer un pouvoir régulateur présidentiel (1°). Sa résolution se montre pour le moins incertaine (2°).

1°) Les équivoques de l'élection populaire

706. En république, la fonction présidentielle repose sur l'élément monarchique que le constitutionnalisme libéral utilise pour obtenir un équilibre entre Exécutif et Législatif. C'est ainsi au titre de « monarque républicanisé »[1689] et dans la lignée du pouvoir royal que le président d'État devient l'incarnation du pouvoir régulateur républicain. Sans légitimité dynastique, il doit, pour remplir son office, disposer d'une certaine légitimité démocratique en étant élu par l'ensemble du peuple ou du moins par ses représentants. Ses attributions, en particulier le droit de dissolution, lui permettent de lancer un « appel au peuple ». Le peuple-corps électoral est le tiers supérieur qui tranche les conflits intra-étatiques et le président entretient une relation directe avec lui.

707. Dans ces conditions, le chef de l'État républicain est envisagé comme « un homme qui réunit sur sa personne la confiance du peuple entier par-delà les œillères et les limites des organisations et bureaucraties de parti, non comme un homme de parti, mais comme l'homme de confiance du *peuple entier* »[1690]. C'est le sens du référendum du 28 octobre 1962 en France sur l'élection du président de la République au suffrage universel direct. L'élection présidentielle devient « la rencontre d'un homme et d'un pays, d'un homme et d'un peuple » (François Bayrou). Elle est « le fait de la Nation tout entière, qui manifeste, à cette occasion globalement sa volonté et son unité », tandis que les élections législatives sont « le fait des partis »[1691], c'est-à-dire « des organisations qui sont constituées pour faire valoir des tendances particulières et soutenir les intérêts de telle ou telle catégorie », et qui n'ont pour cette raison qu'une signification « morcelée et […] confuse »[1692]. Face à une assemblée issue de « 487 élections locales »[1693], le président élu au suffrage universel direct est, selon la formule rituelle, celui « de tous les

---

[1689] *Ibid.*, p. 436.
[1690] *Ibid.*, p. 497. Il souligne.
[1691] J. GICQUEL, *Essai sur la pratique de la Ve République. Bilan d'un septennat*, *op. cit.*, p. 267.
[1692] Ch. de GAULLE, « Conférence de presse du 9 septembre 1965 », préc.
[1693] Ch. de GAULLE, « Conférence de presse du 16 mai 1967 », disponible sur https://fresques.ina.fr/de-gaulle/fiche-media/Gaulle00129/conference-de-presse-du-16-mai-1967.html, consulté le 15 sept. 2019.

Français » et non l'émanation d'une faction. « Champion de la Nation »[1694], il est « le pays fait homme »[1695]. Pour Schmitt, une élection qui réalise réellement un tel engendrement « signifierait davantage que n'importe laquelle des nombreuses élections que l'on rencontre dans un État démocratique ». Elle aurait un caractère exceptionnel, quasi mystique ; « [c]e serait une acclamation grandiose du peuple [...] qui revêtirait le caractère irrésistible que prennent de telles acclamations dans une démocratie »[1696].

708. Mais le juriste allemand relève immédiatement la problématique essentielle posée par ce type d'élection : « quelle autre fin pourrait-on assigner à la fonction [...] ainsi fondée, sinon celle de la direction politique ? »[1697]. L'individu investi de la confiance du peuple entier ne peut demeurer hors du gouvernement et se contenter d'« inaugurer les chrysanthèmes »[1698]. Il est au contraire parfaitement logique qu'il devienne un chef politique. En 1965, observe Jacques Chapsal, les adversaires du général de Gaulle – pourtant tous opposés à la révision de 1962 – n'ont pu faire autrement que de « chausser ses bottes » :

> « [l]e candidat qui se présenterait devant le suffrage universel en disant qu'il veut bien être Président de la République, mais qu'on lui donne vraiment trop de pouvoirs, qu'il ne veut pas s'en servir, qu'il va les reléguer au magasin des accessoires, n'entraînerait guère l'adhésion des foules qui se diront, vraiment si c'est pour ne rien faire qu'il demande à être élu Président de la République, pourquoi voterait-on pour lui ? »[1699].

Il apparaît effectivement que les deux principaux candidats de l'opposition – Jean Lecanuet et François Mitterrand – furent amenés à porter lors de la campagne des conceptions relativement actives de la présidence de la République[1700]. Élu du suffrage universel, le chef de l'État bénéficie du soutien populaire, non par l'intermédiaire de coalitions partisanes hétéroclites, mais directement sur sa personne. Il peut de ce fait jouer un rôle gouvernemental prépondérant au sein du régime politique et détourner en ce sens l'usage de ses prérogatives régulatrices : dissolution et référendum se changent en véritables outils de plébiscite sur sa personne.

709. À cette hypothèse d'un chef de l'État qui endosserait les habits d'un gouvernant s'oppose celle dans laquelle il serait un pur régulateur, neutre, une autorité objective et impartiale. Schmitt souligne que cela « présuppose que le

---

[1694] J. GICQUEL, *Essai sur la pratique de la Ve République. Bilan d'un septennat*, *op. cit.*, p. 268.
[1695] Selon la formule d'A. THIERS (« Article du 4 février 1830 », préc., p. 146) : « [l]e roi c'est le pays fait homme ».
[1696] C. SCHMITT, *Théorie de la Constitution*, *op. cit.*, p. 497.
[1697] *Loc. cit.*
[1698] « [Q]ui a jamais cru que le Général de Gaulle, étant appelé à la barre, devrait se contenter d'inaugurer les chrysanthèmes ? » (Ch. de GAULLE « Conférence de presse du 9 septembre 1965 », préc.).
[1699] J. CHAPSAL, « La vie politique et les partis en France depuis 1940 », cité par J. GICQUEL, *Essai sur la pratique de la Ve République. Bilan d'un septennat*, *op. cit.*, p. 275.
[1700] V. J. GICQUEL, *Essai sur la pratique de la Ve République. Bilan d'un septennat*, *op. cit.*, p. 276.

président réussisse à s'affranchir des revendications d'un parti »[1701]. Un monarque héréditaire qui dispose d'une légitimité dynastique traditionnelle et, par là, d'une forme d'autorité innée peut en général préserver une position de neutralité qui n'aboutisse pas à sa neutralisation politique totale. En revanche, un chef d'État républicain désigné par le biais d'une élection, s'il est directement élu par l'ensemble du peuple, « doit être un politicien et un chef dans un sens particulièrement net et fort et pas un tiers neutre, parce qu'un peuple entier est nécessairement une puissance politique »[1702] ; son *auctoritas* devient une *potestas*.

710. Si au contraire il est l'élu d'un parti ou d'une coalition de partis[1703], il lui sera là aussi difficile d'endosser le rôle de régulateur impartial car les partis auront porté à la présidence « soit un membre fiable du parti, soit un homme insignifiant qui ne leur tiendra pas tête »[1704]. C'est le principal risque d'une élection par les seuls parlementaires mais la situation peut également survenir avec une élection populaire dès lors que celle-ci est verrouillée par les partis[1705]. Dans ce cas, l'effacement politique du chef de l'État, qui « sait à qui il tient son élection »[1706], est inévitable. Il demeure « le prisonnier des chambres »[1707] ou des partis qui l'ont élu et ne détient pleinement ni un pouvoir de gouvernement, ni un véritable pouvoir régulateur. Ce « n'est plus qu'un subalterne (*Annex*) du Parlement ou du gouvernement »[1708] et, au travers de ces entités, des organisations partisanes qui les contrôlent. À l'inverse, le chef d'État républicain peut s'installer dans une position de neutralité vis-à-vis des partis et des pouvoirs mais il tombe alors immédiatement dans l'insignifiance politique s'il ne dispose pas d'une légitimité démocratique complète. En 1879, Jules Grévy, élu des chambres, instaure une certaine neutralité de l'institution présidentielle en renonçant à l'effectivité de son pouvoir.

1701 C. SCHMITT, *Théorie de la Constitution, op. cit.*, p. 498.
1702 *Loc. cit.*
1703 Situation d'autant plus probable selon H. KELSEN que le président élu au suffrage universel est « en réalité [...] nommé par une majorité et parfois même seulement par une minorité du peuple en lutte contre d'autres groupes ». De ce fait, l'élection populaire du chef de l'État « qui se déroule inévitablement sous la forte pression des actions politiques partisanes est, certes, une méthode de désignation démocratique, mais qui ne garantit pas forcément son indépendance » (*Qui doit être le gardien de la Constitution ?, op. cit.*, p. 106).
1704 C. SCHMITT, *Théorie de la Constitution, op. cit.*, p. 498.
1705 En Autriche, la neutralisation presque complète de la présidence de la République provient d'une volonté manifeste des principaux partis politiques du pays (v. Ph. LAUVAUX, *Destins du présidentialisme*, Paris, Puf, « Béhémot », 2002, pp. 15-17 ; A. LE DIVELLEC, « La neutralisation de la Présidence de la République en Autriche », art. préc., not. pp. 940-948).
1706 J. BARTHÉLEMY, *Le rôle du pouvoir exécutif dans les républiques modernes, op. cit.*, p. 657.
1707 L. DUGUIT, *L'État, les gouvernants et les agents, op. cit.*, p. 328.
1708 C. SCHMITT, *Théorie de la Constitution, op. cit.*, p. 499.

711. En résumé, si le président d'État se trouve réellement élu par l'ensemble du peuple, c'est par la force des choses pour être un chef politique et gouvernant. *A contrario*, le président d'État désigné par le seul parlement ou dont l'élection est entièrement cadenassée par les partis ne sera qu'un agent passif de ceux à qui il doit son poste, sauf à choisir la neutralité en tombant dans l'insignifiance politique la plus complète. Surmonter cette difficulté fondamentale quant à la désignation du régulateur politique semble à première vue délicat.

2°) Un dépassement hypothétique

712. La question du mode de scrutin présidentiel ne se résume pas exclusivement à l'opposition entre suffrage parlementaire et suffrage universel direct. Des alternatives existent, telle la désignation du chef de l'État par un collège électoral renforcé, plus large que le seul parlement sans pour autant réunir l'ensemble du corps électoral[1709]. Il s'agit de la solution défendue par Joseph Barthélemy[1710] et le courant révisionniste[1711] sous la IIIe République française puis retenue dans la Constitution de 1958 jusqu'au référendum du 28 octobre 1962[1712]. On la retrouve également, sous une forme quelque peu atténuée, dans la Constitution italienne de 1947. Dans les deux cas, il s'agit d'une tentative de dépasser l'alternative entre le recrutement parlementaire du chef de l'État et son élection populaire (a). Les constituants portugais de 1976 firent au contraire le choix revendiqué de l'élection populaire mais veillèrent à lui retirer toute portée gouvernementale ou caractère partisan (b). Quoi qu'il en soit, bien davantage que des dispositions constitutionnelles, la consistance de la fonction présidentielle – et donc son éventuelle neutralité *supra partes* – dépend de la personnalité de son titulaire (c).

[1709] Une autre alternative est de faire le choix de l'élection populaire du chef de l'État, gage d'indépendance face au parlement et au gouvernement, tout en retenant un mode de scrutin original. C'est la solution irlandaise : le président est élu au suffrage direct mais à la représentation proportionnelle par la méthode dite du vote unique transférable (art. 12, al. 2 de la Constitution du 1er juil. 1937). Ceci étant, les prérogatives constitutionnelles du chef de l'État irlandais sont si faibles qu'on hésite à le qualifier de régulateur. Il apparaît par conséquent difficile de tirer des conclusions quant aux effets de ce mode de scrutin alternatif, d'autant plus que l'effacement de la présidence irlandaise et son éloignement du gouvernement était une volonté claire des constituants qui ne fut jamais remise en cause par la suite par les titulaires de la fonction. Sur le sujet, v. en particulier A. LE GOFF, « La présidence irlandaise : étude d'un paradoxe constitutionnel », première partie, *RJO*, 2006/4, pp. 449-488 (sur les origines de la présidence et les modalités de son élection) et deuxième partie, *RJO*, 2007/1, pp. 33-62 (sur les pouvoirs du président et la nature de sa fonction).

[1710] L'auteur défendait l'idée d'un collège électoral présidentiel élargi par l'incorporation des conseillers généraux (v. J. BARTHÉLEMY, P. DUEZ, *Traité de droit constitutionnel*, Paris, Dalloz, 1933, p. 637).

[1711] S. PINON, *Les réformistes constitutionnels des années trente. Aux origines de la Ve République*, *op. cit.*, pp. 478-492.

[1712] J.-É. GICQUEL, « 1958-1962 : L'hésitation en France », art. préc., pp. 87-99.

a. La recherche d'un mode alternatif d'élection : les solutions française de 1958 et italienne de 1947

713. La solution française de 1958. Dès le discours de Bayeux en 1946, le général de Gaulle préconisait que le chef de l'État soit élu par un collège électoral « qui englobe le Parlement, mais beaucoup plus large et composé de manière à faire de lui le Président de l'Union française en même temps que celui de la République »[1713]. Son intention se verra transcrite à l'article 6 de la Constitution de 1958[1714]. Il convient cependant de relativiser la portée de cette disposition qui est avant tout l'œuvre d'un compromis entre partisans du parlementarisme moniste et gaullistes. En 1958, ni le général de Gaulle, ni Michel Debré n'apparaissent foncièrement défavorables à l'élection du président de la République au suffrage universel direct. Trois raisons essentielles expliquent ce choix intermédiaire en faveur d'un collège élargi comprenant parlementaires, membres des conseils généraux et des assemblées des territoires d'outre-mer, représentants des États membres de la Communauté et surtout représentants élus des conseils municipaux. La première tient à la volonté de réhabiliter la fonction présidentielle, ce qui condamne définitivement l'élection par le seul parlement. La deuxième est l'hostilité des hommes de la IVe République tels Guy Mollet et Pierre Pflimlin envers le principe de l'élection populaire du chef de l'État par crainte qu'elle n'aboutisse au césarisme bonapartiste. La dernière raison découle de la nature fédérale du chef de l'État en 1958 qui est également le président de la Communauté française, rassemblant la France et ses anciennes possessions coloniales. Dans ce cadre, l'élection du président au suffrage universel posait difficulté quelle que soit la formule retenue : soit le corps électoral comprenait l'ensemble des citoyens de la Communauté et les Français s'y trouvaient minoritaires[1715], soit il ne comprenait que les électeurs de France métropolitaine et le président perdait alors son caractère fédéral.

714. En conséquence, le choix du collège élargi – dit sénatorial – de 82 000 grands électeurs apparaît surtout comme un compromis acceptable en 1958 face au rejet de l'élection parlementaire et à l'impossibilité de l'élection

[1713] Ch. de GAULLE, « Discours prononcé par le général de Gaulle à Bayeux, 16 juin 1946 », préc., p. 6.

[1714] « Le Président de la République est élu pour sept ans par un collège électoral comprenant les membres du Parlement, des conseils généraux et des assemblées des Territoires d'Outre-Mer, ainsi que les représentants élus des conseils municipaux. […] » (version du 4 oct. 1958 publiée au *JO* du 5 oct. 1958).

[1715] Difficulté énoncée par M. DEBRÉ lors de la présentation au Conseil d'État du projet de nouvelle Constitution (« Discours devant le Conseil d'État, 27 août 1958 », préc.) : « [l]e Président de la République a des responsabilités outre-mer ; il est également le président de la Communauté. Envisage-t-on un corps électoral comprenant, universellement, tous les hommes, toutes les femmes de la France métropolitaine, de l'Algérie, de l'Afrique noire, de Madagascar, des îles du Pacifique ? Cela ne serait pas raisonnable et serait gravement de nature à nuire à l'unité de l'ensemble comme à la considération que l'on doit au chef de l'État ».

populaire, autrement dit une solution par défaut. Ses caractéristiques ne sont pourtant pas dénuées d'intérêt dans la perspective du recrutement d'un régulateur placé « en dehors ». Premièrement, la sur-représentation des petites communes rurales au sein du collège électoral contribue à un certain effacement des enjeux partisans et donc du poids des partis dans le processus électoral. Deuxièmement, le président élu n'entretient pas de lien de subordination directe ou de reconnaissance envers les chambres dans la mesure où les parlementaires représentent à peine un pourcent du collège. Cela limite considérablement le risque de capture. Troisièmement, le président qui n'est pas élu par l'ensemble du peuple ne deviendra pas – sauf situation exceptionnelle – un chef politique gouvernant dont l'*auctoritas* se mue en une *potestas*. D'une part, ce mode de désignation ne conduit pas à la forte attente populaire qui résulte nécessairement d'une élection au suffrage universel direct. D'autre part, la légitimité présidentielle, certes supérieure à celle qui résulte d'une élection purement parlementaire, n'en demeure pas moins insuffisante pour disposer d'un pouvoir de commandement permanent.

715. Soutenu par les partis dans l'optique d'une résolution rapide de la crise algérienne et porté par sa légitimité personnelle, le général de Gaulle put gouverner en dépit de son élection par le collège sénatorial en 1958. En 1962, il fit avaliser la tournure présidentialiste du régime par référendum. Pour autant, le maintien de l'élection au suffrage indirect par le collège de grands électeurs aurait représenté une expérience constitutionnellement et politiquement intéressante qui aurait peut-être vu émerger une présidence plus modératrice et régulatrice qu'ouvertement gouvernante[1716].

716. La solution italienne de 1947. Les débats constituants italiens de 1946-1947 furent l'occasion d'une réflexion de même facture[1717]. Il s'agissait de déterminer les modalités d'élection du président de la République, conçu comme « le grand régulateur du jeu constitutionnel [dont la] fonction neutre [est] de veiller à ce que tous les organes de l'État fonctionnent conformément au projet constitutionnel »[1718]. De ce fait, le démocrate-chrétien Constantino Mortati, estimant que « [l]es pouvoirs du chef de l'État sont […]

[1716] L'hypothèse fut envisagée par G. VEDEL dans son célèbre article « Rétrofictions : Si de Gaulle avait perdu en 1962… Si Alain Poher avait gagné en 1969… », *in* O. DUHAMEL, J.-L. PARODI (dir.), *la Constitution de la Cinquième République*, Paris, Presses de la Fondation nationale des sciences politiques, « Références », 1985, pp. 136-145.

[1717] V. A. GIACONE, « L'élection et les pouvoirs du Président de la République italienne : le débat à l'Assemblée constituante », *in* A.-M. LE POURHIET (dir.), *La désignation du chef de l'État. Regards croisés dans le temps et l'espace*, Clermont-Ferrand, Fondation Varenne et LGDJ, « Colloques et essais », 2012, pp. 103-116 ; *id.*, *La fonction présidentielle en Italie (1946-1964)*, thèse dactylographiée, IEP de Paris, 2008, en particulier vol 1, pp. 22-61.

[1718] Selon le démocrate-chrétien Egidio Tosato (Assemblea costituente, *Discussioni in Assemblea plenaria*, séance du 19 sept. 1947 après-midi, n° 226, p. 338, disponible sur http://legislatureprecedenti.camera.it/, consulté le 15 sept. 2019. Nous traduisons).

strictement liés à la procédure de sa nomination », écarte l'élection au suffrage universel direct, qui lui donnerait « un très fort prestige » et un poids politique prédominant. Il se déclare en même temps opposé à une élection purement parlementaire qui « diminuerait l'autorité du chef de l'État »[1719] et ne garantirait pas sa « nécessaire indépendance » vis-à-vis des chambres. Afin de souligner la neutralité *supra partes* de l'institution présidentielle, Mortati préconise un recrutement par un collège spécial. Celui-ci inclurait des représentants des régions et des divers « groupes sociaux particulièrement intéressés par le maintien de l'équilibre » institutionnel dont le chef de l'État, en vertu de sa fonction régulatrice, est d'une certaine manière « le tuteur »[1720]. Sa position est partiellement suivie par la seconde sous-Commission pour la Constitution, qui exclut pour les mêmes raisons à la fois l'élection populaire et l'élection par les chambres. L'alternative proposée est d'élargir le collège parlementaire par la participation des présidents des assemblées régionales et de délégués des régions[1721].

717. Le débat sur le chef de l'État s'engage devant l'Assemblée constituante le 4 mars 1947. Le libéral Bozzi craint que le président ne se trouve mis sous tutelle par une « dictature » des assemblées et affirme son soutien au principe de l'élection au suffrage universel direct :

> « [o]n a dit [...] ce qui pourrait présenter un danger : l'investiture trop large et trop populaire pourrait donner au chef de l'État le sentiment d'être le titulaire de pouvoirs personnels. C'est-à-dire un danger de dictature. Mais je crois que ce danger n'existe pas. Il n'existe pas si, comme c'est le cas et comme je pense que cela devrait rester, nous tenons distinctes les fonctions de chef de l'État de celles de chef de gouvernement »[1722].

Sa position apparaît cependant minoritaire au sein de l'Assemblée constituante où l'on invoque « le danger du césarisme, du bonapartisme, de l'hitlérisme » et « le spectre de la dictature »[1723]. Durant la séance du 20 mai 1947, le démocrate-chrétien Edoardo Clerici exprime ainsi son opposition à l'élection populaire du chef de l'État :

> « [c]ertes nous n'avons heureusement pas un De Gaulle, nous n'avons plus un D'Annunzio, et, en regardant autour de moi, je ne vois personne qui puisse assumer un rôle similaire ; mais il y a toujours le danger, à travers l'élection populaire, du succès d'une personne, et

---

[1719] Assemblea costituente – Commissione per la Costituzione, *Resoconti della seconda Sottocommissione (ordinamento costituzionale dello Stato)*, séance du 3 sept. 1946, n° 7, p. 85, disponible sur http://legislatureprecedenti.camera.it/, consulté le 15 sept. 2019. Nous traduisons.

[1720] *Ibid.*, p. 86. Nous traduisons.

[1721] Assemblea costituente – Commissione per la Costituzione, *Resoconti della seconda Sottocommissione. Prima sezione (Potere esecutivo)*, séance du 19 déc. 1946, n° 1, p. 2, disponible sur http://legislatureprecedenti.camera.it/, consulté le 15 sept. 2019.

[1722] Assemblea costituente, *Discussioni in Assemblea plenaria*, préc., séance du 4 mars 1947, n° 49, p. 1741. Nous traduisons.

[1723] Meuccio Ruini, président de la Commission pour la Constitution, résume de la sorte les motifs pour lesquels l'élection directe du président de la République n'a pas été retenue (*ibid.*, séance du 19 sept. 1947 après-midi, n° 226, p. 355. Nous traduisons).

de l'abus que cette personne peut faire d'un pouvoir extraordinaire contre ce qui est la représentation légitime, permanente et démocratique de la République populaire »[1724].

Les séances des 21 et 22 octobre 1947 sont presque intégralement consacrées à l'examen des modalités de recrutement du chef de l'État. Guido Russo Perez soutient que le suffrage direct du peuple « a été exclu pour une raison purement théorique, et donc absolument inconsistante, à savoir que l'élection directe modifierait les caractéristiques du système parlementaire, introduisant un élément du système présidentiel ; et pour une raison pratique, [...] la nécessité d'éviter ce qu'on appelle le césarisme, qui [...] signifie dictature, tyrannie »[1725]. Il estime que les dangers de l'élection directe sont en grande partie « imaginaires » :

> « [l]'investiture d'Hindenburg fut plus productive pour Hitler que le suffrage populaire. [...] Pour qu'un dictateur naisse, il n'est pas nécessaire qu'il reçoive les pleins pouvoirs du peuple. [...] Le césarisme découle du tempérament des hommes et de la situation des choses. Il faut espérer que les tempéraments des futurs présidents ne soient pas enclins à la tyrannie et, en ce qui concerne les choses, nous devons agir pour ne pas créer les conditions favorables à la naissance des dictatures. [...] Une fois le chef de l'État élu, quel que soit le système retenu, ses pouvoirs ne changent pas, ce sont ceux qui émanent de la loi »[1726].

Le 22 octobre 1947, l'Assemblée passe au vote. Elle rejette les amendements en faveur de l'élection du président de la République au suffrage universel direct. En revanche, elle entérine sa désignation par le parlement et des délégués des régions, conformément au projet de la Commission pour la Constitution. Un dernier amendement prévoit la participation de trois délégués – au lieu de deux – par conseil régional, afin d'assurer la représentation de la minorité. Cette volonté d'élargir – de manière somme toute très relative – le collège électoral présidentiel est approuvée par 223 voix contre 108[1727]. Elle se retrouve à l'article 83 de la Constitution de 1947[1728]. On notera enfin que pour les critères d'éligibilité, les constituants relèvent l'âge minimum à 50 ans afin, dit le démocrate-chrétien Giuseppe Fuschini, d'assurer « une plus grande expérience de vie »[1729] au premier magistrat de l'État, qui devra en quelque sorte passer par une forme de *cursus honorum* des temps modernes, gage de compétence.

1724 *Ibid.*, séance du 11 sept. 1947 après-midi, n° 215, p. 107.

1725 *Ibid.*, séance du 21 oct. 1947 après-midi, n° 266, p. 1409.

1726 *Ibid.*, p. 1410.

1727 *Ibid.*, séance du 22 oct. 1947 matin, n° 267, p. 1427.

1728 « Le président de la République est élu par le Parlement réuni en congrès. Trois délégués pour chaque région, élus par le conseil régional de manière à assurer la représentation des minorités, participent à l'élection. Le Val d'Aoste a un seul délégué » (art. 83, al. 1 et 2 de la Constitution de la République italienne du 22 déc. 1947).

1729 Assemblea costituente, *Discussioni in Assemblea plenaria*, préc., séance du 22 oct. 1947 après-midi, n° 268, p. 1431. Nous traduisons

718. Ce rapide aperçu des discussions qui se tinrent au sein de l'Assemblée constituante italienne témoigne de la diversité des positions quant au mode de désignation du chef de l'État et des raisons qui motivèrent le choix d'une élection par un collège composé des parlementaires et d'une soixantaine de délégués régionaux. Dans la pratique, la solution retenue n'empêcha pas que plusieurs élections présidentielles donnent lieu à d'intenses tractations partisanes pour obtenir un résultat[1730]. Les Portugais, qui cherchaient eux aussi à mettre en place un pouvoir régulateur présidentiel, firent le choix radicalement différent de l'élection au suffrage universel direct.

b. Une élection populaire apartisane et sans visée gouvernementale : la solution portugaise de 1976

719. En prônant l'élection populaire du chef de l'État, les Portugais ont cherché à « exorciser » l'histoire constitutionnelle de leur pays au XXe siècle, marquée tant par l'instabilité gouvernementale de la Ière République parlementaire que par l'autoritarisme de la IIe République (*1*). Afin que cette élection demeure sans enjeu gouvernemental et éloignée de l'emprise des partis, des butoirs juridiques, traduits dans la pratique politique, ont été prévus (*2*).

1. Les facteurs historiques du choix

720. Le choix portugais en faveur de l'élection directe du chef de l'État peut à première vue paraître surprenant. « Le droit constitutionnel comparé nous apprend en effet que les pays sortant d'un régime fort sinon d'une dictature, ont tendance à repousser l'élection populaire du Chef de l'État »[1731]. Or, contrairement aux Français en 1958-1962, les Portugais ne cherchaient pas à exorciser un « hyper-parlementarisme » mais un pouvoir personnel et autoritaire incarné pendant plus de quarante-cinq ans par le président du Conseil et véritable homme fort du régime António de Oliveira Salazar[1732]. Toutefois, plusieurs autres paramètres historiques et politiques doivent être pris en considération afin d'expliquer leur choix.

[1730] V. A. GIACONE, « L'élection et les pouvoirs du Président de la République italienne : le débat à l'Assemblée constituante », préc., pp. 112-116.

[1731] D. ROUSSEAU, « La primauté présidentielle dans le nouveau régime politique portugais : mythe ou réalité ? », *RDP*, 1980, p. 1330.

[1732] « Ce que les Français ont voulu exorciser en 1958 c'était l'hyper-parlementarisme de la Quatrième République, ce que nous voulions exorciser c'était un pouvoir personnel », explique le juriste Vital Moreira qui fut député à l'Assemblée constituante portugaise en 1975-1976 (« Entretien avec Monsieur Vital Moreira », *in* P. J. CANELAS RAPAZ, « Le Président de la République et le régime politique portugais – Entretiens », préc., p. 50).

721. Premièrement, le système institutionnel de l'*Estado Novo* fonctionnait de manière primo-ministérielle – Salazar était chef du gouvernement – et non présidentialiste. Totalement effacé face à la figure dominante du président du Conseil et au poids de l'Union nationale, l'organisation officielle du régime, le président de la République n'exerçait en pratique presque aucun rôle politique concret.

722. Deuxièmement, l'élection présidentielle au suffrage universel direct[1733] représentait durant cette période « un moment de liberté suffisante » (Salazar) où l'opposition « officielle » bénéficiait d'une relative visibilité pour faire campagne. Elle a de ce fait acquis une forte symbolique démocratique au Portugal, bien qu'à cause de la fraude électorale avérée et du contrôle et des pressions exercés sur les candidatures de l'opposition, sept des huit élections présidentielles de l'*Estado Novo* eurent lieu avec un candidat unique soutenu par l'Union nationale au pouvoir. La seule exception, l'élection de 1958, demeure emblématique. Le candidat de l'opposition, le général Humberto Delgado, mena une campagne active et vigoureuse qui souleva un certain enthousiasme populaire. Lorsqu'on lui demanda quelle serait son attitude à l'égard du président du Conseil Salazar s'il remportait l'élection, Delgado apporta la réponse lapidaire : *obviamente, demito-o* – « évidemment, je le démets ». Ces quelques mots rappelaient que le chef de l'État disposait, en tant que pouvoir modérateur, du droit de révoquer le chef du gouvernement[1734]. Le général Delgado ne fut évidemment pas élu[1735] – le régime procédant à un gigantesque bourrage d'urnes en faveur du candidat officiel – mais sa campagne mit en lumière les potentialités démocratiques et modératrices d'une présidence élue au suffrage direct. Devant ce risque, le régime procéda en 1959 à une révision constitutionnelle, ouvertement inspirée des modalités françaises de 1958, qui mettait en place la désignation du chef de l'État par un collège électoral[1736]. À partir de ce moment, la réinstauration de l'élection populaire du président de la République devint une revendication fondamentale de l'opposition démocratique[1737].

[1733] L'article 72 de la Constitution du 19 mars 1933 dispose que « [l]e chef de l'État est le Président de la République, élu par la nation. […] L'élection a lieu […] au suffrage direct des citoyens électeurs. […] ».

[1734] L'article 81. 1° de la Constitution du 19 mars 1933 accorde effectivement cette prérogative au chef de l'État.

[1735] Humberto Delgado est assassiné le 13 février 1965 en Espagne par la PIDE, la police politique du régime.

[1736] Néanmoins, selon Oscar Ferreira, « la modification du mode d'élection du chef de l'État ne peut se résumer à une question de conjoncture » car « [l]a révision constitutionnelle de 1959 était de toute manière inéluctable ». Pour Salazar, un pouvoir modérateur légitimé par l'élection directe n'était plus nécessaire dans un Portugal corporatiste devenu un « État sans partis » à l'abri du péril ochlocratique (v. O. FERREIRA, « L'élection au suffrage direct du Président au Portugal : renforcer *et* contenir le pouvoir modérateur en République (1911-2011) », art. préc., pp. 128-131).

[1737] V. « Entretien avec Monsieur Jorge Sampaio », reproduit *in* P. J. CANELAS RAPAZ, « Le Président de la République et le régime politique portugais – Entretiens », préc., p. 15 ; « Entretien avec Marcelo

723. Troisièmement, il faut également prendre en compte l'instabilité politique délétère de la Ière République portugaise, qui provoqua sa chute. L'absence d'un véritable pouvoir modérateur présidentiel élu par le peuple – le président de la République était élu par le parlement – est en cause, comme l'affirme par exemple le député Rui Pena (*Centro Democrático Social* – conservateur) en 1979 :

> « [l]a Constitution de 1911 a été fondamentalement accusée d'avoir provoqué toute l'instabilité gouvernementale que nous connaissons et qui a conduit à la dictature. Le Parlement a fait ce qu'il voulait [...] sans un pouvoir modérateur qui le contienne – le Président de la République était élu par les députés et s'est donc retrouvé sous leur dépendance. [...] D'où la difficulté de gouverner le pays : huit présidents, quarante-quatre ministères, sept assemblées législatives, dont cinq sujettes à dissolution, se sont succédé en moins de quinze années »[1738].

L'élection directe du chef de l'État doit par conséquent s'entendre comme un « remède à l'instabilité républicaine »[1739] légitimant une présidence « *castrense* »[1740] rendue d'autant plus nécessaire que les constituants portugais de 1976 retiennent le principe de la représentation proportionnelle au parlement. Ceux-ci entreprennent la neutralisation de l'élection présidentielle afin de la tenir éloignée des enjeux gouvernementaux et partisans.

2. *L'encadrement juridique et politique de l'élection*

724. Au Portugal, l'élection présidentielle se déroule au scrutin uninominal majoritaire à deux tours[1741]. Le chef de l'État étant « par nature une autorité impartiale, au-dessus des partis [...], il ne doit pas être impliqué dans le jeu partisan »[1742]. Pour cette raison, les candidatures ne sont pas présentées par les partis politiques, comme aux élections législatives[1743], mais par « un minimum de 7 500 électeurs et un maximum de 15 000 »[1744]. En dépit de l'implication

Rebelo de Sousa », reproduit *in ibid.*, pp. 36-37 ; « Entretien avec Monsieur Vital Moreira », reproduit *in ibid.*, pp. 48-49.

[1738] *Diário da Assembleia da República*, préc., 2 avril 1979, n° 45, p. 1594. Nous traduisons.

[1739] O. FERREIRA, « L'élection au suffrage direct du Président au Portugal : renforcer *et* contenir le pouvoir modérateur en République (1911-2011) », art. préc., p. 121.

[1740] D'après O. FERREIRA (*ibid.*, pp. 120-121), le terme est dérivé du latin *castrum* (camp militaire, forteresse). Il permet de faire référence à la fois à la mission présidentielle, en retrait en période normale mais qui se réactive en cas de danger, et à son essence militaire originaire : élu en 1976, Eanes était chef d'état-major de l'armée portugaise, ce qui reflète la tutelle militaire sur le processus de transition démocratique – M. DUVERGER parlait joliment de « démocratie à l'ombre des épées » (*Échec au roi*, *op. cit.*, p. 36).

[1741] Art. 126 de la Constitution du 2 avril 1976.

[1742] R. GARNIER, *Un modèle européen de démocratie : le cas portugais*, *op. cit.*, p. 327.

[1743] Art. 151, al. 1er de la Constitution de 1976 : « [l]es candidatures sont présentées, conformément à la loi, par les partis politiques, isolément ou en coalition. [...] ».

[1744] Art. 124, al. 1er de la Constitution de 1976.

inévitable des partis dans le processus électoral présidentiel[1745], cette présentation obligatoire des candidatures par des électeurs demeure « un des traits les plus significatifs de la conception constitutionnelle du Président de la République. [...] Le Président de la République n'est pas un candidat partisan »[1746]. L'idée est que la fonction présidentielle, conçue comme non gouvernante, doit être éloignée des partis politiques « parce que ces derniers sont les vecteurs organiques du pouvoir »[1747] gouvernemental.

725. En outre, on procède au découplage constitutionnel des élections législatives et de l'élection présidentielle, le but étant d'éviter la « contamination »[1748] des premières par cette dernière, qui pourrait mener à une forme de présidentialisme majoritaire. Dans la conception des constituants de 1976, seules les élections législatives sont de nature partisane et possèdent une visée gouvernementale. « Politique mais non partisane »[1749], l'élection présidentielle ne doit pas avoir pour enjeu la politique gouvernementale, qu'il ne s'agit ni de confirmer ni d'infirmer par son biais.

726. À cette fin, l'article 125, alinéa 2 de la Constitution portugaise dispose que l'élection présidentielle « ne pourra avoir lieu dans les quatre-vingt-dix jours précédant ou suivant la date des élections à l'Assemblée de la République »[1750]. L'élection présidentielle est de la sorte tenue éloignée des enjeux gouvernementaux et partisans propres aux élections législatives, tandis que celles-ci sont protégées de l'influence de l'élection présidentielle et ne peuvent se transformer en de simples élections de confirmation. Il faut comprendre de la même manière l'interdiction posée à l'article 172, alinéa 1er de dissoudre l'Assemblée « au cours du dernier semestre du mandat du président de la République »[1751]. La volonté de dissocier les deux élections se retrouve également dans l'absence de synchronisation de la durée des mandats : les députés sont élus pour quatre ans[1752] tandis que le chef de l'État

[1745] Les partis politiques peuvent soutenir un candidat à l'élection présidentielle et il apparaît que tous les candidats victorieux ont bénéficié du soutien d'un ou de plusieurs partis dont au moins un des deux principaux, le Parti socialiste (centre-gauche) ou le Parti social-démocrate (centre-droit). En ce sens, v. P. J. CANELAS RAPAZ, *Le président de la République portugaise. La construction de la figure présidentielle portugaise depuis 1986*, *op. cit.*, pp. 49-50.

[1746] J. J. GOMES CANOTILHO, V. MOREIRA, *Os poderes do Presidente da República*, Coimbra, Coimbra Editora, 1991, p. 27. Nous traduisons.

[1747] R. GARNIER, *op. cit.*, p. 116.

[1748] J. J. GOMES CANOTILHO, V. MOREIRA, *Constituição da República Portuguesa Anotada*, 3e éd., Coimbra, Coimbra Editora, 1993, p. 565. Nous traduisons.

[1749] P. J. CANELAS RAPAZ, *Le président de la République portugaise. La construction de la figure présidentielle portugaise depuis 1986*, *op. cit.*, p. 54.

[1750] L'article 125, alinéa 3 précise que « [l]e mandat du président sortant sera automatiquement prolongé pour la période nécessaire ».

[1751] Par ailleurs, sans cette interdiction, le président de la République pourrait, en vertu des dispositions de l'article 125, dissoudre pour prolonger son mandat.

[1752] Art. 171, al. 1er de la Constitution de 1976.

est élu pour cinq ans[1753]. Pour ces raisons, il est impossible de raisonner en termes de *honeymoon elections* (« élections lune de miel »)[1754] au Portugal car les échéances présidentielle et parlementaire sont temporellement déconnectées par la Constitution.

727. Les conséquences politiques de ces éléments juridiques sont visibles. Depuis 1976, l'élection présidentielle ne se dispute pas sur des enjeux gouvernementaux ; contrairement à la France, les candidats ne se présentent pas avec un programme de gouvernement. Le président élu, même s'il a été soutenu par des partis durant la campagne, se place immédiatement « avec une indépendance politique absolue [...] dans une position équidistante par rapport aux partis politiques »[1755]. En effet, la majorité présidentielle n'est pas partisane et ne confère pas de pouvoir gouvernant. Elle n'a en quelque sorte « pas d'existence politique propre. Elle est instantanée et sans portée »[1756]. La majorité présidentielle s'éteint avec l'élection, ce qui place d'office le président élu en dehors de la dichotomie entre majorité gouvernementale et opposition parlementaire. Une « cohabitation », c'est-à-dire la « situation constitutionnelle consécutive à la contradiction politique entre les majorités présidentielle et parlementaire »[1757], n'est donc pas envisageable en ces termes au Portugal. L'élection présidentielle est d'autant plus « autonome et sans enjeu gouvernemental »[1758] que le président de la République n'est ni le chef de la majorité[1759], ni celui de l'opposition – pas davantage d'ailleurs qu'il n'est leur obligé.

728. À la lumière des dispositions juridiques et de leur pratique concrète, on entrevoit que « le presque-présidentialisme français ne peut que difficilement être transposé » dans le cadre constitutionnel portugais[1760]. Premier civil élu à

1753 Art. 128, al. 1er de la Constitution de 1976.

1754 L'expression est notamment employée par M. S. SHUGART et J. M. CAREY (*Presidents and Assemblies. Constitutional Design and Electoral Dynamics*, Cambridge, CUP, 1992, p. 263). Quant à ce qu'elle recouvre précisément, R. ELGIE et I. McMENAMIN évoquent des élections présidentielles et législatives « synchronisées » ou « quasi-synchronisées », c'est-à-dire séparées par au maximum trois mois (« Explaining the Onset of Cohabitation Under Semi-presidentialism », *Political Studies*, 2011, disponible sur http://doras.dcu.ie/20745/1/Explaining_the_onset_of_cohabitation_PS.pdf, consulté le 15 sept. 2019, p. 16).

1755 M. SOARES, « Imperativo nacional », reproduit *in id.*, *Intervenções 6*, Lisbonne, Imprensa Nacional – Casa da Moeda, 1992, p. 30. Cette formule fut prononcée par Mário Soares après sa réélection en 1991.

1756 R. GARNIER, *op. cit.*, p. 335.

1757 V° « Cohabitation » *in* P. AVRIL, J. GICQUEL, *Lexique de droit constitutionnel*, *op. cit.*, p. 22.

1758 R. GARNIER, *op. cit.*, p. 336.

1759 Or, comme le relève J.-Cl. COLLIARD (« Sur le qualificatif de "semi-présidentiel" », *in Mélanges Patrice Gélard. Droit constitutionnel*, Paris, Montchrestien, 1999, p. 231), « il est certes nécessaire pour un président désireux d'être le véritable détenteur du pouvoir que son parti ou sa coalition ait la majorité au Parlement : encore faut-il qu'il en soit le chef, reconnu et obéi comme tel [...] ». Cela n'est justement pas le cas au Portugal : lorsque le président est issu du parti ou de la coalition majoritaire, il ne cherche pas à en être le chef et n'est de toute façon pas reconnu comme tel.

1760 J. J. GOMES CANOTILHO, V. MOREIRA, *Os poderes do Presidente da República*, *op. cit.*, p. 16. Nous traduisons.

la présidence en 1986 à l'issue d'une campagne très disputée et polarisée[1761], l'ancien premier ministre socialiste Mário Soares écarte immédiatement cette possibilité. Il déclare le soir de son élection :

> « [le chef de l'État] doit [...] se positionner au-dessus des controverses partisanes ; son action doit être marquée par son équité et son indépendance. Il ne doit donc pas se réclamer de la majorité qui l'a élu, [...] ni chercher à bénéficier dans l'exercice de sa magistrature d'un quelconque parti, ni tenter d'en créer un spécialement pour lui »[1762].

Face à un gouvernement minoritaire de droite qui avait soutenu son rival au second tour de la présidentielle, Mário Soares ne prononce pas de dissolution « mitterrandienne » d'alignement majoritaire. Il ne cherche pas à tirer parti de son élection en tentant une hypothétique présidentialisation du régime.

729. Cette attitude quant à la portée non gouvernementale de l'élection présidentielle est fondamentale. En ce sens, « l'année 1991 manifeste exemplairement la déconnexion entre les deux scrutins [parlementaire et présidentiel] »[1763], relève Philippe Lauvaux. Sans concurrence sérieuse et soutenu par les deux principaux partis politiques du pays, Soares est réélu à la présidence en janvier avec 70,35 % des voix dès le premier tour, tandis que le Parti social-démocrate (centre-droit) au pouvoir obtient une nouvelle majorité absolue à l'Assemblée (50,6 % des voix et 135 sièges sur 230) en octobre.

730. Les successeurs de Mário Soares, des hommes politiques renommés et respectés, s'inscrivirent dans la même logique, ce qui semble confirmer le pari gagnant des constituants portugais quant à l'encadrement de l'élection présidentielle. En France, dès l'avènement de la Ve République, la personnalité exceptionnelle du premier titulaire de la fonction présidentielle prit immédiatement le pas sur les considérations juridiques.

c. Le poids de l'élément personnel

731. Un chef de l'État doté d'une importante légitimité historique ou morale, qui viendrait en quelque sorte égaler la légitimité dynastique et traditionnelle d'un monarque héréditaire, est en mesure de se soustraire à l'emprise des organisations partisanes sur son processus de désignation. Une légitimité personnelle suffisamment forte permet au chef de l'État de demeurer au-dessus de l'arène politique et maintenir de la sorte une position de neutralité sans tomber dans l'insignifiance politique. Libéré des influences partisanes, il devient pleinement capable d'incarner un pouvoir régulateur.

[1761] Soutenu par le Parti socialiste, Mário Soares l'emporte au second tour avec 51,18 % des voix contre 48,82 % des voix pour le candidat de la droite, Diogo Freitas do Amaral.
[1762] Discours prononcé le 16 février 1986. Extrait reproduit *in* R. GARNIER, *op. cit.*, p. 333.
[1763] Ph. LAUVAUX, *Destins du présidentialisme*, *op. cit.*, p. 28.

732. Mais cette légitimité exceptionnelle ne se décrète pas ; elle est le produit de l'Histoire et des circonstances, pas du droit. En outre, rien n'assure que le collège électoral, quelle que soit sa composition, soit disposé à porter de tels personnages à la magistrature suprême. Le cas de la IIIe République française est symptomatique : se succèdent à la présidence des hommes politiques de second plan et d'autres qui n'envisagent ce mandat que comme une salle d'attente ou un strapontin vers de hautes fonctions ministérielles. Cet état de fait est l'une des causes de l'instabilité présidentielle durant la IIIe République : seuls six présidents (sur quatorze) finirent au moins un mandat[1764]. Dans de telles conditions, l'institution présidentielle ne pouvait parfaitement incarner l'élément stable ou permanent du régime.

733. À l'évidence, la nature et la consistance de la fonction présidentielle, en particulier sa position vis-à-vis des partis politiques, résulte plus de la personnalité de son titulaire que des éléments juridiques qui l'encadrent. Carl Schmitt prend l'exemple du *Reichspräsident* Hindenburg qui, n'étant membre d'aucun parti, est élu en 1925 avec le soutien de la droite puis réélu en 1932 avec celui du centre et de la gauche. Le juriste allemand observe que ce précédent « ne démontre nullement qu'un *Reichspräsident* élu par le peuple échappe nécessairement aux conséquences de l'organisation de l'électorat en partis » :

> « [...] la considération et la confiance dont jouit le *Reichspräsident* Hindenburg dans une large majorité de la population allemande par-delà les frontières entre les partis tient encore à des traditions et à des sentiments qui se sont formés *avant* l'entrée en vigueur de la constitution actuelle ; ils découlent de la guerre et de la période de la défaite »[1765].

Le caractère *supra partes* de la présidence Hindenburg est essentiellement une conséquence du prestige personnel dont bénéficie le vieux maréchal outre-Rhin depuis la Première Guerre mondiale, transcendant les opinions idéologiques et les divisions partisanes. Une telle situation ne peut qu'être exceptionnelle car « à une époque de politique parlementaire partisane normale, toute personne qui entre dans la vie publique politique reçoit très vite une étiquette de parti »[1766].

734. En France en 1958, « les événements de l'Histoire avaient déjà fait le nécessaire ». En raison du « lien exceptionnel » qu'il entretenait avec les Français depuis la Seconde Guerre mondiale, le général de Gaulle n'avait pas « attaché [...] une importance particulière aux modalités qui allaient entourer [s]a désignation, puisque celle-ci était d'avance prononcée par la force des

---

[1764] Il s'agit de Jules Grévy (élu en 1879), Émile Loubet (élu en 1899), Armand Fallières (élu en 1906), Raymond Poincaré (élu en 1913), Gaston Doumergue (élu en 1924) et Albert Lebrun (élu en 1932). Seuls Grévy (en 1885) et Lebrun (en 1939) furent réélus pour un second mandat qu'ils ne terminèrent pas.
[1765] C. SCHMITT, *Théorie de la Constitution*, *op. cit.*, p. 499.
[1766] *Loc. cit.*

choses »[1767]. Il fut ainsi en mesure d'imposer dans la pratique sa lecture des institutions favorable à une présidence active et gouvernante puis offrit à ses successeurs, qui ne pouvaient bénéficier de la même légitimité personnelle, une légitimité démocratique complète par l'élection au suffrage universel direct. Les présidents de la Ve République furent d'ailleurs tous des chefs politiques – de la majorité ou de l'opposition en période de cohabitation.

735. En conséquence, on constate que l'existence et la consistance d'un pouvoir régulateur présidentiel dépendent au moins autant de la volonté des acteurs politiques et de la personnalité de son titulaire que des modalités de sa désignation. Schmitt le souligne[1768] : si le premier président du Reich Friedrich Ebert – qui n'avait pas été élu par l'ensemble du peuple allemand – incarna une autorité impartiale, neutre et modératrice parce que c'est ainsi qu'il concevait la fonction présidentielle, rien n'empêchait ses successeurs d'employer leurs prérogatives constitutionnelles à d'autres fins. L'élément personnel et la pratique sont déterminants. Les modalités de recrutement du régulateur juridictionnel ne semblent pas poser les mêmes difficultés.

B. Le recrutement du régulateur juridictionnel

736. « Le recrutement d'une juridiction investie d'une si haute mission et de pouvoirs si considérables pose évidemment un délicat problème »[1769]. À l'instar du régulateur politique, il s'agit d'assurer l'impartialité, la neutralité *supra partes* des membres de cet organe collégial amenés à se prononcer juridiquement sur des questions éminemment politiques, ce qui complique d'autant plus la tâche. Comment l'obtenir ou du moins créer les conditions de son existence ?

737. Selon Charles Eisenmann, « le problème, ainsi posé, ne comporte pas de solution, du moins directe »[1770]. Schématiquement, il existe trois principaux modes de recrutement des juges constitutionnels : la nomination par le chef de l'État ou par d'autres organes politiques unipersonnels, l'élection par le parlement et le recrutement de plein droit en raison d'une fonction (administrative, judiciaire, universitaire…). Dans les deux premiers cas, la prégnance d'une logique politique paraît évidente. La conséquence est que « le mode de désignation ne confère au juge que la légitimité de l'organe qui

[1767] Ch. de GAULLE, « Allocution télévisée, 20 septembre 1962 », disponible sur http://mjp.univ-perp.fr/textes/degaulle20091962.htm, consulté le 15 sept. 2019.
[1768] C. SCHMITT, *Théorie de la Constitution*, *op. cit.*, p. 498.
[1769] Ch. EISENMANN, *La justice constitutionnelle et la Haute cour d'Autriche*, *op. cit.*, p. 175.
[1770] *Ibid.*, pp. 175-176.

le nomme »[1771]. Le régulateur juridictionnel se trouve placé par cet acte originel « dans un rapport de dépendance et de subordination statutaires à l'égard du pouvoir politique »[1772] qui favorise grandement sa capture. Seul le troisième mécanisme – le recrutement de plein droit en raison d'une fonction – permet de soustraire à toute influence politique directe la composition de l'organe régulateur. Mais il ne représente pas non plus une garantie totale d'impartialité : les juges de droit ont eux aussi des opinions ou des passions politiques et idéologiques dont ils ne pourront peut-être pas faire abstraction dans l'exercice de leur fonction de régulation.

738. Ceci étant, l'introduction dans de nombreuses constitutions d'une condition de compétence juridique comme préalable au recrutement en tant que juge constitutionnel permet d'atténuer le caractère discrétionnaire du choix de l'autorité de nomination[1773]. Plus encore, elle a pour objectif de tendre vers une forme de neutralité de l'organe régulateur, « au sens d'objectivité et d'impartialité fondée sur une norme confirmée » ou encore « fondée sur une compétence libre de tout intérêt égoïste »[1774], suivant la typologie schmittienne. La collégialité de l'institution, qui permet de restreindre l'influence des acteurs politiques en la diluant, poursuit un même objectif.

739. Le choix du président de la cour constitutionnelle conduit à des difficultés assez semblables que celui des membres ordinaires. La désignation ou l'élection par une entité politique extérieure ne garantit pas pleinement l'indépendance de l'institution. *A contrario*, l'élection par les pairs peut être « une marque d'indépendance intégrale à l'égard des autres pouvoirs publics »[1775]. Cette possibilité présente toutefois « l'inconvénient d'encourager les divisions voire les rivalités internes »[1776] en aboutissant à « une compétition nuisible à l'indispensable cohésion de l'institution »[1777] chargée d'une mission régulatrice au sein du système institutionnel.

[1771] J.-P. THÉRON, « À propos de la légitimité du juge administratif… », *in* J. KRYNEN, J. RAIBAUT (dir.), *La Légitimité des Juges*, Toulouse, Presses de l'Université Toulouse 1 Capitole, « Les travaux de l'IFR Mutation des Normes Juridiques », n° 1, 2004, p. 97.

[1772] M. DIAKHATE, art. préc., p. 798.

[1773] À contre-courant de la solution française en la matière : v. J.-P. CAMBY, « La nomination des membres du Conseil constitutionnel ou la liberté absolue de choisir », *RDP*, 1999, pp. 1573-1583 ; P. WACHSMANN, « Sur la composition du Conseil constitutionnel », *Jus politicum*, 2010, n° 5, disponible sur http://juspoliticum.com/article/Sur-la-composition-du-Conseil-constitutionnel-294.html, consulté le 15 sept. 2019.

[1774] C. SCHMITT, « Exposé sommaire des différentes significations et fonctions du concept de neutralité de l'État en matière de politique intérieure », art. préc., p. 159.

[1775] M. DIAKHATE, art. préc., p. 797.

[1776] J. MARCOU, *Justice constitutionnelle et systèmes politiques. États-Unis, Europe, France*, *op. cit.*, p. 88.

[1777] P. AVRIL, J. GICQUEL, *Le Conseil constitutionnel*, *op. cit.*, p. 69.

740. Trancher de manière définitive entre les différents modes de recrutement possibles apparaît donc difficile, « aucun n'étant en soi absolument condamnable, aucun n'offrant d'autre part toute sécurité »[1778]. En réalité, la question doit simplement être posée en des termes différents, estime Charles Eisenmann :

> « [...] ce n'est [...] pas l'impartialité des juges que doit chercher à garantir le droit positif : sur cette qualité intellectuelle et d'ailleurs difficilement définissable [...], le droit n'a pas d'action directe, les moyens juridiques n'ont pas de prise. Ce qu'il faut à tout prix garantir, c'est l'indépendance des juges, qui est la condition, sinon suffisante, du moins nécessaire de l'impartialité, celle qui fera, non pas que les juges soient impartiaux, mais qu'ils ne soient pas empêchés de l'être [...] »[1779].

Or l'indépendance – qui est une qualité juridique – tient autant si ce n'est davantage au statut de l'organe et à celui de ses membres une fois nommés qu'à la manière dont ils ont été recrutés.

741. Par conséquent, il importe que le régulateur puisse échapper à l'influence des entités régulées – surtout si elles ont participé à son recrutement – et des partis afin d'éviter sa capture et assoir son autorité au sein du système institutionnel. La mise en place de certaines garanties d'ordre statutaire est pour cela indispensable.

§ II. UN STATUT VISANT À GARANTIR L'INDÉPENDANCE DU RÉGULATEUR

742. L'octroi au régulateur d'un statut permettant de sauvegarder son indépendance vis-à-vis des autorités de nomination et des autres acteurs du système institutionnel représente incontestablement un élément organique déterminant. De manière exemplaire, la Constitution portugaise dispose ainsi que « [l]es juges du Tribunal constitutionnel jouissent des garanties de l'indépendance, de l'inamovibilité, de l'impartialité et de l'irresponsabilité et ils sont soumis aux mêmes incompatibilités que les juges des autres tribunaux »[1780]. Concrètement, la première composante de ce statut protecteur du régulateur est relative à la nature du mandat du chef de l'État et des juges constitutionnels (A). La seconde se rapporte aux dispositions qui instaurent des garanties d'ordre individuel (B).

[1778] Ch. EISENMANN, *La justice constitutionnelle et la Haute cour d'Autriche*, *op. cit.*, p. 177.
[1779] *Ibid.*, p. 176.
[1780] Art. 222, al. 5 de la Constitution du 2 avril 1976.

743. Quelle que soit sa durée – dans l'idéal plus importante que celle du mandat des entités régulées – (1°), le mandat du régulateur ou des membres de l'organe régulateur devrait être irrévocable (2°), principe garantissant son indépendance.

1°) Un mandat suffisamment long

744. Le premier paramètre statutaire porte sur la durée du mandat du régulateur – ou des membres de l'organe régulateur. Sur ce point, la meilleure garantie de l'indépendance est la désignation à vie[1781]. À défaut, le mandat devrait au moins être plus long que celui des autres organes du système institutionnel, en particulier des chambres.

745. Le choix du septennat en Italie. La durée du mandat du chef de l'État donna lieu à de nombreuses discussions sur ce terrain lors des débats constituants italiens de 1946-1947. Au cours de la séance du 19 décembre 1946, la seconde sous-Commission pour la Constitution, suivant le modèle du président des IIIe et IVe Républiques françaises, fit le choix du septennat[1782]. Plusieurs amendements furent cependant déposés durant l'examen en séance plénière le 22 octobre 1947 afin de modifier cette disposition. L'ancien président du Conseil Francesco Saverio Nitti propose ainsi de s'inspirer de la tradition républicaine américaine plutôt que des Lois constitutionnelles françaises de 1875 et d'instaurer en conséquence un mandat présidentiel de quatre ans[1783].

746. En réponse, Egidio Tosato rappelle que le président des États-Unis n'est pas seulement le chef de l'État, mais également le chef du gouvernement, et qu'à ce titre il doit être en contact direct et régulier avec la volonté populaire, devant laquelle il est directement responsable. Ce n'est pas la solution retenue en Italie où le président de la République n'est pas conçu comme un gouvernant. Dès lors, son élection pour sept ans – tandis que les chambres sont respectivement élues pour cinq et six ans – permet de mettre en place un « *élément de stabilité* » et de « *répondre au besoin d'une certaine permanence, d'une certaine continuité* » au sein du système institutionnel. En outre, le septennat « contribue à renforcer son *indépendance* par rapport aux chambres qui l'élisent »[1784] car le président, en survivant au renouvellement

[1781] Solution que défend Ch. EISENMANN (*ibid.*, p. 177).
[1782] Assemblea costituente – Commissione per la Costituzione, *Resoconti della seconda Sottocommissione. Prima sezione (Potere esecutivo)*, préc., séance du 19 déc. 1946, n° 1, p. 6.
[1783] Assemblea costituente, *Discussioni in Assemblea plenaria*, préc., séance du 22 oct. 1947 après-midi, n° 268, pp. 1433-1434.
[1784] *Ibid.*, p. 1435. Nous soulignons et traduisons.

de l'organe dont il est issu, est libéré de son influence. L'Assemblée constituante suit cette orientation et arrête la durée du mandat présidentiel à sept ans[1785].

747. Le choix du quinquennat en Grèce. Le président de la République hellénique est élu par la chambre pour une durée de cinq ans[1786]. La Constitution prend soin de préciser qu'il « est, dans tous les cas, élu pour un mandat entier »[1787]. Cela signifie qu'en cas d'élection présidentielle anticipée consécutive à une vacance de la présidence, le nouveau chef de l'État est lui aussi désigné pour un quinquennat complet, et pas seulement pour couvrir la fin du mandat de son prédécesseur, comme l'avait préconisé l'opposition parlementaire en 1975. Étant donné qu'il y a également une distinction temporelle entre le mandat présidentiel et celui des députés, qui n'est que de quatre ans[1788], il apparaît que les constituants ont voulu autonomiser le chef de l'État par rapport à la majorité parlementaire et au gouvernement. Autrement dit, il est parfaitement cohérent avec le système mis en place qu'un président survive à la majorité qui l'a élu et soit amené à coexister avec une nouvelle majorité parlementaire et un nouveau gouvernement.

748. Ce point fit néanmoins l'objet d'intenses discussions lors des travaux constituants, la dispute se concrétisant sur une proposition de l'opposition à propos du deuxième alinéa de l'article 32 susmentionné. La proposition en question visait à ce qu'on ne puisse élire un président de la République pour un mandat complet qu'une seule fois par législature : si une vacance de la présidence survenait et que le parlement avait déjà élu un président au cours de la législature, il élirait le nouveau chef de l'État mais uniquement pour la durée restante du mandat de son prédécesseur. Le centre et de la gauche soutenaient que « [l]a souveraineté populaire s'exprime [...] par chaque Chambre des députés, qui a le droit de prendre des mesures s'étendant seulement sur une période déterminée »[1789]. En d'autres termes, on craignait qu'une majorité parlementaire, en élisant un président pour cinq ans en toute fin de législature, lie la majorité suivante (élue pour quatre ans seulement). Or, comme l'opposition jugeait les pouvoirs présidentiels trop importants, elle estimait que la souveraineté populaire exprimée lors des élections législatives pouvait être menacée.

[1785] *Ibid.*, p. 1436 et art. 85, al. 1er de la Constitution de la République italienne du 22 déc. 1947 : « [l]e Président de la République est élu pour sept ans ».
[1786] Art. 30, al. 1er de la Constitution grecque du 9 juin 1975.
[1787] Art. 32, al. 2.
[1788] Art. 53, al. 1er.
[1789] G. MAVROS, *Chambre des députés*, séance du 21 mai 1975, p. 963. Extrait traduit et cité par A. PANTÉLIS, *Les grands problèmes de la nouvelle constitution hellénique*, *op. cit.*, p. 131.

749. On peut légitimement penser que la proposition de l'opposition, si elle avait été adoptée, aurait considérablement remis en cause l'indépendance du chef de l'État – et, partant, son rôle de régulateur du régime politique – en le liant davantage à la majorité parlementaire et au gouvernement. Ceci dit, l'écart de durée entre le mandat quinquennal du président et celui, quadriennal, des députés aurait relativisé d'office l'importance pratique potentielle d'une telle disposition[1790]. « Pour être donc jusqu'au bout cohérents dans leur propre thèse, les orateurs de l'opposition auraient dû demander une nouvelle élection de président de la République après tout renouvellement de la Chambre »[1791], estime à juste titre Antoine Pantélis.

750. Le choix du quinquennat au Portugal. Le chef de l'État portugais incarne par nature une autorité indépendante placée au-dessus des partis. À ce titre, son mandat est déconnecté de celui du parlement : une législature dure quatre ans[1792], tandis que le mandat présidentiel est de cinq ans[1793]. En instaurant un mandat plus long pour le président que pour les députés, les constituants de 1976 ont clairement indiqué leur volonté de l'éloigner de la direction du gouvernement du pays[1794]. Ils ont donc accordé une plus grande stabilité à l'organe spécifiquement chargé de garantir le fonctionnement régulier des institutions démocratiques[1795]. La désignation à vie n'étant pas envisageable par principe[1796], la solution du septennat est également écartée car trop marquée du sceau du présidentialisme français et par volonté de rupture avec la Constitution de 1933[1797]. C'est pourquoi le choix des constituants se porte sur le quinquennat.

751. En outre, afin de limiter les risques d'une personnalisation excessive du pouvoir inhérente à l'élection populaire, l'article 123 de la Constitution dispose que le président « ne peut être réélu pour un troisième mandat consécutif, ni pendant les cinq années suivant le terme du second mandat

---

[1790] D'autant plus que la déclaration interprétative de l'article 32 – laquelle est insérée dans le corps du texte de la Constitution de 1975 – précise que « [l]e président de la République qui démissionne avant l'expiration de son mandat ne peut pas participer à l'élection présidentielle consécutive à sa démission ». En conséquence, une majorité parlementaire ne peut pas reconduire un président démissionnaire peu de temps avant des élections législatives et lier de la sorte la majorité suivante. De même, l'exigence d'une majorité qualifiée lors de l'élection présidentielle (deux tiers du nombre total des députés lors des deux premiers tours et trois cinquièmes en cas de troisième tour, suivant les termes de l'article 32, alinéa 3) favorise le choix d'un candidat de compromis indépendant de la majorité gouvernementale.

[1791] A. PANTÉLIS, *op. cit.*, p. 229.

[1792] Art. 171, al. 1er de la Constitution portugaise du 2 avril 1976.

[1793] Art. 128, al. 1er.

[1794] *Contra* D. ROUSSEAU, « La primauté présidentielle dans le nouveau régime politique portugais : mythe ou réalité ? », art. préc.

[1795] Art. 120 de la Constitution du 2 avril 1976.

[1796] L'article 118, intitulé « principe du renouvellement », dispose que « [n]ul ne peut exercer à vie une fonction politique de caractère national, régional ou local ».

[1797] L'article 72 (§ 1) de la Constitution du 19 mars 1933 prévoyait l'élection du chef de l'État pour sept ans.

consécutif ». Pour éviter un « abus de renonciation au mandat »[1798] dans le but de solliciter une réélection à un moment propice, il est aussi prévu que le chef de l'État démissionnaire « ne pourra être candidat aux élections présidentielles suivantes, ni à celles qui se disputeraient dans les cinq années suivant sa démission »[1799]. De la sorte, il est certain qu'un président ne pourra se maintenir en poste plus de dix ans consécutifs. Le rejet du présidentialisme « à la française » et la crainte d'une dérive plébiscitaire sont patents.

752. La durée du mandat des juges constitutionnels. Elle doit être suffisamment longue pour permettre aux juges nommés de se familiariser à une fonction qui, même pour des juristes de formation voire des magistrats professionnels, comporte des spécificités qui nécessitent un temps d'adaptation. De plus, un mandat long représente un « gage de sérénité »[1800] pour les membres de l'organe régulateur dans l'exercice de leur mission et leur permet de se détacher plus aisément de l'autorité qui les a désignés, ce qui réduit d'autant le risque de capture.

753. En général, le mandat des juges constitutionnels est situé entre cinq et douze ans et n'est pas renouvelable. On note toutefois qu'en Autriche, les membres de la Cour constitutionnelle sont désignés pour une durée qui n'est pas limitée : leurs fonctions « prennent fin le 31 décembre de l'année au cours de laquelle ils atteignent leur 70e année »[1801]. De même, les juges constitutionnels belges sont nommés à vie[1802] – en pratique ils sont admis à la retraite à 70 ans.

754. En Allemagne, les juges constitutionnels sont nommés pour un mandat de douze ans non renouvelable[1803], tout comme en Italie jusqu'en 1967, date à laquelle la durée du mandat a été ramenée à neuf ans[1804], et en Slovaquie[1805]. En Afrique noire francophone, la majorité des États a opté pour un mandat de neuf ans non renouvelable, sur le modèle du Conseil constitutionnel français[1806]. Tel est le cas au Burkina Faso[1807], en République démocratique du Congo[1808], en Guinée[1809], en Mauritanie[1810] ou encore au Tchad[1811]. En

---

1798 R. GARNIER, *Un modèle européen de démocratie : le cas portugais*, *op. cit.*, p. 117.
1799 Art. 123, al. 2 de la Constitution du 2 avril 1976.
1800 M.-M. MBORANTSUO, *La contribution des Cours constitutionnelles à l'État de droit en Afrique*, *op. cit.*, p. 59.
1801 Art. 147, al. 6 de la Loi constitutionnelle fédérale du 1er oct. 1920.
1802 Art. 32, al. 1er de la Loi spéciale du 6 janv. 1989 sur la Cour constitutionnelle.
1803 Art. 4, al. 1er de la Loi relative à la Cour constitutionnelle fédérale du 12 mars 1951.
1804 Art. 135, al. 3 de la Constitution de la République italienne du 22 déc. 1947.
1805 Art. 134, al. 2 de la Constitution de la République Slovaque du 3 sept. 1992.
1806 Art. 56, al. 1er de la Constitution du 4 oct. 1958.
1807 Art. 153, al. 2 de la Constitution du Burkina Faso du 11 juin 1991.
1808 Art. 158, al. 3 de la Constitution de la République démocratique du Congo du 18 févr. 2006.
1809 Art. 101, al. 1er de la Constitution de la République de Guinée du 7 mai 2010.
1810 Art. 81, al. 1er de la Constitution de la République islamique de Mauritanie du 20 juil. 1991.
1811 Art. 160, al. 2 de la Constitution du Tchad du 14 avril 1996.

Europe, la Bulgarie[1812], la Pologne[1813], le Portugal[1814] et la Roumanie[1815] ont retenu une formule identique. D'autres États africains ont opté pour un mandat de huit ans (Djibouti[1816]) ou six ans (Côté d'Ivoire[1817], Niger[1818]) non renouvelable.

755. Il existe enfin des mandats de quatre ans renouvelables deux fois (Congo[1819]), de cinq ans (Bénin[1820]) ou sept ans (Gabon[1821], Mali[1822]) renouvelables une seule fois, voire de sept ans renouvelables sans limite (Togo[1823]). Cette possibilité de renouvellement du mandat pose des difficultés dans la mesure où « le membre nommé reste, jusqu'au moment de son renouvellement, dans une situation ambiguë face à son autorité de désignation »[1824], autrement dit en position d'être capturé. Pour autant, le caractère non renouvelable du mandat n'est pas en soi une garantie absolue, comme le relève François Luchaire :

> « [u]n juge n'est indépendant que s'il en a la volonté ; l'indépendance est une question de conscience ; les textes n'y peuvent rien. La Constitution garantit [...] qu'un membre du Conseil ne sera pas renouvelé dans ses fonctions ; c'est tout ; rien ne lui interdit d'être nommé à une autre fonction par le Gouvernement quand il quittera le Conseil, ou de croire à la promesse d'être nommé à cette autre fonction [...] »[1825].

L'élément le plus important est indéniablement l'inamovibilité des membres de l'organe régulateur durant leur mandat, sans quoi ils seraient en permanence placés sous une « épée de Damoclès »[1826] laissée dans les mains de l'autorité de nomination.

2°) Un mandat irrévocable

756. Il s'agit du critère juridique déterminant pour l'indépendance organique du régulateur. Adhémar Esmein pouvait ainsi affirmer que le chef de l'État dans une république parlementaire, « alors même qu'il a été nommé par le Corps législatif, [...] ne peut être révoqué par lui, et cela suffit pour assurer en droit l'indépendance qu'exige le principe de la séparation »[1827]. Michel Troper

---

[1812] Art. 147, al. 2 de la Constitution de la République de Bulgarie du 13 juil. 1991.
[1813] Art. 194, al. 1er de la Constitution polonaise du 2 avril 1997.
[1814] Art. 222, al. 3 de la Constitution du Portugal du 2 avril 1976.
[1815] Art. 140, al. 1er de la Constitution de la Roumanie du 8 déc. 1991.
[1816] Art. 76, al. 1er de la Constitution de la République de Djibouti du 15 sept. 1992.
[1817] Art. 129, al. 1er de la Constitution de Côte d'Ivoire du 8 nov. 2016.
[1818] Art. 121, al. 3 et 4 de la Constitution de la République du Niger du 25 nov. 2010.
[1819] Art. 186, al. 1er de la Constitution du Congo (Brazzaville) du 6 nov. 2015.
[1820] Art. 115, al. 1er de la Constitution de la République du Bénin du 11 déc. 1990.
[1821] Art. 89, al. 2 de la Constitution du Gabon du 26 mars 1991.
[1822] Art. 91, al. 1er de la Constitution du Mali du 25 févr. 1992.
[1823] Art. 100 de la Constitution du Togo du 14 oct. 1992.
[1824] M.-M. MBORANTSUO, *op. cit.*, p. 60.
[1825] Fr. LUCHAIRE, *Le Conseil constitutionnel*, 2e éd., Paris, Economica, 1997, t. 1, p. 75.
[1826] M.-M. MBORANTSUO, *op. cit.*, p. 60.
[1827] A. ESMEIN, H. NÉZARD, *Éléments de droit constitutionnel français et comparé*, *op. cit.*, t. 1, p. 488.

confirme en ce sens que « [l]e pouvoir de nommer ne porte pas réellement atteinte à l'indépendance s'il ne s'accompagne pas du pouvoir de révoquer discrétionnairement »[1828]. En tout état de cause, quel que soit le mode de recrutement retenu, l'irrévocabilité du régulateur, qui « fournit un point fixe »[1829], permet d'assoir son indépendance au sein du système institutionnel.

757. Dans le cas d'un organe collectif à l'instar de la juridiction constitutionnelle, il s'impose en conséquence que toute procédure visant à révoquer un membre – pour des raisons disciplinaires par exemple – ne soit organisée et mise en œuvre que par l'instance elle-même. Cette solution, très largement partagée en Afrique et en Europe[1830], constitue une protection indispensable pour garantir l'indépendance du régulateur juridictionnel. Dans le cas d'un organe individuel comme le chef de l'État, le principe de son irresponsabilité politique devant le parlement – même si ce dernier a participé à sa désignation – est un héritage historique du parlementarisme[1831]. Une responsabilité politique du régulateur devant le peuple n'est toutefois pas exclue[1832]. En outre, son mandat est généralement inviolable[1833], au nom de la continuité et de la stabilité de sa fonction[1834].

758. Il existe toutefois quelques exceptions à ce double principe d'irresponsabilité et d'inviolabilité du régulateur politique[1835]. On distingue en particulier la mise en cause d'une responsabilité *exceptionnelle* ou *constitutionnelle* qui peut naître de la « haute trahison » (Bulgarie[1836], Italie[1837], Grèce[1838]...), d'une violation délibérée de la constitution

---

[1828] M. TROPER, *Terminer la Révolution. La Constitution de 1795*, *op. cit.*, p. 136.

[1829] A. ESMEIN, H. NÉZARD, *Éléments de droit constitutionnel français et comparé*, *op. cit.*, t. 1, p. 470.

[1830] V. L. FAVOREU, W. MASTOR, *Les cours constitutionnelles*, *op. cit.*, pp. 56-63.

[1831] Suivant l'ancien adage britannique selon lequel « le roi ne peut mal faire » (*the king can do no wrong*).

[1832] En particulier en cas d'élection populaire du régulateur. Sur l'exemple portugais en la matière, v. R. GARNIER, *op. cit.*, p. 329.

[1833] L'inviolabilité est une protection qui met à l'abri le titulaire d'une fonction de toute poursuite afin de lui permettre de poursuivre sans entrave directe ou indirecte sa mission. Ce privilège est temporaire : il s'éteint avec le mandat.

[1834] Au sujet de la monarchie, qui « s'inscrit, par définition, dans la continuité », Fr. DELPÉRÉE (« La responsabilité du chef de l'État. Brèves observations comparatives », *RFDC*, 2002/1 n° 49, pp. 33-34) observe classiquement que « [l]a continuité se comprend de manière fonctionnelle. La fonction royale s'exerce à vie. [...] La continuité s'entend aussi de manière plus personnelle – on serait tenté d'écrire : plus physique. En cours de règne, la personne du roi est mise à l'abri des événements qui pourraient compromettre, d'une manière ou d'une autre, l'exercice permanent de ses activités. La fonction royale ne connaît pas d'éclipses. Le roi ne doit pas être empêché d'assurer les tâches que la constitution lui réserve ».

[1835] Dans les monarchies héréditaires, le caractère viager de la fonction de chef de l'État entraîne généralement une immunité constitutionnelle absolue au profit de la personne « sacrée » du roi. L'article 56, alinéa 3 de la Constitution espagnole du 27 décembre 1978 proclame ainsi que « [l]a personne du roi d'Espagne est inviolable et irresponsable ». De manière plus étonnante pour une république, l'article 12, alinéa 1 de la Loi fondamentale hongroise du 25 avril 2011 dispose que « [l]e président de la République est inviolable ».

[1836] Art. 103, al. 1er de la Constitution de la République de Bulgarie du 13 juil. 1991.

[1837] Art. 90, al. 1er de la Constitution de la République italienne du 22 déc. 1947.

[1838] Art. 49, al. 1er de la Constitution grecque du 9 juin 1975.

(Allemagne[1839], Autriche[1840], Bulgarie[1841], Croatie[1842], Grèce[1843]...), voire d'un « attentat à la constitution » (Italie[1844]). La mise en accusation doit résulter d'un vote parlementaire à la majorité qualifiée mais la compétence de juger le chef de l'État du fait de l'engagement de sa responsabilité constitutionnelle ou exceptionnelle appartient exclusivement à la cour constitutionnelle[1845]. Indépendant et *a priori* extérieur à l'affaire, le régulateur juridictionnel est ainsi le seul organe habilité par la constitution à se prononcer sur la responsabilité du régulateur politique et, le cas échéant, à mettre un terme à son mandat.

759. Les garanties constitutionnelles du mandat du régulateur apparaissent donc comme une indispensable protection de son indépendance. L'autre condition de cette dernière est l'aspect personnel, qui doit nécessairement être pris en compte.

B. Les garanties quant à l'indépendance personnelle du régulateur

760. À titre individuel, plusieurs restrictions s'imposent au titulaire de la fonction de régulation. Il est soumis à un régime strict d'incompatibilités afin d'éviter qu'il n'apparaisse dans certaines situations comme étant à la fois juge et partie. De manière exemplaire, la Constitution béninoise dispose ainsi que les fonctions de membre de l'organe régulateur « sont incompatibles avec la qualité de membre du Gouvernement, l'exercice de tout mandat électif, de tout emploi public, civil ou militaire, de toute autre activité professionnelle ainsi que de toute fonction de représentation nationale »[1846]. La solution est traditionnelle, qu'il s'agisse du régulateur politique ou du régulateur juridictionnel. En Allemagne, cas révélateur, les juges constitutionnels, à l'instar du président fédéral, ne peuvent appartenir ni au gouvernement, ni à un organe législatif de la Fédération ou d'un Land[1847]. C'est la consécration en droit positif du principe de la séparation de l'opérateur et du régulateur. On

---

[1839] Art. 61, al. 1er de la Loi fondamentale pour la République fédérale d'Allemagne du 23 mai 1949.
[1840] Art. 142, al. 2, a. de la Loi constitutionnelle fédérale du 1er oct. 1920.
[1841] Art. 103, al. 1er de la Constitution de la République de Bulgarie du 13 juil. 1991.
[1842] Art. 105, al. 1er de la Constitution de la République de Croatie du 22 déc. 1990.
[1843] Art. 49, al. 1er de la Constitution grecque du 9 juin 1975.
[1844] Art. 90, al. 1er de la Constitution de la République italienne du 22 déc. 1947.
[1845] V. par ex. art. 61 de la Loi fondamentale pour la République fédérale d'Allemagne ; art. 142, al. 1er de la Loi constitutionnelle fédérale autrichienne ; art. 103, al. 3 de la Constitution de la République de Bulgarie ; art. 105, al. 3 de la Constitution de la République de Croatie ; art. 134 de la Constitution de la République italienne.
[1846] Art. 115, al. 5 de la Constitution du Bénin du 11 déc. 1990 ; Fr. J. AÏVO, *Le juge constitutionnel et l'État de droit en Afrique. L'exemple du modèle béninois*, Paris, L'Harmattan, « Études africaines », 2006, pp. 149-151.
[1847] Art. 55, al. 1er de la Loi fondamentale (pour le président fédéral) ; art. 3, al. 3 de la Loi relative à la Cour constitutionnelle fédérale du 12 mars 1951.

peut également comprendre en ce sens le choix des constituants portugais de ne pas accorder la présidence du Conseil des ministres à leur chef de l'État mais au premier ministre[1848], contrairement à la solution retenue en France en 1958[1849].

761. Les Constitutions croate[1850] et roumaine[1851] interdisent au président-régulateur, élu dans ces deux pays au suffrage direct, d'être membre d'un parti politique. En Estonie, « son appartenance aux partis politiques est suspendue pour la durée de son mandat »[1852] tandis qu'en Lituanie, la personne élue à la présidence « doit suspendre toute activité dans des partis et dans des organisations politiques jusqu'au début d'une nouvelle campagne à l'élection présidentielle »[1853]. En Autriche, « ne peuvent appartenir à la Cour constitutionnelle les salariés ou d'autres fonctionnaires d'un parti politique »[1854] et en Corée du Sud, « [l]es juges de la Cour constitutionnelle ne peuvent adhérer à un parti politique ni participer à des activités politiques »[1855]. L'existence de telles incompatibilités entre l'exercice de la fonction de régulation et une activité au sein d'un parti politique marque la volonté des constituants d'éloigner, même symboliquement[1856], le régulateur du champ partisan afin d'acter sa neutralité en ce domaine. Il n'existe pas de dispositions de ce type au Portugal, mais l'attitude du premier président civil Mário Soares fut fondamentale en la matière. Élu à la magistrature suprême en 1986, il rendit immédiatement sa carte d'adhérent du Parti socialiste. Cette posture fondatrice d'indépendance à l'égard des partis politiques établit une sorte de précédent qui fut globalement respecté par les successeurs de Soares.

762. Un dernier élément nécessaire à l'indépendance du régulateur a trait aux avantages matériels et protocolaires conférés à sa personne ou aux membres de l'organe régulateur. Un traitement conséquent – qui peut se baser sur le traitement maximum prévu dans la fonction publique de l'État ou encore sur celui des membres du gouvernements – est généralement attribué au chef de l'État et aux juges constitutionnels. Comme le relève Marie-Madeleine Mborantsuo, ce point « peut paraître trivial mais [...] comporte des

---

1848 Art. 133, i) de la Constitution du Portugal du 2 avril 1976.
1849 Art. 9 de la Constitution du 4 oct. 1958.
1850 Art. 96, al. 2 de la Constitution de la République de Croatie du 22 déc. 1990.
1851 Art. 84, al. 1er de la Constitution de la Roumanie du 8 déc. 1991.
1852 Art. 84 de la Constitution estonienne du 28 juin 1992.
1853 Art. 83, al. 2 de la Constitution de la République de Lituanie du 25 oct. 1992.
1854 Art. 147, al. 4 de la Loi constitutionnelle fédérale du 1er oct. 1920.
1855 Art. 112, al. 2 de la Constitution de la République de Corée du 29 oct. 1987.
1856 Selon H. KELSEN (*Qui doit être le gardien de la Constitution ?*, *op. cit.*, p. 107), l'interdiction d'appartenir à une organisation partisane n'aurait de toute façon « que peu de signification pratique ».

conséquences importantes surtout dans [les] pays africains »[1857] et en présence d'incompatibilités sévères quant à l'exercice d'un emploi rémunéré.

763. Concernant l'aspect cérémoniel, le régulateur politique dispose naturellement du rang protocolaire le plus élevé dans l'ordre de préséance – « premier personnage de l'État » – du fait de son titre de chef de l'État. Les juges constitutionnels obtiennent eux aussi un rang élevé, gage de reconnaissance sociale, le président de l'institution étant traditionnellement la première autorité non gouvernante de l'État[1858]. C'est pourquoi l'article 50, alinéa 4 de la Constitution béninoise de 1990 et l'article 53, dernier alinéa de la Constitution nigérienne de 2010 prévoient qu'« [e]n cas de mise en accusation du président de la République devant la Haute Cour de justice, son intérim est assuré par le président de la Cour constitutionnelle [...] », signe de la reconnaissance par le constituant de l'autorité du régulateur juridictionnel au sein du système institutionnel.

1857 M.-M. MBORANTSUO, *La contribution des Cours constitutionnelles à l'État de droit en Afrique*, *op. cit.*, p. 60.

1858 V. Fr. J. AÏVO, « Le président de juridiction constitutionnelle. Portrait négro-africain », *RDP*, 2019, pp. 783-806.

CONCLUSION DU CHAPITRE I

764. L'étude de l'indépendance de l'instance chargée de la régulation du système institutionnel montre le caractère déterminant de cette qualité juridique pour la notion même de pouvoir régulateur. Surtout, elle met en lumière l'existence d'une certaine homogénéité organique du régulateur politique et du régulateur juridictionnel puisque ceux-ci, ayant en commun cet attribut essentiel qu'est l'indépendance, partagent la plupart des dispositions statutaires visant à la garantir concrètement.

765. Le principe d'indépendance du régulateur résulte de l'exigence d'une double extériorité de celui-ci, *et* par rapport aux organes gouvernementaux, *et* par rapport au champ partisan qui irrigue le fonctionnement concret du régime politique. Le régulateur du régime politique doit être séparé – donc indépendant – des pouvoirs actifs exécutif et législatif. On retrouve ici la distinction que faisait le droit public romain entre l'*auctoritas* (l'autorité du régulateur) et la *potestas* (le pouvoir du gouvernement). Cette traduction en droit constitutionnel institutionnel du principe de séparation de l'opérateur et du régulateur possède deux justifications. Fonctionnellement d'abord, elle distingue le gouvernement, qui a vocation à agir sur la société et les individus qui la composent, du pouvoir régulateur, qui n'intervient qu'à l'intérieur d'un système distinct de la sphère sociale, le régime politique érigé en système institutionnel. De ce fait, l'activité du régulateur se caractérise par sa neutralité sociale. Organiquement ensuite, sa séparation du gouvernement est nécessaire à son impartialité et permet d'éviter les conflits d'intérêts. L'indépendance du régulateur doit de la même façon se manifester à l'égard des partis politiques et autres groupes d'intérêts. Le but est de tendre vers une certaine neutralité organique et ainsi éviter la survenance du phénomène de « capture » du régulateur, situation dans laquelle celui-ci subit l'influence néfaste d'acteurs partisans ou d'autres tiers et ne peut demeurer impartial.

766. Érigée en principe constitutionnel, l'indépendance du régulateur n'en doit pas moins être garantie de manière effective. À cette fin, deux aspects sont généralement pris en compte par les constituants : le statut de l'organe et son mode recrutement. Or le « procédé miraculeux de désignation »[1859], qui garantirait la neutralité fonctionnelle et organique du régulateur, n'a pas été trouvé. L'élection directe du régulateur politique répond certes à l'exigence contemporaine de légitimité démocratique des organes politiques, mais s'apparente à un sacre populaire générateur de velléités gouvernantes – sauf si elle est neutralisée par les partis. *A contrario*, l'élection parlementaire

[1859] Fr. SAINT-BONNET, « *Genitum, non factum*. La désignation du chef de l'État (1799-1815) », art. préc., p. 22.

conduit à une subordination du chef de l'État envers les chambres. L'alternative paraît difficilement dépassable ; on notera tout de même les tentatives italienne de 1947 et française de 1958 d'instaurer un collège élargi. En fait, seul le Portugal fait figure d'exception : l'élection directe du président est maintenue à l'écart des enjeux gouvernementaux et de l'influence des partis politiques sans pour autant être neutralisée. La désignation du régulateur juridictionnel ne pose pas la même problématique dans la mesure où la légitimité du juge ne s'entend pas comme celle des organes politiques, le juge bénéficiant *a priori* d'une sorte de présomption de neutralité au sens d'objectivité fondée sur la norme ou l'expertise. La principale difficulté est le lien de subordination qui menace de s'instaurer entre les membres de l'organe de régulation et l'autorité de désignation. Ce risque est atténué par la collégialité et l'instauration de diverses dispositions statutaires protectrices. Celles-ci sont globalement communes aux deux régulateurs : un mandat suffisamment long – à défaut d'un mandat à vie – et irrévocable sauf circonstances exceptionnelles, un régime strict d'incompatibilités, en particulier à l'égard des fonctions gouvernementales (exécutives ou parlementaires) et partisanes, et enfin des garanties matérielles et protocolaires élevées.

767. L'indépendance du régulateur constitue le principal fondement organique de la notion de pouvoir régulateur, qui implique « l'autonomie d'intervention »[1860] du titulaire de la fonction de régulation, au prix de son éloignement des enjeux gouvernementaux et de son retrait du champ partisan. Il convient désormais de nous intéresser à l'effet concret des interactions entre variables organiques du pouvoir régulateur et variables systémiques du régime politique.

[1860] P. J. CANELAS RAPAZ, « Le Président de la République portugaise, un pouvoir "neutre" ? », art. préc., p. 11.

CHAPITRE II
L'INCIDENCE DES CONTRAINTES DU CONTEXTE SYSTÉMIQUE

768. Après avoir présenté, dans le chapitre précédent, les modalités organiques indispensables du pouvoir régulateur, nous allons désormais nous intéresser aux logiques politiques qui expliquent son instauration dans un système institutionnel donné et contribuent à déterminer sa pratique concrète.

769. En effet, un système institutionnel « ne peut se comprendre qu'en fonction des diverses contraintes qui l'ont généré, l'orientent, le font évoluer ou le limitent »[1861], rappelle François Frison-Roche, et il n'en va pas différemment pour le pouvoir régulateur en tant qu'il est un organe placé au sein d'un système institutionnel donné. L'analyse de cette « combinatoire »[1862], suivant le terme employé par Jean-Luc Parodi, doit nous permettre d'expliquer le choix du pouvoir régulateur par les constituants et sa nature réelle dans la pratique institutionnelle[1863].

770. La volonté initiale, de la part des constituants, de créer un pouvoir régulateur répond à des déterminants politiques qui sont à la fois d'ordre strictement institutionnel – les modalités globales d'organisation du régime politique – et d'ordre historico-social – le contexte de création du nouveau régime, l'histoire constitutionnelle du pays ou encore son environnement juridique et social. Ces variables représentent autant de contraintes qui pèsent sur l'élaboration du système institutionnel et de ses dispositifs de régulation. Aussi nous faut-il étudier les origines historico-institutionnelles des pouvoirs régulateurs pour mieux comprendre les raisons du choix des

---

[1861] Fr. FRISON-ROCHE, *Le « modèle semi-présidentiel » comme instrument de la transition en Europe post-communiste. Bulgarie, Lituanie, Macédoine, Pologne, Roumanie et Slovénie*, Bruxelles, Bruylant, 2005, p. 343.

[1862] J.-L. PARODI, « Effets et non-effets de l'élection présidentielle au suffrage universel direct », *Pouvoirs*, 1980/3 n° 14, p. 5.

[1863] Parmi les contraintes systémiques qui influent sur le pouvoir régulateur, certaines sont d'ordre juridique au sens de la « théorie des contraintes juridiques » (v. V. CHAMPEIL-DESPLATS, M. TROPER, « Proposition pour une théorie des contraintes juridiques », *in* M. TROPER, V. CHAMPEIL-DESPLATS, Chr. GRZEGORCZYK (dir.), *Théorie des contraintes juridiques*, Paris, LGDJ, « La pensée juridique », 2005, pp. 11-23). La contrainte juridique est « celle qui est produite par le droit ». Elle caractérise « une situation dans laquelle un acteur du droit est conduit à adopter telle solution ou tel comportement plutôt qu'une ou un autre, en raison de la configuration du système juridique qu'il met en place ou dans lequel il opère » (*ibid.*, p. 12). Ceci étant, les auteurs reconnaissent eux-mêmes qu'il existe nombre de contraintes autres que purement juridiques, d'ordre politique, historique, psychologique, religieuse *et cetera* (v. V. CHAMPEIL-DESPLATS, M. TROPER, « Introduction », *in* M. TROPER, V. CHAMPEIL-DESPLATS, Chr. GRZEGORCZYK (dir.), *Théorie des contraintes juridiques*, *op. cit.*, p. 2). Aussi ne chercherons-nous pas à borner notre analyse aux seules contraintes juridiques.

constituants (**Section 1**). Pour autant, chaque organe régulateur, une fois mis en place possède plusieurs potentialités pratiques qui ne peuvent être totalement déterminées à l'avance. La réalisation de ces potentialités dépend de variables politiques et institutionnelles qui contribuent à déterminer le fonctionnement concret du régime politique et la position réellement occupée par l'organe conçu comme régulateur au sein de celui-ci (**Section 2**).

SECTION 1. LES CONTRAINTES GÉNÉRATIVES DU POUVOIR RÉGULATEUR

771. Les dispositions constitutionnelles qui prévoient un pouvoir régulateur ne sont pas établies *ex-nihilo*. Elles sont le résultat d'un contexte historique et d'un cadre institutionnel qui se trouvent à leur origine. Autrement dit, la mise en place d'un pouvoir régulateur n'a pas que des justifications doctrinales : elle s'impose en quelque sorte aux constituants en tant que réponse juridique à une situation politique particulière. Il convient donc d'examiner les éléments juridiques ou extra-juridiques qui ont contribué à générer un pouvoir régulateur dans un système institutionnel donné.

772. Dans certains pays, le processus constituant se devait d'exorciser le passé politique, que celui-ci ait été marqué par l'autoritarisme, l'instabilité parlementaire ou une succession des deux. Le pouvoir régulateur représente alors, d'une certaine manière, un remède à des contraintes historiques spécifiques (§ I). Dans d'autres pays, l'instauration d'un mode de régulation exogène s'inscrit dans une dynamique institutionnelle globale et correspond au choix d'un type d'organisation du pouvoir politique, le régime politique. Chaque régime politique possède des contraintes institutionnelles propres qui peuvent déterminer la décision des constituants d'instaurer une certaine forme de pouvoir régulateur (§ II).

§ I. LE POUVOIR RÉGULATEUR COMME RÉPONSE À UNE CONTRAINTE HISTORIQUE

773. L'histoire constitutionnelle d'un pays exerce un rôle déterminant quant à la forme et au fonctionnement concret de son régime politique. On partage avec Jacques Chevallier l'idée selon laquelle « [a]ucune Constitution ne peut être envisagée sans référence à *l'héritage institutionnel, qui pèse sur elle comme contrainte*. Sans doute, l'élaboration d'une Constitution nouvelle manifeste-t-elle une volonté de rupture avec l'ordre socio-politique préexistant : néanmoins, le travail constitutionnel ne s'accomplit pas *ex* *nihilo* »[1864] mais bien dans le cadre d'une culture ou d'une tradition constitutionnelle nationale.

774. En ce sens, la mise en place d'un dispositif d'exorégulation systémique spécifique peut témoigner d'une volonté des constituants de corriger les errements institutionnels passés. Cette catégorie regroupe notamment l'Italie (A), l'Allemagne (B), la Grèce (C) et le Portugal (D), qui ont en commun d'avoir connu au cours du XXe siècle un régime parlementaire instable auquel s'est substitué un pouvoir personnel autoritaire voire totalitaire. Dans ces quatre pays, le choix du pouvoir régulateur apparaît comme un moyen d'exorciser l'histoire politique et constitutionnelle, c'est-à-dire de répondre *et* à la crainte de l'instabilité institutionnelle, *et* au refus viscéral de l'homme fort et de l'autoritarisme.

A. LA NAISSANCE « SOUS CONTRAINTE » D'UNE PRÉSIDENCE RÉGULATRICE EN ITALIE

775. À l'issue de plus de vingt ans d'expérience fasciste, les débats constituants italiens de 1946-1947 expriment logiquement un rejet unanime de tout pouvoir autoritaire. Animés par un refus catégorique de la figure de l'« homme fort », quelques députés se montrent favorables à l'instauration d'un régime d'assemblée où le chef de l'État n'aurait qu'une fonction symbolique voire serait supprimé au profit d'un organe collégial, comme en Suisse. D'autres, faisant le constat que « [l]es dictatures ne résultent pas des gouvernements qui gouvernent et durent, mais de l'impossibilité de gouverner des gouvernements démocratiques »[1865], prônent à l'inverse une véritable république présidentielle qui, bien encadrée, leur paraît être le système le plus à même d'assurer une stabilité de l'Exécutif. Cette position demeure toutefois très minoritaire au sein de l'Assemblée constituante. Selon le démocrate-chrétien Gaspare Ambrosini, « [l]e régime présidentiel ne correspond pas à notre tradition et aux exigences de notre vie politique »[1866], tandis que le communiste Vincenzo La Rocca met en garde contre les risques de blocage institutionnel et de dictature invariablement provoqués par l'importation hors du contexte américain de la séparation nette des pouvoirs[1867].

[1864] J. CHEVALLIER, « Pour une sociologie du droit constitutionnel », *in L'architecture du droit. Mélanges en l'honneur de Michel Troper*, Paris, Economica, 2006, p. 287. Nous soulignons.
[1865] Assemblea costituente – Commissione per la Costituzione, *Resoconti della seconda Sottocommissione (ordinamento costituzionale dello Stato)*, préc., séance du 5 sept. 1946, n° 9, p. 119. Nous traduisons. La formule est de Piero Calamandrei (Parti d'action).
[1866] *Ibid.*, séance du 4 sept. 1946, n° 8, p. 107. Nous traduisons.
[1867] *Ibid.*, séance du 5 sept. 1946, n° 9, pp. 112-113.

776. Finalement, le républicain Tomaso Perassi présente le 4 septembre 1946 un projet d'ordre du jour qui résume l'avis majoritaire :

> « [l]a Seconde Sous-commission [...], ayant estimé que ni le type de gouvernement présidentiel, ni celui du gouvernement directorial ne répondraient aux conditions de la société italienne, se prononce en faveur de l'adoption du système parlementaire qui soit toutefois *régulé* par des dispositifs constitutionnels aptes à protéger les exigences de stabilité de l'action du Gouvernement et à éviter les dégénérescences du parlementarisme »[1868].

Parmi ces dispositifs constitutionnels de régulation du système parlementaire, on a en particulier le chef de l'État régulateur, qui préside mais ne gouverne pas. Dans le projet de la Commission pour la Constitution, il est censé occuper une position de stabilité et d'indépendance au sein du système institutionnel et reçoit diverses prérogatives qui échappent à la tripartition traditionnelle des pouvoirs. Au cours des discussions qui s'engagent par la suite, le président de la République est décrit comme « *le titulaire d'un pouvoir neutre, un modérateur et un coordonnateur* »[1869] (La Rocca), « *le grand régulateur du jeu constitutionnel [dont la] fonction neutre [est] de veiller à ce que tous les organes de l'État fonctionnent conformément au projet constitutionnel* »[1870] (Tosato) ou encore « *le grand modérateur et régulateur des pouvoirs de l'État* »[1871] (Ruini). Comme la Cour constitutionnelle l'affirmera plus tard[1872], il est un pouvoir à part qui exerce une fonction de régulation au sein du système institutionnel.

777. Outre la volonté de la majorité des membres de la Constituante d'instaurer un régime parlementaire qui soit régulé de diverses manières, deux contraintes fondamentales conduisent à ce choix de mettre en place un pouvoir régulateur présidentiel[1873]. Il s'agit d'abord d'une contrainte de négociation puisque la conception de l'institution présidentielle dans la Constitution de 1947 apparaît comme un compromis entre les tenants d'un parlementarisme absolu où le chef de l'État n'aurait qu'un rôle formel et les partisans d'une présidence active voire gouvernante. L'autre contrainte majeure tient au contexte historique de l'Italie d'après-guerre. Il ne faut en effet pas oublier que le régime fasciste, engendré par la faiblesse des gouvernements du début de l'entre-deux-guerres, s'apparentait à une dictature primo-ministérielle – Mussolini était président du Conseil et l'institution monarchique avait été

[1868] *Ibid.*, séance du 4 sept. 1946, n° 8, pp. 102-103. Nous traduisons et soulignons. Cet ordre du jour est adopté le lendemain par 22 voix pour et 6 absentions (v. *Ibid.*, séance du 5 sept. 1946, n° 9, p. 129).

[1869] Assemblea costituente, *Discussioni in Assemblea plenaria*, préc., séance du 12 sept. 1947, n° 216, p. 150. Nous traduisons et soulignons.

[1870] *Ibid.*, séance du 19 sept. 1947 après-midi, n° 226, p. 338. Nous traduisons et soulignons.

[1871] *Ibid.*, séance du 19 sept. 1947 après-midi, n° 226, p. 356. Nous traduisons et soulignons.

[1872] V. *supra* § 519.

[1873] A. GIACONE (*La fonction présidentielle en Italie (1946-1964)*, *op. cit.*, p. 22) parle de « [l]a naissance d'une institution sous contrainte ».

formellement maintenue. De ce fait, si les constituants de 1947 font de la stabilité ministérielle un objectif essentiel, ils se refusent à faire du chef du gouvernement la figure institutionnelle centrale du nouveau régime. Celui-ci est plutôt considéré comme un *primus inter pares* au sein du cabinet ministériel et certaines prérogatives qui auraient pu lui être confiées – en particulier le droit de dissolution – ont par conséquent été attribuées au régulateur politique.

778. On constate assez aisément que le pouvoir régulateur confié au chef de l'État italien en 1947 s'explique pour beaucoup par des considérations tenant à l'histoire institutionnelle du pays. En la matière, les rédacteurs de la Loi fondamentale allemande de 1949 ne faisaient pas face aux mêmes contraintes.

B. LES DISPOSITIFS RÉGULATEURS DANS LA LOI FONDAMENTALE DE BONN : UNE RÉACTION AUX INSUFFISANCES INSTITUTIONNELLES WEIMARIENNES

779. Le choix d'un régime parlementaire purement moniste pour l'Allemagne fédérale en 1949 résulte d'une « conception institutionnelle renouvelée »[1874] par rapport au parlementarisme dualiste weimarien dont l'échec cinglant a conduit à la prise de pouvoir des nazis en 1933. Dans l'immédiat après-guerre, les Allemands sont en effet obligés de constater que les institutions de la République de Weimar « se révélèrent incapables de diriger le pays parce qu'elles reposaient sur une dualité de légitimité »[1875] entre un président élu par le peuple et un parlement fragmenté par la représentation proportionnelle. Comme le note Michel Fromont, cette défaillance explique sans doute que « la démocratie de Bonn fut pratiquement conçue en réaction contre une constitution qui avait conduit le pays à l'aventure et à la ruine »[1876]. Au plan institutionnel, la rupture se manifeste tout particulièrement dans le choix des mécanismes de régulation du nouveau régime.

780. Les rédacteurs de la Loi fondamentale de Bonn avaient pour but essentiel d'établir un régime politique qui permette la stabilité et l'efficacité du gouvernement. Pour ce faire, ils introduisirent divers mécanismes de rationalisation du parlementarisme afin de concourir à la régulation du système institutionnel et écartèrent les éléments à tendance plébiscitaire, en particulier l'élection directe du président, qui vit en conséquence ses pouvoirs considérablement réduits par rapport à son prédécesseur weimarien. L'idée portée par les constituants était que l'existence du gouvernement doit

[1874] A. LE DIVELLEC, *Le gouvernement parlementaire en Allemagne. Contribution à une théorie générale*, *op. cit.*, p. 43.
[1875] M. FROMONT, « Le constitutionnalisme allemand », art. préc., p. 16.
[1876] *Loc. cit.*

dépendre non du chef de l'État mais seulement du parlement, dans la mesure où ce dernier est en capacité d'exprimer une opinion majoritaire. Dans le cas inverse, il convenait de prévoir une procédure de rechange afin d'assurer la continuité gouvernementale. La solution retenue en 1949 démontre que la Loi fondamentale, « [m]odèle antithétique de celui de Weimar, [...] en conserve également l'empreinte »[1877] et s'inscrit, par certains aspects, dans sa continuité.

781. Aux termes du quatrième alinéa de l'article 64 de la Loi fondamentale, si le *Bundestag* se révèle incapable d'élire un chancelier à la majorité absolue de ses membres, le président fédéral dispose du pouvoir discrétionnaire – dispensé de contreseing – de choisir entre la dissolution du *Bundestag* ou la désignation d'un chancelier minoritaire – le candidat ayant obtenu la majorité relative. Dans l'autre possibilité de dissolution prévue par la Loi fondamentale, celle demandée par un chancelier à la suite du rejet d'une question de confiance par le *Bundestag*, le président fédéral est libre d'accepter ou non la dissolution. S'il refuse, il a néanmoins la possibilité, à la demande du gouvernement et avec l'accord du *Bundesrat* (la chambre haute), de déclarer l'état de nécessité législative (article 81), qui permet à un chancelier minoritaire de surmonter l'opposition du *Bundestag* pendant six mois au maximum, pourvu qu'il bénéficie du soutien du *Bundesrat* et d'abord de l'accord du chef de l'État lui-même.

782. La combinaison de ces différents dispositifs « représente, à l'intérieur du système moniste de la Loi fondamentale, une petite constitution dualiste de réserve, apte à fonctionner dans l'hypothèse d'une paralysie des mécanismes de la démocratie majoritaire »[1878]. Car en temps normal, le système institutionnel a été conçu pour pouvoir s'autoréguler. Dans cette logique, des mécanismes très poussés de rationalisation du parlementarisme furent mis en place[1879] et le rôle fondamental joué par les partis politiques fut constitutionnalisé[1880]. Ce processus particulièrement perfectionné d'autorégulation constitutionnelle est complété par la création de la Cour constitutionnelle fédérale. Bien plus que le président fédéral limité à des interventions très ponctuelles, cette dernière « joue le rôle d'un régulateur particulièrement présent dans la vie politique »[1881]. Érigée en autorité constitutionnelle indépendante, elle occupe une place centrale au sein du

---

1877 Ph. LAUVAUX, *Destins du présidentialisme*, *op. cit.*, p. 96.
1878 *Loc. cit.*
1879 En particulier l'élection du chancelier par le *Bundestag* (art. 63 de la Loi fondamentale pour la République fédérale d'Allemagne du 23 mai 1949), la procédure de la motion de défiance constructive (art. 67 de la Loi fondamentale) et l'encadrement du droit de dissolution (art. 68 de la Loi fondamentale).
1880 Art. 21 de la Loi fondamentale.
1881 A. LE DIVELLEC, *Le gouvernement parlementaire en Allemagne. Contribution à une théorie générale*, *op. cit.*, p. 52.

système institutionnel allemand. Une telle orientation en faveur d'une forte régulation juridictionnelle, si elle procède évidemment d'une réaction au nazisme et d'une volonté de garantir de façon effective l'État de droit substantiel, s'inscrit également dans la tradition constitutionnelle allemande de l'arbitrage juridictionnel des conflits politiques[1882].

783. Sous Weimar, la déficience totale de l'autorégulation partisane et l'impuissance du régulateur juridictionnel avaient conduit à des interventions permanentes du *Reichspräsident*, devenu progressivement un acteur omnipotent du système institutionnel. La loi fondamentale de 1949 prend volontairement le contrepied de cette situation. Le processus de régulation du nouveau régime, majoritairement endo-causal, est complété par la présence d'un régulateur juridictionnel dont le rôle a été fortement réhaussé. Un régulateur politique est maintenu en cas de blocage de ces mécanismes, mais ses moyens d'action sont très encadrés. Dans la pratique, ils n'ont jamais eu l'occasion d'être mis en œuvre (mais il n'est pas exclu qu'ils aient pu jouer un rôle de dissuasion auprès des acteurs politiques).

784. En tout état de cause, l'absence d'interventionnisme du président fédéral, si elle représente une conséquence directe de l'histoire constitutionnelle allemande, est surtout le signe de la bonne santé du parlementarisme outre-Rhin. En Grèce, la question de la place du chef de l'État au sein du système institutionnel fut au cœur des débats constituants de 1975 et 1986.

C. Le « régulateur du régime politique » dans la Constitution grecque de 1975 : de la « démocratie royale » à la démocratie des partis

785. À l'issue de la période dite du Metapolítefsi[1883], la Grèce se dote en 1975 d'un régime parlementaire où classiquement « [l]e gouvernement détermine et dirige la politique générale du pays [...] » tandis que « [l]e Premier ministre assure l'unité du gouvernement et dirige son action [...] »[1884]. Quant au président de la République, il était désigné dans le projet gouvernemental comme étant le « garant du fonctionnement harmonieux des pouvoirs de l'État » mais les termes avaient été jugés ambigus par l'opposition, qui craignait une présidentialisation à la française[1885]. En fin de

---

[1882] V. *supra* § 542 et s.

[1883] En grec moderne, « metapolítefsi » signifie « changement de régime ». Il désigne la période de transition démocratique entre le régime des colonels (1967-1974) et la démocratie parlementaire actuelle, instaurée à la suite des élections législatives de 1974 et de l'adoption de la Constitution de 1975.

[1884] Art. 82, al. 1er et 2 de la Constitution grecque du 9 juin 1975.

[1885] Sur ces débats, v. D. KYRANOUDI, *Le gouvernement parlementaire et la fonction présidentielle en Grèce et en Irlande*, thèse dactylographiée, Université Paris II Panthéon-Assas, 2016, pp. 297-301.

compte, on retint la formule de « régulateur du régime politique »[1886], qui était employée par la doctrine publiciste grecque pour qualifier le rôle du roi sous les précédentes constitutions. Celles-ci – à l'exception de l'intermède républicain de la Constitution de 1927 – instauraient une « démocratie royale »[1887], c'est-à-dire un régime politique parlementaire où la souveraineté de la nation coexiste avec le maintien d'un monarque héréditaire à la tête de l'État.

786. L'héritage monarchique quant au choix de la formule de « régulateur du régime politique » – qui correspond à un chef de l'État ne disposant pas du gouvernement sans être pour autant dépourvu de tout pouvoir au sein du système institutionnel – est évident. Mais il convient également de circonstancier cette volonté d'instituer une présidence régulatrice. En 1975, le bipartisme grec, gage de stabilité, semblait très sérieusement remis en cause par la scission de l'Union du centre, l'un des deux grands partis du pays, à la suite de la crise institutionnelle connue sous le nom d'« Apostasie de 1965 »[1888]. Les constituants ont par conséquent voulu instaurer un instrument qui puisse contribuer à faire fonctionner le régime et à assurer une certaine stabilité gouvernementale en l'absence de majorité parlementaire stable et cohérente. *A contrario*, si une telle majorité existe, elle n'a rien à craindre du régulateur politique si ce n'est la dissolution. Mais c'est alors le peuple qui sera amené à trancher définitivement le conflit. La conception de la présidence des constituants de 1975 répond donc à la fois à une logique historique (monarchique) et à une contrainte systémique tenant à la structure partisane.

[1886] Art. 30, al. 1er.

[1887] Aux termes de l'article 21, alinéa 1er de la Constitution du 1er janvier 1952 : « [l]e régime de la Grèce est une démocratie royale » (v. A. MANESSIS, « La nouvelle Constitution hellénique », *RIDC*, vol. 6, 1954/2, pp. 291-308). L'expression est formellement reprise à plusieurs articles de la Constitution du 29 septembre 1968 (la première « constitution des colonels ») mais celle-ci servait en fait d'alibi à un régime autoritaire et violent. Sans y être expressément mentionnée, la notion de « démocratie royale » ressortait déjà de la Constitution du 16/28 novembre 1864, inspirée de la Constitution belge de 1831 et dont l'article 21 disposait que « [t]ous les pouvoirs émanent de la nation ».

[1888] Nommé premier ministre à la suite de la victoire de son parti, l'Union du centre, lors des élections législatives de 1964, Geórgios Papandréou entre en conflit ouvert avec le roi Constantin II à propos du contrôle de l'armée. Les tensions sont telles que Papandréou présente sa démission au roi le 15 juillet 1965, qui l'accepte et nomme immédiatement un autre membre de l'Union du centre, Geórgios Athanasiádis-Nóvas, à la tête du cabinet. Le nouveau premier ministre et ses soutiens au sein du parlement et du parti sont qualifiés d'« apostats » par Papandréou et ses partisans. Ne parvenant pas à réunir une majorité au parlement, Athanasiádis-Nóvas est remplacé par Ilias Tsirimokos puis par Stefanos Stefanopoulos, tous deux également dissidents de l'Union du centre, qui ne réussissent pas à obtenir un meilleur résultat. Deux gouvernements de service furent ensuite mis en place afin d'organiser des élections législatives en 1967, mais celles-ci n'eurent jamais lieu. Les tensions institutionnelles et le sentiment d'une menace communiste – il paraissait probable que ce qu'il restait de l'Union du centre de Papandréou ne pourrait gouverner seule à l'issue des élections et devrait s'allier avec la Gauche démocratique unie – conduisent au coup d'État du 21 avril 1967 et à la « dictature des colonels ». Après la chute de la junte en 1974, Andréas Papandréou, le fils de Geórgios Papandréou, fonde le Mouvement socialiste panhellénique (PASOK).

787. En 1985, après dix ans de vie politique apaisée et une nouvelle victoire électorale, le PASOK (Mouvement socialiste panhellénique), dont les députés avaient refusé de voter la Constitution en 1975, souhaite réviser les dispositions constitutionnelles régissant la fonction présidentielle. Dans son rapport présenté au Comité central du PASOK le 9 mars 1985, le premier ministre Andréas Papandréou justifie de la sorte le projet de révision :

> « [...] la seule garantie à long terme que la souveraineté populaire soit respectée réellement, c'est de réviser un certain nombre de dispositions de la Constitution de 1975, ce qui permettra de garantir l'entière neutralité du Président de la République vis-à-vis des formations partisanes et de l'évolution de la situation politique en général. En d'autres termes, la révision visera à sauvegarder le caractère parlementaire de la République parlementaire présidée – à savoir élargir de façon décisive les compétences de la Chambre –, et parallèlement à restreindre les pouvoirs du Président »[1889].

L'objectif est d'émanciper le parlement et, partant, les partis des « superpouvoirs » (terme employé par le PASOK) présidentiels mis en place en 1975 par la droite grâce à une majorité de circonstance. Davantage que d'assurer la neutralité du chef de l'État, il s'agit d'aller vers son effacement afin d'empêcher totalement son ingérence dans l'exercice du gouvernement et la vie politique en général. Pour cela, la révision supprime la plupart des prérogatives discrétionnaires du président ou les confie à d'autres acteurs politiques – partis politiques, parlement, gouvernement et premier ministre.

788. Aucune tentative de lecture dualiste ou orléaniste des institutions en faveur du chef de l'État ne fut pourtant à noter entre 1975 et 1986. Au contraire, dès l'entrée en vigueur de la nouvelle constitution, le régulateur grec apparaît plus proche de son homologue de Bonn que de l'arbitre de Bayeux. La pratique du premier président Konstantínos Tsátsos conduisit immédiatement à admettre « une nette prépondérance du premier ministre : le régime est parlementaire et nullement présidentialiste »[1890]. Élu en 1980, l'ancien premier ministre de droite Konstantínos Karamanlís ne chercha pas davantage à être un perturbateur institutionnel, bien qu'il dût cohabiter avec une majorité socialiste dès 1981. En réalité, les motivations idéologiques des constituants dérivés de 1986 résultaient essentiellement d'une crainte persistante tenant aux ingérences passées de la couronne dans l'exercice du pouvoir, qui furent systématiquement source d'instabilité institutionnelle au cours du XXe siècle. Le souvenir traumatisant de la crise de 1965 demeurait particulièrement dans les mémoires. À cette période, la volonté du nouveau roi Constantin II de contrôler personnellement l'armée avait en effet provoqué

[1889] Extrait reproduit *in* N. BARBAROUSSIS, *La fonction régulatrice du président de la Troisième République hellénique*, *op. cit.*, p. 38.

[1890] A. PANTÉLIS, *Les grands problèmes de la nouvelle constitution hellénique*, *op. cit.*, p. 267. L'auteur n'hésite pas à parler de « Constitution Tsatsos » au même titre qu'on parle en France de « Constitution Grévy ».

de vives tensions avec le gouvernement majoritaire de Geórgios Papandréou, finalement contraint à la démission en 1965. L'instabilité gouvernementale qui s'en suivit mena au coup d'État de 1967 et à la « dictature des colonels ». La nature dramatique de ces événements explique en grande partie le caractère rédhibitoire chez les constituants de 1986 de la moindre possibilité d'interventionnisme politique du chef de l'État.

789. En définitive, la révision de 1986 a annulé une grande partie du pouvoir régulateur du président de la République ou l'a transféré aux autres acteurs politiques, notamment les partis. Le système institutionnel grec est ainsi passé d'une exorégulation politique en théorie non négligeable à une autorégulation principalement partisane. Dans le régime politique portugais, le régulateur politique, dont la présence est une conséquence directe de l'histoire institutionnelle du pays, a au contraire conservé des prérogatives et un rôle non négligeables.

D. Le pouvoir modérateur dans la Constitution portugaise de 1976 : réaction contre l'autoritarisme et remède à l'instabilité

790. Au Portugal, doctrine et acteurs politiques sont unanimes pour évoquer l'existence d'un quatrième pouvoir présidentiel qui correspond au pouvoir modérateur de la Charte octroyée de 1826 – le texte demeuré le plus longtemps en vigueur dans l'histoire constitutionnelle du pays (jusqu'en 1910)[1891]. Selon le professeur Marcelo Rebelo de Sousa, actuel président de la République, la Charte a « laissé un sillon [...] arrivé jusqu'à nous »[1892]. Parmi « les éléments d'une continuité », il y a en premier lieu « le pouvoir modérateur attribué au Chef de l'État, qui trouve son origine bien avant la Constitution de 1933, dans la Charte Constitutionnelle de 1826 »[1893]. De même, pour le professeur Vital Moreira, qui fut membre de l'Assemblée constituante (1975-1976), le président de la République « est en quelque sorte le quatrième pouvoir de la Charte Constitutionnelle. [...] Les pouvoirs du Roi dans la Charte sont très proches de ceux du Président dans l'actuelle Constitution »[1894]. Les sources de la présidence portugaise sont par conséquent à rechercher dans l'histoire constitutionnelle et politique du pays, en particulier dans la monarchie et son pouvoir modérateur inspiré des idées de Benjamin Constant. On peut toutefois s'interroger sur les raisons de ce choix en faveur d'un chef de l'État tenu à l'écart du gouvernement mais doté d'importantes prérogatives régulatrices. En

---

1891 V. *supra* § 259-263.

1892 « Entretien avec Monsieur Marcelo Rebelo de Sousa », reproduit *in* P. J. CANELAS RAPAZ, « Le Président de la République et le régime politique portugais – Entretiens », préc., p. 47.

1893 *Ibid.*, p. 36.

1894 « Entretien avec Monsieur Vital Moreira », reproduit *in ibid.*, p. 49.

l'occurrence, de fortes contraintes historiques pesaient sur les constituants de 1976.

791. D'abord, contrairement aux Français en 1958 qui voulaient exorciser l'instabilité de leur parlementarisme, les Portugais cherchaient avant toute chose à exorciser un pouvoir autoritaire personnel[1895]. Si le refus de l'homme fort excluait d'office une solution présidentialiste, encore faut-il rappeler que l'*Estado Novo* s'apparentait à une dictature primo-ministérielle – António de Oliveira Salazar était président du Conseil et non chef de l'État. De ce fait, les constituants de 1976 craignaient au moins autant un poids excessif du chef du gouvernement, d'où son relatif effacement dans la première version de la Constitution et leur volonté d'élire un président de la République faisant *autorité* au sein du régime politique.

792. Ensuite, le souvenir amer de la Ière République, dont le mauvais fonctionnement du parlementarisme avait mené à la dictature militaire en 1926 puis à l'*Estado Novo* salazariste, imposait la mise en place d'une entité qui soit gage d'une certaine stabilité institutionnelle. « [I]l fallait revenir à un régime avec une composante parlementaire forte tout en corrigeant les excès du premier régime républicain »[1896], résume Jorge Sampaio, qui fut président de la République de 1996 à 2006. L'échec de la Constitution de 1911 étant généralement imputé à l'absence d'une présidence effectivement modératrice ou régulatrice[1897], l'effacement du chef de l'État aurait constitué, au même titre d'ailleurs qu'une orientation présidentialiste, une évidente contradiction historique.

793. En conséquence, les constituants portugais tombent d'accord pour instaurer une présidence modératrice ou régulatrice qui, écrit Paulo José Canelas Rapaz, « sert de correctif à la fois au multipartisme délétère du premier régime républicain et à une éventuelle verticale du pouvoir permise par une majorité parlementaire devenue tyrannique »[1898]. Ce choix est réaffirmé à l'occasion de la révision constitutionnelle de 1982, où l'ensemble de la classe politique – y compris les communistes – va revendiquer l'héritage du pouvoir modérateur d'essence monarchique. On entreprend ainsi de définir le chef de l'État comme « le titulaire d'un pouvoir modérateur, de nature

---

[1895] « Ce que les Français ont voulu exorciser en 1958 c'était l'hyper-parlementarisme de la Quatrième République, ce que nous voulions exorciser c'était un pouvoir personnel » (*ibid.*, p. 50).

[1896] « Entretien avec Monsieur Jorge Sampaio », reproduit *in ibid.*, p. 15.

[1897] Comme le rappelait par exemple le député Rui Pena (*Centro Democrático Social*, conservateur) en 1979, « [l]a Constitution de 1911 a été fondamentalement accusée d'avoir provoqué toute l'instabilité gouvernementale que nous connaissons et qui a conduit à la dictature. Le Parlement a fait ce qu'il voulait [...] sans un pouvoir modérateur qui le contienne – le Président de la République était élu par les députés et s'est donc retrouvé sous leur dépendance » (*Diário da Assembleia da República*, préc., 2 avril 1979, n° 45, p. 1594. Nous traduisons).

[1898] P. J. CANELAS RAPAZ, « Le Portugal, un régime semi-présidentiel ? », *Xe Congrès de l'AFSP*, Grenoble, 2009, p. 7.

institutionnelle »[1899], c'est-à-dire « un organe […] modérateur et régulateur du système politique et non […] un organe de nature gouvernementale »[1900]. L'hypothèse présidentialiste se trouve définitivement écartée tandis que le pouvoir régulateur du président de la République est sanctuarisé.

794. L'institution présidentielle portugaise, qui « trouve son origine dans les soubresauts politiques que le pays a connu au XXe siècle »[1901], ne peut donc se comprendre sans un recours à l'histoire. Hérité de la monarchie constitutionnelle, son pouvoir modérateur ou régulateur représente autant un « remède à l'instabilité »[1902] endémique de la Ière République qu'une réaction contre l'autoritarisme de la IIe République. Si ce facteur historique s'est avéré déterminant en 1976, d'autres éléments sont également intervenus en faveur d'une présidence régulatrice. Le principe de la représentation proportionnelle au parlement ainsi que la faible structuration des partis politiques, qui avaient été créés ou recréés spécialement pour les élections de 1975, pouvaient en effet laisser craindre un mauvais fonctionnement du nouveau système parlementaire et, partant, justifier la mise en place d'un correctif institutionnel. Dans d'autres pays, la présence d'un pouvoir régulateur du régime politique s'explique essentiellement par ce genre de considérations tenant à des variables politiques ou systémiques.

§ II. LE POUVOIR RÉGULATEUR COMME RÉPONSE À UNE CONTRAINTE INSTITUTIONNELLE

795. Chaque catégorie de régime politique peut être définie sur la base de son principal mode de régulation endogène. Le bon fonctionnement du régime parlementaire tient à « la solidarité juridique et politique entre le gouvernement et les assemblées représentatives »[1903], ce que Bagehot décrivait comme « l'union intime, la fusion presque complète, des pouvoirs exécutif et législatif »[1904]. Le conflit est évité. À l'inverse, le bon fonctionnement du régime présidentiel, dont la qualité spécifique selon

[1899] A. VITORINO (*União da esquerda para a democracia socialista* – qui réunit des indépendants proche du Parti socialiste), *Diário da Assembleia da República*, préc., 20 juil. 1982, n° 123, p. 5158. Nous traduisons.

[1900] L. BEIROCO (*Centro Democrático Social* – conservateur), *ibid.*, 8 juil. 1982, n° 115, p. 4795. Nous traduisons.

[1901] « Entretien avec Monsieur Jorge Sampaio », reproduit *in* P. J. CANELAS RAPAZ, « Le Président de la République et le régime politique portugais – Entretiens », préc., p. 15.

[1902] O. FERREIRA, « L'élection au suffrage direct du Président au Portugal : renforcer *et* contenir le pouvoir modérateur en République (1911-2011) », art. préc., p. 121.

[1903] A. LE DIVELLEC, « L'articulation des pouvoirs dans les démocraties parlementaires européennes : fusion et mitigation », art. préc., p. 131.

[1904] W. BAGEHOT, *The English Constitution*, *op. cit.*, p. 12. Nous traduisons.

Bagehot est « l'indépendance des pouvoirs législatif et exécutif »[1905], repose sur la balance des pouvoirs qui doivent se freiner et se faire contrepoids mutuellement. Le conflit est encadré.

796. Pour autant, aucun processus d'autorégulation constitutionnelle du système institutionnel n'apparaît totalement infaillible et il est parfois prévu de le compléter par un mode de régulation exogène. La création d'un pouvoir régulateur représente alors une réponse des constituants à des contraintes institutionnelles qui sont propres au type de régime politique retenu et qui varient selon les modalités d'organisation de celui-ci. C'est pourquoi la raison d'être d'un dispositif d'exorégulation, sa forme, sa nature et les modalités de ses interventions varient grandement selon qu'il est conçu dans le cadre d'un régime présidentiel (A) ou dans celui d'un régime parlementaire (B).

A. Les contraintes du régime présidentiel

797. Fondé sur l'indépendance des organes exécutif et législatif, le régime présidentiel, qui ne connaît pas les moyens d'action réciproques propres au régime parlementaire, présuppose le conflit. En l'absence d'un processus efficient de régulation constitutionnelle, le risque de « divorce à l'italienne »[1906], c'est-à-dire l'élimination de l'un des protagonistes par des voies extra-légales, est réel.

798. Dans le modèle-type américain, la régulation constitutionnelle est conçue de manière exclusivement endogène (autorégulation) – il s'agit en particulier du mécanisme des freins et contrepoids (*checks and balances*). Aussi le système institutionnel mis en place par la Constitution de 1787 ne comprend-il pas de pouvoir régulateur[1907]. Cette omission s'inscrit pleinement dans la logique des Pères fondateurs, selon laquelle la survenance de conflits ponctuels entre les différentes branches du gouvernement est le meilleur moyen d'assurer leur équilibre pour que « le pouvoir arrête le pouvoir »[1908]. Dans ce cadre, la Cour suprême, qui représente la branche judiciaire du gouvernement fédéral, n'est pas à proprement parler un « organe régulateur »[1909] mais un acteur à part entière du système institutionnel. « Elle

---

[1905] *Ibid.*, p. 18. Nous traduisons.

[1906] M.-A. COHENDET, *L'épreuve de la cohabitation (mars 1986-mai 1988)*, thèse dactylographiée, Université Jean Moulin-Lyon III, 1991, p. 11.

[1907] Les Pères fondateurs rejettent ainsi la proposition de Jefferson et des Anti-fédéralistes de tenir des conventions constitutionnelles régulières qui auraient exercé une sorte de régulation exogène du système institutionnel. Sur ce débat, v. *supra* § 88-92.

[1908] MONTESQUIEU, *De l'esprit des lois*, *op. cit.*, livre XI, chap. 4, p. 395.

[1909] *Contra* É. VALLET, « Le président et la Cour suprême », *in id.* (dir.), *La présidence des États-Unis*, Sainte-Foy, PUQ, « Enjeux contemporains », 2005, p. 120 ; Ph. LAUVAUX, *Les grandes démocraties contemporaines*, *op. cit.*, p. 386.

apparaît comme un rouage de celui-ci, un des trois pouvoirs dans un régime dit de séparation des pouvoirs »[1910], écrit Christian Lavialle.

799. Pour autant, régime présidentiel et pouvoir régulateur ne sont en rien antinomiques. Aux États-Unis, le bon fonctionnement depuis plus de deux siècles d'un processus de régulation constitutionnelle entièrement endogène doit être replacé dans un contexte politique et social tout à fait spécifique. Il faut en particulier prendre en compte l'existence d'un consensus sur de nombreuses questions fondamentales et l'absence de forte discipline partisane qui favorisent la négociation et la recherche du compromis entre les partis. Ces éléments propres à la culture politique américaine paraissent difficilement exportables. De ce fait, l'adoption du régime présidentiel hors des États-Unis exige de prévoir un mode de régulation exogène, c'est-à-dire d'instituer un pouvoir régulateur, afin d'encadrer les conflits entre les pouvoirs. Inévitables, ceux-ci constituent la dynamique même du système mais peuvent provoquer l'émergence d'une forme de régulation extra-constitutionnelle si la régulation constitutionnelle s'avère défaillante.

800. En tout état de cause, il n'est pas envisageable de confier le pouvoir régulateur au chef de l'État. En régime présidentiel, il est un acteur central du gouvernement et représente donc une entité à réguler. Par conséquent, si elle existe, l'exorégulation du régime présidentiel est forcément de type juridictionnel. L'inexistence de mécanismes politiques de régulation comme le droit de dissolution et la responsabilité politique du gouvernement devant le parlement en fait la solution la plus indiquée.

801. Cas du Bénin. En Afrique noire francophone, le Bénin est le seul pays ayant adopté le régime présidentiel, en 1990. L'influence des professeurs Robert Dossou et Maurice Glélé fut déterminante lors de la rédaction de la nouvelle Constitution. Pour ces deux constitutionnalistes, le régime présidentiel était la formule la plus susceptible de permettre la consolidation de l'unité nationale compte tenu de la tripartition territoriale historique du pays, d'autant plus qu'un exécutif bicéphale leur paraissait être une formule trop risquée dans le contexte béninois[1911]. Ceci étant, le choix du régime présidentiel impliquait nécessairement l'instauration d'un mode de régulation efficient car l'organisation institutionnelle retenue dans la Constitution du 11 décembre 1990 contient de multiples sources de conflits potentiels entre le

---

[1910] Chr. LAVIALLE, « La Cour suprême, le droit et l'État aux États-Unis d'Amérique », *in* D. CABANIS (dir.), *Constitutionnalisme américain et opinion. Incidences internes et externes*, Toulouse, Presses de l'IEP de Toulouse, 1989, p. 178.

[1911] V. G. CONAC, « Semi-presidentialism in a francophone context », *in* R. ELGIE, S. MOESTRUP (dir.), *Semi-presidentialism outside Europe: a comparative study*, Londres, Routledge, « Routledge research in comparative politics », 2007, p. 85.

gouvernement et le parlement[1912]. La réponse apportée à cette problématique se trouve principalement dans la création d'une juridiction constitutionnelle indépendante, qualifiée d'« organe régulateur du fonctionnement des institutions et de l'activité des pouvoirs publics »[1913] et amenée en cette qualité à statuer sur les conflits entre les institutions de l'État[1914]. En résumé, le choix des Béninois en faveur du régime présidentiel a entraîné celui d'un mode de régulation juridictionnelle du système institutionnel.

802. Cas de la Corée du Sud. La problématique s'est posée en des termes relativement semblables en Corée du Sud. La Constitution de 1987 établit un régime présidentiel où le chef de l'État, élu au suffrage universel direct, ne possède plus le droit de dissolution du parlement. D'aucuns ont pu qualifier le système mis en place de « dangereuse séparation stricte des pouvoirs »[1915]. Si la formule paraît quelque peu excessive, il n'empêche que l'organisation institutionnelle retenue faisait craindre la survenance de conflits irrésolubles entre les pouvoirs et, partant, l'instabilité chronique du régime politique, comme le relève Stéphane Pierré-Caps :

> « [...] la Constitution instaure une séparation des pouvoirs plutôt sophistiquée, qui met en présence le président de la République et l'Assemblée nationale. Cette distribution des pouvoirs est tributaire d'une équation politique qui, en cas de divergence entre ces deux organes, peut déboucher, soit sur une présidence dominatrice, soit sur un gouvernement faible, paralysé par une conjonction négative d'oppositions »[1916].

En réponse à cette difficulté, « la Constitution de 1987 prévoit comme mécanisme régulateur des relations entre pouvoirs publics l'instauration d'une Cour constitutionnelle aux pouvoirs très étendus »[1917] amenée à jouer un rôle central dans le processus de régulation d'un système institutionnel qui menace

---

[1912] Contrairement à son homologue des États-Unis, le président béninois possède l'initiative des lois concurremment avec les députés (art. 57 et 105 de la Constitution du 11 déc. 1990) et peut légiférer par ordonnance sur habilitation du parlement (art. 102), par ordonnance si ce dernier ne s'est pas prononcé sur le budget à la date du 31 décembre (art. 110) ou par des mesures exceptionnelles en cas de crise (art. 68). Dans ce dernier cas, « [l]'Assemblée nationale fixe le délai au terme duquel le président de la République ne peut plus prendre des mesures exceptionnelles » (art. 69). Ces modalités de fonctionnement du système institutionnel béninois ont effectivement généré depuis 1990 des conflits inter-organiques qui ont donné lieu à des recours devant la Cour constitutionnelle dans le but de parvenir à leur résolution (v. S. DAKO, « La résolution juridictionnelle des conflits entre le gouvernement et le parlement au Bénin », *in La Constitution béninoise du 11 décembre 1990 : un modèle pour l'Afrique ? Mélanges en l'honneur de Maurice Ahanhanzo-Glélé*, Paris, L'Harmattan, « Études Africaines », 2014, pp. 327-366).

[1913] Art. 114, al. 1er de la Constitution de 1990.

[1914] Art. 117 de la Constitution de 1990.

[1915] S. SHIM, « Droit constitutionnel étranger. La séparation des pouvoirs au bord du précipice : le rôle du contre-pouvoir de la Cour constitutionnelle dans la procédure de destitution du Président en Corée du Sud », *RFDC*, 2018/1 n° 113, p. 223.

[1916] S. PIERRÉ-CAPS, *Droits constitutionnels étrangers*, *op. cit.*, p. 213.

[1917] S. SHIM, art. préc., p. 221.

de devenir instable[1918]. De la même manière qu'au Bénin, le choix du régime présidentiel en Corée du Sud a donc conduit à la création d'un organe régulateur de type juridictionnel afin d'endiguer les crises politiques endémiques dans le pays et de favoriser le fonctionnement sans à-coups du régime politique.

803. En définitive, les exemples béninois et sud-coréen confirment que « la problématique de la résolution juridictionnelle des conflits entre le gouvernement et le parlement intéresse particulièrement les régimes présidentiels »[1919]. N'impliquant pas les mêmes contraintes systémiques, la logique institutionnelle et politique du régime parlementaire peut mener à des choix différents en matière de régulation.

B. Les contraintes du régime parlementaire

804. Le régime parlementaire repose sur la confiance mutuelle entre les pouvoirs. Ainsi l'organe exécutif – le cabinet – n'existe-t-il que dans la mesure où il dispose de la confiance du parlement. Si celle-ci disparaît, des mécanismes de régulation – la motion de censure et la question de confiance – permettent de rétablir immédiatement la cohérence entre les pouvoirs ; de la sorte, le conflit paraît prévenu au maximum. L'existence de certaines contraintes systémiques spécifiques – en particulier les éléments à même de porter atteinte à la stabilité gouvernementale (1°) et le maintien d'un risque résiduel de conflits entre organes (2°) – peut toutefois amener le constituant à prévoir un pouvoir régulateur. Ce rôle est en mesure d'être rempli par le chef de l'État – car son archétype en régime parlementaire n'est pas un gouvernant, contrairement à son homologue du régime présidentiel – ou par un organe juridictionnel, voire par les deux. Concevoir le chef de l'État parlementaire comme un pur régulateur peut d'ailleurs constituer un moyen de l'éloigner du gouvernement sans pour autant le neutraliser totalement.

1°) La crainte de l'instabilité gouvernementale

805. Celle-ci résulte la plupart du temps d'un déterminant historique. Mais elle peut aussi être renforcée par un déterminant systémique, en particulier le choix d'un mode de scrutin proportionnel pour les élections législatives. Le risque est l'absence d'une majorité stable et homogène du fait de l'éclatement de la représentation parlementaire, ce qui a pour conséquence l'instabilité gouvernementale voire l'impossibilité de former un gouvernement. C'est

---

[1918] La Cour constitutionnelle est en particulier compétente pour statuer sur l'empêchement du président (sur mise en accusation décidée par le parlement) et sur les litiges concernant les compétences entre les entités étatiques (art. 111, al. 1er de la Constitution de la République de Corée du 29 oct. 1987).

[1919] S. DAKO, « La résolution juridictionnelle des conflits entre le gouvernement et le parlement au Bénin », art. préc., p. 330.

« [l]'anarchie parlementaire »[1920] décrite par Maurice Duverger, celle des IIIe et IVe Républiques françaises, de la Belgique contemporaine et dans une moindre mesure de la Ière République italienne. Dans la pratique de ces régimes, « [l]es gouvernants n'obtenaient ni stabilité ni décision de députés éparpillés entre des partis multiples et indisciplinés, qui pouvaient renverser les gouvernements et les paralyser, mais non leur permettre de durer et d'agir »[1921]. Le système institutionnel se trouvait condamné à la paralysie et à l'impuissance.

806. Or de telles difficultés sont en mesure d'être atténuées par l'institution d'un régulateur politique (le chef de l'État) qui puisse être « l'accoucheur du Parlement »[1922], suivant l'expression de René Capitant, en cas de difficultés de formation du gouvernement, qui dispose de la dissolution pour renvoyer les députés devant le corps électoral si le blocage est insurmontable, voire qui soit en capacité de former un cabinet présidentiel temporaire. Cette solution fut notamment retenue en Italie en 1947 – sans que cela ne permette en pratique de résorber durablement l'instabilité de la Ière République –, au Portugal en 1976 et, dans une moindre mesure, en Allemagne en 1949.

807. L'autre principale contrainte du régime parlementaire pouvant justifier la présence d'un pouvoir régulateur tient à la nécessité d'encadrer l'inévitable concurrence entre les entités du système institutionnel dans l'exercice du pouvoir.

2°) La possibilité résiduelle de conflits inter-organiques

808. On l'a vu, ceux-ci constituent la dynamique même du régime présidentiel. Mais tel n'est pas le cas en régime parlementaire où la survenance de conflits entre organes témoigne plutôt d'un dysfonctionnement du système institutionnel. Le conflit entre le gouvernement et le parlement – par exemple à la suite d'un retournement d'alliance au sein de la coalition majoritaire conduisant à sa dislocation – ne pose généralement pas de difficultés puisque la régulation est assurée par la mise en œuvre des mécanismes de la responsabilité politique – motion de censure et question de confiance[1923]. Une

---

[1920] M. DUVERGER, « Les monarchies républicaines », *Pouvoirs*, 1996/3 n° 78, p. 111.

[1921] *Ibid.*, p. 112.

[1922] R. CAPITANT, « La réforme du parlementarisme », préc., p. 333.

[1923] Le remplacement en 1983 du social-démocrate Helmut Schmidt par le démocrate-chrétien Helmut Kohl à la tête du gouvernement fédéral allemand représente un cas d'école. À l'issue des élections fédérales de 1980, la coalition sociale-libérale est confirmée mais des divergences de plus en plus importantes apparaissent entre les deux partis au pouvoir, le SPD (Parti social-démocrate) et le FDP (Parti libéral-démocrate). Le 17 septembre 1983, les ministres libéraux-démocrates démissionnent et un cabinet minoritaire social-démocrate est formé. Le FDP décide de retourner son alliance et de former une coalition majoritaire alternative avec la CDU-CSU (les Unions chrétiennes). Le 1er octobre, le chancelier Helmut

fois le gouvernement minoritaire renversé, on procède à la désignation d'un nouveau gouvernement soutenu par la majorité alternative[1924]. Une autre possibilité est d'user du droit de dissolution afin de laisser le soin au peuple de trancher le litige entre les pouvoirs exécutif et législatif[1925].

809. Le conflit mettant en scène la chambre haute. Le conflit entre la chambre haute du parlement, d'une part, et le gouvernement soutenu par la chambre basse, d'autre part, apparaît nettement plus problématique. Il est rendu possible dès lors que la chambre haute est dotée de compétences non négligeables dans certains domaines – *a fortiori* en cas de bicamérisme égalitaire – et que sa composition diverge de celle de la chambre basse – en raison d'une temporalité électorale ou d'un mode de scrutin différents. En Australie, le conflit budgétaire entre le Sénat et le gouvernement conduisit à la réactivation des prérogatives régulatrices (les pouvoirs de réserve) du gouverneur général en 1975[1926]. En Italie, le choix du bicamérisme égalitaire demeure source d'instabilité et fut à l'origine de plusieurs dissolutions présidentielles[1927]. Cette difficulté ne semble toutefois pas avoir été envisagée par les constituants en 1947 et n'a donc pas pu directement motiver leur volonté d'instaurer une présidence régulatrice[1928].

810. Le cas particulier du régime « semi-présidentiel ». La contrainte la plus répandue résulte de l'existence d'une « dyarchie »[1929] au sommet de l'État, qui forme un cadre naturellement conflictuel entre un chef de l'État politiquement irresponsable non concerné par les mécanismes traditionnels de régulation du parlementarisme et un chef du gouvernement responsable soutenu par une majorité au parlement. « Deux coqs ne peuvent coexister dans la même basse-cour » affirme le proverbe africain[1930].

Schmidt fait l'objet d'un vote de défiance au *Bundestag*, qui élit dans le même temps son successeur, le leader de la CDU Helmut Kohl. La continuité gouvernementale est assurée.

[1924] Il peut s'agir d'une seule et même procédure. On pense au mécanisme particulièrement raffiné de la motion de défiance constructive dans la Loi fondamentale allemande (article 67). Modèle d'ingénierie constitutionnelle et de rationalisation du parlementarisme, elle prévoit qu'un chancelier ne peut être censuré par le *Bundestag* que si ce dernier est en capacité d'élire son successeur, c'est-à-dire s'il existe une majorité gouvernementale alternative.

[1925] Un exemple typique en la matière est la dissolution de 1962 en France, qui faisait suite à un conflit ouvert entre le chef de l'État (et son gouvernement) d'un côté et le parlement de l'autre. Ainsi consulté, le peuple trancha nettement en faveur du premier. Dans un même sens, les dissolutions de 1981 et 1988 visaient à prévenir un inévitable conflit entre le président de la République et les chambres. Sur ce type de dissolution caractéristique d'une logique dualiste, v. *supra* § 611.

[1926] V. *supra* § 589 et s.

[1927] V. *supra* § 612.

[1928] V. *supra* § 765 et s.

[1929] Sur ce terme, v. J. BOUDON, « Brèves réflexions sur la "dyarchie" de l'exécutif en France », art. préc., pp. 215-224.

[1930] Mentionné par G. CONAC, « Portrait du chef de l'État », *Pouvoirs*, 1983/2 n° 25, p. 123.

811. Une telle situation d'opposition irréductible entre les deux têtes de l'Exécutif se rencontre surtout dans les régimes dits « semi-présidentiels » – selon la classification popularisée par Maurice Duverger[1931] – ou « parlementaires biélectifs » – selon celle privilégiée par Marie-Anne Cohendet[1932]. Dans ce type de régime, la dualité de l'Exécutif qui caractérise le régime parlementaire peut produire « une tension improductive et indésirable »[1933] car elle confronte deux légitimités issues du suffrage universel – la légitimité présidentielle et la légitimité parlementaire –, comme l'explique Jean-Luc Parodi :

> « […] l'élection présidentielle au suffrage universel augmente la probabilité d'un *conflit* institutionnel et de son intensité éventuelle. Si l'on accepte la problématique générale d'interprétation des systèmes constitutionnels pluralistes en termes de concurrence entre autorités institutionnelles, […] on voit immédiatement que la probabilité de conflit, déjà inscrite dans l'existence même de l'acteur présidentiel, est encore renforcée par l'octroi à ce dernier d'une arme aussi puissante que la légitimité issue du suffrage universel. L'élection présidentielle tend donc à programmer le conflit institutionnel […] »[1934].

Pour cette raison, le choix d'un régime parlementaire biélectif avec un chef de l'État en capacité de s'immiscer dans le gouvernement (ou même programmé pour cela) nécessite de prendre des précautions. Il s'agit de prévoir un mode de régulation qui puisse en particulier prévenir les conflits au sein de l'Exécutif ou du moins trouver une issue pacifique à ces conflits.

812. Une première possibilité est de favoriser un processus d'autorégulation purement politique fondé sur la prééminence assumée du chef de l'État au sein du système institutionnel (solution présidentialiste). En France, « la régulation politique sous la Ve République est structurée autour de la prééminence de

---

[1931] Pour M. DUVERGER, le régime semi-présidentiel est celui « qui établit un président élu au suffrage universel et doté de pouvoirs propres, comme en régime présidentiel, et un premier ministre dirigeant un gouvernement que les députés peuvent renverser, comme en régime parlementaire » (*Échec au roi, op. cit.*, p. 17 ; v. également *id.*, *La Monarchie républicaine, ou comment les démocraties se donnent des rois*, Paris, Robert Laffont, « Libertés 2000 », 1974, p. 122).

[1932] Dans la lignée de Michel Troper, le professeur Cohendet souligne l'incohérence de la classification préconisée par Maurice Duverger. Dire d'un régime politique qu'il est semi-présidentiel alors qu'il appartient à la catégorie des régimes parlementaire dès lors que le gouvernement est politiquement responsable devant le parlement est incohérent. « Soit un régime fait partie d'une catégorie soit il n'en fait pas partie. Mais il ne peut pas à la fois faire partie d'une catégorie et en être exclu ». En retenant deux critères de distinction, « la responsabilité ou non du gouvernement devant le Parlement » et « le fait que le chef de l'État soit élu ou non directement (ou quasi directement) par le peuple », on peut qualifier de façon cohérente les régimes que certains appellent « semi-présidentiels » de « parlementaires biélectifs » (M.-A. COHENDET, *Droit constitutionnel*, 3e éd., Issy-les-Moulineaux, LGDJ-Lextenso, « Cours », 2017, pp. 166-167).

[1933] R. ALBERT, « Presidential values in parliamentary democracies », *International Journal of Constitutional Law*, vol. 8, 2010/2, p. 227. Nous traduisons.

[1934] J.-L. PARODI, « Effets et non-effets de l'élection présidentielle au suffrage universel direct », art. préc., p. 7. Il souligne.

l'élection présidentielle »[1935], relève Jean-Éric Gicquel. « En fin de compte, poursuit-il, […] le conflit constitutionnel n'a pas lieu d'être puisque le *conflit de légitimité politique* a été tranché »[1936] en faveur du chef de l'État élu de la nation. Le constat est évident en période de concordance des majorités, tandis qu'on peut *a minima* reconnaître la permanence d'une *autorité* présidentielle en cohabitation dont la primauté en certains domaines a été maintenue sans être remise en cause par les autres acteurs politiques[1937].

813. En Afrique noire francophone, la centralité présidentielle inspirée de l'expérience constitutionnelle française a la plupart du temps été entérinée en droit et dans la pratique[1938]. La distinction traditionnellement réalisée par le parlementarisme moniste entre un président ou un monarque symbolisant l'État, d'une part, et un chef de gouvernement le dirigeant, d'autre part, apparaît largement inopérante dans des pays où les cultures politiques demeurent imprégnées d'autoritarisme. En conséquence, plusieurs techniques de présidentialisation sont employées afin de renforcer à l'extrême la position du chef de l'État[1939]. Légitimé par sa désignation au suffrage universel direct, il est généralement rééligible indéfiniment. Son irresponsabilité politique et même pénale est particulièrement étendue[1940]. Enfin, son rôle prédominant en matière gouvernementale se trouve expressément consacré par les textes

---

[1935] J.-É. GICQUEL, « Les conflits constitutionnels sous la Ve République », *in* J. HUMMEL (dir.), *Les conflits constitutionnels. Le droit constitutionnel à l'épreuve de l'histoire et du politique*, Rennes, PUR, « L'Univers des Normes », 2010, p. 160.

[1936] *Ibid.*, p. 164.

[1937] C'est le fameux « domaine réservé », dont les origines se trouvent dans une analyse de Jacques Chaban-Delmas en 1959 selon laquelle au sein de l'Exécutif, certains secteurs – en particulier en matière de défense et de diplomatie – relèvent de l'unique compétence du chef de l'État qui détermine seul la politique à mener, le gouvernement étant seulement chargé de la conduire selon les orientations présidentielles. En période de fonctionnement présidentialiste, la délimitation d'un domaine réservé n'a pas lieu d'être car c'est le président de la République qui détermine l'ensemble de la politique menée. Il en va différemment en période de cohabitation où « ces intrusions présidentielles […] dans la sphère d'action du Premier ministre ont été tacitement acceptées par ce dernier. Un îlot de prééminence présidentielle, aux contours noueux, s'en est retrouvé préservé et ce au nom d'une approche à la fois globale (la fonction de l'élu du peuple tout entier ne saurait être excessivement abaissée […]) et cynique (le premier ministre étant un candidat en puissance à la prochaine élection présidentielle, son intérêt bien compris est de ne pas affaiblir la fonction qu'il ambitionne d'obtenir) » (*loc. cit.*).

[1938] Sur les perspectives du présidentialisme en Afrique, v. not. R. NGANDO SANDJÈ, « Le renouveau du droit constitutionnel et la question des classifications en Afrique : quel sort pour le régime présidentialiste ? », *RFDC*, 2013/1 n° 93, supplément électronique, pp. e1-e26.

[1939] À ce sujet, v. J. OWONA, *Droits constitutionnels et institutions politiques du monde contemporain. Étude comparative*, Paris, L'Harmattan, 2010, not. pp. 649-656.

[1940] Dans ce domaine, la Constitution zaïroise du 15 août 1974 retenait à son article 46 une formule pour le moins cocasse. Le chef de l'État ne pouvait voir sa responsabilité engagée et être destitué par le Bureau politique que pour « déviationnisme » par rapport au « Mobutisme ». Bien évidemment, le président Mobutu ne fut jamais accusé de trahir la doctrine mobutiste.

constitutionnels[1941]. Bref, tout est fait pour que « [l]e style d'un homme devienne le style d'un État »[1942], comme l'écrit joliment Gérard Conac.

814. Le choix d'une régulation institutionnelle entièrement centrée sur la figure du chef de l'État écarte de fait toute forme d'exorégulation qui ne provienne pas de celui-ci. L'« embryon de justice constitutionnelle » que l'on retrouvait dans les premières constitutions des États d'Afrique francophone décolonisés « sera prématurément étouffé par la pandémie du présidentialisme négro-africain qui sévit sur le continent africain de 1965 à 1990 faisant du président de la République la source exclusive du pouvoir et du droit dans l'État »[1943]. Ceci étant, en dépit de l'absence d'ambiguïté quant aux intentions des constituants de confier l'essentiel du pouvoir au chef de l'État, le risque d'un conflit entre ce dernier et une majorité parlementaire hostile n'est pas totalement écarté.

815. On en arrive ainsi à la seconde possibilité, celle d'une régulation exogène du régime « semi-présidentiel ». En France, l'absence d'une régulation juridictionnelle consistante[1944] a pour le moment été compensée par

---

[1941] Au Burkina Faso, le président « fixe les grandes orientations de la politique de l'État » (art. 36, al. 3 de la Constitution du 11 juin 1991). Au Cameroun, « [i]l définit la politique de la nation » (art. 5, al. 2 de la Constitution du 2 juin 1972). Aux Comores, « [l]e président de l'Union est le chef du gouvernement. À ce titre, il détermine et conduit la politique de l'Union » (art. 12, al. 3 de la Constitution du 23 déc. 2001). De même, en Côte d'Ivoire, « [l]e président de la République détermine et conduit la politique de la Nation » (art. 64 de la Constitution du 8 nov. 2016) tandis qu'en Guinée, « [i]l détermine et contrôle la conduite de la politique de la Nation » (art. 45, al. 4 de la Constitution du 7 mai 2010). Au Sénégal, « [i]l détermine la politique de la Nation » (art. 42, al. 4 de la Constitution du 22 janv. 2001). Enfin, à Djibouti, « [l]e pouvoir exécutif est assuré par le Président de la République qui est en outre chef du Gouvernement » (art. 21 de la Constitution du 15 sept. 1992).

[1942] G. CONAC, « Portrait du chef de l'État », *Pouvoirs*, 1983/2 n° 25, p. 123. Dans le même sens, F. BANKOUNDA-MPELE (« Repenser le président africain », *VIIe Congrès français de droit constitutionnel*, Paris, AFDC, 2008, p. 3) relève que si les constituants français de 1958 ont entendu faire du président de la République la « clé de voûte » des institutions, « il ressort qu'en Afrique, celui-ci s'impose, au-delà des institutions, comme *la clé de voûte de la société*, en raison de l'importance des prérogatives de droit et de fait qui lui sont reconnues, ou qu'il s'octroie » (nous soulignons).

[1943] Th. HOLO, « Émergence de la justice constitutionnelle », art. préc., p. 102.

[1944] La Constitution de 1958 ne confère pas de compétence particulière au Conseil constitutionnel pour intervenir en cas de conflits inter-organiques. Celui-ci estima d'ailleurs très vite que « la Constitution a strictement délimité la compétence du Conseil constitutionnel ; que celui-ci ne saurait être appelé à statuer ou, à émettre un avis que dans les cas et suivant les modalités qu'elle a fixés » (déc. n° 61-1 AUTR du 14 sept. 1961, *Rec.* 55). Cette autolimitation a depuis été pleinement intériorisée par les acteurs du système institutionnel. Quant au Conseil d'État, sa compétence contentieuse se trouve globalement limitée aux actes administratifs et l'application de la théorie des actes de gouvernement rend injusticiable bon nombre d'actions (ou d'inactions) de l'Exécutif, qu'il s'agisse de la décision du président de mettre en œuvre l'article 16 (CE, 2 mars 1962, *Rubin de Servens*, *Rec.* 143), de son refus de saisir le Conseil constitutionnel (CE, ordonnance du juge des référés, 7 nov. 2001, *M. Tabaka*, n° 239761, *Rec.* 789) ou encore de la composition du gouvernement (CE, 29 déc. 1999, *Lemaire*, n° 196858 197061 ; 15 févr. 2002, *Meyet*, n° 231632). Néanmoins, le Conseil d'État a parfois pu, dans ces limites, se poser en régulateur partiel du système institutionnel, par exemple en défendant les droits du parlement et en soutenant une interprétation moniste du régime parlementaire (CE, Ass., 19 oct. 1962, *Brocas*, n° 58502, *Rec.* 553) puis en s'adaptant à la pratique présidentialiste du régime (sur le rôle de « régulateur des institutions » du Conseil d'État,

l'autorégulation politique du système institutionnel – notamment en période de cohabitation – permettant d'éviter ou de surmonter les conflits. En Afrique, la phase de démocratisation (relative) des années 1990 a été accompagnée d'une remise en cause (tout aussi relative) du monolithisme du pouvoir en faveur du président. Les constitutions adoptées à cette période et par la suite introduisent diverses innovations destinées à promouvoir la stabilité institutionnelle en assurant une certaine primauté au chef de l'État et en évitant les cohabitations conflictuelles[1945]. Généralement, la répartition des rôles au sein de l'Exécutif est définie avec plus de précision que dans la Constitution française de 1958, de sorte que les prérogatives et les domaines de compétence respectifs du président et du premier ministre se trouvent minutieusement délimités.

816. Afin de faire respecter cet agencement constitutionnel complexe, la présence d'un régulateur s'avère nécessaire. Puisque ce rôle ne peut être dévolu au chef de l'État, principal agent gouvernant, les nouvelles constitutions africaines créent toutes une cour constitutionnelle chargée de la régulation du système institutionnel. Élément-clef d'une procédure poussée de résolution juridictionnelle des conflits, la cour apparaît comme la « tour de contrôle du jeu des pouvoirs publics constitutionnels »[1946]. Son instauration, si elle s'inscrit évidemment dans la logique libérale de l'État de droit démocratique, représente également une réponse des constituants aux fortes contraintes systémiques du régime « semi-présidentiel ».

817. Le problème avec une rationalisation aussi extrême de la répartition des compétences au sein de l'Exécutif est qu'elle peut mener à une focalisation excessive sur la lettre du texte constitutionnel au détriment d'une préoccupation plus large quant au maintien des équilibres politiques et sociaux souvent fragiles dans ces États. L'exemple de la crise institutionnelle de 1995 au Niger, qui aboutit à un coup d'État militaire en janvier 1996, démontre qu'une situation de cohabitation « à la française », même encadrée par les interventions du régulateur juridictionnel, peut être particulièrement difficile à gérer dans des pays où la recherche du compromis politique et l'impartialité de l'administration ne sont pas fermement établis[1947].

818. Pour cette raison, la Constitution nigérienne de 2010 fait preuve d'innovation en matière d'exorégulation du régime « semi-présidentiel ». Le

---

v. S. LEROYER, *L'apport du Conseil d'État au droit constitutionnel de la Ve République. Essai sur une théorie de l'État*, Paris, Dalloz, « NBT », vol. 106, 2011, pp. 357-510).

[1945] V. G. CONAC, « Semi-presidentialism in a francophone context », art. préc., pp. 84-89.

[1946] A. H. DIOMPY, « Les dynamiques récentes de la justice constitutionnelle en Afrique francophone », *Afrilex*, févr. 2014, disponible sur http://afrilex.u-bordeaux4.fr/les-dynamiques-recentes-de-la.html, consulté le 15 sept. 2019, p. 22.

[1947] V. *infra* § 824 et s.

pouvoir régulateur dévolu à la Cour constitutionnelle et son indépendance se trouvent largement confirmés dans le texte. Mais la principale nouveauté est l'institution d'un Conseil de la République composé du chef de l'État, du président de l'Assemblée nationale, du premier ministre, des anciens chefs de l'État et du leader de l'opposition. L'unique mission confiée à cet organe *ad hoc* est « de prévenir et de résoudre les crises institutionnelles et politiques, de manière consensuelle, dans le respect de la présente Constitution »[1948], ce qui correspond par sa finalité à une fonction de régulation du système institutionnel. L'idée provient du constat des limites intrinsèques de la régulation juridictionnelle confrontée à un contexte extrêmement conflictuel. Malgré l'interventionnisme audacieux des juges constitutionnels au cours des Républiques précédentes, elle ne put empêcher les coups d'État à répétition[1949]. La solution originale des constituants nigériens de 2010 fut de lui adjoindre une *autorité* purement politique, chargée de trouver dans un cadre constitutionnel des solutions politiques aux litiges politiques pouvant survenir au sein de l'exécutif bicéphale.

819. On constate que chaque forme de régime politique possède des contraintes propres qui, cumulées à d'autres contraintes tenant à l'histoire politique et constitutionnelle du pays, contribuent à déterminer les choix des constituants quant à la régulation du système institutionnel. L'incidence de ces choix dans la pratique concrète va dépendre de certaines variables qui, souvent, échappent à la formalisation juridique.

SECTION 2. LES CONTRAINTES ÉVOLUTIVES DU POUVOIR RÉGULATEUR

820. On a vu que le pouvoir régulateur, en tant qu'organe spécifique du régime politique, émerge au travers de la combinaison des effets de ses différentes contraintes génératives. Il convient désormais de prendre en considération l'incidence des autres contraintes du contexte systémique sur la consistance du rôle du régulateur dans la pratique institutionnelle. En d'autres termes, on se demande dans quelle mesure la situation politique concrète – en particulier la nature des relations entre organes – est à même de susciter des modifications notables de la position réellement occupée par le régulateur au sein du système institutionnel. Georg Jellinek, pourtant positiviste convaincu,

[1948] Art. 69, al. 1er de la Constitution de la République du Niger (VIIe République) du 25 nov. 2010.
[1949] Depuis le retour au pluralisme politique en 1992, le Niger a été victime de trois coups d'État militaires, en 1996, 1999 et 2010. Ce dernier, créant la VIIe République, faisait suite à l'instauration de la VIe République par la Constitution de 2009, adoptée à l'initiative du président de la République Mamadou Tandja pour se maintenir au pouvoir. La Constitution de la Ve République (1999) interdisait en effet au chef de l'État de briguer un troisième mandat.

affirmait que « les forces politiques réelles se meuvent d'après leurs propres lois, qui agissent indépendamment de toute forme juridique »[1950]. Sans aller forcément jusque-là, il est évident qu'une partie des pratiques qui tendent à déterminer le fonctionnement concret du système institutionnel se déroulent en dehors de tout formalisme juridique et répondent à des motivations strictement politiques.

821. On verra d'abord que les relations entre le régulateur politique et les entités régulées connaissent des variations qui dépendent surtout de la teneur de la majorité parlementaire et de la position du régulateur par rapport à celle-ci. Dès lors, le chef de l'État conçu par les constituants comme un régulateur peut avoir dans la pratique une dimension « à géométrie variable »[1951], suivant l'expression de François Frison-Roche, c'est-à-dire être tantôt un gouvernant, tantôt un authentique régulateur, tantôt un organe effacé. Il nous faudra expliquer ce phénomène (§ I). Par sa nature, le régulateur juridictionnel est moins sensible à ces variations partisanes. Sa mission connaît néanmoins de très fortes limites pratiques car elle se trouve constamment confrontée à la prédominance de la régulation politique au sein du système institutionnel (§ II).

§ I. LA GRILLE DE TRANSFORMATION DU RÉGULATEUR POLITIQUE

822. En régime parlementaire, seul modèle institutionnel dans lequel un chef de l'État-régulateur est concevable grâce à la dualité de l'Exécutif, « [l]a clef de voûte, c'est la majorité parlementaire », explique Maurice Duverger :

> « [même] doté de prérogatives notables, le président ne peut pas réellement la suppléer si elle est absente. Il doit la respecter quand elle existe. Il ne peut pas se dresser contre elle, sinon de façon provisoire, pour essayer de la disloquer sous sa forme présente et de la recomposer autrement. Au maximum, il peut tenter de la créer ou de la bouleverser par une dissolution. Ensuite, il doit l'accepter telle que les électeurs l'ont confirmée ou changée. Ou recommencer patiemment à la construire et à la maintenir, si elle est aussi floue et aussi fragile qu'auparavant »[1952].

De là, on retient deux facteurs qui déterminent directement et certainement la situation réelle du chef d'État parlementaire au sein du système institutionnel. Celle-ci ne correspond pas toujours au rôle qu'entendait lui confier les constituants : c'est la différence entre le texte et sa pratique, qui correspond à la distinction qu'opère Marie-Anne Cohendet entre régime et système

[1950] G. JELLINEK, *Verfassungsänderung und Verfassungswandlung. Eine staatsrechtlich-politische Abhandlung*, Berlin, O. Häring, 1906, p. 72.
[1951] Fr. FRISON-ROCHE, *Le « modèle semi-présidentiel » comme instrument de la transition en Europe post-communiste. Bulgarie, Lituanie, Macédoine, Pologne, Roumanie et Slovénie*, *op. cit.*, p. 409.
[1952] M. DUVERGER, *Échec au roi*, *op. cit.*, p. 90.

politiques. Les deux facteurs déterminants pour le chef de l'État sont : (1) la consistance de la majorité parlementaire et (2) le positionnement du chef de l'État par rapport à elle : chef de la majorité, membre de la majorité, opposant à la majorité ou neutre[1953].

823. En effet, s'il est possible de concevoir le chef de l'État comme un organe constitutionnellement indépendant, on ne peut pas, par contre, organiser à l'avance son impartialité ou sa neutralité – qui ne sont pas à proprement parler des qualités juridiques – vis-à-vis des acteurs du jeu politique. Autrement dit, quelles que soient les garanties d'indépendance prévues par les constituants, il n'est pas exclu que dans la pratique institutionnelle, le chef de l'État se trouve lié à une majorité parlementaire ou au contraire s'y oppose.

824. Le fonctionnement concret du régime politique – ce que Marie-Anne Cohendet appelle le système politique[1954] – ne s'explique pas que par les dispositions constitutionnelles, qui forment un quasi-invariant. Il est également déterminé par une série de variables, juridiques ou non. L'existence d'une majorité parlementaire et sa consistance représentent une première variable qui est elle-même déterminée par d'autres variables, en particulier le mode de scrutin retenu (le scrutin majoritaire favorise davantage la formation de majorités stables et cohérentes que le scrutin proportionnel) et le système partisan (en Allemagne, sa maturité a pour le moment toujours permis la formation de coalitions majoritaires stables malgré le choix de la représentation proportionnelle). La position du chef de l'État par rapport à cette majorité est une autre variable, notamment déterminée par la légitimité (démocratique ou non) du chef de l'État, la nature de ses pouvoirs, le système de partis (présidentialisé ou non), le contexte géopolitique[1955] et les *habitus*[1956] qui sont forgés par les variables précédentes – et qui contribuent aussi à forger les variables non juridiques. L'ensemble de ces variables et leurs interactions constantes forment ce que le professeur Cohendet appelle un « système de

[1953] V. *ibid.*, p. 120 et s.

[1954] Selon M.-A. COHENDET, « le système politique correspond aux faits, à la pratique, à l'application de la Constitution » (*Droit constitutionnel*, *op. cit.*, p. 177).

[1955] En Finlande, la proximité directe avec l'URSS dans le contexte de la Guerre froide a expressément conduit à une présidence très active en matière gouvernementale, en particulier concernant les domaines des affaires étrangères et de la défense. Sur la place du président de la République au sein du régime politique finlandais, qui représenta jusqu'à la fin du XXe siècle un modèle tout à fait spécifique en Europe, v. not. Chr. LARSSEN, Y. MARIQUE, « Évolution de la fonction présidentielle en Finlande : de la Forme de Gouvernement (1919) à la Constitution coordonnée (2000) », *RDP*, 2001, pp. 1381-1415 ; Fr. FRISON-ROCHE, « La Présidence de la République en Finlande et la nature du régime », *in Droit, institutions et systèmes politiques. Mélanges en hommage à Maurice Duverger*, Paris, Puf, 1987, pp. 101-113 ; J. M. JANSSON, « Le régime parlementaire de la Finlande », *in ibid.*, pp. 623-629.

[1956] Les *habitus* sont « les habitudes mentales relatives à la perception d'une institution » (M.-A. COHENDET, *Droit constitutionnel*, *op. cit.*, p. 182).

variables déterminantes », c'est-à-dire « l'ensemble des éléments qui, seuls ou combinés, exercent une influence sur l'application de la Constitution »[1957].

825. À titre d'illustration, le régime politique de la Ve République française représente un cas d'école puisque son contexte institutionnel réunit tous les éléments pour une présidence gouvernante qui se réalise effectivement dans la pratique[1958]. Le texte constitutionnel contient pourtant d'autres potentialités, comme l'ont démontré les périodes de cohabitation, durant lesquelles le fonctionnement présidentialiste est temporairement remis en cause. En comparaison, la situation est radicalement différente au Portugal, où le régime « semi-présidentiel » ne fonctionne pas de manière présidentialiste. Le chef de l'État, certes élu au suffrage universel direct et doté de pouvoirs propres très importants, est unanimement reconnu comme un pouvoir modérateur, généralement envisagé comme un pur régulateur qui n'interfère pas dans l'exercice du gouvernement. Cette situation s'explique en grande partie par le « système de variables déterminantes ». Dès le début, la plupart des partis politiques portugais se placèrent dans la lignée du pouvoir modérateur de la Charte de 1826 pour définir le rôle du chef de l'État et, malgré leurs divisions, repoussèrent toutes les tentatives d'inflexion présidentialiste. La pratique originelle créa un *habitus* qui fut confirmé par le premier président civil, Mário Soares, dès son élection en 1986[1959], puis par l'ensemble de ses successeurs.

826. L'ensemble des variables du « système de variables déterminantes » influe sur le régulateur en ce qu'*a minima*, elles influent sur le cadre institutionnel et le champ d'exercice de la régulation. Ceci étant, comme on l'a déjà indiqué, seules deux variables – (1) la consistance de la majorité parlementaire et (2) le positionnement du chef de l'État par rapport à elle – viennent directement déterminer la position réellement occupée par le chef de l'État au sein du système institutionnel, c'est-à-dire déterminer s'il sera ou non un régulateur dans la pratique. Afin d'obtenir une vue d'ensemble, Maurice Duverger proposa en 1978 un tableau à double entrée où « le

---

[1957] *Ibid.*, p. 181. On pourra également se rapporter à *id.*, « Le système de variables déterminantes », art. préc., pp. 119-134.

[1958] La prédominance présidentielle dans la pratique institutionnelle française résulte du cumul de trois facteurs déterminants, à savoir l'élection directe du chef de l'État, son droit de dissolution discrétionnaire et le scrutin majoritaire aux élections législatives. C'est cette combinaison qui permet au président de structurer autour de lui une majorité de soutien, stable et cohérente (v. M.-A. COHENDET, *Le président de la République*, *op. cit.*, pp. 136-143). En tant que leader – formellement ou factuellement – du parti dominant (v. J.-L. QUERMONNE, « La présidence de la République et le système de partis », *Pouvoirs*, 1987/2 n° 41, pp. 93-113), le président peut s'imposer comme l'acteur central du système institutionnel. D'autres éléments, comme la présidence du Conseil des ministres, jouent également en ce sens. Surtout, la pratique constante – hors cohabitation – depuis les débuts du nouveau régime a fini par créer un *habitus* qui s'est solidement ancré au sein de la classe politique et parmi les citoyens.

[1959] V. *supra* § 721.

croisement des variables en cause permet de repérer la position réelle du président de la République dans toutes les situations concevables »[1960].

Grille de transformation du chef de l'État selon ses rapports avec la majorité parlementaire[1961] ***:***

Rapport du chef de l'État avec la majorité / Consistance de la majorité	Chef de la majorité	Opposant à la majorité (cohabitation)	Membre de la majorité	Neutre
Monolithique (majorité absolue)	Décideur absolu (gouvernant)	Régulateur	Effacé (symbolique)	Régulateur
Coalition à parti dominant (majorité absolue)	Décideur limité (gouvernant)	Régulateur	Effacé (symbolique)	Régulateur
Coalition équilibrée (majorité absolue)	Dyarque (gouvernant)	Régulateur	Effacé (symbolique)	Régulateur
Quasi-majorité (majorité relative)	Décideur limité (gouvernant)	Régulateur	Effacé (symbolique)	Régulateur
Absence de majorité	Impossibilité logique	Impossibilité logique	Impossibilité logique	Dyarque (régulateur et gouvernant)

827. À l'origine, la grille de Duverger a été conçue pour expliquer le fonctionnement concret des régimes « semi-présidentiels » – ou régimes parlementaires biélectifs, dont le chef de l'État est élu au suffrage populaire. Ceci étant, les entrées verticales du tableau se retrouvent exactement de la même manière dans les régimes parlementaires monoélectifs. Quant aux entrées horizontales, il est vrai qu'il apparaît peu probable qu'un chef de l'État sans légitimité démocratique directe soit reconnu comme le chef de la majorité. Mais l'hypothèse n'est pas non plus totalement impossible : elle s'est notamment réalisée au début de la Ve République française – dans des

[1960] M. DUVERGER, *Échec au roi*, *op. cit.*, p. 89.

[1961] Inspiré de *ibid.*, p. 122 ; Fr. FRISON-ROCHE, *Le « modèle semi-présidentiel » comme instrument de la transition en Europe post-communiste. Bulgarie, Lituanie, Macédoine, Pologne, Roumanie et Slovénie*, *op. cit.*, p. 414.

circonstances certes très exceptionnelles[1962]. On se rappellera également que le chancelier allemand Konrad Adenauer avait envisagé de se faire élire président fédéral en 1959 et qu'il entendait bien continuer à influencer directement la politique gouvernementale en cette qualité. De même, l'hypothèse présidentialiste ne fut totalement écartée en Grèce qu'avec la réduction considérable des pouvoirs du chef de l'État par la révision de 1986[1963]. La grille de Duverger peut donc servir à l'analyse du fonctionnement concret de n'importe quel type de régime parlementaire et s'avère particulièrement utile pour identifier et expliquer le rôle réel du chef de l'État.

828. Un président peut être reconnu comme le chef politique d'une majorité ou d'une quasi-majorité parlementaire (première colonne). Il est alors un acteur gouvernant central, voire tout-puissant s'il est le leader incontesté d'une majorité parfaitement homogène (cas de la France hors cohabitation). Par contre, ses capacités d'action, y compris dans une visée régulatrice, sont considérablement réduites s'il est seulement membre ou sympathisant de la majorité (troisième colonne) car il est alors facilement capturé par celle-ci, ce qui conduit à son effacement[1964] (cas fréquent en Autriche[1965]).

829. Un président peut également s'opposer à la majorité parlementaire en place (deuxième colonne). Dans cette hypothèse, il est qualifié par Maurice Duverger de « régulateur » parce qu'il ne peut plus « exercer aucune autre prérogative que celles conférées par la Constitution. Mais il ne peut pas les exercer toutes aussi pleinement »[1966] : ses prérogatives en matière gouvernementale sont réduites du fait de son isolement politique face à la majorité et seules subsistent entièrement ses prérogatives régulatrices. Le terme « régulateur » nous apparaît cependant impropre à qualifier le rôle du chef de l'État placé dans une telle situation. En France, lors de la première cohabitation (1986-1988), « [...] M. Mitterrand a établi au sommet de l'État un contre-pouvoir, non un pouvoir neutre »[1967], relève Marie-Anne Cohendet. Qu'il soit reconnu comme le chef de l'opposition parlementaire ou

---

1962 Élu en 1958 par un collège électoral, le général de Gaulle disposait depuis la Seconde guerre mondiale d'une légitimité personnelle exceptionnelle et avait les mains libres pour régler la crise algérienne (v. *supra*, not. § 727, sur la légitimité historique du général).

1963 V. *supra* § 777-779 ; A. PANTÉLIS, *Les grands problèmes de la nouvelle constitution hellénique*, *op. cit.*, not. pp. 266-268.

1964 Dans une telle situation, note Fr. FRISON-ROCHE, le parti majoritaire « dispose d'une véritable autorité sur le Président et ne fait que l'utiliser en tant que de besoin. Il ne représente qu'une institution effacée [...] » (*Le « modèle semi-présidentiel » comme instrument de la transition en Europe post-communiste. Bulgarie, Lituanie, Macédoine, Pologne, Roumanie et Slovénie*, *op. cit.*, p. 418).

1965 Toutefois, depuis 2016, le président fédéral n'est membre ou sympathisant d'aucun des deux grands partis. Il s'agit de l'écologiste Alexander Van der Bellen.

1966 M. DUVERGER, *Échec au roi*, *op. cit.*, p. 131.

1967 M.-A. COHENDET, *La cohabitation. Leçons d'une expérience*, Paris, Puf, « Recherches politiques », 1993, p. 246. Ceci dit, l'expression « pouvoir modérateur partisan » qu'emploie le professeur Cohendet (*ibid.*, p. 89) nous semble être au même titre un étrange oxymore.

simplement qu'il s'oppose aux orientations de la majorité en place, le président va chercher à tirer profit de sa position institutionnelle pour maximiser ses gains politiques et entraver l'action de ses adversaires. Étant un partisan et un acteur à part entière du jeu politique, il ne peut pas être qualifié de régulateur.

830. À notre sens, seuls les chefs d'État « neutres », c'est-à-dire « les personnalités sans appartenance politique, situées réellement en dehors des partis »[1968], peuvent prétendre incarner un authentique pouvoir régulateur, car leur extériorité par rapport au couple majorité/opposition leur permet d'exercer de façon indépendante leurs prérogatives constitutionnelles régulatrices.

831. En cas d'absence de majorité parlementaire, la neutralité du chef de l'État-régulateur n'est plus seulement subjective (impartialité) mais objective. « Elle signifie qu'il n'appartient à aucune majorité véritable, ni quasi-majorité, ni opposition, puisqu'elles n'existent point, sinon de façons brèves et changeantes »[1969]. Dans une telle situation, le parlement « ne peut pas décider, mais il peut empêcher qu'on décide. Il ne peut pas promouvoir et maintenir des gouvernements fermes, mais il peut les faire tomber »[1970]. Le régulateur politique, qui représente un élément de stabilité du régime politique, doit intervenir pour faire fonctionner à marche forcée le système institutionnel, mais il n'a pas les moyens d'agir constamment à la place des chambres. « Il peut donner des impulsions, exercer des contrôles, pallier des défiances, mais non gouverner lui-même, sinon de façon exceptionnelle »[1971]. C'est une forme d'exercice extraordinaire de la régulation politique[1972]. À la fin de la République de Weimar, l'absence de majorité au *Reichstag* – sinon négative : en 1932, nazis et communistes réunis ont plus de la moitié des sièges – contraint le *Reichspräsident* Hindenburg à sortir de l'ombre en appuyant de son autorité des cabinets présidentiels – cabinets Brüning I et II, cabinet Papen dit « cabinet des barons », cabinet Schleicher. Heinrich Brüning demeura de la sorte chancelier durant plus de deux ans (du 30 mars 1930 au 30 mai 1932). Les cabinets présidentiels en Italie[1973] voire les « gouvernements d'office » bulgares[1974] rentrent également, dans une moindre mesure, dans ce cadre particulier.

[1968] M. DUVERGER, *Échec au roi*, *op. cit.*, p. 125.
[1969] *Ibid.*, p. 129.
[1970] *Ibid.*, p. 130.
[1971] *Loc. cit.*
[1972] V. *supra* § 620-622.
[1973] V. *supra* § 569.
[1974] V. *supra* § 570.

832. Finalement, on identifie aisément les trois éléments constitutionnels qui renforcent la possibilité qu'un chef de l'État, même conçu pour être un régulateur, devienne dans la pratique un décideur. Il y a d'abord l'existence d'un droit de dissolution présidentiel sans condition. En France, il a permis aux présidents d'obtenir une majorité à leur main. Il s'agit ensuite du mode de désignation : il est très rare qu'un chef de l'État sans légitimité populaire directe puisse devenir dans la pratique un acteur gouvernant en étant reconnu par la majorité comme son chef – bien que ce ne soit pas non plus totalement impossible, comme on l'a vu. Enfin, le pouvoir discrétionnaire de nommer le premier ministre peut permettre au chef de l'État d'imposer une hiérarchie en sa faveur au sein de l'Exécutif. Pour autant, la réunion de ces trois éléments n'entraîne pas automatiquement de dévoiement du pouvoir régulateur au profit d'une présidentialisation du système. L'exemple du Portugal nous rappelle ainsi l'importance des éléments non constitutionnels, en particulier des contraintes historiques qui contribuent à créer, avec les premières années de pratique institutionnelle, des *habitus*. En outre, le risque d'une capture neutralisante, comme en Autriche, subsiste quels que soient les pouvoirs et la légitimité du régulateur. Seul un renoncement partisan sincère du régulateur permet de sortir de ce schéma de dévoiement dans un sens ou dans l'autre de la fonction de régulation.

833. La position occupée dans la pratique par le régulateur juridictionnel n'a pas la même sensibilité à des variables déterminantes. Il n'empêche que la régulation juridictionnelle du système institutionnel connaît des fluctuations dans son intensité qui tiennent autant à ses limites intrinsèques qu'au contexte de son exercice.

§ II. Les limites politiques irréductibles de la régulation juridictionnelle du régime politique

834. Un système institutionnel, quel qu'il soit, ne peut pas connaître de parfaite judiciarisation. On ne doit pas oublier qu'il demeure un objet essentiellement politique qui échappe en grande partie au contrôle des cours et tribunaux. Pour cette raison, sa régulation par un organe juridictionnel se heurte dans la pratique à des difficultés substantielles. Le juge constitutionnel est normalement placé en situation d'énoncer les règles du droit positif, ou plus précisément de garantir le respect du droit constitutionnel formel, ce qu'il arrive à faire la plupart du temps sans rencontrer de difficultés insurmontables. Mais les dispositions textuelles, si elles forment évidemment une structure fondamentale du système institutionnel, ne suffisent pas à déterminer à l'avance son fonctionnement concret car souvent, le comportement et les manières d'agir des acteurs politiques leur sont étrangers. De ce fait, le régulateur juridictionnel doit admettre que certains domaines strictement politiques échappent à son appréciation (B), sous peine d'apparaître en décalage voire de perturber le processus de régulation politique. En cas de crise majeure, c'est même l'ensemble du processus de régulation juridictionnelle qui touche ses limites intrinsèques, car il se trouve rapidement submergé par le primat du politique au sein du système institutionnel (A).

A. Les limites critiques de la régulation juridictionnelle : l'exemple de la cohabitation de 1995 au Niger

835. Au Niger, la cohabitation de 1995 donna lieu à une crise politique et institutionnelle majeure. Or, relève Boubacar Issa Abdourhamane, « une crise de ce type constitue une épreuve décisive à partir de laquelle il est possible de déterminer la viabilité du modèle institutionnel »[1975], c'est-à-dire qu'elle permet de « mesurer la capacité de survie, de résistance et de reproduction d'un régime politique »[1976] en envisageant l'efficacité dans la pratique de ses différents modes de régulation.

836. La crise de 1994-1996 apparaît comme la conséquence directe de l'agencement institutionnel prévu par la Constitution de 1992. Celle-ci retient pour la première fois un exécutif bicéphale, marquant une volonté de rupture avec la concentration des pouvoirs au profit du chef de l'État. Le président de la République « nomme le Premier ministre et met fin à ses fonctions sur présentation par celui-ci de la démission du gouvernement »[1977]. De plus, il « préside le conseil des ministres »[1978] et détient le pouvoir de dissoudre l'Assemblée nationale[1979]. Quant au premier ministre, il est désigné comme « le Chef du gouvernement » et en cette qualité, « dirige et coordonne l'action gouvernementale »[1980]. Dans cette logique, « [l]e gouvernement détermine et conduit la politique de la Nation. Il dispose de l'administration et de la force armée. Il est responsable devant l'Assemblée nationale »[1981]. On reconnaît une organisation des pouvoirs très proche de celle du « semi-présidentialisme » français.

837. En mars 1993, Mahamane Ousmane remportait l'élection présidentielle. Les députés élus en février lui étaient majoritairement

[1975] B. ISSA ABDOURHAMANE, *Crise institutionnelle et démocratisation au Niger*, *op. cit.*, p. 8.
[1976] *Ibid.*, p. 9.
[1977] Art. 47, al. 1er de la Constitution de la République du Niger du 26 déc. 1992.
[1978] Art. 48, al. 1er de la Constitution de 1992.
[1979] Art. 50 de la Constitution de 1992.
[1980] Art. 60 de la Constitution de 1992.
[1981] Art. 62 de la Constitution de 1992.

favorables et une coalition gouvernementale réunissant plusieurs partis se mit en place. Mais celle-ci éclata en septembre 1994 : à la suite de la démission du premier ministre, les parlementaires de son parti rejoignirent l'opposition pour former une majorité alternative opposée au chef de l'État, qui prit la décision de dissoudre l'Assemblée nationale. Les élections législatives anticipées ne lui offrant pas de majorité de rechange, il se trouva contraint d'entrer en cohabitation avec un premier ministre issu de l'opposition présidentielle. Cet épisode inédit de la vie politique et institutionnelle nigérienne fut le théâtre d'une série d'interventions exemplaires de la part du régulateur juridictionnel.

838. Avant même l'installation de la nouvelle Assemblée, le chef de l'État Mahamane Ousmane procéda par décrets à la réorganisation des services de l'Exécutif à l'avantage de la présidence. Fut notamment créé un « Secrétariat général du Conseil des ministres »[1982] chargé de remplir les fonctions normalement dévolues au Secrétariat général du gouvernement. Saisie par le nouveau premier ministre Hama Amadou, la Chambre constitutionnelle de la Cour suprême déclara que « le Premier ministre et le gouvernement doivent avoir les moyens légaux de remplir leur mission et de faire face à leurs obligations constitutionnelles devant le Parlement, contrairement au chef de l'exécutif qui n'a aucun compte à rendre »[1983]. Les juges nigériens rappelaient de la sorte que la contrepartie de la responsabilité ministérielle aménagée par la Constitution de 1992 se trouve justement dans les pouvoirs confiés au gouvernement, dont l'exercice ne doit donc pas être entravé par le chef de l'État politiquement irresponsable.

839. Cette première intervention du régulateur juridictionnel, si elle permit une réorganisation davantage équilibrée des services de l'Exécutif, ne mit pas pour autant fin à l'affrontement entre le président de la République et la majorité gouvernementale. Bien au contraire, le président opéra une série de manœuvres dilatoires dans le but de provoquer une paralysie institutionnelle. Les 21 juin et 2 août 1995, il renvoya à l'Assemblée deux lois adoptées par elle qui lui avaient été transmises pour promulgation. L'article 49, alinéa 3 de la Constitution de 1992 lui permettait en effet de « demander à l'Assemblée nationale une seconde délibération de la loi [...]. Cette délibération ne peut être refusée ». Saisie par le président de la chambre, la Chambre constitutionnelle indiqua dans un premier arrêt que « la deuxième lecture ne doit pas être demandée dans le but d'entraver la promulgation d'une loi adoptée par le Parlement ». Elle ajouta en ce sens que la demande de seconde délibération par le chef de l'État « ne doit pas être faite en des termes généraux

[1982] Décret n° 95-9/PRN du 3 févr. 1995, *JORN*, 15 févr. 1995.
[1983] Avis 95-01 du 22 mars 1995.

et imprécis ; qu'elle doit préciser l'objet pour lequel elle a été formulée »[1984]. Dans son second arrêt sur le sujet, elle indiqua que « les demandes en seconde délibération du Président de la République adressées à l'Assemblée Nationale et non revêtues du contreseing du Premier Ministre ne sont pas recevables et ne suspendent pas les délais de promulgation »[1985]. L'enjeu de ces affaires, qui traduisaient juridiquement le conflit politique entre le chef de l'État et la majorité parlementaire, était le caractère exécutoire de la loi votée par le parlement. La Cour écarta avec fermeté toute possibilité de veto présidentiel en la matière.

840. Le président de la République entreprit également de ne pas convoquer le Conseil des ministres[1986], après avoir refusé l'inscription de certains points à l'ordre du jour, en l'occurrence des propositions de nominations[1987]. La « grève présidentielle »[1988] plaça le gouvernement dans l'impossibilité d'appliquer une part importante de son programme et poussa le premier ministre à se substituer au chef de l'État en présidant une séance du Conseil des ministres durant laquelle il signa un décret de nomination de divers hauts fonctionnaires et responsables publics. Dans ces conditions, président de la République et premier ministre saisirent successivement la haute juridiction afin de faire condamner à leur profit les violations constitutionnelles de l'autre partie.

841. La Cour donna d'abord raison au premier ministre en jugeant que le président de la République « ne peut refuser l'inscription à l'ordre du jour du Conseil des ministres de tels points, de même qu'il ne peut arrêter unilatéralement l'ordre du jour » et qu'il « ne peut en aucun cas refuser de présider le Conseil des ministres, encore moins réitérer ce refus sans aller à l'encontre de son serment ». Mais elle procéda ensuite à un rappel à l'ordre en soulignant « qu'en tout état de cause, le gouvernement ou un de ses membres ne peut se prévaloir d'un éventuel refus du Président de la République pour exercer des attributions constitutionnelles qui ne sont pas les siennes »[1989]. Poursuivant dans cette logique, elle précisa quelques semaines plus tard « qu'en dehors des délégations faites au Premier ministre par le Président [...],

---

[1984] Arrêt 95-06 du 5 sept. 1995.
[1985] Arrêt 96-03 du 16 janv. 1996.
[1986] « Le Président de la République préside le Conseil des ministres [...] » (art. 48 de la Constitution de 1992).
[1987] En vertu de l'article 58 de la Constitution de 1992, « [l]e Président de la République signe les ordonnances et les décrets délibérés en conseil des ministres. Il nomme aux emplois civils et militaires de l'État. Les membres de la Cour suprême, le Grand Chancelier des ordres nationaux, les Officiers généraux, les Ambassadeurs et envoyés extraordinaires, les Préfets et Sous-préfets, les Secrétaires Généraux des ministères, les Directeurs des administrations centrales, sont nommés en Conseil des ministres ».
[1988] B. ISSA ABDOURHAMANE, *Les Cours constitutionnelles dans le processus de démocratisation en Afrique : analyse comparative à partir des exemples du Bénin, de la Côte d'Ivoire et du Niger*, *op. cit.*, p. 221.
[1989] Arrêt 95-05 du 5 sept. 1995.

le Premier ministre ne peut présider un Conseil des ministres »[1990]. L'arrêt du 16 janvier 1996 vint clore la séquence en confirmant que « les décrets délibérés en Conseil des ministres et non signés par le Président de la République ne peuvent en aucun cas être appliqués »[1991]. Autrement dit, une violation de la Constitution ne saurait en justifier une autre en retour.

842. À la lecture de ces arrêts, on voit que l'objectif du régulateur juridictionnel nigérien pendant la période de cohabitation était de maintenir un équilibre objectif entre les deux têtes de l'Exécutif dans l'esprit du « semi-présidentialisme » instauré par la Constitution de 1992. Compte tenu des risques de dénaturation du régime, il s'agissait tant de contrer les tentatives présidentialistes de captation de compétences par le chef de l'État que d'éviter un effacement présidentiel forcé au profit du premier ministre. Dans cette optique, la Chambre constitutionnelle de la Cour suprême fut amenée à donner sa position quant à la notion de cohabitation. Interrogée à ce propos par le premier ministre, elle répondit :

> « la notion de cohabitation signifie l'existence de deux légitimités non convergentes sur leurs programmes politiques : le Président de la République élu au suffrage universel et le Premier ministre issu d'une majorité parlementaire ; que cela résulte même de l'esprit de la constitution du 26 décembre 1992 qui a institué un régime politique de type semi-présidentiel avec un exécutif bicéphale »[1992].

L'idée clairement affichée était de préserver la forme du régime politique choisi par les constituants, mise à mal par le jeu dynamique des acteurs politiques. Pour ce faire, la Cour conçut un « mode d'emploi de la cohabitation » et n'hésita pas à remplir son office « jusqu'à donner des leçons de savoir-vivre politique »[1993] aux entités régulées.

843. Cependant, l'activisme de la Cour, dont témoigne sa riche jurisprudence durant cette période, ne suffit malheureusement pas à mettre un terme définitif à la crise institutionnelle, ni même d'ailleurs à sauver le régime issu de la Constitution de 1992, emporté par le coup d'État militaire du 27 janvier 1996. Sortant de sa réserve politique, l'armée « sonne la fin de la récréation » et écarte du pouvoir les deux principaux acteurs de la cohabitation. Comme le rappelle Boubacar Issa Abdourhamane, « [l]a démocratie, en tant qu'arrangement institutionnel entre les forces politiques, ne peut être durable sans de complexes négociations et compromis entre les acteurs politiques »[1994]. Or, « lorsque des divergences politiques se transforment en crise institutionnelle et que les arrangements et mécanismes

---

[1990] Arrêt 95-07 du 22 sept. 1995.
[1991] Arrêt 96-03 du 16 janv. 1996.
[1992] Arrêt 95-05 du 5 sept. 1995.
[1993] J. du BOIS de GAUDUSSON, « Quel statut constitutionnel pour le chef d'État en Afrique ? », *in Le nouveau constitutionnalisme. Mélanges en l'honneur de Gérard Conac*, Paris, Economica, 2001, p. 333.
[1994] B. ISSA ABDOURHAMANE, *Crise institutionnelle et démocratisation au Niger*, *op. cit.*, p. 59.

de régulation n'ont pas suffi à la résoudre, c'est le régime qui succombe »[1995]. En fait, l'expérience nigérienne – qui n'est pas sans rappeler, sous certains de ses aspects, l'affaire *Preußen contra Reich*[1996] – démontre que dans une situation institutionnelle et politique particulièrement critique, l'absence de culture politique du compromis ne saurait être entièrement compensée par les interventions, aussi ambitieuses soient-elles, d'un régulateur de type juridictionnel. Dans la pratique, ce dernier se trouve confronté au primat de la régulation politique, que celle-ci soit constitutionnelle (la dissolution et le changement de gouvernement ou *a contrario* l'engagement de la responsabilité politico-pénale du chef de l'État), intra-constitutionnelle (un accord de cohabitation « à la française » entre les deux principaux acteurs[1997]) ou extra-constitutionnelle (le coup d'État).

844. En 2009, les juges constitutionnels nigériens touchèrent de nouveau les limites politiques concrètes de leur mission. Le président de la République Mamadou Tandja, qui se trouvait dans l'impossibilité constitutionnelle de se présenter à un troisième mandat, avait entrepris de faire réviser la Constitution afin, notamment, d'obtenir une prorogation de son mandat de trois ans. Saisie par plusieurs partis d'opposition, la Cour s'opposa fermement au projet présidentiel[1998] mais cette témérité se révéla vaine. En effet, le chef de l'État court-circuita le régulateur en faisant adopter par référendum une nouvelle constitution, donnant naissance à la VIe République. Celle-ci fut renversée dès le 18 février 2010 par un coup d'État militaire. La Constitution du 25 novembre 2010 établissant la VIIe République réinstaure un régulateur juridictionnel et prévoit un organe *ad hoc* original, le Conseil de la République[1999], spécifiquement chargé de prévenir ou de résoudre les crises institutionnelles.

845. Au Niger comme dans la plupart des autres pays africains, le pouvoir hégémonique menaçant est évidemment le chef de l'État. Il serait alors tentant de chercher à faire de celui-ci un pur régulateur institutionnel éloigné du gouvernement, ce qui contribuerait à régler le problème. Mais un tel projet, qui apparaît bien peu compatible avec les cultures politiques et constitutionnelles africaines, demeure pour le moment chimérique. Par contre, si l'on prend en compte la fonction institutionnelle majeure de l'armée nigérienne et ce qui semble être sa sincérité démocratique – les trois coups d'État militaires entre 1996 et 2010 furent caractérisés par l'adoption dans

[1995] *Ibid.*, p. 99.
[1996] V. *supra* § 369.
[1997] Il semblerait que la France ait formulé, par l'intermédiaire du président de la commission des lois du Sénat, des propositions en ce sens à l'intention des deux principaux acteurs de la cohabitation au Niger (v. B. ISSA ABDOURHAMANE, *Crise institutionnelle et démocratisation au Niger*, *op. cit.*, p. 62).
[1998] Arrêt n° 04/CC/ME du 12 juin 2009.
[1999] V. *supra* § 808.

l'année d'une nouvelle constitution démocratique et par la volonté de rendre rapidement le pouvoir aux civils –, on est en droit de se demander s'il ne conviendrait pas d'expressément intégrer les militaires au processus de régulation constitutionnelle.

846. Au Portugal, la Constitution de 1976, adoptée dans la foulée de la Révolution des Œillets (dont les origines étaient militaires : elle fut déclenchée par le *Mouvement des forces armées*), instaurait un Conseil de la Révolution composé de militaires des trois armes et chargé de conseiller le président et d'encadrer l'exercice de certaines de ses prérogatives régulatrices, en particulier le droit de dissolution. Cette instance fut remplacée par un Conseil d'État démilitarisé à l'occasion de la révision constitutionnelle de 1982, marquant la fin de la période de transition démocratique dans le pays. Au Niger, la Constitution de 2010 instaure à son article 69 un organe *ad hoc*, le Conseil de la République, en vue, rappelons-le, « de prévenir et de résoudre les crises institutionnelles et politiques, de manière consensuelle, dans le respect de la présente Constitution » (ce qui évidemment exclut toute forme de régulation extra-constitutionnelle, en particulier les coups d'État). Conçu pour être un lieu de conciliation, le Conseil de la République se compose des principaux acteurs politiques (le chef de l'État, le premier ministre, le président de l'Assemblée nationale, le chef de file de l'opposition) et des anciens présidents (dont certains sont d'anciens militaires). Ceci étant, on pourrait parfaitement envisager de faire siéger au sein de cette instance strictement régulatrice un ou plusieurs hauts gradés, ce qui tendrait sans doute à renforcer son autorité, son indépendance et, partant, l'efficience de sa fonction de régulation au sein du système institutionnel nigérien.

847. Finalement, la gestion juridictionnelle de la cohabitation de 1995 au Niger apparaît paradoxalement comme une réussite dans l'échec. Il est en effet indéniable que la Chambre constitutionnelle de la Cour suprême joua pleinement son rôle régulateur en cherchant constamment dans ses interventions à favoriser un fonctionnement stable et sans à-coups du système institutionnel. Pour autant, confronté à une crise politique et institutionnelle de grande ampleur, le régulateur juridictionnel toucha rapidement les limites concrètes de sa mission avant d'être dépassé, si ce n'est court-circuité, par la réalité politique. Il peut d'ailleurs arriver que le juge restreigne volontairement son contrôle sur des questions qu'il estime essentiellement politiques, au risque toutefois de produire des effets institutionnels indésirables.

B. Le maintien d'un espace sans juge au sein du système institutionnel

848. Certaines questions d'ordre politique et institutionnel se trouvent d'emblée soustraites à la régulation juridictionnelle, soit (très rarement) parce qu'une disposition textuelle l'écarte expressément[2000], soit parce que le juge, explicitement ou non, décline de lui-même sa compétence ou du moins limite son intervention à un contrôle formel. En effet, s'il lui est souvent relativement aisé d'indiquer quel est le droit positif sur un point donné, qu'il s'agisse par exemple de déterminer quel organe est compétent dans un domaine particulier ou encore de préciser le déroulement et le sens d'une procédure objective, une difficulté majeure surgit très vite : comment apprécier juridiquement et réguler des rapports inter-institutionnels qui sont régis non pas seulement par des règles de droit constitutionnel mais surtout par des rapports de force *politiques* et des pratiques en grande partie *informelles* ? En d'autres termes, les interactions entre entités du système institutionnel, parce qu'elles sont de nature politique, ne se laissent pas facilement « saisir par le droit »[2001] ni, par conséquent, réguler par un organe juridictionnel nécessairement astreint à des formes.

849. Le fonctionnement concret d'un régime politique est encadré par les règles du droit constitutionnel mais on ne peut pas le programmer entièrement à l'avance. On sait par exemple que les constituants français de 1946, qui voulaient rompre avec l'instabilité du parlementarisme « à la française » de la IIIe République, cherchèrent à « rationaliser » les relations entre le gouvernement et le parlement par le biais de plusieurs mécanismes qui devaient contribuer à un processus d'autorégulation du nouveau régime. Mais ils furent presque totalement contournés et neutralisés dans la pratique par les acteurs politiques (notamment avec la « double investiture » du président du Conseil ou encore les « votes calibrés » des députés). C'est pourquoi le Conseil constitutionnel décida d'interdire les résolutions parlementaires en 1959[2002].

850. On peut également mentionner, à propos de la place parfois déterminante des pratiques informelles, l'existence bien connue en dehors de tout texte d'un « parlementarisme de couloir » aux États-Unis, qui permet de

---

[2000] On peut noter le cas de l'article 74, alinéa 2 de la Constitution de l'Inde du 26 janvier 1950, qui dispose au sujet des relations entre les ministres et le président que « [l]a question de savoir si un avis et, le cas échéant, lequel, a été donné au président par les ministres ne sera examiné par aucun tribunal » (nous traduisons).

[2001] L. FAVOREU, *La politique saisie par le droit. Alternances, cohabitation et Conseil constitutionnel*, Paris, Economica, 1988.

[2002] Déc. n° 59-2 DC du 24 juin 1959, « Règlement de l'Assemblée nationale », *Rec.* 58 ; Ph. LAUVAUX, « Sur une décision fondatrice du Conseil constitutionnel », *CCC*, 2008, n° 25, pp. 55-57.

fluidifier les relations entre les branches exécutive et législative du gouvernement et donc de limiter les risques de blocage du système. On se trouve ici encore dans ce qu'Armel Le Divellec surnomme la « Constitution invisible »[2003]. Bien qu'inhérente à tout système institutionnel, elle échappe très largement à l'exorégulation juridictionnelle.

851. En ce sens, le contrôle restreint effectué par la Cour constitutionnelle allemande à propos de la dissolution du *Bundestag* en 1982 et en 2005 constitue un exemple éclairant quant à la difficulté pour une juridiction de réguler des relations politiques entre organes. On a vu que la Loi fondamentale de 1949 cherche à rationaliser la procédure de dissolution en prévoyant des conditions objectives pour sa mise en œuvre : soit l'impossibilité d'élire un chancelier majoritaire (article 63, alinéa 4), soit le rejet d'une motion de confiance proposée par le chancelier fédéral (article 68)[2004]. Mais en 1982 comme en 2005, le chancelier fédéral (Helmut Kohl puis Gerhard Schröder), qui disposait d'une majorité absolue, déposa une motion de confiance au *Bundestag* dans l'unique but de ne pas l'obtenir, afin de remplir la condition constitutionnelle objective d'une dissolution. Les deux fois, une partie de la majorité gouvernementale s'abstint volontairement, de telle sorte que la confiance fut artificiellement rejetée.

852. À l'évidence, il y eut bien dans les deux cas « sinon un détournement de procédure, en tout cas un artifice de la part de la majorité parlementaire »[2005] pour que le chancelier ait le droit de demander la dissolution au président fédéral. Selon Laurent Eck, ces pratiques représentent même « des cas d'école de la notion d'abus de droit institutionnel »[2006], puisque la Loi fondamentale allemande ne prévoit d'aucune façon la possibilité d'une dissolution de convenance. En 1982 et en 2005, des députés saisirent la Cour constitutionnelle sur ce motif mais celle-ci rejeta leurs recours et confirma de ce fait la validité des procédures de dissolution engagées.

853. Sans rentrer dans les détails des deux affaires[2007], on peut relever que la Cour ne se contenta pas de constater que la condition objective de l'article 68

2003 A. LE DIVELLEC, « Le juge constitutionnel et les relations entre les parlements et le pouvoir exécutif. Les limites de la régulation juridictionnelle d'un système de gouvernement », art. préc., p. 170.

2004 L'article 68, alinéa 1er de la Loi fondamentale pour la République fédérale d'Allemagne du 23 mai 1949 dispose que « [s]i une motion de confiance proposée par le Chancelier fédéral n'obtient pas l'approbation de la majorité des membres du Bundestag, le Président fédéral peut, sur proposition du Chancelier fédéral, dissoudre le Bundestag dans les vingt et un jours. Le droit de dissolution s'éteint dès que le Bundestag a élu un autre Chancelier fédéral à la majorité de ses membres ».

2005 A. LE DIVELLEC, « Le juge constitutionnel et les relations entre les parlements et le pouvoir exécutif. Les limites de la régulation juridictionnelle d'un système de gouvernement », art. préc., p. 174.

2006 L. ECK, *L'abus de droit en droit constitutionnel*, *op. cit.*, p. 213.

2007 On se rapportera à O. JOOP, « Le contrôle des décisions politiques par le juge constitutionnel : l'exemple de la dissolution du Bundestag allemand », *LPA*, 25 juil. 2006, 2006/148, pp. 12-17 ;

était formellement remplie. Elle se livra au contraire à une analyse poussée, qu'Armel Le Divellec qualifie de « substantielle »[2008], des faits et de la procédure en cause. Pour la Cour constitutionnelle, l'article 68, alinéa 1er de la Loi fondamentale est une « norme ouverte » (*offene Vorschrift*)[2009], c'est-à-dire qu'elle nécessite une « concrétisation » qui « incombe non seulement à la Cour constitutionnelle fédérale, mais également à d'autres organes constitutionnels suprêmes »[2010].

854. La Cour estime que cette norme a été pensée pour « empêcher une dissolution prématurée du *Bundestag* et contribuer ainsi à la stabilité politique dans les relations entre le chancelier fédéral et le *Bundestag* »[2011]. Partant, elle affirme que l'article 68 contient un « critère matériel non écrit » (*ungeschriebenes sachliches Tatbestandsmerkmal*), à savoir que le chancelier ne doit demander la dissolution que s'il ne lui est plus possible de continuer à gouverner avec l'actuel *Bundestag* parce que l'équilibre politique existant au sein de celui-ci nuit ou paralyse sa capacité à agir au point qu'il ne puisse plus « raisonnablement mener une politique portée par la confiance constante de la majorité »[2012]. Autrement dit, une dissolution de convenance serait contraire à la Loi fondamentale.

855. On constate que les juges allemands vont très loin dans leur raisonnement en donnant ce qu'est, selon eux, la substance du système parlementaire institué en 1949. Leur conception d'un parlementarisme majoritaire, si elle est parfaitement cohérente et correspond à la pratique du régime, n'en demeure pas moins critiquable dans la mesure où à aucun moment la Loi fondamentale n'impose au chancelier de disposer en tout temps d'une majorité parlementaire monolithique et stable. Il pourrait également gouverner avec des « majorités d'idées » évolutives. Le texte n'exclut d'ailleurs pas la possibilité d'un gouvernement minoritaire. De plus, si la dissolution fait office de repoussoir en Allemagne depuis le précédent weimarien – que la Cour prend soin de rappeler dans son arrêt de 1983[2013] – elle est aussi preuve de bonne santé démocratique dès lors que son usage demeure occasionnel.

C. VINTZEL, « La dissolution du XVe Bundestag et l'article 68 de la Loi fondamentale : une stabilisation de la défiance », *RDP*, 2006, pp. 1007-1034.

[2008] A. LE DIVELLEC, « Le juge constitutionnel et les relations entre les parlements et le pouvoir exécutif. Les limites de la régulation juridictionnelle d'un système de gouvernement », art. préc., p. 174.

[2009] *BVerfGE* 62, 1 (16 févr. 1983), § 110. Nous traduisons.

[2010] *Ibid.*, § 111. Nous traduisons.

[2011] *Ibid.*, § 112. Nous traduisons.

[2012] *Ibid.*, § 123. Nous traduisons.

[2013] *Ibid.*, § 114.

856. Finalement et « après avoir fait mine de placer la barre très haute »[2014], la Cour n'exerce qu'un contrôle restreint de la procédure de dissolution. Elle indique que la Loi fondamentale instaure « un système de contrôle politique mutuel [...] entre les organes constitutionnels politiques concernés »[2015]. Trois d'entre eux – le chancelier fédéral, le *Bundestag* et le président fédéral – sont amenés à intervenir au cours de la procédure de dissolution et à faire une appréciation politique des événements, ce qui réduit les possibilités d'intervention du juge. En outre, l'évaluation de la capacité d'action du gouvernement face au *Bundestag* « est liée à des perceptions très personnelles »[2016] de la situation politique – l'état du Parti libéral-démocrate en 1983 qui, après avoir retourné son alliance, avait subi de lourdes défaites électorales, ou encore le délitement de la majorité de Gerhard Schröder en 2005 après la mise en œuvre à marche forcée de son programme. Or de tels éléments « ne peuvent, de par leur nature même, être représentés et établis devant les tribunaux »[2017]. Tout en validant la dissolution, le régulateur juridictionnel allemand admet les limites intrinsèques de sa mission et le primat de la régulation politique au sein du système institutionnel.

857. En d'autres occasions, l'intervention même du régulateur juridictionnel engendre directement des effets pervers – pour ne pas dire dérégulateurs – sur le bon fonctionnement du système institutionnel, ce qui n'est guère surprenant étant donné la complexité qui caractérise ce dernier. On peut par exemple mentionner la jurisprudence récente de la Cour constitutionnelle allemande concernant la loi électorale fédérale. Dans deux arrêts de 2008[2018] et 2012[2019], les juges ont en effet remis en cause certaines particularités du mode de scrutin pour l'élection des députés qui tendaient à le majoritariser légèrement. Or, en atténuant le caractère strictement proportionnel du scrutin, ces éléments favorisaient la formation de majorités cohérentes au *Bundestag* et donc la stabilité gouvernementale, qui caractérise le fonctionnement du système allemand depuis 1949. « Aveugle devant les évolutions du système des partis politiques et insensible à l'évolution des mœurs et de l'actualité qui l'accentuent, la Cour constitutionnelle fédérale a, par sa jurisprudence proportionnaliste, affaibli la démocratie allemande »[2020], écrit Jérôme Germain.

[2014] A. LE DIVELLEC, « Le juge constitutionnel et les relations entre les parlements et le pouvoir exécutif. Les limites de la régulation juridictionnelle d'un système de gouvernement », art. préc., p. 175.
[2015] *BVerfGE* 62, 1, préc., § 140. Nous traduisons.
[2016] B*verfG* 114, 121 (25 août 2005), § 149. Nous traduisons.
[2017] *Ibid.*, § 154.
[2018] *BVerfGE* 121, 266 (3 juil. 2008).
[2019] *BVerfGE* 131, 316 (25 juil. 2012).
[2020] J. GERMAIN, « Chronique droit constitutionnel allemand », *Civitas Europa*, 2019/1 n° 42, p. 264.

858. Les motifs invoqués par la Cour, à savoir que les éléments en cause portaient atteinte à l'égalité des électeurs quant au poids de leur vote et à l'égalité des partis quant à la répartition des sièges[2021], apparaissent légitimes. Pour autant, il est évident que dans une logique régulatrice, qui à l'évidence n'a pas été celle de la Cour allemande dans ces deux affaires, les juges sont appelés à avoir une fonction de « lubrifiant institutionnel »[2022] et sûrement pas à être une cause de déstabilisation supplémentaire au sein du système.

859. Quoi qu'il en soit, en dépit des limites que nous venons d'évoquer, la régulation juridictionnelle contribue à la détermination du fonctionnement concret du système institutionnel en ce qu'elle influe véritablement, par son action ou son abstention, sur l'équilibre global entre les organes politiques[2023]. On a d'ailleurs pu constater que lorsque cela s'avère nécessaire, le juge constitutionnel « sanctionne ouvertement les carences de la régulation politique »[2024], suivant les mots de Manon Altwegg-Boussac. Cela renforce l'idée d'une réelle complémentarité des différentes formes de régulation dans le constitutionnalisme contemporain, conformément au principe de redondance[2025].

[2021] V. A. FOURMONT, « Le problème de la loi électorale en Allemagne », *Jus politicum*, 2013, n° 9, disponible sur http://juspoliticum.com/article/Le-probleme-de-la-loi-electorale-en-Allemagne-657.html, consulté le 15 sept. 2019 ; *id.*, « La nouvelle loi électorale fédérale allemande », *Jus politicum*, 2013, n° 11, disponible sur http://juspoliticum.com/article/La-nouvelle-loi-electorale-federale-allemande-836.html, consulté le 15 sept. 2019.

[2022] N. MÉDÉ, « La fonction de régulation des juridictions constitutionnelles en Afrique francophone », art. préc., p. 49.

[2023] V. par ex., sur les équilibres au sein du système parlementaire outre-Rhin, C. VINTZEL, « La Cour constitutionnelle allemande et le *Bundestag* », *Parlement[s]*, 2014/1 n° 21, pp. 105-117.

[2024] M. ALTWEGG-BOUSSAC, « La condamnation constitutionnelle du Président de la République par la Cour constitutionnelle sud-africaine », *Jus politicum*, 2017, n° 17, disponible sur http://juspoliticum.com/article/La-condamnation-constitutionnelle-du-President-de-la-Republique-par-la-Cour-constitutionnelle-sud-africaine-1145.html, consulté le 15 sept. 2019.

[2025] V. *supra* § 462.

Conclusion du Chapitre II

860. L'objet de ce chapitre était d'appréhender l'influence des variables propres à chaque régime politique et à son environnement social immédiat sur l'existence d'un pouvoir régulateur et sur le rôle réel de celui-ci, qui peut être conforme à sa définition constitutionnelle ou plus ou moins en diverger.

861. La volonté initiale, de la part des constituants, d'instaurer un pouvoir régulateur peut se comprendre comme une réponse aux contraintes politiques qui pèsent sur l'élaboration de nouvelles institutions. Ces contraintes sont d'abord de nature historique : dans des pays ayant successivement connu au cours du XXe siècle l'instabilité parlementaire puis l'autoritarisme – la première étant généralement l'une des causes du second –, l'instauration d'une présidence qui soit strictement régulatrice peut être envisagée comme un moyen d'exorciser ce passé et d'assurer le bon fonctionnement du nouveau régime. Doté de prérogatives régulatrices, le chef de l'État est en mesure d'intervenir pour débloquer la situation en cas de défaillance parlementaire. Mais il demeure en temps normal extérieur au gouvernement, ce qui éloigne le risque d'une dérive présidentialiste.

862. Les contraintes des constituants sont également de nature institutionnelle : la forme du régime politique et ses modalités d'organisation déterminent les choix quant à sa régulation. Le régime présidentiel nécessite une régulation de la concurrence quotidienne entre Législatif et Exécutif qui le caractérise car celle-ci peut dégénérer en conflit et bloquer le fonctionnement du système institutionnel. Cette régulation ne pouvant être laissée entre les mains de l'acteur gouvernant central qu'est le chef de l'État, elle est généralement confiée à un organe juridictionnel chargé de statuer sur les litiges inter-organiques. *A contrario*, le régime parlementaire, qui repose sur la confiance entre les pouvoirs, se caractérise par son principal mécanisme de régulation : la responsabilité ministérielle. Mais si une absence de majorité fait tomber le parlement dans l'indécision ou que les mécanismes du régime se grippent, la présence d'un tiers politique – le chef de l'État – spécialement doté de l'autorité et des moyens de rétablir la stabilité se justifie. Par ailleurs, dans les régimes parlementaires biélectifs dits « semi-présidentiels », une attention toute particulière doit être portée aux dispositifs de régulation. Ceux-ci doivent être particulièrement efficients face au risque de conflit de légitimité entre les deux têtes de l'Exécutif.

863. Dans la pratique, la place réellement occupée par l'organe régulateur au sein du régime politique dépend de l'influence d'autres variables systémiques. On a vu dans le chapitre précédent que la caractéristique indispensable d'un organe ayant vocation à incarner un régulateur est son indépendance vis-à-vis des entités régulées et des partis politiques. En ce sens, la condition *sine qua non* pour qu'un chef de l'État puisse prétendre au rôle de pouvoir régulateur est qu'il se place dans une position de neutralité vis-à-vis de la majorité parlementaire. La dimension humaine est ici primordiale, surtout si le titulaire de la fonction de régulation est lui-même issu de la classe politique et qu'il bénéficie de l'onction populaire de l'élection directe. Un président qui apparaît comme le chef de la majorité (et donc comme un gouvernant), comme l'un de ses membres ou comme un opposant ne peut en aucun cas être un régulateur, et ce quelle que soit la teneur des dispositions constitutionnelles définissant son rôle.

864. *A priori* placé en dehors des différentes branches du gouvernement et éloigné des partis politiques, le régulateur juridictionnel n'est pas sujet à ce type de contraintes partisanes (sauf en cas de capture par corruption). Il n'empêche que l'intensité de son action et par là le degré de performance de sa fonction connaissent en pratique de fortes variations. Celles-ci résultent des limites intrinsèques de la régulation juridictionnelle, qui se trouve confrontée dans son exercice au primat de la régulation politique au sein du système institutionnel. En cas de crise systémique globale, une cour ou un tribunal n'est pas en capacité de régler la totalité du problème, surtout si ses racines sont éminemment politiques ; une solution politique, qu'elle emprunte une voie constitutionnelle ou extra-constitutionnelle, finira par s'imposer. En temps normal, de nombreuses facettes du fonctionnement concret du système institutionnel échappent au contrôle du juge car elles sont le fait de rapports strictement politiques qui ne sont pas formalisés dans les textes constitutionnels et dépendent donc uniquement, de l'avis même du juge, de la régulation politique.

CONCLUSION DU TITRE SECOND

865. Sous son aspect organique, la notion de pouvoir régulateur recouvre l'idée d'une entité distincte et spécialisée au sein d'un système institutionnel dont elle est chargée d'exercer la régulation, c'est-à-dire d'en assurer le fonctionnement régulier dans le cadre instauré par le constituant.

866. À ce titre, la spécificité de la fonction de régulation par rapport aux autres fonctions juridiques de l'État – mise en exergue dans le titre précédent – impose que l'organe qui en est chargé, à savoir le régulateur, ne soit pas seulement autonome mais véritablement indépendant dans la sphère institutionnelle. L'enjeu de l'indépendance, qui est une qualité juridique, est l'absence de capture de l'acteur régulant par les acteurs régulés. L'indépendance du régulateur, proclamée et garantie en droit, représente la condition *sine qua non* de son impartialité, qu'il s'agisse d'un organe juridictionnel ou politique.

867. Pour autant, si l'indépendance du régulateur se manifeste concrètement par son extériorité, tant par rapport au gouvernement – les pouvoirs actifs exécutif et législatif – que par rapport à la sphère partisane, le régulateur n'en demeure pas moins un organe du régime politique, c'est-à-dire placé à l'intérieur d'un système institutionnel donné. L'organe régulateur fonctionne en parallèle des organes gouvernants directement actifs qu'il est amené à réguler. Conséquemment, il n'est guère étonnant que le pouvoir régulateur connaisse les influences combinées des différentes contraintes de son contexte politique. S'il existe une volonté initiale, de la part des constituants, de prévoir un type ou un autre de régulateur du régime politique, celle-ci s'inscrit toujours dans un héritage historique ou répond à une contrainte de gouvernabilité propre à la forme d'organisation du régime politique ou à d'autres variables juridiques comme le mode de scrutin.

868. De même, dans la pratique, l'exercice objectif de la mission du régulateur se trouve conditionné par des variables déterminantes. En ce sens, il a été parfaitement démontré par Maurice Duverger que les évolutions du rôle réel d'un chef d'État parlementaire – en particulier dans les régimes dits « semi-présidentiels » – s'expliquent *de facto* par sa position par rapport à la majorité parlementaire. Seule une position de neutralité peut permettre au chef de l'État d'incarner un authentique régulateur. Mais dans ce cas, l'élément personnel – la personnalité du titulaire de la charge – est évidemment déterminant. Quant au régulateur juridictionnel, il bénéficie *a priori* de la neutralité propre au juge ou à l'expert et se trouve éloigné de l'exercice de la fonction gouvernementale. Néanmoins, il nous faut prendre en compte ses limites intrinsèques, à savoir sa réticence voire son incapacité pure et simple à exercer un contrôle sur des affaires purement politiques. Cela conduit à l'exercice d'une régulation juridictionnelle forcément atténuée et partielle du système institutionnel, qui demeure avant toute chose un objet politique.

CONCLUSION DE LA SECONDE PARTIE

869. Dans le droit constitutionnel contemporain, le pouvoir régulateur a pour principale raison d'être la régulation du régime politique. Importée non sans difficultés et confusions des disciplines extra-juridiques, l'idée de régulation s'est progressivement autonomisée dans le champ disciplinaire du droit constitutionnel. Elle renvoie directement aux idées d'équilibre, de constance et de fonctionnement régulier d'un ensemble faisant système. En droit constitutionnel institutionnel, cet ensemble est le régime politique, que nous appréhendons comme un système institutionnel exerçant une unique fonction tournée vers l'extérieur, c'est-à-dire vers la société : le gouvernement, et à l'intérieur duquel s'exerce nécessairement un processus de régulation.

870. La régulation du régime politique, ou régulation systémique, peut être extra-constitutionnelle (par exemple un coup d'État), intra-constitutionnelle (une régulation spontanée dans le cadre des règles constitutionnelles, par exemple la régulation partisane) ou constitutionnelle (un processus expressément prévu par le constituant). Au sein de la régulation constitutionnelle, on peut encore distinguer une régulation endogène (autorégulation) et une régulation exogène (ou exorégulation) exercée par une entité spécifique, le régulateur. L'étude du pouvoir régulateur du régime politique consiste en réalité en l'étude de l'exorégulation constitutionnelle d'un système institutionnel. L'exorégulation est politique si le régulateur est un organe politique (généralement le chef de l'État parlementaire) ; elle est juridictionnelle si le régulateur est un organe juridictionnel (généralement la cour constitutionnelle).

871. La régulation exogène du régime politique est une fonction juridique à part entière spécifiée par sa finalité particulière, à savoir assurer le fonctionnement correct et sans à-coups du système institutionnel. Autrement dit, il s'agit d'une « fonction-fin » et non d'une « fonction-moyen » comme les autres pouvoirs étatiques. En outre, la régulation du régime politique représente une activité interne à un système distinct de la sphère sociale (le système institutionnel) ; sa portée est purement institutionnelle. Elle se distingue ainsi de la fonction gouvernementale exercée par le régime politique sur la société et les individus qui la composent.

872. La fonction de régulation apparaît diversement consacrée par les textes et la jurisprudence constitutionnels. Il convient néanmoins d'écarter l'image, récurrente en France, de l'« arbitre-régulateur ». L'arbitrage représente une « fonction-moyen » et pas une « fonction-fin » comme la régulation. Tout au plus peut-on considérer l'arbitrage juridictionnel ou formel comme un moyen parmi d'autres d'exercer la régulation du régime politique. *A contrario*, l'arbitre politique, chargé de trancher les conflits entre les partis et les intérêts sociaux au nom de l'intérêt général, correspond bien davantage à la logique du pouvoir conservateur qu'à celle du pouvoir régulateur. C'est donc en termes de pouvoir conservateur, et non de pouvoir régulateur, qu'il faut envisager l'arbitre national de Bayeux puis la figure gaullienne du « guide ».

873. Afin d'exercer la fonction de régulation, l'organe régulateur dispose d'attributions constitutionnelles d'un type particulier que nous appelons prérogatives régulatrices. Celles-ci se distinguent par leur finalité (régulatrice) et leur portée strictement institutionnelle (elles portent sur des organes étatiques et non sur des individus en tant que tels). Par ailleurs, du fait de la spécificité de sa mission au sein du régime politique, l'organe régulateur, qu'il soit politique ou juridictionnel, possède des caractéristiques qui le différencient des autres entités systémiques. Le constituant doit tout particulièrement prendre soin de garantir l'indépendance du régulateur, qui désigne un principe organique fondamental et nécessaire à l'exercice efficient de la régulation. Concrètement, l'indépendance manifeste une double extériorité du régulateur, tant par rapport à l'exercice du gouvernement que vis-à-vis des acteurs partisans. L'objectif est à la fois d'éviter les conflits d'intérêts – pour que le régulateur ne soit pas juge et partie – et le phénomène de « capture » du régulateur par les entités régulées, qui remettrait en cause son impartialité. Dans ce but, le statut du régulateur comprend impérativement des garanties organiques de son indépendance.

874. Pour autant, le régulateur demeure un organe placé à l'intérieur d'un régime politique donné. Certes, il influe directement sur son fonctionnement mais apparaît également soumis à des contraintes génératrices tenant à l'histoire et à l'organisation institutionnelle retenue par les constituants et à des contraintes évolutives de nature politique et partisane. Ces variables contribuent à déterminer le rôle réellement joué par l'organe régulateur au sein du régime politique et, partant, l'intensité voire l'effectivité de sa régulation. Autrement dit, si le pouvoir régulateur contribue directement à la détermination du fonctionnement concret du régime politique, il en subit tout aussi directement l'influence en retour.

CONCLUSION GÉNÉRALE

875. Malgré l'ancienneté, en droit constitutionnel, de l'idée d'un nouveau pouvoir spécialement chargé d'assurer le fonctionnement régulier de la « machine » institutionnelle, la question de sa définition juridique restait en suspens en l'absence d'étude doctrinale générale et systématique portant sur cette thématique. Tout le monde convient pourtant qu'il existe, dans la plupart des régimes politiques, des compétences qui échappent à la tripartition classique des pouvoirs de l'État entre Exécutif, Législatif et Judiciaire du fait de leur finalité et de leur portée strictement institutionnelles, c'est-à-dire non gouvernementales. Traditionnellement, deux institutions de nature en apparence très différente, le chef de l'État et la juridiction constitutionnelle, peuvent prétendre à ce rôle qui a pu être appelé pouvoir neutre, pouvoir modérateur ou encore pouvoir régulateur, formule à la fois la plus ancienne et la moins sujette à ambiguïté.

876. Le principal objectif de cette étude était de convaincre le lecteur de la pertinence de penser le pouvoir régulateur comme une notion juridique à part entière en droit constitutionnel institutionnel. Non seulement le pouvoir régulateur existe, mais il joue également un rôle tangible dans ce champ disciplinaire. Son étude constitue en effet un angle d'analyse possible des régimes politiques. Le pouvoir régulateur devient alors un instrument de mesure de l'efficacité d'un système institutionnel en ce qu'il permet d'évaluer la résilience de celui-ci. Pour autant, il ne représente pas, en soi, une notion nouvelle, une invention que l'on voudrait proposer aux constitutionnalistes, ni un concept purement intellectuel. Nous avons au contraire cherché à démontrer dans cette thèse que le pouvoir régulateur est d'ores et déjà présent sous diverses formes en droit constitutionnel institutionnel et à en systématiser la théorie.

877. Bilan de l'étude. Le pouvoir régulateur apparaît originairement comme un héritage idéel de la Révolution française. Au XVIIIe siècle émerge avec le constitutionnalisme moderne la conception mécaniste de la constitution. Cette doctrine consiste à élaborer une constitution – alors comprise comme un ensemble d'institutions politiques et non comme une norme – comme on construirait une machine automatique, c'est-à-dire capable de s'équilibrer et de fonctionner correctement par elle-même. Les *checks and balances* – freins et contrepoids – de la Constitution américaine de 1787, d'ailleurs souvent comparée à une mécanique autorégulée, forment sans doute l'exemple le plus probant d'une telle logique.

878. Mais toute mécanique est à même de s'enrayer : l'échec des constitutions révolutionnaires françaises, copies imparfaites de la Constitution américaine, révèle la nécessité d'ajouter à l'ensemble institutionnel un tiers pouvoir extérieur aux autres qui, à l'instar du régulateur des sciences techniques, viendrait régler le fonctionnement de la machine constitutionnelle. L'idée fut déclinée en de multiples projets inaboutis tel le jury constitutionnaire présenté par Sieyès lors des débats de l'an III. Le pouvoir régulateur était né.

879. Quoi qu'il en soit, c'est assurément sous la plume de Benjamin Constant et sa doctrine du pouvoir neutre et préservateur que l'idée connut un accomplissement théorique. Si les prérogatives de ce nouveau pouvoir sont assez traditionnelles – dissolution des assemblées parlementaires, nomination et révocation des ministres, droit de grâce en particulier –, Constant innove sur le plan organique. D'une part, converti au monarchisme en 1814, il transfère le pouvoir régulateur au chef de l'État. D'autre part, ce chef de l'État (à l'époque monarque héréditaire), parce qu'il exerce une mission d'une nature particulière, doit se caractériser par sa neutralité. Celle-ci exprime en fait une double extériorité, tant vis-à-vis de la société – l'action du pouvoir régulateur est « neutre » car strictement cantonnée à la sphère institutionnelle – que par rapport aux partis et aux intérêts – le pouvoir « neutre » ne doit avoir d'intérêt qu'au maintien de l'équilibre entre les pouvoirs et à la prévention de leurs dissensions. Benjamin Constant répondait de la sorte à l'objection classique *quis custodiet ipsos custodes ?* Qui gardera les gardiens ?

880. Dans la lignée de la doctrine constantienne, le chef de l'État parlementaire, depuis lors « républicanisé », demeure le réceptacle usuel du pouvoir régulateur dans les démocraties contemporaines. Il existe cependant une alternative mise en œuvre dans le monde germanique dès le début du XIXe siècle et qui consiste à confier le pouvoir régulateur à un tribunal arbitral d'un genre particulier, spécialement chargé de trancher les litiges entre les pouvoirs de l'État. À la conception ancienne d'une régulation politique exercée par le chef de l'État s'ajoute donc l'idée d'une régulation juridictionnelle par la cour constitutionnelle. Si la nature de ces deux régulations et leurs modalités d'exercice apparaissent évidemment très différentes, elles partagent exactement la même finalité : assurer le fonctionnement régulier du régime politique en prévenant ou résorbant les crises institutionnelles.

881. D'un point de vue lexicographique, le pouvoir *régulateur* est celui qui *régule*, c'est-à-dire qui assure la *régulation*. L'idée de régulation, importée des sciences techniques et naturelles dans le domaine juridique, désigne le processus qui permet le maintien en équilibre et, partant, le fonctionnement sans à-coups d'un ensemble complexe. En droit constitutionnel institutionnel, l'ensemble régulé est le régime politique, appréhendé comme un système complexe composé d'entités – les institutions politiques – en interaction constante. Le régime politique exerce une seule fonction tournée vers l'extérieur, c'est-à-dire vers la société et les individus qui la composent : le gouvernement.

882. À l'inverse, la régulation institutionnelle exercée par le pouvoir régulateur consiste en une activité interne à un système distinct de la sphère sociale, le régime politique faisant système institutionnel. Elle peut être comprise comme une fonction juridique de l'État à part entière. Contrairement à la fonction gouvernementale et au triptyque pouvoirs exécutif, législatif et judiciaire qui la compose, qui sont des « fonctions-moyens », la régulation, lorsqu'elle est exercée par un organe donné, est une « fonction-fin » du droit constitutionnel car son critère repose sur sa finalité, à savoir assurer le fonctionnement régulier du régime politique. Les références à une telle fonction de régulation sont multiples et diverses dans le droit constitutionnel positif contemporain, qu'il s'agisse de définir la finalité de l'action du chef de l'État – sur le modèle de l'article 5 de la Constitution française de 1958, énormément copié, qui indique que le président de la République « assure [...] le fonctionnement régulier des pouvoirs publics ainsi que la continuité de l'État » – ou de qualifier la cour constitutionnelle d'« organe régulateur du fonctionnement des institutions et de l'activité des pouvoirs publics » – comme c'est le cas dans la plupart des pays d'Afrique noire francophone.

883. Ceci étant, le pouvoir régulateur subit l'interférence des autres conceptions du pouvoir modérateur, formule particulièrement polysémique qui recouvre l'ensemble des doctrines visant à instituer un quatrième pouvoir d'une nature différente des trois autres. On trouve en particulier les différentes figures du pouvoir conservateur, chargé de protéger au nom de l'intérêt général un ordre social et politique. Récurrent sous la Restauration et la Monarchie de Juillet où il était traditionnellement assimilé au pouvoir royal, il s'incarne aujourd'hui à travers la thèse schmittienne du gardien de la Constitution, par le garant de la Constitution de 1958 ou encore en la personne de l'arbitre politique. En ce sens, l'arbitre national gaullien esquissé à Bayeux et consacré en 1958 n'est pas un simple régulateur du régime parlementaire rénové mais bien un conservateur de la République, garant des intérêts fondamentaux de la nation. Il n'empêche que la notion d'arbitrage politique demeure aujourd'hui encore une importante source d'équivoques. Il est pourtant clair qu'un arbitre des partis et des intérêts quitte nécessairement la sphère institutionnelle pour s'aventurer dans le champ politique et social. Dès lors, il ne peut pas être considéré comme un instrument purement régulateur.

884. À l'instar de tout autre système complexe, le régime politique connaît nécessairement un processus de régulation en son sein, soit entièrement endogène (autorégulation), soit en partie endogène et en partie exogène. Afin d'exercer la régulation exogène du régime politique, de nombreuses constitutions font le choix d'instaurer une autorité spécifique et spécialement destinée à cette fonction : le régulateur. Qu'on ait affaire à un organe politique (le chef de l'État) ou à un organe juridictionnel (la cour constitutionnelle), le régulateur doit impérativement se distinguer par son indépendance au sein du système institutionnel. L'indépendance du régulateur manifeste une double extériorité : d'abord par rapport aux entités gouvernementales (cela correspond à la distinction classique de l'*auctoritas* et de la *potestas*), afin d'éviter les conflits d'intérêts, et ensuite par rapport aux partis politiques, afin d'éviter la « capture » du régulateur par les entités régulées qui lui ferait perdre toute possibilité d'impartialité.

885. L'indépendance est en effet la condition *sine qua non* de la neutralité-impartialité du régulateur. La position de ce dernier au sein du régime politique apparaît donc fragile en ce qu'elle repose sur un subtil équilibre : le pouvoir régulateur n'est ni un pouvoir neutralisé purement symbolique, ni un pouvoir gouvernant ; il est un véritable pouvoir institutionnel. L'élément personnel est souvent déterminant, surtout pour le régulateur politique qui est plus sujet aux variations partisanes que le régulateur juridictionnel. Ce dernier doit cependant faire face au primat du politique qui le confronte aux limites intrinsèques de sa mission au sein du système institutionnel. En résumé, le principal risque d'un dispositif d'exorégulation politique (un chef de l'État conçu comme un régulateur) est son dévoiement, tandis que le principal risque de la régulation juridictionnelle est d'être submergée par le politique avec, dans les situations les plus dramatiques, l'émergence d'une forme de régulation extra-constitutionnelle type coup d'État.

886. Mise en perspective. Les crises politiques autrichienne et britannique de 2019 viennent rappeler l'actualité de la notion de pouvoir régulateur du régime politique et, plus largement, la nécessité d'une réflexion d'ensemble sur les modes de régulation de nos systèmes de gouvernement.

887. En Autriche, la dislocation de la « coalition des droites » en mai 2019 provoqua le renversement par le parlement du chancelier conservateur Sebastian Kurz. Une telle situation critique, rarissime dans un pays habitué à la stabilité politique depuis la fin de la Seconde Guerre mondiale, provoqua l'intervention du chef de l'État-régulateur politique, l'indépendant Alexander Van der Bellen. Celui-ci désigna le 30 mai 2019 un cabinet présidentiel apartisan dirigée par la présidente de la Cour constitutionnelle, afin de garantir la continuité institutionnelle et d'organiser de nouvelles élections législatives.

888. Au Royaume-Uni, les insuffisances flagrantes de la régulation politique, qu'elle soit partisane – la stabilité du bipartisme britannique apparaît fortement remise en cause[2026] – ou constitutionnelle – le premier ministre ne dispose plus d'un droit de dissolution discrétionnaire depuis le *Fixed-term Parliaments Act* de 2011[2027] – ont suscité l'émergence d'une forme de régulation juridictionnelle du système institutionnel. Dans son arrêt du 24 septembre 2019, la Cour suprême estima ainsi que la décision du premier ministre Boris Johnson de proroger le parlement était justiciable et la jugea illégale parce qu'elle « avait pour effet d'empêcher sans justification raisonnable le Parlement de s'acquitter de ses fonctions constitutionnelles »[2028]. Les juges précisèrent que la situation était suffisamment grave pour justifier une telle intervention de leur part[2029].

889. En France, en revanche, les réflexions sur les modes de régulation du système institutionnel de la Ve République semblent quelque peu mises entre parenthèses par la stabilité certaine dont jouit le régime politique instauré en 1958. Pour autant, le constat d'un dévoiement du pouvoir présidentiel dans la pratique s'impose : conçu comme un arbitre national *supra partes*, en d'autres termes comme un pouvoir conservateur de la République, il est devenu *de facto* et hors période de cohabitation un chef de gouvernement pleinement engagé dans le jeu politique et partisan. Depuis le départ du général de Gaulle en 1969, on est ainsi passé de la « République du guide »[2030] à celle du président « chef… de bande »[2031]. L'adoption du quinquennat en 2000 puis l'inversion des calendriers électoraux en 2001 ne firent qu'accentuer les effets de cette évolution.

[2026] On peut également s'interroger sur la cohérence de la position de l'opposition qui appelle à la démission du premier ministre Boris Johnson sans pour autant déposer et soutenir une motion de censure qui pourrait le renverser (v. A. ANTOINE, « Un jugement inédit qui marque une étape majeure dans l'évolution de la Constitution britannique… mais qui ne résout rien sur le front politique », *Observatoire du Brexit*, 25 sept. 2019, disponible sur http://brexit.hypotheses.org/3811, consulté le 25 sept. 2019).

[2027] V. A. LE DIVELLEC, « Un tournant de la culture constitutionnelle britannique : le *Fixed-Term Parliaments Act 2011* et l'amorce inédite de rationalisation du système parlementaire de gouvernement au Royaume-Uni », *Jus politicum*, 2012, n° 7, disponible sur http://juspoliticum.com/article/Un-tournant-de-la-culture-constitutionnelle-britannique-le-Fixed-Term-Parliaments-Act-2011-et-l-amorce-inedite-de-rationalisation-du-systeme-parlementaire-de-gouvernement-au-Royaume-Uni-530.html, consulté le 15 sept. 2019.

[2028] Cour suprême du Royaume-Uni, 24 sept. 2019, *R (on the application of Miller) (Appellant) v The Prime Minister (Respondent) Cherry and others (Respondents) v Advocate General for Scotland (Appellant) (Scotland)*, [2019] UKSC 41, § 50. Nous traduisons.

[2029] Il ne faut toutefois pas sous-estimer la volonté d'émancipation de la Cour suprême qui cherche depuis sa mise place en 2009 à s'ériger en pouvoir ou du moins en contre-pouvoir à part entière en jouant un rôle davantage politique (v. A. ANTOINE, « Un jugement inédit qui marque une étape majeure dans l'évolution de la Constitution britannique… mais qui ne résout rien sur le front politique », préc.).

[2030] Ch. de GAULLE, « Conférence de presse du 9 septembre 1965 », préc. ; J.-É. GICQUEL, « 1958-1962 : L'hésitation en France », art. préc., p. 96.

[2031] A. LE DIVELLEC, « Le prince inapprivoisé. De l'indétermination structurelle de la présidence de la Ve République (simultanément une esquisse sur l'étude des rapports entre "droit de la constitution" et système de gouvernement) », art. préc., p. 129.

890. Dans ces conditions, deux difficultés institutionnelles évidentes sont identifiables. D'une part, le déséquilibre en faveur du chef de l'État politiquement irresponsable est flagrant dans la mesure où il n'existe aucun processus institutionnalisé de rétroaction si ce n'est lors de l'élection présidentielle tous les cinq ans. D'autre part, la régulation interne du système institutionnel repose presque entièrement sur deux données instables, à savoir la cohérence quinquennale (concordance des majorités présidentielle et parlementaire) et le fait majoritaire (existence d'une majorité parlementaire stable et cohérente). Ces éléments politiques sont par nature mouvants, tant et si bien qu'une crise institutionnelle de grande ampleur pourrait surgir à tout moment s'ils disparaissaient, en particulier en cas de mauvaise volonté des acteurs politiques.

891. Par exemple, quelle serait l'issue d'une « grève des premiers ministres » (un refus de collaborer) de la part d'une majorité parlementaire hostile au chef de l'État en place, si ce dernier refuse de démissionner et ne peut pas ou plus prononcer la dissolution[2032] ? De même, la remise en cause – peut-être temporaire[2033] – de la bipolarisation fait réémerger l'hypothèse d'un parlement à majorités négatives, c'est-à-dire capable de censurer les gouvernements nommés par le président mais sans possibilités de proposer une alternative viable. Pour les tenants d'une évolution importante de nos institutions, la prévention de ces difficultés potentielles passe invariablement par une clarification de la nature et du rôle du pouvoir présidentiel. Deux voies opposées sont mises en avant : celle d'un président formellement reconnu comme le chef du gouvernement et celle d'un président qui serait au contraire davantage éloigné de ce rôle[2034].

892. Dans la première hypothèse, la solution la plus évidente – mais sans doute pas la plus naturelle en France – passe par l'instauration d'un régime présidentiel « à l'américaine » ou plutôt « à la béninoise », ce qui nécessiterait un régulateur juridictionnel fort[2035]. En 2007, le Comité de réflexion et de proposition sur la modernisation et le rééquilibrage des institutions de la Ve République (comité « Balladur ») plaidait plutôt pour un régime présidentiel « à la française », dans lequel le président-gouvernant aurait été reconnu

---

[2032] L'hypothèse avait été évoquée lors du quinquennat de François Hollande, confronté à l'impopularité et à la fronde d'une partie de sa majorité, car en cas de dissolution de l'Assemblée nationale et de victoire de la droite, une partie de celle-ci avait affirmé qu'il faudrait refuser de collaborer avec le président discrédité afin de le pousser à la démission (v. not. « En cas de dissolution, Hollande devra démissionner pour Mariton et Peltier », *RTL*, 2 sept. 2014, disponible sur http://www.rtl.fr/actu/politique/en-cas-de-dissolution-hollande-devra-demissionner-pour-mariton-et-peltier-7774063753, consulté le 15 sept. 2019).

[2033] V. en ce sens O. DUHAMEL, « Macron ou l'illusion de la république gaullienne », *Pouvoirs*, 2018/3 n° 166, pp. 5-12.

[2034] V. J. BENETTI, « Le mythe de la sixième République », *Pouvoirs*, 2018/3 n° 166, pp. 139-145.

[2035] Sur cette hypothèse du régime présidentiel en France, v. S. AROMATARIO, « La dérive des institutions vers un régime présidentiel », *RDP*, 2007, pp. 731-752.

comme l'élément central du gouvernement en échange d'une forme limitée de responsabilité politique devant le parlement[2036]. En fin de compte, sous couvert de limiter les possibilités de cohabitation, ce projet tendait surtout à acter en droit le présidentialisme sans pour autant supprimer tous les risques critiques.

893. Dans la seconde hypothèse, qui fut notamment celle retenue par le Groupe de travail sur l'avenir des institutions (comité « Bartolone-Winock ») de 2015[2037] et par Arnaud Montebourg et Bastien François dans leur ouvrage *La Constitution de la 6e République*[2038], l'objectif affiché est le retour à la « normalité » européenne, c'est-à-dire à un régime parlementaire de type primo-ministériel caractérisé par la responsabilité politique effective du chef de gouvernement devant le parlement. Toutefois, le principe de l'élection présidentielle au suffrage universel direct est généralement maintenu. Serait-ce oublier que la Ve République est une « démocratie à part »[2039] en ce que, « [d]ans un pays de tradition bonapartiste comme le nôtre, l'élection directe par le peuple ne pourra jamais que désigner le chef »[2040] ?

894. Il est en ce sens très révélateur que le rapport Bartolone-Winock propose non pas la transformation de l'institution présidentielle en une autorité purement symbolique, ni même d'ailleurs une évolution de son rôle vers celui d'un pouvoir régulateur du régime politique, mais de « redéfinir le rôle du chef de l'État *en accentuant et en modernisant son rôle d'arbitre*. Il s'agit de *réorienter le Président de la République vers les enjeux du long-terme et d'en faire, avant tout, le garant des valeurs de la Nation* »[2041]. Or, derrière ce pouvoir arbitral *supra partes*, « *garant du bien commun et du long terme* »[2042], c'est finalement la figure tutélaire du pouvoir conservateur qui ressurgit. De toute évidence, la quête d'un pouvoir qui soit de nature différente de ceux mis en œuvre par les autres institutions de la République demeure l'un des serpents de mer du droit constitutionnel français.

895. En France, la stabilité institutionnelle engendrée par la Ve République a en grande partie occulté les réflexions sur la possibilité d'un pouvoir régulateur et, partant, sur les dispositifs de régulation du régime politique. Sans prétendre à l'exhaustivité, notre étude se proposait de combler cette

---

[2036] Comité de réflexion et de proposition sur la modernisation et le rééquilibrage des institutions de la Ve République, *Une Ve République plus démocratique*, Paris, La Documentation française, 2007, p. 10.
[2037] Groupe de travail sur l'avenir des institutions, *Refaire la démocratie*, Assemblée nationale, rapport n° 3100.
[2038] A. MONTEBOURG, B. FRANÇOIS, *La Constitution de la 6e République. Réconcilier les Français avec la démocratie*, Paris, Odile Jacob, 2005.
[2039] O. DUHAMEL, « Une démocratie à part », *Pouvoirs*, 2008/3 n° 126, pp. 17-26.
[2040] J. BENETTI, « Le mythe de la sixième République », art. préc., pp. 144-145.
[2041] Groupe de travail sur l'avenir des institutions, *Refaire la démocratie*, préc., p. 82. Il souligne.
[2042] *Ibid.*, p. 960. Il souligne.

lacune en amenant le lecteur à s'interroger sur la pertinence et l'utilité d'envisager le pouvoir régulateur comme une notion juridique présente en droit constitutionnel institutionnel. Plus largement, la notion de pouvoir régulateur représente pour le constitutionnaliste un instrument de mesure de l'efficacité de nos régimes politiques contemporains en ce qu'elle permet d'évaluer leur résilience. Il s'agit certainement de la principale perspective de cette recherche.

BIBLIOGRAPHIE ET SOURCES

§ I. BIBLIOGRAPHIE

A. MANUELS, TRAITÉS ET DICTIONNAIRES

- A -

ALLAND Denis, RIALS Stéphane (dir.), *Dictionnaire de la culture juridique*, Paris, Puf, « Quadrige », 2003, 1649 p.

AMSON Daniel, *Histoire constitutionnelle de la France de la prise de la Bastille à Waterloo*, Paris, LGDJ-Lextenso, « Manuel », 2010, 999 p.

ARDANT Philippe, MATHIEU Bertrand, *Droit constitutionnel et institutions politiques*, 28e éd., Issy-les-Moulineaux, LGDJ-Lextenso, « Manuel », 2016, 603 p.

ARNAUD André-Jean (dir.), *Dictionnaire encyclopédique de théorie et de sociologie du droit*, 2e éd., Paris, LGDJ, 1993, 758 p.

AVRIL Pierre, GICQUEL Jean, *Lexique de droit constitutionnel*, 5e éd., Paris, Puf, « QSJ ? », 2016, 127 p.

- B -

BARTHÉLEMY Joseph, DUEZ Paul, *Traité de droit constitutionnel*, Paris, Dalloz, 1933, 955 p.

BORELLA François, *Éléments de droit constitutionnel*, Paris, Presses de la Fondation nationale des sciences politiques, « Sciences po Concours », 2008, 439 p.

BOUDON Julien, *Manuel de droit constitutionnel. Théorie générale – Histoire – Régimes étrangers*, Paris, Puf, « Droit fondamental », 2015, 310 p.

BOUDON Julien, *Manuel de droit constitutionnel. La Ve République*, Paris, Puf, « Droit fondamental », 2014, 295 p.

BURDEAU Georges, *Traité de science politique*, 3e éd., Paris, LGDJ, 1980-1987, 10 t.

- C -

CADOUX Charles, *Droit constitutionnel et institutions politiques. Théorie générale des institutions politiques*, Paris, Éd. Cujas, « Collection des cours et manuels de la Faculté de droit et des sciences économiques de Madagascar », 1973, 495 p.

CARCASSONNE Guy, GUILLAUME Marc, *La Constitution*, 13e éd., Paris, Éd. du Seuil, « Points », 2016, 479 p.

CHAGNOLLAUD Dominique, *Droit constitutionnel contemporain. La Constitution de la Ve République*, 7e éd., Paris, Dalloz, « Cours », 2015, 691 p.

CHANTEBOUT Bernard, *Droit constitutionnel*, 32e éd., Paris, Sirey-Dalloz, « LMD », 2015, 636 p.

CHEVALLIER Jean-Jacques, *Histoire des institutions et des régimes politiques de la France de 1789 à 1958*, 9e éd., Paris, Dalloz, « Classic », 2009, 748 p.

COHENDET Marie-Anne, *Droit constitutionnel*, 3e éd., Issy-les-Moulineaux, LGDJ-Lextenso, « Cours », 2017, 861 p.

CONSTANTINESCO Vlad, PIERRÉ-CAPS Stéphane, *Droit constitutionnel*, 7e éd., Paris, Puf, « Thémis », 2016, 535 p.

CORNU Gérard (dir.), *Vocabulaire juridique*, 12e éd., Paris, Puf, « Quadrige », 2018, 1103 p.

CORNU Gérard, *Linguistique juridique*, 2e éd., Paris, Montchrestien, « Domat droit privé », 2000, 443 p.

- D -

DEBBASCH Roland, *Droit constitutionnel*, 9e éd., Paris, LexisNexis, « Objectif Droit – Cours », 2014, 290 p.

DUCROCQ Théophile, *Cours de droit administratif*, 6e éd., Paris, Ernest Thorin, 1881, 2 t.

DUGUIT Léon, *Traité de droit constitutionnel*, 2e éd., Paris, Fontemoing & Cie, 1921-1925, 5 t.

DUVERGER Maurice, *Droit constitutionnel et institutions politiques. Théorie générale des régimes politiques*, Paris, Puf, « Thémis », 1959, 397 p.

DUVERGER Maurice, *Droit constitutionnel et institutions politiques*, Paris, Puf, « Thémis », 1955, 651 p.

- E -

ESMEIN Adhémar, NÉZARD Henry, *Éléments de droit constitutionnel français et comparé*, 7e éd., Paris, Recueil Sirey, 1921, 2 t.

- F -

FAVOREU Louis *et al.*, *Droit constitutionnel*, 19e éd., Paris, Dalloz, « Précis », 2016, 1101 p.

FAVOREU Louis, PHILIP Loïc *et al.*, *Les grandes décisions du Conseil constitutionnel*, 17e éd., Paris, Dalloz, « Grands arrêts », 2013, 656 p.

FOIGNET René, *Manuel élémentaire de droit constitutionnel*, Paris, Arthur Rousseau, 1895, 159 p.

FOULQUIÉ Paul, *Vocabulaire des sciences sociales*, Paris, Puf, 1978, 378 p.

- G -

GÉRANDO Joseph-Marie, baron de, *Institutes du droit administratif français ou Élémens du Code administratif*, Paris, Nêve, 1829-1836, 6 vol.

GICQUEL Jean, GICQUEL Jean-Éric, *Droit constitutionnel et institutions politiques*, 29e éd., Issy-les-Moulineaux, LGDJ-Lextenso, « Domat droit public », 2015, 860 p.

GICQUEL Jean, *Droit constitutionnel et institutions politiques*, 9e éd., Paris, Montchrestien, « Domat droit public », 1987, 872 p.

GOMES CANOTILHO José Joaquim, MOREIRA Vital, *Constituição da República Portuguesa Anotada*, 3e éd., Coimbra, Coimbra Editora, 1993, 1135 p.

GUILLENCHMIDT Michel, de, *Droit constitutionnel et institutions politiques*, 3e éd., Paris, Economica, 2010, 505 p.

- H -

HAGUENAU-MOIZARD Catherine, *Introduction au droit comparé*, Paris, Dalloz, « Séquences », 2018, 305 p.

HAMON Francis, TROPER Michel, *Droit constitutionnel*, 36e éd., Issy-Les-Moulineaux, LGDJ-Lextenso, « Manuel », 2015, 827 p.

- L -

LAFERRIÈRE Édouard, *Traité de la juridiction administrative et des recours contentieux*, 2e éd., Paris, Berger-Levrault et Cie, 1896, 2 t.

LAFERRIÈRE Firmin, *Cours de droit public et administratif*, 2e éd., Paris, Joubert, 1841, 657 p.

LAGROYE Jacques, FRANÇOIS Bastien, SAWICKI Frédéric, *Sociologie politique*, 4e éd., Paris, Presses de Sciences po et Dalloz, « Amphi », 2002, 599 p.

LALANDE André, *Vocabulaire critique et technique de la philosophie*, Paris, Puf, « Quadrige », 2010, 1323 p.

LAUVAUX Philippe, *Les grandes démocraties contemporaines*, 3e éd., Paris, Puf, « Droit fondamental », 2004, 1060 p.

- M -

MARAIS Bertrand, du, *Droit public de la régulation économique*, Paris, Presses de Sciences po et Dalloz, « Amphi », 2004, 602 p.

MASSIAS Jean-Pierre, *Droit constitutionnel des États d'Europe de l'Est*, 2e éd., Paris, Puf, « Droit fondamental », 2008, 919 p.

MÉDÉ Nicaise, *Les grandes décisions de la Cour constitutionnelle du Bénin*, Sarrebruck, Éditions universitaires européennes, 2012, 458 p.

MÉLIN-SOUCRAMANIEN Ferdinand, PACTET Pierre, *Droit constitutionnel*, 35e éd., Paris, Sirey-Dalloz, « LMD », 673 p.

MORABITO Marcel, *Histoire constitutionnelle de la France de 1789 à nos jours*, 13e éd., Issy-les-Moulineaux, LGDJ-Lextenso, « Domat droit public », 2014, 550 p.

- **N** -

NICINSKI Sophie, *Droit public des affaires*, 6e éd., Issy-les-Moulineaux, LGDJ-Lextenso, « Domat droit public », 2018, 785 p.

- **O** -

ODENT Raymond, *Contentieux administratif*, Paris, Dalloz, 2007, 2 t.

OWONA Joseph, *Droits constitutionnels et institutions politiques du monde contemporain. Étude comparative*, Paris, L'Harmattan, 2010, 730 p.

- **P** -

PANTÉLIS Antoine, *Droit constitutionnel hellénique*, Paris, L'Harmattan, « Logiques juridiques », 2018, 602 p.

PIERRÉ-CAPS Stéphane, *Droits constitutionnels étrangers*, 2e éd., Paris, Puf, « Quadrige Manuels », 2015, 311 p.

PONTHOREAU Marie-Claire, *Droit(s) constitutionnel(s) comparé(s)*, Paris, Economica, « Corpus Droit public », 2010, 401 p.

POULIS Panayotis, *Droit constitutionnel et institutions helléniques*, Paris, L'Harmattan, « Logiques juridiques », 2008, 414 p.

PRÉLOT Marcel, BOULOUIS Jean, *Institutions politiques et droit constitutionnel*, 11e éd., Paris, Dalloz, « Précis Dalloz », 1990, 925 p.

- **R** -

RAMBAUD Thierry, *Introduction au droit comparé. Les grandes traditions juridiques dans le monde*, Paris, Puf, « Quadrige », 2014, 318 p.

RAYNAUD Philippe, RIALS Stéphane (dir.), *Dictionnaire de philosophie politique*, 3e éd., Paris, Puf, « Quadrige », 2003, 892 p.

ROBERT Adolphe, BOURLOTON Edgar, COUGNY Gaston (dir.), *Dictionnaire des parlementaires français*, Paris, Bourloton, 1891, 5 t.

ROUSSEAU Dominique, *Droit du contentieux constitutionnel*, 10e éd., Paris, LGDJ-Lextenso, « Domat droit public », 2013, 584 p.

- **S** -

SAINT-GIRONS Antoine, *Manuel de droit constitutionnel*, 2e éd., Paris, Larose et Forcel, 1885, 706 p.

SENELLE Robert, *La Constitution belge commentée*, Bruxelles, Ministère des affaires étrangères, du commerce extérieur et de la coopération au développement, « Idées et Études », 1974, 470 p.

- T -

TROPER Michel, CHAGNOLLAUD Dominique (dir.), *Traité international de droit constitutionnel*, Paris, Dalloz, « Traités Dalloz », 2012, 3 t.

TURPIN Dominique, *Droit constitutionnel*, Paris, Puf, « Quadrige », 2003, 767 p.

- V -

VEDEL Georges, *Manuel élémentaire de droit constitutionnel*, Paris, Dalloz, « Bibliothèque Dalloz », 2002, 616 p.

- Z -

ZIPPELIUS Reinhold, WÜRTENBERGER Thomas, *Deutsches Staatsrecht*, München, C. H. Beck, « Kurz-Lehrbücher für das juristische Studium », 2005, 563 p.

ZOLLER Élisabeth, *Les grands arrêts de la Cour suprême des États-Unis*, Paris, Dalloz, « Grands arrêts », 2010, 922 p.

B. Ouvrages et fascicules, monographies, thèses et mémoires

- A -

AÏVO Frédéric Joël, *Le juge constitutionnel et l'État de droit en Afrique. L'exemple du modèle béninois*, Paris, L'Harmattan, « Études africaines », 2006, 222 p.

ALBERTINI Pierre, *Le droit de dissolution et les systèmes constitutionnels français*, Paris, Puf, 1977, 409 p.

ALTWEGG-BOUSSAC Manon, *Les changements constitutionnels informels*, Clermont-Ferrand, Institut Universitaire Varenne et LGDJ, « Collection des thèses », 2013, 627 p.

ARENDT Hannah, *La crise de la culture*, Paris, Gallimard, « Folio essais », 1986, 380 p.

ARENDT Hannah, *De la révolution*, Paris, Gallimard, « Folio essais », 2013, 502 p.

AVRIL Pierre, GICQUEL Jean, *Le Conseil constitutionnel*, 6e éd., Paris, Montchrestien-Lextenso, « Clefs », 2011, 160 p.

AVRIL Pierre, *Les conventions de la Constitution*, Paris, Puf, « Léviathan », 1997, 202 p.

AVRIL Pierre, *La Ve République. Histoire politique et constitutionnelle*, Paris, Puf, « Droit fondamental », 1987, 325 p.

- B -

BAGEHOT Walter, *The English Constitution*, Londres, Chapman and Hall, 1867, 348 p.

BARANGER Denis, *Parlementarisme des origines*, Paris, Puf, « Léviathan », 1999, 408 p.

BARANTE Prosper, baron de, *La vie politique de M. Royer-Collard. Ses discours et ses écrits*, Paris, Didier et Cie, 1861, 2 t.

BARBAROUSSIS Nicolas, *La fonction régulatrice du président de la Troisième République hellénique*, Paris, LGDJ, « BCSP », t. 97, 2000, 316 p.

BARTHÉLEMY Joseph, *Le rôle du pouvoir exécutif dans les républiques modernes*, Paris, Giard et Brière, 1906, 762 p.

BARTHÉLEMY Joseph, *L'introduction du régime parlementaire en France sous Louis XVIII et Charles X*, Paris, Giard & Brière, 1904, 323 p.

BASTID Paul, *Benjamin Constant et sa doctrine*, Paris, Armand Colin, « Sciences politiques », 1966, 2 t.

BAUME Sandrine, *Carl Schmitt, penseur de l'État. Genèse d'une doctrine*, Paris, Presses de Sciences po, « Sciences po », 2008, 315 p.

BAUMERT Renaud, *La découverte du juge constitutionnel, entre science et politique. Les controverses doctrinales sur le contrôle de la constitutionnalité des lois dans les Républiques française et allemande de l'entre-deux-guerres*,

Clermont-Ferrand, Fondation Varenne et LGDJ, « Collection des thèses », vol. 33, 2009, 612 p.

BEAUD Olivier, *Les derniers jours de Weimar. Carl Schmitt face à l'avènement du nazisme*, Paris, Descartes & Cie, « Droit », 1997, 253 p.

BEAUD Olivier, *La puissance de l'État*, Paris, Puf, « Léviathan », 1994, 512 p.

BEN ACHOUR Rafâa (dir.), *Les changements anticonstitutionnels de gouvernement. Approches de droit constitutionnel et de droit international*, Aix-en-Provence, PUAM, « Les cahiers de l'Institut Louis-Favoreu », n° 3, 2014, 170 p.

BERNARD Claude, *Introduction à l'étude de la médecine expérimentale*, Paris, J.-B. Baillière et fils, 1865, 400 p.

BERNARDIN DE SAINT-PIERRE Jacques-Henri, *Œuvres complètes de Jacques-Henri Bernardin de Saint-Pierre*, Paris, Méquignon-Marvis, 1828, 18 t.

BERTALANFFY Ludwig, von, *Théorie générale des systèmes* (1968), Paris, Dunod, « idem », 2012, 308 p.

BLACKSTONE William, Sir, *Commentaires sur les loix angloises de M. Blackstone*, Bruxelles, Boubers, 1774-1776, 6 t.

BLINASKI Georgi, *Parlamentarnoto upravlenie v Bulgariâ*, Sofia, Stopanstvo, 1995, 146 p.

BLUM Léon, *L'Œuvre de Léon Blum*, Paris, Albin Michel, 1954-1972, 7 t.

BOLINGBROKE Henry St John, premier vicomte, *A dissertation upon parties* (1733), reproduit *in The Works of Lord Bolingbroke*, Philadelphie, Carey and Hart, 1841, vol. 2, pp. 5-172.

BONVILLE Jean, de, *L'analyse de contenu des médias. De la problématique au traitement statistique*, Louvain-la-Neuve, De Boeck Supérieur, « Culture & Communication », 2006, 452 p.

BOUDON Julien, *La passion de la modération d'Aristote à Nicolas Sarkozy*, Paris, Dalloz, « Les sens du droit », 2011, 112 p.

BOUDON Julien, *Le frein et la balance. Études de droit constitutionnel américain*, Paris, Mare & Martin, « Droit & Science politique », 2010, 403 p.

BOUDON Julien, *Les Jacobins. Une traduction des principes de Jean-Jacques Rousseau*, Paris, LGDJ « BCSP », t. 128, 2006, 760 p.

BOULAY DE LA MEURTHE Antoine, *Théorie constitutionnelle de Sieyès. Constitution de l'an VIII. Extraits des mémoires inédits de M. Boulay de la Meurthe*, Paris, Renouard, 1836, 73 p.

BREDIN Jean-Denis, *Sieyès. La clé de la Révolution française*, Paris, de Fallois, 1988, 611 p.

BREUER Stefan, *Anatomie de la Révolution conservatrice*, Paris, Éd. de la Maison des sciences de l'homme, 1996, 260 p.

BROGLIE Victor, duc de, *Vues sur le gouvernement de la France*, Paris, Michel Lévy frères, 1870, 367 p.

BRUN DE LA COMBE Joseph-André, *Doute sur les principes de M. l'Abbé Sieyès concernant la Constitution Nationale*, 1789, 48 p.

- C -

CABUEIL R., de, *De la Charte*, Paris, Rusand et Cie, 1830, 30 p.

CALANDRI Laurence, *Recherche sur la notion de régulation en droit administratif français*, Paris, LGDJ, « BDP », t. 259, 2008, 733 p.

CANELAS RAPAZ Paulo José, *Le président de la République portugaise. La construction de la figure présidentielle portugaise depuis 1986*, thèse dactylographiée, Université Paris II Panthéon-Assas, 2012, 706 p.

CANNON Walter Bradford, *The wisdom of the body*, New York, W.W. Norton & Company, 1932, 312 p.

CARPENTIER Élise, *La résolution juridictionnelle des conflits entre organes constitutionnels*, Clermont-Ferrand, Fondation Varenne et LGDJ, « Collection des thèses », vol. 5, 2006, 545 p.

CARRÉ DE MALBERG Raymond, *Confrontation de la théorie de la formation du droit par degrés avec les idées et les institutions consacrées par le droit positif français relativement à sa formation*, Paris, Recueil Sirey, 1933, 174 p.

CARRÉ DE MALBERG Raymond, *La loi, expression de la volonté générale. Études sur le concept de la loi dans la Constitution de 1875*, Paris, Recueil Sirey, 1931, 228 p.

CARRÉ DE MALBERG Raymond, *Contribution à la théorie générale de l'État spécialement d'après les données fournies par le Droit constitutionnel français*, Paris, Recueil Sirey, 1920-1922, 2 t.

CHAMPEIL-DESPLATS Véronique, *Méthodologie du droit et des sciences du droit*, 2e éd., Paris, Dalloz, « Méthodes du droit », 2016, 440 p.

CHATEAUBRIAND François-René, vicomte de, *Des Buonaparte et des Bourbons*, Paris et Lyon, Félix Girard, 1872, 100 p.

CHATEAUBRIAND François-René, vicomte de, *De la monarchie selon la Charte*, Paris, Le Normant, 1816, 108 p.

CHATEAUBRIAND François-René, vicomte de, *Réflexions politiques sur quelques écrits du jour et sur les intérêts de tous les français*, Paris, Le Normant, 1814, 145 p.

CHOPIN Thierry, *Benjamin Constant. Le libéralisme inquiet*, Paris, Michalon, « Le bien commun », 2002, 117 p.

CLAY Thomas, *L'arbitre*, Paris, Dalloz, « NBT », vol. 2, 2001, 930 p.

CLERMONT-TONNERRE Stanislas, comte de, *Œuvres complètes de Stanislas de Clermont-Tonnerre*, Paris, chez Letellier, An III, 4 vol.

COHENDET Marie-Anne, *Le président de la République*, 2e éd., Paris, Dalloz, « Connaissance du droit », 2012, 187 p.

COHENDET Marie-Anne, *La cohabitation. Leçons d'une expérience*, Paris, Puf, « Recherches politiques », 1993, 343 p.

COHENDET Marie-Anne, *L'épreuve de la cohabitation (mars 1986-mai 1988)*, thèse dactylographiée, Université Jean Moulin-Lyon III, 1991, 1008 p.

CONSTANT Benjamin, *De la force du gouvernement actuel de la France et de la nécessité de s'y rallier – Des réactions politiques – Des effets de la terreur*, Paris, éd. du Boucher, 2002, 129 p.

CONSTANT Benjamin, *De l'esprit de conquête et de l'usurpation*, *in* CONSTANT Benjamin, *Écrits politiques*, éd. établie par Marcel GAUCHET, Paris, Gallimard, « Folio essais », 1997, pp. 117-302.

CONSTANT Benjamin, *Principes de politique applicables à tous les gouvernements représentatifs et particulièrement à la Constitution actuelle de la France*, *in* CONSTANT Benjamin, *Écrits politiques*, éd. établie par Marcel GAUCHET, Paris, Gallimard, « Folio essais », 1997, pp. 303-588.

CONSTANT Benjamin, *De la liberté des Anciens comparée à celle des Modernes. Discours prononcé à l'Athénée royal de Paris en 1819*, *in* CONSTANT Benjamin, *Écrits politiques*, éd. établie par Marcel GAUCHET, Paris, Gallimard, « Folio essais », 1997, pp. 589-619.

CONSTANT Benjamin, *De la perfectibilité de l'espèce humaine*, *in* CONSTANT Benjamin, *Écrits politiques*, éd. établie par Marcel GAUCHET, Paris, Gallimard, « Folio essais », 1997, pp. 700-720.

CONSTANT Benjamin, *Recueil d'articles 1829-1830*, éd. établie par Éphraïm HARPAZ, Paris et Genève, Honoré Champion et Slatkine, 1992, 625 p.

CONSTANT Benjamin, *Recueil d'articles 1825-1829*, éd. établie par Éphraïm HARPAZ, Paris et Genève, Honoré Champion et Slatkine, 1992, 504 p.

CONSTANT Benjamin, *Fragments d'un ouvrage abandonné sur la possibilité d'une constitution républicaine dans un grand pays*, éd. établie par Henri GRANGE, Paris, Aubier, « Bibliothèque philosophique », 1991, 506 p.

CONSTANT Benjamin, *Benjamin Constant publiciste. 1825-1830*, éd. établie par Éphraïm HARPAZ, Paris et Genève, Honoré Champion et Slatkine, 1987, 216 p.

CONSTANT Benjamin, *Recueil d'articles. Le Mercure, La Minerve, La Renommée*, éd. établie par Éphraïm HARPAZ, Genève, Droz, 1972, 2 t.

CONSTANT Benjamin, *Écrits et discours politiques*, éd. établie par Olivier POZZO DI BORGO, Paris, S. I. Jean-Jacques Pauvert, 1964, 2 t.

CONSTANT Benjamin, *Cours de politique constitutionnelle*, 2e éd., Paris, Guillaumin et Cie, 1872, 2 t.

CONSTANT Benjamin, *Réflexions sur les constitutions, la distribution des pouvoirs, et les garanties, dans une monarchie constitutionnelle,* Paris, H. Nicolle, 1814, 166 p.

CUMIN David, *Carl Schmitt. Biographie politique et intellectuelle*, Paris, Éd. du Cerf, « Passages », 2005, 244 p.

- D -

DAGRON Gilbert, *Empereur et prêtre. Étude sur le « césaropapisme » byzantin*, Paris, Gallimard, « Bibliothèques des Histoires », 1996, 435 p.

DAHL Robert, *L'analyse politique contemporaine*, Paris, Robert Laffont, « Science nouvelle », 1973, 261 p.

DE DECKER Pierre, *L'esprit de parti et l'esprit national*, Bruxelles, Librairie polytechnique d'Aug. Decq, 1852, 80 p.

DEBRÉ Jean-Louis, *Les idées constitutionnelles du général de Gaulle*, Paris, LGDJ, « BCSP », t. 49, 1974, 461 p.

DELSOL Chantal, *L'autorité*, Paris, Puf, « QSJ ? », 1994, 127 p.

DENQUIN Jean-Marie, *La monarchie aléatoire. Essai sur les constitutions de la Ve République*, Paris, Puf, « Béhémot », 2001, 143 p.

DESTUTT de TRACY Antoine, *Commentaire sur l'esprit des lois de Montesquieu*, Paris, Delaunay, 1819, 434 p.

DICEY Albert Venn, *Introduction to the study of the law of the constitution*, 3e éd., Londres, MacMillan and co, 1889, 440 p.

DUGUIT Léon, *L'État, les gouvernants et les agents*, Paris, Dalloz, « Bibliothèque Dalloz », 2005, 774 p.

DUJARDIN Philippe, *1946. Le droit mis en scène. Propositions pour une analyse matérialiste du droit*, Grenoble, PUG, « Critique du droit », 1979, 278 p.

DUMOULIN Michel *et al.* (dir.), *Nouvelle histoire de Belgique*, Bruxelles, Complexe, « Questions à l'Histoire », 2005-2006, 2 vol.

DURAND Daniel, *La systémique*, 13e éd., Paris, Puf, « QSJ ? », 2017, 102 p.

DURAND Michel, *La présidence de la République en Italie*, thèse dactylographiée, Université de droit, d'économie et des sciences d'Aix-Marseille, 1983, 522 p.

DUVERGER Maurice, *Échec au roi*, Paris, Albin Michel, 1978, 250 p.

DUVERGER Maurice, *La Monarchie républicaine, ou comment les démocraties se donnent des rois*, Paris, Robert Laffont, « Libertés 2000 », 1974, 284 p.

DUVERGER Maurice, *Les constitutions de la France*, Paris, Puf, « QSJ ? », 1950, 128 p.

DUVERGIER de HAURANNE Prosper, *Des principes du gouvernement représentatif et de leur application*, Paris, Just Tessier, 1838, 110 p.

- E -

EASTON David, *Analyse du système politique*, Paris, Armand Colin, « Analyse politique », 1974, 488 p.

EASTON David, *A Framework for Political Analysis*, Englewood Cliffs, Prentice-Hall, « Prentice-Hall Contemporary Political Theory Series », 1965, 143 p.

ECK Laurent, *L'abus de droit en droit constitutionnel*, Paris, L'Harmattan, « Logiques juridiques », 2010, 691 p.

EISENMANN Charles, *La justice constitutionnelle et la Haute Cour constitutionnelle d'Autriche*, Paris, LGDJ, 1928, 307 p.

ETEKOU Bédi Yves Stanislas, *L'alternance démocratique dans les États d'Afrique francophone*, thèse dactylographiée, Université Paris-Est, 2013, 452 p.

- F -

FARGEAUD Benjamin, *La doctrine constitutionnelle sous la IVe République. Naissance d'une nouvelle génération de constitutionnalistes*, thèse dactylographiée, Université Paris II Panthéon-Assas, 2018, 712 p.

FAVOREU Louis, *La politique saisie par le droit. Alternances, cohabitation et Conseil constitutionnel*, Paris, Economica, 1988, 153 p.

FAVOREU Louis, MASTOR Wanda, *Les cours constitutionnelles*, 2e éd., Paris, Dalloz, « Connaissance du droit », 2016, 169 p.

FERREIRA Oscar, *Le pouvoir royal (1814-1848). À la recherche du quatrième pouvoir ?*, thèse dactylographiée, Université Paris-Est, 2010, 875 p.

FONFRÈDE Henri, *Œuvres de Henri Fonfrède*, Paris, Coquebert, 1844-1847, 10 t.

F. P. B., *De l'équilibre des trois pouvoirs politiques, ou lettres au représentant du peuple Lanjuinais sur son opinion de diviser le corps législatif en deux sections*, Paris, chez Desbriere, an III, 247 p.

FRIEDRICH Carl Joachim, *La démocratie constitutionnelle*, Paris, Puf, « Bibliothèque de la science politique », 1958, 564 p.

FRISON-ROCHE François, *Le « modèle semi-présidentiel » comme instrument de la transition en Europe post-communiste. Bulgarie, Lituanie, Macédoine, Pologne, Roumanie et Slovénie*, Bruxelles, Bruylant, 2005, 560 p.

FRISON-ROCHE Marie-Anne, *Les 100 mots de la régulation*, Paris, Puf, « QSJ ? », 2011, 126 p.

FROMONT Michel, *La justice constitutionnelle dans le monde*, Paris, Dalloz, « Connaissance du droit », 1996, 140 p.

FUSILIER Raymond, *Les monarchies parlementaires. Étude sur les systèmes de gouvernement (Suède, Norvège, Danemark, Belgique, Pays-Bas, Luxembourg)*, Paris, Éd. Ouvrières, 1960, 657 p.

- G -

GALEOTTI Serio, PEZZINI Barbara, *Il Presidente della Repubblica nella Costituzione italiana*, Turin, Utet Libreria, 1996, 73 p.

GARGARELLA Roberto, *Latin American constitutionalism, 1810-2010*, New York, OUP, 2013, 283 p.

GARNIER Roxane, *Un modèle européen de démocratie : le cas portugais*, Paris, LGDJ, « BCSP », t. 116, 2005, 582 p.

GAUCHET Marcel, *La Révolution des pouvoirs. La souveraineté, le peuple et la représentation. 1789-1799*, Paris, Gallimard, « Bibliothèque des histoires », 1995, 288 p.

GAULLE Charles, de, *Mémoires de guerre*, Paris, Plon, 1954-1959, 3 t.

GEORGOPOULOS Théodore, *La séparation horizontale des pouvoirs en France et en Allemagne à l'épreuve du droit communautaire : la fonction de contre-pouvoir*, Paris, Dalloz, « NBT », vol. 44, 2005, 658 p.

GIACONE Alessandro, *La fonction présidentielle en Italie (1946-1964)*, thèse dactylographiée, IEP de Paris, 2008, 3 vol., 1215 p.

GICQUEL Jean, *Essai sur la pratique de la Ve République. Bilan d'un septennat*, Paris, LGDJ, « BCSP », t. 33, 1977, 398 p.

GLÉNARD Guillaume, *L'exécutif et la Constitution de 1791*, Paris, Puf, « Léviathan », 2010, 503 p.

GOMES CANOTILHO José Joaquim, MOREIRA Vital, *Os poderes do Presidente da República*, Coimbra, Coimbra Editora, 1991, 117 p.

GOYARD-FABRE Simone, *Montesquieu : la nature, les lois, la liberté*, Paris, Puf, « Fondements de la politique », 1993, 360 p.

GUILLAUMAUD Jacques, *Norbert Wiener et la cybernétique*, Paris, Seghers, « Savants du monde entier », 1971, 186 p.

GUILLUY Thibault, *Du « self-government » des Dominions à la dévolution. Recherches sur l'apparition et l'évolution de la Constitution britannique*, Paris, Éd. Panthéon-Assas, « Thèses », 2018, 460 p.

GUIZOT François, *Histoire parlementaire de France. Recueil complet des discours prononcés dans les chambres de 1819 à 1848*, Paris, Michel Lévy frères, 1863-1864, 5 t.

GUSDORF Georges, *La conscience révolutionnaire. Les Idéologues*, Paris, Payot, 1978, 551 p.

- H -

HAMILTON Alexander, JAY John, MADISON James, *Le Fédéraliste*, Paris, Classiques Garnier, « PolitiqueS », 2012, 648 p.

HAMON Léo, *De Gaulle dans la République*, Paris, Plon, « Tribune libre », 1958, 207 p.

HAURIOU Maurice, *Leçons sur le mouvement social*, Paris, Larose et Forcel, 1899, 176 p.

HECQUARD-THÉRON Maryvonne, *Essai sur la notion de réglementation*, Paris, LGDJ, « BDP », t. 126, 1977, 287 p.

HEGEL Georg Wilhelm Friedrich, *Principes de la philosophie du droit*, 3e éd., Paris, Puf, « Quadrige », 2013, 798 p.

HELLO Charles Guillaume, *Essais sur le régime constitutionnel ou introduction à l'étude de la Charte*, Paris, Le Normant, 1827, 304 p.

HOFFMANN Sabine, *Die Rechtsprechung des Staatsgerichtshofs für das Deutsche Reich in der verfassungsgerichtlichen Rezeption nach 1945*, Berlin, Logos, 2005, 249 p.

HOLMES Stephen, *Benjamin Constant et la genèse du libéralisme moderne*, Paris, Puf, « Léviathan », 1994, 373 p.

HOUNTONDJI Éric, *L'essor de la justice constitutionnelle au Bénin, au Mali et au Sénégal*, thèse dactylographiée, Université de Cergy-Pontoise, 2007, 470 p.

HOURQUEBIE Fabrice, *Sur l'émergence du contre-pouvoir juridictionnel sous la Ve République*, Bruxelles, Bruylant, 2004, 678 p.

HUMMEL Jacky, *Le constitutionnalisme allemand (1815-1918) : le modèle allemand de la monarchie limitée*, Paris, Puf, « Léviathan », 2002, 351 p.

- I -

ISSA ABDOURHAMANE Boubacar, *Les Cours constitutionnelles dans le processus de démocratisation en Afrique : analyse comparative à partir des exemples du Bénin, de la Côte d'Ivoire et du Niger*, thèse dactylographiée, Université Montesquieu-Bordeaux IV, 2002, 531 p.

ISSA ABDOURHAMANE Boubacar, *Crise institutionnelle et démocratisation au Niger*, Talence, CEAN et IEP de Bordeaux, « Études et Recherches », 1996, 119 p.

- J -

JACQUIER-BRUÈRE (DEBRÉ Michel, MONICK Emmanuel), *Refaire la France. L'effort d'une génération*, Paris, Plon, 1945, 180 p.

JELLINEK, *Verfassungsänderung und Verfassungswandlung. Eine staatsrechtlich-politische Abhandlung*, Berlin, O. Häring, 1906, 80 p.

JELLINEK Georg, *Gesetz und Verordnung. Staatsrechtliche Untersuchungen auf rechtsgeschichtlicher und rechtsvergleichender Grundlage*, Freiburg, Mohr, 1887, 412 p.

JENNINGS Ivor, Sir, *Cabinet Government*, 3e éd., Cambridge, CUP, 1969, 587 p.

JESTAZ Philippe, JAMIN Christophe, *La doctrine*, Paris, Dalloz, « Méthodes du droit », 2004, 314 p.

JUSTE Théodore, *Léopold Ier roi des Belges. D'après des documents inédits*, Bruxelles, C. Muquardt, « Les fondateurs de la monarchie belge », 1868, 2 vol.

JUSTE Théodore, *Joseph Lebeau. D'après des documents inédits*, Bruxelles, C. Muquardt, « Les fondateurs de la monarchie belge », 1866, 213 p.

- K -

KANTOROWICZ Ernst, *Les Deux Corps du Roi. Essai sur la théologie politique au Moyen Âge*, Paris, Gallimard, « Bibliothèque des histoires », 1989, 638 p.

KELSEN Hans, *Qui doit être le gardien de la Constitution ?*, Paris, Michel Houdiard, « Les Sens du droit », 2006, 138 p.

KELSEN Hans, *Théorie pure du droit*, Paris, LGDJ, « La pensée juridique », 1999, 367 p.

KOJÈVE Alexandre, *La notion de l'autorité*, Paris, Gallimard, « Bibliothèque des Idées », 2004, 204 p.

KOJÈVE Alexandre, *Esquisse d'une phénoménologie du droit*, Paris, Gallimard, « Tel », 1981, 588 p.

KÜHN Thomas, *Les structures des révolutions scientifiques* (1962), Paris, Flammarion, « Champs sciences », 2008, 284 p.

KYRANOUDI Dimitra, *Le gouvernement parlementaire et la fonction présidentielle en Grèce et en Irlande*, thèse dactylographiée, Université Paris II Panthéon-Assas, 2016, 598 p.

- L -

LACORNE Denis, VAÏSSE Justin (dir.), *La présidence impériale. De Franklin D. Roosevelt à George W. Bush*, Paris, Odile Jacob, « Histoire et Document », 2007, 224 p.

LAHMER Marc, *La constitution américaine dans le débat français : 1795-1848*, Paris, L'Harmattan, « Logiques juridiques », 2001, 478 p.

LANGERON Roger, *Decazes, ministre du roi*, Paris, Hachette, 1960, 304 p.

LANJUINAIS Jean-Denis, *Constitutions de la nation française*, Paris, Baudouin frères, 1819, 2 t.

LAPIERRE Jean-William, *L'analyse des systèmes politiques*, Paris, Puf, « Le sociologue », 1973, 276 p.

LAQUIÈZE Alain, *Les origines du régime parlementaire en France (1814-1848)*, Paris, Puf, « Léviathan », 2002, 436 p.

LAS CASES Emmanuel, comte de, *Mémorial de Sainte-Hélène*, Paris, Points, « Points Histoire », 2011, 2 t.

LAUVAUX Philippe, *Destins du présidentialisme*, Paris, Puf, « Béhémot », 2002, 138 p.

LAUVAUX Philippe, *Le parlementarisme*, 2e éd., Paris, Puf, « QSJ ? », 1987, 128 p.

LAUVAUX Philippe, *La dissolution des assemblées parlementaires*, Paris, Economica, « Centre Interuniversitaire Belge de Droit Comparé », t. 24, 1983, 519 p.

LE BRAZIDEC Gwénaël, *René Capitant, Carl Schmitt : crise et réforme du parlementarisme. De Weimar à la Cinquième République*, Paris, L'Harmattan, « Logiques Juridiques », 1998, 310 p.

LE DIVELLEC Armel, *Le gouvernement parlementaire en Allemagne. Contribution à une théorie générale*, Paris, LGDJ, « BCSP », t. 119, 2004, 612 p.

LEBEAU Joseph, *Souvenirs personnels (1824-1841) et correspondance diplomatique*, Bruxelles, A.-N. Lebègue, 1883, 311 p.

LEBEAU Joseph, *Observations sur le pouvoir royal ou examen de quelques questions relatives aux droits de la couronne dans les Pays-Bas*, Bruxelles, Louis Hauman et Cie, 1830, 214 p.

LEFEBVE Vincent, *Politique des limites, limites de la politique. La place du droit dans la pensée de Hannah Arendt*, Bruxelles, Éditions de l'Université de Bruxelles, « Philosophie politique : généalogies et actualités », 2016, 286 p.

LENOIR-LAROCHE Jean-Jacques, *De l'esprit de la constitution qui convient à la France et examen de celle de 1793*, Paris, chez Agasse, an III, 184 p.

LENTZ Thierry, *Le grand Consulat*, Paris, Fayard, 1999, 627 p.

LEROYER Séverine, *L'apport du Conseil d'État au droit constitutionnel de la Ve République. Essai sur une théorie de l'État*, Paris, Dalloz, « NBT », vol. 106, 2011, 756 p.

LESAGE Michel, *Le système politique de l'URSS*, Paris, Puf, « Thémis », 1987, 504 p.

LESAGE Michel, *Les institutions soviétiques*, 2e éd., Paris, Puf, « QSJ ? », 1983, 127 p.

LUCHAIRE François, *Le Conseil constitutionnel*, 2e éd., Paris, Economica, 1997-1999, 3 t.

LYNCH Christian Edward Cyril, *O Momento Monarquiano. O Poder Moderador e o Pensamento Político Imperial*, thèse dactylographiée, Instituto Universitário de Pesquisas do Rio de Janeiro, 2007, 421 p.

- M -

MALLORY James Russel, *The Structure of Canadian Government*, Toronto, Macmillan, 1971, 418 p.

MANIN Bernard, *Principes du gouvernement représentatif*, Paris, Flammarion, « Champs », 2008, 319 p.

MARCOU Jean, *Justice constitutionnelle et systèmes politiques. États-Unis, Europe, France*, Grenoble, PUG, « Le politique en plus », 1997, 165 p.

MARICHY Jean-Pierre, *La deuxième chambre dans la vie politique française depuis 1875*, Paris, LGDJ, « BCSP », t. 38, 1969, 786 p.

MASSOT Jean, *L'arbitre et le capitaine. Essai sur la responsabilité présidentielle*, Paris, Flammarion, « Champs », 1987, 319 p.

MAST André, *Les pays du Benelux*, Paris, LGDJ, « Comment ils sont gouvernés », t. IV, 1960, 368 p.

MATOS CORREIRA José, LEITE PINTO Ricardo, *A responsabilidade política*, Lisbonne, Universidade Lusíada Editora, 2010, 140 p.

MAUS Didier, PASSELECQ Olivier (dir.), *Témoignages sur l'écriture de la Constitution de 1958*, Paris, La Documentation française, « Les cahiers constitutionnels de Paris I », 1997, 118 p.

MBORANTSUO Marie-Madeleine, *La contribution des Cours constitutionnelles à l'État de droit en Afrique*, Paris, Economica, 2007, 365 p.

MEYNIER Albert, *Les coups d'État du Directoire*, Paris, Puf, 1927-1928, 3 vol.

MOCK Mélody, *Le coup d'État moderne, formation ajuridique d'un nouvel ordre juridique*, thèse dactylographiée, Université Paris II Panthéon-Assas, 2012, 657 p.

MOHL Robert, von, *Die Verantwortlichkeit der Minister in Einherrschaften mit Volksvertretung*, Tübingen, Laupp, 1837, 726 p.

MÖLLERS Christoph, *The Three Branches. A Comparative Model of Separation of Powers*, Oxford, OUP, « Oxford Constitutional Theory », 2013, 263 p.

MOLOMB'EBEBE, *Le paradoxe comme fondement et horizon du politique chez Hannah Arendt*, Paris et Bruxelles, De Boeck, 1997, 258 p.

MOMMSEN Theodor, *Le Droit public romain*, Paris, Ernest Thorin, 1889-1896, 7 t. en 8 vol.

MOMMSEN Wolfgang, *Max Weber et la politique allemande 1890-1920*, Paris, Puf, « Sociologies », 1985, 548 p.

MONTEBOURG Arnaud, FRANÇOIS Bastien, *La Constitution de la 6e République. Réconcilier les Français avec la démocratie*, Paris, Odile Jacob, 2005, 191 p.

MONTESQUIEU Charles Louis de Secondat, baron de La Brède et de, *Œuvres complètes*, Paris, Gallimard, « Bibliothèque de la Pléiade », 1949-1951, 2 vol.

MORABITO Marcel, *Le chef de l'État en France*, 2e éd., Paris, Montchrestien, « Clefs / Politique », 1996, 160 p.

MORAZÉ Charles, *Les trois âges du Brésil. Essai de politique*, Paris, Armand Colin, « Cahiers de la Fondation nationale des sciences politiques », n° 51, 1954, 198 p.

MOUNZINAHA NZILA Éric, *Monarchie et gouvernement parlementaire en Belgique (1830-1920)*, thèse dactylographiée, Université Paris II Panthéon-Assas, 2012, 448 p.

- N -

NEVEUX Claire, *Le président de la République roumaine. Mise en perspective avec la Constitution de la Ve République française*, Mémoire de DEA, Université Paris I Panthéon-Sorbonne, 2005, 108 p.

NOAILLES Pierre, *Du droit sacré au droit civil*, Paris, Sirey, « Publication de l'Institut de droit romain de l'Université de Paris », 1949, 310 p.

NOAILLES Pierre, *Fas et Jus. Études de droit romain*, Paris, Les Belles Lettres, « Collection d'études anciennes », 1948, 282 p.

- O -

OSORIO GONSEN Frida, *Le pouvoir politique entre conservation et modération. Histoire d'un problème au prisme de l'expérience constitutionnelle mexicaine (1824-1842)*, thèse dactylographiée, IEP de Paris, 2012, 376 p.

OST François, KERCHOVE Michel, van de, *De la pyramide au réseau ? Pour une théorie dialectique du droit*, Bruxelles, Publications des Facultés universitaires Saint-Louis, 2002, 587 p.

- P -

PAGÈS Jean-Pierre, *De la responsabilité ministérielle et de la nécessité d'organiser le mode d'accusation et de jugement des ministres*, Paris, F. Béchet, 1818, 94 p.

PANTÉLIS Antoine, *Les grands problèmes de la nouvelle constitution hellénique*, Paris, LGDJ, « BCSP », t. 64, 1979, 388 p.

PAPATOLIAS Apostolos, *Conception mécaniste et conception normative de la Constitution*, Athènes et Bruxelles, Sakkoulas / Bruylant, « Bibliothèque européenne. Droit constitutionnel – science politique », 2000, 528 p.

PASQUIET-BRIAND Tanguy, *La réception de la Constitution anglaise au XIXe siècle. Une étude du droit politique français*, Clermont-Ferrand, Fondation Varenne et LGDJ, « Collection des thèses », vol. 149, 2017, 958 p.

PASQUINO Pasquale, *Sieyès et l'invention de la constitution en France*, Paris, Éd. Odile Jacob, 1998, 262 p.

PICHOT-BRAVARD Philippe, *Conserver l'ordre constitutionnel (XVIe-XIXe siècle). Les discours, les organes et les procédés juridiques*, Paris, LGDJ-Lextenso, « BHDDR », t. 24, 2011, 522 p.

PINHEIRO FERREIRA Silvestre, *Principes du droit public, constitutionnel, administratif, et des gens, ou manuel du citoyen sous un gouvernement représentatif*, Paris, Rey et Gravier, 1834, 3 t.

PINHEIRO FERREIRA Silvestre, *Observations sur la Charte constitutionnelle de la France*, Paris, Rey et Gravier, 1833, 128 p.

PINHEIRO FERREIRA Silvestre, *Cours de droit public interne et externe*, Paris, Rey et Gravier, 1830, 2 t.

PINON Stéphane, *Les réformistes constitutionnels des années trente. Aux origines de la Ve République*, Paris, LGDJ, « BCSP », t. 114, 2003, 634 p.

PLATT John Raeder, *The Step to Man*, New York, John Wiley & Sons, 1966, 216 p.

POLYBE, *Histoire générale*, fragments disponibles sur http://remacle.org/bloodwolf/ historiens/polybe/index.htm, consulté le 15 sept. 2019.

PRÉVOST-PARADOL Anatole, *La France nouvelle* (1868), Paris, Perrin, « Les Mémorables », 2012, 308 p.

POTTER Louis, de, *Révolution belge de 1828 à 1839. Souvenirs personnels*, Bruxelles, Meline, Cans et compagnie, 1839, 2 t.

- R -

RÉMUSAT Charles, comte de, *La pensée politique doctrinaire sous la Restauration. Charles de Rémusat – Textes choisis*, éd. établie par Dario ROLDAN, Paris, L'Harmattan, 2003, 235 p.

RESCIGNO Giuseppe Ugo *et al.*, *Il presidente della repubblica. Art. 83-87*, Bologne et Rome, Nicola Zanichelli et Foro Italiano, 1978, 303 p.

REVAULT d'ALLONNES Myriam, *Le pouvoir des commencements. Essai sur l'autorité*, Paris, Éd. du Seuil, « Points », 2006, 266 p.

REYBAUD Charles, *Le Brésil*, Paris, Guillaumin et Cie, 1856, 244 p.

RIBERT Léonce, *Esprit de la Constitution du 25 février 1875*, Paris, Germer Baillière, 1875, 312 p.

RICHIR Isabelle, *Le Président de la République et le Conseil constitutionnel*, Paris, Puf, « Les grandes thèses du droit français », 1998, 395 p.

ROBERTSON Arthur Clendenin, *La doctrine du général de Gaulle*, Paris, Librairie Arthème Fayard, « Les idées et la vie », 1959, 318 p.

ROSANVALLON Pierre, *La monarchie impossible. Les Chartes de 1814 et de 1830*, Paris, Fayard, « Histoire des constitutions de la France », 1994, 376 p.

ROSSI Pellegrino, *Cours de droit constitutionnel*, Paris, Guillaumin et Cie, 1866-1867, 4 t.

ROTTECK Karl, von, *Lehrbuch des Vernunftrechts und der Staatswissenschaften*, 2e éd., Stuttgart, Hallberg, 1840, 4 vol.

ROUQUAN Olivier, *Régulations et stratégies présidentialisées sous la Ve République*, Paris, Connaissances et Savoirs, 2005, 909 p.

ROUSSEAU Jean-Jacques, *Œuvres complètes*, Paris, Gallimard, « Bibliothèque de la Pléiade », 1964, 4 vol.

ROUSSEL Éric, *Georges Pompidou*, Paris, Jean-Claude Lattès, 1984, 686 p.

ROUSSELLIER Nicolas, *La force de gouverner. Le pouvoir exécutif en France (XIXe-XXIe siècles)*, Paris, Gallimard, « NRF Essais », 2015, 827 p.

ROUSSILLON Henry, ESPLUGAS Pierre, *Le Conseil constitutionnel*, 8e éd., Paris, Dalloz, « Connaissance du droit », 2015, 220 p.

ROUVILLOIS Frédéric, *Les origines de la Ve République*, Paris, Puf, « QSJ ? », 1998, 127 p.

RUDELLE Odile, *La République absolue. Aux origines de l'instabilité constitutionnelle de la France républicaine 1870-1889*, Paris, Publications de la Sorbonne, 1982, 327 p.

- S -

SAINT-BONNET François, *L'état d'exception*, Paris, Puf, « Léviathan », 2001, 393 p.

SAINT-ROMAN Alexis-Jacques de SERRE, comte de, *Réfutation de la doctrine de Montesquieu, sur la balance des pouvoirs, et aperçus divers sur plusieurs questions de droit public*, Paris, Perronneau, 1816, 299 p.

SAINT VICTOR Jacques, de, *La première contre-révolution (1789-1791)*, Paris, Puf, « Fondements de la politique », 2010, 498 p.

SAISSEVAL Claude-Louis, marquis de, *Du pouvoir royal avec la Charte, ou réponse à trois chapitres de l'ouvrage de M. le Vicomte de Chateaubriand*, Paris, Goulet, 1816, 61 p.

SALAMI Aboudou Ibrahim, *La protection de l'État de droit par les cours constitutionnelles africaines. Analyse comparative des cas béninois, ivoirien, sénégalais et togolais*, thèse dactylographiée, Université François Rabelais de Tours, 2005, 459 p.

SALDANHA Nelson Nogueira, *História das idéias políticas no Brasil*, Brasilia, Senado Federal, « Coleção Biblioteca Básica Brasileira », 2001, 384 p.

SANCHEZ GOMEZ José Manuel, *La Couronne dans le régime constitutionnel espagnol contemporain*, thèse dactylographiée, Université Nancy II, 2004, 422 p.

SARAIVA José Hermano, *Historia de Portugal*, 6e éd., Sintra, Publicaçoes Europa-América, « Biblioteca da historia », 2001, 593 p.

SARRANS JEUNE Bernard, *Louis-Philippe et la contre-révolution de 1830*, Paris, Thoisnier-Desplaces, 1834, 2 t.

SCANTIMBURGO Joao, de, *O poder moderator : história & teoria*, Sao Paulo, Livraria Pioneira, 1980, 268 p.

SCARPELLI Uberto, *Qu'est-ce que le positivisme juridique ?*, Paris et Bruxelles, LGDJ et Bruylant, « La pensée juridique », 1996, 107 p.

SCHAEFFER Benoît, *L'institution présidentielle dans les États d'Europe centrale et orientale*, thèse dactylographiée, Université de Nantes, 2010, 694 p.

SCHLESINGER Arthur Meier, *La Présidence impériale*, Paris, Puf, « XXe siècle », 1976, 561 p.

SCHMITT Carl, *Théorie de la Constitution*, Paris, Puf, « Quadrige », 2008, 576 p.

SCHMITT Carl, *Der Hüter der Verfassung*, 4e éd., Berlin, Duncker & Humblot, 1996, 159 p.

SCHMITT Carl, *Du politique. « Légalité et légitimité » et autres essais*, Puiseaux, Pardès, « Révolution conservatrice », 1990, 258 p.

SCHMITZ Julia, *La théorie de l'institution du doyen Maurice Hauriou*, Paris, L'Harmattan, « Logiques juridiques », 2013, 523 p.

SHUGART Matthew Søberg, CAREY John M., *Presidents and Assemblies. Constitutional Design and Electoral Dynamics*, Cambridge, CUP, 1992, 316 p.

SIEYÈS Emmanuel-Joseph, *Dire de l'abbé Sieyès sur la question du veto royal, à la séance du 7 septembre 1789*, Paris, chez Baudouin, 1789, 32 p.

SINDJOUN Luc, *Les grandes décisions de la justice constitutionnelle africaine. Droit constitutionnel jurisprudentiel et Politiques constitutionnelles au prisme des systèmes politiques africains*, Bruxelles, Bruylant, 2009, 598 p.

SMITH Adam, *Théorie des sentiments moraux* (1759), Paris, Puf, « Quadrige », 2011, 469 p.

SOUZA Braz Florentino Henriques, de, *Do poder moderator. Ensaio de direito constitucional contendo a analyse do Titulo V, Capitulo 1 da Constituição Política do Brazil*, Recife, Typographia universal, 1864, 597 p.

STAËL Germaine, de, *Des circonstances actuelles qui peuvent terminer la Révolution et des principes qui doivent fonder la République en France*, éd. établie par Lucia OMACINI, Paris et Genève, Droz, 1979, 477 p.

STECKEL Marie-Christine, *Le Conseil constitutionnel et l'alternance*, Paris, LGDJ, « BCSP », t. 106, 2002, 398 p.

STOLLEIS Michael, *Histoire du droit public en Allemagne. 1800-1914*, Paris, Dalloz, « Rivages du droit », 2014, 699 p.

STOLLEIS Michael, *Histoire du droit public en Allemagne. Droit public impérial et science de la police. 1600-1800*, Paris, Puf, « Fondements de la politique », 1998, 654 p.

STRAUSS Leo, *Droit naturel et histoire*, Paris, Flammarion, « Champs », 2008, 323 p.

SUPIOT Alain, *Homo juridicus. Essai sur la fonction anthropologique du Droit*, Paris, Éd. du Seuil, « Points », 2009, 334 p.

- T -

TABET Joy, *La faculté d'empêcher du chef de l'État en droit comparé*, thèse dactylographiée, Université de Poitiers, 2000, 2 vol., 812 p.

TARDIEU André, *La réforme de l'État. Les idées maîtresses de « L'heure de la décision »*, Paris, Flammarion, 1934, 142 p.

TEUBNER Gunther, *Le droit, un système autopoïetique*, Paris, Puf, « Les voies du droit », 1993, 296 p.

THIERS Adolphe, *Histoire du Consulat et de l'Empire*, Paris, Paulin, 1845, 20 t.

THONISSEN Jean Joseph, *Constitution belge annotée, offrant, sous chaque article, l'état de la doctrine, de la jurisprudence et de la législation*, Hasselt, P.-F. Milis, 1844, 349 p.

THY Ludovic, de, *L'écriture des lois constitutionnelles de 1875. La fondation de l'ordre constitutionnel de la IIIe République*, thèse dactylographiée, Université de Bourgogne, 2017, 411 p.

TIMSIT Gérard, *Archipel de la norme*, Paris, Puf, « Les voies du droit », 1997, 252 p.

TRAVERS Émeric, *Benjamin Constant. Les Principes et l'Histoire*, Paris, Honoré Champion, « Travaux et recherches de l'Institut Benjamin Constant », 2005, 659 p.

TROPER Michel, *Terminer la Révolution. La Constitution de 1795*, Paris, Fayard, « Histoire des constitutions de la France », 2006, 778 p.

TROPER Michel, *La séparation des pouvoirs et l'histoire constitutionnelle française*, Paris, LGDJ, 1973, 251 p.

TWOMEY Anne, *The Veiled Sceptre. Reserve Powers of Heads of State in Westminster Systems*, Cambridge, CUP, « Cambridge Studies in Constitutional Law », 2018, 876 p.

-V-

VALLET Élisabeth (dir.), *La présidence des États-Unis*, Sainte-Foy, PUQ, « Enjeux contemporains », 2005, 370 p.

VANDENPEEREBOOM Ernest, *Du gouvernement représentatif en Belgique (1831-1848)*, Bruxelles, Librairie polytechnique d'A. Decq, 1856, 2 t.

VELU Jacques, *La dissolution du Parlement. Étude sur les conditions de légalité constitutionnelle que doit remplir l'acte de dissolution*, Bruxelles, Bruylant, « Centre interuniversitaire de droit public », 1966, 702 p.

VILLÈLE Joseph, comte de, *Mémoires et correspondance du comte de Villèle*, 2e éd., Paris, Perrin et Cie, 1890, 5 t.

VINX Lars, *The guardian of the constitution. Hans Kelsen and Carl Schmitt on the limits of constitutional law*, Cambridge, CUP, « Cambridge studies in constitutional law », 2015, 279 p.

VOLTAIRE, *Mélanges*, éd. établie par Jacques VAN DEN HEUVEL, Paris, Gallimard, « Bibliothèque de la Pléiade », 1961, 1632 p.

- W -

WEBER Max, *La domination*, Paris, La Découverte, « Politique et sociétés », 2013, 427 p.

WIENER Norbert, *La cybernétique. Information et régulation dans le vivant et la machine* (1948), Paris, Éd. du Seuil, « Sources du savoir », 2014, 369 p.

WITTE Els, La construction de la Belgique (1828-1847), *in* DUMOULIN Michel *et al.* (dir.), *Nouvelle histoire de Belgique*, Bruxelles, Complexe, « Questions à l'Histoire », 2005, vol. 1, 216 p.

WOOD Gordon S., *The creation of the American Republic. 1776-1787*, Chapel Hill, University of North Carolina Press, 1969, 653 p.

- Y -

YENGO Patrice, *La guerre civile du Congo-Brazzaville (1993-2002). « Chacun aura sa part »*, Paris, Éd. Karthala, « Hommes et sociétés » 2006, 448 p.

- Z -

ZACHARIE Clémence, *Le Sénat du Consulat et de l'Empire. Contribution à l'étude du contrôle de constitutionnalité en France*, thèse dactylographiée, Université Paris II Panthéon-Assas, 2004, 532 p.

C. Articles et contributions à des ouvrages

- A -

AGUIAR Joaquim, « A história múltipla », *Análise Social*, 1996, n° 139, pp. 1235-1281.

AHADZI NONOU Koffi, « Contentieux électoral et Cours constitutionnelles en Afrique noire francophone », *Constitutions*, 2019/3, pp. 319-330.

AÏVO Frédéric Joël, « Le président de juridiction constitutionnelle. Portrait négro-africain », *RDP*, 2019, pp. 783-806.

AÏVO Frédéric Joël, « La Cour constitutionnelle du Bénin », *RFDC*, 2014/3 n° 99, pp. 715-740.

AKEREKORO Hilaire, « Lexique de contentieux constitutionnel », *ABJC*, 2013, pp. 729-731.

ALBERT Richard, « Presidential values in parliamentary democracies », *International Journal of Constitutional Law*, vol. 8, 2010/2, pp. 207-236.

ALTWEGG-BOUSSAC Manon, « La condamnation constitutionnelle du Président de la République par la Cour constitutionnelle sud-africaine », *Jus politicum*, 2017, n° 17, disponible sur http://juspoliticum.com/article/La-condamnation-constitutionnelle-du-President-de-la-Republique-par-la-Cour-constitutionnelle-sud-africaine-1145.html, consulté le 15 sept. 2019.

ANDREEV Svetlozar, « Semi-presidentialism in Bulgaria: the cyclical rise of informal powers and individual political ambitions in a "dual executive" », *in* ELGIE Robert, MOESTRUP Sophia (dir.), *Semi-presidentialism in Central and Eastern Europe*, Manchester, Manchester University Press, 2008, pp. 32-50.

ANTONETTI Guy, « Les monarchies constitutionnelles », *in* BERCÉ Yves-Marie (dir.), *Les monarchies*, Paris, Puf, « Histoire générale des systèmes politiques », 1997, pp. 387-470.

ARDANT Philippe, « L'article 5 et la fonction présidentielle », *Pouvoirs*, 1987/2 n° 41, pp. 37-62.

AROMATARIO Silvano, « La dérive des institutions vers un régime présidentiel », *RDP*, 2007, pp. 731-752.

ATANGANA AMOUGOU Jean-Louis, « La Cour constitutionnelle béninoise : un modèle de justice constitutionnelle en Afrique ? », *in La Constitution béninoise du 11 décembre 1990 : un modèle pour l'Afrique ? Mélanges en l'honneur de Maurice Ahanhanzo-Glélé*, Paris, L'Harmattan, « Études Africaines », 2014, pp. 647-660.

AUTIN Jean-Louis, « Réflexions sur l'usage de la régulation en droit public », *in* MIAILLE Michel (dir.), *La régulation entre droit et politique*, Paris, L'Harmattan, « Logiques juridiques », 1995, pp. 43-55.

AVRIL Pierre, « Penser le droit politique (suite) », *Jus politicum*, « Actualités », déc. 2018, disponible sur http://juspoliticum.com/article/Penser-le-droit-politique-suite-1268.html, consulté le 15 sept. 2019.

AVRIL Pierre, « Penser le droit politique », *Jus politicum*, « Actualités », nov. 2018, disponible sur http://juspoliticum.com/article/Penser-le-droit-politique-1264.html, consulté le 15 sept. 2019.

AVRIL Pierre, « Les avatars de la "monarchie républicaine" » (2003), reproduit *in Écrits de théorie constitutionnelle et de droit politique*, Paris, Éd. Panthéon-Assas, « Les introuvables », 2010, pp. 281-291.

AVRIL Pierre, « Les “conventions de la Constitution” », *RFDC*, 1993/2 n° 14, pp. 327-340.

- B -

BACOT Guillaume, « Les Idéologues et le groupe de Coppet », *RFHIP*, 2003/2 n° 18, pp. 227-231.

BAHDON Mohamed A., « Fonctions et rôles de la justice constitutionnelle. Étude du Conseil constitutionnel djiboutien », *RFDC*, 2015/1 n° 101, pp. 1-27.

BALBONI Enzo, « Évolutions manifestes et latentes de la fonction présidentielle en Italie », *in* MOREL Laurence (dir.), *L'Italie en transition. Recul des partis et activation de la fonction présidentielle*, Paris, L'Harmattan, « Logiques politiques », 1997, pp. 59-87.

BANKOUNDA-MPELE Félix, « Repenser le président africain », *VIIe Congrès français de droit constitutionnel*, Paris, AFDC, 2008.

BARANGER Denis, « Quand et pourquoi peut-on raisonner en terme de conflit constitutionnel ? », *in* HUMMEL Jacky (dir.), *Les conflits constitutionnels. Le droit constitutionnel à l'épreuve de l'histoire et du politique*, Rennes, PUR, « L'Univers des Normes », 2010, pp. 167-175.

BARANGER Denis, « Le dépérissement de la pensée institutionnelle sous la Ve République », *Droits*, 2006/2 n° 44, pp. 33-50.

BARBERIS Mauro, « Idéologies de la constitution – Histoire du constitutionnalisme », *in* TROPER Michel, CHAGNOLLAUD Dominique (dir.), *Traité international de droit constitutionnel*, Paris, Dalloz, « Traités Dalloz », 2012, t. 1, pp. 113-141.

BARBERIS Mauro, « La séparation des pouvoirs », *in* TROPER Michel, CHAGNOLLAUD Dominique (dir.), *Traité international de droit constitutionnel*, Paris, Dalloz, « Traités Dalloz », 2012, t. 1, pp. 705-732.

BAUME Sandrine, « De l'usage des pouvoirs neutres », *Pouvoirs*, 2012/4 n° 143, pp. 17-27.

BAUMERT Renaud, « Carl Schmitt contre le parlementarisme weimarien. Quatorze ans de rhétorique réactionnaire », *RFSP*, 58e année, 2008/1, pp. 5-37.

BEAUD Olivier, « Préface : Carl Schmitt ou le juriste engagé », *in* SCHMITT Carl, *Théorie de la Constitution*, Paris, Puf, « Quadrige », 2008, pp. 5-113.

BEAUD Olivier, « Kelsen contre Schmitt : un dialogue de sourds ? », *in* BEAUD Olivier, PASQUINO Pasquale (dir.), *La controverse sur « le gardien de la Constitution » et la justice constitutionnelle. Kelsen contre Schmitt*, Paris, Éd. Panthéon-Assas, « Colloques », 2007, pp. 197-207.

BEDOCK Camille, « Du *mattarellum* au *porcellum* : une comparaison des réformes électorales de 1993 et 2005 en Italie », *Pôle Sud*, 2011/1 n° 34, pp. 27-44.

BEIGNIER Bernard, PASTOR VILANOVA Père, « Les deux visages du président de la République en Andorre : prince et président », *in Le pouvoir, mythes et réalité. Mélanges en hommage à Henry Roussillon*, Toulouse, Presses de l'Université Toulouse 1 Capitole, 2014, t. 1, pp. 79-103.

BEN ACHOUR Rafâa, « La Constitution tunisienne du 27 janvier 2014 », *RFDC*, 2014/4 n° 100, pp. 783-801.

BENETTI Julie, « Le mythe de la sixième République », *Pouvoirs*, 2018/3 n° 166, pp. 139-145.

BÉNOIT Francis-Paul, « Notions et concepts, instrument de la connaissance juridique. Les leçons de la *Philosophie du droit* de Hegel », *in Mélanges en l'honneur du professeur Gustave Peiser. Droit public*, Grenoble, PUG, 1995, pp. 23-38.

BERLIA Georges, « La présidence de la République, magistrature morale du régime », *RDP*, 1948, pp. 50-58.

BIOY Xavier, « Notions et concepts en droit : interrogations sur l'intérêt d'une distinction… », *in* TUSSEAU Guillaume (dir.), *Les notions juridiques*, Paris, Economica, « Études juridiques », 2009, pp. 21-53.

BLANC Félix, « Le concours des pouvoirs aux origines du régime constitutionnel en France et aux États-Unis », *Jus politicum*, 2017, n° 18, disponible sur http://juspoliticum.com/article/Le-concours-des-pouvoirs-aux-origines-du-regime-constitutionnel-en-France-et-aux-Etats-Unis-1166.html, consulté le 15 sept. 2019.

BLOQUET Sylvain, « Les sources manuscrites de la Constitution de l'an VIII », *Jus politicum*, 2019, n° 22, disponible sur http://juspoliticum.com/article/Les-sources-manuscrites-de-la-Constitution-de-l-an-VIII-1283.html, consulté le 15 sept. 2019.

BOCIURKIW Bohdan Rostyslav, « The Problem of Succession in the Soviet Political System: The Case of Khrushchev », *Canadian Journal of Economics and Political Science*, nov. 1960, pp. 575-591.

BOIS de GAUDUSSON Jean, du, « Défense et illustration du constitutionnalisme en Afrique après quinze ans de pratique du pouvoir », *in Renouveau du droit constitutionnel. Mélanges en l'honneur de Louis Favoreu*, Paris, Dalloz, 2007, pp. 609-627.

BOIS de GAUDUSSON Jean, du, « Quel statut constitutionnel pour le chef d'État en Afrique ? », *in Le nouveau constitutionnalisme. Mélanges en l'honneur de Gérard Conac*, Paris, Economica, 2001, pp. 329-337.

BOIS de GAUDUSSON Jean, du, « Point d'actualité sur les modalités de production du droit constitutionnel dans les États africains francophones », *in Mélanges Patrice Gélard. Droit constitutionnel*, Paris, Montchrestien, 1999, pp. 341-346.

BOIS de GAUDUSSON Jean, du, « Les solutions constitutionnelles des conflits politiques », *Afrique contemporaine*, 1996, n° 180, pp. 250-256.

BOUDON Julien, « Brèves réflexions sur la "dyarchie" de l'exécutif en France », *Droits*, 2016/1 n° 63, pp. 215-224.

BOUDON Julien, « La séparation des pouvoirs aux États-Unis », *Pouvoirs*, 2012/4 n° 143, pp. 113-122.

BOUDON Julien, « Les impasses constitutionnelles aux États-Unis. L'exemple du conflit budgétaire en 1995-1996 », *in* HUMMEL Jacky (dir.), *Les conflits constitutionnels. Le droit constitutionnel à l'épreuve de l'histoire et du politique*, Rennes, PUR, « L'Univers des Normes », 2010, pp. 79-98.

BOUDON Julien, « Le mauvais usage des spectres. La séparation "rigide" des pouvoirs », *RFDC*, 2009/2 n° 78, pp. 247-267.

BONAVIDES Paulo, « O Poder Moderador na Constituição do Império », *Revista de informação legislativa*, vol. 11, 1974/1 n° 41, pp. 27-32.

BRAZIER Rodney, « Monarchy and the personal prerogatives: a personal response to Professor Blackburn », *Public Law*, printemps 2005, pp. 45-47.

BROGLIE Albert, duc de, « Mémoires (III) – L'avènement de la République (II) », *Revue des Deux Mondes*, 1er déc. 1929, pp. 558-595.

BRUNET Pierre, « Regard sceptique sur la nécessité de l'élection présidentielle », *in* LE POURHIET Anne-Marie (dir.), *La désignation du chef de l'État. Regards croisés dans le temps et l'espace*, Clermont-Ferrand, Fondation Varenne et LGDJ, « Colloques et essais », 2012, pp. 187-200.

BUJADOUX Jean-Félix, de, « Aux sources de la pensée constitutionnelle du général de Gaulle », *Espoir*, 2017, n° 186, pp. 15-33.

BURDEAU François, MORABITO Marcel, « Les expériences étrangères et la première constitution française », *Pouvoirs*, 1989/3 n° 50, pp. 97-112.

BURDEAU Georges, « La conception du pouvoir selon la Constitution du 4 octobre 1958 », *RFSP*, 9e année, 1959/1, pp. 87-100.

- C -

CADOUX Charles, « Semi-presidentialism in Madagascar », *in* ELGIE Robert, MOESTRUP Sophia (dir.), *Semi-presidentialism outside Europe: a comparative study*, Londres, Routledge, « Routledge research in comparative politics », 2007, pp. 92-104.

CAITUCOLI-WIRTH Marie-Hélène, « La vertu des institutions : l'héritage méconnu de Sieyès et de Constant », *Histoire@Politique*, 2012/1 n° 16, disponible sur http://histoire-politique.fr/documents/16/autresArticles/pdf/HP16_Varia_CaitucoliWirth_DEF.pdf, consulté le 15 sept 2019.

CALAIS-AULOY Marie-Thérèse, « Du discours et des notions juridiques (notions fonctionnelles et notions conceptuelles) », *LPA*, 9 août 1999, n° 157, pp. 4-6.

CAMBY Jean-Pierre, « La nomination des membres du Conseil constitutionnel ou la liberté absolue de choisir », *RDP*, 1999, pp. 1573-1583.

CANELAS RAPAZ Paulo José, « Le Portugal, un régime semi-présidentiel ? », *Xe Congrès de l'AFSP*, Grenoble, 2009.

CANELAS RAPAZ Paulo José, « Le Président de la République portugaise, un pouvoir "neutre" ? », *VIIe Congrès français de droit constitutionnel*, Paris, AFDC, 2008.

CAPITANT René, « La réforme du parlementarisme », reproduit *in Écrits d'entre-deux-guerres (1928-1940)*, éd. établie par Olivier BEAUD, Paris, Éd. Panthéon-Assas, « Les introuvables », 2004, pp. 325-342.

CAPITANT René, « Le rôle politique du président du Reich » (1932), reproduit *in Écrits constitutionnels*, Paris, CNRS, 1982, pp. 435-445.

CAPITANT René, « Préface », *in* HAMON Léo, *De Gaulle dans la République*, Paris, Plon, « Tribune libre », 1958, pp. I-XXIV.

CARIUS Manuel, « Le "cochon à l'engrais". À propos du Grand-électeur dans le projet de Constitution présenté par Sieyès en 1799 (an VIII) », *RFDC*, 2005/2 n° 62, pp. 227-256.

CARPENTIER Élise, « L'organe, l'acte et le conflit constitutionnels », *AIJC*, 2004, n° 20, pp. 57-91.

CASTANO Catherine, « La construction de l'institution présidentielle dans les pays de l'Est (Bulgarie, Hongrie, Pologne, Roumanie, Tchécoslovaquie) », *RDP*, 1993, pp. 1643-1670.

CHAMPEIL-DESPLATS Véronique, TROPER Michel, « Introduction », *in* TROPER Michel, CHAMPEIL-DESPLATS Véronique, GRZEGORCZYK Christophe (dir.), *Théorie des contraintes juridiques*, Paris, LGDJ, « La pensée juridique », 2005, pp. 1-7.

CHAMPEIL-DESPLATS Véronique, TROPER Michel, « Proposition pour une théorie des contraintes juridiques », *in* TROPER Michel, CHAMPEIL-DESPLATS Véronique, GRZEGORCZYK Christophe (dir.), *Théorie des contraintes juridiques*, Paris, LGDJ, « La pensée juridique », 2005, pp. 11-23.

CHEVALIER François, CHAZELAS Jean, « Le Brésil différent : un héritage original de la Révolution française », *Cahiers des Amériques latines*, 1990, n° 10, pp. 205-223.

CHEVALLIER Jacques, « Autorités administratives indépendantes et État de droit », *Civitas Europa*, 2016/2 n° 37, pp. 143-154.

CHEVALLIER Jacques, « Pour une sociologie du droit constitutionnel », *in L'architecture du droit. Mélanges en l'honneur de Michel Troper*, Paris, Economica, 2006, pp. 281-297.

CHEVALLIER Jacques, « L'État régulateur », *RFAP*, 2004/3 n° 111, pp. 473-482.

CHEVALLIER Jacques, « Doctrine juridique et science juridique », *Droit et société*, 2002/1 n° 50, pp. 103-119.

CHEVALLIER Jacques, « Droit constitutionnel et institutions politiques : les mésaventures d'un couple fusionnel », *in Mélanges Pierre Avril. La République*, Paris, Montchrestien, 2001, pp. 183-199.

CHEVALLIER Jacques, « La régulation juridique en question », *Droit et société*, 2001/3 n° 49, pp. 827-848.

CHEVALLIER Jacques, « De quelques usages du concept de régulation », *in* MIAILLE Michel (dir.), *La régulation entre droit et politique*, Paris, L'Harmattan, « Logiques juridiques », 1995, pp. 71-93.

COHENDET Marie-Anne, « L'arbitrage du président de la République », *APD*, 2009, t. 52, pp. 15-55.

COHENDET Marie-Anne, « Le système de variables déterminantes », *in Mélanges en l'honneur de Jean Gicquel. Constitutions et pouvoirs*, Paris, Montchrestien, 2008, pp. 119-134.

COHENDET Marie-Anne, « La classification des régimes, un outil pertinent dans une conception instrumentale du droit constitutionnel », *in L'architecture du droit. Mélanges en l'honneur de Michel Troper*, Paris, Economica, 2006, pp. 299-314.

COLLET Martin, « Valeur(s) de la régulation », *in Mélanges en l'honneur de Jacqueline Morand-Deviller. Confluences*, Paris, Montchrestien, 2007, pp. 241-253.

COLLIARD Jean-Claude, « Sur le qualificatif de "semi-présidentiel" », *in Mélanges Patrice Gélard. Droit constitutionnel*, Paris, Montchrestien, 1999, pp. 229-234.

COLLIARD Jean-Claude, « La désignation du Premier ministre en régime parlementaire », *in Mélanges offerts à Georges Burdeau. Le Pouvoir*, Paris, LGDJ, 1977, pp. 87-114.

COMMAILLE Jacques, JOBERT Bruno, « La régulation politique : l'émergence d'un nouveau régime de connaissance ? », *in* COMMAILLE Jacques, JOBERT Bruno (dir.), *Les métamorphoses de la régulation politique*, Paris, LGDJ, « Droit et société », vol. 24, 1998, pp. 11-32.

CONAC Gérard, « Semi-presidentialism in a francophone context », *in* ELGIE Robert, MOESTRUP Sophia (dir.), *Semi-presidentialism outside Europe: a comparative study*, Londres, Routledge, « Routledge research in comparative politics », 2007, pp. 78-91.

CONAC Gérard, « Le juge constitutionnel en Afrique, censeur ou pédagogue ? », *in* CONAC Gérard (dir.), *Les cours suprêmes en Afrique*, Paris, Economica, 1989, t. 2, pp. VI-XVI.

CONAC Gérard, « Portrait du chef d'État », *Pouvoirs*, 1983/2 n° 25, pp. 121-130.

CONTE Francis, « La Constitution soviétique de 1977 face à l'opinion publique russe », *in* SEURIN Jean-Louis (dir.), *Le Constitutionnalisme aujourd'hui*, Paris, Economica, « Politique Comparée », 1984, pp. 181-185.

CROUZATIER Jean-Marie, « Judiciarisation du pouvoir et politisation du pouvoir judiciaire : le constitutionnalisme thaïlandais à l'épreuve », *in Le pouvoir, mythes et réalité. Mélanges en hommage à Henry Roussillon*, Toulouse, Presses de l'Université Toulouse 1 Capitole, 2014, t. 2, pp. 827-842.

- D -

DAKO Simon, « La résolution juridictionnelle des conflits entre le gouvernement et le parlement au Bénin », *in La Constitution béninoise du 11 décembre 1990 : un modèle pour l'Afrique ? Mélanges en l'honneur de Maurice Ahanhanzo-Glélé*, Paris, L'Harmattan, « Études Africaines », 2014, pp. 327-366.

DARGENT Fleur, « Les échecs du mimétisme constitutionnel en Afrique noire francophone », *RDP*, 2017, pp. 1347-1373.

DAVID Franck, « Le Président de la République, garant de la cohésion sociale », *RFDC*, 2004/3 n° 59, pp. 533-566.

DE VEGA Pedro, « El poder moderator », *Revista de Estudios Politicos*, 2002, n° 116, pp. 7-24.

DELPÉRÉE Francis, « Préface », *in* LE POURHIET Anne-Marie (dir.), *La désignation du chef de l'État. Regards croisés dans le temps et l'espace*, Clermont-Ferrand, Fondation Varenne et LGDJ, « Colloques et essais », 2012, pp. 11-17.

DELPÉRÉE Francis, « La responsabilité du chef de l'État. Brèves observations comparatives », *RFDC*, 2002/1 n° 49, pp. 31-41.

DELPÉRÉE Francis, RASSON-ROLAND Anne, « La Cour d'arbitrage belge », *AIJC*, 1988, n° 4, pp. 67-77.

DELVOLVÉ Pierre, « Le Conseil d'État, régulateur de l'ordre juridictionnel administratif », *in Juger l'administration, administrer la justice. Mélanges en l'honneur de Daniel Labetoulle*, Paris, Dalloz, 2007, pp. 259-271.

DELZANGLES Hubert, « L'indépendance des autorités administratives indépendantes chargées de réguler des marchés de services publics : éléments de droit comparé et européen », *Droit et Société*, 2016/2 n° 93, pp. 297-316.

DEMELEMESTRE Gaëlle, « La pensée processuelle de Carl Joachim Friedrich : une conceptualisation dynamique de l'institution politique », *Jus politicum*, 2012, n° 7, disponible sur http://juspoliticum.com/article/La-pensee-processuelle-de-Carl-Joachim-Friedrich-466.html, consulté le 15 sept. 2019.

DERYCKE Marc, DUTRAIT François, « Autorité : retour aux sources », *Le Télémaque*, 2009/1 n° 35, pp. 113-136.

DEZOBRY Guillaume, « L'indépendance des autorités de régulation économique à l'égard des opérateurs régulés », *RFAP*, 2012/3 n° 143, pp. 645-654.

DIAKHATE Meïssa, « Les ambiguïtés de la juridiction constitutionnelle dans les États de l'Afrique noire francophone », *RDP*, 2015, pp. 785-828.

DINIZ GUEDES Thomaz, « Le pouvoir modérateur dans la Constitution brésilienne de 1824 », *Annales Benjamin Constant*, 2000, n° 23-24, pp. 235-246.

DIOMPY Abraham Hervé, « Les dynamiques récentes de la justice constitutionnelle en Afrique francophone », *Afrilex*, févr. 2014, disponible sur http://afrilex.u-bordeaux4.fr/les-dynamiques-recentes-de-la.html, consulté le 15 sept. 2019.

DOEHRING Karl, « Der "Pouvoir neutre" und das Grundgesetz », *Der Staat*, 1964/2, vol. 3, pp. 201-219.

DONNARUMMA Maria Rosaria, « Le régime semi-présidentiel. Une anomalie française », *RFDC*, 2013/1 n° 93, pp. 37-66.

DOSSO Karim, « Les pratiques constitutionnelles dans les pays d'Afrique noire francophone : cohérences et incohérences », *RFDC*, 2012/2 n° 90, supplément électronique, pp. e57-e85.

DOSSOU Robert, « La fonction régulatrice des juridictions constitutionnelles africaines : cas du Bénin », *in La Constitution béninoise du 11 décembre 1990 : un modèle pour l'Afrique ? Mélanges en l'honneur de Maurice Ahanhanzo-Glélé*, Paris, L'Harmattan, « Études Africaines », 2014, pp. 729-734.

DRAGO Roland, « L'article 32 de la Constitution du 27 octobre 1946 », *RDP*, 1953, pp. 157-169.

DUHAMEL Olivier, « Macron ou l'illusion de la république gaullienne », *Pouvoirs*, 2018/3 n° 166, pp. 5-12.

DUHAMEL Olivier, « Une démocratie à part », *Pouvoirs*, 2008/3 n° 126, pp. 17-26.

DUHAMEL Olivier, « Remarques sur la notion de régime semi-présidentiel », *in Droit, institutions et systèmes politiques. Mélanges en hommage à Maurice Duverger*, Paris, Puf, 1987, pp. 581-590.

DUNOYER Charles, « De la royauté, ou de la première magistrature de l'État dans une monarchie constitutionnelle », *Le Censeur, ou examen des actes et des ouvrages qui tendent à détruire ou à consolider la constitution de l'État*, 1815, t. 5, pp. 24-60.

DUVERGER Maurice, « Les monarchies républicaines », *Pouvoirs*, 1996/3 n° 78, pp. 107-120.

- E -

ECKERT Gabriel, « L'indépendance des autorités de régulation économique à l'égard du pouvoir politique », *RFAP*, 2012/3 n° 143, pp. 629-643.

EISENMANN Charles, « La théorie des fonctions de l'État chez Carré de Malberg » (1966), reproduit *in* EISENMANN Charles, *Écrits de théorie du droit, de droit constitutionnel et d'idées politiques*, éd. établie par Charles LEBEN, Paris, Éd. Panthéon-Assas, « Droit public », 2002, pp. 221-236.

EISENMANN Charles, « Les fonctions de l'État » (1964), reproduit *in* EINSENMANN Charles, *Écrits de théorie du droit, de droit constitutionnel et d'idées politiques*, éd. établie par Charles LEBEN, Paris, Éd. Panthéon-Assas, « Droit public », 2002, pp. 183-220.

EISENMANN Charles, « La pensée constitutionnelle de Montesquieu », *in* MIRKINE-GUETZÉVITCH Boris, PUGET Henri (dir.), *Bicentenaire de l'Esprit des lois, 1748-1948. Montesquieu : sa pensée politique et constitutionnelle*, Paris, Recueil Sirey, « Travaux et recherches de l'Institut de droit comparé de l'Université de Paris », 1952, pp. 133-160.

ELGIE Robert, MOESTRUP Sophia, « The impact of semi-presidentialism on the performance of democracy in Central and Eastern Europe », *in* ELGIE Robert, MOESTRUP Sophia (dir.), *Semi-presidentialism in Central and Eastern Europe*, Manchester, Manchester University Press, 2008, pp. 239-257.

ELGIE Robert, McMENAMIN Iain, « Explaining the Onset of Cohabitation Under Semi-presidentialism », *Political Studies*, 2011, disponible sur http://doras.dcu.ie/20745/1/Explaining_the_onset_of_cohabitation_PS.pdf, consulté le 15 sept. 2019.

- F -

FAVOREU Louis, « De la démocratie à l'État de droit », *Le Débat*, 1991/2 n° 64, pp. 154-158.

FAVOREU Louis, « Crise du juge et contentieux constitutionnel en droit français », *in* LENOBLE Jacques (dir.), *La crise du juge*, Bruxelles et Paris, Story-Scienta et LGDJ, « La Pensée juridique moderne », 1990, pp. 61-84.

FAVOREU Louis, « Le Conseil constitutionnel régulateur de l'activité normative des pouvoirs publics », *RDP*, 1967, pp. 5-120.

FELDMAN Jean-Philippe, « La séparation des pouvoirs et le constitutionnalisme. Mythes et réalités d'une doctrine et de ses critiques », *RFDC*, 2010/3 n° 83, pp. 483-496.

FELDMAN Jean-Philippe, « Le constitutionnalisme selon Benjamin Constant », *RFDC*, 2008/4 n° 76, pp. 675-702.

FERREIRA Oscar, « De l'introduction du vocabulaire de la régulation dans le domaine du droit et de son utilisation contemporaine », *RRJ*, 2017/2 n° 167, pp. 453-482.

FERREIRA Oscar, « Le Roi "dans" la Charte de 1814. Prisons imaginaires », *Jus politicum*, 2014, n° 13, disponible sur http://juspoliticum.com/article/Le-Roi-dans-la-Charte-de-1814-Prisons-imaginaires-919.html, consulté le 15 sept. 2019.

FERREIRA Oscar, « Un Sieyès rouge ? Regards sur le système politique de Silvestre Pinheiro Ferreira », *RRJ*, 2013/1 n° 146, pp. 91-131.

FERREIRA Oscar, « L'élection au suffrage direct du Président au Portugal : renforcer *et* contenir le pouvoir modérateur en République (1911-2011) », *in* LE POURHIET Anne-Marie (dir.), *La désignation du chef de l'État. Regards croisés dans le temps et l'espace*, Clermont-Ferrand, Fondation Varenne et LGDJ, « Colloques et essais », 2012, pp. 117-161.

FERREIRA Oscar, « Le pouvoir modérateur dans la constitution brésilienne de 1824 et la charte constitutionnelle portugaise de 1826 : les influences de Benjamin Constant ou de Lanjuinais ? », *RFDC*, 2012/1 n° 89, supplément électronique, pp. e1-e40.

FIÉVÉE Joseph, « Du Directoire et du Ministère en 1815 », *Le Conservateur*, Paris, Le Normant, 1819, t. 4, pp. 21-32.

FIORAVANTI Marco, « Sieyès et le jury constitutionnaire : perspectives historico-juridiques », *Annales historiques de la Révolution française*, 2007/3 n° 349, pp. 92-95.

FOURMONT Alexis, « La nouvelle loi électorale fédérale allemande », *Jus politicum*, 2013, n° 11, disponible sur http://juspoliticum.com/article/La-nouvelle-loi-electorale-federale-allemande-836.html, consulté le 15 sept. 2019.

FOURMONT Alexis, « Le problème de la loi électorale en Allemagne », *Jus politicum*, 2013, n° 9, disponible sur http://juspoliticum.com/article/Le-probleme-de-la-loi-electorale-en-Allemagne-657.html, consulté le 15 sept. 2019.

FRANÇOIS Étienne, « La Cour constitutionnelle fédérale et la culture juridique allemande », *Le Débat*, 2012/1 n° 168, pp. 81-90.

FRIER Paul-Laurent, « La régulation comme fonction : propos introductifs », *in* MARCOU Gérard, MODERNE Franck (dir.), *Droit de la régulation, service public et intégration régionale*, Paris, L'Harmattan, « Logiques juridiques », 2005, t. 1, pp. 67-69.

FRIESENHAHN Ernst, « Über Begriff und Arten der Rechtsprechung unter besonderer Berücksichtigung der Staatsgerichtsbarkeit nach dem Grundgesetz und den westdeutschen Landesverfassungen », *in Festschrift für Richard Thoma*, Tübingen, J.C.B. Mohr (Paul Siebeck), 1950, pp. 21-69.

FRISON-ROCHE François, « Dissiper les ambiguïtés. Un Président élu au suffrage universel pour quoi faire ? », *Est Europa*, 2013, pp. 173-176.

FRISON-ROCHE François, « Semi-presidentialism in a post-communist context », *in* ELGIE Robert, MOESTRUP Sophia (dir.), *Semi-presidentialism outside Europe: a comparative study*, Londres, Routledge, « Routledge research in comparative politics », 2007, pp. 56-77.

FRISON-ROCHE François, « Le modèle semi-présidentiel dans les pays post-communistes », *Revue d'études politiques et constitutionnelles est-européennes*, 2006, n° spécial, pp. 123-146.

FRISON-ROCHE François, « La Présidence de la République en Finlande et la nature du régime », *in Droit, institutions et systèmes politiques. Mélanges en hommage à Maurice Duverger*, Paris, Puf, 1987, pp. 101-113.

FROMONT Michel, « Le constitutionnalisme allemand », *Pouvoirs*, 1993/3 n° 66, pp. 5-20.

FUMALORI Véronique, « Neutralité du pouvoir ou pouvoir neutre du chef de l'État en Italie », *in Liber Amicorum Jean-Claude Escarras. La communicabilité entre les systèmes juridiques*, Bruxelles, Bruylant, 2005, pp. 461-497.

- G -

GALLAGHER Tom, ANDRIEVICI Viorel, « Romania: political irresponsibility without constitutional safeguards », *in* ELGIE Robert, MOESTRUP Sophia (dir.), *Semi-presidentialism in Central and Eastern Europe*, Manchester, Manchester University Press, 2008, pp. 138-158.

GARCIA AMADO Juan Antonio, « Introduction à l'œuvre de Niklas Luhmann », *Droit et société*, 1989, n° 11-12, pp. 15-52.

GARRIGUE-VIEUVILLE Marion, « Le rôle des cours constitutionnelles dans la construction institutionnelle des régimes postcommunistes européens : l'exemple du chef de l'État », *VIIe Congrès français de droit constitutionnel*, Paris, AFDC, 2008.

GAUCHET Marcel, « Des deux corps du roi au pouvoir sans corps. Christianisme et politique », *Le Débat*, 1984/7 n° 14, pp. 133-157.

GENEVOIS Bruno, « L'influence du Conseil constitutionnel », *Pouvoirs*, 1989/2 n° 49, pp. 47-56.

GEORGEL Jacques, « La crise politique de 1978 au Portugal », *RDP*, 1979, pp. 425-463.

GESLIN Albane, « Organisations internationales *versus* groupes : quels modes de régulation des crises ? », *in* ÉCHINARD Yann, LABONDANCE Fabien (dir.), *La crise dans tous ses états*, Grenoble, PUG, « L'économie en plus », 2011, pp. 113-121.

GESLIN Albane, « Le champ de la régulation », *RFDA*, 2010/4, pp. 731-734.

GIACONE Alessandro, « L'élection et les pouvoirs du Président de la République italienne : le débat à l'Assemblée constituante », *in* LE POURHIET Anne-Marie (dir.), *La désignation du chef de l'État. Regards croisés dans le temps et l'espace*, Clermont-Ferrand, Fondation Varenne et LGDJ, « Colloques et essais », 2012, pp. 103-116.

GICQUEL Jean, « Réflexions sur la régulation juridictionnelle en Afrique francophone », *in Mélanges en l'honneur du Professeur Jean Rossetto*, Issy-les-Moulineaux, LGDJ-Lextenso, 2016, pp. 57-63.

GICQUEL Jean, « Préface », *in* BARBAROUSSIS Nicolas, *La fonction régulatrice du président de la Troisième République hellénique*, Paris, LGDJ, « BCSP », t. 97, 2000, pp. IX-XI.

GICQUEL Jean-Éric, « Équilibres et déséquilibres sous la Ve République », *RFDC*, 2015/2 n° 102, pp. 265-276.

GICQUEL Jean-Éric, « 1958-1962 : L'hésitation en France », *in* LE POURHIET Anne-Marie (dir.), *La désignation du chef de l'État. Regards croisés dans le temps et l'espace*, Clermont-Ferrand, Fondation Varenne et LGDJ, « Colloques et essais », 2012, pp. 87-99.

GICQUEL Jean-Éric, « Les conflits constitutionnels sous la Ve République », *in* HUMMEL Jacky (dir.), *Les conflits constitutionnels. Le droit constitutionnel à l'épreuve de l'histoire et du politique*, Rennes, PUR, « L'Univers des Normes », 2010, pp. 147-165.

GILISSEN John, « La Constitution belge de 1831 : ses sources, son influence », *Res publica*, vol. 10, 1968, n° spécial, pp. 107-141.

GOSSELIN André, « La notion de problématique en sciences sociales », *Communication. Information Médias Théories*, 1994/2, vol. 15, pp. 118-143.

GREWE Constance, « Le contrôle de constitutionnalité des lois en Allemagne. Quelques comparaisons avec le système français », *Pouvoirs*, 2011/2 n° 137, pp. 143-154.

GUSY Christoph, « Juge constitutionnel et "gardien de la Constitution" », *in* GREWE Constance, JOUANJAN Olivier, MAULIN Éric, WACHSMANN Patrick (dir.), *La notion de « justice constitutionnelle »*, Paris, Dalloz, « Thèmes et commentaires », 2005, pp. 161-172.

GUYON René, « La Constitution brésilienne de 1824 », *RDP*, 1897, pp. 441-448.

- H -

HAMON Léo, « Préface », *in* PANTÉLIS Antoine, *Les grands problèmes de la nouvelle constitution hellénique*, Paris, LGDJ, « BCSP », t. 64, 1979, pp. 9-16.

HAURIOU André, « Recherches sur une problématique et une méthodologie applicables à l'analyse des institutions politiques », *RDP*, 1971, pp. 305-352.

HAUUY Cédric, « Le président de la République, vu par la doctrine publiciste, sous la IIIe République », *RFDC*, 2013/1 n° 93, pp. 67-82.

HERBOUVILLE Charles Joseph Fortuné, marquis d', « Les ministres sont-ils le Gouvernement ? », *Le Conservateur*, Paris, Le Normant, 1819, t. 5, pp. 253-271.

HERDEGEN Matthias, « Verfassungsgerichtsbarkeit als *pouvoir neutre* », *ZaöRV*, 2009, n° 69, pp. 257-266.

HERRERO DE MINON Miguel, « Les sources étrangères de la Constitution », *Pouvoirs,* 1979/1 n° 8, pp. 97-107.

HOKE Rudolf, « Verfassungsgerichtsbarkeit in den deutschen Ländern in der Tradition der deutschen Staatsgerichtsbarkeit », *in* STARCK Christian, STERN Klaus (dir.), *Landesverfassungsgerichtsbarkeit*, Baden-Baden, Nomos, 1983, vol. 1, pp. 25-102.

HOLO Théodore, « Émergence de la justice constitutionnelle », *Pouvoirs*, 2009/2 n° 129, pp. 101-114.

HOMBRES Emmanuel, d', « Régulation par qui ? Régulation de quoi ? », *Raisons politiques*, 2007/4 n° 28, pp. 127-151.

HOURQUEBIE Fabrice, « La constitution du Bénin et la théorie des contre-pouvoirs », *in La Constitution béninoise du 11 décembre 1990 : un modèle pour l'Afrique ? Mélanges en l'honneur de Maurice Ahanhanzo-Glélé*, Paris, L'Harmattan, « Études Africaines », 2014, pp. 367-379.

HOWARD Dick, « La conception mécaniste de la constitution », *in* TROPER Michel, JAUME Lucien (dir.), *1789 et l'invention de la constitution*, Paris, LGDJ, « La pensée juridique moderne », 1994, pp. 155-173.

HUMMEL Jacky, « Les figures weimariennes d'un "monarque élu". Sur la désignation populaire du Président du Reich (1919-1933) », *in*

LE POURHIET Anne-Marie (dir.), *La désignation du chef de l'État. Regards croisés dans le temps et l'espace*, Clermont-Ferrand, Fondation Varenne et LGDJ, « Colloques et essais », 2012, pp. 63-85.

HUMMEL Jacky, « Les conflits constitutionnels. Définition(s) d'un objet d'étude », *in* HUMMEL Jacky (dir.), *Les conflits constitutionnels. Le droit constitutionnel à l'épreuve de l'histoire et du politique*, Rennes, PUR, « L'Univers des Normes », 2010, pp. 9-30.

HUMMEL Jacky, « Le conflit constitutionnel prussien de 1862-1866 et la crise du Seize-Mai. Regards croisés », *in* HUMMEL Jacky (dir.), *Les conflits constitutionnels. Le droit constitutionnel à l'épreuve de l'histoire et du politique*, Rennes, PUR, « L'Univers des Normes », 2010, pp. 59-77.

HUMMEL Jacky, « Convergences et discordances des discours libéraux allemand et français (1815-1848) », *RFHIP*, 2006/2 n° 24, pp. 233-253.

HUSSER Anne-Claire, « L'autorité », *Le Télémaque*, 2013/1 n° 43, pp. 15-30.

- J -

JACOUTY Jean-François, « Tradition et modernité dans la pensée politique de Royer-Collard », *RFHIP*, 2008/1 n° 27, pp. 75-109.

JAL Paul, « *Pax civilis – Concordia* », *Revue d'études latines*, 1961, n° 39, pp. 210-231.

JAN Pascal, « La réelle mais fragile prééminence présidentielle sous la Ve République », *LPA*, 5 févr. 2015, 2015/26, pp. 6-14.

JAN Pascal, « La séparation du pouvoir », *in Mélanges en l'honneur de Jean Gicquel. Constitutions et pouvoirs*, Paris, Montchrestien, 2008, pp. 255-264.

JANOT Raymond, « Du discours de Bayeux à la Constitution de la Ve République », *Espoir*, n° 108, p. 12 et s. ; disponible sur http://education.francetv.fr/matiere/epoque-contemporaine/premiere/article/naissance-de-la-constitution-de-la-ve-republique-par-raymond-janot, consulté le 15 sept. 2019.

JANSSON Jan Magnus, « Le régime parlementaire de la Finlande », *in Droit, institutions et systèmes politiques. Mélanges en hommage à Maurice Duverger*, Paris, Puf, 1987, pp. 623-629.

JAUME Lucien, « Naissance du libéralisme et interprétation de la Charte », *Jus politicum*, 2014, n° 13, disponible sur http://juspoliticum.com/article/Naissance-du-liberalisme-et-interpretations-de-la-Charte-929.html, consulté le 15 sept. 2019.

JAUME Lucien, « Le contrôle de constitutionnalité de la loi a-t-il un sens pour la doctrine française de la Révolution et des premières années du XIXe siècle ? », *in* CHAGNOLLAUD Dominique (dir.), *Aux origines du contrôle de constitutionnalité. XVIIIe-XXe siècle*, Paris, Éd. Panthéon-Assas, « Droit public », 2003, pp. 17-29.

JAUME Lucien, « Sieyès et le sens du jury constitutionnaire : une réinterprétation », *Droits*, 2002, n° 36, pp. 115-134.

JAUME Lucien, « Le concept de "responsabilité des ministres" chez Benjamin Constant », *RFDC*, 2000/2 n° 42, pp. 227-243.

JAUME Lucien, « Le Groupe de Coppet : Pour repenser la Modernité et le Libéralisme », *in* JAUME Lucien (dir.), *Coppet, creuset de l'esprit libéral. Les idées politiques et constitutionnelles du groupe de Madame de Staël*, Aix-en-Provence et Paris, PUAM et Economica, 2000, pp. 9-12.

JEAMMAUD Antoine, « Introduction à la sémantique de la régulation juridique. Des concepts en jeu », *in* CLAM Jean, MARTIN Gilles (dir.), *Les transformations de la régulation juridique*, Paris, Maison des sciences de l'homme - Réseau européen Droit et société, LGDJ, « Droit et société », vol. 5, 1998, pp. 47-72.

JESTAEDT Matthias, « La double constitution – une stratégie positiviste », *Jus politicum*, 2011, n° 6, disponible sur http://juspoliticum.com/article/La-double-constitution-Une-strategie-positiviste-404.html, consulté le 15 sept. 2019.

JÈZE Gaston, « La présidence de la République », *RDP*, 1920, pp. 486-494.

JÈZE Gaston, « La présidence de la République », *RDP*, 1913, pp. 113-127.

JIAN Philippe, « Des principes du gouvernement représentatif et de leur application selon Prosper Duvergier de Hauranne (1838) », *Parlement[s]*, 2014/1 n° 21, pp. 143-157

JOOP Olivier, « Le contrôle des décisions politiques par le juge constitutionnel : l'exemple de la dissolution du Bundestag allemand », *LPA*, 25 juil. 2006, 2006/148, pp. 12-17.

JOUANJAN Olivier, « Aperçu d'une histoire des fonctions de justice constitutionnelle en Allemagne (1815-1933) », *in* GREWE Constance, JOUANJAN Olivier, MAULIN Éric, WACHSMANN Patrick (dir.), *La notion de « justice constitutionnelle »*, Paris, Dalloz, « Thèmes et commentaires », 2005, pp. 13-48.

JOUANJAN Olivier, « Le contrôle incident des normes et les contradictions de l'État monarchique en Allemagne (1815-1860) », *in* JOUANJAN Olivier (dir.), *Figures de l'État de droit. Le Rechtsstaat dans l'histoire intellectuelle et constitutionnelle de l'Allemagne*, Strasbourg, PUS, « Collections de l'Université Robert Schuman », 2001, pp. 253-291.

JULIEN-LAFERRIÈRE François, « Les institutions de la IIIe République malgache », *RDP*, 1994, pp. 635-673.

- K -

KANTÉ Babacar, « Les juridictions constitutionnelles et la régulation des systèmes politiques en Afrique », *in Mélanges en l'honneur de Jean Gicquel. Constitutions et pouvoirs*, Paris, Montchrestien, 2008, pp. 265-276.

KARAGIANNIS Syméon, « L'article 16 des autres. Pénétration d'une originalité française dans certaines Constitutions étrangères », *RDP*, 2016, pp. 957-990.

KELSEN Hans, « La garantie juridictionnelle de la Constitution (La Justice constitutionnelle) », *RDP*, 1928, pp. 197-257.

KEUTCHA TCHAPNGA Célestin, « Droit constitutionnel et conflits politiques dans les États francophones d'Afrique noire », *RFDC*, 2005/3 n° 63, pp. 451-491.

KLEIN Luc, « Démocratie constitutionnelle et constitutionnalisme démocratique : essai de classification des théories juridiques de la démocratie », *RFDC*, 2017/1 n° 109, pp. 121-141.

KNAUB Gilbert, « Le Conseil constitutionnel et la régulation des rapports entre les organes de l'État », *RDP*, 1983, pp. 1149-1168.

KRUPAVICIUS Algis, « Semi-presidentialism in Lithuania: origins, development and challenges », *in* ELGIE Robert, MOESTRUP Sophia (dir.), *Semi-presidentialism in Central and Eastern Europe*, Manchester, Manchester University Press, 2008, pp. 65-84.

KUBAT Michal, KYSELA Jan, « L'élection du Président au suffrage direct en République tchèque : beaucoup de paroles, peu d'arguments », *Est Europa*, 2013, pp. 231-245.

KYSELA Jan, KUHN Zdenek, « Presidential elements in government: the Czech Republic », *EuConst.*, vol. 3, 2007/1, pp. 91-113.

- L -

LAFFAILLE Franck, « Le président du Sénat », *Pouvoirs*, 2016/4 n° 159, pp. 41-52.

LAFFAILLE Franck, « La mutation de la forme de gouvernement parlementaire en Italie : le chef de l'état contestable co-législateur ? », *RFDC*, 2012/1 n° 89, pp. 11-36.

LAFFAILLE Franck, « L'Italie : un régime parlementaire à "correctif présidentiel" ? », *VIIIe Congrès français de droit constitutionnel*, Nancy, AFDC, 2011.

LAFFITTE Paul, « La vraie Constitution de 1875 », *RDP*, 1895, pp. 86-96.

LAFFONT Jean-Jacques, TIROLE Jean, « The Politics of Government Decision-Making: A Theory of Regulatory Capture », *The Quarterly Journal of Economics*, vol. 106, 1991/4, pp. 1089-1127.

LAHMER Marc, « Le moment 1789 et la séparation des pouvoirs », *Jus politicum*, 2014, n° 12, disponible sur http://juspoliticum.com/article/Le-Moment-1789-et-la-separation-des-pouvoirs-887.html, consulté le 15 sept. 2019.

LANDAU Martin, « La théorie constitutionnelle et l'organisation des pouvoirs aux États-Unis », *in* SEURIN Jean-Louis (dir.), *Le Constitutionnalisme aujourd'hui*, Paris, Economica, « Politique Comparée », 1984, pp. 61-84.

LANDAU Martin, « Redundancy, Rationality, and the Problem of Duplication and Overlap », *Public Administration Review*, 1969/4, vol. 29, pp. 346-358.

LAPIERRE Jean-William, « La pyramide et le réseau », *La pensée de midi*, 2002/1 n° 7, pp. 15-20.

LAQUIÈZE Alain, « La charte de 1814 et la question du gouvernement parlementaire », *Jus politicum*, 2014, n° 13, disponible sur http://juspoliticum.com/article/La-Charte-de-1814-et-la-question-du-gouvernement-parlementaire-951.html, consulté le 15 sept. 2019.

LARSSEN Christine, MARIQUE Yseult, « Évolution de la fonction présidentielle en Finlande : de la Forme de Gouvernement (1919) à la Constitution coordonnée (2000) », *RDP*, 2001, pp. 1381-1415.

LAUVAUX Philippe, « Le roi », *Pouvoirs*, 2011/1 n° 136, pp. 71-85.

LAUVAUX Philippe, « Le conflit constitutionnel australien de 1975 », *in* HUMMEL Jacky (dir.), *Les conflits constitutionnels. Le droit constitutionnel à l'épreuve de l'histoire et du politique*, Rennes, PUR, « L'Univers des Normes », 2010, pp. 121-134.

LAUVAUX Philippe, « Sur une décision fondatrice du Conseil constitutionnel », *CCC*, 2008, n° 25, pp. 55-57.

LAUVAUX Philippe, « Le président de la République italien en perspective », *in* MOREL Laurence (dir.), *L'Italie en transition. Recul des partis et activation de la fonction présidentielle*, Paris, L'Harmattan, « Logiques politiques », 1997, pp. 39-57.

LAUVAUX Philippe, « Monarchies, royautés et démocraties couronnées », *Le Débat*, 1993/1 n° 73, pp. 98-113.

LAVIALLE Christian, « La Cour suprême, le droit et l'État aux États-Unis d'Amérique », *in* CABANIS Danielle (dir.), *Constitutionnalisme américain et opinion. Incidences internes et externes*, Toulouse, Presses de l'IEP de Toulouse, 1989, pp. 165-187.

LE DIVELLEC Armel, « Le juge constitutionnel et les relations entre les parlements et le pouvoir exécutif. Les limites de la régulation juridictionnelle d'un système de gouvernement », *in* MOUTON Stéphane (dir.), *Le régime représentatif à l'épreuve de la justice constitutionnelle*, Issy-les-Moulineaux, LGDJ-Lextenso, « Grands Colloques », 2016, pp. 151-186.

LE DIVELLEC Armel, « La Charte de 1814 dans l'histoire des constitutions politiques libérales. Un tournant du constitutionnalisme européen continental », *Jus politicum*, 2014, n° 13, disponible sur http://juspoliticum.com/article/La-Charte-de-1814-dans-l-histoire-des-constitutions-politiques-liberales-948.html, consulté le 15 sept. 2019.

LE DIVELLEC Armel, « L'articulation des pouvoirs dans les démocraties parlementaires européennes : fusion et mitigation », *Pouvoirs*, 2012/4 n° 143, pp. 123-140.

LE DIVELLEC Armel, « Un tournant de la culture constitutionnelle britannique : le *Fixed-Term Parliaments Act 2011* et l'amorce inédite de rationalisation du système parlementaire de gouvernement au Royaume-Uni », *Jus politicum*, 2012, n° 7, disponible sur http://juspoliticum.com/article/Un-tournant-de-la-culture-constitutionnelle-britannique-le-Fixed-Term-Parliaments-Act-2011-et-l-amorce-inedite-de-rationalisation-du-systeme-parlementaire-de-gouvernement-au-Royaume-Uni-530.html, consulté le 15 sept. 2019.

LE DIVELLEC Armel, « Des conflits constitutionnels dans un "État constitutionnel" : le mécanisme des "litiges entre organes" devant la Cour constitutionnelle fédérale d'Allemagne », *in* HUMMEL Jacky (dir.), *Les conflits constitutionnels. Le droit constitutionnel à l'épreuve de l'histoire et du politique*, Rennes, PUR, « L'Univers des Normes », 2010, pp. 99-119.

LE DIVELLEC Armel, « Propositions pour l'analyse doctrinale des gouvernements parlementaires », *VIIe Congrès français de droit constitutionnel*, Paris, AFDC, 2008.

LE DIVELLEC Armel, « Le gardien de la Constitution de Carl Schmitt. Éléments sur les paradoxes d'une "théorie" constitutionnelle douteuse », *in* BEAUD Olivier, PASQUINO Pasquale (dir.), *La controverse sur « le gardien de la Constitution » et la justice constitutionnelle. Kelsen contre Schmitt*, Paris, Éd. Panthéon-Assas, « Colloques », 2007, pp. 33-79.

LE DIVELLEC Armel, « Le prince inapprivoisé. De l'indétermination structurelle de la présidence de la Ve République (simultanément une esquisse sur l'étude des rapports entre "droit de la constitution" et système de gouvernement) », *Droits*, 2006/2 n° 44, pp. 101-137.

LE DIVELLEC Armel, « Les prémices de la justice constitutionnelle en Allemagne avant 1945 », *in* CHAGNOLLAUD Dominique (dir.), *Aux origines du contrôle de constitutionnalité. XVIIIe-XXe siècle*, Paris, Éd. Panthéon-Assas, « Droit public », 2003, pp. 103-140.

LE DIVELLEC Armel, « La neutralisation de la Présidence de la République en Autriche », *RFSP*, 46e année, 1996/6, pp. 936-960.

LE DIVELLEC Armel, « Parlementarisme dualiste : entre Weimar et Bayeux », *RFDC*, 1994/4 n° 20, pp. 749-758.

LE GOFF Amélie, « La présidence irlandaise : étude d'un paradoxe constitutionnel (deuxième partie) », *RJO*, 2007/1, pp. 33-62.

LE GOFF Amélie, « La présidence irlandaise : étude d'un paradoxe constitutionnel (première partie) », *RJO*, 2006/4, pp. 449-488.

LEFEBVE Vincent, « La théorie constitutionnelle de Hannah Arendt ou l'articulation entre droit et politique à l'épreuve du phénomène révolutionnaire », *Jurisdoctoria*, 2015, n° 12, pp. 45-70.

LESAGE Michel, « Le rôle du chef de l'État en période de transition », *RECEO*, 1992/4, vol. 23, pp. 41-48.

LOMBARD Martine, « La régulation et la distinction du droit public et du droit privé en droit français », *in* AUBY Jean-Bernard, FREEDLAND Mark (dir.), *La distinction du droit public et du droit privé : regards français et britanniques*, Paris, Éd. Panthéon-Assas, « Colloques », 2004, pp. 89-98.

LOWELL Abbott Lawrence, « La crise des gouvernements représentatifs et parlementaires dans les démocraties modernes », *RDP*, 1928, pp. 571-583.

LUCIANI Massimo, « Il Presidente della Repubblica: oltre la funzione di garanzia della Costituzione », *in* LUCIANI Massimo, VOLPI Mauro, *Il Presidente della Reppublica*, Bologne, Società editrice il Mulino, 1997, pp. 11-24.

LUHMANN Niklas, « Le droit comme système social », *Droit et société*, 1989, n° 11-12, pp. 53-67.

LYNCH Christian Edward Cyril, « O Discurso Político Monarquiano e a Recepção do Conceito de Poder Moderador no Brasil (1822-1824) », *Revista de Ciências Sociais*, vol. 48, 2005/3, pp. 611-654.

- M -

MADEIRA Anne-Virginie, « Gouvernement minoritaire et crainte d'instabilité institutionnelle : analyse du cas portugais suite aux élections législatives d'octobre 2015 », *RDP*, 2017, pp. 439-458.

MAMBO Paterne, « Les rapports entre la constitution et les accords politiques dans les États africains : réflexion sur la légalité constitutionnelle en période de crise », *RD McGill*, 2012/4 n° 57, pp. 921-952.

MANESSIS Aristovoulos, « La signification juridico-politique de la révision constitutionnelle de 1986. Un bilan général et critique », *Dikeo ke Politiki*, 1986, n° 13-14, pp. 5-102.

MANESSIS Aristovoulos, « La nouvelle Constitution hellénique », *RIDC*, vol. 6, 1954/2, pp. 291-308.

MANIN Bernard, « Frontières, freins et contrepoids : la séparation des pouvoirs dans le débat constitutionnel américain de 1787 », *RFSP*, 44e année, 1994/2, pp. 257-293.

MANZELLA Andrea, « Le commissaire à la transition », *in* MOREL Laurence (dir.), *L'Italie en transition. Recul des partis et activation de la fonction présidentielle*, Paris, L'Harmattan, « Logiques politiques », 1997, pp. 117-139.

MARCOU Gérard, « La notion juridique de régulation », *AJDA*, 2006/7, pp. 347-353.

MARCOU Gérard, « Introduction », *in* MARCOU Gérard, MODERNE Franck (dir.), *Droit de la régulation, service public et intégration régionale*, Paris, L'Harmattan, « Logiques juridiques », 2005, t. 2, pp. 11-28.

MARCOU Gérard, « Régulation et service public. Les enseignements du droit comparé », *in* MARCOU Gérard, MODERNE Franck (dir.), *Droit de la régulation, service public et intégration régionale*, Paris, L'Harmattan, « Logiques juridiques », 2005, t. 1, pp. 11-63.

MARTINS Ana, « Presidential elements in government: the Portuguese semi-presidential system: about law in the book and law in action », *EuConst.*, vol. 2, 2006/1, pp. 81-100.

MASSIAS Jean-Pierre, « La complexité systémique du droit constitutionnel de la transition », *Revue d'études politiques et constitutionnelles est-européennes*, 2006, n° spécial, pp. 35-61.

MASSINA Palouki, « Le juge constitutionnel africain francophone : entre politique et droit », *RFDC*, 2017/3 n° 111, pp. 641-669.

MATHIOT André, « Préface », *in* LAUVAUX Philippe, *La dissolution des assemblées parlementaires*, Paris, Economica, « Collection du Centre interuniversitaire belge de droit comparé », t. 24, 1983, pp. V-VII.

MAUS Didier, « L'écriture de l'article 16 de la Constitution de 1958 : une "constitution" pour une crise ? », *in Le pouvoir, mythes et réalité. Mélanges en hommage à Henry Roussillon*, Toulouse, Presses de l'Université Toulouse 1 Capitole, 2014, t. 1, pp. 493-518.

MÉDÉ Nicaise, « La fonction de régulation des juridictions constitutionnelles en Afrique francophone », *AIJC*, 2007, n° 23, pp. 45-66.

MEL Agnero P., « La justice constitutionnelle à l'épreuve de la participation électorale internationale en Afrique francophone », *RFDC*, 2016/2 n° 106, supplément électronique, pp. e1-e30.

MELEDJE Djedjro Francisco, « Le contentieux électoral en Afrique », *Pouvoirs*, 2009/2 n° 129, pp. 139-155.

MELLONI David, « Le nouvel ordre constitutionnel marocain : de la "monarchie gouvernante" à la "monarchie parlementaire" ? », *in* Centre d'Études Internationales (dir.), *La Constitution marocaine de 2011. Analyses et commentaires*, Paris, LGDJ, 2012, pp. 7-45.

MENICHETTI Johan, « L'écriture de la constitution de l'an VIII : quelques réflexions sur l'échec d'un mécanisme révolutionnaire », *Napoleonica. La Revue*, 2013/3 n° 18, pp. 68-83.

MEUNIER Jacques, « Les décisions du Conseil constitutionnel et le jeu politique », *Pouvoirs*, 2003/2 n° 105, pp. 29-40.

MIAILLE Michel, « La régulation : enjeux d'un choix », *in* MIAILLE Michel (dir.), *La régulation entre droit et politique*, Paris, L'Harmattan, « Logiques juridiques », 1995, pp. 11-24.

MILACIC Slobodan, « Qui a peur du suffrage universel ? », *Est Europa*, 2013, pp. 149-161.

MIRKINE-GUETZÉVITCH Boris, « Les méthodes d'étude du droit constitutionnel comparé », *RIDC*, vol. 1, 1949/4, pp. 397-417.

MODERNE Franck, « Les usages de la notion de "régulation" dans le droit positif et la doctrine juridique des États de l'Union européenne », *in* MARCOU Gérard, MODERNE Franck (dir.), *Droit de la régulation, service public et intégration régionale*, Paris, L'Harmattan, « Logiques juridiques », 2005, t. 1, pp. 71-85.

MOESTRUP Sophia, « Semi-presidentialism in young democracies. Help or hindrance? », *in* ELGIE Robert, MOESTRUP Sophia (dir.), *Semi-presidentialism outside Europe: a comparative study*, Londres, Routledge, « Routledge research in comparative politics », 2007, pp. 30-55.

MONOVA Tzveta, « Konstitutsionniyat statut na prezidenta na Republika Bulgariya », *Law Journal of New Bulgarian University*, 2011/1, pp. 32-48.

MOREL Laurence, « La transition italienne », *in* MOREL Laurence (dir.), *L'Italie en transition. Recul des partis et activation de la fonction présidentielle*, Paris, L'Harmattan, « Logiques politiques », 1997, pp. 9-38.

MOTA BARBOSA Silvana, « L'influence de l'œuvre de Constant sur la pratique politique brésilienne : présentation d'un inédit », *Annales Benjamin Constant*, 2000, n° 23-24, pp. 217-234.

- N -

NABLI Béligh, « L'opposition parlementaire : un contre-pouvoir politique saisi par le droit », *Pouvoirs*, 2010/2 n° 133, pp. 127-141.

NGANDO SANDJÈ Rodrigue, « Le renouveau du droit constitutionnel et la question des classifications en Afrique : quel sort pour le régime présidentialiste ? », *RFDC*, 2013/1 n° 93, supplément électronique, pp. e1-e26.

- O -

OWONA Joseph, « L'essor du constitutionnalisme rédhibitoire en Afrique noire. Étude de quelques "constitutions Janus" », *in L'État moderne : horizon 2020. Aspects internes et externes. Mélanges offerts à P.-F. Gonidec*, Paris, LGDJ, 1985, pp. 235-243.

- P -

PANTOJA MORAN David, « Sieyès et la Constitution mexicaine de 1836 », *RFHIP*, 2011/1 n° 33, pp. 103-116.

PAPASPYROU Dimitros, « Rapport général de la Majorité sur le projet gouvernemental de la constitution. Le Président de la République », *To Syntagma*, 1975, pp. 458-466.

PARODI Jean-Luc, « Effets et non-effets de l'élection présidentielle au suffrage universel direct », *Pouvoirs*, 1980/3 n° 14, pp. 5-14.

PASQUINO Pasquale, « Les transformations du système politique (1992-2000) », *in* CASSESE Sabino (dir.), *Portrait de l'Italie actuelle*, Paris, La Documentation française, « Les études », 2001, pp. 35-51.

PASQUINO Pasquale, « Gardien de la constitution ou justice constitutionnelle ? Carl Schmitt et Hans Kelsen », *in* TROPER Michel, JAUME Lucien (dir.), *1789 et l'invention de la constitution*, Paris, LGDJ, « La pensée juridique moderne », 1994, pp. 143-152.

PASQUINO Pasquale, « Sur la théorie constitutionnelle de la monarchie de Juillet », *in* VALENSISE Marina (dir.), *François Guizot et la culture politique de son temps*, Paris, Gallimard et Éd. du Seuil, 1991, pp. 111-128.

PASSELECQ Olivier, « La "cohabitation" dans les travaux préparatoires de la Constitution de 1958 », *in L'esprit des institutions, l'équilibre des pouvoirs. Mélanges en l'honneur de Pierre Pactet*, Paris, Dalloz, 2003, pp. 801-816.

PASSELECQ Olivier, « Actualité de la Constitution de l'an III », *RFDC*, 1995/3 n° 23, pp. 483-502.

PAULSON Stanley, « Arguments "conceptuels" de Schmitt à l'encontre du contrôle de constitutionnalité et réponse de Kelsen », *in* HERRERA Carlos-Miguel (dir.), *Le droit, le politique autour de Max Weber, Hans Kelsen, Carl Schmitt*, Paris, L'Harmattan, 1995, pp. 243-259.

PERROT Anne, « Les frontières entre régulation sectorielle et politique de la concurrence », *Revue française d'économie*, vol. 16, 2002/4, pp. 81-112.

PERTUÉ Michel, « Royer-Collard et la Charte de 1814 » (suite et fin), *RA*, 2011, n° 383, pp. 454-467.

PERTUÉ Michel, « Royer-Collard et la Charte de 1814 », *RA*, 2011, n° 382, pp. 341-357.

PETOT Jean, « La notion de régime mixte », *in Recueil d'études en hommage à Charles Eisenmann*, Paris, Éd. Cujas, 1975, pp. 99-124.

PFERSMANN Otto, « Le droit comparé comme interprétation et comme théorie du droit », *RIDC*, vol. 53, 2001/2, pp. 275-288.

PICARD Étienne, « L'état du droit comparé en France en 1999 », *RIDC*, vol. 51, 1999/4, pp. 885-915.

PIERRÉ-CAPS Alexandra, « L'État d'exception dans la Rome antique », *Civitas Europa*, 2016/2 n° 37, pp. 339-349.

PORTELLI Hugues, « Arbitre ou chef de l'opposition ? », *Pouvoirs*, 1999/4 n° 91, pp. 59-70.

PORTELLI Hugues, « Les présidents français et italien face aux crises », *in* MOREL Laurence (dir.), *L'Italie en transition. Recul des partis et activation de la fonction présidentielle*, Paris, L'Harmattan, « Logiques politiques », 1997, pp. 197-206.

PRESTON Paul, « La peur de la liberté : l'armée espagnole de l'après-franquisme », *Lignes*, 1988/3 n° 4, pp. 195-220.

- Q -

QUERMONNE Jean-Louis, « La présidence de la République et le système de partis », *Pouvoirs*, 1987/2 n° 41, pp. 93-113.

- R -

RAJOELISOA Philippe, « Le référendum constitutionnel du 17 septembre 1995 et ses suites », *Afrique contemporaine*, 1997, n° 181, pp. 50-58.

REESTMAN Jan Herman, « Presidential elements in government », *EuConst.*, vol. 2, 2006/1, pp. 54-59.

RENOUX Thierry, « Présidence impériale ou monarchie républicaine ? La suprématie de la fonction présidentielle est-elle inévitable sous la Ve République ? », *in Le pouvoir, mythes et réalité. Mélanges en hommage à Henry Roussillon*, Toulouse, Presses de l'Université Toulouse 1 Capitole, 2014, t. 1, pp. 619-626.

RIALS Stéphane, « Une grande étape du constitutionnalisme européen. La question constitutionnelle en 1814-1815 : dispersion des légitimités et convergence des techniques », *RHFD*, 1986, pp. 167-197.

RICHIR Isabelle, « Le chef de l'État et le juge constitutionnel, gardiens de la Constitution », *RDP*, 1999, pp. 1047-1066.

ROBBERS Gerhard, « Die historische Entwicklung der Verfassungsgerichtsbarkeit », *JuS*, 1990/4, pp. 257-263.

ROJAS Danielle, « La quête de la formation d'un gouvernement en Espagne à l'aune de l'expérience belge : un défi posé à l'encadrement juridique », *RDP*, 2017, pp. 459-477.

ROLAND Sébastien, « Les figures organiques de la légitimité dans la doctrine constitutionnelle de Montesquieu », *RFHIP*, 2009/1 n° 29, pp. 3-75.

ROLLAND Patrice, « Comment préserver les institutions politiques ? La théorie du pouvoir neutre chez B. Constant », *RFHIP*, 2008/1 n° 27, pp. 43-73.

ROLLAND Patrice, « La préservation des institutions politiques est-elle une utopie ? Sur le Tribunat de Jean-Jacques Rousseau », *in Utopies. Entre droit et politique. Études en hommage à Claude Courvoisier*, Dijon, EUD, 2005, pp. 51-66.

ROLLAND Patrice, « La garantie des droits », *Droits fondamentaux*, 2003, n° 3, pp. 179-218.

ROQUES-BONNET Marie-Charlotte, « Les blocs de pouvoirs "éclipsés" par les autorités administratives en réseau : vers la fin des contrepouvoirs ? », *VIIe Congrès français de droit constitutionnel*, Paris, AFDC, 2008.

ROTTLEUTHNER Hubert, « Les métaphores biologiques dans la pensée juridiques », *APD*, 1986, t. 31, pp. 215-244.

ROUQUAN Olivier, « La stratégie charismatique gaullienne », *Parlement[s]*, 2005/2 n° 4, pp. 75-93.

ROUSSEAU Dominique, « La primauté présidentielle dans le nouveau régime politique portugais : mythe ou réalité ? », *RDP*, 1980, pp. 1325-1372.

- S -

SACCUCCI Yann, « L'article 5 de la Constitution de 1958, fondement des interprétations constituantes. Considérations épistémologiques sur les rapports entre factualité et normativité », *VIIIe Congrès français de droit constitutionnel*, Nancy, AFDC, 2011.

SAINT-BONNET François, « *Genitum, non factum*. La désignation du chef de l'État (1799-1815) », *in* LE POURHIET Anne-Marie (dir.), *La désignation du chef de l'État. Regards croisés dans le temps et l'espace*, Clermont-Ferrand, Fondation Varenne et LGDJ, « Colloques et essais », 2012, pp. 21-39.

SAINT-BONNET François, « La prévention du conflit constitutionnel en l'an III », *in* HUMMEL Jacky (dir.), *Les conflits constitutionnels. Le droit constitutionnel à l'épreuve de l'histoire et du politique*, Rennes, PUR, « L'Univers des Normes », 2010, pp. 31-42.

SAINT-BONNET François, « La double genèse de la justice constitutionnelle en France. La justice politique au prisme des conceptions françaises », *RDP*, 2007, pp. 753-791.

SAINT-BONNET François, « Technique juridique du coup d'État », *in* BLUCHE Frédéric (dir.), *Le prince, le peuple et le droit. Autour des plébiscites de 1851 et 1852*, Paris, Puf, « Léviathan », 2000, pp. 123-160.

SCHEUNER Ulrich, « Die Überlieferung der deutschen Staatsgerichtsbarkeit im 19. und 20. Jahrhundert », *in* STARCK Christian (dir.), *Bundesverfassungsgericht und Grundgesetz*, Tübingen, Mohr, 1976, vol. 1, pp. 1-62.

SCHMITT Carl, « Exposé sommaire des différentes significations et fonctions du concept de neutralité de l'État en matière de politique intérieure » (1931), *in* SCHMITT Carl, *La notion de politique*, Paris, Flammarion, « Champs classiques », 2009, pp. 155-160.

SCHMITT Carl, « Légalité et légitimité » (1932), *in* SCHMITT Carl, *Du politique. « Légalité et légitimité » et autres essais*, Puiseaux, Pardès, « Révolution conservatrice », 1990, pp. 39-79.

SCHMITT Carl, « Neutralité et neutralisations » (1939), *in* SCHMITT Carl, *Du politique. « Légalité et légitimité » et autres essais*, Puiseaux, Pardès, « Révolution conservatrice », 1990, pp. 101-126.

SCHMITT Carl, « Das Reichsgericht als Hüter der Verfassung » (1929), reproduit *in* SCHMITT Carl, *Verfassungsrechtliche Aufsätze aus den Jahren 1924-1954*, Berlin, Duncker & Humblot, 1958, pp. 63-100.

SCHMITT DA SILVA Jacqueline, « O poder moderator na politica do Brasil imperial », *Semina – Revista dos Pos-Graduandos em Historia da UPF*, vol. 12, 2013/1.

SÉGUR Philippe, « Le mythe de la dictature à la romaine et l'article 16 de la Constitution de 1958 », *in Le pouvoir, mythes et réalité. Mélanges en hommage à Henry Roussillon*, Toulouse, Presses de l'Université Toulouse 1 Capitole, 2014, t. 1, pp. 647-666.

SERRAND Pierre, « Administrer et gouverner. Histoire d'une distinction », *Jus politicum*, 2010, n° 4, disponible sur http://juspoliticum.com/article/Administrer-et-gouverner-Histoire-d-une-distinction-219.html, consulté le 15 sept. 2019.

SEURIN Jean-Louis, « Des fonctions politiques des Constitutions. Pour une théorie politique des Constitutions », *in* SEURIN Jean-Louis (dir.), *Le Constitutionnalisme aujourd'hui*, Paris, Economica, « Politique Comparée », 1984, pp. 35-52.

SEUROT Laurent, « Faut-il constitutionnaliser le mode de scrutin aux élections législatives ? », *RFDC*, 2015/3 n° 103, pp. 657-678.

SHIM Soyeon, « Droit constitutionnel étranger. La séparation des pouvoirs au bord du précipice : le rôle du contre-pouvoir de la Cour constitutionnelle dans la procédure de destitution du Président en Corée du Sud », *RFDC*, 2018/1 n° 113, pp. 219-243.

SIETCHOUA DJUITCHOKO Célestin, « L'idée de régulation dans la construction du droit constitutionnel actuel des États d'Afrique noire francophone », *RRJ*, 2007/3 n° 119, pp. 1543-1583.

SIMON Aloïs, « L'unionisme institutionnel de Léopold Ier », *Res publica*, vol. 1, 1959, pp. 6-16.

SINTOMER Yves, « Pouvoir et autorité chez Hannah Arendt », *L'Homme et la société*, 1994, n° 113, pp. 117-131.

SOMA Abdoulaye, « La statut du juge constitutionnel africain », *in La Constitution béninoise du 11 décembre 1990 : un modèle pour l'Afrique ? Mélanges en l'honneur de Maurice Ahanhanzo-Glélé*, Paris, L'Harmattan, « Études Africaines », 2014, pp. 451-480.

STEIN Torsten, « Der Bundespräsident als "*pouvoir neutre*"? », *ZaöRV*, 2009, n° 69, pp. 249-256.

STIGLER George Joseph, « The Theory of Economic Regulation », *The Bell Journal of Economics and Management Science*, vol. 2, 1971/1, pp. 3-21.

- T -

TAKEDA Chinatsu, « Deux origines du courant libéral en France », *RFHIP*, 2003/2 n° 18, pp. 233-257.

TANASESCU Elena Simina, « Presidential elements in government: the president of Romania, or: the slippery slope of a political system », *EuConst.*, vol. 4, 2008/1, pp. 64-97.

TANASESCU Elena Simina, « Le Président de la Roumanie ou le glissement d'un régime politique », *Revue d'études politiques et constitutionnelles est-européennes*, 2008/1, pp. 41-75.

TEITGEN-COLLY Catherine, « Les instances de régulation et la Constitution », *RDP*, 1990, pp. 153-261.

THÉRON Jean-Pierre, « À propos de la légitimité du juge administratif… », *in* KRYNEN Jacques, RAIBAUT Jacques (dir.), *La Légitimité des Juges*, Toulouse, Presses de l'Université Toulouse 1 Capitole, « Les travaux de l'IFR Mutation des Normes Juridiques », n° 1, 2004, pp. 97-102.

THIERS Adolphe, « Article du 4 février 1830 », paru dans *Le National*, reproduit par Alain LAQUIÈZE, *RFHIP*, 1997/1 n° 5, pp. 144-147.

THIERS Adolphe, « Du gouvernement par les chambres », paru dans *Le National*, 20 janv. 1830, reproduit par Alain LAQUIÈZE, *RFHIP*, 1997/1 n° 5, pp. 136-139.

TILLET Édouard, « Les ambiguïtés du concept de constitution au XVIIIe siècle : l'exemple de Montesquieu », *in Pensée politique et droit. Actes du*

Colloques de Strasbourg (11-12 septembre 1997), Aix-en-Provence, PUAM, « Collection d'Histoire des Idées Politiques », vol. XII, 1998, pp. 365-399.

TIMSIT Gérard, « Normativité et régulation », *CCC*, 2006, n° 21, pp. 84-87.

TIMSIT Gérard, « Régulation et théorie du droit », *in* MARCOU Gérard, MODERNE Franck (dir.), *Droit de la régulation, service public et intégration régionale*, Paris, L'Harmattan, « Logiques juridiques », 2005, t. 1, pp. 249-257.

TIMSIT Gérard, « La régulation. La notion et le phénomène », *RFAP*, 2004/1 n° 109, pp. 5-11.

TOULABOR Comi, « Préface », *in* ISSA ABDOURHAMANE Boubacar, *Crise institutionnelle et démocratisation au Niger*, Talence, CEAN et IEP de Bordeaux, « Études et Recherches », 1996, pp. 3-4.

TRAVERS Émeric, « Constant et Chateaubriand, deux défenses de la Monarchie », *RFHIP*, 2004/1 n° 19, pp. 89-123.

TRIEPEL Heinrich, « Wesen und Entwicklung der Staatsgerichtsbarkeit », *in Veröffentlichungen der Vereinigung der Deutschen Staatsrechtslehrer*, Berlin, De Gruyter, 1929, t. 5, pp. 2-28.

TROPER Michel, « Histoire constitutionnelle et théorie constitutionnelle », *in* TROPER Michel, *Le droit et la nécessité*, Paris, Puf, « Léviathan », 2011, pp. 269-279.

TROPER Michel, « La Ve République et la séparation des pouvoirs », *Droits*, 2006/1 n° 43, pp. 33-44.

TROPER Michel, « Sieyès et le jury constitutionnaire », *in Mélanges Pierre Avril. La République*, Paris, Montchrestien, 2001, pp. 263-282.

TROPER Michel, « La machine et la norme. Deux modèles de constitution », *in* TROPER Michel, *La théorie du droit, le droit, l'État*, Paris, Puf, « Léviathan », 2001, pp. 147-162.

TROPER Michel, « Le concept de constitutionnalisme et la théorie moderne du droit », *in* TROPER Michel, *Pour une théorie juridique de l'État*, Paris, Puf, « Léviathan », 1994, pp. 203-221.

TROPER Michel, « Actualité de la séparation des pouvoirs », *in* TROPER Michel, *Pour une théorie juridique de l'État*, Paris, Puf, « Léviathan », 1994, pp. 223-236.

TROPER Michel, « Le problème de l'interprétation et la théorie de la supralégalité constitutionnelle », *in* TROPER Michel, *Pour une théorie juridique de l'État*, Paris, Puf, « Léviathan », 1994, pp. 293-315.

TROPER Michel, « Charles Eisenmann contre le mythe de la séparation des pouvoirs », *Cahiers de philosophie politique de l'Université de Reims*, 1985, n° 2 et 3, pp. 67-79.

TROPER Michel, « Libre administration et théorie générale du droit. Le concept de libre administration », *in* MOREAU Jacques, DARCY Gilles (dir.), *La libre administration des collectivités locales. Réflexions sur la décentralisation*, Paris, Economica-PUAM, « Droit public positif », 1984, pp. 55-62.

TROPER Michel, « La Constitution et ses représentations sous la Ve République », *Pouvoirs*, 1978/1 n° 4, pp. 61-72.

TROUVÉ Matthieu, « "Le poids des mots, le choc des photos" : le lieutenant-colonel Tejero aux Cortès le 23 février 1981 », *Parlement[s]*, 2017/3, hors-série n° 12, pp. 241-248.

TROUVÉ Matthieu, « La culture du pronunciamento en Espagne », *Parlement[s]*, 2009/2 n° 12, pp. 87-98.

- V -

VAUTROT-SCHWARZ Charles, « Police et régulation », *in* VAUTROT-SCHWARZ Charles (dir.), *La police administrative*, Paris, Puf, « Thémis », 2014, pp. 55-84.

VEDEL Georges, « Rétrofictions : Si de Gaulle avait perdu en 1962… Si Alain Poher avait gagné en 1969… », *in* DUHAMEL Olivier, PARODI Jean-Luc (dir.), *la Constitution de la Cinquième République*, Paris, Presses de la Fondation nationale des sciences politiques, « Références », 1985, pp. 133-165.

VEDEL Georges, « Le problème des rapports du législatif et de l'exécutif présenté au Congrès de l'Association internationale de science politique », *RFSP*, 8e année, 1958/4, pp. 757-781.

VERGOTTINI Giuseppe, de, « Régimes politiques », *in* TROPER Michel, CHAGNOLLAUD Dominique (dir.), *Traité international de droit constitutionnel*, Paris, Dalloz, « Traités Dalloz », 2012, t. 2, pp. 113-157.

VERHEIJEN Tony, « Romania », *in* ELGIE Robert (dir.), *Semi-Presidentialism in Europe*, Oxford, OUP, « Comparative European Politics », 1999, pp. 193-215.

VIEILLARD-BARON Jean-Louis, « Le prince et le citoyen : pouvoir et propriété du corps selon Hegel », *Revue de métaphysique et de morale*, 2001/1 n° 25, pp. 107-118.

VINCENT Steven K., « Benjamin Constant and constitutionalism », *Revista de Historia Constitucional*, 2015, n° 16, pp. 19-46.

VINTZEL Céline, « La Cour constitutionnelle allemande et le *Bundestag* », *Parlement[s]*, 2014/1 n° 21, pp. 105-117.

VINTZEL Céline, « La dissolution du XVe Bundestag et l'article 68 de la Loi fondamentale : une stabilisation de la défiance », *RDP*, 2006, pp. 1007-1034.

- W -

WACHSMANN Patrick, « Sur la composition du Conseil constitutionnel », *Jus politicum*, 2010, n° 5, disponible sur http://juspoliticum.com/article/Sur-la-composition-du-Conseil-constitutionnel-294.html, consulté le 15 sept. 2019.

WEBER Max, « Le président du Reich », reproduit *in* WEBER Max, *Œuvres politiques (1895-1919)*, Paris, Albin Michel, « Bibliothèque Albin Michel Idées », 2004, pp. 503-507.

- Z -

ZANON Nicolo, « La polémique entre Hans Kelsen et Carl Schmitt sur la justice constitutionnelle », *AIJC*, 1989, n° 5, pp. 177-189.

D. ARTICLES DE BLOG, NOTES, CHRONIQUES, COMMENTAIRES ET ENTRÉES

- A -

ADÉLOUI Arsène-Joël, « Désignation des représentants de l'Assemblée nationale à la CENA et ses démembrements », note sous CCB, 22 févr. 2011, EP 11-014, *ABJC*, 2013, pp. 421-429.

ANTOINE Aurélien, « Un jugement inédit qui marque une étape majeure dans l'évolution de la Constitution britannique… mais qui ne résout rien sur le front politique », *Observatoire du Brexit*, 25 sept. 2019, disponible sur http://brexit.hypotheses.org/3811, consulté le 25 sept. 2019.

AVRIL Pierre, « Article 8 », *in* LUCHAIRE François, CONAC Gérard, PRÉTOT Xavier (dir.), *La Constitution de la République française. Analyses et commentaires*, Paris, Economica, 2009, pp. 352-370.

- B -

BEAUD Olivier, « Crise politique allemande et pouvoirs méconnus du président fédéral », *JP blog*, 24 nov. 2017, disponible sur http://blog.juspoliticum.com/2017/11/24/crise-politique-allemande-et-pouvoirs-meconnus-du-president-federal-par-olivier-beaud/, consulté le 15 sept. 2019.

BERLIA Georges, « La conférence de presse du Président de la République du 31 janvier 1964 », *RDP*, 1964, pp. 127-136.

BURDEAU Georges, « POLITIQUE – Les régimes politiques », *Encyclopædia Universalis*, disponible sur http://www.universalis-edu.com/encyclopedie/politique-les-regimes-politiques/, consulté le 15 sept. 2019.

- C -

CAPITANT René, « Commentaire du discours de Bayeux par René Capitant, Délégué Général de l'Union Gaulliste pour la IVe République (*août 1946*) », reproduit *in RHFD*, 1995, n° 16, pp. 166-169.

COHENDET Marie-Anne, « Article 9 », *in* LUCHAIRE François, CONAC Gérard, PRÉTOT Xavier (dir.), *La Constitution de la République française. Analyses et commentaires*, Paris, Economica, 2009, pp. 371-387.

CONAC Gérard, « Article 5 », *in* LUCHAIRE François, CONAC Gérard, PRÉTOT Xavier (dir.), *La Constitution de la République française. Analyses et commentaires*, Paris, Economica, 2009, pp. 229-297.

- D -

DEMICHEL André, « CONSTITUTIONNEL (droit) », *Encyclopædia Universalis*, disponible sur http://www.universalis-edu.com/encyclopedie/droit-constitutionnel/, consulté le 15 sept. 2019.

DEROSIER Jean-Philippe, « Le Conseil constitutionnel, toujours gardien de l'exécutif… et garant de la démocratie. – A propos de la décision du 11 décembre 2014, Résolution tendant à modifier le règlement de l'Assemblée nationale », note sous C. const., 11 déc. 2014, n° 2014-705 DC, *JCPA*, 2015/7 n° 2036.

- G -

GERMAIN Jérôme, « Chronique droit constitutionnel allemand », *Civitas Europa*, 2019/1 n° 42, pp. 247-276.

GUILLUY Thibault, « Nominations au Conseil constitutionnel : une fausse surprise et un vrai doute », *JP Blog*, 19 févr. 2019, disponible sur http://blog.juspoliticum.com/2019/02/19/nominations-au-conseil-constitutionnel-une-fausse-surprise-et-un-vrai-doute-par-thibault-guilluy/, consulté le 15 sept. 2019.

- L -

LADRIÈRE Jean, « SYSTÈME, *épistémologie* », *Encyclopædia Universalis*, disponible sur http://www.universalis-edu.com/encyclopedie/systeme-epistemologie/, consulté le 15 sept. 2019.

LAFFAILLE Franck, « Chronique de droit politique italien (2014) », *RFDC*, 2014/2 n° 98, pp. 487-493.

LAHMER Marc, « Séparation et balance des pouvoirs », *in* ALLAND Denis, RIALS Stéphane (dir.), *Dictionnaire de la culture juridique*, Paris, Puf, « Quadrige », 2003, pp. 1406-1411.

LALLEMENT Michel, « SYSTÉMISME », *Encyclopædia Universalis*, disponible sur http://www.universalis-edu.com/encyclopedie/systemisme/, consulté le 15 sept. 2019.

LARGEAULT Jean, « MÉTHODE », *Encyclopædia Universalis*, disponible sur http://www.universalis-edu.com/encyclopedie/methode/, consulté le 15 sept. 2019.

LE DIVELLEC Armel, « Droit, politique et justice constitutionnelle : deux textes de Heinrich Triepel », *Jus politicum*, 2009, n° 2, disponible sur http://juspoliticum.com/article/Droit-politique-et-justice-constitutionnelle-deux-textes-de-Heinrich-Triepel-83.html, consulté le 15 sept. 2019.

LEMAIRE Elina, « Les politiques au Conseil constitutionnel : une dangereuse aberration », *JP blog*, 28 juin 2016, disponible sur http://blog.juspoliticum.com/2016/06/28/les-politiques-au-conseil-constitutionnel-une-dangereuse-aberration/, consulté le 15 sept. 2019.

LUCIANI Massimo, « La garantie aristocratique de la démocratie : à propos de la sentence de la Cour constitutionnelle italienne sur la loi électorale », *Constitutions*, 2014/3 n° 11, pp. 328-333.

- M -

MOUISSI Mays, « Résultats de l'élection Présidentielle 2016 au Gabon », *mays-mouissi.com. Analyses économiques, financières et budgétaires orientées vers l'Afrique*, 27 août 2016, disponible sur https://www.mays-mouissi.com/2016/08/27/resultats-de-lelection-presidentielle-2016-gabon/, consulté le 15 sept. 2019.

MOUISSI Mays, « Gabon : Ces chiffres qui démontrent qu'Ali Bongo a perdu la présidentielle », *mays-mouissi.com. Analyses économiques, financières et budgétaires orientées vers l'Afrique*, 27 août 2016, disponible sur https://www.mays-mouissi.com/2016/09/15/gabon-chiffres-demontrent-quali-bongo-a-perdu-presidentielle/, consulté le 15 sept. 2019.

- P -

PASQUINO Pasquale, « SCHMITT Carl, 1888-1985. *Théorie de la constitution*, 1928 », *in* CHÂTELET François, DUHAMEL Olivier, PISIER Évelyne (dir.), *Dictionnaire des œuvres politiques*, Paris, Puf, « Quadrige », 2001, pp. 1035-1043.

- R -

RAJAONA Andrianaivo Ravelona, « Un événement constitutionnel inédit à Madagascar : la destitution du chef de l'État d'un régime parlementaire par l'évocation de sa responsabilité politique », *RFDC*, 1998/2 n° 34, pp. 365-376.

RIVERO Jean, « Le Conseil d'État, Cour régulatrice », *D.*, 1954, chron., pp. 157-162.

ROUSSEAU Dominique, « Chronique de jurisprudence constitutionnelle 1991-1992 », *RDP*, 1993, pp. 5-55.

- S -

SPITZ Jean-Fabien, « Régime mixte », *in* RAYNAUD Philippe, RIALS Stéphane (dir.), *Dictionnaire de philosophie politique*, 3e éd., Paris, Puf, « Quadrige », 2003, pp. 634-640.

- T -

TROPER Michel, « Séparation des pouvoirs », *in* RAYNAUD Philippe, RIALS Stéphane (dir.), *Dictionnaire de philosophie politique*, 3e éd., Paris, Puf, « Quadrige », 2003, pp. 708-714.

E. Presse et sites internets

1°) Articles de presse

Agência de Notícias de Portugal (Lusa), « Jorge Miranda considera que Cavaco Silva foi "excessivo" », *Publico*, 24 oct. 2015, disponible sur http://www.publico.pt/2015/10/24/politica/noticia/jorge-miranda-considera-que-cavaco-silva-foi-excessivo-1712259, consulté le 15 sept. 2019.

BERTHEMET Tanguy, « Au Gabon, l'univers impitoyable de la famille Bongo », *Le Figaro*, 15 oct. 2016, p. 15.

BRESSON Gilles, GAUTHIER Nicole, « Entre Chirac et Balladur, le fossé se creuse à mesure que l'écart se réduit », *Libération*, 3 avril 1995, disponible sur http://www.liberation.fr/evenement/1995/04/03/entre-chirac-et-balladur-le-fosse-se-creuse-a-mesure-que-l-ecart-se-reduit_131416, consulté le 15 sept. 2019.

COONEY Campbell, « Tuvalu parliament elects new prime minister », *ABC News*, 4 août 2013, disponible sur http://www.abc.net.au/news/2013-08-02/an-tuvalu-parliament-votes-to-remove-pm-telavi/4861930, consulté le 15 sept. 2019.

DOUGUELI Georges, « Gabon : portrait de Marie-Madeleine Mborantsuo, celle dont dépend le dénouement de la crise post-électorale », *Jeune Afrique*, 22 sept. 2016, disponible sur http://www.jeuneafrique.com/mag/358121/politique/gabon-portrait-de-marie-madeleine-mborantsuo-celle-dont-depend-denouement-de-crise-post-electorale/, consulté le 15 sept. 2019.

DUPONT Laureline, GERNELLE Étienne, LE FOL Sébastien, « Emmanuel Macron : le grand entretien », *Le Point*, 30 août 2017, disponible sur http://www.lepoint.fr/politique/exclusif-emmanuel-macron-le-grand-entretien-30-08-2017-2153393_20.php, consulté le 15 sept. 2019.

« En cas de dissolution, Hollande devra démissionner pour Mariton et Peltier », *RTL*, 2 sept. 2014, disponible sur http://www.rtl.fr/actu/politique/en-cas-de-dissolution-hollande-devra-demissionner-pour-mariton-et-peltier-7774063753, consulté le 15 sept. 2019.

GARCIN Jérôme, « Emmanuel Macron : "J'aurais eu la vanité de devenir écrivain. L'humilité, non" », *L'Obs*, 15 févr. 2017, disponible sur http://www.nouvelobs.com/presidentielle-2017/20170214.OBS5320/emmanuel-macron-j-aurais-eu-la-vanite-de-devenir-ecrivain-l-humilite-non.html, consulté le 15 sept. 2019.

« Ousted PM defends actions in Tuvalu political crisis, blames Governor-General », *Pacific.Scoop*, 8 août 2013, disponible sur http://pacific.scoop.co.nz/2013/08/tuvalu-ex-pm-defends-actions-in-political-crisis-blames-governor-general/, consulté le 15 sept. 2019.

« Parliament needs one yearly meeting only says defiant Tuvalu PM », *Radio New Zealand*, 2 juil. 2013, disponible sur http://www.radionz.co.nz/international/pacific-news/220300/parliament-needs-one-yearly-meeting-only-says-defiant-tuvalu-pm, consulté le 15 sept. 2019.

« PM gave Jean pledges in prorogation crisis », *CBC*, 2 oct. 2010, disponible sur http://www.cbc.ca/news/politics/pm-gave-jean-pledges-in-prorogation-crisis-1.969491, consulté le 15 sept. 2019.

2°) Sitographie indicative

http://www.assemblee-nationale.fr/

http://www.bundesverfassungsgericht.de/

http://www.bundestag.de/fr/

http://www.conseil-constitutionnel.fr/

https://www.constituteproject.org/ : constitutions du monde en langue anglaise.

http://www.cour-constitutionnelle-benin.org/

http://mjp.univ-perp.fr/ : Digithèque de matériaux juridiques et politiques.

http://www.paclii.org/ : *Pacific Islands Legal Information Institute*.

http://www.presidencia.pt/ : présidence de la République portugaise.

http://www.senat.fr/

http://unionisme.be : Chambre des représentants de Belgique (1831-1848).

§ II. Sources

A. Discours et interventions, tribunes

- A -

Assemblea costituente, *Discussioni in Assemblea plenaria*, disponible sur http://legislatureprecedenti.camera.it/, consulté le 15 sept. 2019.

Assemblea costituente – Commissione per la Costituzione, *Resoconti della seconda Sottocommissione. Prima sezione (Potere esecutivo)*, séance du 19 déc. 1946, n° 1, p. 2, disponible sur http://legislatureprecedenti.camera.it/, consulté le 15 sept. 2019.

Assemblea costituente – Commissione per la Costituzione, *Resoconti della seconda Sottocommissione (ordinamento costituzionale dello Stato)*, disponible sur http://legislatureprecedenti.camera.it/, consulté le 15 sept. 2019.

Authority of the House of Representatives, *House of Representatives Official Hansard*, Canberra, Commonwealth of Australia – Parliamentary Debates, disponible sur http://www.aph.gov.au/Parliamentary_Business/Hansard/Hansreps_2011, consulté le 15 sept. 2019.

Authority of the House of Representatives, *Senate Official Hansard*, Canberra, Commonwealth of Australia – Parliamentary Debates, disponible sur http://www.aph.gov.au/Parliamentary_Business/Chamber_documents/Senate_chamber_documents/Journals_of_the_Senate, consulté le 15 sept. 2019.

Archives parlementaires de 1787 à 1860. Recueil complet des débats législatifs & politiques des chambres françaises, Paris, Imprimerie et Librairie administrative et des chemins de fer de Paul Dupont, 1867-1990.

- C -

Chambre des Hellènes, 5e chambre révisionnelle, *Procès-verbaux des débats des séances de l'assemblée plénière de la Chambre sur la Constitution de 1975 (Procès-verbaux C)*, Athènes, Imprimerie nationale, 1975, 1273 p.

CAVACO SILVA Anibal, « Comunicação ao País do Presidente da República sobre a indigitação do Primeiro-Ministro », 22 oct. 2015, disponible sur http://anibalcavacosilva.arquivo.presidencia.pt/, consulté le 15 sept. 2019.

CAVACO SILVA Anibal, « Comunicação ao País do Presidente da República após as Eleições Legislativas de 4 de outubro », 6 oct. 2015, disponible sur http://anibalcavacosilva.arquivo.presidencia.pt/, consulté le 15 sept. 2019.

- D -

Diário da Assembleia da República (depuis 1976) disponible sur http://debates.parlamento.pt/catalogo/r3/dar, consulté le 15 sept. 2019.

Diario da Câmara dos Senhores Deputados da Nação Portugueza (1822-1910), disponible sur http://debates.parlamento.pt/catalogo/mc/cd, consulté le 15 sept. 2019.

Discussions du Congrès national de Belgique, 1830-1831, mises en ordre et publiées par Émile HUYTTENS, Bruxelles, Société typographique belge, 1844-1845, 5 t.

DEBRÉ Michel, « Discours devant le Conseil d'État, 27 août 1958 », disponible sur http://mjp.univ-perp.fr/textes/debre1958.htm, consulté le 15 sept. 2019.

- E -

EISENMANN Charles, « Palindrome ou stupeur ? », *Le Monde*, 5 mars 1959.

- F -

FERRY Jules, « La révision de la constitution de 1875 et le droit de dissolution. Projet de discours du 14 février 1889 », reproduit *in Commentaire*, 1985/4 n° 32, pp. 1171-1174.

- G -

GAULLE Charles, de, « Conférence de presse du 27 novembre 1967 », disponible sur https://fresques.ina.fr/de-gaulle/fiche-media/Gaulle00139/conference-de-presse-du-27-novembre-1967.html, consulté le 15 sept. 2019.

GAULLE Charles, de, « Conférence de presse du 16 mai 1967 », disponible sur https://fresques.ina.fr/de-gaulle/fiche-media/Gaulle00129/conference-de-presse-du-16-mai-1967.html, consulté le 15 sept. 2019.

GAULLE Charles, de, « Entretien avec Michel Droit, troisième Partie » (15 déc. 1965), disponible sur https://fresques.ina.fr/de-gaulle/fiche-media/Gaulle00112/entretien-avec-michel-droit-troisieme-partie.html, consulté le 15 sept. 2019.

GAULLE Charles, de, « Entretien avec Michel Droit, première Partie » (13 déc. 1965), disponible sur https://fresques.ina.fr/de-gaulle/fiche-media/Gaulle00110/entretien-avec-michel-droit-premiere-partie.html, consulté le 15 sept. 2019.

GAULLE Charles, de, « Conférence de presse du 9 septembre 1965 », disponible sur https://fresques.ina.fr/de-gaulle/fiche-media/Gaulle00384/conference-de-presse-du-9-septembre-1965.html, consulté le 15 sept. 2019.

GAULLE Charles, de, « Conférence de presse du 31 janvier 1964 », disponible sur https://fresques.ina.fr/de-gaulle/fiche-media/Gaulle00382/conference-de-presse-du-31-janvier-1964.html, consulté le 15 sept. 2019.

GAULLE Charles, de, « Allocution télévisée, 20 septembre 1962 », disponible sur http://mjp.univ-perp.fr/textes/degaulle20091962.htm, consulté le 15 sept. 2019.

GAULLE Charles, de, « Discours prononcé place de la République », 4 sept. 1958, disponible sur http://mjp.univ-perp.fr/textes/degaulle04091958.htm, consulté le 15 sept. 2019.

GAULLE Charles, de, « Discours d'investiture (1er juin 1958) », disponible sur http://www2.assemblee-nationale.fr/decouvrir-l-assemblee/histoire/grands-moments-d-eloquence/general-de-gaulle-1er-juin-1958, consulté le 15 sept. 2019.

GAULLE Charles, de, « Discours de Rennes », 27 juil. 1947, disponible sur http://www.charles-de-gaulle.org/wp-content/uploads/2017/03/Discours-de-Rennes.pdf, consulté le 15 sept. 2019.

GAULLE Charles, de, « Discours prononcé à Épinal », 29 sept. 1946, disponible sur http://mjp.univ-perp.fr/textes/ degaulle29091946.htm, consulté le 15 sept. 2019.

GAULLE Charles, de, « Discours prononcé par le général de Gaulle à Bayeux, 16 juin 1946 », reproduit *in* Comité national chargé de la publication des travaux préparatoires des institutions de la Ve République, *Documents pour servir à l'histoire de l'élaboration de la Constitution du 4 octobre 1958*, Paris, La Documentation française, 1987, vol. 1, pp. 3-7.

GISCARD d'ESTAING Valéry, « Allocution de M. Valéry Giscard d'Estaing à Verdun-sur-le-Doubs, vendredi 27 janvier 1978 », disponible sur http://discours.vie-publique.fr/notices/787003100.html, consulté le 15 sept. 2019.

GRÉVY Jules, « Message de M. le Président de la République » (6 févr. 1877), *JORF*, 7 févr. 1879, p. 819 (message au Sénat) et p. 826 (message à la Chambre des députés).

- J -

JORF – Débats de l'Assemblée nationale constituante, disponible sur http://4e.republique.jo-an.fr/, consulté le 15 sept. 2019.

- M -

MAC MAHON Patrice, duc de Magenta et comte de, « Message du Président de la République aux chambres » (18 mai 1877), *JORF*, 19 mai 1877, n° 136, pp. 3785-3786.

MAC MAHON Patrice, duc de Magenta et comte de, « Lettre du Président de la République au président du conseil des ministres » (16 mai 1877), *JORF*, 17 mai 1877, n° 134, pp. 3689-3690.

MITTERRAND François, *Lettre à tous les Français. Lettre de François Mitterrand adressée en avril 1988 lors de la campagne présidentielle*, disponible sur http://miroirs.ironie.org/socialisme/www.psinfo.net/entretiens/mitterrand/1988lettre.html, consulté le 15 sept. 2019.

MITTERRAND François, « Discours de François Mitterrand, Président de la République, sur le bilan en matière de justice sociale, de réussite économique, de libertés, ainsi que sur son engagement dans le débat électoral, Lille, vendredi 7 février 1986 », disponible sur http://discours.vie-publique.fr/notices/867003500.html, consulté le 15 sept. 2019.

- O -

ORLÉANS Jean, d', « Il faut rétablir la Constitution dans la perspective tracée par de Gaulle », disponible sur http://www.lefigaro.fr/vox/politique/2018/10/09/31001-20181009ARTFIG00207-jean-de-france-il-faut-retablir-la-constitution-dans-la-perspective-tracee-par-de-gaulle.php, consulté le 15 sept. 2019.

- S -

SOARES Mário, *Intervenções 8*, Lisbonne, Imprensa Nacional – Casa da Moeda, 1994, 595 p.

SOARES Mário, *Intervenções 6*, Lisbonne, Imprensa Nacional – Casa da Moeda, 1992, 309 p.

B. ENTRETIENS

« Neuf constitutionnalistes répondent à trois questions concernant les élections législatives de 1997 », *RDP*, 1997, pp. 607-661.

CANELAS RAPAZ Paulo José, « Le Président de la République et le régime politique portugais – Entretiens », *Jus politicum*, 2014, n° 10, disponible sur http://juspoliticum.com/article/Le-President-de-la-Republique-et-le-regime-politique-portugais-Entretiens-736.html, consulté le 15 sept. 2019.

C. SOURCES OFFICIELLES

1°) Rapports

Rapport public du Conseil d'État, *Les autorités administratives indépendantes*, *EDCE*, 2001, n° 52, 470 p.

BONNET Christian, *Rapport fait au nom de la commission des Lois constitutionnelles, de législation, du suffrage universel, du Règlement et d'administration générale sur la proposition de loi organique, adoptée par l'Assemblée nationale, après déclaration d'urgence, modifiant la date d'expiration des pouvoirs de l'Assemblée nationale*, Sénat, Annexe au procès-verbal de la séance du 16 janvier 2001, 47 p.

CANNAC Yves, GAZIER François, *Les autorités administratives indépendantes*, *EDCE*, 1983-1984, n° 35, pp. 13-77.

Comité de réflexion et de proposition sur la modernisation et le rééquilibrage des institutions de la Ve République, *Une Ve République plus démocratique*, Paris, La Documentation française, 2007, 181 p.

Groupe de travail sur l'avenir des institutions, *Refaire la démocratie*, Assemblée nationale, rapport n° 3100, 960 p.

2°) Autres sources officielles

Comité national chargé de la publication des travaux préparatoires des institutions de la Ve République, *Documents pour servir à l'histoire de l'élaboration de la Constitution du 4 octobre 1958*, Paris, La Documentation française, 1987, 4 vol.

Compendium de la procédure parlementaire, disponible sur http://www.noscommunes.ca/About/Compendium/ParliamentaryCycle/c_d_prorogationparliament-f.htm, consulté le 15 sept. 2019.

Déclaration conjointe de la Haute-Représentante/Vice-Présidente Federica Mogherini et du Commissaire à la Coopération internationale et au Développement Neven Mimica à la suite de la proclamation des résultats définitifs de l'élection présidentielle par la Cour Constitutionnelle du Gabon, 24 sept. 2016, disponible sur http://eeas.europa.eu/headquarters/headquarters-homepage/10413, consulté le 15 sept. 2019.

CAVACO SILVA Anibal, « Presidência da República divulga documento entregue ao Secretário-Geral do Partido Socialista », 23 nov. 2015, disponible sur http://anibalcavacosilva.arquivo.presidencia.pt/, consulté le 15 sept. 2019.

KERR John, Sir, *Statement of Reasons for the dismissal of Gough Whitlam, issued by Government House on November 11, 1975*, disponible sur http://whitlamdismissal.com/1975/11/11/kerr-statement-of-reasons.html, consulté le 15 sept. 2019.

§ III. Jurisprudence

A. Cour constitutionnelle de la République fédérale d'Allemagne

BVerfGE 131, 316 (25 juil. 2012).

BVerfGE 121, 266 (3 juil. 2008).

BverfG 114, 121 (25 août 2005).

BVerfGE 62, 1 (16 févr. 1983).

B. Cour constitutionnelle du Bénin

Déc. EP 11-014 du 22 févr. 2011, *Président de l'Assemblée Nationale*.

Déc. EP 11-006 du 14 févr. 2011, *Président de la Commission Électorale Nationale Autonome (CENA)*.

Déc. DCC 09-002 du 8 janv. 2009, *Come Gb. OKE AKANLO, Sylvain ZOHOUN, Assouan Comlan B. DEGLA, Émile TOSSOU*.

Déc. DCC 06-074 du 8 juil. 2006, *Président de la République*, *Rec.*, 2006, p. 365.

Déc. DCC 03-078 du 12 mai 2003, *GOUGBEDJI Cyrille* et *AKOBI Issifou Ahmed*, *Rec.*, 2003, p. 317.

Déc. DCC 03-077 du 7 mai 2003, *AKOBI Issifou Ahmed, AMOUDA-ISSIFOU Razaki, OROU SEGO Orou Gabé et PRINCE AGBODJAN Roberto Serge*, *Rec.*, 2003, p. 311.

Déc. DCC 01-012 du 22 janv. 2001, *BIO BIGOU Bani Léon, SACCA-KINA G. CHABI Jérôme, Président de la République*, *Rec.*, 2001.

Déc. DCC 01-011 du 12 janv. 2001, *BIO BIGOU Bani Léon, SACCA-KINA GUEZERE L. Chabi, DAVO LANI Bernard, AKOBI I. Ahamed*, *Rec.*, 2001.

Déc. DCC 96-020 du 26 avril 1996, *GBETIN Dézégni et consorts*.

Déc. DCC 34-94 du 23 déc. 1994, *Président de la République*, *Rec.*, 1994, p. 159.

C. Cour constitutionnelle de la Bulgarie

Déc. n° 6 du 22 avril 1993, affaire n° 4/93, *JO*, 30 avril 1993, n° 36.

Déc. n° 25 du 21 déc. 1995, affaire n° 27/95, *JO*, 19 janv. 1996, n° 6.

D. Cour suprême des États-Unis

Arrêt *Goldwater v. Carter*, 444 U.S. 996 (13 déc. 1979).

Arrêt *Baker v. Carr*, 369 U.S. 186 (26 mars 1962).

Arrêt *Marbury v. Madison*, 5 U.S. (1 Cranch) 137 (24 févr. 1803).

E. CONSEIL CONSTITUTIONNEL FRANÇAIS

Déc. 92-313 DC du 23 sept. 1992, dite « Maastricht III », *Rec.* 94.

Déc. n° 91-304 DC du 15 janv. 1992, « Loi modifiant les articles 27, 28, 31 et 70 de la loi n° 86-1067 du 30 septembre 1986 relative à la liberté de communication ».

Déc. n° 88-248 DC du 17 janv. 1989, « Loi modifiant la loi n° 86-1067 du 30 septembre 1986 relative à la liberté de communication ».

Déc. 62-20 DC du 6 nov. 1962, « Loi relative à l'élection du président de la République au suffrage universel direct et adoptée par le peuple par le référendum du 28 octobre 1962 », *Rec.* 27.

Déc. n° 61-1 AUTR du 14 sept. 1961, « Demande d'avis présentée par le Président de l'Assemblée nationale (Recevabilité de la motion de censure) », *Rec.* 55.

Déc. n° 59-2 DC du 24 juin 1959, « Règlement de l'Assemblée nationale », *Rec.* 58.

F. CONSEIL D'ÉTAT FRANÇAIS

CE, 15 févr. 2002, *Meyet*, n° 231632.

CE, ordonnance du juge des référés, 7 nov. 2001, *M. Tabaka*, n° 239761, *Rec.* 789.

CE, 29 déc. 1999, *Lemaire*, n° 196858 197061.

CE, Ass., 19 oct. 1962, *Brocas*, n° 58502, *Rec.* 553.

CE, 2 mars 1962, *Rubin de Servens*, *Rec.* 143.

G. Cour constitutionnelle de la République gabonaise

Déc. n° 052/CC du 12 oct. 2009, *relative aux requêtes tendant à l'annulation des résultats de l'élection présidentielle du 30 août 2009.*

Déc. n° 046/CC du 4 sept. 2009, *Proclamation des Résultats de l'Élection du Président de la République du 30 août 2009.*

H. Cour constitutionnelle de la Hongrie

Déc. 8/1992 (I.30) du 28 janv. 1992.

Déc. 48/1991 (IX.26) du 23 sept. 1991.

I. Cour constitutionnelle de la République italienne

Déc. n° 1/2014 du 13 janv. 2014, *JO*, 15 janv. 2014, n° 3.

Déc. n° 1/2013 du 15 janv. 2013, *JO*, 23 janv. 2013, n° 4.

Déc. n° 16/2008 du 30 janv. 2008, *JO*, 5 févr. 2008, n° 6.

Déc. n° 15/2008 du 30 janv. 2008, *JO*, 5 févr. 2008, n° 6.

Déc. n° 200/2006 du 18 mai 2006, *JO*, 24 mai 2006, n° 21.

Déc. n° 7/1996 du 18 janv. 1996, *JO*, 24 janv. 1996, n° 4.

J. Haute Cour constitutionnelle de Madagascar

Avis n° 03-HCC/AV du 1er juin 2018 concernant une demande d'avis sur la signification de la Décision n° 18-HCC/D3 relative à une requête en déchéance du Président de la République, disponible sur http://www.hcc.gov.mg/avis/avis-n03-hcc-av-du-1er-juin-2018-concernant-une-demande-davis-surla-signification-de-la-decision-n18-hcc-d3-du-25-mai-2018-relative-a-une-requete-en-decheance-du-president-de-la/, consulté le 15 sept. 2019.

Déc. n° 18-HCC/D3 du 25 mai 2018 relative à une requête en déchéance du Président de la République Hery RAJAONARIMAMPIANINA, disponible sur http://www.hcc.gov.mg/ decisions/d3/decision-n18-hcc-d3-du-25-mai-2018-relative-a-une-requete-en-decheance-du-president-de-la-republique-hery-rajaonarimampianina/, consulté le 15 sept. 2019.

Déc. n° 17-HCC/D3 du 4 sept. 1996 relative à l'empêchement définitif du président de la République, *JO de la République de Madagascar*, 5 sept. 1996.

K. Chambre constitutionnelle de la Cour suprême puis Cour constitutionnelle de la République du Niger

Arrêt n° 04/CC/ME du 12 juin 2009.

Arrêt 96-03 du 16 janv. 1996.

Arrêt 95-07 du 22 sept. 1995.

Arrêt 95-06 du 5 sept. 1995.

Arrêt 95-05 du 5 sept. 1995.

Avis 95-01 du 22 mars 1995.

L. Cour suprême du Royaume-Uni

Déc. du 24 sept. 2019, *R (on the application of Miller) (Appellant) v The Prime Minister (Respondent) Cherry and others (Respondents) v Advocate General for Scotland (Appellant) (Scotland)*, [2019] UKSC 41.

M. Cour constitutionnelle de la République Rwandaise

Arrêt n° 33/CS-SCC du 11 févr. 2001.

N. Conseil constitutionnel de la République du Sénégal

Déc. n° 1/E/2012 du 27 janv. 2012.

O. Haute Cour des Tuvalu

Déc. *Parliamentray Rules of Procedure; ex parte Originating Summons by Attorney General*, Civil Case 5.13 (1er août 2013).

Déc. *Regina v. Prime Minister and Minister Responsible for Elections*; Civil Case 1.2013 (24 mai 2013).

Déc. *Amasone v Attorney General*, Case n° 24 of 2003 (6 août 2003).

INDEX NOMINUM

Les chiffres renvoient aux numéros des paragraphes (n. : en note de bas de page)

- R -

- S -

- T -

- V -

- W -

INDEX RERUM

Les chiffres renvoient aux numéros des paragraphes (n. : en note de bas de page)

- D -

- T -

TABLE DES MATIÈRES

PREMIÈRE PARTIE
La construction historique et doctrinale du pouvoir régulateur

TITRE PREMIER
LE POUVOIR RÉGULATEUR, HÉRITAGE IDÉEL DE LA RÉVOLUTION FRANÇAISE

CHAPITRE I
PARACHEVER LE MÉCANISME INSTITUTIONNEL : LA NÉCESSITÉ D'UN TIERS-POUVOIR

CHAPITRE II
UNE CONSÉCRATION THÉORIQUE : LA DOCTRINE DU POUVOIR NEUTRE CHEZ BENJAMIN CONSTANT

TITRE SECOND

LA POLYMORPHIE DU QUATRIÈME POUVOIR : LE POUVOIR RÉGULATEUR ET SES AVATARS

CHAPITRE I
THÉORIES ET PRATIQUES DU POUVOIR ROYAL : LA RECHERCHE D'UN PARADIGME

SECONDE PARTIE
Les Manifestations institutionnelles contemporaines du pouvoir régulateur

TITRE PREMIER
LA RÉGULATION DU RÉGIME POLITIQUE, OBJET DU POUVOIR RÉGULATEUR

CHAPITRE I
L'IDÉE DE RÉGULATION EN DROIT CONSTITUTIONNEL

CHAPITRE II
LA RÉGULATION DU RÉGIME POLITIQUE, UNE FONCTION CONSTITUTIONNELLE

TITRE SECOND
LE RÉGULATEUR, ORGANE DU RÉGIME POLITIQUE

CHAPITRE I
L'EXIGENCE D'INDÉPENDANCE DU RÉGULATEUR

CHAPITRE II
L'INCIDENCE DES CONTRAINTES DU CONTEXTE SYSTÉMIQUE

RÉSUMÉ :

Héritage de la Révolution française, l'expression « pouvoir régulateur » désigne l'idée, récurrente en droit constitutionnel, d'une tierce instance spécifiquement chargée d'assurer le fonctionnement régulier des institutions politiques. D'abord confié à un organe *ad hoc* spécialement créé à cette fin, le pouvoir régulateur devient au XIXe siècle l'apanage d'un monarque constitutionnel idéalisé. Strictement cantonné dans la sphère institutionnelle et ainsi éloigné du gouvernement comme des querelles partisanes, le roi serait uniquement chargé de maintenir l'équilibre entre les pouvoirs actifs. Le « pouvoir neutre » esquissé par Benjamin Constant entre 1800 et 1815 représente assurément la traduction théorique la plus célèbre de cette doctrine.

Dans le droit constitutionnel contemporain, la notion de pouvoir régulateur permet de qualifier une fonction juridique spécifique dont la finalité est le fonctionnement correct et sans à-coup du régime politique, compris comme un système complexe composé de divers organes en interaction. Si ce dernier exerce une fonction sociale significative, le gouvernement, la régulation poursuivie par le pouvoir régulateur doit au contraire être appréhendée comme une activité interne à un système institutionnel distinct de la société. De nombreuses constitutions contemporaines font le choix de confier une telle mission à une autorité spécifique, indépendante *et* du gouvernement, *et* des partis politiques : le régulateur. Dans les faits, deux instances, l'une politique et l'autre juridictionnelle, peuvent prétendre à ce rôle : le chef de l'État et la Cour constitutionnelle.

Notre recherche a donc pour objet d'étudier et de systématiser ce rôle particulier parfois dévolu par le droit constitutionnel au chef de l'État ou à la Cour constitutionnelle. Dans les régimes démocratiques contemporains, le déséquilibre institutionnel en faveur de l'Exécutif apparaît souvent flagrant. En France, le présidentialisme majoritaire que nous connaissons sans interruptions depuis 2002 repose sur des bases pour le moins incertaines, tant et si bien qu'une crise institutionnelle de grande ampleur pourrait surgir à tout moment ; l'étude historique et comparée de la structure et du fonctionnement du pouvoir politique n'en devient que plus urgente.

Mots-clefs : pouvoir régulateur ; régulation institutionnelle ; pouvoir neutre ; pouvoir modérateur ; chef de l'État ; cour constitutionnelle.

ABSTRACT:

The expression "regulatory power" is inherited from the French Revolution. As recurrent in constitutional law, it is a third body specifically responsible for ensuring the regular functioning of political institutions. First entrusted to an *ad hoc* body specially created for this purpose, regulatory power became the prerogative of an idealized constitutional monarch in the 19th century. Strictly confined to the institutional sphere and thus far from the government and partisan quarrels, the king would only be responsible for maintaining the active powers balance. The "neutral power" outlined by Benjamin Constant between 1800 and 1815 is undoubtedly the most famous theoretical translation of this doctrine.

In contemporary constitutional law, the notion of regulatory power allows to qualify a specific legal function whose purpose is the correct and smooth functioning of the political system, understood as a complex system composed of various interacting bodies. If this system has a significant social function, which is the government, the regulation pursued by the regulatory power must be seen as an internal activity of an institutional system distinct from society. Many contemporary constitutions have chosen to entrust this mission to a specific authority: the regulator, which is independent of both the government and the political parties. In practice, two bodies, one political and the other jurisdictional, are entitled to this role: the Head of State and the Constitutional Court.

The purpose of our research is therefore to study and systematize this particular role sometimes assigned by constitutional law to the Head of State or to the Constitutional Court. In contemporary democratic systems, the institutional imbalance in favor of the Executive often appears blatant. In France, the majority presidentialism that we have known without interruption since 2002 is based on uncertain foundations, to say the least, so much so that a major institutional crisis could arise at any time; the historical and comparative study of the structure and functioning of political power becomes all the more urgent.

Keywords: regulatory power; institutional regulation; neutral power; reserve powers; Head of State; Constitutional Court.